公路工程造价人员资格考试用书

公路工程技术与计量

Gonglu Gongcheng Jishu yu Jiliang

交通运输部职业资格中心

人民交通出版社

内 容 提 要

本书为《公路工程造价人员资格考试用书》之一。本书根据最新造价考试大纲编写，紧密围绕交通运输部最新颁布和修订的行业标准、规范，体现了公路建设新结构、新设备、新技术、新工艺和新材料的发展对公路工程造价人员的新要求。内容包括工程材料与工程机械、施工组织设计、路基工程、路面工程、隧道工程、桥涵工程、交通工程及沿线设施工程计量。

本书注重理论联系实际，针对性、实用性、操作性强，既可作为广大考生复习备考的参考用书，也可供相关从业人员和高校师生学习参考。

图书在版编目（CIP）数据

公路工程技术与计量 / 交通运输部职业资格中心组织编写. —北京：人民交通出版社，2011.10
公路工程造价人员资格考试用书
ISBN 978-7-114-09427-9

Ⅰ.①公… Ⅱ.①交… Ⅲ.①道路工程-工程技术-资格考试-自学参考资料②道路工程-计量-资格考核-自学参考资料 Ⅳ.①U415.13

中国版本图书馆 CIP 数据核字(2011)第 201969 号

公路工程造价人员资格考试用书

书　　名：公路工程技术与计量
著 作 者：交通运输部职业资格中心
责任编辑：沈鸿雁　丁润铎
出版发行：人民交通出版社
地　　址：(100011)北京市朝阳区安定门外外馆斜街 3 号
网　　址：http://www.ccpress.com.cn
销售电话：(010)59757973
总 经 销：人民交通出版社发行部
经　　销：各地新华书店
印　　刷：北京盈盛恒通印刷有限公司
开　　本：787×1092　1/16
印　　张：23.5
字　　数：580 千
版　　次：2011 年 10 月　第 1 版
印　　次：2013 年 11 月　第 5 次印刷
书　　号：ISBN 978-7-114-09427-9
定　　价：70.00 元
（有印刷、装订质量问题的图书由本社负责调换）

《公路工程造价人员资格考试用书》

审 定 委 员 会

本册编写人员

刘代全　邹苏华　丁加明　李凤求　董再更　刘晓明

刘建华　谢　萍　宋　军　徐鹏亮　邓　鲲　刘湘辉

杨建斌　刘巧眉

前　言

公路交通是经济社会发展的重要基础性和先导性产业，也是事关国计民生的重要服务性行业。近年来我国的公路交通基础设施建设取得了举世瞩目的成就，为国民经济和社会发展以及人民群众的安全便捷出行做出了贡献。公路工程造价管理是公路建设不可或缺的一项重要工作，对于科学、合理确定和使用公路建设资金，发挥其最大效能具有不可替代的重要作用。培育一支高素质的公路工程造价从业人员队伍，是加强公路建设资金管理的重要保证。

为适应当前公路建设和发展的需要，保障工程质量和安全，解决公路工程造价人员数量与工程建设实际需求不相适应的突出矛盾，交通运输部组织实施了公路工程造价人员过渡考试。考试共2天，设4个科目，即：公路工程造价基础理论及相关法规、公路工程造价的计价与控制、公路工程技术与计量和公路工程造价案例分析。

为方便考生备考，我们组织来自公路工程造价（定额）管理、设计、施工、造价咨询等单位和部分高校的专家编写了公路工程造价人员资格考试用书，包括《公路工程造价基础理论及相关法规》、《公路工程造价的计价与控制》、《公路工程技术与计量》和《公路工程造价案例分析》4册，分别与4个考试科目对应。考试用书根据《公路工程造价人员资格考试大纲》（交职发〔2011〕255号）编写，紧密围绕交通运输部最新颁布和修订的行业标准、规范，体现了公路建设新结构、新设备、新技术、新工艺和新材料的发展对公路工程造价人员管理的新要求，强调了“安全、耐久、节约、和谐”的建设理念。考试用书注重理论联系实际，针对性、实用性和操作性强，既可作为广大考生复习备考的参考用书，也可供相关从业人员和高校师生学习参考。

考试用书编写过程中参考了大量文献资料，交通公路工程定额站以及部分公路工程建设、造价（定额）管理、设计、施工和造价咨询等单位的专家提出了宝贵意见，在此谨致谢意！也借此机会向关心公路工程造价人员资格管理工作的各界人士表示衷心的感谢！

交通运输部职业资格中心

二〇一一年八月

目　录

第一章　绪　　论

公路建设要求严格遵守国家规定的公路基本建设程序。勘察设计与组织施工是基本建设程序中两个极其重要的工作环节，工程设计与工程施工是否科学，对整个工程造价和使用效果都有很大的影响。公路工程是由路基、路面、桥涵、隧道、防护、交通工程、绿化工程等不同结构组成，它们各有不同的设计原则和施工方法，特别需要有效的组织和有丰富经验的人员管理。所以，作为从事工程造价的工作人员，熟悉或掌握有关的公路工程技术的基本知识，是十分必要的。

第一节　公路的基本组成

公路是一种铺筑在地面上主要供车辆行驶的线形工程构造物，主要承受车辆荷载的重复作用和经受各种自然因素的长期影响。因此，公路不仅要有平顺的线形、和缓的纵坡，而且要有稳定坚实的路基、平整耐用的路面、牢固可靠的人工构造物，以及其他必要的防护工程和附属设施。

一、线形组成

所谓线形，是指道路中线在空间的形状。道路中线是一条平面有曲线、纵面有起伏的立体空间曲线，其平面线形由直线和平曲线组成，平曲线包括圆曲线和缓和曲线；纵面线形由纵坡线和竖曲线组成（见图 1-1）。这条立体空间曲线要平、纵配合，由平面图、纵断面图和横断面图来表示。

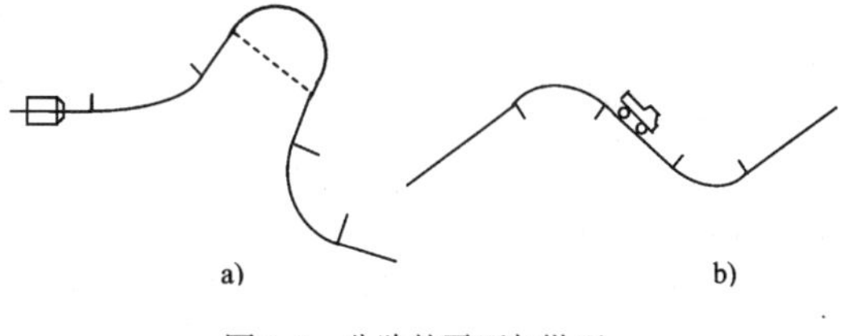

图 1-1　公路的平面与纵面
a）平面；b）纵面

二、公路工程的组成部分

公路是承受荷载及自然因素影响的交通工程构造物，包括：路基工程、路面工程、隧道工程、桥涵工程、防护工程以及交通安全及沿线设施。

（一）路基工程

路基是公路的重要组成部分，它是按照路线位置和一定技术要求修筑的带状构造物，承受由路面传来的荷载，是行车部分的基础。其断面形状一般有路堤、路堑、半填半挖路基等断面形式，如图 1-2 所示。

（二）路面工程

路面是在路基表面上用各种不同材料或混合料分层铺筑而成的一种层状结构物，通常由面层、基层、垫层等组成，如图 1-3 所示。路面是公路上最重要的建筑物，行车的安全、舒适、经久、耐用与经济，均取决于路面的合理设计及施工质量，因此，通常以路面的质量来评价整条公路的质量。

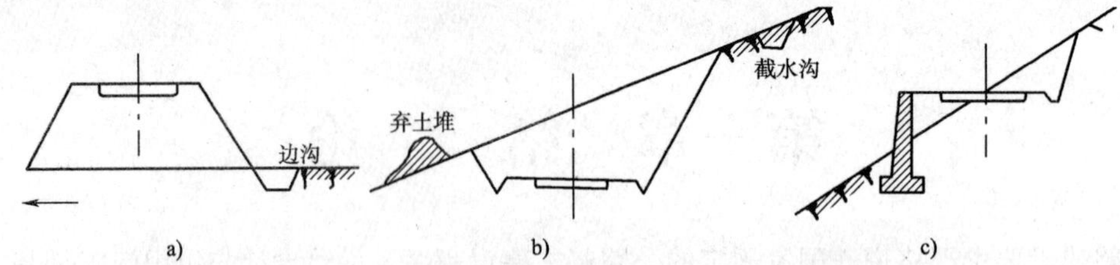

图 1-2 路基的典型断面

a)路堤;b)路堑;c)半填半挖

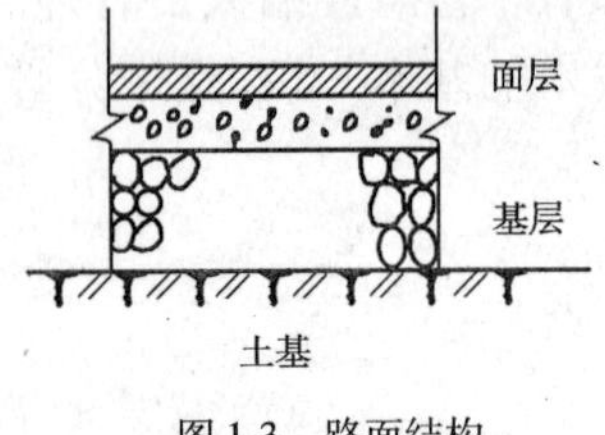

图 1-3 路面结构

(三)隧道工程

隧道工程一般指在公路建设中为了克服地形和高程上的障碍(如山梁、山脊、垭口等),以改善和提高拟建公路的平面线形和纵坡,缩短公路里程,或为避免山区公路的各种病害(如滑坡、崩坍、岩堆、泥石流等不良地质地段),以保护生态环境,而修建的结构物,如图 1-4 所示。

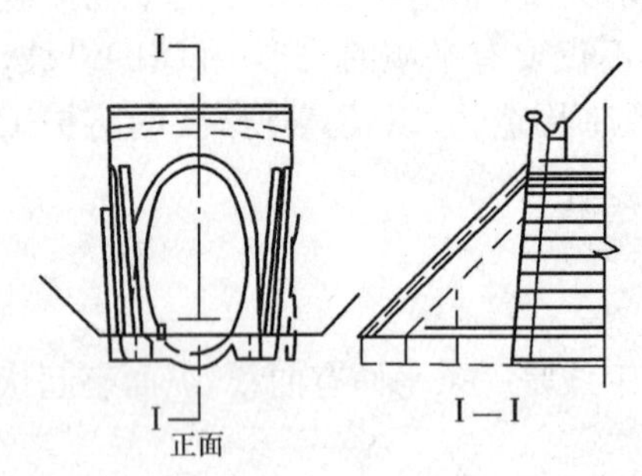

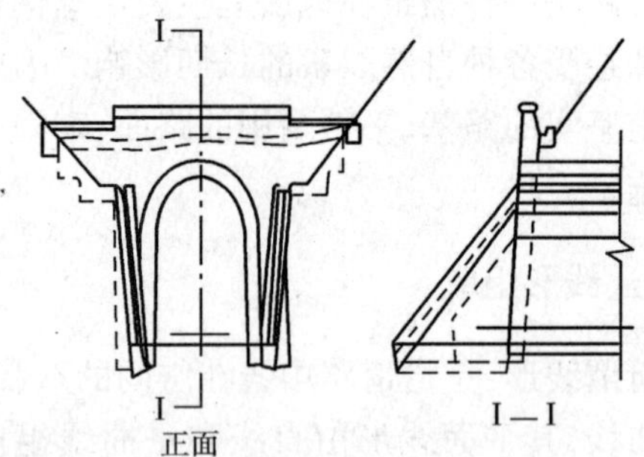

图 1-4 隧道工程

(四)桥涵工程

桥涵工程是指在公路建设中为了保证拟建的公路工程项目连续,跨江河、湖泊、道路、山谷等而建造的人工结构物,如图 1-5 所示。

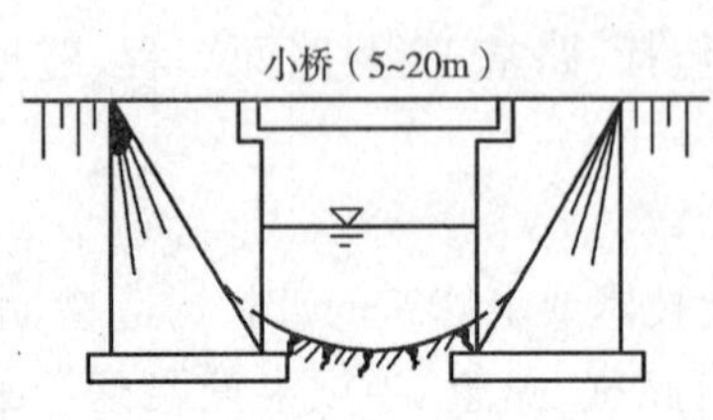

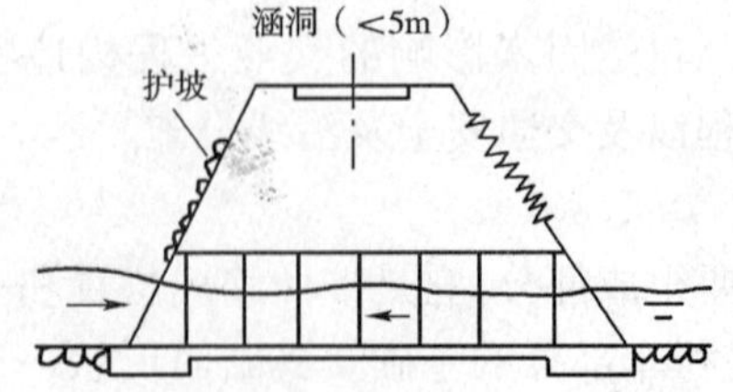

图 1-5 小桥及涵洞

(五)防护工程

防护工程指为保证路基及上下边坡的稳定或行车安全所修筑的工程设施,如支挡结构、边坡防护等,如图 1-6 所示。

图 1-6 防护工程

(六)交通工程及沿线设施

交通工程及沿线设施主要包括照明设施、安全设施、服务设施及管理设施、绿化与美化工程等。

照明设施:如灯柱、弯道反光镜、隧道照明等。

安全设施:护栏、隔离栅、路面标线、交通标志等。交通标志是用图形符号和文字传递特定信息,用以管理交通,指挥行车方向,保证道路畅通与行车安全的设施,适用于公路、道路以及一切专用公路,具有法令的性质,车辆行人都必须遵守。主要有警告标志、禁令标志、指示标志等。

服务设施:如加油站、服务区、汽车站等。

管理设施:管理处、收费站、管理人员生活区、通信、监控、收费、供配电设施等。

植树绿化工程与美化工程:是美化公路、保护环境不可缺少的部分,为道路使用者提供一个安全、舒适的行车环境。植树绿化具有美化路容、保持水土、稳固路基、防风固沙、净化空气等作用,而且可以提高行车的视觉效应及安全。

第二节 工 程 设 计

工程设计是指从技术上和经济上对拟建工程的特定要求,考虑社会和自然方面的因素,运用科学技术知识,进行全面规划,制订一个完整方案,编制一整套工程建设所需的图纸及说明,它是国家基本建设计划的具体化,是组织工程施工的主要依据。

一、设计阶段

根据《公路工程基本建设项目设计文件编制办法》的规定,结合公路建设的技术经济特征,要进行不同深度的阶段设计,即按项目大小和技术复杂程度分为一阶段、二阶段和三阶段设计,其设计内容,包括初步设计、技术设计和施工图设计。为使设计工作做到标准化、规范化、确保设计质量,该编制办法对各种设计文件的编制依据、内容和要求,都作了较为详细的规定,是从事公路建设必须贯彻执行的准则。

(一)一阶段设计

一阶段设计,即一阶段施工图设计。应以批准的可行性研究报告(或测设合同)为依据,进行一次详细测量,据此编制施工图设计文件及设计预算。

(二)二阶段设计

即初步设计和施工图设计两个阶段。应以批准的可行性研究报告、测设合同和初测资料为依据,编制初步设计文件和工程概算。然后根据批准的初步设计,通过详细测量,编制施工图设计文件和工程预算。初步设计文件一经主管部门批准,其概算就是建设项目投资的最高限额,不得随意突破。

(三)三阶段设计

即在初步设计和施工图设计之间,增加一个设计阶段,称为技术设计。三阶段设计是根据批准的初步设计和初测与定测资料来进行编制的,是对初步设计中有关技术、经济的各项初步规划和决定进一步具体和深化,制订更为完善的设计和施工方案,为进一步确定各项工程数量提供各种必要的数据,以满足编制修正概算的需要。技术设计文件一经批准,其修正概算就是建设项目投资的最高限额,不得随意突破。

目前,公路基本建设项目一般采用两阶段设计。对于技术简单、方案明确的小型项目,可采用一阶段设计。对于技术复杂、基础资料缺乏或不足的建设项目,或建设项目中的特殊大型桥梁、隧道、互通式立体交叉等部分工程,必要时可采用三阶段设计。

二、设计原则

初步设计和技术设计相对而言比较粗。施工图设计是建设项目的最后设计阶段,要求提出完整的施工图表资料,其内容包括确定路线和各种建筑物、构筑物的具体位置、尺寸、结构、用料、设备等;编制建筑安装施工的图纸和说明书,确定施工工艺要求和施工方法,提供主体工程数量和辅助工程等必要数据,以满足编制施工组织总设计和施工图预算的需要,是组织施工的指令性技术经济文件。初步设计、技术设计和施工图设计的深度和作用各不相同,但在设计的全过程中,均应体现以下几条主要原则:

(1)要精心设计,贯彻勤俭建国、从实际出发、因地制宜、安全适用、就地取材的原则,使设计的建设项目在技术上先进、经济上合理,具有良好的社会综合效益。

(2)要节约用地,尽量少占良田,重视环境保护,要顺应地形、地貌,使公路建筑工程与沿线自然景观有机地融为一体。在有条件的地方,应结合施工,改土造田,注意与农田水利的综合利用,支援农业。在进行方案比选时,应将占地多少作为重要条件之一。

(3)要千方百计节约建设项目的投资,减少资源的占用与消耗,加强技术经济的分析工作,重视经济效益。工程设计要遵循技术与经济相统一的原则,正确处理两者之间的关系。

工程设计是基本建设程序中的一个具有决定性的工作环节,对建设工程的顺利实施,提高投资经济效益,都有着重要影响。因此,要严格遵守基本建设程序,认真做好工程设计,不断改进工程造价管理。有了先进合理的工程设计和合理确定的设计概算,又有了控制工程造价的有效办法和手段,就为加快工程施工进度、提高工程质量、不断降低工程造价、严格按客观经济规律办事,提供了必要的前提条件。

第三节 工程施工

公路施工规模大、技术复杂、质量要求高、工期紧,耗费的资源比较多,是一项高度社会化而又十分复杂的物质生产活动。因此,在施工生产中合理组织生产诸要素,严格按施工程序进行操作,科学地做好施工组织工作,对完成公路工程建设任务具有十分重大的意义。为加强高速公路建设管理,进一步提升工程质量、安全水平和行业文明施工形象,按照交通运输部《关于开展高速公路施工标准化活动的通知》(交公路发[2011]70 号文)的要求,制定相关方案。

一、公路工程施工过程

施工单位接受施工任务后,依次经历开工前的规划组织准备阶段、现场施工条件准备阶段、正式施工阶段、竣工验收阶段等,按设计要求完成施工任务。各施工阶段的相互关系如图1-7 所示。对于不同规模、不同性质的具体工程项目,各阶段的工作内容不尽相同。

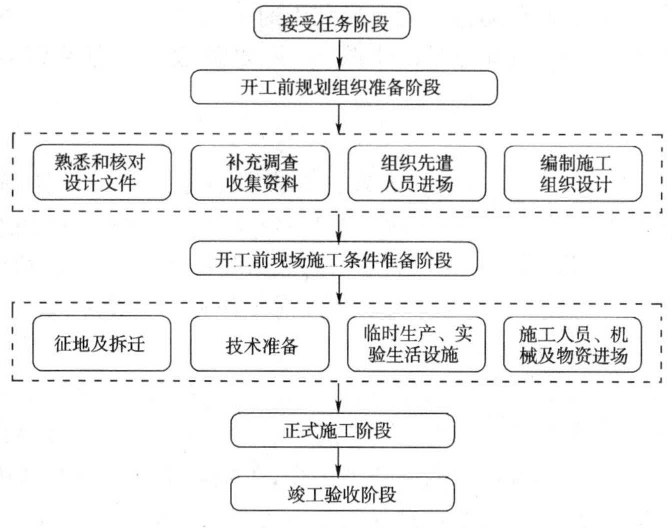

图 1-7 公路施工过程示意图

下面对各个阶段的主要工作进行简要介绍。

(一)接受施工任务

承包人获得施工任务通常有两种方式:一是由上级主管单位统一安排任务,按行政隶属关系下达计划(突发性的抢险救援任务);二是自行对外投标,中标后获得任务。随着我国改革开放的深入和社会主义市场经济体制的形成和发展,目前施工任务主要以参加投标的方式在建筑市场的竞争中获得。

获得施工任务,从法律角度讲,是以签订工程承包合同加以确认的。因此,承包人接受的工程项目,必须与项目业主签订工程施工承包合同,明确双方的经济、技术责任,互相制约,互相促进,共同保证按质、按量、按期完成工程项目的建设任务。合同一经签订,就具有法律效率,双方均应认真履行。

(二)开工前的规划组织准备

承包人的前期施工准备工作烦琐,涉及面广,必须有计划、按步骤、分阶段地进行,才能在较短的时间内为工程开工创造必要的条件。准备工作的基本任务是：了解施工的客观条件，根据工程的特点、进度要求，合理安排施工力量，从人力、物力、技术和施工组织等方面为工程施工提供一切必要的条件。

开工前的施工准备工作分为战略性的规划组织和战术性的现场条件准备两大部分内容。前者是总体的部署，后者是具体的落实。其主要内容包括以下几个方面：

1. 熟悉和核对设计文件

设计文件是工程施工最重要的依据，组织技术人员熟悉和了解设计文件，是为了明确设计者的设计意图，掌握图纸、资料的主要内容及有关的原始资料。此外，从设计到施工通常都要间隔一段时间，勘测设计时的原始自然状况也许会由于各种原因有所变化，因此，必须对设计文件和图纸进行现场核对。

2. 补充调查资料

进行现场补充调查，是为优化和修改设计、编制实施性施工组织设计、因地制宜地布置施工场地等而收集资料。调查的主要内容有：工程地点的地形、地质、水文、气候条件；自采加工材料场储备，地方生产材料情况，施工期间可供利用的房屋数量；当地劳动力资源，工业生产加工能力，运输条件和运输工具；施工场地的水源、水质、电源，以及生活物资供应状况；当地民俗风情、生活习惯等。

3. 组织先遣人员进场

公路施工需要调用大量人员、材料和机械设备，施工先遣人员的任务，就是结合施工现场的实际情况，具体落实施工队一旦进入工地后在生产、生活、环境等方面必须解决的问题。对施工中涉及其他部门的问题，做好联系、协调工作，签订相应的会谈纪要、协议书或合同。同时还要及时与当地政府取得联系，积极争取地方政府对工程施工的支持。

4. 编制实施性施工组织设计和施工预算

实施性施工组织设计是指导施工的重要技术文件。公路施工系野外作业，又是线性工程，各地自然地理状况和施工条件差异较大，不可能采用一种定型的、一成不变的施工方案和施工方法，每项工程的施工均需要通过深入细致地工作，个别确定施工方案和施工组织方法。因此，必须认真做好实施性施工组织设计，并编制相应的施工预算。

（三）开工前的现场条件准备

承包人经过现场核对后，应依据设计文件和实施性施工组织设计，认真做好施工现场的准备工作。包括：征地拆迁，技术准备工作，建立临时生产、生活设施，以及人员、机具、材料的陆续进场。

上述各项具体准备工作完成后，即可向项目业主或监理工程师提出开工申请。开工申请必须按规定的格式编写，并按上级要求或工程合同规定的最后日期之前提出。施工准备工作未做好，不得提出开工申请。

必须指出，施工准备工作不仅在施工前进行，它还贯穿于整个施工过程之中，因为构成公路工程的路基、路面、桥涵等各项工程，各有其不同的施工方法和工艺要求，且在时间上和空间上又都存在相互制约和相互影响的因素。故在各项工程施工之前，必须认真细致地做好相应的现场准备工作。

（四）工程施工

在施工准备工作完成、提交开工申请并被批准之后，才能开始正式施工。施工应严格按照设计图纸进行，如需变更，必须事先按规定程序报经批准。要按照施工组织设计确定的施工方法、施工顺序及进度要求进行施工。各分项工程，特别是地下工程和隐蔽工程，要逐道工序检查合格，做好施工原始记录，才能进入下一道工序的施工。施工要严格按照设计要求和施工技术规范、验收规程进行，保证质量，安全操作，不留隐患，发现问题，及时解决。

公路工程施工是一项复杂的系统工程，必须科学合理地组织，建立正常、文明的施工秩序，有效地使用人力、物力和财力。施工方案要因地制宜、结合实际，施工方法要先进合理、切实可行。施工中既要注意工程质量和施工进度，又要注意保护环境、安全生产，确保优质、高效、低耗、安全地全面完成施工计划任务。

(五)竣工验收

建设项目按设计要求建成后，承包人应自行初验，项目建设单位组织交工验收。经初验符合设计要求，并具备相应的施工文件资料，国土、审计、质检、环保、档案局等职能部门确认和鉴定，质量缺陷责任期满，应及时报请上级单位组织竣工验收。

根据建设项目的规模大小，分别由交通运输部或省、自治区、直辖市交通行政主管部门组织验收。参加竣工验收的人员应包括主管部门、公路管理机构、项目法人、竣工验收组代表、质量监督、造价管理、设计、施工、监理、接管养护、当地有关部门代表以及特邀专家。

竣工验收工作以设计文件为依据，按照国家有关规定，分析检查结果，评定工程质量等级，形成竣工验收鉴定书，并经竣工验收委员会签认。

竣工验收之前，项目建设单位和各从业单位应认真做好工程施工总结，并做好各项竣工文档的编制工作，这些工作属于项目文件资料归档的重要组成部分。

二、公路工程施工的特点

公路工程施工是一种生产计划和生产管理都比较难的生产形态，属于项目式生产范畴。它与工农业生产相比，具有如下特点。

(1)公路是固定在土地上的构筑物，而施工生产是流动的，所以公路工程施工组织是复杂的，这是区别于工业生产的最根本的特点。由于公路工程的固定性，就需要把众多的劳力、施工机具、材料，在时间和空间上加以合理的组织，从而使它们在线形的施工现场按照科学的施工顺序流动，不致互相妨碍而影响施工，这是施工组织的重要内容。

(2)公路工程是根据具体的设计来建造的，而构成公路的各项工程各有不同的功能要求和施工方法，使得各项工程具有各自不同的结构和造型。由于其施工生产的单件性和工程结构的多样性，导致施工组织是多变的，因而一般不能采用固定不变的施工模式，要按照不同的工程对象，采用不同的施工工艺和施工组织方法进行。所以，要求施工设备和作业人员必须具有较强的适应性，职工要有高度熟练的技能。只有做好施工组织工作，方能合理地调配各种资源，保证工程施工的顺利进行。

(3)公路工程规模大、建设周期长，施工组织工作是非常艰巨的。由于规模大，需要消耗大量的人力和物力；施工组织工作不仅要做好开工年度的安排，而且要对以后各年度亦应作出统筹部署，同时还要考虑各种不同工程之间的开竣工的衔接，只有这样，才能保证公路工程施工生产连续且有序地进行。

(4)公路工程是在露天施工，有些是在高空和地下作业，受气候和自然条件的影响与制约，决定了公路施工组织工作的特殊性和不能全年连续均衡地进行施工生产。故在施工组织中，要对雨季、冬季和高温季节采取特殊的技术措施和施工方法，在高空和地下作业则要采取必要的防护措施，以确保工程质量和施工安全。同时，为了尽可能连续而均衡地进行施工生产，在施工安排上要注意避免气候、自然条件对施工生产所产生的不利影响。如雨季就不要安排桥涵水下工程施工，这样可减少防洪围水工作，达到节约费用、保证工程质量的目的。

综上所述，公路工程施工的特点，集中表现在施工条件复杂多变，它给施工生产活动带来很大的困难，故要求针对公路工程的不同对象、不同的施工条件，从实际出发，稳妥而科学地做好施工组织工作。

三、公路工程施工组织的基本原则

公路工程施工组织是指按照国家批准的公路基本建设计划、设计文件、招标承包合同的各项规定和要求，对拟建的公路建设项目的施工进度、质量、造价、安全等各方面作出最优的计划安排，合理配置资源，制订节约和综合利用资源的目标与措施，规定合理的施工程序，使公路工程施工具有科学性，保证公路工程施工的顺利进行，从而提高投资效益。

编制施工组织设计时，要充分考虑施工生产过程中的连续性、平行性、协调性和均衡性的相互关系，它是公路工程施工作业的基本组合方式，是作为计算分析和合理配置各种资源的重要依据。

1. 连续性

连续性是指施工生产过程中的各阶段、各工序之间在时间上是紧密衔接的，不发生任何不合理的中断现象，这是提高劳动效率的重要条件。

2. 平行性

平行性是指施工生产过程中的各项施工生产活动，在时间上和空间上应尽可能地平行进行，这是充分利用工作面的有效途径。

3. 协调性

协调性是指施工生产过程中的各阶段、各个工序之间在人员和设备上要保持适当的比例关系，不致发生不配套、不平衡、相互脱节的现象，从而充分调动职工的生产积极性，不断提高设备的利用率。

4. 均衡性

均衡性是指在整个建设工期及其各个施工生产环节中，任务完成平衡，工作负荷相对稳定，不出现时松时紧、忙闲不均、赶工突击等现象。

施工生产过程中的连续性、平行性、协调性和均衡性的根本目的，是为了建设工程能够最经济地实施，从而避免突击性施工，其经济效果具体表现在以下几个方面。

(1)可以合理地最低限度地配置施工现场各类人员的人数，既保证施工生产需要，又避免频繁调动，窝工浪费。

(2)可使施工用的机械设备、工具、周转性消耗材料等减少到最低限度，并能尽量重复使用，节约费用。

(3)可以减少因施工过程中阶段性的停工、待料，以及由于其他原因而引起的工人、机械设备的时间损失，从而避免造成浪费。

(4)可以合理地减少临时设施和现场管理费用。

(5)可以实现优质高产、安全生产和文明施工。

第二章　工程材料与工程机械

广义的建筑材料是指用于建造建筑物和构筑物的所有材料，是原材料、半成品、成品的总称。狭义的建筑材料是指直接构成建筑物和构筑物实体的材料。

公路基本建设工程中使用的各种材料，品种规格繁多，性能各异。按其来源可分为外购材料、地方性材料和自采加工材料三部分；按其在设计和施工生产过程中所起的作用，则又可以划分为主要材料、次要材料、辅助材料、周转性材料及金属设备等五大类。

在公路基本建设工程中，施工机械占有极其重要的地位，选用优质高效的施工机械，组织机械化施工，对于保证工程质量，降低工程造价，加快施工进度，减轻工人劳动强度，起着十分重要的作用。

施工机械种类较多，按机械的自重可分为特大型、大型、中型、小型等；按作业对象可分为土、石方机械，路面工程机械，混凝土及灰浆机械，水平运输机械，起重及垂直运输机械等；按定额综合范围分为主要机械和小型机具等；按行走装置不同可分为履带式和轮胎式；按驱动力可分为机动和电动等。

公路建设中主要的土石方机械有：推土机、铲运机、挖掘机、装载机、平地机、拖拉机、压路机、夯土机、凿岩机、锻钎机等。

第一节　材料的分类

一、按材料来源分

(1)外购材料：指由项目法人按合同规定直接供应的材料和大部分由承包人自行在市场上采购的材料，如钢材、水泥、化工材料、五金、燃料、沥青、木材等。

(2)地方性材料：指砂、石、灰、砖、瓦等材料。

(3)自采加工材料：主要是指由公路承包人自行组织人员进行采集加工的砂、石、黏土等自采材料。

二、按材料在设计和施工生产过程中所起的作用分

(1)主要材料：主要是指公路基本建设工程中使用的构成产品或工程实体的各种量大或昂贵的材料，如钢材、水泥、石油沥青、石灰、砂子、石料等。

(2)次要材料：主要是指相对于主要材料而言，用量较少的各种材料，如电焊条、铁钉、铁丝等。

(3)周转性材料：主要是指在施工生产作业过程中，可以反复多次地周转使用的材料，如模板、脚手架、支架、拱盔、钢轨、钢丝绳、铁件以及配套的附件等。

(4)辅助材料:主要是指有助于产品和工程实体的形成或便于施工生产的顺利进行而使用的材料,它们不构成公路基本建设工程的实体,如油燃料、氧气、脱模剂、减水剂及机械的各种零配件等。

(5)金属设备:主要是指公路基本建设工程中,用定型或现场加工制作的金属构件制作拼装而成的常用的可周转使用的金属设备,如单双导梁、跨墩门架、悬臂吊机、悬浇挂篮、提升架等。

三、建筑材料的物理性质

1. 密度

密度指材料在绝对密实状态下单位体积的质量,按下式计算:

$$\rho = \frac{m}{V} \tag{2-1}$$

式中:ρ——密度(g/cm^3、kg/m^3);

m——材料在干燥状态的质量(g、kg);

V——材料的绝对密实体积(cm^3、m^3)。

材料的绝对密实体积是指固体物质所占体积,不包括孔隙在内。密实材料如钢材、玻璃等的体积可根据其外形尺寸求得。

相对密度(比重)是用材料的质量与同体积水(4℃)的质量的比值表示。

2. 表观密度

表观密度指材料在自然状态下单位体积的质量,按下式计算:

$$\rho_0 = \frac{m}{V_0} \tag{2-2}$$

式中:ρ_0——表观密度(kg/m^3);

m——材料质量(kg);

V_0——材料在自然状态下的外形体积(m^3)。

材料在自然状态下的体积,包括材料内部孔隙在内的体积。外形规则的材料可根据外形尺寸计算出体积,外形不规则的颗粒材料,可使其饱水后,再用排水法测得颗粒体积。

3. 堆密度

堆密度也称堆积密度,指粉状或粒状材料,在自然堆积状态下单位体积的质量。材料的堆积体积包括材料内部孔隙和松散材料颗粒之间的空隙在内的体积。堆密度按下式计算:

$$\rho'_0 = \frac{m}{V'_0} \tag{2-3}$$

式中:ρ'_0——堆密度(kg/m^3);

m——材料质量(kg);

V'_0——材料的堆积体积(m^3)。

常用材料的密度、表观密度和堆密度见表2-1。

常用材料的密度、表观密度和堆密度　　表 2-1

材　料	密度(g/cm^3)	表观密度(kg/m^3)	堆密度(kg/m^3)
石灰岩	2.6	1 800 ~ 2 600	—
花岗岩	2.6 ~ 2.8	2 500 ~ 2 900	—
碎　石	2.6	—	1 400 ~ 1 700
卵　石	2.6	—	1 500 ~ 1 700
黏　土	2.6	—	1 600 ~ 1 800
普通黏土砖	2.5 ~ 2.8	1 600 ~ 1 800	—
黏土空心砖	2.5	1 000 ~ 1 400	—
水　泥	3.1	—	1 200 ~ 1 300
普通混凝土	—	2 100 ~ 2 600	—
轻骨料混凝土	—	800 ~ 1 900	—
木　材	1.55	400 ~ 800	—
钢　材	7.85	7 850	—
泡沫塑料	—	20 ~ 50	—

4. 密实度

建筑工程中常用的材料是固体材料，其体积由固体物质和孔隙体积组成，它们所占的比例均能说明材料的密实程度。

密实度指材料体积内被固体物质所充实的程度，按下式计算：

$$D = \frac{\rho_0}{\rho} \times 100\% \tag{2-4}$$

式中：D——密实度(%)；

ρ_0——表观密度(g/cm^3)；

ρ——密度(g/cm^3)。

5. 孔隙率

孔隙率指材料体积内孔隙体积所占的比例，按下式计算：

$$P = \left(1 - \frac{\rho_0}{\rho}\right) \times 100\% \tag{2-5}$$

式中：P——孔隙率(%)；

ρ_0——表观密度(g/cm^3)；

ρ——密度(g/cm^3)。

密实度和孔隙率两者之和为 1，两者均反映了材料的密实程度，通常用孔隙率来直接反映材料密实程度。孔隙率的大小对材料的物理性质和力学性质均有影响，而孔隙特征、孔隙构造和大小对材料性能影响较大。构造分为封闭孔隙(与外界隔绝)和连通孔隙(与外界连通)；按孔隙的尺寸大小分为粗大孔隙、细小孔隙、极细微孔隙。孔隙率小，并有均匀分布闭合小孔的材料，建筑性能好。

6. 吸水性

材料吸收水分的能力称为吸水性，吸水性的大小用吸水率表示。吸水率分质量吸水率和体积吸水率。按下式计算材料的吸水率 w_{W_a}。

质量吸水率为:

$$w_{W_a} = \frac{m_1 - m}{m} \times 100\% \tag{2-6}$$

体积吸水率为:

$$w_{Wa\cdot体} = \frac{m_1 - m}{V_0} \times 100\% \tag{2-7}$$

式中:m_1——材料吸水饱和后的质量(g);

m——材料烘干到恒重时的质量(g);

V_0——干燥材料在自然状态下的体积(cm^3)。

材料吸水率的大小与材料的孔隙率和孔隙特征有关。具有细微而连通孔隙的材料吸水率大,具有封闭孔隙的材料吸水率小。当材料有粗大孔隙时,水分不易存留,这时吸水率也小。

轻质材料如海绵、塑料泡沫等,吸收水分后的质量远大于干燥时的质量,这种情况下,吸水率一般要用体积吸水率表示。

7. 吸湿性

材料在潮湿空气中吸收水气的能力称为吸湿性。吸湿性的大小用含水率表示,按下式计算材料的含水率 w_{W_c}:

$$w_{W_c} = \frac{m_{湿} - m}{m} \times 100\% \tag{2-8}$$

式中:$m_{湿}$——材料吸收空气中的水气后的质量(g)。

材料含水率的大小,除与材料本身组织、结构和成分有关外,还与周围环境的湿度、温度有关。当气温低、相对湿度大时,材料的含水率也大。材料的含水率与外界湿度一致时的含水率称为平衡含水率。平衡含水率并不是不变的,它随环境中的温度和湿度的变化而改变,当材料吸水达到饱和状态时的含水率即为材料的吸水率。

材料含水会使材料堆密度和导热性增大、强度降低、体积膨胀,故材料吸水或吸湿后对材料的性能一般是不利的。

8. 耐水性

材料长期在饱和水作用下不破坏,其强度也不显著降低的性质称为耐水性。有孔材料的耐水性用软化系数表示,按下式计算材料的软化系数 $K_{软}$:

$$K_{软} = \frac{f_{饱}}{f_{干}} \tag{2-9}$$

式中:$f_{饱}$——材料在水饱和状态下的抗压强度(MPa);

$f_{干}$——材料在干燥状态下的抗压强度(MPa)。

材料的软化系数在0~1之间波动。因为材料吸水,水分渗入后,材料内部颗粒间的结合力减弱,软化了材料中不耐水成分,致使材料强度降低。所以材料处于同一条件时,一般而言吸水后的强度比干燥状态下的强度低。软化系数越小,材料吸水饱和后强度降低越多,耐水性越差。对重要工程及长期浸泡或潮湿环境下的材料,要求软化系数不低于0.85~0.90。通常把软化系数大于0.85的材料称为耐水材料。

9. 抗冻性

材料在吸水饱和状态下,抵抗多次冻结和融化作用而不破坏,同时也不严重降低强度的性质，称为抗冻性。用“抗冻标号”表示。

冰冻的破坏作用是由材料孔隙内的水分结冰引起的，水结冰后体积增大9%左右，从而对孔壁产生压力而使孔壁开裂。“抗冻标号”表示材料经过规定的冻融次数，其质量损失、强度降低均不低于规定值。如混凝土抗冻标号 D_{15} 号是指所能承受的最大冻融次数为15次（在 -15℃的温度冻结后，再在20℃的水中融化，为一次冻融循环），这时强度损失率不超过25%，质量损失不超过5%。

10. 抗渗性

材料抵抗压力水渗透的性质称为抗渗性，用渗透系数表示，按下式计算：

$$K = \frac{Q \cdot d}{A \cdot t \cdot H} \tag{2-10}$$

式中：K——渗透系数（$mL/cm^2 \cdot s$）；

Q——渗水量（mL）；

d——试件厚度（cm）；

A——表面积（cm^2）；

t——渗水时间（s）；

H——静水压力水头（cm）。

材料的渗透系数越小，其抗渗性能越好。材料抗渗性的好坏，与材料的孔隙率及其特征有密切关系。孔隙率小而且是封闭孔隙的材料，具有较高的抗渗性能。对于常受到压力水作用的地下建筑或水工构筑物，要求材料具有一定的抗渗性。

四、建筑材料的力学性质

1. 强度

强度指在外力（荷载）作用下材料抵抗破坏的能力。当材料承受外力时，内部产生应力，外力逐渐增加，应力也相应增大，直到材料内部质点间的作用力不再能够抵抗这种应力时，材料即破坏，此时的极限应力就是材料的强度。

材料在建筑物中所承受的外力，主要有压、拉、剪、弯四种，因此，材料抵抗外力破坏的强度也分为抗压、抗拉、抗剪、抗弯四种。上述强度都指在静力试验下测得的，又称静力强度，如图2-1所示。

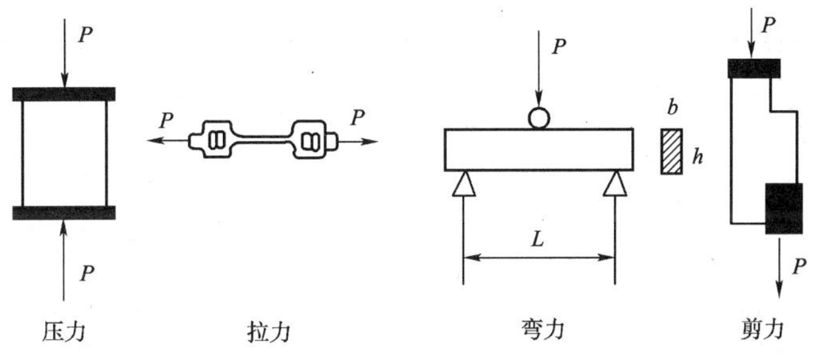

图2-1　材料强度试验示意图

材料抗压、抗拉、抗剪强度按下式计算：

$$f = \frac{P}{F} \tag{2-11}$$

式中：f——强度（MPa）；

P——破坏时最大荷载（N）；

F——受力截面面积（mm^2）。

当外力为作用于构件中央的集中荷载，且构件具有两个支点，材料截面为矩形时，抗弯强度按下式计算：

$$f_m = \frac{3Pl}{2bh^2} \tag{2-12}$$

式中：f_m——材料抗弯强度（MPa）；

P——破坏时最大荷载（N）；

l——两支点之间的距离（mm）；

b——试件截面宽度（mm）；

h——试件截面高度（mm）。

2. 比强度

比强度是按单位质量计算的材料强度，其值等于材料强度对其堆密度的比值，是衡量材料轻质高强性能的重要指标。如普通混凝土 C30 的比强度（0.0125）低于Ⅱ级钢筋的比强度（0.043），说明这两种材料相比混凝土显出质量大而强度低的弱点，应向轻质高强方向改进配置技术。

3. 弹性

弹性是指在外力作用下材料产生变形，外力取消后变形消失，材料能完全恢复原来形状的性质，这种变形属可逆变形，称为弹性变形，见图 2-2。变形数值的大小与外力成正比，其比例系数是材料的弹性模量，用符号 E 表示。在弹性变形范围内，E 为常数。即：

$$E = \frac{\sigma}{\varepsilon} \tag{2-13}$$

式中：σ——材料的应力（MPa）；

ε——材料的应变。

弹性模量是衡量材料在弹性范围内抵抗变形能力的指标，E 越小，材料受力变形越大。

4. 塑性

塑性是指在外力作用下材料产生变形，外力取消后仍保持变形后的形状和尺寸，但不产生裂隙的性质，这种变形称为塑性变形，见图 2-3。

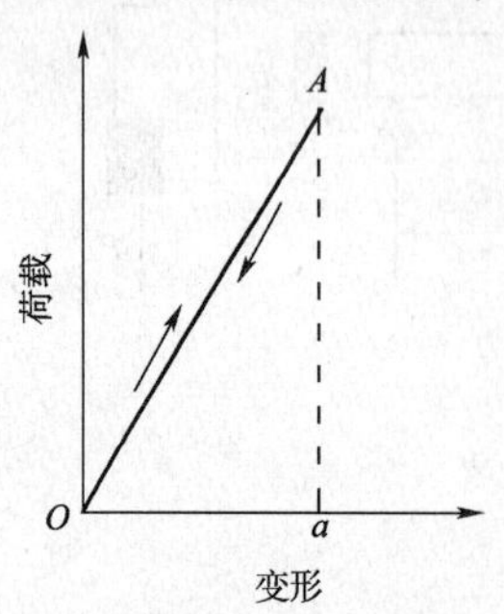

图 2-2　材料的弹性变形曲线

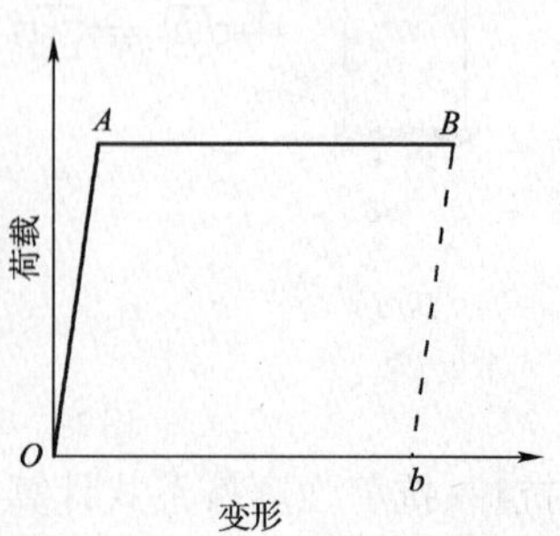

图 2-3　材料的塑性变形曲线

实际工程中，单纯的弹性材料是不存在的，多数材料受力后变形是介于弹塑性变形之间的。当受力不大时，主要产生弹性变形，受力超过一定限度，才产生明显的塑性变形。如混凝土，既具有弹性变形，又具有塑性变形。材料的弹塑性变形见图2-4。

材料的弹性和塑性与材料本身的成分、外界条件有关。如材料在某一特定的温度和外力条件下属于弹性范畴，但当改变其条件时，可能会变成具有塑性性质。

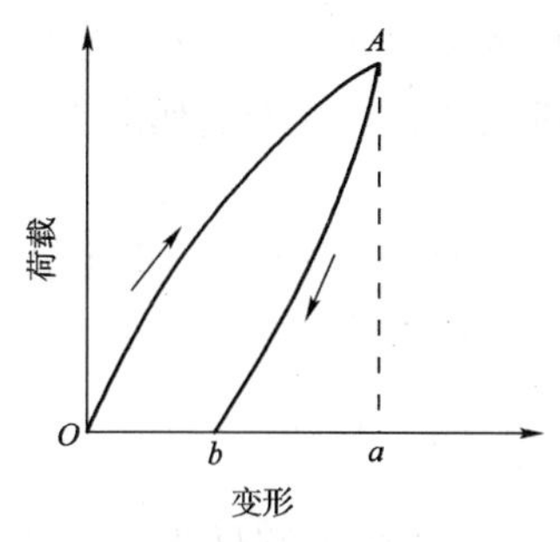

图2-4　弹塑性的变形曲线

第二节　常用工程材料

本节将对公路基本建设工程中常用的工程材料，如钢材、木材、水泥、沥青、砂石材料的性能、规格和标准作简要描述。

一、钢材

公路建设工程中使用的钢材，主要包括板、管、型材，以及钢筋混凝土中的钢筋、钢丝等。钢材具有良好的技术性质，能承受较大的弹塑性变形，加工性能好，因此被广泛使用。

(一)钢材的分类

(1)按冶炼方法分：平炉钢、氧气转炉钢和电炉钢。

(2)按脱氧程度分：镇静钢(代号Z)及特殊镇静钢(代号TZ)(脱氧充分)和沸腾钢(代号F)(脱氧不充分)。

(3)按化学成分分：碳素钢(含碳量小于0.25%的为低碳钢、0.25%～0.60%的为中碳钢、大于0.60%的为高碳钢)和合金钢(合金元素总含量小于5%的为低合金钢、5%～10%的为中合金钢、大于10%的为高合金钢)。

(4)按用途分：结构钢、工具钢和特殊钢(如不锈钢、耐热钢、耐酸钢等)。

(5)按形状分：板材、管材、线材、型材等。

(二)钢材的力学性能

1.抗拉性能

抗拉性能是钢材最重要的性能，表征抗拉性能的主要技术指标有：屈服点、抗拉强度及伸长率。它们均与拉伸试验得出的应力—应变图有关(图2-5)。

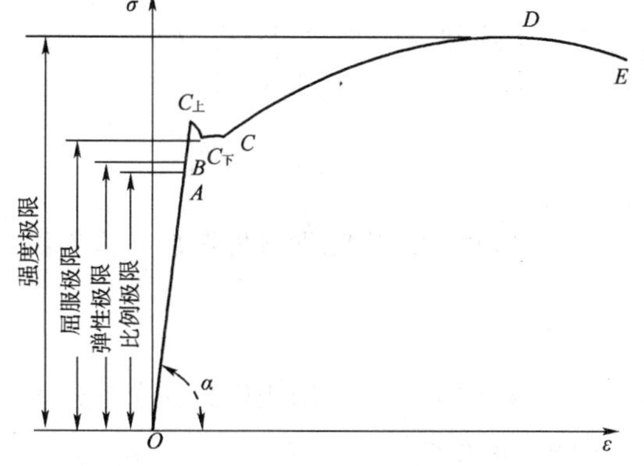

图2-5　应力—应变图

(1)屈服点

拉伸进入塑性变形屈服段BC，称屈服下限$C_{下}$所对应的应力为屈服强度或压服点，记作σ_s。设计时，一般以σ_s作为强度取值的依据。对屈服现象不明显的钢材，规定以产生0.2%残余变形时的应力$\sigma_{0.2}$作为屈服强度。

(2)抗拉强度

应力—应变图中(图2-5)，曲线最高点对

应的应力 σ_b 称为抗拉强度。在设计中,屈强比 σ_s/σ_b 有参考价值。在一定范围内,屈强比小则表明钢材在超过屈服点工作时可靠性高,较为安全。

(3)伸长率

试件在拉断后,其标距部分所增加的长度与原标距长度的百分比,称为伸长率。试件拉断后标距部分的长度以 L_1 表示,原标距长度以 L_0 表示,则伸长率 δ 为:

$$\delta = \frac{L_1 - L_0}{L_0} \times 100\% \tag{2-14}$$

δ 表征了钢材的塑性变形能力。δ 值还与试件的 L_1/d_0 值有关(d_0 为试件直径)。常用 $L_0/d_0 = 5$ 及 $L_0/d_0 = 10$ 两种试件,相应 δ 分别记作 δ_5 与 δ_{10},对同一种钢材,$\delta_5 > \delta_{10}$。

2. 冷弯性能

冷弯性能是指钢材在常温下承受弯曲变形的能力,它表征在恶劣变形条件下钢材的塑性,是钢材的一项重要工艺性能。冷弯性能技术是以试件被弯曲的角度(90°、180°)及弯心直径 d 与试件厚度(或直径)a 的比值(d/a)来表示,见图 2-6。试件按规定条件弯曲,若弯曲处的外表无裂痕、裂缝或起层,即认为冷弯性能合格。

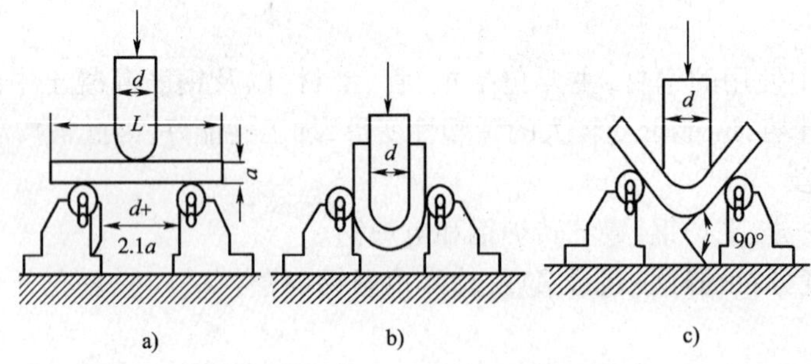

图 2-6 试件冷弯示意图

a)装好的试件;b)弯曲 180°;c)弯曲 90°

3. 冲击韧性

冲击韧性是指钢材抵抗冲击荷载的能力。钢材的化学成分、组织状态、内在缺陷及环境温度等都是影响冲击韧性的重要因素。钢材的冲击韧性随温度的下降而降低,当温度下降到某一范围时,呈脆性断裂,这种现象称为冷脆性。发生冷脆时的温度成为脆性临界温度,其数值越低,说明钢材的低温冲击韧性越好。

4. 抗疲劳性

材料在交变应力作用下,在远低于抗拉强度时突然发生断裂,称为疲劳破坏。疲劳破坏的危险应力用疲劳极限表示,其含义是:试件在交变应力下工作,在规定的周期基数内不发生断裂的最大应力。

5. 可焊性能

可焊性主要指焊接后在焊缝处的性质与母材性质的一致程度。影响钢材可焊性的主要因素是化学成分及含量。

(三)常用建筑钢材

建筑钢材按其用途可分为钢结构用材和钢筋混凝土用材两大类。钢结构用材在公路建设工程中使用较少,大量使用的混凝土用钢材,如钢筋、钢板、钢丝等。

1. 碳素结构钢

碳素结构钢指一般的结构钢,以及工程用的热轧板、管、带、型、棒材。其冶炼方便,成本较低,具有良好的塑性及各种加工性能,以及良好的安全性能。

2. 低合金高强度结构钢

低合金高强度结构钢是在碳素结构钢的基础上,少量添加若干合金元素而成,一般合金元素的总量不超过总量的5%。这类钢具有如下优点:

(1)强度较高,可以减轻钢结构的自重,经济效益好。

(2)具有良好的综合性能,如耐腐蚀、耐低温性好,抗冲击韧性强,使用寿命长等。

(3)易于加工及施工,良好的可焊性及冷加工性为施工提供方便。

3. 型钢与钢板

在建筑工程中大量使用各种规格与型号的型钢,常用的热轧型钢有:角钢(等边和不等边)、工字钢、槽钢、T型钢、H型钢、Z型钢等。热轧型钢的标记需标出型钢名称、横断面主要尺寸、型钢标准及钢号与钢种标准。如用碳素钢Q235-A轧制的、尺寸为160×160×16(mm)的等边角钢,应标示为:

$$\text{热轧等边角钢}\ \frac{160\times160\times16-\text{GB9787}-88}{\text{Q235}-\text{AGB700}-88}$$

用光面轧辊轧制而成的扁平钢材,以平板状态供货的称为钢板,以卷状供货的称为钢带,可用热轧或冷轧方式生产。

热轧钢板按厚度可分为中厚板(厚度大于4mm)和薄板(厚度为0.35~4mm)两种,冷轧钢板只有薄板(厚度为0.2~4mm)一种。

4. 钢筋

钢筋是建筑工程中使用量最大的钢材品种之一,其材质包括普通碳素钢和普通低合金钢两大类。常用的有:热轧钢筋、冷加工钢筋以及钢丝、钢绞线等。

(1)热轧钢筋

钢筋混凝土结构对热轧钢筋的要求是机械强度较高,具有一定的塑性、韧性、冷弯性与可焊性。热轧钢筋按屈服点和抗拉强度分为Ⅰ、Ⅱ、Ⅲ、Ⅳ四个等级,其中Ⅰ级钢筋用碳素结构钢轧制,其余用低合金结构钢轧制。Ⅰ级钢筋强度较低,但塑性及可焊性好,便于冷加工,广泛用作普通混凝土中的非预应力钢筋;预应力钢筋应优先选用Ⅳ级钢筋,也可选用Ⅱ级或Ⅲ型钢筋。

(2)冷加工钢筋

在常温下对钢筋进行机械加工(冷拉、冷拔、冷轧),使其产生塑性变形,从而达到提高强度(屈服点)、节约钢材的目的,这种方法称为冷加工。经冷加工后,钢筋塑性、韧性均有所下降。

冷拉Ⅱ、Ⅲ、Ⅳ级钢筋强度较高,可用作预应力混凝土结构的预应力筋。冷拉钢筋不宜用于负温及承受冲击或重复荷载的结构,因为冷拉钢筋的塑性、韧性较差,易发生脆断。

常用钢筋每米理论质量见表2-2。

每米钢筋理论质量表　　表2-2

钢筋直径(mm)	6	8	10	12	16	20	22	25	30
每米重(kg)	0.222	0.395	0.617	0.888	1.578	2.466	2.984	3.853	5.549

(四)钢材的防锈

当钢材表面与环境介质发生各种形式的化学作用时,就可能遭到腐蚀。如与 O_2、SO_2、H_2S 等腐蚀性气体作用而被氧化。腐蚀的结果是:在钢材表面形成疏松的氧化物,或称为生锈。一般来讲,钢材的锈蚀会降低其性能,使钢结构断面减小,因而承载能力降低,甚至由于局部腐蚀引发应力集中,导致钢结构突然破坏,造成严重后果。

防止钢材锈蚀的方法通常是采用表面刷防锈漆。常用底漆有:红丹、环氧富锌漆、铁红环氧漆等;面漆有:灰铅油、醇酸磁漆、酚醛磁漆等。薄壁钢材可采用热浸镀锌或镀锌后加涂塑料涂层,这种方法防锈效果好,但造价高。

二、水泥

水泥是公路工程中最主要和使用最广泛的一种水硬性无机胶结材料。根据国家颁布实行的新的强制性标准《通用硅酸盐水泥》(GB 175—2007)。国家颁布实行的新标准中水泥品种的强度等级划分见表 2-3。

新标准中水泥品种的强度等级划分　　表 2-3

水泥名称	强度等级							
硅酸盐水泥	—	—	42.5	42.5R	52.5	52.5R	62.5	62.5R
普通水泥	32.5	32.5R	42.5	42.5R	52.5	52.5R	—	—
矿渣水泥	32.5	32.5R	42.5	42.5R	52.5	52.5R	—	—
火山灰水泥	32.5	32.5R	42.5	42.5R	52.5	52.5R	—	—
粉煤灰水泥	32.5	32.5R	42.5	42.5R	52.5	52.5R	—	—
复合水泥	32.5	32.5R	42.5	42.5R	52.5	52.5R	—	—

1. 主要指标

(1)密度

密度指水泥在自然状态下单位体积的质量。分松散状态下的密度和紧密状态下的密度两种。松散状态下密度为 900 ~ 1 300kg/m³,紧密状态下密度为 1 400 ~ 1 700kg/m³,通常采用1 300kg/m³。

(2)细度

细度表示水泥颗粒的粗细程度。水泥的细度直接影响水泥的活性和强度,颗粒越细,与水反应的表面积越大,水化速度越快,早期强度越高,但硬化收缩较大,且粉磨时耗能大,成本高。而颗粒过粗,又不利于水泥活性的发挥,且强度低。新标准规定,硅酸盐水泥比表面积大于 300m²/kg,其他水泥 80μm 方孔筛筛余不得超过 10.0%。

(3)凝结时间

凝结时间分初凝时间和终凝时间。水泥从加水拌和起(调成标准稠度)到水泥浆失去塑性所需的时间,称为初凝时间。水泥从加水拌和起到水泥浆完全失去塑性开始产生强度所需的时间称为终凝时间。水泥凝结时间在建设工程施工中具有重要意义,初凝时间不宜过短,终凝时间不宜过长。初凝时间不合要求,该水泥报废;终凝时间不合要求,该水泥视为不合格产品。新标准规定,硅酸盐水泥的初凝时间不得早于 45min,终凝时间不得迟于 6.5h;其他水泥初凝时间不得早于 45min,终凝时间不得迟于 10h。

(4)安定性

水泥在硬化过程中,体积变化的均匀性称为水泥的安定性。安定性不良会导致构件(制品)产生膨胀性裂纹或翘曲变形,造成质量事故。引起安定性不良的主要原因是熟料中游离氧化钙或游离氧化镁过剩或石膏掺量过多。安定性不合格的水泥应按废品处理,不得用于工程建设。

(5)强度

水泥强度是指胶砂的强度,而不是净浆的强度,水泥强度的等级按规定龄期的抗压强度和抗折强度来划分,各强度等级水泥的各龄期强度不得低于表2-4的数值。水泥强度的法定计量单位为“兆帕”(MPa)。

硅酸盐水泥、普通水泥各龄期强度值　　表2-4

品　种	强度等级	抗压强度(MPa)		抗折强度(MPa)	
		3d	28d	3d	28d
硅酸盐水泥	42.5	17.0	42.5	3.5	6.5
	42.5R	22.0	42.5	4.0	6.5
	52.5	23.0	52.5	4.0	7.0
	52.5R	27.0	52.5	5.0	7.0
	62.5	28.0	62.5	5.0	8.0
	62.5R	32.0	62.5	5.5	8.0
普通水泥	32.5	11.0	32.5	2.5	5.5
	32.5R	16.0	32.5	3.5	5.5
	42.5	16.0	42.5	3.5	6.5
	42.5R	21.0	42.5	4.0	6.5
	52.5	22.0	52.5	4.0	7.0
	52.5R	26.0	52.5	5.0	7.0

水泥强度按照《水泥胶砂强度检验方法(ISO法)》(GB 17671—1999)的规定:按一份水泥、三份标准砂、半份水(水灰比为0.5)的质量配合比制成胶砂试件,在标准温度20℃ ±1℃的水中养护,测得3d和28d的试件抗压强度和抗折强度,根据试验结果确定水泥的强度等级。

水泥的强度,主要决定于熟料的矿物组成及细度,另外水泥中混合材料的数量和质量、石膏掺入量以及试件的制作、使用外加剂及改变养护条件对水泥强度也有影响。

(6)水化热

水泥加水后,发生水化作用逐渐凝结硬化放出的热量,称为水泥的水化热。水化热与水泥矿物成分、细度、掺入的外加剂品种、数量、水泥品种及混合材料掺量有关。水泥的水化热主要在早期释放,后期逐渐减少。

对大型基础、桥墩等大体积混凝土工程,由于水化热积聚在内部不易发散,使内部温度上升到50~60℃以上,内外温差引起的应力使混凝土可能产生裂缝,因此水化热对大体积混凝土工程是不利的。

2. 外加剂

水泥可掺入各种外加剂,按其使用功能可以分为减水剂、早强剂、引气剂、膨胀剂、速凝剂、缓凝剂、防锈剂等。

(1)减水剂

减水剂是指在保持混凝土稠度不变的条件下,具有减水增强作用的外加剂。它是一种表面活性剂,加入混凝土中能对水泥颗粒起分散作用,从而把水泥凝聚体中所包含的水释放出来,使水泥达到充分水化。

在混凝土中掺用减水剂可达到下列效果:

①在保持坍落度不变的情况下,可降低单位混凝土用水量 5% ~25%,提高混凝土的早期强度,同时改善混凝土的密实度,提高耐久性。

②在用水量不变的情况下,可降低水灰比,改善混凝土和易性,有利于泵送、滑模、喷射等混凝土新工艺的施工。

③在保持混凝土强度及和易性基本相同的情况下,可节约水泥用量 5% ~20%。

④对抗渗、抗冻等各项性能均有所改善。

常用的减水剂品种有:木质素磺酸类普通减水剂(如木质素磺酸钙,简称木钙粉,M 型),适宜掺量为水泥质量的 0.2% ~0.3%,在保持坍落度不变的情况下,减水率为 10% ~15%,在相同强度和流动性要求下,节约水泥 10% 左右;高效减水剂(如 NNO 减水剂),适宜掺量为水泥质量的 1% 左右,在保持坍落度不变的情况下,减水率为 14% ~18%,在相同强度和流动性要求下,节约水泥 15% 左右。

(2)早强剂

早强剂是指能提高混凝土早期强度,并对后期强度无显著影响的外加剂。通过对水泥水化过程所产生的综合的物理、化学作用,能显著提高混凝土拌和物的工艺性能和硬化混凝土的物理力学性能。早强剂多用于抢修工程和混凝土的冬季施工。

目前常用的早强剂有:氯盐(氯化钙 $CaCl_2$ 和氯化钠 NaCl)、硫酸盐(硫酸钠 Na_2SO_4,又称元明粉)、三乙醇胺[$N(C_2H_4OH)_3$]和以它们为基础的复合早强剂。

(3)引气剂

引气剂是在混凝土搅拌过程中,能引入大量分布均匀的微小气泡,阻塞有害的毛细孔通道,从而减少拌和物的泌水离析,改善和易性,提高抗渗性、抗冻性和耐久性。

常用的引气剂主要有:松香树脂类(如松香热聚物、松香皂)、烷基苯磺酸盐类(烷基苯磺酸盐、烷基苯酚聚氧乙烯醚)和脂肪醇磺酸盐类以及蛋白质盐、石油磺酸盐等。其掺入量均十分微小,一般为水泥用量的 0.05‰~0.15‰。

(4)膨胀剂

膨胀剂是指与水泥、水拌和后经水化反应生成钙矾石、钙矾石氢氧化钙或氢氧化钙,使混凝土产生膨胀的外加剂。主要用于补偿混凝土收缩,常与减水剂一起配制地脚螺栓灌浆料,设备安装时的坐浆材料及混凝土接头等,还可用于防水工程,防止大体积混凝土的收缩裂缝,也可用于预应力混凝土,调整掺量以控制膨胀值。

常用的膨胀剂主要有:硫铝酸钙类、硫铝酸钙—氧化钙类和氧化钙类。

(5)速凝剂

速凝剂主要用于冬季滑模施工及喷射混凝土等需要速凝的混凝土工程。

(6)缓凝剂

缓凝剂是指延缓混凝土凝结时间,并对后期强度发展无不利影响的外加剂,主要用于大体积混凝土、炎热条件下施工的混凝土或长距离运输的混凝土和某些在施工操作上需要保持较长处理混凝土时间的项目。

常用的缓凝剂主要有：糖类（如钙糖）、木质素磺酸盐类（如木质素磺酸钙、木质素磺酸钠）以及羟基羟酸及其盐类和无机盐类，还有胺盐及其衍生物、纤维素醚等。

（7）防锈剂

防锈剂又称阻锈剂或缓蚀剂。采用氯化物作早强剂时，需要同时加入防锈剂，防止对钢筋的锈蚀。

混凝土中掺入外加剂时，必须了解不同外加剂的性能、相应的使用条件、产品说明，不能盲目使用，使用不当（如剂量过大）或拌和不均匀会酿成质量事故，应特别加以注意。

三、木材

木材由树皮、木质部及髓心组成。木质部是主要使用部分。髓心为树干的中心，细胞已无生命机能，故强度低、易腐朽。在髓心外的年轮中密实者称为夏材（晚材，生长于夏秋季，颜色较深），而疏者称为春材（早材）。木材中夏材部分越多则强度越高，质量越好。

1. 木材的分类

（1）按树种分为针叶树材和阔叶树材两类。

针叶树材：树叶细长如针，树干通直高大，纹理平顺、材质均匀、耐腐蚀、易加工，多为常绿树。材质一般较软，有的含树脂，故又称软材，是建设工程中的常用材料。如红松、落叶松、云杉、冷衫、衫木、柏木等都属此类。

阔叶树材：树叶宽大，叶脉成网状，大都为落叶树，材质一般较坚硬，故又称硬材。硬材易翘曲开裂、难加工，但有些纹理美丽，可用于装修等。如樟木、榉木、水曲柳、青冈、柚木、山毛榉、色木等都属此类。也有少数质地较软的，如桦木、缎木、山杨、青杨等属于此类。

（2）按材种分类可分为原条、原木、锯材、枕木。

原条指已经除去皮、根、树梢的木料，但尚未按一定尺寸加工成规定的材类。

原木指已经除去皮、根、树梢的木料，并已按一定尺寸加工成规定直径和长度的材料。

锯材指已经加工锯解成材的木料，如枋料、板料。

枕木指按枕木断面和长度加工而成的成材。主要供铁路用的枕木。

2. 木材的物理力学性质

（1）含水率

木材内部所含水分有两种，即吸附水（存在于细胞壁内）与自由水（存在于细胞腔与细胞间隙中）。当木材中细胞壁内被吸附水充满而细胞腔与细胞间隙中没有自由水时，该木材的含水率被称为纤维饱和点，一般为20% ~35%。纤维饱和点是木材物理力学性质发生改变的转折点，是木材含水率是否影响其强度和干缩湿胀的临界值。

（2）干缩湿胀

木材具有显著的干缩湿胀性，这是由于细胞壁内吸附水含量的变化引起的。当木材由潮湿状态干燥到纤维饱和点时，其尺寸不变，而继续干燥到其细胞壁中吸附水开始蒸发时，则木材开始发生体积收缩（干缩）。相反，当干燥木材吸湿时，随着吸附水的增加，木材将发生体积膨胀（湿胀），直到含水率达到纤维饱和点为止，此后，尽管木材含水率会继续增加，即自由水增加，但体积不再发生变化。

一般来讲,体积密度大,夏材含量高者胀缩性较大。按方向说,顺纹方向胀缩最小,径向较大,弦向最大(可达6%～12%)。防止胀缩最常用的方法是对木材进行预干燥,达到估计的平衡含水率时再进行加工使用。

(3)强度

木材的强度有抗拉、抗压、抗弯和抗剪四种,而且均具有明显的方向性。抗拉、抗压、抗弯强度均为顺纹方向的强度大于横纹方向的强度,抗剪强度则是横纹方向大于顺纹方向(可达4～5倍)。木材各种强度的关系见表2-5。

木材各种强度的比例关系　　表2-5

挤压		抗拉		抗弯	抗剪	
顺纹	横纹	顺纹	横纹		顺纹	横纹
1	$\frac{1}{10}$～$\frac{1}{3}$	2～3	$\frac{1}{20}$～$\frac{1}{3}$	$1\frac{1}{2}$～2	$\frac{1}{7}$～$\frac{1}{3}$	$\frac{1}{2}$～1

3.木材的特性

(1)质量轻且强度高。木材的体积密度约为550kg/m^{3}左右,其顺纹抗拉强度和抗弯强度约为100MPa。因此,木材属轻质高强材料,使用范围可扩展到结构材料。

(2)具有良好的弹性和韧性,抗冲击荷载与振动能力强。

(3)具有良好的保温隔热性能,导热系数多在0.30W/(m·K)左右。

(4)多有美丽的天然纹理,装饰效果好。

(5)耐久性好,在通风干燥条件下,维持千年仍可完好。

(6)易于加工,适于锯、刨、雕刻、钉、粘,可生产多种制品。

木材的主要缺点是:易腐、易燃,各向异性、胀缩变形大,天然疵病多。

我国森林资源不足,人均木材蓄积量不足世界平均数的1/6,因此,生产和使用人造木材,是综合利用资源和保护生态环境的有力措施。不仅可以大大提高森林资源的有效利用率,而且减少了废弃物造成的环境污染,还使对生态环境有巨大影响的森林消耗得到一定的遏止,从而产生积极的生态效益。

四、沥青

沥青按其产源可分为地沥青和焦油沥青两大类。

地沥青又分为石油沥青和天然沥青两种。石油沥青是石油原油提炼出汽油等之后的残渣,经过加工而得的副产品;天然沥青是石油在地壳中经过长时间天然因素的影响而形成的产物。焦油沥青,俗称柏油,是由各种有机物(如煤、页岩等)干馏而得到的焦油,经过再加工而获得的副产品,因为有机物的不同,分为煤沥青和页岩沥青等。

乳化沥青是将黏稠的石油沥青加热至流动态,经机械力作用形成细小的微粒,分散在有乳化剂和稳定剂的水中,形成均匀稳定的乳状液。乳化沥青的主要优点是不需要加热可直接用于施工,受低温季节影响较小,常温下洒布均匀;可用于铺筑封层、表层处治、贯入式、沥青碎石、沥青混凝土等路面。其缺点是路面成型时间长,稳定性差。

改性沥青是指掺加了橡胶、树脂类高分子聚合物等改性剂,或对沥青轻度氧化加工改善其性能等措施改善沥青的力学性能,增强其在高温下稳定、耐疲劳和低温抗裂性。

公路路面工程中常用的有石油沥青、煤沥青、乳化沥青和改性沥青。

五、砂石

砂、石材料是公路工程中使用广泛的材料。岩石的地质分类分为火成岩、水成岩和变质岩三种，其造岩矿物主要是由石英、长石、云母、深色矿物、高岭土、碳酸钙、碳酸镁、白云石和石膏等所组成。岩石的生成条件，决定着各类岩石的构造特性，而岩石的构造特性又决定着岩石的一系列重要性质，也就决定着各种石材在工程上的使用范围和条件。

天然石材主要有花岗岩、石灰岩、砂岩、大理岩等几种。公路工程中用的主要有粗料石、细料石和片、块石等。

1. 碎石

碎石一般采用石灰岩、白云岩、花岗岩、砂岩、石英岩、玄武岩等，经人工或机械破碎而成。碎石的颗粒形状对混凝土的质量影响甚为重要，最好的颗粒形状是接近正方形的小立方体石块，片状或针形者都不宜用以拌制高强度混凝土。

路面用碎石最大粒径常用1.5cm、2.5cm、3.5cm、5cm、6cm、7cm、8cm，桥梁等结构物用碎石最大粒径常用2cm、4cm、6cm、8cm。

碎石的表观密度一般为：2.5～2.7g/cm^3；处于气干状态时的堆密度一般为：1 400～1 500kg/m^3；在堆积状态下的空隙率为45%。

2. 砂

砂（即通常所指的普通砂）系指自然山砂、河砂、海砂。它是由坚硬的天然岩石经自然风化逐渐形成的疏散颗粒的混合物。砂的主要用途是作为细集料与胶凝材料（包括水泥、石灰等）配制成砂浆或混凝土使用。

砂按细度模数区分为粗砂、中砂、细砂和特细砂。粗砂的细度模数 M_X 为3.7～3.1，中砂的 M_X 为3.0～2.3，细砂的 M_X 为2.2～1.6，特细砂的 M_X 为1.5～0.7。

在编制定额时，对于天然砂、天然净砂、净干砂的概念不得混淆。否则将一种状态下的砂，换算为另一种状态下的砂，或将一种状态下砂的体积换算为另一种状态下砂的质量时，往往会产生错误。

天然砂系指从砂坑开采的未经加工（过筛）而运至施工现场的砂，含有少量的泥土、石子、杂质和水分。

天然净砂系指将天然砂过筛后，筛掉石子、杂质含量的砂。

净干砂系指将天然净砂经过烘干后的砂。

砂的密度一般为2.6～2.7g/cm^3；干燥状态下的堆密度一般约为1 500kg/m^3；处于干燥状态下的空隙率一般为35%～45%。

其质量要求如下：

①颗粒坚硬洁净；

②黏土、泥灰、粉末等含量不得超过3%；

③云母含量不得超过2%；

④轻物质含量不得超过1%；

⑤三氧化硫（SO_3）含量不得超过1%。

第三节　土石方机械

一、土石方机械的分类、作用及性能

(一)推土机

1. 推土机的分类

推土机是一种自行铲土运输机械,具有操作灵活、运转方便、所需工作面小等特点。按照行走装置的不同,可分为履带式和轮胎式两大类;按照推土板(或称铲刀)安装方式的不同,可分为固定式和回转式两种;按照推土板操纵方式的不同,可分为机械式操纵和液压式操纵两种;按照发动机额定功率的不同,可分成小型、中型、大型和特大型四种等级。

2. 推土机的应用

公路施工季节性较强,工程量比较集中,施工条件较差,多采用大中型履带式推土机,主要进行50~100m短距离推运土方、石渣等作业,如开挖填筑路基土石方、基坑开挖集渣,填筑堤坝、围堰、开挖河床、渠道、平整场地、砍伐树木、清除树根、填平壕堑和堆集砂砾石等集料作业,此外还可进行局部碾压,给铲运机助铲和预松土,以及牵引各种拖式土方机械等作业。推土机的主要作业方式如下。

(1)直铲作业:是推土机经常采用的主要作业方法,用于将土、石渣的向前铲推和场地平整作业。推运的经济运距,小型履带式推土机一般为50m以内,中型推土机一般为50~100m,最远可达150m。上坡推土时采用最小经济运距,下坡推土时则采用最大经济运距。轮胎式推土机的推运距离一般为50~80m,最远可达150m。

推土机的经济运距选择合适,能发挥推土机的最大效能。正常情况下,推土机在运距100m以内生产率较高,超过100m生产率将大幅度下降。在经济运距内,推土机比铲运机生产效率更高。

(2)斜铲作业:主要用于傍山铲土、单侧弃土或落方推运。推土铲刀的水平回转角一般为左右各25°,作业时能一边切削土,一边将土移至一侧。斜铲作业的经济运距比直铲作业时短,生产效率也低。

(3)侧铲作业:主要用于在坡度不大的坡上铲削硬土以及掘沟作业,推土铲刀可在垂直面内上下倾斜90°。

(4)松土器的劈松作业:一般大型履带式推土机的后部均悬挂有液压松土器,松土器有多齿和单齿两种。多齿松土器铲挖力较小,主要用于劈开较薄的硬土、冻土层等。单齿松土器有着较大的铲挖能力。除了能疏松硬土、冻土外,还可劈松具有风化和有裂缝或节理发达的岩石。

3. 推土机的生产率计算

(1)推土机直铲进行铲推作业时生产率:

$$Q=\frac{3\ 600\times q\times K_{b}\times K_{y}}{T} \tag{2-15}$$

式中:Q——生产率(m^3/h);

q——推土机推移土料的体积(m^3);

K_b——时间利用系数，一般取 0.8 ~ 0.85；

K_y——坡度影响系数，平地时取 1.0；上坡时（坡度 5% ~ 10%）取 0.5 ~ 0.7，下坡时（坡度 5% ~ 15%）取 1.3 ~ 2.3；

T——每一工作循环所需时间（s）。

当推土机进行斜铲连续作业时，与平地机的作业方式相似，其生产率可参照平地机生产率公式进行计算。

（2）推土机平整场地时生产率：

$$Q = \frac{3\,600 \times L \times (l \times \sin\varphi - b) \times K_b \times B}{n \times \left(\frac{L}{v} + t_n\right)} \tag{2-16}$$

式中：Q——生产率（m^3/h）；

L——平整地段长度（m）；

l——推土板长度（m）；

φ——推土板的水平回转度角度（°）；

b——两相邻平整地段的重叠部分宽度（m），一般取 0.3 ~ 0.5m；

K_b——时间利用系数，一般取 0.8 ~ 0.85；

B——推土板高度（m）；

n——在同一地点的重复平整次数（次）；

v——推土机运行速度（m/s）；

t_n——推土机转向时间（s）。

4. 国外推土机的发展趋势

国外履带式推土机向大功率、高生产率的方向发展，同时也注意小型推土机的开发。美国的卡特皮勒公司、日本的小松公司，都以开发大功率、高生产率，并改善推土机的操作性能和作业性能为目标，生产了世界领先的推土机产品。

5. 推土机的人员配备

推土机一般配备两名驾驶员进行作业。

（二）铲运机

1. 铲运机的分类

铲运机是一种循环作业式铲土运输机械。按行走方式的不同，可分为拖式和自行式两种。

自行式铲运机按牵引车和动力传递方式的不同，可分为机械式传动、液力机械式传动、电力传动和静液压传动四种；按工作机构操纵方式的不同，可分为液压式铲运机和机械操纵铲运机两种，液压操纵是今后发展的方向；按铲运机卸土方式的不同，可分为强制卸土式、半强制卸土式和自动卸土式三种；按铲运机的装载方式不同，可分为链板装载式与普通装载式两种；铲运机按斗容可分为小型、中型、大型和特大型四种。

2. 铲运机的应用

铲运机是一种循环作业式的铲土运输机械，主要用于中距离、大规模的土方转移工程。它能综合地完成铲土、装土、运土和卸土四个工序，能控制填土铺筑厚度和进行平土作业，对卸下的土进行局部碾压。

铲运机的经济运距和行驶道路坡度是铲运机选型的重要依据之一。一般来说，运距短、坡度大、路面松软、以选择拖式铲运机为宜。如果运距较长、坡度大，宜采用双发动机驱动的自行式铲运机比较经济。路面较平坦则选用单发动机驱动的自行式铲运机较为经济。总之，铲运机适用于中等运距(100～600m)和道路坡度不大条件下的大量土方转移工程，如果运距太短(100m以内)采用铲运机是不经济的，而采用推土机或轮胎式装载机自装自运较为适宜，运距太长(600m以上)则宜采用自卸汽车、机动翻斗车等较为经济。

3. 铲运机的生产率计算

$$Q = \frac{60 \times V \times K_b \times K_h}{T \times K_p} \tag{2-17}$$

式中：Q——生产率(m^3/h)；

V——铲斗的几何斗容量(m^3)；

K_b——时间利用系数，一般取0.8～0.85；

K_h——土的充满系数，见表2-6；

T——铲运机每一工作循环所用的时间(min)；

K_p——土的松散系数，干砂取1.0～1.2；砂黏土、黏砂土取1.2～1.4；重砂黏土、黏土取1.2～1.3。

土的充满系数 表2-6

装载方式	砂质土	黏砂土和中等砂黏土	重砂黏土和黏土
不用推土铲助铲	0.5～0.7	0.8～0.9	0.6～0.8
用推土铲助铲	0.8～1.0	1.0～1.2	0.9～1.2

4. 国外铲运机的发展趋势

国外自行式铲运机主要采用轮胎式，向大斗容、多发动机驱动、液力机械传动、液压操纵、链板式铲装等方向发展。此外还不断运用新技术，如采用激光技术能自动控制铲运机的切土深度及各种新类型轮胎等。

5. 铲运机的人员配备

铲运机一般为两名驾驶员。

(三)单斗挖掘机

1. 单斗挖掘机的分类

单斗挖掘机是用一个刚性或挠性连续铲斗，以间歇重复的循环进行工作，是一种周期作业自行式土方机械。按行走装置的不同，单斗挖掘机可分为履带式、轮胎式、汽车式三种；按动力装置不同，可分为内燃机驱动、电力驱动和复合驱动等三种；按传动方式的不同，可分为机械传动、液压传动和混合传动三种；按工作装置的不同，可分为正铲挖掘机、反铲挖掘机、拉铲挖掘机、抓斗挖掘机等四种。

正铲挖掘机的挖土特点是：前进向上，强制切土，挖掘力大，生产率高，可开挖停机面以上的Ⅰ～Ⅳ类土。

反铲挖掘机的挖土特点是：后退向下，强制切土。挖掘力比正铲小，可开挖停机面以下Ⅰ～Ⅱ类土，深度在4m左右的基坑、基槽、管沟，也可用于地下水位较高的土方开挖。

拉铲挖掘机的挖土特点是：后退向下，自重切土。其挖土深度和挖土半径均较大，可开挖停机面以下的Ⅰ～Ⅱ类土，但不如反铲挖掘机动作灵活准确。适用于开挖大型基坑及水下挖土。

抓斗挖掘机的挖土特点是：直上直下，自重切土。挖掘力较小，只能开挖Ⅰ~Ⅱ类土，用于开挖窄而深的独立基坑和基槽、沉井，适用于水下挖土，是地下连续墙施工挖土的专用机械。

2. 单斗挖掘机的应用

单斗挖掘机具有挖掘能力强、通用性好、能适合不同作业要求的特点，在公路工程施工中，单斗挖掘机主要用来挖掘土料、剥除采石的覆盖层及在料场进行装载作业等。单斗挖掘机与运输车辆配合作业可获得最好的经济效果，汽车数量可按运输距离所需的运转循环时间和挖掘机的作业循环时间来确定，数量不宜过多，以保证生产率最高、成本最低为标准。

3. 挖掘机的生产率计算

$$Q = q \times n \times \frac{K_m}{K_p} \times K_b \tag{2-18}$$

式中：Q——生产率（m^3/h）；

q——铲斗的几何斗容量（m^3）；

n——工作循环次数（次/h）；

K_m——铲斗的装满系数，见表2-7；

K_p——土的松散系数，见表2-8；

K_b——时间利用系数，一般取0.7~0.85。

铲斗的装满系数　　表2-7

铲斗类型	轻质黏软土	轻质黏性土	普通土	重质土	爆破后岩石
正铲	1~1.2	1.15~1.4	0.75~0.95	0.55~0.7	0.3~0.5
拉铲	1~1.15	1.2~1.4	0.8~0.9	0.5~0.65	0.3~0.5
抓铲	0.8~1	0.9~1.1	0.5~0.7	0.4~0.45	0.2~0.3

土的松散系数　　表2-8

斗容量	土壤级别					
	Ⅰ	Ⅱ	Ⅲ	Ⅳ	Ⅴ和Ⅵ	
					爆破好的	爆破不好
0.2~0.75	1.12	1.22	1.27	1.35	1.46	1.50
1.0~2.0	1.10	1.20	1.25	1.32	1.44	1.48

4. 单斗挖掘机的人员配备

单斗挖掘机一般配备2人。

（四）装载机

1. 装载机的分类

装载机按工作装置作业形式的不同，可分为单斗式、挖掘装载式及斗轮式三种；按动臂形式的不同，可分为全回转式、半回转式和非回转式三种；按本身结构特点的不同，可分为刚性式和铰接式两种；按行走机构特点的不同，可分为轮胎式和履带式两种。

2. 装载机的应用

装载机常用于公路工程施工中土、石方铲运，以及推土、起重等多种作业。在运距不大或运距和道路坡度经常变化的情况下，如采用装载机与自卸汽车配合装运作业，会使工效下降，费用增高。在这种情况下，可单独采用装载机作为自铲运设备使用。根据经验总结，如果整个采装运作业循环时间少于 3min 时，则把装载机作为自铲运设备使用，是经济合理的。

轮胎式装载机与自卸汽车配合采运土石方的合理运距见表 2-9。

轮胎式装载机与自卸汽车配合采运土石方的合理运距 表 2-9

年生产量（万 t）	10	30		50		80		100 以上	
装载机斗容（m^3）	2.25	2.25	4	2.25	4	2.25	4	2.25	4
汽车载质量（t）	10	10	27	10	27	10	27	10	27
装载机载质量（t）	装载机合理运距（m）								
2	470	170	260	110	160	80	110	71	65
4	760	280	450	190	280	130	190	118	108
5	920	350	540	240	340	170	230	155	143

轮胎式装载机与自卸汽车配合作业时的合理运距与设计年土石方生产量、设备斗容量和装载量有关，加大装载机容量就可增加合理的运距。

装载机的斗容量与自卸汽车的车箱容积相匹配，通常以 3 ~ 5 斗装满车为宜。

3. 装载机的生产率计算

$$Q = \frac{3\,600 \times T \times E_s \times K_b \times K'_h}{t \times K_p} \tag{2-19}$$

式中：Q——实际生产率（m^3/台班）；

T——每班工作时间（h）；

E_s——装载机额定斗容量（m^3）；

K_b——时间利用系数，一般取 0.75 ~ 0.85；

K'_h——铲斗装满系数，装砂时取 0.9 ~ 1.2；装砾石时取 1 ~ 1.2；装破碎岩石时取 0.7 ~ 1.0；

t——装载一斗所需循环作业时间（s）；

K_p——货物松散系数。

4. 国外装载机的发展趋势

国外装载机开发了较大斗容量的机种。

5. 装载机的人员配备

履带式装载机一般配备 2 人，2m^3 及以内的轮胎式装载机一般配备 1 人，3m^3 及以上的轮胎式装载机一般配备 2 人。

（五）平地机

1. 平地机的分类

平地机是一种装有以铲土刮刀为主，配有其他多种可换作业装置，进行土地平整和整形连续作业的筑路机械。

按行走方式的不同，可分为拖式和自行式两类，拖式因机动性差，操作费力，已很少使用。自行式平地机具有轮胎行走装置，机动灵活，生产率高，被广泛采用。自行式平地机根据轮胎的数目，可分为四轮和六轮两种；根据车轮驱动情况有后轮驱动和全驱动之分；根据车轮转向情况，又分为前轮转向和全轮转向；根据刮刀长度或发动机功率还可分为轻、中、重型三种；根据工作装置（刮刀）和行走装置的操作方式，可分为机械操纵和液压操纵两种。目前自行式平地机多采用液压操纵。

2. 平地机的应用

平地机主要用于修筑路基横断面、帮刷边坡、开挖边沟及路槽、平整场地等，还可用来在路基上拌和路面材料，摊铺材料，修整和养护土路，推土、疏松土质、清除杂草、石块和积雪等。

3. 平地机的生产率计算（平地机平整场地的生产率）

$$Q = \frac{60 \times L \times (l \times \sin\varphi - 0.5) \times K_b}{n \times \left(\frac{L}{v} + t\right)} \tag{2-20}$$

式中：Q——生产率（m^3/h）；

L——平整地段长度（m）；

l——刮刀长度（m）；

φ——刮刀的平面角度（°）；

K_b——时间利用系数；

n——平整好这一段所需要行程数（次）；

v——平整时的行驶速度（m/min）；

t——掉头一次所需时间（min）。

4. 国外平地机的发展状况

国外比较先进的中、重型自行式平地机多采用全轮驱动、全轮转向、铰接式机等，在平地机前装有推土机，后装有松土器。多数采用液压操纵、液力机械式传动。为了提高平地机的通过性能和附着牵引力，国外很注意轮胎的研制，广泛采用槽花纹的宽基低压轮胎，有的轮胎气压还可以调整，在一些重型平地机中采用比较先进的技术，如自动化系统和仪表来控制平地机刮刀的液压缸工作和利用激光来控制工作平面。发展的主要趋势，先向工作装置多样化，提高工作速度等。

5. 人员配备

自行式平地机一般配备 2 人。

（六）拖拉机

1. 拖拉机的分类

按行走装置不同，拖拉机可分为履带式拖拉机和轮胎式拖拉机两大类；按照传动方式不同，可分为机械传动、静液压传动和电力传动三种；按发动机的额定功率大小可分为小型（75kW）、中型（75 ~ 170kW）、大型（170 ~ 375kW）、特大型（≥375kW）四种，公路建设中，一般多使用中型拖拉机。

2. 拖拉机的应用

拖拉机主要用途如下：

（1）牵引拖式土方机械，如松土机、平地机、铲运机、碾压机械等，进行土方施工作业。在牵引作业的同时，还可输出动力，对上述机械进行操纵。

（2）作为基础车与各种悬挂装置组成推土机、装载机、除荆机、拔根堆集机等工程机械。

（3）牵引挂车进行短距离运输作业。

（4）进行局部碾压作业。

（5）作为临时动力站，输出动力，驱动发电机、水泵等机械。

(6)与拖式起重机组合作为起重装卸设备。

3. 人员配备

履带式拖拉机一般配备2人,轮胎式拖拉机一般配备1人。

(七)压路机

1. 压路机的分类

按照压实力的作用原理,可分为静作用碾压机械、振动碾压机械和夯实机械三类。

(1)静作用碾压机械,用碾轮沿被压实材料表面往复滚动,靠自重产生的静压力作用,使被压层产生永久变形达到压实的目的。

(2)振动碾压机械,即碾轮沿被压实材料表面,既作往复滚动,又以一定的频率、振幅振动,使被压层同时受到碾轮的静压力和振动力的综合作用,以提高压实效果。

(3)夯实机械,又可分为夯实和振动夯实两种。夯实机械是利用重物自一定高度落下,冲击被压层进行夯实工作,振动夯实除冲击力之外,还有一个附加的振动力同时作用于被压层。按行走方式不同,静作用碾压机械可分为拖式和自行式两种,振动碾压机械可分为手扶式、拖式和自行式三种。

按照碾压轮的材料和表面形状不同,静作用碾压机械和振动碾压机械都可分为钢制光轮和钢制带羊脚碾轮两种。

2. 压路机的应用

(1)光轮压路机

光轮压路机可分为自行式(简称压路机)和拖式(简称平碾)两种。压路机的单位直线压力较小,压实深度也浅,而且压实不均匀,因此不适用于对水工建筑物如土坝、河堤、围堰等的碾压,主要用于筑路工程。压路机可通过增减配重物的办法在一定范围内调整其单位直线压力。压路机按质量分类的应用范围见表2-10。

压路机质量分类应用范围 表2-10

按质量分类	加载后质量(t)	单位直线压力(0.1MPa)	应用范围
特轻型	0.5~2.0	8~20	压实人行道和修补黑色路面
轻型	≥2~5	≥20~40	压实人行道、简易沥青混凝土路面、公园小道、体育场和土路路基
中型	≥5~10	≥40~60	压实路基、砾石、碎石铺砌层、黑色路面、沥青混凝土路面和土路基础
重型	≥10~15	≥60~80	压实砾石、碎石路面或沥青混凝土路面的终压作业以及路基或路面底层
特重型	≥15~20	≥80~120	压实大块石堆砌基础和碎石路面

平碾也有类似压路机的一些缺点,在大中型土方填筑工程中采用不多。由于平碾结构简单,易于制造,一般还用来压实设计干容重要求较低的黏性土、高含水率黏土、砂砾料、风化料、冲积砾质土等。平碾按质量分类的应用范围见表2-11。

平碾质量分类应用范围 表2-11

按质量分类	碾重(t)	砾质砂	砂	砂壤土	壤土	黏土
轻型	<5	○	○	△	×	
中型	≥5~10	△	×	△	○	△
重型	≥10	×	×	×	△	○

注:○——适用;△——尚适用;×——不适用。

(2)羊脚压路机(简称羊脚碾)

羊脚碾有较大的单位压力(包括羊脚的挤压力),压实深度大而均匀,并能挤碎土块,因而有很好的压实效果和较高的生产率,广泛用于黏性土的分层碾压。羊脚碾同时还可通过增减配重的办法来调整羊脚的单位压力,在土坝施工中常常用来碾压不透水黏性土。羊脚碾对于非黏性土和高含水率黏土的压实效果不好,不宜采用。

(3)轮胎压路机(简称轮胎碾)

轮胎碾由于轮胎具有弹性,在碾压时土与轮胎同时变形。轮胎碾的接触压力主要取决于轮胎的内压力,荷重增加轮胎的变形使其接触面积增大,而这个面上的接触压力改变并不大,也可以近似地看作接触压力不变。接触面积与压实深度有密切关系,为了得到较大的接触面积,增加压实深度,一般在轮胎允许变形范围内可尽量增加轮胎碾的负荷。刚性的碾轮由于受到土质极限强度的限制,机重不能太大,而轮胎碾没有这个缺点,所以轮胎碾适于压实黏性土及非黏性土,如壤土、砂壤土、砂土、砂砾料等。

(4)振动压路机(简称振动碾)

振动碾可分为光轮和羊脚轮两类,以适用于不同土质条件,它与静作用碾压机械相比具有以下优点:

①单位直线压力大,压实深度可比同类型重量级的静作用碾压机械大1.5~2.5倍。因此碾压厚度增加,碾压遍数减少。

②结构质量轻,外形尺寸小。它与作用碾压机械相比,在相同的压实效果时,它的质量只有静作用碾压机械的1/3~1/5。

光轮振动碾适宜于压实土石坝的非黏性土(砂土、砂砾石)、碎石、块石、堆石和沥青混凝土,其效果远非其他碾压机所能相比。但对黏土和黏性较强的土压实效果不好。摆振式振动碾还可用于大体积干硬性混凝土的捣实作业。

羊脚振动碾是一种新型的碾压机械,它既可以压实非黏性土,又可以压实含水率不大的黏性土和细颗粒砂砾石,以及碎石与土的混合料。

振动碾的最大缺点是它的高频振动易使操作人员过度疲劳,影响它的推广使用。目前振动碾采用了轮胎减振、铰接式机架、静液压传动等多种新型结构,减振问题已基本得到解决,在国内外土石坝施工中较多采用5~15t振动碾来进行压实。

振动频率的选择目前尚无统一标准,一般认为压实非黏性土的振动频率以1 200~2 500次/min为宜;对沥青混凝土材料以2 000~3 000次/min为宜。在使用振动碾的过程中,应注意边坡的稳定,并应采取相应措施。振动碾的应用范围见表2-12。

振动碾的应用范围　　表2-12

碾子质量和形式	块石	砂、砾石		粉土、粉质土、冰碛土		黏土	
		优良级配	均匀粒级	粉质砂、粉质砾石、冰碛土	粉土、砂质粉土	低、中强度黏土	高强度黏土
3t以下振动平碾		△	△	△	△		
3~5t振动平碾		○	○	△	△	△	
5~10t振动平碾	△	○	○	○	△	△	△
10~20t振动平碾	○	○	○	○	△	△	△
振动凸块碾			△	△	○	○	○
振动羊足碾			△	△	△	○	○

注:○——适用;△——可用。

(5)夯实机械

夯实机械可分为振动夯实机械和夯实机械两类,主要用于狭窄工作面的土层压实。振动夯实机适用土质条件与振动碾相似,主要用于非黏性砂质黏土、砾石、碎石的压实,而夯实机械主要适宜于黏土、砂质黏土和灰土的夯实。

3. 生产率计算

静作用碾压机的生产率,可按下式计算:

$$Q = \frac{3\,600 \times (b - c) \times L \times h \times K_b}{n \times \left(\frac{L}{v} + t\right)} \tag{2-21}$$

式中:Q——生产率(m^3/h);

b——碾压带宽度(m);

c——碾压带搭接宽度(m),一般取0.15~0.25m;

L——碾压段长度(m);

h——铺土层压实后厚度(m);

K_b——时间利用系数,一般取0.8~0.9;

n——碾压遍数;

v——碾压机行驶速度(m/s);

t——转弯掉头或换挡时间,转弯一般取15~20s,换挡一般取2~5s。

4. 国外压路机的发展趋势

国外先进的压路机均采用大直径的碾轮,并广泛采用液力机械式传动系统(即全液压传动系统),采用全轮驱动、前后碾轮直径相同,承担的质量也大致相同,行驶一遍就等于碾压两遍,同时也使爬坡能力、转向、通过性能和稳定性能得到改善。

5. 人员配备

光轮压路机配备1人,拖式羊足碾、拖式振动碾及振动压路机配备2人。

(八)凿岩穿孔机械

凿岩穿孔机械包括凿岩机、穿孔机及其辅助设备,它们都是钻凿炮孔的石方工程机械,凿岩机适用于钻凿小直径炮孔,穿孔机适用于穿凿大直径的炮孔。

与大型的土方机械相比,公路建设中常用的是凿岩机只能算是小型机具,因此在公路工程定额中是将其费用计入小型机具使用费中,不作为主要机械列出。此处只简单地介绍一下几种凿岩机的分类及优缺点。

凿岩机是按照工作动力分类的,分为风动凿岩机(公路工程中常用)、液压凿岩机、电动凿岩机和内燃凿岩机四种。

风动凿岩机适用于任何硬度的岩石,主要优点是结构简单,质量较轻,工作安全可靠,操作维修方便;缺点是以压缩空气为动力,能量利用率低,设备费用高。公路建设中广泛应用风动凿岩机。按照架持方式不同,风动凿岩机可分为手持式、气脚式、伸缩式、导轨式等四种。

液压凿岩机与风动凿岩机相比较,具有动力消耗低、凿岩速度高和改善工作条件等优点。

电动凿岩机与风动凿岩机相比较,能量利用率高,结构简单,使用成本低廉,但可靠性、耐久性差。

内燃凿岩机工作时污染空气,结构和维修均较复杂,凿岩效率也不高,只适用缺乏电源和压缩空气、钻孔量不大的场合。

二、土石方机械的选型配套

土石方机械的选型配套见表2-13。

土石方机械的选型配套　　表2-13

路基形式及其修筑方法	路堤或路堑高(m)	土质类别	运土距离(m)	工作段最小长度(m)	选择施工机械设备	
					主要机械	辅助机械
从路基两侧取土坑取土填方(在平地上)	<1	I~IV	<15	500	自动平地机	松土器(IV类土必要时使用),推土机,轮胎压路机或羊脚碾
从路基一侧或两侧取土填方			<30	不限制	推土机	松土器(IV类土必要时使用),自动平地碾,轮胎压路机、羊脚碾
自路堑取土填筑路堤(移挖作填)	1~2		<50	50	推土机 铲运机($6m^3$)	松土器,自动平地机,轮胎压路机、羊脚碾
	<3		<100	不限制	推土机	松土器,自动平地机,轮胎压路机、羊脚碾
			100~500		铲运机($<10m^3$)	推土机,松土器,轮胎压路机、羊脚碾
			500~1 000	100		推土机,重型压路机,轮胎压路机、羊脚碾
	>3		>1 000	在一个工作段内5 000m^3	装载机 挖掘机 自卸汽车	推土机,自动平地机,轮胎压路机、羊脚碾
		V~VI	>500			空气压缩机,凿岩机,推土机
自专用借土坑取土填筑路堤(取土填方)	不限制	I~IV	<500	50	铲运机($6\sim10m^3$)	推土机,轮胎压路机,羊脚碾
			>500	100	铲运机($10m^3$) 装载机 自卸汽车	推土机,自动平地机,轮胎压路机、羊脚碾
纵向运土的斜坡填方			<500	50	铲运机($6m^3$) 万能推土机	自动平地机,轮胎压路机、羊脚碾
傍山半挖半填	山坡<20°		<30	100	万能推土机	铲运机(斗容量$6m^3$),轮胎压路机
	山坡>20°	V~VI			挖掘机	万能推土机,空气压缩机,凿岩机
将土推往弃土堆(挖方)		I~IV	<50		推土机	自动平地机,重型压路机

第四节　路面工程机械

路面工程机械主要有:稳定土拌和机及厂拌设备,沥青乳化设备,沥青运输车及洒布机,黑色粒料拌和机,沥青混合料拌和设备及摊铺机,水泥混凝土摊铺机等。

一、稳定土拌和机及厂拌设备

1. 稳定土拌和机

(1)稳定土拌和机的分类

稳定土拌和机行走装置可分为履带式和轮胎式两种,按工作装置在拌和机上的位置可分为前置式、中置式、后置式三种,后置式较为常用。按转子的旋转方向可分为正转和反转两种,正转式稳定土拌和机适用于拌和松散的稳定材料,反转式稳定土拌和机适用于量大且又密集的稳定材料。稳定土拌和机按传动方式不同又可分为机械式和液压式。

(2)稳定土拌和机是把无机结合料(石灰、粉煤灰、水泥)、土(或碎石土、砾石土、天然料)、细料(砂、土)、骨料(碎砾石、炉渣)、水等材料按照施工配合比在路上直接拌和的机械。更换工作装置后,还可进行铣削旧沥青路面和路基的工作。

(3)国外稳定土拌和机的发展趋势

国外稳定土拌和机的发展趋势是向大功率、拌和能力强、操作方便、增强刀具耐磨性等方向发展。

(4)人员配备

稳定土拌和机一般配备2人。

2. 稳定土厂拌设备

稳定土厂拌设备是将土(或碎石土、砾石土、天然料)、碎石、砾石、碎砾石和无机结合料(水泥、石灰、粉煤灰)、水等材料按施工配合比,在固定地点拌和均匀的专用设备。

稳定土厂拌设备生产作业时,所用的无机结合料,通过传送带及垂直提升机被输送到大仓中,再经螺旋输送器将其送入小仓中。此时,小仓中的无机结合料通过叶轮供料器被送到斜皮带轮送机上,同时各料斗中的其他物料经料门卸出并经皮带式输送机送至水平皮带输送机上,水平皮带输送机再将各种材料送入到拌和筒内,同时水箱中的水也被泵入拌和筒内。拌和筒中的螺旋搅拌器将各种料搅拌均匀后并强制送至储料仓,拌和好的成品通过储料仓的溢流管送到堆料输送机上或直接卸到运输车上,运输车将成品送至施工现场。

稳定土拌和机的特点是所需配套设备少、占地小、机动灵活、成本低;稳定土厂拌设备级配精度高,拌和质量好,但需安装在固定地点作业,整机庞大,占地面积大,还需配置运输车辆装卸机械才能将成品料运至施工现场,因此使用成本高。

二、沥青乳化机及乳化设备

1. 沥青乳化机

沥青乳化机是将沥青破碎成微小的颗粒,稳定而均匀地分散到含有乳化剂的水溶液中,形成水包油液体的机械,沥青乳化机同时也是沥青乳化设备的关键部分。

沥青乳化机破碎分散沥青液相的过程是一个复杂的力学作用过程。它一般利用剪切、挤压、摩擦、冲击和膨胀等作用完成沥青液相的破碎分散,根据所采用的力学作用原理不同,沥青乳化机的构造形式不同,常用的有搅拌式、胶体磨式、喷嘴式三种。一般来说,胶体磨式乳化机生产的乳化沥青质量优于喷嘴式沥青乳化机,而喷嘴式沥青乳化机的质量又优于搅拌式沥青乳化机。目前,沥青乳化机大多是胶体磨式,其次是喷嘴式。胶体磨式沥青乳化机的胶体磨主要由转子和定子组成,其工作原理是混合液从进口流入,在穿过转子与定子之间的缝隙时,沥青液相在缝隙中受到转子产生离心力和摩擦力的作用被磨碎成极细的微粒,然后从出口流出,即完成分散乳化。喷嘴式沥青乳化机主要由泵和乳化头组成,其工作原理是将欲乳化的混合液在泵的高压下(7～35kPa),从乳化头喷嘴阀的小孔或内外套缝隙中喷出,从而使沥青分散和乳化。喷嘴式沥青乳化机可实现连续生产,效率高。

2. 沥青乳化设备

沥青乳化设备是对完成从原料投入到产品储存这一连续作业过程中所需的成套沥青乳化机械的总称。

沥青乳化设备,根据沥青和乳化剂进入乳化机时的状态不同,分为开式系统和闭式系统两种连接方式。

(1)开式系统的特点是用节门控制流量,沥青和乳化剂靠自重流入乳化机的漏斗。其优点是比较直观,工作结束后乳化机容易清洗;缺点是容易混入空气,产生气泡。

(2)闭式系统的特点是不用乳化机漏斗接液,而用两个匹配好的泵直接把沥青和乳化剂水溶液经管路泵入乳化机内,靠流量斗指示流量。其优点是不易混入空气,便于自动化控制,可以提高产量;缺点是清洗较麻烦。闭式系统适宜于大量生产。

三、石屑撒布机

石屑撒布机是一种专门撒布石屑的路面基层修筑机械,主要用于均匀地撒布粒径在一定范围内的石屑,亦可用于泥结碎石路面撒布石屑。

石屑撒布机分为自行式、拖式和悬挂式三种,自行式最为常见。自行式石屑撒布机由于自身装有动力装置,机动性较好,可以在大面积的作业场合进行石屑撒布。

四、液态沥青运输车

液态沥青运输车是运输液态沥青、乳化沥青、煤焦油的专用设备。该车具有保温、加热、机械抽吸、排放、内部循环等功能。它由底盘和具有保温性能的罐体及加热装置等组成。液态沥青运输车的结构形式有汽车式、半挂汽车列车式、拖式三种。半挂汽车列车式使用最多,另外两种目前很少使用。

五、沥青洒布机械

沥青洒布机械是一种以喷洒液态沥青为主,并具有运输液态沥青能力的沥青路面修筑机械。它用于贯入法或表面处置法修筑沥青路面。还可在路面基层上喷洒液态沥青结合料的透层油,在沥青混合料路面、水泥混凝土路面上喷洒液态沥青结合料黏层油。

沥青洒布机械按沥青喷洒方式,分为气压洒布式和泵压洒布式,按行走方式分为自行式和拖式两种。

六、沥青混合料拌和设备

沥青混合料拌和设备是一种对集料进行掺配、加热、干燥，并与沥青拌和，以生产沥青混合料的专用设备。

1.分类

(1)根据设备生产率大小，可将沥青混合料拌和设备分为小型(<45t/h)、中型(45～120t/h)、大型(120～300t/h)、超大型(>300t/h)等四种。

(2)根据移动性能不同，可分为固定式、半固定式和移动式三种。固定式拌和设备规模较大，所有设备组件均固定安装在选择的地点，生产率较大，设备性能较完善，可以进行多种级配料的生产，适合于工程量集中且大规模的路面铺筑。半固定式拌和设备，全套设备可分为几个分解的部分，在搬迁时能较方便分装在几个半挂平板车上，可较快地再拼装起来，多用于工程量较大的公路施工工程，也可用于公路养护。移动式拌和设备的全部机组都安装在一个或数个特制的轮式机架或半挂平板车上，可及时转移工地，生产率不大，多用于中小型公路施工或养护工程。大型及超大型属固定式，中型多为半固定式，小型为移动式。

(3)根据沥青混合料的拌和方式不同，可将拌和设备分为强制式和滚筒式两种。所谓强制式沥青混合料拌和设备是先将集料粗配、烘干、加热，然后再筛分、精确称量，最后加入矿粉和沥青。强制搅拌成沥青混合料的工艺方式，缺点是在工作过程中产生大量粉尘，造成环境污染。另外，设备的组成部分较多，结构复杂，设备庞大。滚筒式拌和设备是将集料在滚筒中烘干、加热，同时将沥青通过流量斗被送入滚筒，滚筒的旋转使其中的砂石自行跌落，被沥青裹覆，产生搅拌作用，从而按稳定的流程连续生产出热拌沥青混合料。其优点是对空气污染少，设备组成工艺简单，其缺点是集料的加热采用顺流式，热利用率低，拌制好的混合料有较多的残余水分，强度也较低。

2.沥青混合料拌和设备的生产率计算

$$Q = \frac{60 \times G \times K_b}{1\,000 \times t} \tag{2-22}$$

式中：Q——生产率(t/h)；

G——搅拌器内的料重(kg)；

K_b——时间利用系数，一般取0.8～0.9；

t——拌和时间(混合料在搅拌容器内的停留时间)(min)。

3.沥青混合料拌和设备的发展趋势

针对混合料拌和设备的特点，主要发展方向是提高沥青混合料成品质量、减少环境污染，即振动拌和和无尘搅拌。

七、沥青混合料摊铺设备

1.沥青混合料摊铺机的分类

摊铺机按行走方式不同分为履带式、轮胎式和拖式三种；按动力传动系统的不同分为机械式和液压式两种；按摊铺宽度不同分为小型、中型、大型和超大型四种；按熨平板的加热方式有电加热、丙烷气和燃油加热三种。公路施工中常用燃油加热的摊铺机。

2. 沥青混合料摊铺设备的应用

沥青混合料摊铺设备是将拌制好的沥青混合料均匀地摊铺在已修整和平整路面基层上的专用设备。其原理是利用螺旋输送器将混合料铺开,然后由振捣梁对铺开的料层进行初步捣实,由熨平装置完成加热熨平整型工作。

3. 生产率计算

$$Q = h \times B \times v \times \rho \times K_b \tag{2-23}$$

式中:Q——生产率(t/h);

h——铺层厚度(m);

B——摊铺带宽度(m);

v——摊铺工作速度(m/h);

ρ——沥青混合料密度(t/m^3);

K_b——时间利用系数,一般取 0.75 ~ 0.95。

4. 发展趋势

沥青混合料摊铺机是路面施工中的重要施工机械,国内外都在开发新的产品,主要是改机械式为全液压式或液压机械式,开发不受外界条件变化的干扰,始终保持平行于纵、横基准而运动,而与机械本身的垂直运动无关的自动调平装置。国外还生产出了一次铺成并作最终压实的沥青混合料摊铺机。

八、水泥混凝土摊铺机

1. 水泥混凝土摊铺机的分类

水泥混凝土摊铺机按施工方法不同可分为轨道式和滑模式。

轨道式水泥混凝土摊铺机是靠固定在路基上的轨道、模板来控制摊铺厚度和平整度的,一般由布料机、振实机、整平机、表面抹光机等组成。

滑模式摊铺机是将各作业装置装在同一机架上,通过位于模板外侧的行走装置随机移动滑动模板,就能按照要求使路面板挤压成型,并可实现多种功能的摊铺,如路肩、路牙等。

2. 应用

水泥混凝土摊铺机是将水泥混凝土均匀地摊铺在路面基层上,然后经过振实、整平等作业程序,完成水泥混凝土路面铺筑的路面机械。

两种摊铺机的比选:

(1)滑模式摊铺机不设置固定边模,需用的模板和辅助立模的人工少,具有较高的生产率,但对水泥混凝土搅拌设备要求高,必须保证水泥混凝土及时供应和对坍落度的严格控制。

(2)轨道式摊铺机需配置几套模板,以适应所铺不同板厚的路面,且对固定边模的安装、轨道的铺设要求较高,必须使边模安装符合路面板厚的要求,轨道安装符合平整度要求。

(3)滑模摊铺机只包括很少的机器,但所有机器都需要安装自动找平和自动转向系统,由导向钢丝控制,整套设备的自动化程度高,技术难度大,造价和维修成本高。

(4)轨道式摊铺机摊铺后模板要保留一段时间,与滑模式摊铺机相比便于水泥路面的养护,并能保证铺后路面板边缘不致塌落。

3. 水泥混凝土摊铺机生产率计算

$$Q = 1\,000 \times h \times B \times v \times K_b \tag{2-24}$$

式中：Q——生产率(m^3/h)；

h——铺层厚度(m)；

B——摊铺带宽度(m)；

v——摊铺工作速度(m/h)；

K_b——时间利用系数(参照相关标准)。

第五节　混凝土及灰浆机械

一、混凝土搅拌机

1. 分类

混凝土搅拌机按其搅拌原理分为自落式(滚筒式)和强制式两大类；按其搅拌容量可分为大型、中型、小型三种；按安装方式分为固定式和移动式；按搅拌机的原动力可分为机动和电动两种。

2. 应用

混凝土搅拌机是将一定配合比的水泥、砂、石、集料和水及外掺剂等拌制成混凝土的机械，它是制备混凝土的基本手段。与人工拌制混凝土相比，既能提高生产率、加快工程进度，又能减轻劳动强度，提高混凝土质量。

3. 混凝土搅拌机的生产率计算

$$Q = \frac{n \times V \times K_b}{1\,000} \tag{2-25}$$

式中：Q——生产率(m^3/h)；

n——搅拌机每小时出料次数；

V——搅拌机出料容量(L)；

K_b——时间利用系数。

二、水泥混凝土搅拌站

1. 分类

按安装方式可分为：装配式搅拌站、整体移动式搅拌站、汽车式搅拌站。

按搅拌主机的不同可分为：锥形反转出料混凝土搅拌站、锥形倾翻出料混凝土搅拌站、强制漏浆式混凝土搅拌站、强制行星式混凝土搅拌站、强制单卧轴式混凝土搅拌站、强制双卧轴式混凝土搅拌站。

装配式搅拌站的特点是拆装比较方便，便于转运，即适合于现场，也适合于固定集中搅拌站，供应一定范围内的零星分散工地所需的混凝土。砂、石、水泥都能自动控制称量，自动下料，组成一条联动线，操纵简单，称量准确。

整体移动式搅拌站是将材料贮料斗、计量、搅拌、出料等设备全部安装在一个机架上集中控制，其特点是搅拌站的体积不太大，搬迁方便，结构紧凑，占地面积较少，适用于一般中小型施工现场。

汽车式搅拌站是将贮料斗、计量、搅拌、出料等设备全部安装在一辆专用汽车上，灵活性大，搅拌工艺先进，可视混凝土浇筑现场的变动而随时转移，在现场具备供电、供水和供材料的条件即能进行混凝土搅拌。

2. 应用

混凝土搅拌站是一种将水泥、砂、石、外掺剂和水按一定的配合比周期地和自动地拌制塑性和流态混凝土的成套机械。广泛应用于混凝土工程量大、浇筑强度高、施工周期长、施工地点集中的大中型工程中。

三、散装水泥车

1. 分类

根据卸料方式的不同，散装水泥车可分为倾卸式、机械卸料式、气压卸料式三种类型。倾卸式散装水泥车及机械卸料式散装水泥车只能将水泥卸入地面以下或稍高于地面的漏斗或料仓内，不能向上直接卸入水泥库内；气压卸料式散装水泥车则可将水泥送到较远距离和一定高度的水泥库内。根据装灰金属容器形式可分为立式罐形容器和卧式罐形容器两种，卧式罐形容器较常用。

2. 应用

散装水泥车是专为运输散装水泥而设计制造或改装的专用汽车，气卸散装水泥是目前应用最广泛的一种散装水泥运输车辆。它是通过气压力将水泥等粉状的灰料，送至一定高度或水平距离。气罐散装水泥罐车卸料后剩料很少。利用气卸散装水泥车运输水泥不仅节约水泥包装费，减少搬运途中漏失，避免环境污染，而且送到目的地后，可直接将水泥泵入混凝土搅拌站的水泥仓中，省时省力。

四、混凝土搅拌运输车

1. 分类

混凝土搅拌运输车按行走方式不同可分为自行式和拖式两种形式，其中自行式又根据机构特性不同分为飞轮驱力式、前端驱力式、单独驱动式、前端卸料式、带皮带输送机式、带自行上料装置式、带臂架混凝土泵式、带拌筒倾翻机构式等八种。自行式较常见。

2. 应用

混凝土搅拌运输车是搅拌与运输合一的混凝土施工机械，适用于大中型公路工程机械化施工。它的运输方式有两种：

(1)在短距离时，只作运输工具使用。即将搅拌好的混凝土直接送至施工地点。在运送途中为防止混凝土离析，让搅拌筒作低速回转，使混凝土不致离析及凝固。

(2)在运路较长时，则作运输兼搅拌用，即先在混凝土供应基地将干料——砂、碎石和水泥等按配合比装入搅拌鼓筒内，并将水注入配水箱，开始只作干料运送，然后在到达使用地点前 10 ~ 15min 时，由驾驶员起动搅拌鼓筒回转，并向拌筒内注入定量的水，这样在途中边运输、边搅拌成混凝土，送至施工地点后卸出。

五、混凝土输送泵及混凝土输送泵车

1. 分类

混凝土输送泵分为固定式、拖式、车载式三种。

混凝土输送泵车分整体式臂架混凝土泵车、半挂式臂架混凝土泵车、全挂式臂架混凝土泵车三种。

2. 应用

混凝土输送泵是输送混凝土的专用设备。它配有特殊管道,可以将混凝土输送到一定距离,沿水平方向能达200~700m,沿垂直方向达115m。如果运输距离很长,可串联装置两个或更多的混凝土输送泵进行多级泵送,其特点是运输工效高,可沿着水平与垂直方向连续将混凝土送至浇筑地点,占地面积小,不受运输线、地形不平、积水与狭窄的影响。在输送过程中能保持混凝土原有的均匀性与塑性。但由于混凝土输送泵的进出料口及管道的直径较小,对集料粒径的大小要严格控制,不宜使用过大粒径的集料;混凝土的配合比受限制,不能输送干硬性混凝土,停机时要及时清除管道及机内积存的混凝土,以免堵塞。混凝土输送泵适合在大型混凝土工程中使用。

混凝土泵车功率大、机动性好,效率高,省劳力,适用于现场狭窄和有障碍物的施工现场以及大体积混凝土结构和高层建筑物施工。该车与混凝土搅拌输送车配套使用,利用其组织机械化施工,从而给混凝土施工工艺带来一场变革。其安全性、可靠性、经济性及操作的方便灵活性,将在混凝土施工中越来越显示其优越性。

3. 混凝土输送泵生产率计算

$$Q = 60 \times F \times S \times n \times a \times K_e \tag{2-26}$$

式中:Q——生产率(m^3/h);

F——活塞断面积(m^2);

S——活塞行程(m);

n——活塞每分钟循环次数(次/min);

a——混凝土输送泵缸体数;

K_e——容积效率,一般取0.6~0.9。

六、预应力拉伸机及张拉设备

预应力拉伸机按工作情况不同分为单作用、双作用和三作用三种形式;按其构造特点则又可分为拉杆式、穿心式、锥锚式三种形式。公路工程中常用穿心式预应力拉伸机。

第六节　水平运输机械

一、载货汽车

1. 分类

载货汽车的分类较多,我们常见的是根据载重量的大小可分为超轻型载重汽车(吨位小于0.75t)、轻型载重汽车(吨位0.75~2.5t)、中型载重汽车(吨位3~5t)、重型载重汽车(吨位5~15t)、超重型载重汽车(吨位大于15t),根据载货汽车动力装置所耗用的能源分为汽油车、柴油车、煤油车、电动车等。公路建设中多采用中型和重型的载货汽车。

2. 应用

载重汽车在国民经济建设中应用十分广泛,载重汽车起动迅速、机动性大,可以将建筑材料由料场、供应地点、仓库等各个地方直接转运到使用地点，并适用于各种建筑材料，载重汽车适用路面能力强，较少受到道路条件的限制。

3. 载重汽车的发展趋势

(1)向大型化和小型化发展。

(2)功率利用系数提高，加大发动机功率，提高每吨重的功率数，从而提高汽车的动力性能和运输效率。

(3)重量利用系数不断提高，采用新型高强材料，使载重量与自重之比增大，从而节约材料、燃料。

(4)大量采用柴油发动机，减少空气污染，降低运输成本。

(5)重视行车安全，采用良好的制动系、转向系、悬挂和合适的轮胎等，减少交通事故，提高行车安全性。

(6)系列化、通用化程度提高，便于供应、维修、管理，提高有效使用性。

(7)降低耗油量，以求节约能源，提高经济效益。

(8)使用轻质材料，提高自重比和运输能力。

二、自卸汽车

1. 分类

按载重量分轻型(吨位小于2t)、中型(吨位2.5～8t)、重型(吨位大于15t)、超重型(吨位20t)，按车箱倾卸方向分为后倾卸式、侧倾卸式、三面倾卸式、底卸式；按发动机分为汽油发动机、柴油发动机、电动机。

2. 应用

自卸汽车的车身坚固，机动性和越野性能好，爬坡能力强。它装有金属车箱，在举升机构的顶推作用下，可将在箱载的物料一次倾卸干净，卸载迅速，节省劳力，在公路建设中被普遍采用。

在公路建设中，选择使用自卸汽车应注意以下几点：

(1)自卸汽车的车箱容积或承载吨位与工程选用的装载机械配套。自卸汽车车箱容积应为装载机械斗容的2～4倍为宜。

(2)按照实际情况和经济效益，合理选择车型。如道路条件好的平原地区和施工地开阔的山区，可以选用中型或重型自卸汽车；山区、峡谷、河床宜选用中、轻型自卸汽车。在卸料场地狭长处，宜选用侧卸式、底卸式自卸汽车。另外从技术管理、物资供应、设备维修和技术培训等方面来考虑，选用的车辆型号规格越少越好。

(3)根据工程量大小、工期和施工强度、运距远近等确定自卸汽车的需用量。从机械化施工的合理配套考虑，应充分发挥挖掘(或装载)机械的效能，以不造成汽车排队待装为原则，一般以每一台装载机前始终有1～2辆自卸汽车待装为佳。在工程量大、工期紧、场地大、施工强度高而条件许可的地方，尽可能选用大一些的自卸汽车。

轻型自卸汽车是养路道班常用的养路材料运输车，在进行道路修补作业时，用它运输各种散装材料，即节省劳力，又有较好的经济效益。

中型自卸汽车除进行短途运输外，还可长途运输，它与装料机械配合，可连续、高效地完成各种散装物料的转运，广泛应用于中等规模的建设工程中。

重型自卸汽车的生产率比中、小型自卸车高，在大规模工程中效益显著，所以它在大型公路工程等建设项目中有着广泛的应用前景。

3. 自卸汽车的发展趋势

自卸汽车的发展趋势是向大吨位方面发展，发动机功率增大，车速降低以求稳定性提高。

三、平板拖车组

公路建设中常用的平板拖车组多用来运输预制构件，普通栏板平板拖车组可以运输零散的材料、货物及较大的管材，也是公路工程施工单位转移较长、较大筑路器材的有效设备。低平板拖车组四周无拦板，为低平板状，且有跳板，宜于大型自行式工程机械装卸，是大、中型工程机械装运的理想设备。

四、运油加油汽车

由于公路建设工地均远离城镇，动力机械的用油主要靠运油加油汽车来运输。运油汽车装有油罐、消电装置、通气阀、灭火器和输油管等，可用它来装运煤油、汽油和柴油等油料。加油汽车除具备加油车的设备外，还设有泵油系统、工作仪表、操作装置等，加油车不仅能如运油车一样运油，而且能将油库中的油料吸入本车油罐，并对其他车辆、机械或飞机加注经计量、过滤的燃油。

运油、加油汽车按油罐容量分小型(小于 8 000L)；中型(8 000 ~ 16 000L)；大型(大于 16 000L)。公路建设中多用小型运油加油汽车。运油加油汽车具有装卸方便、节省劳力、安全可靠、减少环境污染、机动性大等特点。

五、洒水汽车

工程洒水车是路面基层施工中稳定土质或路基填筑土方所必需的机械。在公路养护工作中它可用于道路冲洗、防尘、降温等。另外它还可以用于园林绿化、应急消防、野外工地生活用水的储运。

工程洒水车根据结构不同可分为汽车式、半挂汽车列车式和拖式三种形式。公路建设中多用汽车式洒水车。

第七节　起重及垂直运输机械

一、起重机械

1. 分类

起重机按其底座及行走装置可分为汽车式起重机、轮胎式起重机、履带式起重机、塔式起重机、吊管起重机、桅杆起重机、缆索起重机等。公路建设中主要的起重机为汽车式起重机、轮胎式起重机、履带式起重机及塔式起重机。

2. 应用

起重机械是一种对重物能同时完成垂直升降和水平移动的机械，单一地进行重复周期的工作。履带式起重机适合在施工场地不平以及松软的地面上行走和工作。轮胎式起重机灵活机动,起重量大,作业方便,稳定性好,一定载荷范围内可吊重行驶,广泛应用于建筑工地的装卸和安装工作。但轮胎式起重机在作业时要求有较好的路面条件,长途转移时,则需要由其他车辆运载装运。汽车式起重机具有良好的机动性和灵活性,能够迅速地从一个工作地点转移到另一个工作地点,利用率高,广泛应用于公路建设工地。但汽车式起重机在作业时,必须要求有较好的路面条件,几乎都要将支腿放下,从而限制了起重机吊装作业时的活动范围。塔式起重机是一种本身能自升竖立的全回转臂式起重机,具有高而竖立的塔架和较大的作业半径;吊装灵活,用来吊装建筑材料,安装施工机械设备和金属构件,钢筋混凝土预制构件和进行混凝土浇筑等。

汽车起重机的优点是具有汽车的行驶性能,机动灵活,操作方便,转移到作业场地后能迅速投入工作。缺点是吊重物时必须用支腿,因此不能负荷(吊重)行驶。按最大额定总起重量大小,可分为小型(小于16t)、中型(16t~40t)、大型(大于40t)、特大型(大于等于100t);按传动方式可分为机械式、液压式和电动式三种。

二、卷扬机

1.分类

卷扬机是一种简单的起重机械,按驱动方式可分为手摇式卷扬机、电动卷扬机、内燃机卷扬机、气动卷扬机;按传动装置的种类可分为摩擦传动卷扬机、齿轮传动卷扬机、蜗杆传动卷扬机、螺杆齿轮传动卷扬机以及齿轮摩擦传动卷扬机;按卷筒的数量可分为单筒卷扬机、双筒卷扬机和三筒卷扬机。目前以电动卷扬机应用较为广泛。手摇卷扬机在没有电源或对卷扬机利用率极低的场所也得到普遍应用。按卷扬机的提升速度又可分为快速和慢速两种。

2.应用

公路工程施工中,电动卷扬机主要用来提升预制构件或建筑材料,以及安装机械设备等工作中。

快速单筒卷扬机的牵引速度为25~50m/min,牵引能力为1~8t,主要用于提升或拖曳重物;慢速单筒卷扬机的牵引速度为7~13m/min,牵引能力为3~30t,主要用于建筑安装工程中的安装工作。双筒卷扬机牵引速度为25~50m/min,牵引能力为2~8t,主要用于提升物件和在双线轨道上来回拖曳斗车或其他运输设备。

第八节　打桩、钻孔机械

一、打桩机械

1.柴油打桩机

柴油打桩机由打桩锤和桩架两部分组成,按照桩锤的动作特点和桩架的结构形式不同可分为导杆式和轨道式两种。导杆式柴油打桩机由导杆式柴油打桩锤、简易金属桩架和绞车等组成,特点是整机质量轻,运输和安装方便,适用于打小型木桩、板桩、钢板桩及钢筋混凝土预制桩。轨道式打桩机是由柴油打桩锤和多能桩架组成,构造先进,打桩能量大,工作效率高,能打各种类型的桩,适合于大面积、多桩位基础工程的施工。

2. 蒸汽打桩机

蒸汽打桩机按汽锤的动作原理,可分为单作用式和双作用式两种;按桩架结构形式可分为直式、塔式、万能式、起重式和简易式多种。蒸汽打桩机是以蒸汽为动力,使汽锤的冲击部分获得能量进行打桩的机械,它具有结构简单、工作可靠、操作和维修容易等优点,能打各种类型的桩基础。目前,公路工程施工已较少采用蒸汽打桩机。

3. 振动打拔桩机

振动打拔桩机按振动锤的振动方式可分为机械振动打拔桩锤和液压振动打拔桩锤两种。公路建设中多用机械振动打拔桩机,它具有施工速度快、使用方便、施工费用低、施工噪声小、没有其他公害污染、结构简单、维修保养方便等优点,可同时进行打桩和拔桩作业。

振动沉拔桩锤是使桩身产生高频振动,使振能在其自重或很小的附加压力作用下沉入土中。拔桩时在边振的情况下可用起重设备将桩拔起。在公路施工中得到广泛应用。

二、钻孔机械

钻孔机械按其破碎岩石方法的不同可分为冲击钻机、回旋钻机两种,回旋钻机根据钻头的结构形式及辅助设备不同又可分为潜孔钻机、回旋钻机、牙轮钻机、全套管式钻机等,是桥梁基础灌注桩的主要施工机械。

第九节　其他机械

一、泵类机械

泵类机械主要包括:离心泵、潜水泵、砂浆泵、砂泵等。

离心泵按其叶轮的个数可分为单级泵和多级泵;按动力形式可分为机械式和电动式。水泵是一种供水、排水机械,主要用于基础排水和生活供水。

潜水泵是将泵和电动机制成一体侵入水中进行提升和输送水的一种泵,可分为干式、半干式、充油式和湿式几种类型。

二、金属、木、石料加工机械

金属加工机械是用于制作各种钢筋和钢筋骨架的机械,主要包括:钢筋调直机、钢筋切断机、钢筋镦头机、钢丝缠束机、电焊机、对焊机、点焊机、气焊设备等。

木工加工机械是用于加工各种木材、板材的专用机械,包括木工圆锯机、带锯机、平刨床、压刨床、木工榫头机、打眼机、裁口机、榫槽机等。

石料加工机械是加工破碎石料的专用机械,包括破碎机、筛洗石子机、筛分机、振动筛等。

三、动力机械

动力机械主要包括:柴油发电机组、变压器、空气压缩机、工业锅炉等。

在建设工程远离电力网的情况下,常建立柴油发电站作为动力及照明的独立电源,供工程施工用。在有系统电源供应之后,亦常用柴油发电机组作为临时动力或作为固定备用电源。柴油发电机组分移动式和固定式两种,其特点是效率高、起动快、耗水量少、设备紧凑、运输方便、土建工程量小、建设速度快。

空气压缩机按其驱动方式可分为电动式和机动式两种。按排气量可分为大型（60～100m^3/min）、中型（10～40m^3/min）、小型（小于10m^3/min）三种。空气压缩机广泛应用于各种类型的凿岩机、装岩机、潜孔钻等工作中。

四、工程船舶

公路建设桥梁施工中多用船舶和拖轮运输建筑材料、机械和机具设备。拖轮是动力船，用于拖曳没有自航能力的驳船，直接进行生产作业。

第三章　施工组织设计

第一节　施工组织设计概述

公路工程施工组织设计是指对拟建工程项目提出科学的实施计划,从工程项目实际出发,确定合理的施工组织及施工方案,科学安排施工进度计划与施工平面图及施工现场的规划,并作为编制工程造价和指导施工的依据。

公路工程施工组织的核心任务,就是研究公路建设在施工过程中的诸要素的合理组织。即如何认真贯彻国家现行技术经济政策和法令,根据公路工程施工的特点,将人力、资金、材料、机械、施工方法等各种因素进行科学地、合理地安排,使之在一定的时间和空间内得以实现有组织、有计划、有秩序地施工,使其工期短、质量好、成本低,迅速发挥投资效益。

一、施工组织设计的概念与作用

1. 施工组织设计的概念

施工组织设计是指导工程投标、签订承包合同、施工准备和施工全过程的全局性的技术经济文件。施工组织设计的含义包括:

(1)施工组织设计是根据工程承包组织的需要编制的技术经济文件。其内容既包括技术的也包括经济的,更确切地说是技术和经济相结合的文件,既解决技术问题,又考虑经济效果。所以,它是一种管理文件,具有组织、规划(计划)和据以指挥、协调、控制的作用。

(2)施工组织设计是全局性的文件。“全局性”是指工程对象是整体的,文件内容是全面的,发挥作用是全方位的(指管理职能的全面性)。

(3)施工组织设计是指导承包全过程的,从投标开始,到竣工结束。在市场经济条件下,特别应当发挥施工组织设计在投标和签订承包合同中的作用,使工程施工组织设计不但在管理中发挥作用,更在经营中发挥作用。

2. 施工组织设计的作用

(1)指导工程投标与签订工程承包合同,作为投标书的内容和合同文件的一部分。

(2)指导施工前的一次性准备和工程施工全局的全过程。

(3)作为项目管理的规划性文件,提出工程施工中进度控制、质量控制、成本控制、安全控制、现场管理、各项生产要素管理的目标及技术组织措施,提高综合效益。

二、施工组织设计的分类和内容

1. 施工组织设计的分类

根据公路工程施工组织设计阶段的不同,施工组织设计可以划分为两类:一类是投标前编制的施工组织设计(简称标前设计),另一类是签订工程承包合同后编制的施工组织设计(简称标后设计）。两类施工组织设计的区别见表3-1。

两类施工组织设计的区别　　表3-1

种类	服务范围	编制时间	编制者	主要特征	追求主要目标
标前设计	投标与签约	投标书编制前	经营管理层	规划性	中标和经济效益
标后设计	施工准备至验收	签约后开工前	项目管理层	作业性	施工效率和效益

按施工组织设计的工程对象的不同，可以分为三类：施工组织总设计、单项（或单位）工程施工组织设计和分部工程施工组织设计。施工组织总设计是以整个建设项目或群体工程为对象编制的，是整个建设项目或群体工程施工准备和施工的全局性、指导性文件。单项（或单位）工程施工组织设计是施工组织总设计的具体化，以单项（或单位）工程为对象编制，用以指导单项（或单位）工程准备和施工全过程；它还是施工单位编制月旬作业计划的基础性文件。

对于施工难度大或者施工技术复杂的工程项目，在编制单项（或单位）工程施工组织设计之后，还应编制主要分部工程的施工组织设计，用以指导各分部工程的施工。如复杂的基础工程、大型混凝土构件预制与安装工程以及有特殊要求的工程项目等。分部工程施工组织设计突出作业性。

2. 各类施工组织设计的内容

（1）"标前设计"的内容。由于"标前设计"的作用是为编制投标书和进行签约谈判提供依据，故它应包括以下内容：

①施工方案。包括施工程序、施工方法选择，施工机械选用，劳动力和主要材料、半成品投入量等。

②施工进度计划。包括工程开工日期，竣工日期，分期分批施工工程的开工、竣工日期，施工进度控制图及说明。

③主要技术组织措施。包括保证质量的技术组织措施，保证安全的技术组织措施，保证进度的技术组织措施，环境污染防治的技术组织措施等。

④施工平面布置图。包括施工用水量计算、用电量计算、临时设施需用量及费用计算、施工平面布置图。

⑤其他有关投标和签约需要的设计。

（2）施工组织总设计的内容。一般来说，施工组织总设计应包括以下内容：

①工程概况。包括建设项目的特征、建设地区的特征、施工条件、其他有关项目建设的情况。

②施工部署和施工方案。包括施工任务的组织分工和安排、重要单位工程施工方案、主要工种工程的施工方法及"三通一平"规划。

③施工准备工作计划。包括现场测量，土地征用，居民拆迁，障碍物拆除，掌握设计意图和进度，编制施工组织设计和研究有关技术组织措施，新工艺、新材料、新技术、新设备的试用和试验工作，大型临时设施工程，施工用水、电、路及场地平整工作的安排，技术培训，物资和机具的申请和准备等。

④施工总进度计划。用以控制总工期及各单位工程的工期和搭接关系。

⑤各种需要量计划。包括劳动力需要量计划，主要材料及加工品需用量、需用时间及运输计划，主要机具需用量计划，大型临时设施建设计划等。

⑥施工总平面图。对建设空间（平面）的合理利用进行设计和布置。

⑦技术经济指标分析。目的是评价上述设计的技术经济效果,并作为考核的依据。

(3)单项(或单位)工程施工组织设计的内容。与施工组织总设计类似,其内容主要有以下几项:

①工程概况。工程概况应包括工程特点、建设地点的特征、施工条件三个方面。

②施工方案。包括确定施工程序和施工流向、划分施工段、主要分部、分项工程施工方法的选择和施工机械选择、技术组织措施。

③施工进度计划。包括确定施工顺序,划分施工项目,计算工程量、劳动量和机械台班量,确定各施工过程的持续时间并绘制进度计划图。

④施工准备工作计划。包括技术准备,现场准备,劳动力、机具、材料、构件加工半成品的准备等。

⑤编制各项需要量计划。包括材料需用量计划,劳动力需要量计划,构件加工半成品需用量计划,施工机具需用量计划。

⑥施工平面图。表明单项(或单位)工程施工所需施工机械、加工场地、材料、构件等的设置场地及临时设施在施工现场的配置。

(4)分部工程施工组织设计的内容。分部工程施工组织设计的内容,应突出作业性,主要进行施工方案、施工进度作业计划和技术措施的设计。

三、施工组织设计的编制原则和程序

1.编制原则

(1)严格遵守工期定额和合同规定的工程竣工及交付使用期限。总工期较长的大型建设项目,应根据生产的需要,安排分期分批建设,配套投产或交付使用,从实质上缩短工期,尽早发挥建设投资的经济效益。在确定分期分批的施工项目时,必须注意使每期交工的一套项目可以独立发挥效用,使主要的项目同有关的附属辅助项目同时完工,以便完工后可以立即交付使用。

(2)合理安排施工程序与顺序。公路施工有其本身的客观规律,按照反映这种规律的程序组织施工,能够保证各项施工活动相互促进、紧密衔接,避免不必要的重复工作,加快施工速度,缩短工期。在安排施工程序时,通常应考虑以下几点:

①要及时完成有关的施工准备工作,为正式施工创造良好条件。准备工作视施工需要,可一次完成或分期完成。

②正式施工前应先进行平整场地、铺设管网、修筑道路等全场性工程及可供施工使用的永久性建筑物,然后再进行各个工程项目的施工。

③对于单个构筑物的施工顺序,既要考虑空间顺序,也要考虑工种之间的顺序。

(3)用流水作业法和网络计划法安排施工进度计划。

(4)恰当地安排冬、雨季的施工项目。对于那些必须进入冬、雨季施工的工程,应落实季节性施工措施,以增加全年的施工天数,提高施工的连续性和均衡性。

(5)采用先进合理而又可行的施工方法,贯彻执行技术规范和操作规程,确保工程质量和安全施工,降低工程成本。

(6)尽量利用正式工程、原有或就近的已有设施,以减少各种临时设施;尽量利用当地资源,合理安排运输、装卸与存储作业,减少物资运输量,避免二次搬运;精心进行施工场地规划布置，节约施工临时用地，不占或少占农田。

(7)实施目标管理。各类施工组织设计的编制均应实行目标管理原则。编制施工组织设计的过程，也就是提出施工项目目标及实现办法的规划过程。因此，必须遵循目标管理原则，使目标分解得当，决策科学，实施有效。

(8)与施工项目管理相结合。进行施工项目管理，必须事先进行规划，使管理工作按规划有序地进行。施工项目管理规划的内容，应在施工组织设计的基础上进行扩展，使施工组织设计从仅服务于施工和施工准备，发展为服务于经营管理和施工管理。

2. 编制程序

(1)标前设计的编制程序。学习招标文件→进行调查研究→编制施工方案并选用主要施工机械→编制施工进度计划、确定开工日期、竣工日期、分期分批开工与竣工日期、总工期→绘制施工平面图→确定标价及钢材、水泥等主要材料用量→设计保证质量和工期的技术组织措施→提出合同谈判方案，包括谈判组织、目标、准备和策略等。

(2)标后设计的编制程序。进行调查研究，获得编制依据→确定施工部署→拟订施工方案→编制施工进度计划→编制各种资源需要量计划及运输计划→编制供水、供热、供电计划→编制施工准备工作计划→设计施工平面图→计算技术经济指标。

四、施工组织设计的编制依据

1. 标前设计的编制依据

主要包括：

(1)招标文件和工程量清单。

(2)施工现场踏勘情况。

(3)进行社会、市场和技术经济调查的资料。

(4)可行性研究报告、设计文件和各种参考资料。

(5)企业的生产经营能力。

2. 施工组织总设计的编制依据

主要包括：

(1)计划文件，包括国家批准的基本建设计划文件、单位工程项目一览表、分期分批投产的要求、投资指标和设备材料订货指标、建设地点所在地主管部门的批件、施工单位主管上级下达的施工任务等。

(2)设计文件，包括批准的初步设计或技术设计、设计说明书、总概算或修正总概算、可行性研究报告。

(3)合同文件，即施工单位与建设单位签订的工程承包合同。

(4)建设地区的调查资料，包括气象、地形、地质和其他地区性条件等。

(5)定额、规范、建设政策法令、类似工程项目建设的经验资料等。

3. 单项(或单位)工程施工组织设计的编制依据

主要包括：

(1)上级领导机关对该单项工程的要求、建设单位的意图和要求、工程承包合同、施工图的要求等。

(2)施工组织总设计和施工图。

(3)年度施工计划对该工程的安排和规定的各项指标。

(4)劳动力配备情况,材料、构件、加工品的来源和供应情况,主要施工机械的生产能力和配备情况;水、电供应情况。

(5)设备安装进场时间和对土建的要求以及对所需场地的要求。

(6)建设单位可提供的施工用地,临时房屋、水、电条件。

(7)施工现场的具体情况:地上、地下障碍物,交通运输道路,水准点,地形、水文、地质、气候等自然资料。

(8)建设用地征购、拆迁情况,国家有关规定、规范、规程及定额等。

五、编制施工组织设计的程序

编制施工组织设计,要遵守一定的程序,要按照施工的客观规律,协调和处理好各个影响因素的关系,用科学的方法进行编制。一般的编制程序如下:

(1)分析设计资料,选择施工方案和施工方法;

(2)编制工程进度图;

(3)计算人工、材料、机具需要量,制订供应计划;

(4)编制临时工程,供水、供电、供热计划;

(5)编制工地运输组织;

(6)布置施工平面图;

(7)编制技术措施计划与计算技术经济指标;

(8)编写编制说明。

六、公路施工组织的研究对象

公路施工组织是研究公路建筑产品(一个建设项目或单位工程)生产(即施工)过程中诸要素之合理组织的学科。

要进行生产,就必须要有一定的劳动力、劳动资料和劳动对象,这就是生产的诸要素。生产(施工)就是具有一定生产经验与生产技能的人借助于生产工具以改变劳动对象使之符合人类需要的过程。在这个过程中,人们一方面同自然对象和自然力发生关系,另一方面人们彼此之间也发生一定的关系,即生产力和生产关系。生产诸要素的组织问题,也就是生产力的组织问题。

归纳起来说,施工组织研究的是如何根据公路建设的特点,从人力、资金、材料、机械和施工方法这五个主要因素进行科学合理的安排,使之在一定的时间和空间内,得以实现有组织、有计划、均衡地施工,使整个工程在施工中达到时间上耗费少、工期短;质量上精度高、功能好;经济上资金省、成本低的目的。

公路施工要多快好省地完成施工生产任务,必须有科学的施工组织,合理地解决好一系列问题。公路施工组织的具体任务是:

(1)确定开工前必须完成的各项准备工作;

(2)计算工程数量、合理部署施工力量,确定劳动力、机械台班、各种材料、构件等的需要量和供应方案;

(3)确定施工方案,选择施工机具;

(4)安排施工顺序,编制施工进度计划;

(5)确定工地上的设备停放场、料场、仓库、办公室、预制场地等的平面布置;

(6)制订确保工程质量及完全生产的有效技术措施。

此外,公路工程的施工总方案可以是多种多样的,应该依据公路建筑工程具体任务特点、工期要求、劳动力数量及技术水平、机械装备能力、材料供应以及构件生产、运输能力、地质、气候等自然条件及技术经济条件进行综合分析,从几个方案中反复比较,选择出最理想的方案。

把上述各项问题加以综合考虑,并作出合理的决定,形成指导施工生产的技术经济文件——施工组织设计。它本身属施工准备工作,而且是指导施工准备工作、全面布置施工生产活动、控制施工进度、进行劳动力和机械调配的基本依据,对于是否能多快好省地完成公路建筑工程的施工生产任务起着决定性作用。

第二节　公路施工组织设计

一、施工组织设计要求

1. 严格执行基本建设程序和施工程序

要严格遵守合同签订的或上级下达的施工期限,按照基建程序和施工程序的要求,保质保量完成施工任务。对工期较长的大型工程项目,可根据施工情况,合理组织力量,确保重点,分期分批进行安排。

2. 科学安排施工顺序

按照公路工程施工的客观规律安排施工程序,可将整个项目划分为几个阶段,例如施工准备、基础工程、主体结构工程、路面工程、附属结构物工程等。在各个施工阶段之间合理搭接、衔接紧凑,在保证质量的基础上,尽可能缩短工期,加快建设速度。

3. 采用先进的施工技术和设备

在条件允许的情况下,尽可能采用先进的施工技术,不断提高施工机械化、预制装配化程度,减轻劳动强度,提高劳动生产率。

4. 应用科学的计划方法制订最合理的施工组织方案

根据工程特点和工期要求,因地制宜地采用快速施工,尽可能采用流水作业施工方法,组织连续、均衡且有节奏的施工,保证人力、物力充分发挥作用。对于复杂的工程,应用网络计划技术找出最佳的施工组织方案。

5. 落实季节性施工的措施,确保全年连续施工

恰当地安排冬、雨季施工项目,增加全年连续施工日数,应把那些确有必要而又不因冬、雨季施工而带来技术复杂和造价提高的工程列入冬、雨季施工,全面平衡人工、材料的需用量,提高施工的均衡性。

6. 确保工程质量和施工安全

贯彻施工技术规范、操作规程,提出确保工程质量的技术措施和施工安全措施,尤其是采用国内外先进的施工新技术和本单位较生疏的新工艺时更应注意。

7. 节约基建费用,降低工程成本

合理布置施工平面图,节约施工用地;充分利用已有设施,尽量减少临时性设施费用;尽量

利用当地资源,减少物资运输量;尽量避免材料二次搬运,正确选择运输工具,以节约能源,降低运输成本,提高经济效益。

二、设计文件内容

在公路工程设计和施工各个阶段,必须编制相应的施工组织设计文件,即深度、内容由粗到细的“施工方案”、“修正施工方案”、“施工组织计划”、“施工组织设计”。

施工组织设计按所起作用的不同分为两大类:一类是属于设计文件的组成部分,其中按设计阶段之不同,可分为一阶段施工图设计或两阶段设计中初步设计阶段的“施工方案”,三阶段设计中技术设计阶段的“修正施工方案”和两阶段设计或三阶段设计中的施工图阶段的“施工组织计划”。另一类是属于指导施工的技术经济文件,即“实施性施工组织设计”或称为“施工组织设计”,其中又可分为“施工组织总设计”和“分部分项工程施工组织设计”。

施工组织设计又是施工方案、修正施工方案、施工组织计划和实施性施工组织设计等施工组织文件的统称。

施工方案、修正施工方案和施工组织计划,由勘测设计单位负责编制,并编入相应的设计文件,按规定上报审批。实施性施工组织设计,则完全由施工单位根据批准的初步设计或施工图设计中的施工方案或施工组织计划,综合施工时的自身和客观具体条件进行编制,并报上级领导部门审批或备案。

施工组织设计文件组成按不同分类分别为以下四类。

1.施工方案

(1)施工方案说明:

施工方案说明列入初步设计的总说明书中,其主要内容是:

①施工组织、施工力量和施工期限的安排;

②主要工程、控制工期的工程及特殊工程的施工方案;

③主要材料的供应,机具、设备的配备及临时工程的安排;

④下一阶段应解决的问题及注意事项。

(2)人工、主要材料及机具、设备安排表;

(3)工程概略进度图(根据劳动力、施工期限、施工条件以及施工方案进行概略安排);

(4)临时工程一览表。

2.修正施工方案

采用三阶段设计的工程,在技术设计阶段应提出修正的施工方案。修正施工方案应根据初步设计的审批意见和需要进一步解决的问题进行编制。修正施工方案解决问题的深度和提交文件的内容,介于施工方案和施工组织计划之间。

3.施工组织计划

不论采用几阶段设计,在施工图阶段都应编制施工组织计划,其内容如下:

(1)说明:主要包括:

①初步设计(或技术设计)审批意见的执行情况;

②施工组织、施工期限,主要工程的施工方法、工期、进度及措施;

③劳动力计划及主要施工机具的使用安排;

④主要材料供应、运输方案及临时工程安排;

⑤对缺水、风沙、高原、严寒等地区以及冬季、雨季施工所采取的措施；

⑥施工准备工作的意见（如拆迁、用地、修建便道、便桥、临时房屋、架设临时电力、电讯设施等）。

(2)工程进度图（包括劳动力计划安排）；

(3)主要材料计划表（包括型号、规格及数量）；

(4)主要施工机具、设备计划表；

(5)临时工程表（包括通往工地、料场、仓库等的便道、便桥及电力、电讯设施等）；

(6)重点工程施工场地布置图：

绘出仓库、工棚、便道、便桥、运输路线、构件预制场地、沥青（或水泥）混凝土拌和场地、材料堆放场地等工程和生活设施的位置。

(7)重点工程施工进度图

4. 实施性施工组织设计

在施工阶段，由施工单位编制的施工组织设计称为实施性施工组织设计。此时，施工图设计已获批准，所有施工原则和总方案已定，施工条件明确。因此，这一阶段的施工组织设计十分具体，对各分项工程各工序和各施工队都要进行施工进度的日程安排和具体操作的设计。

实施性施工组织设计文件的内容与施工图设计阶段的施工组织计划相似，但比之要更具体，更详细。

施工阶段施工组织设计即实施性施工组织设计。它是根据设计阶段施工组织计划和设计资料及确定的工期要求、承包人的具体情况，以施工定额或历年统计资料整理的定额为依据而编制的。它不列入设计文件，是确保设计阶段施工组织计划实现的一种措施，是工程实施组织管理的重要内容。

施工阶段施工组织设计的内容，目前尚无正式成文规定，由施工单位根据企业的实际情况和习惯编制，其主要内容一般应包括：

(1)对设计阶段施工组织计划的内容、要求、表格等，按照施工单位的具体情况计算、核实，根据指导施工的要求将编制对象进一步细化，时间计划一般到月或旬，劳动组织方面可以班组为对象；

(2)实施性的开工前准备工作；

(3)在设计阶段施工组织计划编制的“材料计划表”的基础上，进一步编制材料供应图表；

(4)运输组织计划；

(5)附属企业及自办材料的开采和加工计划；

(6)供水、供电、供热及供气；

(7)实施性施工组织设计的技术组织措施计划；

(8)制订相应的管理制度，如建设监理制度或施工安全、质量管理制度。

以上内容可以看出，施工组织设计与施工组织计划的内容十分接近，只是偏重具体实施这一面。因此，本节着重介绍施工组织设计中特别具体细致的部分，对与前面内容相同的内容，本节就不再重复。

综上所述，从施工方案到实施性施工组织设计，后一阶段比前一阶段的要求更高、内容也更多，但是各个阶段是独立的又是相互联系的。

三、公路施工前的调查

为了做好施工组织设计,必须事先进行施工组织调查工作。所谓施工组织调查,就是为编制施工组织文件所进行的收集和研究有关资料的活动。为编制设计阶段的施工组织文件所进行的施工组织调查活动是在勘察设计阶段进行的,为编制施工阶段的施工组织文件所进行的施工组织调查活动是在开工前的施工准备阶段完成的。前者带有勘察调研的性质,后者则具有复查和补充的性质,但其总的内容和方法基本上是一样的。施工组织调查是施工组织设计的基础,必须脚踏实地、深入现场同有关部门进行认真细致地查询、研究,调查工作一般与概、预算资料调查工作结合一起进行,主要包括现场勘察和收集资料两个方面。

1. 勘察

所谓勘察是指对施工现场进行勘察,在设计阶段是在外业勘测中,由勘测队的调查组来完成;在施工阶段是在开工前组成专门的调查组来完成。勘察的对象主要是路线、桥位、大型土石方地段、材料采集加工场地等处。勘察的主要内容有:

(1)施工现场及沿线的地形、地貌

对于公路沿线的大、中型桥位、附属加工等施工现场,应结合勘察测绘平面图,并进行定性地描述。

(2)施工现场的地上障碍及地下埋设物

对于需要拆迁的建筑物等地上障碍物以及地下埋设的管线、文物等,除在勘测中进行实地调查外,尚应在施工前由施工单位去现场进行复查,并办理有关手续。

(3)其他必须去现场实地勘察的事项。

2. 施工组织设计资料的收集

施工组织调查收集资料的基本要求是:座谈有纪要,协商有协议,有文件规定的要索取的书面资料。资料要确实可靠,措辞严谨,手续健全,符合法律要求。一般调查收集以下资料:

(1)施工单位和施工组织方式。在勘察阶段,如未明确施工单位,则应向建设单位调查落实施工单位,并明确是专业队伍施工还是军工或民工建勤施工方式。无论何种施工组织设计,均应事先考察施工单位的施工能力(即可投入的人力、机械、设备及其他施工手段)。对实行招标、投标的工程,在设计阶段一般不能明确施工单位,设计单位应从设计角度出发,提出最为合理的意见,作为编制概、预算的依据。

(2)气象资料。在勘测中或施工前应与工程所在地气象部门联系,抄录工程所在地的气温、季风、雨量、积雪、冻深、雨季等有关资料。

(3)水文地质资料。可向工程所在地的水文地质部门或向本测量队的桥涵组、地质组抄录下列主要内容:地质构造、土质类别、地基土承载能力、地震等级;地下水位、水量、水质、洪水位。

(4)技术经济情况

①施工现场(沿线)附近可以利用的场地,可供租用的房屋等情况。在勘测中或施工前,通过调查并与地方主管部门(如乡政府等)签订协议,解决施工期间住宿办公等用房。

②对工程所需的外购材料应进行详细调查,并填写“调查证明”,由提供材料单位盖章证明。

③自采加工材料的料场、加工场位置、供应数量、运距等情况。

④当地能够雇用或支援建设的劳动力数量以及技术水平。

（5）运输情况。关于材料运输方面，除应分别了解施工单位自办运输及当地可提供的运力（指可能参加施工运输的运力，包括汽车、拖拉机、兽力车等）状况外，还应对筑路材料的运输途径、转运情况、运杂费标准等进行调查。除车辆调查外，尚应对施工便道情况进行调查。

（6）供水、供电、通信情况。了解施工用水水源、供水量、水压、输水管道长度。了解供电线路的电容量、电压、可供施工用的用电量及接线位置，对临时供电线路和变电设备的要求等。对于供电，应与当地电业部门签订用电协议书。通过调查确定施工动力类别的构成。

（7）生活供应与其他。了解粮、煤、副食品供应地点；调查医疗保健情况等等。

通过上述实地勘察和资料收集，既可对施工总体部署做到心中有数，据此对施工过程进行空间组织和时间组织；同时也是确定施工方案、选择施工方法的重要依据之一。总之，施工组织调查是施工组织设计的基础工作，对工程施工的经济效益具有重大影响。

四、资源组织计划

1. 劳动力需要量计划

根据已确定的施工进度计划，可计算出各个施工项目每天所需的人工数，将同一时间内有施工项目的人工数进行累加，即可计算出每日人工数随时间变化劳动力的需要量。同时还可编制劳动力需要量计划，附于施工进度图之后，为劳动部门提供劳动力进退场时间，保证及时调配，搞好平衡，以满足施工的需要。如现有劳动力不足或多时，应提出相应的解决措施，或者增开工作面，以按时或提前完成任务。劳动力需要量计划见表3-2。

劳动力需要量计划 表3-2

序号	工种名	需要人数及时间										备注
		年度										
		一季度	二季度	三季度	四季度	合计	一季度	二季度	三季度	四季度	合计	
1	2	3	4	5	6	7	8	9	10	11	12	13

编制： 复核：

2. 主要材料计划

主要材料包括施工需要的由专业厂家生产的材料、地方供应和特殊的材料，以及有关临时设施和拟采取的各种施工技术措施用料，预制构件及其他半成品亦列入主要材料计划中。

材料的需要量，可按照工程量和定额规定进行计算，然后根据施工项目的施工进度编制年、季、月主要材料计划表（表3-3）。主要材料（包括预制构件、半成品）计划应包括材料的规格、名称、数量、材料的来源及运输方式等。材料计划是为物资部门提供采购供应、组织运输和筹建仓库及堆料场的依据。

主要材料计划表 表3-3

序号	材料名称及规格	单位	数量	来源	运输方式	年					年					备注
						一季度	二季度	三季度	四季度	合计	一季度	二季度	三季度	四季度	合计	
1	2	3	4	5	6	7	8	9	10	11	12	13	14	15	16	17

编制： 复核：

3. 主要施工机具、设备计划

在确定施工方法时，已经考虑了各个施工项目应选择何种施工机具或设备。为了做好机具、设备的供应工作，应根据已确定的施工进度计划，将每个项目采用的施工机械种类、规格和需用数量，以及使用的具体日期等综合起来编制施工机具、设备计划（表 3-4），以配合施工，保证施工进度的正常进行。

主要机具、设备计划表

表 3-4

序号	机具名称及规格	数量		使用期限		年								备注
				开始日期	开始日期	一季度		二季度		三季度		四季度		
		台班	台辆			台班	台辆	台班	台辆	台班	台辆	台班	台辆	
1	2	3	4	5	6	7	8	9	10	11	12	13	14	15

编制： 复核：

主要施工机具、设备需要量包括基本施工过程、辅助施工过程所需的主要机具、设备，并应考虑设备进、出厂（场）所需台班以及使用期间的检修、轮换的备用数量。

4. 临时工程计划

临时工程包括：生活房屋、生产房屋、便道、便桥、电力和电讯设施以及小型临时设施等，其表格如表 3-5 所示。

临时工程表

表 3-5

序号	设置地点	工程名称	说明	单位	数量	工 程 数 量							备注
1	2	3	4	5	6	7	8	9	10	11	12	13	14

编制： 复核：

5. 技术组织措施计划

技术组织措施计划，应根据企业下达的要求和指标，按表 3-6 编制。

技术组织措施计划

表 3-6

措施名称及内容摘要	经济效果（元）	计划依据	负责人	完成日期
1	2	3	4	5

编制： 复核：

五、平面组织计划

施工平面图设计是施工过程空间组织的具体成果，亦即根据施工过程空间组织的原则，对施工过程所需的工艺路线、施工设备、原材料堆放、动力供应、场内运输、半成品生产、仓库、料场、生活设施等进行空间的特别是平面的科学规划与设计，并以平面图的形式加以表达。

1. 施工平面图设计的依据、原则和步骤

（1）施工平面图设计的依据

①工程平面图；

②施工进度计划和主要施工方案；

③各种材料、半成品的供应计划和运输方式；

④各类临时设施的性质、形式、面积和尺寸；

⑤各加工车间、场地规模和设备数量；

⑥水源、电源资料；

⑦有关设计资料。

(2)施工平面图规划设计原则

施工平面布置是一项综合性的规划课题，在很大程度上决定于施工现场的具体条件。它涉及的因素很广，不可能轻易获得令人满意的结果，必须通过方案的比较和必要的计算与分析才能决定。一般施工平面图规划设计应遵循下列原则：

①在保证施工顺利的前提下，少占农田并考虑洪水、风向等自然因素的影响，所有临时性建筑和运输线路的布置，必须便于为基本工作服务，并不得妨碍地面和地下建筑物的施工；

②力求材料直达工地，减少二次搬运和场内的搬运距离，并将笨重的和大型的预制构件或材料设置在使用点附近，所有货物的运输量和起重量必须减至最小；

③加工等附属企业基地应尽可能设在原料产地或运输集汇点(如车站、码头)；

④附属企业内部的布置应以生产工艺流程为依据，并有利于生产的连续性；

⑤应符合安全和消防的要求，要慎重考虑避免自然灾害(如洪水、泥石流、山崩)的措施；

⑥施工管理机构的位置必须有利于全面指挥，生活设施要考虑工人的休息和文化生活；

⑦场地布置应与施工进度、施工方法、工艺流程和机械设备相适应；

⑧场地准备工作的投资最经济。

(3)施工平面图的设计步骤

①分析有关调查资料；

②合理确定起重、吊装、运输机械的布置(它直接影响仓库、料场、半成品制备场的位置和水、电线路以及道路的布置)；

③确定混凝土、沥青混凝土搅拌站的位置；

④考虑各种材料、半成品的合理堆放；

⑤布置水、电线路；

⑥确定各临时设施的布置和尺寸；

⑦决定临时道路位置、长度和标准。

2.施工平面图的类型及主要内容

(1)施工总平面图

施工总平面图是以整个工程为对象的施工平面布置方案，公路工程施工总平面图，应包括以下内容：

①原有河流、居民点、交通路线(公路、铁路、大车道等)、车站、码头、通信、运输点等及工地附近与施工有关的建筑物；

②施工用地范围和工程主要项目，沿线大中桥、隧道、渡口、交叉口、集中土石方等的位置，道班房、加油站等运输管理服务建筑物位置；

③将施工组织设计的成果，如采料场、附属工厂和基地、仓库、临时动力站(如抽水站、发电所、供热站等)、临时便道、便桥、电源线路、变压器位置以及大型机械设备的停放、维修厂直接标在图上；

④施工管理机构,如工程局、工程处、施工队及工程指挥系统的驻地;

⑤其他与施工有关的内容,如,地质不良地段、国家测量标志、气象台、水文站、防洪、防风、防火、安全设施等需要表示的内容。

(2)单项工程、分部分项工程施工平面图

该类平面图的布置有两种情况,一种是在施工总平面图的控制下进行布置;一种是以施工总平面图为依据,即基本上按照施工总平面有关内容进行布置。但不论哪一种,都应比施工总平面图更加深入、更加具体。

重点工程施工场地布置图。一般说来,大桥、隧道、立交枢纽等都是重点工程,其施工场地布置图应在有等高线的地形图上按比例绘制。图上应详细绘出施工现场、辅助生产、生活等区域的布置情况,绘出原有地物情况。

其他单项局部平面布置图。对于大型项目,因施工周期长,管理工作量大,附属、辅助企业多,必要时应绘制其他的平面布置图。这类图主要有以下几种:

①沿线砂石料场平面布置图;

②大型附属企业如沥青混合料拌和厂、预制构件厂、主要材料加工厂(木工厂、机修厂)等平面布置图;

③临时供水、供电、供热基地及管线分布平面图;

④主要施工管理机构的平面布置图。

六、施工组织设计对造价的影响

施工是把设计图纸付诸实现的重要阶段。尽管在设计确定后,施工对整个建设项目投资的影响不大,但其本身是形成固定资产的重要过程,与工程造价有着密切的关系。不同的施工组织会有不同的工程造价,有时两者还相差较大。在施工生产中正确处理技术先进与经济合理的关系,把造价控制的观念渗透到各项施工管理中。在每项工程措施、施工方案的制订和审批过程中要充分做好经济比较,最大限度地降低工程造价。

1.施工组织设计与施工图预算的关系

施工组织设计是初步设计阶段施工方案的具体和深化,是编制施工图预算的指导性技术文件,施工图预算的编制过程也是施工组织设计的过程。施工组织设计中的施工计划决定着施工图预算,反过来,施工图预算又制约着施工组织设计,两者是辩证统一的关系,是相辅相成的,故要提高施工图预算的编制质量,必须合理编制施工组织设计。

从施工图预算的组成来分析,其主要是由:建筑安装工程费,设备、工具、器具及家具购置费,工程建设其他费用,预留费等项组成。与施工组织设计关系最大的是建筑安装工程费,在建筑安装工程费中,直接费又是主要的费用,它的高低基本决定了建筑安装费的高低,故施工组织设计对施工图预算的影响主要也即是对直接费的影响。

2.施工调查对造价的影响

工程施工原始资料的调查是编制施工组织设计的基础。施工组织设计是在公路工程设计中从施工的角度出发,对拟建的公路工程现场进行充分调查,在具体分析施工条件的基础上提出优选的施工组织、施工方法及施工技术措施等,编制施工进度计划,确定合理的劳动力、材料供应、机具和设备的供应计划;编制施工平面图,对拟建公路工程的主体工程和临时工程进行全面的、综合的布置;从技术经济方面进行研究比较,选择经济上合理、技术上可行的方案。

而原始资料的一点差错可能会导致施工建设的损失。通过施工调查可以合理布置施工总平面图，选择施工用地，估算平整场地的土方量，以及拟订地基处理方案和基础施工方法等。通过施工调查可以准确地选用冬季、雨季施工方法，确定工地排水、防洪防雷措施；通过施工调查可以正确布置临时设施、高空作业及吊装措施，对地基及结构工程按照不同的震级规程施工。

3. 施工方案、方法对工程造价的关系

在施工中，施工方案是很重要的组成部分，不论在技术方面或组织方面，通常都有多种可行的方案选择，所以可以对施工方案进行优化。优化的方法有定性分析和定量分析两种，通常采用定量分析法。如路基工程需要施工大量的土石方，其投资在工程施工中占有较大的比例。其施工方式不同，造价会有明显的差别。施工中应根据工程规模、工期、施工条件、其他现场调查资料以及施工组织设计，选择恰当的施工方法，合理地选择机械设备。由于每种施工机械都有相应比较经济的运距，在选择施工机械时，应予以合理组织，尽量发挥各种机械的优势，降低工程造价。如某高速公路上连续梁特大桥，主跨 155m，墩高近 70m，原设计大桥桥墩与水流方向成 25°夹角，对水流整体流态、流向及行洪有一定影响，主桥 0 号块箱梁原方案采用高墩临时钢管支架现浇混凝土。水利部门要求施工期间不能影响阻洪和通航，降低阻水率。施工时综合考虑施工难度、造价、水利各方因素，维持原桥跨布置，通过优化上下部构造，将桥墩顺水流方向布设，主墩由原来的薄壁墩改为箱型墩，减小墩柱宽度，连续梁采用斜交正做方案，墩顶采用牛腿钢结构支架浇注 0 号块箱梁，节省临时高墩钢管支架近 2 000 多吨钢材，以达到减小阻水率的目的。该方案比原设计方案节省约 1 200 万元。

4. 材料的采购运输对工程造价的影响

基础建设工程需要大量的原材料，尤其是地产材料，即砖、瓦、石灰、砂子、碎石、片石，一般其运杂费比本身的出厂价还要高，所以地产材料的采购运输对工程造价有显著影响。加之地产材料价格由于自然条件的原因差别很大，即使同一地区也存在运输距离远近和供应能力是否满足工程需要的问题。这样就必须在施工之前经过现场详细调查取得各个供应点的供货和价格，以及距施工现场的运输距离，从而综合确定比较经济可行的供货运输方案。这些都必须在施工之前预先加以明确，为工程造价的确定提供条件。在实际施工过程中，往往由于施工组织中没有明确上述问题或没有作详细的调查比较，造成结算时扯皮的现象，从而对工程造价带来影响。

运输组织不仅直接影响施工进度，而且在很大程度上也影响了工程造价。为了确保施工进度计划的执行，力求最大限度降低工程造价，就要求编制出合理的运输组织计划，一般需要达到以下要求：运输距离最短，运输量最小；减少运转次数，力求直达工地；装卸迅速，运转方便；尽量利用原有交通条件，减少临时运输设施的投资；充分发挥运输工具的载运条件。

5. 统筹兼顾，确定合理施工顺序

由于大的基本建设工程，其特点为工作量大、工程项目多、建设周期长，此类工程施工需要修建临时工程和措施工程。这就要求在施工中必须做好各种方案的比较和通盘考虑，以免造成浪费。一方面要尽量少建或不建大型临时工程，既可减少临时工程费用，又可节约临时征用土地的费用；另一方面要全面考虑措施工程，如提前施工和交工可供施工使用的永久性工程和公用基础设施工程(包括水源及供水设施、排水干线、输电线路、配变电所等),以代替临时工程,从而降低工程造价。

建筑工程有其本身的客观规律,合理安排施工顺序,能够保证各项施工活动相互促进,紧密衔接,避免重复工作,加快施工进度,降低工程造价。如在公路工程中,涵洞施工和路基施工分别发包给两单位,路基施工单位为了抢工期,就先把路基填起来,造成施工涵洞时再把路基反开挖的现象,这样就提高了工程造价,但可以保证路基涵洞台背压实质量。同时还要考虑季节影响,如大规模土方工程和深基础土方施工,一般要避开雨季,降低施工难度和减少措施费用。

6. 科学安排工期,注意进度的合理性

建设工程要合理确定工期,避免盲目压缩工期,在进度安排上注意其均衡性。应根据实际情况安排各项单位工程的施工周期,做到建设工作分期分批地进行,避免过分集中,有效地削减高峰工作量,减少临时设施,避免劳力、机械和材料的大进大出,保证工程建设按计划有节奏地进行。

根据建设工程的实际情况,合理确定施工工期及进度计划,对工程质量和预算造价都会有极大的影响。如路基土石方施工在填方路段的自然沉陷一般需要1~2年,混凝土施工达到标准强度的时间一般为28d左右,所以,在施工中应按合理的工期进行劳动力安排、材料的供应和机械设备的配置。以预制安装30m预应力T形梁为例,对于大型预制构件平面底座的个数,必须根据施工进度计划可能周转使用次数取定;预制厂的门架需要按照施工作为计价依据;设备的使用期也需要根据施工计划使用期来调整设备的摊销费。

7. 抓好安全质量,减少返工费用

施工中应该建立完善的安全、质量保证体系,要坚持安全第一、质量为本的原则。要制订降低工程成本的技术组织措施,严格检查其执行情况。要加强施工过程中的中间检查和技术复检,搞好质量控制,使每一道工序、每一个环节都确保工程质量,做到一次达标创优,尽量减少或避免返工损失。因为一旦出现安全、质量事故,除直接对工程造价带来影响外,其停工整改、接受调查等工作将会使工程项目陷入停顿状态,影响施工工期,最终可能会产生赶工发生的其他费用。

8. 施工现场平面布置对预算的影响

施工现场平面布置是施工组织设计在空间上的综合描述,是施工组织设计的重要组成部分。在施工中应精心进行平面布置,一般来说,都是结合地形、地貌,在满足施工的前提下,选择交通便利、运输条件好、材料供应方便的地方,尽可能利用荒山、荒地,少占家居农田,尽量利用场地平整、工程量小的地点布置。总的来说,施工组织设计必须对施工期限、施工方法、机械化程度,以及大型构件预制场、路面混合料拌和场、材料堆放地点、各种必须修建的临时工程的位置和临时占用土地的数量等,作出明确而具体的规定,从而才能正确、合理地计算各种费用。

在设计文件中,一般会对永久性占用的土地作出工程数量,但对于一些大型构造物、临时工程及辅助设施的确定,则由具体施工的人员确定。不同的临时设施布置方法肯定对预算有影响。为保证路基边坡的压实等需加宽填补的土方,但还需刷坡到路基设计宽度;清表土或零星填方的基底压实、耕地填前夯实、回填至原地面高程所需的土方;软土路段因路基处理后沉陷需增加的土方,要根据软基处理设计计算。

第三节　安全管理文明施工措施

一、安全管理措施

安全管理是为施工项目实现安全生产开展的管理活动。施工现场的安全管理，重点是进行人的不安全行为与物的不安全状态的控制，落实安全管理决策与目标，以消除一切事故、避免事故伤害、减少事故损失为管理目的。

安全生产是施工项目重要的控制目标之一，也是衡量施工项目管理水平的重要标志。搞好施工项目的安全生产，是国家的一项重要政策，是企业管理的首要职责，也是调动员工积极性的必要条件。没有安全的保障，就没有员工的高度积极性，也就没有施工生产的高效率。因此，施工项目必须把实现安全生产当作组织施工活动时的重要任务。同时，安全技术措施和安全制度也是编制施工组织设计时一项必不可少的重要内容。

(一)安全管理的范围

预防和杜绝工伤事故，保证施工生产的安全；预防和消灭职业病；保护施工手段和施工对象即施工设施、设备和结构物的安全。

(二)安全管理的原则

1. 预防为主，综合考虑

要搞好安全管理，应坚持预防为主的原则，防患于未然，着眼于事先控制。从施工开始，就要将人、财、物综合加以考虑，要有专门机构和人员负责抓安全工作，要相应地安排安全设备和必要的安全设施。

2. 安全管理应贯穿于施工全过程

施工安全问题要贯穿于整个施工全过程，事先要做充分的调查研究，针对现场实际情况，对施工中可能遇到的安全问题和不安全因素加以认真分析，制订施工方案，采取对策措施。

3. 全员管理，安全第一

在安全管理中，要树立安全第一的思想，“生产必须安全，安全为了生产”。必须全企业、全体人员在全过程各阶段自觉地共同努力，保证安全施工。

4. 管生产者必须同时管安全

安全寓于生产之中，并对生产起促进与保证作用。管生产同时管安全，不仅要对各级领导人员明确安全管理责任，同时也向一切与生产有关的机构和人员明确业务范围内的安全管理责任。

(三)安全管理措施

1. 建立安全保证体系

施工项目应设立安全管理机构，工地设立专职安全员，班组设兼职安全员，从而形成一个健全的安全保证体系。

安全管理机构主要负责贯彻执行国家有关安全施工的方针政策、法令、规章制度和上级有关规定，协助领导在“安全第一、预防为主”的方针指导下，组织和推动施工中的安全工作。

工地专职安全员的职责是认真贯彻执行上级有关安全施工的规定，推动和组织施工中的安全工作，在业务上接受上一级安全管理部门的领导。

班组兼职安全员协助班组长组织安全活动，进行现场安全检查，模范遵章守纪，对违章作业者进行批评教育，组织学习安全规程、制度及上级颁发的有关文件，指导班组人员正确使用个人防护用品等。

2. 落实安全责任，实施责任管理

根据"全员管理、安全第一"的原则，建立各级人员安全生产责任制，明确规定各级领导、职能部门、工程技术人员和生产工人在施工生产中的安全责任。

3. 强化安全教育与训练

进行安全教育与训练，能增强人的安全生产意识，提高安全生产知识，有效防止人的不安全行为，减少人的失误。安全教育包括知识、技能、意识三个阶段的教育，教育的主要内容有：进行安全思想教育，学习国家劳动保护法规、安全施工管理条例等；进行安全技术、工业卫生的科学知识教育，进行典型经验和事故教训的教育；进行法制教育等。通过教育和训练，不仅要使操作者掌握安全生产知识，而且能正确认真地在作业过程中表现出安全的行为。

4. 安全检查

安全检查是发现不安全行为和不安全状态的重要途径，是消除事故隐患，落实整改措施，防止事故伤害，改善劳动条件的重要方法和措施。

安全检查的形式有普遍检查、专业检查和季节性检查等。

5. 作业标准化

在操作者的不安全行为中，不知正确的操作方法，为了干得快而省略必要的操作步骤，以及坚持自己的操作习惯等原因所占比重很大。因此，按科学的作业标准规范人的行为，有利于控制人的不安全行为，减少人的失误。

6. 施工设计应考虑安全技术的因素，并对操作者进行交底

各分部、分项工程在施工进行之前，根据工作的具体情况和结构特点所做的施工设计、操作方案等，应充分考虑安全因素，方案应有必要的安全防护措施，以保证施工过程中的人身、设施设备和结构物的安全。为使操作人员充分理解方案的全部内容，减少实际操作中的失误，避免操作时的事故伤害，要将方案的设计思想、内容和要求等，向作业人员进行充分交底。

7. 优化安全技术组织措施

包括以改善施工劳动条件、防止伤亡事故等为目的的一切技术措施：

(1)开展以机械化、自动化为中心的技术革新，积极改进施工工艺和操作方法，改善劳动环境条件，减轻劳动强度，消除危险因素，保证安全生产。

(2)机械设备应有安全装置。

(3)设置安全设施，如在施工现场设置安全围栏、防火设施，坚持使用高空作业的安全网、安全带、安全帽等。

8. 建立健全各种切实可行的规章制度

施工安全制度主要有：安全生产责任制度、安全生产教育制度、安全检查制度、安全技术措施制度、安全交底制度、事故分析和处理制度等。

二、文明施工

文明施工是指在施工现场管理中，要按现代化施工的客观要求，使施工现场保持良好的施工环境和施工秩序。

文明施工的措施主要有：

1. 组织管理措施

(1)建立健全管理组织机构。施工现场应成立以项目负责人为组长，生产、技术、质量、安全、消防、保卫、材料、行政卫生等管理人员为成员的文明施工管理组织；

(2)健全管理制度，包括：个人岗位责任制、经济责任制、检查制度、奖惩制度、会议制度和各项专业管理制度等；

(3)健全管理资料；

(4)开展竞赛；

(5)加强教育培训工作；

(6)积极推广应用新技术、新工艺、新设备、新材料和现代化管理方法，提高机械化作业程度。

2. 现场管理措施

(1) 开展"5S"活动

"5S"活动是指对施工现场各生产要素（主要是物的要素）的所处状态不断地进行整理(Seiri)、整顿(Seiton)、清扫(Seiso)、清洁(Seiketsu)以及员工素养(Shitsuke)的培养。

"5S"活动是符合现代化大生产特点的一种科学的管理方法，是提高员工素质、实现文明施工的一项有效措施与手段。

(2)合理定置

合理定置是指将全工地施工期间所需要的物在空间上合理布置，实现人与物、人与场所、物与场所、物与物之间的最佳结合，使施工现场秩序化、标准化、规范化，体现文明施工水平。它是现场管理的一项重要内容，是实现文明施工的一项重要措施，是谋求改善施工现场环境的一种科学的管理办法。

(3)目视管理

目视管理就是用眼睛看的管理，亦可称为"看得见的管理"。它是利用形象直观、色彩适宜的各种视觉感知信息来组织现场施工生产活动，达到提高劳动生产率、保证工程质量、降低工程成本的目的。目视管理是一种简便适用、透明度高、便于员工自主管理、自我控制、科学组织生产的一种有效的管理方式。这种管理方式可以贯穿施工现场管理的各个领域之中，具有其他方式不可替代的作用。其主要内容与形式如下：

①施工现场各项管理制度、操作规程、工作标准、施工现场管理实施细则布告等应用看板、挂板或写后张贴在墙上公布，展示清楚；

②在定置过程中，以清晰的、标准化的视觉显示信息落实定置设计，实现合理定置；

③施工现场的管理岗位责任人采用标牌显示，以更好地落实岗位责任制，激发岗位人员的责任心，并有利于群众监督；

④在施工现场合理利用各种色彩、安全色、安全标志等，并实行标准化管理，有利于生产和员工的安全；

⑤将施工现场管理的各项检查结果张榜公布。

三、施工现场环境保护

环境保护是我国的一项基本国策。施工现场的环境保护，是指按照国家、地方法规和行业、企业要求,采取措施控制施工现场的各种粉尘、废水、废气、固体废弃物以及噪声、振动等对环境的污染和危害。

保护和改善施工环境是保证人们身体健康、消除外部干扰、保证施工顺利进行的需要,也是现代化大生产的客观要求。

环境保护的措施一般有以下几条:

(1)实行环保目标责任制;

(2)加强检查和监控工作;

(3)对要保护和改善的施工现场环境进行综合治理;

(4)要有技术措施,严格执行国家的法律、法规;

(5)制定有效措施防止大气污染、水源污染和噪声污染。

第四节　临 时 工 程

一、临时工程的概念

临时工程只是起着参与永久性工程形成的作用,公路建成交付使用后,必须拆除使其恢复原状。它与辅助工程有相同的性质,不同点在于临时工程一般不单作专一的服务对象。现行《公路工程概预算定额》规定,临时工程有汽车便道、临时便桥、临时码头、临时轨道铺设、临时辅电和通信线路6项。例如,汽车便道既可运输生产物资,又可运输生活物资品。又如,输电线路既可为生产机械供电,又可为生活照明供电。因此,在实际操作中难以将其综合到哪个费用项目内,为了便于工程造价计算,将其归纳为临时工程,单独列项予以反映。

二、临时工程内容及其规定

1.便道

应予修建的便道有两种情况,一是专供汽车运输建筑材料用的,如料场到施工现场,原有道路与新建公路进场的连接线,以及现场范围内必须修建的便道等。二是专供大型施工机械进场用的便道。这两种便道的性质是一样的,只是修建标准有所差异。

便道有双车道和单车道两种标准,双车道的路基宽度为7.0m,单车道为4.5m,一般是根据运输任务的大小来确定。如果是常年使用的便道,为保证晴雨畅通,还应加铺路面,同时,应根据使用期的长短,计入养护维修所需的费用。若只要求晴通雨不通,或一次性的使用便道,如只供大型施工机械进场用的便道,或运输任务不大的便道,则可修建为单车道并不铺设路面。

汽车便道是指各种砂石料场与工地用料点或堆料场连接的道路。现有公路与拟建项目上路的联络线路,预制场、拌和场与建设项目之间的连接便道,即新修或利用农村道路进行整修供汽车行驶的方可列为汽车便道。汽车便道的道路标准,应根据运输量的大小合理确定,只要求晴天通行或运输量不大的路段,不必考虑铺筑路面。选定路线时,要注意利用地形,尽量不占或少占农田。

凡预制场、拌和场及生活区内部通行的汽车便道,均不能计入汽车便道的数量内。其项目属于现场经费中的临时设施内容,修建施工现场已包括场内道路,不能再重复计算。

2. 便桥

便桥是指便道在跨沟涉河处必须修建的桥梁,有时在修建大型桥梁时,为两岸运输建筑材料等的需要,也要修建临时用桥。若达不到通行汽车的标准,则不能列入便桥项目内计入工程造价,是属于现场经费中的临时设施费范围的内容。

为了贯彻以钢代木、节约木材的目的,公路工程概算、预算定额只规定了钢便桥一种结构形式。即利用公路装配式钢梁桁节(贝雷桁架)组成,在编制工程造价时,必须贯彻执行,不得变更定额内容或进行抽换。

3. 临时电力线路

临时电力线路是指在公路工程施工过程中,当工程用电使用工业电源时,需要安设由高压输电线路到工地变电站之间的电力线路。至于变电站或自发电的厂房至施工现场各个作业用电点的线路,是一种低压线路,属于现场经费中的临时设施费的范围内容,则不得计入临时电力线路内,作为编制工程造价的依据。

此外,在修建大型桥梁时,由于工程用电的需要,必须敷设水下电缆,可结合建设工程的实际情况,参照电力部门的有关规定和要求确定,计入临时电力线路项目内,作为编制工程造价的依据。

当利用地方工业电源时,接高压线路或变电站接线处至工地变压器之间的距离作为输电线路计算长度。变压器或自备发电机房至现场用电点的距离不得计入输电线路内。

4. 临时电信线路

临时电信线路是指专为施工现场各施工点与驻施工现场的管理机构之间,以及与外界的通信联系而需架设的电话线路。一般是按从当地附近的电信局连接到工地各施工点的线路长度作为编制工程造价的依据。但目前由于电信事业的不断发展,通信的方式很多。因此,在实际工作中,不论施工单位今后将采用何种通信方式,一般可按公路的修建长度,作为编制工程造价的依据。

5. 临时码头

当建设工程处在通航地区,为利用水上运输工具进行建筑材料的运输,或桥梁水下施工需要工程拖轮和工程驳船运送材料和构件时,必须修建临时码头才能进行装卸工作。临时码头有重力式石砌码头和装配式浮箱码头两种结构形式,一般应结合当地的实际情况在经济合理的原则下选定。

浮箱码头是由多个以钢板做成的浮箱拼组而成,并用钢筋混凝土锚碇进行固定。

各种临时工程的另一个显著的特点是没有具体的服务对象,而是为建设工程项目的全部工程服务的,但在施工过程中又是必不可少的工程设施。

当拟建项目可利用水运材料或大型桥梁施工配有水上混凝土工厂及泥浆循环系统时,为装卸运输材料而必须修建的码头,应结合现场实际情况取定。

6. 临时轨道铺设

其指在进行大型混凝土构件的预制时,铺设在预制场内的轨道,预制场至桥头和桥面上应铺设的轨道,以及供龙门架行走的轨道,专供大型混凝土预制构件的出坑、运输、堆放和运至桥上安装之用。按钢轨的质量分为 11kg/m、15kg/m、32kg/m 三种不同的标准,一般根据预制构件的单件质量确定。所以,应根据预制场的条件和采用的安装方法,提出设计需要量,列入工程造价内。

上述临时工程在项目竣工时,不需办理工程验收和工程点交手续,只需将费用纳入竣工决算,但其必须予以拆除,恢复生态环境。值得注意的是,为生产、生活而修建的现场临时设施,如办公室、宿舍、仓库、加工房、机械工棚等临时房屋,生活区内的汽车便道、便桥,变压器或发电房到施工现场和生活用电线路,施工和生活用的输水线路,架子车和机动翻斗车行驶的便道,施工机械搁置场地以及临时围墙等,按现行《公路工程造价编制办法》规定,综合为其他工程费中的临时设施费,按费率计算,不得将上述内容归入临时工程。

第五节 辅助工程

一、辅助工程含义及其规定

辅助工程,是相对于主体工程而言的,它有具体的服务工程对象,但在施工过程中只起辅助性的作用,不构成主体工程的实体,通常将其费用综合在相应的使用对象的工程造价内。除个别外,一般都不单独反映这些辅助工程的内容,亦不得作为计量支付的依据。

辅助工程虽然不构成永久性工程的实体,只是辅助其形成,却又有它的具体要求和一定的适用范围及其施工技术规定。例如,在水中建造桥梁基础工程时,必须修筑围堰辅助工程,其结构形式因水深而异,没有围堰基础工程主体就无法施工,主体工程完成后,辅助工程应及时予以拆除。一般来说,辅助工程没有统一的计算工程数量的标准,必须根据工程项目实际情况逐项分析研究才能确定其工程量。

在公路工程造价编制中,有些临时工程设施,如混凝土的模板、砌石工作的脚手架等,就其性质而言,也属于辅助工程范畴,但它与圬工体积直接相关,为了简化工程造价的编制工作,将其综合在相应的定额中,不单独计算这些临时工程设施所需的费用。而另外一些辅助工程必须根据公路工程设计文件的规定及要求,在编制施工组织设计时,应合理地确定辅助工程的工程量。如以下路基、路面、桥涵和隧道工程中,辅助工程量都必须计算。

(1)路基工程有以下几项应予增加的数量,并计入填方内计算。清除表土或零填方地段的基底压实,耕地填前夯实,回填至原地面高程的土石方数量;路基沉陷需要增加的土石方数量,或进行路堤预压需增加的填料数量;为保证路基边缘的压实度需加宽填筑时,需要增加的土石方数量,其填方数量计价不计量,即将所需数量发生的填方费用摊入填方单价内,为保证路基填方在接近最佳含水率时进行碾压,应结合工程实际情况和计划在最干季节完成的工程量,计算所需的洒水量;对路基土石方的综合利用,作出必要的安排,如改土造田、利用开山石方作为构造物和路面用料等。

(2)路面工程一般对设计有次高级或高级路面的工程项目,才考虑拌和设备的安拆和拌和场地的修建等辅助工程。当路面基层的混合料采用集中拌和时,应计入稳定土拌和设备的安拆,拌和场地可按工程规模大小确定其面积;当面层为沥青混凝土或水泥混凝土采用集中拌和时,应计入拌和设备的安拆,拌和场地也按工程量大小确定面积,应注意所选设备的生产能力与设计工程量及计划工期相适应,根据拌和设备设置情况,用加权平均层计算混合料的平均运距。对挖出的路槽废方,提出处理意见,需外运时应确定其平均运距。

(3)桥涵工程由于结构形式多,地形及水文地质情况复杂,施工方法及施工技术也有所不同,考虑的辅助工程内容也很多。因此,应根据实际情况逐项计算分析并确定合理的辅助工程数量。例如,水中围堰结构形式;埋设钻孔灌注桩的护筒;墩、台、塔等的模板及施工电梯;支架及拱架形式;预制台座数量;预制场的面积;吊装设备;混凝土场内运距,基础开挖弃方运距;蒸汽养护的建筑面积等工程量的确定,均应按技术先进、安全可靠、经济合理的原则进行分析计算。

(4)隧道工程应根据围岩情况,提出临时钢支撑的数量和用于周转施工的次数。

二、辅助工程的种类

除了上述辅助工程外,还有许多大型的辅助工程,现扼要介绍如下。

(一)平整场地

平整场地是指专为大型混凝土预制构件预制和路面混合料集中拌和等而必须修建的场地。场地修建时,除要进行填挖土石方和找平之外,还应进行碾压,使之具有足够的强度。同时,对场地范围由材料运进和半成品运出的道路等地段应铺筑能保证运料车通行足够强度的路面,其铺筑面积一般可按平整场地中实际地质和车辆情况进行计算。

平整场地面积的大小,应根据拌和路面混合料和预制大型混凝土构件的任务大小和采用拌和设备的类型确定,一般应考虑各种材料的堆放、安放拌和设备、大型预制构件的底座、半成品堆放、场内各种道路,以及警卫、施工人员用房等所需的面积,并通过必要的分析计算确定,它是大型拌和站的配套设施。

《公路工程基本建设项目概算预算编制办法》将平整场地工作归列在其他工程及沿线设施项目中,只在编制施工图预算时,方能计算这项费用,编制设计概算时,就不计算,因为已综合在相关工程项目的工程定额内。

(二)大型拌和站

根据工程质量和任务要求,在公路建设工程中,需要设置的大型拌和站有厂拌稳定土拌和站、沥青混合料拌和站、水泥混凝土搅拌站三种,其拌和设备的生产能力,是以每小时 t 或 m^3 来划分的。因此,在设置拌和站时,要解决的首要问题就是如何选定拌和能力及其型号。一般应根据施工任务量,在保证总工期要求的前提下,尽可能做到满负荷的施工生产而留有必要的余地,科学合理地选定拌和设备的型号。

1.稳定土拌和站

按相关路面施工技术规范的规定,为保证路面工程质量,路面基层中的水泥碎石、石灰粉煤灰碎石等基层,应采用集中拌和进行铺筑,故必须设置拌和站。这种稳定土厂拌设备的生产能力有 50 ~400t/h 等多种型号。

2.沥青混合料拌和站

沥青混合料有沥青碎石和沥青混凝土两种,一般都采用拌和设备进行拌和。其生产能力有 30 ~320t/h 等多种型号,60t/h 以上的拌和设备其生产过程全由计算机进行控制管理,自动化程度高,是一种比较先进的机械设备产品。在组织生产时,除要修建拌和设备和锅炉的混凝土基座外,还要设置储油(沥青)池和沉淀池、砌筑上料台等。

这种设备的一次安装费用一般都比较高,所以应合理设置拌和点,考虑到混合料运输、保温能力,一般最佳供应范围宜在 30 ~50km,这是在实际工作中不可忽视的一些因素。

3.水泥混凝土拌和站

混凝土用量大的工程,要求集中拌和,其设备的生产能力一般是 15 ~$60m^3/h$。在组织施工生产时,应依据混凝土的数量、构造物的分布等情况具体确定。

设置上述各种拌和站,除要注意合理选定拌和设备的型号外,尚需配置相应的运输设备及车辆,还应经过科学的分析计算,务须使之能协调而又能均衡地进行连续生产,避免互相脱节,在某些环节上产生延滞、停误。

(三)混凝土蒸汽养生设施

在混凝土的施工过程中,为了在冬季施工缩短混凝土的养生期,使之尽快达到设计强度的要求,及在严寒季节,为避免混凝土受冻损坏,常采用蒸汽养生的办法来解决。因此,需要建筑蒸汽养生室。若系大型混凝土预制构件,可采用挖坑或在地面上砌墙的方式来建筑蒸汽养生室,坑壁和坑底都要用砖或天然石料进行铺砌,要设置活动的坑盖和保温门,以利构件出坑,安设蒸汽管道和工业锅炉,按时测温和喷水。

蒸汽养生室的建筑面积,应根据单件预制构件的大小和每次需要预制的根数来确定。一般是按两梁之间的间距0.8m,并按梁长每端各加1.5m、宽度每边各加1.0m来考虑确定。

这种养生方法可缩短养生期,加快施工进度,但增加费用较多,在公路建筑工程中,要慎重计划和计算。

(四)大型预制构件场

钢筋混凝土和预应力混凝土T形梁、I形梁、箱形梁等桥梁上部构造,当采用构件预制时,要求设置预制场。预制场中设置足够数量的预制构件底座,在《公路工程预算定额》中单独设立了这项工程的定额子目,分为平面底座和曲面底座两种,前者适用于T形梁、I形梁、等截面的箱形梁,后者适用于梁桥和拱桥的曲面箱形梁、箱形拱、桁梁和刚架等。一般是按工期要求,计划可以周转的次数,确定需要修建的座数,将其费用综合在大型预制混凝土构件的造价内。

各种底座的计量单位以面积计,按工程定额中规定的计算公式执行。在预制场中尚需布置存梁区,运输及吊建设备。拌和站及预制场在有条件时可设在一起,以减少运料距离。

(五)钢桁架栈桥式码头

是指为大型预制混凝土构件装船用的一种设施,实际是属于临时工程的性质。由于它有具体的服务工程对象,故在桥梁工程定额中单独列为一个定额子目,而没有将其归类临时码头内。

栈桥式码头的上部构造,是采用万能杆件组拼而成的,根据以往的建设工程的历史工程资料,栈桥的下部构造和基础,一般要修建钻孔灌注桩和柱式墩与砌石桥台等工程,故从正面看似一座半边桥的形式。在实际工作时,应根据当地的水文地质情况,提出施工设计图表资料作为施工依据。

(六)先张法预应力钢筋张拉、冷拉台座

张拉台座是预应力混凝土预制构件在制作之前,对预应力钢筋进行张拉的一种设施(如图3-1所示),一般采用900kN预应力拉伸机来进行张拉,它应具有足够的抗拒张拉力能力,一般都采用高强度等级的钢筋混凝土制成。张拉台座由压柱、横梁所组成,并应铺设台面,以便安放模板。至于横梁亦可采用型钢代替。用于先张法的预应力钢筋,有Ⅱ、Ⅲ、Ⅳ级粗钢筋、钢绞线和高强钢丝等。冷拉台座用于预应力粗钢筋的制作,在构件预制之前,按设计要求先行冷拉的一种设施。它需要设置钢筋混凝土地锚,采用50kN单筒慢速卷扬机进行冷拉。一般可按预制构件的配筋长度,将多根钢筋对焊接长(预算定额台座的标准长度为45m)。经冷拉后,按需要长度切断。钢筋经冷拉后,不仅长度可增加,而且还可提高钢筋的单位应力,从而能

有效地节约钢材。

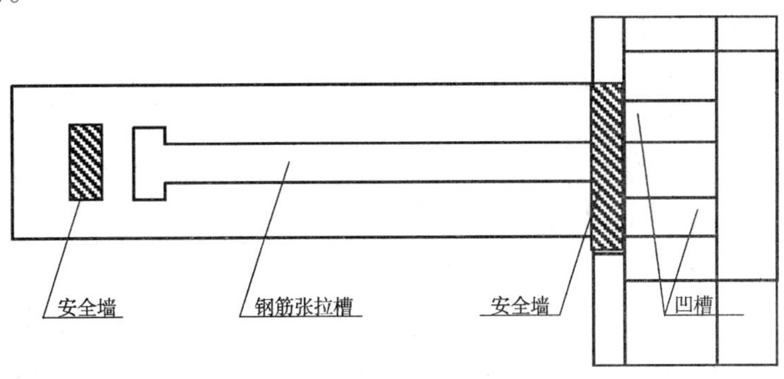

图 3-1　张拉台座

张拉、冷拉台座的设置，应根据施工工期要求与当地客观实际情况进行选定。如一个建设工程项目中，有多座先张法预应力梁桥，原则上应采用集中预制的方法来进行施工，设一座张拉台座，既便于加强现场管理，减少施工机具设备的配备数量，又有利于保证工程质量。只有当增大型预制构建的运输费用超过分设张拉台座的费用，或无法解决大型预制构件的运输工具时，宜考虑分设张拉台座，分别就地进行构件的预制。因为张拉、冷拉台座的费用一般都比较大，同时还要修建场地，一般较少使用，这是在实际工作中应予重视的一个问题。

（七）船上混凝土搅拌台及泥浆循环系统

当大型桥梁在江河中进行水上、水下混凝土施工时，一个极为重要的关键环节，就是如何解决水上混凝土的运输供应问题。比较行之有效的方法就是配置船上混凝土搅拌台，用钢筋混凝土锚碇将其固定在水上施工现场，一般是采用 90kW 和 150kW 以内的内燃拖轮及 100t 和 150t 的工程驳船等船只组成一个大型拌和场地，将拌和设备和各种建筑材料分别安放和堆放在船上，以利进行混凝土的拌和与供应。在编制工程造价时，应另行计算搅拌台的安装拆除和在船上拌和混凝土的相应费用。

当在江河中采用回旋钻机或潜水钻机修建桥梁钻孔灌注桩基础时，一般要配置泥浆循环系统，包括泥浆池和沉渣池，以利回收利用泥浆和进行钻渣处理。这种循环系统采用 45kW 和 90kW 以内的内燃拖轮与 50t 及 100t 的工程驳船等船只组成，它是进行深水钻孔灌注桩施工的一项专用设施。

（八）施工电梯

施工电梯是在修建较高的桥墩和索塔时，为使施工人员快速安全地进入高空施工现场和返回地面，并供运输各种建筑材料等专用的一种电动垂直输送设施。一般采用型钢制成的升降架，与预埋在混凝土基座内的地脚螺栓相连接，并用缆风索加固。实际上它起着类似一般桥涵工程中的脚手架的作用。当桥梁索塔的高度较高或当墩高超过 40m 时，为确保施工安全，加快施工进度，方便施工，宜选用施工电梯作为人员上下的提升设备。结合建设工程的实际情况，在编制工程造价时，可以另行计列这种施工电梯的费用。

（九）大型预制场吊移工具设备的选择

大型预制场具有以下特点和要求：一是预制构件的体积一般都比较大，相应也较重，移动难度大；二是都要设置平面或曲面大型预制构件底座；三是为了尽可能提高底座的周转利用率，节约底座的费用，相应就要设置预制构件的堆放场地和配备吊移工具；四是混凝土的拌和地点与底座之间的距离，应尽可能的短，以减少混凝土的场内运输任务，以利构件的浇筑，节约费用。

因此，如何科学合理地布置施工现场和选配装卸和运输工具设备，是编制施工组织设计的一项重要内容。常用的方法是设置龙门架和铺设轨道，以50kN以内的单筒慢速卷扬机或轨道拖车头来牵引轨道平车，进行预制构件的出坑、运输和码放工作。龙门架一般采用公路装配式钢梁桁节（贝雷桁架）拼制或采用钢木做成的混合结构，如图3-2所示。在设备条件可能的情况下，也可采用起重机或扒杆装卸配合大吨位的汽车进行运输。

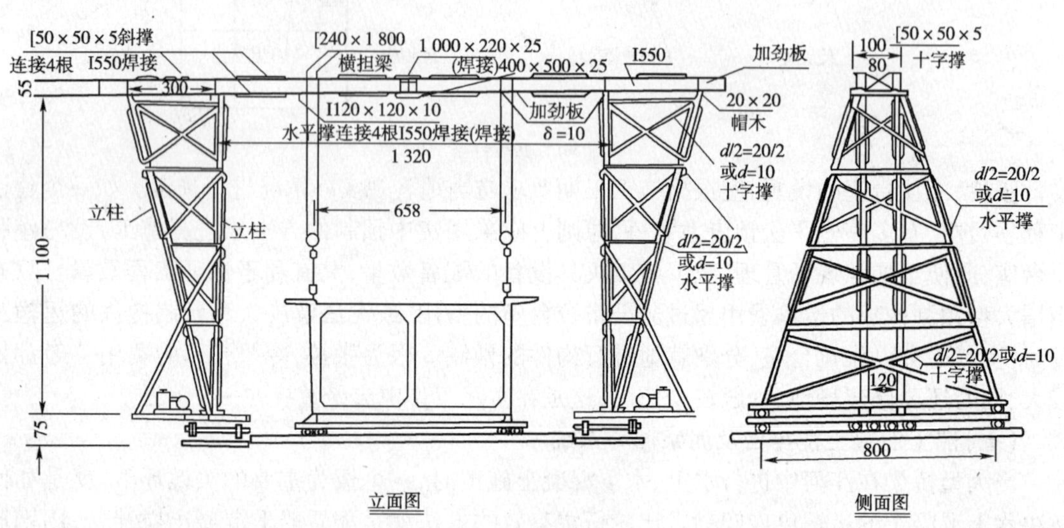

图3-2　钢木混合构造龙门架（尺寸单位：cm）

就一个公路工程项目而言，这种大型预制场地设施，除独立的大型桥梁外，在实际工作中总是少数，而大量的是一般的和小型的混凝土预制构件，诸如矩形板、空心板、通道和涵洞盖板，以及人行道、栏杆、拱上立柱和盖梁等。虽不存在需要设置专用底座、龙门架和铺设轨道等情况，但仍然存在有预制构件的出坑、运输和码放工作，也需要选配相应的吊移工具设备，对建立正常的施工秩序，是有直接影响的一个重要因素。

这些构件的特点是结构简单，体积小，质量轻，移动方便。一般可根据预制构件的形状、大小，分别选用如下合适的吊移工具设备。

1. 手推车

凡单件预制构件质量在300kg以内的，可采用双轮胶轮手推车运输，它使用灵活方便，装卸也比较容易。

2. A形小车

是用木料或钢材做成的，起重和运输能力约在200～1 000kg，如图3-3所示。在进行运输时，将车架前端抵住构件，抬高车柄使A字架而前倾斜，吊钩钩住构件后，压下车柄，使构件离开地面并靠在A字架上，然后推动小车行走。回空时，则可将车轮移至后面的轴座上，推走时就更省力。它结构简单，制作、使用都很方便，可就地加工制造应用。

3. 垫滚子绞运

是水平滚移重物的一种方法，常用于单件质量在5～15t的构件的短距离搬运，如图3-4所示。走板一般用木板，滚子可由木滚筒或钢管滚筒。构件较重时，一般都采用通长下走板。进行滚移时，用千斤顶将构件顶起，垫上走板和滚筒，然后用手摇绞车进行绞运。

以上所述，通常称为场内运输。除大型预制混凝土构件，如 20m 及以上长度的梁板结构，分节预制的大跨径的箱梁、箱拱等，因搬运难度大，一般都采用在桥位附近设置预制场进行预制，而将预制的轨道连续铺至桥头或桥面上进行构件的运输工作。也就是说，预制场范围以外的运距一般都比较短，就不再考虑内、外场运输因素的不同。而一般的和小型预制混凝土构件的使用地点大都是分布于公路全线，为了便于现场管理，保证质量，多采用集中预制的方法，因此，就产生了比较长的场地范围以外的构件运输工作，称为场外运输，就不能采取上述的一些场内运输方法来进行构件的运输工作。

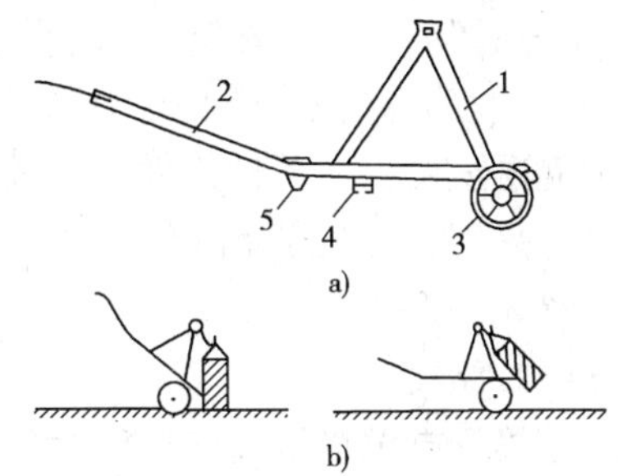

图 3-3　A 形小车
a）构造示意；b）使用方法
1-A 字架；2-车架；3-车轮；4-轴座；5-支腿

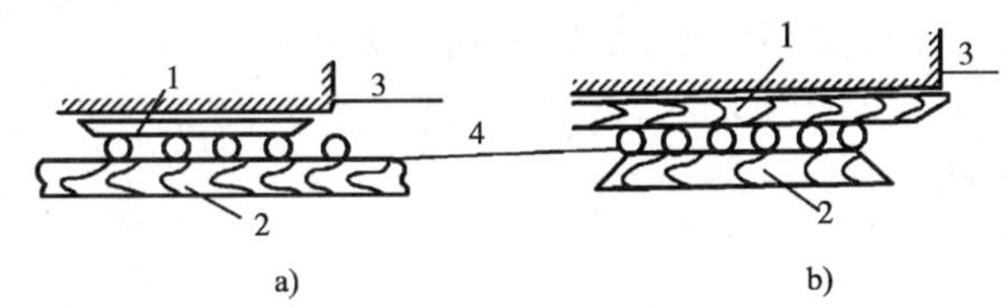

图 3-4　滚移装置
a）用短上走板、通长下走板的滚移；b）用通长上走板、短下走板的滚移
1-上走板；2-下走板；3-行走方向；4-填入滚轴方向

预制混凝土构件的场外运输，常采用载重汽车和平板拖车，一般适宜运输质量在 25t 以内的构件，并可根据构件的大小，分别采用人工、手摇卷扬机、龙门架和起重机等不同起吊方法配合装卸车作业。

此外，在进行构件运输时，要注意构件的安全，如 T 形梁、I 形梁等，其稳定性较差，要特别做好加固和支撑工作，避免发生构件倾倒损坏事故。

总之，对预制场的设置，构件的运输方法，吊移工具设备的选择等，应根据当地和建设工程的实际情况，通过必要的技术经济比较，合理确定。

（十）装配式混凝土桥梁的上部构造安装工具设备的选择

装配式混凝土桥梁是将预制构件在现场安装的桥梁，不同于现场浇筑的各种混凝土及预应力混凝土桥。由于桥梁上部构造的多样化和施工现场条件的不同，其安装的工具设备和方法也多种多样。目前广泛使用的，有各种能量的架桥机及扒杆、导梁、跨墩门架、悬臂吊机、缆索、履带式和汽车式起重机等。这些安装工具设备，各有其适用范围和条件，在第五章桥涵工程中，将结合各种不同的桥梁上部构造进行必要的说明。

1. 架桥机

一般用于多跨桥梁安装，有 100t、150t、200t、300t 等各种规格，由钢桁架组成，有架、换移功能，对构件有起吊、运构件前进及横移功能。目前，架桥机相当先进，除架设正交桥梁外，还可架设交角小于 45°的桥梁上部构件，架设的跨径一般在 20 ~ 50m 的装配式桥。

2. 扒杆

在长期的公路桥梁施工中，常用的扒杆有人字扒杆、三角扒杆、摇头扒杆、格架人字扒杆和钢管独脚摇头扒杆等多种形式。这些扒杆的结构简单，占地面积小，施工方便。格架人字扒杆（图 3-5）是采用型钢或万能杆件组拼的，起重量可达 40t。钢管独脚摇头扒杆，一般采用外径

152～426mm 的钢管制成，起重量可达 30t。上述其他三种扒杆，一般都采用木料制成，只适用于 13m 及以下长度的梁板预制混凝土构件或单件构件质量较轻的安装工作。

图 3-5　格架人字扒杆

采用扒杆安装预制构件时，一般一次施工工点要成对的配置。

3. 导梁

导梁有单导梁和双导梁两种，一般采用万能杆件等钢构件组拼而成，如图 3-6 所示。《公路工程预算定额》中规定的导梁全套设备的质量资料，是按 2 孔半确定的，以利平衡移动过墩，它只能用于 3 孔及以上的多跨桥梁的安装。若采用导梁安装小于 3 孔的梁板式桥时，应按实计算确定导梁的需要质量，并采用扒杆等其他方法，先行架设好导梁，然后再安装梁板构件。单导梁只限用于 20m 及以下跨径的桥梁，双导梁则适用于 25m 及以上的桥梁的安装工作。

4. 跨墩门架

一般只适宜用于桥墩高度不大于 15m、无常流水的干涸而又平坦的河床上梁板式桥梁的安装工作，因为需要在桥的两侧铺设轨道，作为移动跨墩门架和预制混凝土构件之用。它适用于跨径 30m 及以下的梁板式桥梁的安装，常采用万能杆件等钢构件组拼而成，如图 3-7 所示。

图 3-6　顶推梁导梁

图 3-7　跨墩门架

5. 悬臂吊机

主要用于大跨径的箱梁（如连续梁、T 构、斜拉桥箱梁）和桁架梁等的悬拼工作，也是利用万能杆件等钢构件来组拼的。一般都是将悬臂吊机安设在大桥墩上，故先要浇筑墩顶零号块，除 T 构外，应将零号块与桥墩进行临时固结，避免产生应力不平衡的现象，确保施工安全，如图 3-8 所示。

图 3-8　桥面悬臂安装吊机

6. 缆索吊装设备

该设备是由缆索、索塔和地锚等所组成的，索塔一般多采用万能杆件或公路装配式钢梁桁节（贝雷桁架）等钢构件来组拼，地锚则用钢筋混凝土或型钢做成，如图 3-9 所示。

这种吊装设备适用于大跨径的双曲拱、箱形拱、桁架拱和刚架拱等拱式桥梁的安装工作,不宜用于梁式桥梁的安装。由于这种吊装设备的造价比较高,不经济的,而且《公路工程预算定额》中的缆索设备是按照钢筋混凝土拱式桥梁的要求来制定的,不得将其作为梁式桥的安装工具。

7. 起重机械

常用的起重机械有履带式和汽车式两种,在地形条件适于起重机工作的情况下,一般适用于单件质量较轻的混凝土预制构件,如矩形板、空心板等桥梁的安装工作,如图 3-10 所示。

图 3-9　缆索吊装

图 3-10　起重机械

为了更系统地了解上述各种安装工具设备的适用范围,现分类列表如下,见表 3-7。

装配式混凝土桥上部构造安装工具设备适用范围　　表 3-7

桥梁结构形式		安装工具设备名称							
		木扒杆	起重机	单导梁	双导梁	跨墩门架	悬臂吊机	缆索吊装设备	架桥机
矩形板		√	√						√
空心板		√	√						√
少筋微弯板		√							
连续板		√	√	√					
I 形梁		√	√						
T 形梁（跨径,m）	10、13	√							
	16、20			√					
	10 ~ 30					√			√
	25 ~ 50				√				√
预应力空心板（跨径,m）	10 ~ 16	√	√						
	16 ~ 20			√					√
组合箱梁（跨径,m）	16、20			√					
	16 ~ 30					√			√
	25 ~ 40				√				√

续上表

桥梁结构形式	安装工具设备名称							
	木扒杆	起重机	单导梁	双导梁	跨墩门架	悬臂吊机	缆索吊装设备	架桥机
预应力箱梁				√				√
连续梁、T构、斜拉桥、桁架梁						√		
双曲拱	√						√	
桁架拱、刚架拱、箱形拱							√	

上述各种安装工具设备，在实际使用时，除所述的主体结构外，尚需很多的配套件，如绳索、拴吊用具、滑车、链滑车、锚碇等。这些配套件，根据建设工程的历史资料，采取综合的方法，已摊入相应的吊装工具设备的工程定额内，故在编制工程造价时，就不得另行计算其费用。

(十一)现浇混凝土梁式桥上部构造

现浇混凝土梁桥上部构造，一般采用满堂式和桁构式钢或木支架、满堂式轻型钢支架、钢木混合支架、万能杆件和装配式公路钢桥桁节(贝雷桁架)拼装支架、墩台自承式支架、模板车式支架等多种不同的结构形式。

1. 满堂式木支架

主要适用于桥位处的水位不深的桥梁，有排架式、人字撑和八字撑等不同结构形式，如图3-11所示。排架式结构简单，由排架和纵梁等部件所组成，其纵梁为抗弯构件，故跨径一般不宜大于4m。人字撑和八字撑的结构复杂，跨径可达8m，其纵梁须加设人字撑或八字撑，是一种可变形结构。因此，在浇筑混凝土时，要保持均匀、对称地进行，以免发生较大的变形，影响工程质量。

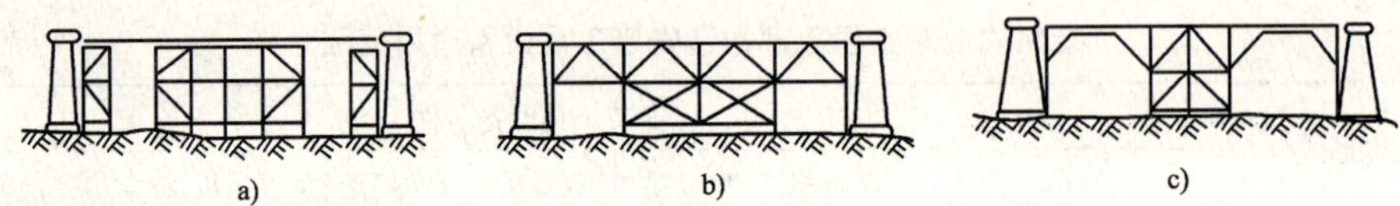

图3-11 满堂式木支架结构形式

a)排架式;b)人字撑式;c)八字撑式

在满堂式支架排架的地梁(枕木)以下，应设置圬工或桩基等基础，基础须坚实可靠，以保证排架的沉陷值不超过规定。这种支架一般适用于墩台高度在12m以下，当排架较高时，为保证支架的横向稳定，除排架上应设置撑木外，尚需在排架的两端外侧加设斜撑或斜立柱，以确保施工安全。

2. 桁构式木支架

该支架是用木料做成的桁构式纵梁，只在墩台两旁设立支撑排架，但在拼装和拆除时，须在中间设临时支撑架。它适用于墩台高度在12m以内和跨中地质情况较差的桥梁。

3. 满堂式轻型钢支架

该支架是用工字钢、槽钢或钢管加工制成的，斜撑和联结系等则采用角钢。桥位地面较平坦，又有一定的承载能力的桥梁，为节约木材，宜采用这种轻型钢支架，如图3-12所示。其排架应设置在混凝土或钢筋混凝土枕木上，或以木板作支承基底。为防止冲刷，支承基底须埋入地面以下适当的深度。它适用于墩台高度在10m以下的桥梁。

4. 万能杆件和装配式公路钢桥桁节（贝雷桁架）拼装支架

前者可拼装成各种跨度和高度的支架，其柱高除柱头和柱脚外应为2的倍数，即2m、4m、6m及以上的各种不同高度，柱与柱之间的距离应与桁架之间的距离相同。后者则可拼装成桁架梁和塔架，为加大桁架梁的跨径和利用墩台作支承，也可拼装成八字斜撑以支撑桁架梁。

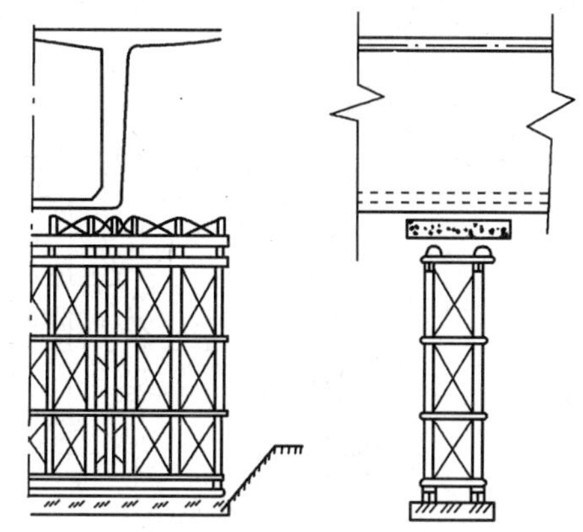

图3-12　轻型钢支架

这种支架结构，在荷载作用下的变形都比较大，因此，应考虑预压，其预压重量应相当于浇筑混凝土的重量。

5. 混合钢木支架

该支架是由木排架和工字钢纵梁组成的，如图3-13所示。当设计的跨度达10m时，应改用木框架结构作支架，以加强支架的承载力和稳定性。

6. 墩台自承式支架

在墩台上设置承台预埋件，以利安装横梁及架设工字钢或槽钢纵梁，即构成模板的支架。

7. 模板车式支架

该支架是将模板与支架整体安装在铺设的轨道上，可以前后移动的一种支架，如图3-14所示。它适用于桥跨不大、桥墩为双柱式的多跨桥梁的施工。支架使用时须在桥位处铺设临时轨道。移动时，须将斜撑取下，将插入式钢梁节段推入中间钢梁节段内，并将千斤顶放松，使模板与混凝土脱离开。由于这种支架需要在桥位处铺设临时轨道，故只能用于干涸平坦的河床的桥梁施工。

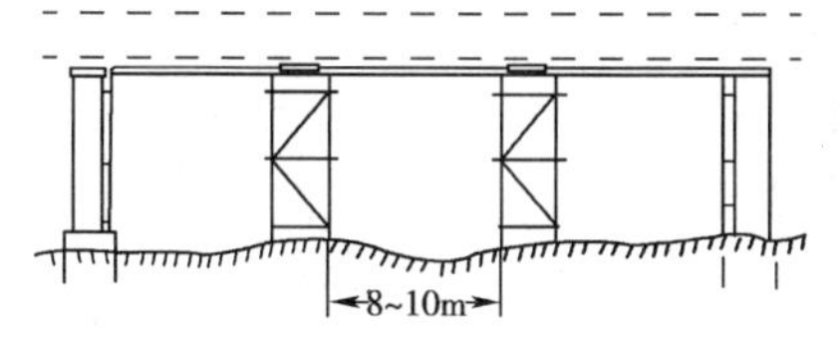

图3-13　钢木混合支架

现行《公路工程预算定额》中，只有上述前三种支架的定额资料，在编制施工图预算时，当采用其他支架结构时，则应编制补充定额作为编制依据。

现浇混凝土梁式桥上部构造的模板，因已综合在相应的各种桥型结构的工程定额内，不存在选择的问题。各种支架的工程定额，是按照正常的施工条件和最大可能的周转使用次数制定的，在编制施工图预算时，当实际达不到规定的周转使用次数时，可以按实际使用的次数将材料消耗量进行换算。

8. 挂篮

对大跨径跨江河不能采用支架施工的上部现浇混凝土施工，例如T形刚构、变截面连续梁，一般采用挂篮施工。挂篮需按不同质量专门设计，挂篮应有足够的强度及刚度，其质量不宜超过浇筑混凝土质量的40%。

（十二）石砌拱桥的拱盔支架

拱盔是指拱桥的起拱线以上部分，在拱圈砌筑过程中起支承拱圈圬工作用的一种设施，有满堂式和桁架式木拱盔、钢拱架等不同结构形式。木拱盔一般适用于各种跨径的拱桥。跨径较大的拱桥，则宜采用钢拱架，以节约木材。桁架式拱盔，适用于经常性通航，桥位处水较深或墩台较高的桥孔，如图3-15所示。其他拱盔构造形式，将在第五章桥涵工程内进行介绍，现不再赘述。桁架拱盔和钢拱架,一般都是在墩台上预留支承处,或设置预埋件,作为安放固定拱盔之用,故无需设置排架等支架。

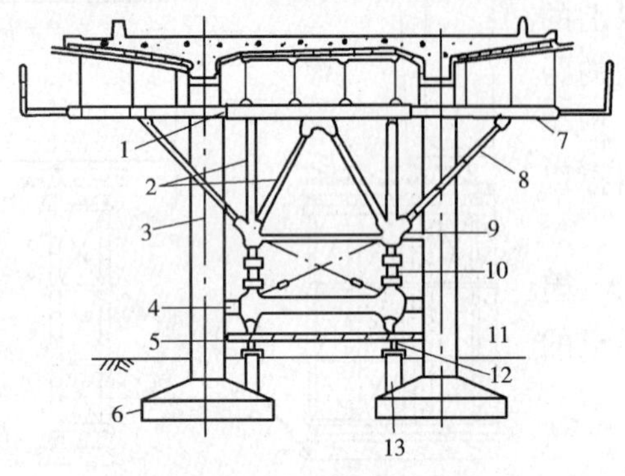

图3-14 模板车式支架

1-钢架;2-钢支撑;3-立柱;4-轮轴架;5-轨道;6-基脚;7-插入式钢梁;8-斜撑;9-楔块;10-调整千斤顶;11-枕木;12-钢底梁;13-混凝土支墩

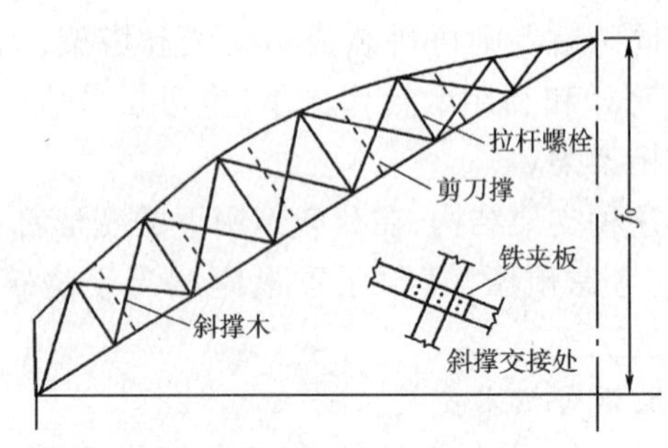

图3-15 三铰木桁拱架($L=40\sim60\text{m}$)

拱桥的支架,即起拱线以下部分,系支撑拱盔的一种结构,有排架式、撑架式等不同形式。从上述可知,只有当采用满堂拱盔时,才需要设置支架。实际上这种支架与前述现浇混凝土梁式桥上部构造支架中的满堂式支架是一样的,也就是说,它们是通用的,故可参照所述的有关规定和要求执行。

各种形式的拱盔定额,都已将底模综合在内,同时,也跟前述的支架一样是按照最大可能周转使用的次数制定的。故当实际达不到规定的周转使用次数时,在编制施工图预算时,可以将定额中的材料消耗量进行换算。

(十三)斜拉贝雷钢拱架支架

图3-16 “拉索—贝雷桁拱”架

1939年英国唐纳德工程师设计米字型桁架钢桥,即装配式“贝雷钢桥”,为英美联军的军用桥梁使用主体。在第二次大战期间,大量用于欧洲和远东(中国、缅甸公路)战场。中国于20世纪60年代定型生产,称其为“321”公路钢桥(与英国贝雷架相似,但尺寸为公制,两者不能混用)。每片长3m,高1.5m,这些“贝雷架”设备在中国抢险救灾和工程建设中使用广泛。如图3-16所示,为湖南五强溪水电站沅水大桥,首创133m斜拉贝雷钢桁拱架上分段分条组拼预制箱拱梁。

第四章 路基工程

第一节 概 述

一、基本要求

路基是公路工程的重要组成部分，它是按照线路位置和一定技术要求修筑的带状构造物，既是路线的主体，又是路面的基础。路基设计及施工质量的优劣直接关系到公路的使用质量和工程造价。随着我国高等级公路的建设与发展，人们对路基修筑技术越来越重视，要求也越来越高。路基的强度和稳定性是保证路面强度和稳定性的先决条件，提高路基的强度和稳定性，可以适当减薄路面结构层厚度，从而达到降低工程造价的目的。路基应满足下列基本要求。

1. 足够的整体稳定性

路基是在天然地面上填筑或挖去一部分而建成。路基修建后，改变了原地面的天然平衡状态，当地质不良时，修建路基可能加剧原地面的不平衡状态，从而发生沉陷、滑塌、崩塌等病害，造成路基损害。为防止路基在行车荷载及自然因素作用下，发生较大的变形或破坏，必须因地制宜采取一定的措施来保证路基的整体稳定性。

2. 具有足够的强度

路基强度是指在行车荷载作用下路基抵抗变形的能力。行车荷载及路基路面自重同时对路基下层及地基形成一定压力，这些压力都可能使路基产生变形，直接影响路面结构的使用性能。为保证路基在外力及自重作用下，不致产生超过容许范围的变形，要求路基应具有足够的强度。

3. 具有足够的水温稳定性

路基在地面水和地下水作用下，其强度将会显著降低。特别是在季节性冰冻地区，由于水温的变化，路基会发生周期性冻融作用，形成冻胀与翻浆，使路基强度急剧下降。因此，路基不仅要有足够的强度，还应采取措施确保路基在不利的水温状况下强度不致显著降低，这就要求路基应具有一定的水温稳定性。

二、路基组成

公路路基部分主要由路基体、排水设施、防护设施、加固工程、附属设施（取土场、弃土堆、护坡道、碎落台）等构成，各部分主要特点如下。

1. 路基体

路基是在天然地面表面按照路线位置和设计断面的要求填筑或开挖形成的岩土结构物。路基横断面形式一般有路堤、路堑、半填半挖路基三种基本形式，如图 4-1 所示。

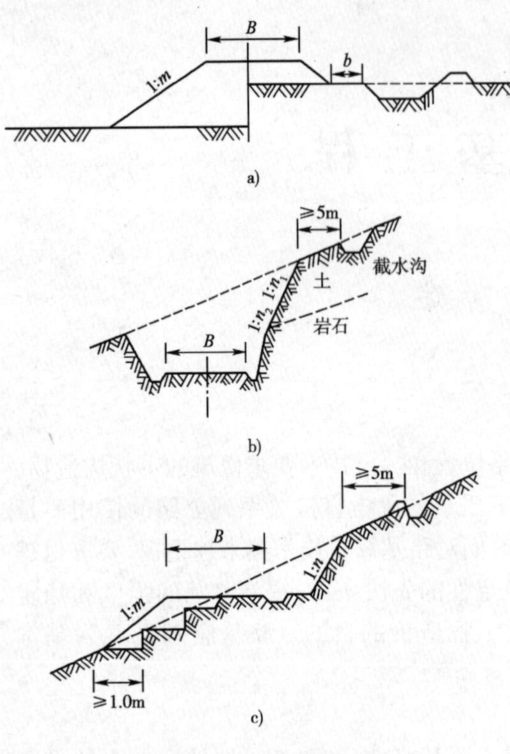

图4-1 主要路基形式
a)路堤;b)路堑;c)半填半挖路基

路堤是高于原地面的填方路基,其作用是支承路面体。路堤在结构上分为上路堤和下路堤,上路堤是指路面底面以下0.8~1.50m范围内的填方部分;下路堤是指上路堤以下的填方部分。路面底面以下0.8m范围内的路基叫路床。

路堑是低于原地面由开挖所形成的路基。挖方边坡坡度,应根据边坡高度、土石种类与性质(密实程度、风化程度等)、地面水情况及施工方法等因素,综合分析确定。

半填半挖路基是一部分路基由填筑而成,一部分路基由开挖形成的路基结构。

2. 排水设施

路基工程排水设施分为两类,分别是地表排水设施和地下排水设施。地表排水设施主要有边沟、截水沟、排水沟等,地下排水设施主要有暗沟、渗沟、渗井、仰式排水斜孔等。主要排水设施如下:

(1)边沟是在路基两侧设置的纵向水沟,用以汇集和排除路面、路肩及边坡的流水,如图4-2所示。

(2)截水沟(又称天沟)是设置在挖方路基边坡顶以外或山坡填方路基上侧适当位置的截水设施,用以汇集并排除路基边坡上侧的地表径流,如图4-3所示。

(3)排水沟的作用是将边沟、截水沟、取土坑、边坡和路基附近积水引排至桥涵或路基以外的洼地或天然河沟。

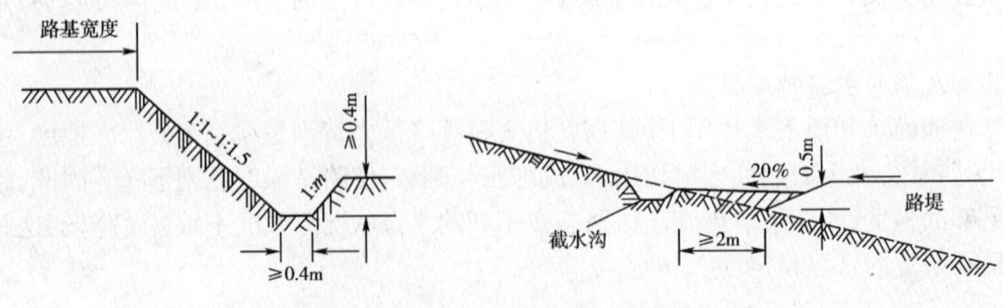

图4-2 边沟示意图　　图4-3 截水沟示意图

(4)暗沟是设置在地面以下用以引导水流的沟渠,它本身没有渗水或汇水作用,而是把路基范围以内的泉水或渗沟汇集的水流排除到路基范围以外,使之不会在土中扩散,危害路基。

(5)渗沟是一种常用的地下排水沟渠,用以降低地下水位或拦截地下水,渗沟按排水层的构造可分为填石渗沟、管式渗沟和洞式渗沟,如图4-4所示。它们的构造基本相同,底部为排水层,顶部设封闭层,排水层与沟壁之间设置反滤层。

(6)渗井是一种立式地下排水设施。当路基附近的地表水或浅层地下水无法排除影响路基稳定时,可设置渗井,将地表水或地下水经渗井通过不透水层流入下层透水层中排除,以疏干路基。一般在路堤收脚之下皆要设置渗水井。

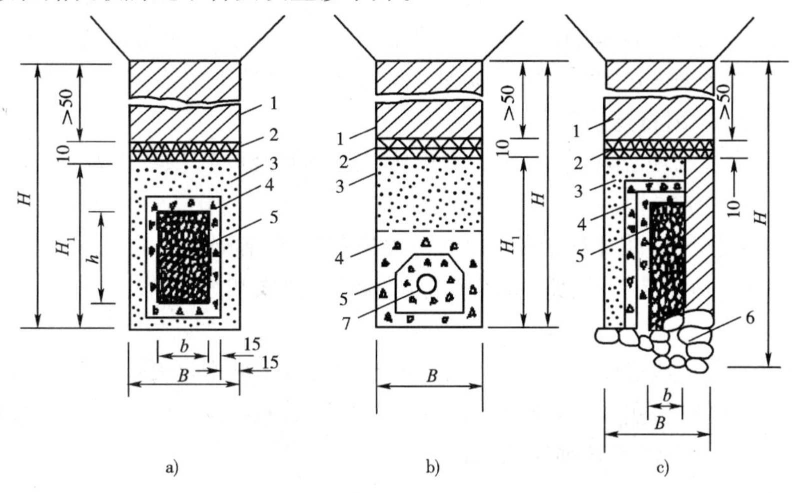

图4-4　渗沟构造

a)填石渗沟;b)管式渗沟;c)洞式渗沟

1-黏土夯实;2-双层反铺草皮;3-粗砂;4-石屑;5-碎石;6-浆砌片石沟洞;7-混凝土预制管

3. 防护设施

根据防护的目的或重点不同,路基防护一般可分为坡面防护和冲刷防护两类。坡面防护主要是保护路基边坡坡面。冲刷防护可采用直接防护也可采用间接防护,或两种方式兼用。

1)坡面防护

坡面防护用以防护易受自然因素影响而破坏的土质和岩石边坡。坡面防护的几种常用措施如下:

(1)植物防护:包括种草、铺草皮、植树等。

(2)框格防护:可采用混凝土、浆砌片(块)石、卵(砾)石等做骨架,框格内宜采用植物防护或其他辅助防护措施。

(3)封面防护:包括抹面、捶面、喷浆、喷射混凝土等形式。

(4)勾缝防护:是防止雨水沿裂缝侵入岩层内部而造成病害的一种有效方法,它适用于较坚硬的、不易风化的、节理多而细的岩石挖方边坡。勾缝材料可用水泥砂浆或水泥石灰砂浆砂浆应嵌入缝中,与岩体牢固结合。

(5)护面墙:护面墙是一种浆砌片(块)石的被面覆盖层,适用于防护易风化或风化严重的软质岩石或较破碎岩石的挖方边坡以及坡面易受侵蚀的土质边坡。护面墙除自重力外不承受墙后的侧压力,故被防护的挖方边坡不宜陡于1:0.5,并应符合极限稳定边坡的要求。

2)冲刷防护

沿河公路路基直接受到水流侵害,冲刷防护就是为了防止水流危害岸坡,保证路基稳固而设置的。冲刷防护主要有两种形式:一种是加固岸坡的直接防护;另一种是采用导流构造物以改变水流性质的间接防护。前者有砌石防护、抛石防护和石笼防护;后者有丁坝和顺坝两种。

(1)砌石防护:在土质边坡或严重剥落的软质岩石边坡上可作坡面防护;当用于浸水路堤

或受水流冲刷的岸坡时,作为冲刷防护。砌石防护分干砌片石和浆砌片石两种。

(2)抛石防护:类似在坡脚处设置护脚,适用于经常浸水且水深较大的路基边坡或坡脚以及挡土墙、护坡的基础防护,一般多用于抢修工程。

(3)石笼防护:是采用铁丝、竹料等编织成框架,内填石料,没于防护处。对于沿河路堤坡脚或河岸,当受水流冲刷和风浪侵袭,且防护工程基础不易处理或沿河挡土墙、护坡基础局部冲刷深度过大时,可采用石笼防护。

(4)丁坝:也称挑水坝,是指坝根与岸滩相接,坝头伸向河槽,坝身与水流方向成某一角度能将水流挑离河岸的结构物。

(5)顺坝:为坝根与岸滩相接,坝身大致与堤岸平行的结构物。它适用于河床断面较窄、基础地质条件较差的河岸或沿河路基防护,可调整流水曲线和改善流态。

4. 加固工程

公路的修建改变了地层原来的受力状态,可导致公路边坡滑动,因此需要对边坡进行支挡和加固。传统的加固工程主要是各种重力式挡土墙,随着技术发展,又出现了加筋土挡土墙、锚杆加固、抗滑桩及桩板墙等各种支挡结构。

5. 附属设施

同路基工程有关的附属设施,除排水及防护与加固工程外,还有护坡道、碎落台、堆料坪及错车道等。特殊地区的路基工程,相应还有一些特定的附属设施,例如:多年冻土地区的保温护道和护脚,沙漠地区的阻沙障和聚风板,雪害地区的防雪林和防雪栅,泥石流路段的拦渣坝和停淤场,以及翻浆地区或盐渍土地段等地的保温防水隔离层。所有这些,均为确保路基强度与稳定性的有效措施,属于路基工程附属设施。另外在路基施工中对取土坑、弃土堆也需碾压及绿化、防护等。

三、路基横断面组成

(一)路基横断面形式

公路路基横断面一般由行车道、路肩(土路肩、硬路肩)、中间带、边坡、护坡道、边沟等组成,如图 4-5 所示。

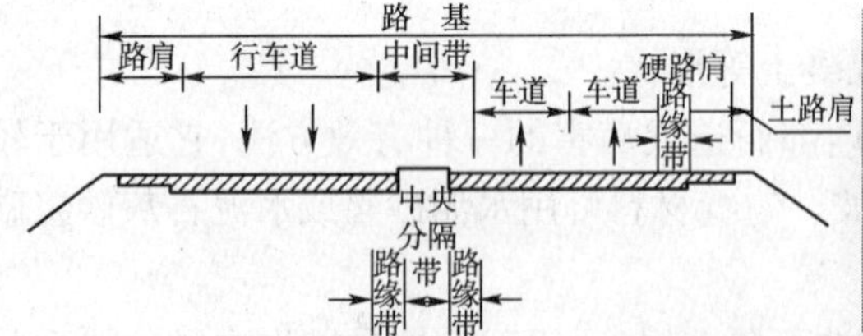

图 4-5 路基横断面组成

各级公路路基标准横断面见图 4-6。

各级公路车道宽度一般规定见表 4-1。

公路车道宽 表 4-1

设计车速(km/h)	120	100	80	60	40	30	20
车道宽度(m)	3.75	3.75	3.75	3.50	3.50	3.25	3.00 (单车道时为 3.50)

注:高速公路为八车道,内侧车道宽度可采用 3.50m。

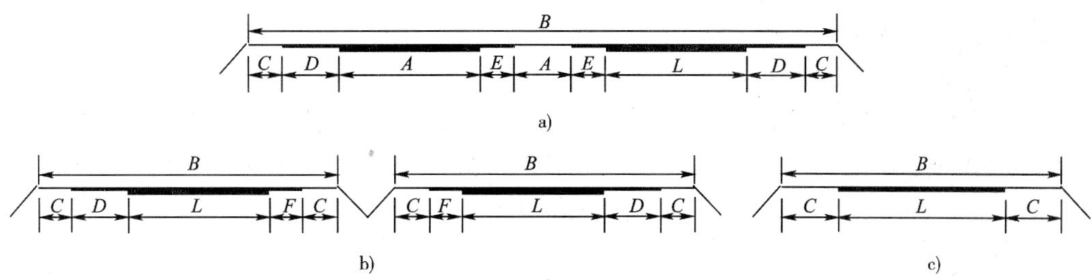

图 4-6 路基标准断面图

a)整体式断面;b)分离式断面;c)双车道断面

图中:B-路基宽度;L-行车道宽度;D-硬路肩宽度;E-左侧路缘带宽度;F-分离式路基左侧硬路肩宽度;C-土路肩宽度;A-中央分隔带宽度

高速公路、一级公路整体式断面必须设置中间带。中间带由两条左侧路缘带及中央分隔带组成,其各部分宽度见表 4-2。

中间带宽度 表 4-2

设计速度(km/h)		120	100	80	60
中央分隔带宽度(m)	一般值	3.00	2.00	2.00	2.00
	最小值	1.00	1.00	1.00	1.00
左侧路缘带宽度(m)	一般值	0.75	0.75	0.50	0.50
	最小值	0.75	0.50	0.50	0.50
中间带宽度(m)	一般值	4.50	3.50	3.00	3.00
	最小值	2.50	2.00	2.00	2.00

注:"一般值"为正常情况下的采用值;"最小值"为条件受限时可采用的值。

高速公路、一级公路以及二级公路的连续上坡路段,当通行能力、运行安全受到影响时,应设置爬坡车道,其宽度为 3.5m。高速公路、一级公路互通式立体交叉、服务区、停车区、公共汽车停靠站、管理设施等的出入口处,应设置加(减)速车道。各级公路右侧路肩宽度的一般规定见表 4-3。

各级公路右侧路肩宽 表 4-3

设计速度(km/h)		高速公路			一级公路			二级公路		三级公路		四级公路
		120	100	80	100	80	60	80	60	40	30	20
右侧硬路肩宽度(m)	一般值	3.00 或 3.50	3.00	2.50	3.00	2.50	2.50	1.50	0.75	—	—	—
	最小值	3.00	2.50	1.50	2.50	1.50	1.50	0.75	0.25			
土路肩宽度(m)	一般值	0.75	0.75	0.75	0.75	0.75	0.50	0.75	0.75	0.75	0.50	0.25(双车道) 0.50(单车道)
	最小值	0.75	0.75	0.75	0.75	0.75	0.50	0.50	0.50			

注:①"一般值"为正常情况下的采用值;"最小值"为条件受限制时可采用的值;

②计算行车速度为 120km/h 的四车道高速公路,宜采用3.50m的右侧硬路肩;六车道、八车道高速公路,可采用 3.00m的右侧硬路肩。

高速公路和一级公路右侧硬路肩宽度小于 2.50m 时,应设置紧急停车带。紧急停车带的的宽度应为 5.00m,有效长度一般为 50m,并设置 100m 和 150m 左右的过渡段。

(二)路基几何要素

1.路基宽度

公路路基宽度为车道宽度与路肩宽度之和。当设有中间带、变速车道、爬坡车道、紧急停车带、错车道等时,尚应包括这些部分的宽度。各级公路路基宽度一般规定见表4-4。

整体式路基宽度 表4-4

公路等级		高速公路							
设计速度(km/h)		120			100			80	
车道数		8	6	4	8	6	4	6	4
路基宽度(m)	一般值	42.00	34.50	28.00	41.00	33.50	26.00	32.00	24.50
	最小值	40.00	—	25.00	38.50	—	23.50	—	21.50

公路等级		一级公路				
设计速度(km/h)		100		80		60
车道数		6	4	6	4	4
路基宽度(m)	一般值	33.50	26.00	32.00	24.50	23.00
	最小值	—	23.50	—	21.50	20.00

公路等级		二级公路		三级公路		四级公路	
设计速度(km/h)		80	60	40	30	20	
车道数		2	2	2	2	2或1	
路基宽度(m)	一般值	12.00	10.00	8.50	7.50	6.50(双车道)	4.50(单车道)
	最小值	10.00	8.50	—	—	—	

注:"一般值"为正常情况下的采用值;"最小值"为条件受限制时可采用的值。

二级公路因交通量、交通组成等需要设置慢车道的路段,设计速度为80km/h时,其路基宽度可采用15.0m;设计速度为60km/h时可采用12.0m。四级公路宜采用6.5m路基宽;交通量小的路段,可采用单车道4.50m路基宽。

2.路基高度

路基高度的设计,应使路肩边缘高出路基两侧地面积水高度,同时要考虑地下水、毛细水和冰冻的作用,不致影响路基的强度和稳定性。

路基设计高程,无中央分隔带的公路,应为路基边缘高度;有中央分隔带的公路,应为中央分隔带外侧边缘的高度;在设置超高加宽路段,则为设置超高加宽前的路基边缘高度。

沿河及受水浸淹的路基设计高度,应高出按表4-5规定的设计洪水频率的计算水位加壅水高度、波浪侵袭高度和0.5m的安全高度。

路基设计洪水频率 表4-5

公路等级	高速公路	一	二	三	四
设计洪水频率	1/100	1/100	1/50	1/25	按具体情况确定

在水文及水文地质条件不良地段,路基最小填土高度应考虑路基土的性质、土体干湿状态、冰冻作用、并结合地形及排水条件确定。如受设计高程限制难以达到最小填土高度时,应采取其他工程措施(如设隔离层、排水层等)来保证路基的稳定。一般地段路基最小填土高度

为：砂性土0.3～0.5m，黏性土0.4～0.7m，粉性土0.5～0.8m。

3.路基边坡坡度

路基边坡坡度是指路基边坡的倾斜程度，一般用边坡的高度与水平距离的比值来表示。一般土质边坡的坡度应根据边坡高度、土的湿度、密实程度、地下水、地表水的情况、土的成因类型及生成时代等因素确定。岩石边坡的坡度应根据岩性、地质构造、岩石的风化破碎程度、边坡高度、地下水及地表水等因素综合分析确定。岩石挖方边坡应注意岩体结构面的情况，如受结构面控制的挖方边坡，则应按结构面的情况设计边坡。当岩层倾向路基时，应避免设计高的挖方边坡。

第二节　路基工程施工准备工作

路基工程施工，尤其是路基土石方的开挖及填筑，是公路工程施工过程最前期所开展的工程。其准备工作包括组织准备、物质准备和技术准备三个方面。组织准备包括建立健全施工组织机构，制定施工管理、工程监理的规章制度等；物质准备包括材料、机具的购置、配置、运输、储存及供水、供电、通信等；生产、生活设施的布设及修建等。技术准备包括现场调查、核对设计文件、恢复路线、清理现场、路基放样等技术性工作。

技术准备工作的涉及面较广，因而要求设计阶段必须认真对待，严格按照设计文件编制办法的规定及要求，提供公路用地图表，需拆迁或赔偿的建筑物、电力、通信、上下水管道的管线设施及坟地、水利设施等的数量、种类、位置、桩号、所属单位（或个人）、用途及新旧程度，砍树、挖根、除草等清场工程数量及排水、临时道路等开工前进行准备工作所必需的调查资料及设计意图。本节仅就与工程造价分析关系较为密切的路基施工前技术性及物质性准备工作简要介绍如下。

一、复测及放样

恢复和固定路线包括中线及高程的复测，水准基点复测及增设，横断面的检查与补测等。放样指按图纸要求现场定出路基轮廓，包括路基边缘、坡口、坡脚、边沟、护坡道、借土场、弃土场的具体位置以便施工。

复测及放样过程中应注意复查土石分类是否恰当，地下水、地表水状况及由此影响的土基干湿状态是否与设计文件一致，砂石料的状况是否出入过大等，发现设计文件存在不妥时，应提出变更设计的方案，进行补充测量，及时办理变更手续。

复测及放样的费用在承包人其他工程费项下的施工辅助费中开支，不予计量及支付。但当承包人复测及放样过程中引发其他重大变更设计方案的勘察设计工作，其费用则不应由承包人承担。

二、土样试验

路基施工前，应对沿线及借土场挖取有代表性的土样进行天然密实度、含水率、液限、塑性指数等试验。用于填方的土样应测定其最大干密度与最佳含水率。

1.击实试验

击实试验的目的是用标准击实方法测定土的含水率与干密度的关系，从而确定土的最大干密度和相应于最大干密度时土的最优含水率。

2. 液塑限试验

黏性土随着含水率变化,其物理状态和力学性质发生明显的变化。重塑土处于液态时在自重作用下不能保持其形状,发生类似于液体的流动;土体处于可塑状态,在重力作用下能保持形状,在外力作用下将发生塑性变形而不断裂,外力消失后能保持外力消失前一时刻的形状而不变,有一定的抗剪强度。通过给予试样一个小的外力,在一定时间内变形达到规定值时的含水率。塑限试验利用土体处于可塑时,在外力下产生任意变形而不发生断裂;土体处于半固态时,当变形达到一定值(或受力较大)时发生断裂的特点,试验时给予一定外力,使试样变形达到规定刚好出现裂缝时所对应的含水率作为塑限含水率。液、塑限测定可以采用液、塑限联合测定仪法。

3. 颗粒分析试验

土是由固体颗粒、液体水和气体三部分组成,称为土的三相组成。随着颗粒大小不同,土可以具有很不相同的性质。实际上,土常是各种大小不等颗粒的混合体,较笼统地说,以砾石和砂砾为主要组成的土为粗粒土,也称无黏性土,其特征为孔隙大、透水性强,毛细上升,高度很小,既无可塑造性,也无胀缩性,压缩性极弱,强度较高;以粉粒、黏粒(或胶粒 $d<0.002\text{mm}$)为主的土称为细粒土,也称为黏性土,其特征为:主要由原生矿物、次生矿物组成,孔隙很小,透水性极弱,毛细上升高度较高,有可塑性、胀缩性,强度较低。工程上,使用的粒径级配的分析方法有筛分法和水分法两种。

4. 加州承载比(CBR)

加州承载比是早年由美国加利福尼亚(California)提出的一种评定土基及路面材料承载能力的指标。承载能力以材料抵抗局部荷载压入变形的能力表征,并采用高质量标准碎石为标准,以它们的相对比值表示 CBR 值。

试验时,用一个端部面积为 19.35cm^2 的标准压头,以 0.127cm/min 的速度压入土中,记录每贯入 0.254cm 时的单位压力,直至压入深度达到 1.27cm 时为止。CBR 值按下式计算:

$$\text{CBR} = \frac{p}{p_s} \times 100 \tag{4-1}$$

式中:p ——对应于某一贯入度的土基单位压力(kPa);

p_s ——相应标准碎石贯入度的标准压力(标准碎石)(kPa)。

土样试验费用在承包人其他工程费项下的施工辅助费中开支,不予计量与支付。

三、场地疏干

路基施工应保持场地干燥,地表水及地下水应始终处于良好的排疏状态。因此开工前就应因势利导地设置一些纵横排水沟渠或砂、砾、碎石垫层,形成临时排水系统,以确保施工场地不积水和不受冲刷损坏。临时排水设施应与永久性排水设施相结合,其费用视其性质而定:若该项设施将成为永久性工程,应按建筑安装项目予以计量与支付,若该项设施仅系"临时"性质,则应在承包人临时设施费中开支,不予计量与支付。

四、临时道路及桥涵

路基施工,一般都要破坏原有现场、地貌。因此,组织施工时,应充分考虑维护施工期间的场内、外交通，保证机具、材料、人员和给养的送运，修筑必要的临时道路及桥涵。施工过程中，如需阻断原有道路交通时，应事先设置便道、便桥和必要的行车标志及灯光，以维持现有交通不致中断。修建、维护及拆除临时道路及桥涵，根据施工工程中已完成的分别以总额计量。

五、场地清除

公路用地范围内的既有耕地表层有机土、有机杂质、淤泥、泥炭、软土、盐渍土及各种溶穴、水井、池塘均应妥善处置，对历史文物、自然保护区应妥善保护。路基施工范围内的树木、灌木丛等应予清除、运走。原地面的表土、草皮应按设计要求的深度和范围清除。路基填土之前，应将路基范围内的树墩、竹根、树根全部挖除，场地清除仅在填方范围（坡脚之外 50cm 为界）进行。设计中场地清理深度都有说明，一般耕地 0.20 ~ 0.30m，池塘 0.80 ~ 1.00m，在相应的项目中支付，对再深的及其他特别处理如软基等另外计量支付。采用机械施工的路堑及取土坑等，均应将树墩、竹根、树根全部挖除。

施工场地清理的计量应按现场实地测量，按平面投影面积以平方米计量。现场清理路基范围内的所有垃圾、灌木、竹林及胸径小于 100mm 的树木、石头、废料、草皮的铲除与开挖，取（借）土场的场地清理与拆除（包括临时工程）均应列入土石方工程的综合单价之内，不另行计量。

挖除旧路面应按不同结构类型以平方米计量；拆除原有公路结构物应分别按结构物的类型：钢筋混凝土结构、混凝土结构、砖石及其他砌体以立方米计量；标志、标牌以座计量，包含基础、立柱等的拆除、搬移；拆除隔离栅以米计量；拆除金属构件以构件重量计量。

六、拆迁

公路用地范围及其附近因施工影响的既有房屋、道路、河沟、水利设施、通信及电力设施、上下水管道、坟墓及其他建筑物应拆除、迁移或加固。对地下构筑物应以不影响新结构物为原则，按设计要求的深度、厚度、宽度予以拆除。该项工作一般由地方或有关单位及施工单位承担。拆迁工作由施工单位负责完成的，按其所完成的工程量，依建筑安装工程的定额及有关规定予以计量及支付（赔偿费除外）；拆迁工作由业主负责完成的，其费用在工程建设其他费用中开支。

七、承包人驻地建设

承包人驻地建设是指承包人为了工程的有效实施和管理，应结合所承包的工程规模及工期要求等因素，自行选址建设、管理和维护所必需的生活和生产用的临时建筑物、构筑物，如办公室、宿舍、食堂、试验室、仓库、工棚、储料场等房屋及其他临时设施等。

承包人驻地建设费用在设计阶段编制概、预算文件时，系包括在建筑安装工程费的其他工程费中的临时设施费中，不单独列出；在施工实施招标阶段，应依据《公路工程标准施工招标文件》及招标文件工程量清单 100 章总则中“承包人驻地建设”的相关规定及具体要求，并结合编制办法的有关规定进行取舍。

八、临时公用设施

临时公用设施指通信、供电、供水、污水及垃圾处理、取暖、防火、急救及医疗服务等内容。

路基施工前,应做好通信、通电、通水等各项有关准备工作,以保证工程顺利开展。

第三节 路基土石方施工

一、基底及零填挖路床处理

1. 基底处理

填方路堤施工前的原地面,除应按有关规定进行清理外,对其基底还应按下列规定办理:

(1)应做好原地面临时排水设施,并与永久排水设施相结合。排走的雨水,不得流入农田、耕地;亦不得引起水沟淤积和路基冲刷。

(2)路基填筑范围内,原地面的坑、洞、墓穴等,应用原地的土或砂性土回填,并按规定压实。

(3)路堤基底为耕地或松土时,应先清除有机土、种植土,清除深度按设计要求清理,一般不小于15cm,基底清理后应按规定要求压实。在深耕地段,必要时应将松土翻挖、打碎,再整平、压实。

(4)路基基底原状土的强度不符合要求时,应进行换填,换填深度应不小于30cm,并应规定要求予以分层压实。

(5)路基经过水田、池塘、洼地时,应根据情况采用排水疏干,换填稳定性好的土或抛石挤淤、打沙桩、铺垫砂砾石、碎石等处理措施,确保填方基底具有一定的强度和稳定性。

(6)路堤填筑时,应从最低处起分层填筑,逐层压实;当原地面纵坡大于12%或横坡陡于1:5时,应按设计要求挖台阶,或设置坡度向内并大于4%、宽度大于2m的台阶。

基底处理中,属于场地清理内容的划入准备工作项下计价,属于工程措施的划入排水设施或软基处治项下计价。基底处理中的挖台阶、耕地填前夯(压)实及填前挖松、翻压摊入填方工程单价中。

2. 零填及挖方路床处理

零填及挖方地段和下路床底面以下0~80cm的原地面天然密实度若达不到路基压实度的要求时,应将原地面翻挖压实,使其压实度达到要求。零填挖路床面若位于特殊土路基上时,且翻挖、晾晒等处理后仍不能降低含水率,压实度难于达到设计要求时,则应采取换填透水性良好的土等技术措施。

零填及挖方地段路床的处理一般不单独计量,挖方路段路床处理费用应摊入挖方单价中,零填挖路段路床处理费用应摊入填方单价中。当路床需采取换填、掺灰等技术措施进行处理时,则需单独计量。

在设计阶段编制概、预算时,路床翻挖、压实一般按翻挖面积以 m^2 为单位计价。若需采取换填等技术措施,则宜改按换填体积以 m^3 为单位计价,计价中包括原土外运及换填好土的挖、装、运、铺、压等作业费用。

二、路基填料

1. 路基土分类

土的分类方法很多,目的不同,方法各异,有地质分类、工程分类等。根据《公路土工试验规程》(JTG E40—2007)规定,按土的粒径分为巨粒组、粗粒组和细粒组。巨粒组包括漂石(块石)、卵石(碎石);粗粒组包括砾石(粗、中、细)、砂(粗、中、细);细粒组包括粉粒、黏粒。土颗粒级划分(按粒径划分)为:

巨粒组($D>60$mm):$D=60\sim200$mm 为卵石(碎石),$D>200$mm 为漂石(块石)

粗粒组($D=0.075\sim60$mm):$D=2\sim60$mm 为砾,$D=0.075\sim2$mm 为砂

细粒组($D<0.075$mm):$D=0.075\sim0.002$mm 为粉粒,$D<0.002$mm 为黏粒

公路土的工程分类为巨粒土、粗粒土、细粒土和特殊土,分类总体系如表 4-6 所示。

路基土分类体系 表 4-6

土类	土名	备注
巨粒土	漂石土、卵石土	粒径大于 60mm 的颗粒占 50% 以上的土称巨粒土
粗粒土	砾类土、砂类土	粒径大于 0.075mm 的颗粒占 50% 以上的土称粗粒土
细粒土	粉质土、黏质土、有机质土	粒径小于 0.075mm 的颗粒占 50% 以上的土称细粒土
特殊土	黄土	低液限黏土
	膨胀土	高液限黏土
	红黏土	天然含水率高
	盐渍土	含盐量高
	冻土	—

2. 土石工程分级

为安排施工及土石方工程计价,常按土石开挖难易程度进行分级。现行公路工程定额采用六级分类,一般土木工程采用十六级分类。公路工程定额土石分类与十六级分类对应关系见表 4-7。

公路土、石分类对照 表 4-7

公路工程定额分类	松土	普通土	硬土	软石	次坚石	坚石
十六级分类	I ~ II	III	IV	V ~ VI	VII ~ IX	X ~ XXI

公路工程定额分类及十六级分类“开挖难易程度”的开挖方法是指常规人力施工及爆破作业而言。随着我国公路工程机械化施工水平的提高,开挖难易程度的概念随之发生变化。交通运输部发布的《公路工程标准施工招标文件》(2009 年版)对土石划分的规定为:“在公路路基土石挖方中用不小于 112.5kW(150 匹马力)推土机单齿松动器无法松动,须用爆破或用钢楔大锤或用气钻方法开挖的,以及体积大于或等于 1m^3 的孤石为石方,余为土方。”

按照《公路工程标准施工招标文件》的规定,显然,公路工程定额中的软石(V ~ VI类)是有可能被 112.5kW 推土机单齿松动器所松动的。这样,土方、石方的概念就将发生变化。因此,大型土、石方机械化程度提高后,土、石分类的主要因素是“爆破与否”,需要爆破的称石方,不需要爆破的称土方(包括带松土器的大型推土机先松动后推走的软石、破碎的石方在内,软石需要爆破的仍称为石方)。

3. 路基填料要求

一般的土和石都可用作路堤填料。卵石、碎石、砾石、粗砂等透水性良好的填料,只要分层填筑、压实,可以不控制含水率;用黏性土等透水性不良的填料,应在接近最佳含水率的情况下分层填筑与压实。高速公路、一级公路路基填料最大粒径,根据设计规范的要求,路床底面以

下 40cm 范围内,填料最大粒径应小于 15cm,路床填料最大粒径应小于 10cm。

泥炭、淤泥、沼泽土、冻土、有机土、含草皮土、生活垃圾、树根和含有腐朽物质的土不得用作路堤填料。

液限大于 50%、塑性指数大于 26 的细粒土,透水性很差,且干时坚硬难挖、湿时具有较大的可塑性、黏结性和膨胀性,毛细现象显著,能长时间保持水分,承载能力很低,不得直接用作路基填料;如非用不可时,除要求在接近最佳含水率的情形下充分压实外,并应设置完善排水设施,也可采取改良土性的其他技术措施。

含水率超过规定的土,不得直接作为路基填料,需要应用时,必须采取满足设计要求的技术措施,经检查合格后方可使用。

含盐量超过规定的强盐渍土和过盐渍土不能用作高等级公路路基填料;膨胀土除非表层用非膨胀土封闭,一般也不宜用作高等级公路路基填料。

工业废渣可用作路基填料,但应先进行试验及检验有害物质含量,以免污染环境。

实际施工中,当有多种材料源可供选择时,应优先选用那些挖取方便、压实容易、强度高、水稳性好的填料。路基受水浸淹部分更应选用水稳性好的填料。

三、路堤填筑施工

1. 填料含水率控制

路基填土的压实应在接近最佳含水率的状态下进行。天然土通常接近最佳含水率,分层填铺后应及时进行碾压。路堤应水平分层填筑压实,用透水性不良的土填筑路堤时,应严格控制其含水率在最佳含水率 ±2% 以内。土的含水率过大时,应翻晒晾干至符合要求的含水率再整平压实。填土接近最佳含水率的容许范围,与土的种类和压实度要求有关,在一定的压实要求下,砂类土比细粒土的范围大;在同一种土中,压实度要求低的比要求高的范围大。最佳含水率范围的具体值可从该种土的标准击实试验曲线上查得。

天然土过干需加水时,可于前一天在取土点浇洒,使水均匀渗入;高速、一级公路大量填方的机械化施工,一般大型取土地都采用推土机先推运集土,前一天下班前用洒水车洒水,经一夜使土润湿至最佳含水率,第二天用装载机装土,平地机平整,压路机碾压成型,其压实效果良好。填方数量不大时,也可将土摊铺后再均匀洒水。采用人工加水时,达到最佳含水率所需要的加水量按下式计算:

$$V = (w_0 - w) \times \frac{Q}{1 + w} \tag{4-2}$$

式中:V——所需加水量(t);

w——天然土的含水率,以小数计;

w_0——最佳含水率,以小数计;

Q——需加水的土的质量(t)。

用公式计算出的加水量,如机械化加水施工时,尚应根据气候温度和运输远近情况,考虑水分自然蒸发因素适当加大水的数量。

路堤填料的加水或洒水费用应摊入填方单价中,包括洒水汽车吸水、运水、洒水、空回的费用。若吸水需交纳水费,水费也应摊入填方单价之中。

2. 路基超宽控制

填筑路堤时,为保证路基边缘有足够的压实度,一般在施工时需超出设计宽度填筑。采用机械碾压时，路堤每边加宽的填筑宽度视路堤填筑高度而定，通常在20~50cm之间。超填部分设计中已考虑，不再单独计量。

填筑路堤完成后是否清除加宽填筑部分，应结合路基稳定及环境美化等多种因素综合考虑。当保留加宽填筑部分更有利于路基稳定，对路容、环境、景观也无碍大局，利大于弊时，一般也可不予清除，但要求平顺、美观。

3. 填料摊铺

用开山土石混合料填筑路堤时，如土石易于分清时，宜分段填筑；如不易分清时，可混合填筑，不得乱抛乱填。分层填筑时，石块最大粒径应小于层厚的2/3。

土方路堤采用机械压实时，分层的最大松铺厚度可按机械压实吨位而定：高速公路、一级公路不应超过30cm；其他公路，按土质类别、压实机具功能、碾压遍数等，经过试验确定，但最大松铺厚度不宜超过50cm。填筑到路床顶面最后一层的最小压实厚度，不应小于10cm。

填石路堤的分层松铺厚度：高速公路及一级公路不宜大于50cm，其他公路不宜大于100cm。填石路堤倾填前，路堤边坡坡脚应用粒径大于30cm的硬质石料码砌。当设计无规定时，填石路堤高度小于或等于6m时，其码砌厚度不应小于1m；当高度大于6m时，码砌厚度不应小于2m。填石路基由于石块间空隙较大，故要求嵌紧，用重型机械碾压，否则很易下沉。

土石路堤不得采用倾填方法，均应分层填筑、分层压实，每层铺填厚度应根据压实机械类型和规格确定，不宜超过40cm。土石混合料中，当石料含量超过70%时，应先铺大块石料，且大面向下，摆放平稳，再铺小块石料、石渣或石屑嵌缝找平，然后碾压；当石料含量小于70%时，土石可混合铺填，但应避免硬质石块（特别是尺寸大的硬质石块）集中。

高速公路及一级公路土石路堤的路床顶面以下30~50cm范围内应填筑符合路床要求的土并分层压实，填料最大粒径不大于10cm；其他公路填筑砂类土厚度为30cm，最大粒径不大于15cm。

实际施工中，沿线土质经常发生变化，应特别注意避免不同性质的土任意混填而造成路基病害，正确的填筑方式应满足下述要求：

（1）根据《公路路基施工技术规范》（JTG F10—2006），同一水平层路基的全宽应采用同一种填料，不得混合填筑。

（2）性质不同的填料，应水平分层、分段填筑，分层压实。同一水平层路基的全宽应采用同一种填料，不得混合填筑。每种填料的填筑层压实后的连续厚度不宜小于500mm。填筑路床顶最后一层时，压实厚度不应小于100mm。

（3）潮湿式冻融敏感性小的填料应填筑在路基上层，强度较小的填料应填筑在下层。

（4）在透水性好的压实层上填筑透水性较好的填料前，应在其表面设2%~4%的双向横坡，并采取相应的防水措施，不得由透水性较好的填料所填筑的路堤边坡上覆盖透水性不好的填料。

4. 压实作业

实践证明，经过压实的土体，其塑性变形、渗透系数、毛细水作用及隔温性能等都有明显改善。压实工作的组织应以压实原理为依据，以尽可能小的压实功能获得良好的压实效果为目的，注意以下要点：

（1）压实机具应先轻后重，以便能适应逐渐增长的土基强度。

（2）碾压速度宜先慢后快，以免引起疏松土推挤拥起。

(3)压实机具的运行线路一般直线段应从路缘向路中心,以使形成路拱。弯道设有超高坡度时,由低一侧向高一侧碾压,以便形成单向超高坡度。碾压时,相邻轮迹(轮或印)应重叠1/3左右(15~20cm),对振动压路机一般重叠40~50cm使各点都得到压实,避免土基产生不均匀沉陷。

(4)经常注意并检查土的含水率及压实度,并视需要采取相应措施。最佳含水率约控制在无塑性土的塑限含水率的0.65倍;塑性土可用相当于塑性限度的含水率。

压实机具可分为静力式、夯击式和振动式三大类。不同的压实机具对不同土质的压实效果不同,如对砂性土以振动式机具效果最好,夯击式次之,碾压式较差;对黏性土则以碾压式和夯击式较好,而振动式较差,甚至无效。各种压路机的使用技术性能见表4-8。

各种压路机具的使用技术性能 表4-8

机具类型	最佳压实厚度(cm)		碾压次数	
	黏性土	非黏性土	黏性土	非黏性土
人工夯实	10	—	2~4	2~3
自行式光轮压路机(5t)	15~20	15~25	5~10	3~5
自行式光轮振动压路机	20~25	20~30	6~8	3~5
拖式振动压路机	20~35	30~40	5~8	3~5
自行式羊足碾	15~20	20~35	5~8	4~7
拖式重型羊足碾	25~30	25~45	4~7	3~5
冲击式压路机	120~150	150~250	2~5	2~5

此外,压实机具的单位压力不应超过土的强度极限,否则会引起土基破坏。选择压实机具时,还应考虑土的状态、层厚及对压实度的要求,当土的含水率小,土层厚,压实度要求高时,应选择重型机具;反之可选轻型,如图4-7所示。各种压实机具对不同含水率的土碾压次数参见表4-9。

a)

b)

图4-7 压实机具

a)冲击式压路机;b)自行式羊足碾

5. 台背回填

桥台台背、涵洞两侧及涵顶、挡土墙墙背的填筑,按结构形式不同,填筑时间皆有不同要求。由于场地狭窄,又要保证不损坏构造物,填筑比较困难,而且容易积水。若填筑不良,填土与构造物连接处往往出现沉降差,影响行车舒适与安全,甚至影响构造物的稳定及其安全,所以桥梁台背回填的强度和刚度应低于桥台而高于路基。近年来提出的桥台—台背回填—路基的"刚柔过渡"理念,刚柔过渡可采用高强硬质透水材料回填台背实现,也可采用在台背范围打设刚性或半刚性桩实现。台背回填施工步骤如下:

各种压实机具对不同含水率的土碾压次数参考　　　　表4-9

<table>
<tr><th rowspan="3" colspan="2">压实机具名称</th><th rowspan="3">每层填土厚度
(疏松时)
(m)</th><th colspan="4">每点经过压实(或夯实)次数</th><th rowspan="3">合理采用压实
机具的条件</th></tr>
<tr><th colspan="2">无塑性土壤</th><th colspan="2">塑性土壤</th></tr>
<tr><th>最佳含
水率时</th><th>低于最佳
含水率时</th><th>最佳含
水率时</th><th>低于最佳
含水率时</th></tr>
<tr><td colspan="2">拖式光面路碾(5t以内)
羊足碾</td><td>0.10~0.15</td><td>6
4</td><td>9
6</td><td>9
8</td><td>15
12</td><td>碾压段不小于100m,用以压实塑性土</td></tr>
<tr><td colspan="2">8~12t压路机</td><td>0.20~0.30</td><td>4</td><td>6</td><td>8</td><td>12</td><td>碾压段不小于100m,用以压实塑性土,通常用于路堤最上层及路槽底</td></tr>
<tr><td colspan="2">300kg重夯机
1 000kg重夯机</td><td>0.30~0.50
0.35~0.65</td><td>3
3</td><td>4
4</td><td>4
4</td><td>6
6</td><td>工作面受限制及构造物接头处的填土</td></tr>
<tr><td rowspan="2">1 000kg
夯击板</td><td>举高1m</td><td>0.60~0.70</td><td>4</td><td>5</td><td>5</td><td>7</td><td rowspan="2">工作面受限制时,用于无塑性及石质土壤</td></tr>
<tr><td>举高2m</td><td>0.70~0.90</td><td>3</td><td>4</td><td>3</td><td>5</td></tr>
</table>

注:①夯板宜用于松散土、砾石及石质土的压实。
②颗粒不同的松砂可采用洒水夯实或振动机压实。
③颗粒大小一致的砂,可用夯夯实。
④用汽车、铲运机等填筑路堤时,表内数值可酌情减低。

(1)填料

除设计文件另有规定外,一般应选用砾石土或砂性土,特别应注意不要将构造物挖基的劣质土混入填料。当采用非透水性土时,应在土中增加外掺剂如石灰、水泥等。

(2)填筑

桥涵填土的范围:台背填土顺路线方向长度,顶部为距翼墙尾端不少于台高加2m;底部距基础内缘不少于2m;拱桥台背填土长度不应少于台高的3~4倍;涵洞填土每侧不应少于2倍孔径长度。

桥台背后填土应与锥坡填土同时进行。涵洞、管道缺口填土,应在两侧对称均匀分层回填压实;涵顶填土的松铺厚度应符合规定,涵顶填土未达到能允许重型车辆或施工机械通行条件时,应严格禁止这些车辆或机械通行,涵顶面填土压实厚度大于50cm时,方可通过重型机械和汽车;挡墙填料宜选用砾石土或砂类土,墙趾部分的基坑,应及时回填压实,并做成向外倾斜的横坡,整个回填结束后,顶部应及时封闭。

(3)排水

在施工中要避免雨水流入,对已有的积水应挖沟引出或用水泵排出。地下水可设盲沟引出。当不得不用非渗水土填筑时,应在其上设横向盲沟或用黏土等不透水材料封顶。挡土墙墙背应做好反滤层,使挡土墙背后的渗水能从泄水孔顺利流出。

(4)压实

填土应在接近最佳含水率状态下分层压实或夯实,每层松铺厚度不宜超过20cm,当采用小型夯具时,一级以上的公路松铺厚度不宜大于15cm。为保证压实质量,条件许可时仍应尽量采用大型压实机械。场地狭窄及临近构造物边缘及涵顶50cm内,应用小型压实机械分层压实或夯实。夯压遍数应通过试验确定,以达到规定的压实度要求为准。适用于"三背"填土压实(或夯实)的小型机械有蛙式打夯机、内燃打夯机、手扶式振动压路机、振动平板夯等。

(5)打沉管挤密桩或半刚性桩

若桥台较高,则可采用在台背打沉管挤密桩或半刚性桩的“刚柔过渡”方法,其回填土可为一般黏土。台背回填压实后,在桥头搭板端部位置路基中打沉管挤密桩或半刚性桩,桩顶浇筑枕梁,枕梁上浇筑桥头搭板。该方法对于高于6m的台背比回填法造价低,质量更可靠,消除桥头跳车的效果非常明显。

6. 填方工程量计算

(1) 路基横断面设计图所显示的挖填方工程量,一般称为“断面方”。断面方中包含填方与挖方,填方系按压实后的体积计算,称“压实方”;挖方是按天然密实体积计算,称“天然密实方”。实践表明,天然密实的$1m^3$土体开挖运来填筑路堤,并不等于$1m^3$的压实方。公路工程定额规定:当以填方压实体积为工程量,采用天然密实方为计量单位的定额时,所采用定额应乘以调整系数。由于调整系数的采用,应在路基土石方工程数量的计算及填挖平衡调运过程中充分注意和考虑,不应简单地只按断面方进行调配。公路工程定额中规定的天然密实方折算为压实方的调整系数见表4-10。

调整系数　　表4-10

公路等级	土方				石方
	松土	普通土	硬土	运输	
二级及以上等级公路	1.23	1.16	1.09	1.19	0.92
三、四级公路	1.11	1.05	1.00	1.08	0.84

填筑路堤的土石方数量,应以横断面地面线为基础,按不同来源计价。计价土石方的数量必须通过土石方调配后来确定。其土石方数量关系如下:(设计中的填挖数量已考虑松方系数)

设计断面方数量 = 挖方(天然密实方)数量 + 填方(压实方)数量

计价方数量 = 挖方(天然密实方)数量 + 借方(压实方)数量

= 挖方(天燃密实方)数量 + 填方(压实方)数量 − 利用方(压实方)数量

借方(压实方)数量 = 填方(压实方)数量 − 利用方(压实方)数量

弃方 = 挖方(天然密实方)数量 − 利用方(天然密实)数量

(2)因特殊路基处理的路基填筑改为砂垫层或砂砾垫层等,不应重计相应填土方工程量。

(3)利用土、石填方及土石混合填料的填方,按压实的体积,以立方米计量。计价中包括挖台阶、摊平、压实、整型等一切与此有关作业的费用。其开挖、运输作业在路基挖方中计量。不得因为土石混填的工艺、压实标准及检测方法的变化而增加额外的费用。

(4)借土填方,按压实的体积,以立方米计量。计价中应考虑借土场(取土坑)中非适用材料的挖除、弃运及借土场的资源使用费、场地清理、地貌恢复、施工便道、便桥的修建与养护、临时排水与防护等和填方材料的开挖、运输、挖台阶、摊平、压实、整型等一切与此有关作业的费用。

(5)粉煤灰路堤按压实体积,以立方米计量。计价中包括材料储运(含储灰厂建设)、摊铺、晾晒、土质护坡、压实、整形以及试验路段施工等一切与此有关的作业费用。

(6)结构物台背回填按压实体积,分不同填料以立方米计量,计价中包括挖运、拌和、摊平、压实、整形等一切与此有关的作业费用。

(7)锥坡及台前溜坡填土以立方米计量,计价中包括填料的开挖、运输、挖台阶、摊平、压实、整型等一切与此有关作业的费用。

(8)换填土、换填砂砾或碎石按压实体积以立方米计量，计价中包括表面不良土的翻挖、运弃(不计运距)、填料的挖运(或购置)、拌和、摊平、压实、整形等一切与此有关的作业费用。

(9)填砂路基应以横断面地面线为基础，按压实体积以立方米计量，计价中包括填料(含包边、封层土)的购置、挖运、拌和、摊平、压实、整型等一切与此有关的作业费用。

(10) 利用隧道弃渣填筑按压实的体积，以立方米计量。计价中包括运输、摊平、压实、整型等一切与此有关的作业的费用。其开挖作业在隧道洞身开挖中计量。不得因为土石混填的工艺、压实标准及检测方法的变化而要求增加额外的费用。

(11)计价时，临时排水不应再单列计算其费用。

(12)超出图纸要求以外的超填数量，以设计图纸标示按压实体积数量以立方米计算，其计价同填方的相关规定，但不单独计量。

四、路堑开挖施工

1. 路堑开挖注意事项

(1)开挖土石方不得乱挖超挖。严禁掏洞取土。在不影响边坡稳定的情况下采用爆破施工时，应经过设计审批，一般禁止采用爆破法施工。

(2)路堑开挖前应首先处理好排水，并根据断面的土层分布、地形条件、施工方法，以及土方的利用和废弃情况等综合考虑，力求做到运距短、占地少。

(3)注意边坡稳定，及时设置必要的支挡工程。开挖时必须按横断面自上而下，依照设计边坡逐层进行，防止因开挖不当导致塌方；在地质不良拟设支挡构造物的地段，应考虑在分段开挖的同时，分段修建支挡构造物，以保证安全。

(4)有效地扩大工作面，以利提高生产效率，保证施工安全。

(5)开挖中应避免超挖。超挖数量不予计量及支付，路床面发生超挖，承包人还需自费回填并压实。

(6)开挖中，对适用的土、砂、石等材料，在经济合理的前提下，应尽量利用作混凝土集料、路面材料、填方填料及施工砌筑料等。路基开挖所产生的利用料，既不应随意废弃，也不得重复计算利用料的开采费用。

2. 路堑开挖方案

路堑开挖方案的选择，应考虑当地地形条件、工程量大小、施工工期及能采用的机具等因素。此外，尚需考虑土层分布及其利用、废弃等情况。一般傍山开挖或半挖半填的路基，可采用分层纵挖法，如图 4-8 所示。路堑开挖可根据具体情况采用横挖、纵挖法或混合式开挖法，如图 4-9 所示。

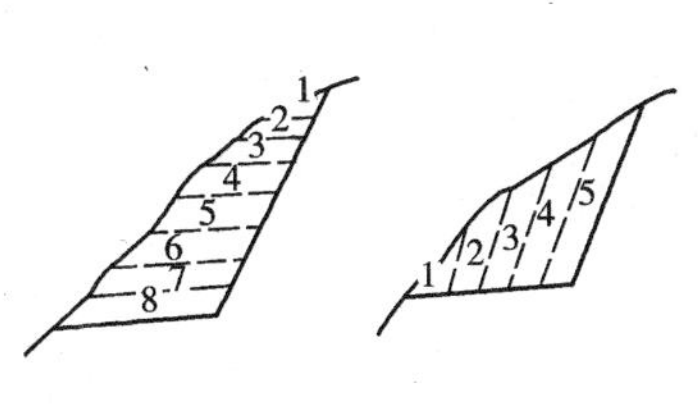

图 4-8 分层纵挖法

图 4-9 路堑开挖

(1)横挖法

从路堑的一端或两端按横断面全宽向前开挖,称为横挖法,适用于短而深的路堑。当路堑深度不深时,可以一次挖到设计高程,称单层横挖法,如图4-10a)所示;路堑较深时,可分成几个台阶进行开挖,称分层横挖法,如图4-10b)所示。分层开挖的台阶高度应视施工操作的方便和安全施工而定,用人力开挖一般宜为1.5~2m,用机械开挖每层台阶高度可增加到3~4m。无论自两端一次横挖到路基高程或分台阶横挖,各层均应设独立的出土通道和临时排水设施。分层横挖使得工作面纵向拉开,多层多向出土,可以容纳较多的施工机械,利于加快开挖进度,提高工作效率。

(2)纵挖法

纵向开挖可分为分段纵挖法、分层纵挖法和通道纵挖法。

分段纵挖法适用于路堑较长、运距过远,但一侧堑壁有条件挖穿(俗称开马口),把长路堑分成几段同时开挖的路段,如图4-10c)所示。

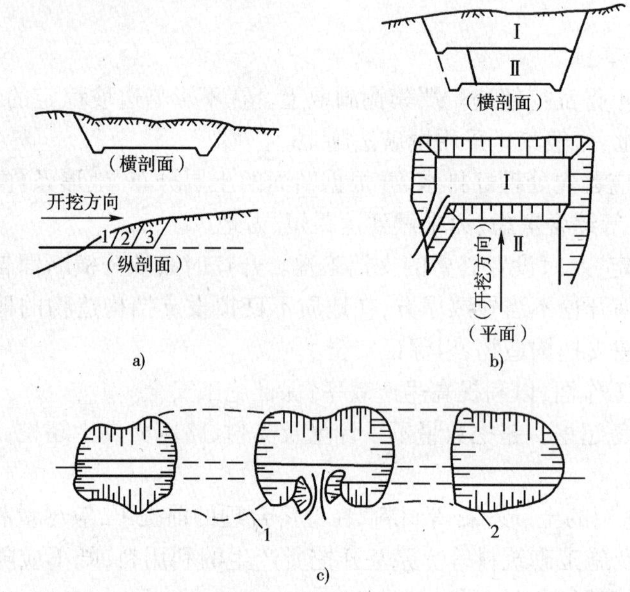

图4-10　路堑开挖法

a)单层横挖法;b)分层横挖法;c)分段纵挖法

分层纵挖法是沿线路全宽,以深度不大的纵向分层开挖,开挖顺序如图4-11所示。

通道纵挖法是先沿纵向挖出通道,然后开挖两旁,如路堑较深,可分几次进行。在路幅较宽开挖面较大的重点土石方工程量集中地段,这是加快施工进度的有效开挖方法,如图4-12所示。

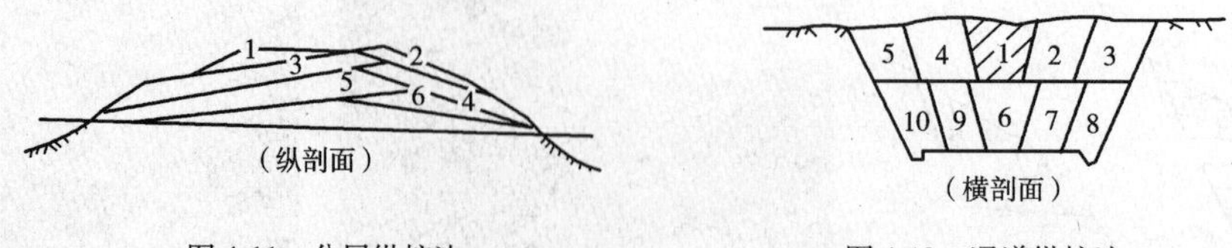

图4-11　分层纵挖法　　图4-12　通道纵挖法

(3)混合法

混合式开挖法是将横挖法、通道纵挖法混合使用,即先顺路堑方向挖通通道,然后沿横向坡面挖掘，以增加开挖坡面。在较大的挖方地段，还可沿横向再开辟工作面。

3. 土方机械作业

土方挖掘及运输作业中，应视工程具体情况选备适宜的挖掘机械、装运机械、平整机械和压实机械，最大限度地发挥机械施工的效率和功能，如图4-13所示。常用的土方机械作业以下几种。

图4-13　土方挖掘及运输机械

(1)推土机作业

推土机由切土、运土、卸土、倒退(或折返)、空回等过程组成一个循环。影响作业效率的主要因素是切土和运土两个环节。推土机的基本作业方式有下坡推土、并列推土、拉槽推土、接力推土、波浪式推土等。

下坡推土是利用推土机的向下重力加速切土并增加推土量，但坡度对普通土宜为10%～18%，不得超过30%；对于松土不宜少于10%，不得大于15%，否则回空困难。并列推土是两三台推土机并列推进，减少土的流失，铲刀间距一般约15～20cm；拉槽推土是推土机连续多次同轨迹推土，形成浅槽，减少土的漏失，槽深一般不大于铲刀高度。接力推土是取土场较长而土质较硬时，可自近而远分段将土推送成堆，然后再由远而近将各段土堆推送至卸土点，节约运土时间。波浪式推土是推土机切土时应将铲刀最大限度切入土中，当发动机稍有超负荷现象将铲刀缓缓起升，当发动机恢复正常，再将铲刀降下切土，多次起伏，直到铲刀前堆满土为止，其优点是机械功率得以充分发挥，缺点是空回时土道不平，产生颠簸。

(2)铲运机作业

当采用分层纵挖法挖掘的路堑长度较长(超过100m)时，宜采用铲运机作业。铲运机能够完成土方的铲装、运输、铺装、整平和预压等项作业，而且具有相当的机动灵活性。铲运机的作业由铲装、运送、卸铺、回程等组成一个循环过程。铲运机的铲土方法有一般铲土、波浪式铲土、跨铲铲土、下坡铲土、顶推铲土等。

一般铲土时应使铲刀以最大深度切入土中(不超过30cm)，随着行驶阻力的增加而逐渐减少铲土深度，直到铲斗装满为止。波浪式铲土适用于较硬的土，铲刀以最大深度切入土中后随着拖拉机负荷逐渐增加，发动机转速降低，相应减少切土深度，反复进行，直至铲斗装满为止。跨铲铲土适用于较坚硬土层，把取土场设计为多个铲道，交错铲土，相邻铲土道间留出半个铲斗宽不铲，使铲土道前后左右重合起来，既缩短铲土道长度和铲土时间，又由于铲土的后半段减小了切土宽度，能使拖拉机有足够的牵引力将铲斗装满。下坡铲土主要是利用铲运机的向下重力提高铲土效率，下坡角度一般为7°～8°，最大不超过15°，进行下坡铲土应特别注意安全。顶推铲土是指铲运机在坚硬的土、冻深20cm以内的土或松散的干砂中作业时，由于拖拉机的附着力不足、牵引力不能充分发挥时，可用推土机在铲运机铲土行程中进行顶推助铲，这种双机配合的施工方法须具有一定工作面和工程量，方可避免推土机过于闲置。

铲运机施工的运行线路要综合考虑施工效率、地形条件、机械磨损等因素,以达到运距短、坡道平缓和修筑通道工作量小等目的。常见的运行线路有椭圆形、“8”字形、“S”字形、穿梭形和螺旋形等。

(3)挖掘机作业

挖掘机又叫单斗挖土机,按其铲斗形式分,有正铲、反铲、拉铲和抓铲。正铲挖掘机主要用于开挖停机面以上的挖土作业,挖掘力大,生产率高,可以直接开挖各类土和经爆破后的岩土、冻土等。正铲工作面高度应不小于1.5m,否则挖掘不能满斗而影响效率。正铲挖掘机的基本作业方式有运土车辆位于侧面的侧向开挖方式及车辆停在挖掘机后方的正向开挖方式。侧向开挖的卸土回转角小于90°,车辆直线进出,缩短了循环时间。正向开挖的卸土回转角大于90°,从而增加了循环时间,且车辆需要掉头或倒驶,施工现场显得较为拥挤,但正向开挖的工作面较宽,适宜于挖掘路堑进口处。反铲挖掘机用于停机面以下的挖土作业,铲斗向下强制切土,摩阻力较大,故挖掘力比正铲小,效率比正铲低,适用于开挖沟、槽、坑等土石方作业。作业方式有沟端开挖及沟侧开挖两种。沟端开挖时从一端开始,沿沟中线倒退进行,运土车辆停在沟侧,动臂只回转40°~45°即可卸料。沟侧开挖时,挖掘机系沿沟侧行驶。反铲挖掘机的挖掘深度与开挖工作面宽度成反比,即挖掘深度大,开挖工作面宽度小。拉铲挖土机的铲斗用钢丝绳牵引挖土,利用铲斗的惯性可将铲斗抛出臂杆外3~5m。拉铲挖掘机的开挖方法与反铲挖掘机基本相同,只是它的回转半径大,挖掘深度深,适用于地下水位高、含水率大的河道开挖或甩土工程。抓铲挖掘机是靠铲斗的自重切土垂直上下动作,操作难度大,生产效率低,使用范围小,一般用于开挖竖井或挖捞河泥等水下挖方,不适用于开挖坚硬土。

(4)装载机作业

装载机是一种工作效率较高的铲土及运输机械,它兼有推土机和挖掘机两者的工作能力,可以进行铲掘、推运、整平、装载和牵引等多种作业。其优点是适应性强、作业效率高、操纵驾驶方便,是一种发展较快的循环作业机械。装载机铲土后,能视运输车辆停置位置前进、后退或调转方向卸土、灵活机动。

装载机按行走方式分为轮胎式与履带式两种,其适用范围主要取决于使用场所、土石料特性和工作环境。选用时应注意装载机的经济合理运距,如果整个采、装、运作业的循环作业时间较少,自铲自运是经济合理的;如果运输距离较远,应与其他运输工具配合使用。与其他运输工具配合时,应注意装载机的斗容与车箱载重量的配合,通常以2~4斗装满一车箱为宜。车箱长度要比装载机的斗宽大25%~75%,铲斗45°倾斜卸载时,斗齿最低点要比车箱侧壁高出20~100cm。为充分发挥装载机效率,其作业循环时间,小型的不超过15s,大型的不超过20s,而且应考虑装载机走行与转弯速度。

(5)平地机作业

平地机是一种铲土、运土、卸土同时进行的连续作业机械。主要工作装置是一把刮刀,它可以调整四种作业动作,即:刮刀平面回转、刮刀左右端升降、刮刀左右引伸和刮刀机外倾斜来完成刮刀刀角铲土侧移、刮刀刮土侧移、刮刀刮土直移和机身外刮土等作业。刮刀刀角刮土侧移适用于开挖边沟,并利用开挖出来的土修整路基断面或填筑低路堤。刮刀铲土侧移适用于侧向移土修筑路堤、平整场地、回填沟渠等作业。刮刀刮土直移适用于修筑不平度较小的场地,在路基施工中可用于路拱的整修或填筑材料的整平。机外刮土主要用于刷路堤、路堑边坡和开挖边沟等。

（6）自卸汽车作业

自卸汽车是路基工程施工中常用的运输机械，一般用于土石方及工程材料运输的自卸汽车载重量为3.5～20t。自卸汽车行驶速度快、机动灵活，越野性能好，生产效率高，但厂牌、规格、型号很多，从技术管理、物资供应、设备保养和维修以及技术工人的培养等多方面因素考虑，选用的车型及规格越少越好，最好选用标准化、系列化、成批定型生产的自卸汽车。

实际施工中，应注意自卸汽车的车箱容积（或载重量）与工程使用的施工机械相配套；注意施工现场的地理及气候等条件，当条件较好时可选用中、重型自卸汽车；在多雨或开挖地段积水较多的地段，宜选用全轮驱动的自卸汽车。自卸汽车台班产量按以下办法估算：

①求每一工作循环行驶时间（s）：

$$T = \frac{L \times 2}{v} \tag{4-3}$$

式中：v——行驶速度（km/s）；

L——运输距离（km）。

②求每一工作循环所需时间（s）：

$$T' = T + t \tag{4-4}$$

式中：t——固定操作时间（s），等于装车、卸车、调头、等装的时间之和，参见表4-11。

自卸汽车固定操作时间及定额容载量表 表4-11

自卸汽车		分类时间（s）								
载重量（t）	容载量（m^3）	其他			装车			合计		
		卸车	调位	等装	挖土机台班产量（m^3）					
					300以内	300～450	450以外	300以内	300～450	450以外
3.5	1.9	0.8	1	1	3.2	2.5	1.9	6	5.3	4.7
4.5	2.5	0.8	1.2	1	3.7	3.2	2.3	6.5	6	5.3
6.5	3.6	1	1.3	1	4.7	3.8	2.6	8	6.8	5.9
8	4.4	1	1.3	1	5.5	4.3	3.1	8.8	7.5	6.4
10	5.5	1	1.3	1	7	4.9	3.5	10.3	8.2	6.8
12	6.6	1.2	1.5	1	8	6.3	4.3	11.7	10	8
15	8	1.2	1.5	1	10	7.7	5.3	13.7	11.4	9

③求每台班运输次数：

$$N = \frac{8 \times 60 \times 60 \times 80\%}{T} \tag{4-5}$$

式中：80%为汽车台班时间利用系数。

④求每车台班产量（m^3）：

$$台班产量 = N \times 每车容载量 \tag{4-6}$$

4. 石方开挖

路基石方除软石的松软部分可用大马力推土机松动，或人力使用撬棍、十字镐、大锤松动开挖外，软石的紧密部分及次坚石、坚石通常采用爆破法开挖。有条件时宜采用松土法开挖，局部情况亦可采用破碎法开挖。松土法及破碎法均属于非爆破开挖石方的施工方式，如图4-14所示。

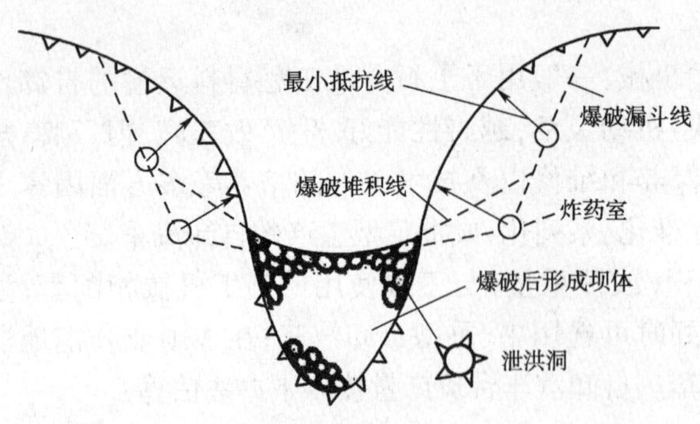

图 4-14 爆破法施工

1)爆破法

开挖路基石方所采用的爆破方法,要根据石方的集中程度、地质、地形条件及路基断面形状等具体情况而定,一般可分为小炮和洞室炮两大类。小炮指钢钎炮、葫芦炮、猫洞炮等;洞室炮则随药包性质、断面形状和地形的变化而不同。炸药用量在 1 000kg 以上为大炮,以下为中小炮。承包人应根据地形、地质、开挖断面及施工机械配置等情况,采用能保证边坡稳定的施工方法,应以小型及松动爆破为主,不允许过量爆破,未经批准,不得采用大、中型爆破。石方爆破方法主要有:

(1)浅孔爆破(钢钎炮)

浅孔爆破又称钢钎炮,炮孔直径小于 75mm,深度不超过 5m。浅孔爆破操作简便,对设计边坡外的岩体震动损害小。平均耗药量也少,又比较机动灵活,因而是一种不可缺少的炮型,特别是在工程分散、石方量小,以及整修边坡、开挖边沟、炸孤石时非常适用。浅孔爆破也常用于开辟工作面及其他炮型的辅助炮型。

(2)深孔爆破

深孔爆破是指孔径大于 75mm、深度 5m 以上的爆破,其炮孔多采用冲击式钻机和潜孔钻机打成,配合挖运机械,可实现石方施工机械化,可以成为高速施工的一个发展途径。深孔爆破用于石方集中与地形平缓的垭口或深路堑,效果较好,它的单位耗药量为 4.41 ~ 7.35 kg/m^3,平均每米钻孔可爆岩 11 ~ 20m^3。

(3)光面爆破和预裂爆破

光面爆破是在开挖界限的周边,适当排列一定间隔的炮孔,在有侧向临空面的情况下,用控制抵抗线和药量的方法进行爆破,使之形成一个光滑平整的边坡面。预裂爆破是在开挖界限处按适当间隔排列炮孔,在没有侧向临空面和最小抵抗线的情况下,用控制炸药用量的方法,预先炸出一条裂缝,使拟爆体与山体分开,作为隔震减震带,以保护开挖界限以外的山体或建筑物,减弱爆体爆破造成的破坏作用。光面爆破及预裂爆破之后,边坡壁上通常均留下半个炮孔痕迹。

(4)微差爆破

相邻药包或前后排药包以毫秒的时间间隔(一般 15 ~ 75ms)依次起爆,称微差爆破,亦称毫秒爆破。其优点是:当装药量相等时,可减震 1/3 ~ 2/3;前发药包为后发药包开创了临空面,从而加强了岩石的破碎效果;降低多排孔一次爆破的堆积高度,有利于挖掘机作业。由于逐发或逐排依次爆破,减少了岩石夹制力,可节省炸药 20%,并可增大孔距,提高每米钻孔的炸落方量。

(5)药壶炮(葫芦炮)

药壶炮又称葫芦炮,是指将炮眼底部扩大成葫芦形,以便将炸药基本集中埋置于炮眼底部的扩大部分,以提高爆破效果的一种炮型。它适用于结构均匀致密的黏土(硬土)、次坚石、坚石。当炮眼深度小于2.5m、节理发育的软石、地下水较发育或雨季施工时,不宜采用。

(6)猫洞炮

猫洞炮是将集中药包直接放入直径为0.2～0.5m、炮眼深2～6m的水平或略有倾斜的炮洞中进行爆破的一种炮型。它适用于均匀致密黏土(硬土)、胶结良好的古河床、冰渍层、软石、节理发育的次坚石、坚石,坚石可利用裂隙修成导洞或药室,这种炮型对大孤石、独岩包等爆破效果更佳。对于炮眼深度小于2.5m、节理发育的软石、地下水较发育或雨季施工时,不宜采用。

(7)洞室炮(药室法)

洞室炮又称大爆破施工,是采用导洞和药室装药,用药量在1 000kg以上的爆破。公路石方施工一般不宜采用。只有当路线穿过孤独山丘,开挖后边坡不高于6m,且根据岩石产状和风化程度,确认开挖后边坡稳定,方可考虑大爆破方案,但须做好技术设计,有详细技术经济论证和边坡稳定性分析,并报主管部门审批。

爆破法开挖石方应按以下程序进行:施爆区管线调查→炮位设计及设计审批→配备专业施爆人员→用机械或人工清除施爆区覆盖层和强风化岩石→钻孔→爆破器材检查与试验→炮孔(或坑道、药室)检查与废渣清除→装药并安装引爆器材→布置安全岗和施爆区安全员→炮孔堵塞→撤离施爆区和飞石、强地震波影响区内的人、畜→起爆→清除瞎炮→解除警戒→测定爆破效果(包括飞石、地震波对施爆区内外构造物造成的损伤及损失)。

2)松土法

开挖岩石除了采用爆破法之外,松土法也越来越被广泛采用。松土法是充分利用岩体自身存在的各种裂面和结构面,用推土机牵引的松土器将岩体翻碎,再用推土机或装载机与自卸汽车配合,将翻松的岩块搬运出去。松土法避免了爆破法所具有的危险性,而且有利于开挖边坡的稳定及附近建筑物的安全。随着推土机和松土器的大型化,能够采用松土法施工的范围将会逐步扩大。从国外的工程实践及发展趋势看,只要能够使用松土法施工的场合,就应尽量不用爆破法施工。

砂岩、石灰岩、页岩等沉积岩,因为存在沉积层面,是比较容易松开的岩石,层面厚度愈薄愈容易松开。花岗岩、玄武岩、安山岩等岩浆岩,因为不成层状或带状,松开比较困难。片麻岩、片岩、石英岩等变质岩,松开的难易程度视岩体破裂面情况而异。松土法的作业效率与岩体的裂面和风化程度有关:岩体被裂面分隔成较大块时,松开效率较好;岩体已裂成小块或粒状时,只能劈成沟槽,效率不高。

选择松土器型号可以按上述岩性分析判断,也可根据室内的抗压强度及抗拉强度试验判断各型松土器的劈开性能。判断时应充分注意室内系单块岩石进行试验,所得数据较实际为大的特点。国外还有以现场岩石试验(如弹性波速试验,电阻试验,现场力学试验)数据来分析及选择松土器型号。松土器型号的选择,最好能在施工现场用松土器直接进行实物松劈操作试验,从而得出切合实际的结果。多齿松土器适于松动破碎而较薄的岩体;单齿松土器适于松动较坚硬较厚的岩体。

松土作业应尽可能顺着岩层的下坡方向进行,松土间隔一般为1.0～1.5m。遇到较坚硬岩石松土器难于贯入,或引起机械后部翘起及履带打滑,这时可用另一台推土机在后面顶推。若岩石较为完整与坚硬,也可以先进行适当的浅孔松动爆破,然后再进行松土作业。

非爆破法开挖路基石方的施工方式,除松土法作业外,还有破碎法开挖。这种方法是用破碎机凿碎岩块,凿子装在推土机或挖掘机上,利用活塞的冲击作用,使凿子产生冲击力,因此其破碎岩块的能力取决于活塞的大小。破碎法宜用于岩体裂缝较多,岩块体积较小,抗压强度低于100MPa的岩石。破碎法的工作效率不高,不宜作为开挖岩石的主要方法,仅用于不能使用爆破法或松土法施工的局部场合。

5. 挖方工程量计算

路基挖方按路线中线长度乘以核定的断面面积,以开挖天然密实体积计算。计价时,按表4-12所列名称列项计算。

路基挖方工程计量 表4-12

名称		单位	名称		单位
1	挖土方	m^3	3	挖除非适用材料(包括淤泥)	m^3
2	挖石方	m^3			

开挖土方及石方的单价中包括开挖、运输(含利用方及废方)、堆放、分理填料、装卸、弃方和剩余材料的处理,以及路基边坡、边沟(指无铺砌的边沟)、路床的整型、碾压(含挖方路床面以下30cm范围内的翻松)等相关作业的费用。不同的施工方式(如人力施工或机械施工,爆破法或松动法等)应在单价分析中综合考虑。

计价时,石方爆破安全措施、质量检验、临时道路和临时排水等均不单独计算。

需要指出的是,《公路工程标准施工招标文件》规定了挖方应挖至路床顶面,并对路床的压实检验,要求应翻松、碾压达到规定的压实度。但路床若发生超挖,承包人应自费回填并压实。在高等级公路中,包括垫层在内的路面结构层较厚,一次挖掘到路床顶面,不论从工程量计算或施工安排、路基整型等方面看都是经济合理的。因此,一般招标文件技术规范中规定这部分挖路槽工程数量列入挖方数量内,其挖路槽价格则综合在挖方单价中,所以在概算或预算编制时,为了招标控制价(或清单预算)与概算或预算便于对照比较,二者编制内容应尽量取得一致,编完后在造价文件总说明中,说明挖方总数量内包括了挖路槽数量,以便于查核。

五、取土坑、弃土堆、护坡道及碎落台

1. 取土坑

取土坑应有正确形状,以保证排水。取土坑的长、宽、深度视填土数量、施工方法及保证排水而定,在平原地区其深度一般为1m。取土坑的底面可做成向外倾斜的单向横坡,坡度为2%~3%。取土坑积水应有一定的处治措施,以保证路基强度不受影响。

取土坑的开挖费用应摊入填方计价。利用取土坑作蒸发池时,其技术要求应在取土坑设计中予以考虑。为取土坑单独设计的排水沟等处治措施,可按规定在排水工程项下计列。

2. 弃土堆

弃土堆应堆成规则形状,其边坡不应陡于1:1.5,顶面应做成向外倾斜的单向横坡,坡度不小于2%。弃土堆高度不宜高于3m。路堑旁的弃土堆,其内侧坡脚与路堑坡顶之间的距离,对于干硬土不应小于3m,对于湿软土不应小于路堑深5m。弃土堆呈带状沿路堆位置时,上坡方面应连续而不中断,并在弃土堆前设置截水沟;在下坡方面应每隔50~100m设不小于

1m 宽的缺口,以利排水。当沿河弃土时,不得阻塞河流、挤压桥孔或造成河岸冲刷。堆放弃土,不得干扰正常交通,并应防止对灌溉沟渠及天然水流的污染和淤塞。任何因弃土污染和淤塞而造成的损失,承包人应自费进行处治。

弃土堆的堆置费用(包括装卸、运输费用在内)应摊入挖方单价。废弃土堆单独设计的截水、排水及支挡设施可按规定在排水工程项下计入。

3. 护坡道

为保证路基稳定,当路基边缘与取土坑底之高差大于 2m 时,一般应根据填土高度、土质及水文情况等,设置宽 1 ~ 2m 的护坡道。护坡道不单独计算,其数量在挖方数量中考虑。

4. 碎落台

在易风化岩石、粗砂、中砂、黄土和其他不良土质的路堑中,应视边坡高度和土的性质设置一般不小于 1m 宽的碎落台,并做成向路倾斜 2% 的单向横坡,如边坡较低或已适当加固时,可不设碎落台。碎落台不单独计算,其数量应在挖方数量中考虑。

5. 路基整修

路基土石方工程基本完成后,应进行路基整修(或整型)工作,将合乎质量要求的路基移交路面施工。

路基整修应按设计文件要求检查路床面的中线和高程,以及路基宽度、边坡坡度、截、排水沟系统。路基整修后应达到质量检验标准的要求。外观鉴定时,路基应表面平整,边线顺直,曲线圆滑;边坡坡面平顺稳定,不得高坡或凸肚;取土坑、弃土堆、护坡道、碎落台位置适当、整齐,美观。石方路基上边坡不得有松石、险石。

路基整修(或整型)工作的费用应摊入路基土石方作业的相关填挖方工程单价内,不单独计算。

六、检测与验收

1. 路基压实度

路堤、路床及路堤基底均应进行压实。压实质量以压实度 K 表示,即工地干密度 ρ_d 与最大干密度 ρ_{dmax} 之比,即:

$$K = \frac{\rho_d}{\rho_{dmax}} \tag{4-7}$$

土质路堤(含土石路堤)的压实度应不低于表 4-13 的标准。

路基压实度标准 表 4-13

填挖类别	路床顶面以下深度(m)	路基压实度(%)		
		高速公路、一级公路	二级公路	三级公路、四级公路
零填及挖方	0 ~ 0.30	—	—	≥94
	0.30 ~ 0.80	≥96	≥95	—
填方	0 ~ 0.80	≥96	≥95	≥94
	0.80 ~ 1.50	≥94	≥94	≥93
	>1.50	≥93	≥92	≥90

注:①表列数值以重型击实试验法为准;

②特殊气候地区的路基压实度,在保证路基强度要求的前提下,根据试验路的状况表列数值可适当降低;

③三、四级公路铺筑沥青混凝土或水泥混凝土路面时,其路基压实度应采用二级公路标准。

压实度的评定以一个工班完成的路段压实层为检验评定单元比较恰当。检验评定段的压实度 K 按下式计算，若 $K \geqslant$ 标准值 K_0，则为合格。

$$K = \overline{K} - \frac{t \times s}{\sqrt{n}} \tag{4-8}$$

式中：$\overline{K}$——检验评定段内压实度算术均值；

t——分布表中随自由度和保证率而变的系数；

s——均方差；

n——检验点数，应不少于 8 ~ 10 点。

2. 路基弯沉测试

路基或路面在荷载作用下应产生竖向永久变形，在荷载作用后弹性变形会恢复，能够恢复的那部分变形量就是弯沉，它是直接反映路面强度的一个重要指标。弯沉值从整体上反映了路面各层次的整体强度，路基的强度一般用回弹模量来反映。如果弯沉值过大，其变形也就越大，路面各层也就容易破裂。弯沉值过大，其原因一般与路面各层的材料性质、厚度、整体性（是否结板）和压实度等有关，还与气候条件有关，雨季会偏大。路基设计中是用回弹模量来表示路基的强度。但是回弹模量测试程序复杂，而弯沉测试简单快速，且与回弹模量存在正向关联，因此实际中利用弯沉与回弹模量的关系式，通过实测弯沉来计算回弹模量，反映路基是否能达到设计要求。

第四节　排 水 设 施

一、基本要求

水是危害公路的主要自然因素。路基沉陷、冲刷、坍塌、翻浆，沥青路面松散、剥落、龟裂，水泥混凝土路面唧泥、错台、断裂等病害，均不同程度地与地面水和地下水的侵蚀有关。水的作用加剧了路基和路面结构的损坏，加快了路面使用性能的变坏，缩短了公路的使用寿命。因而，排水系统是公路工程的重要组成部分，对保证公路的使用性能与使用寿命具有十分重要的作用。

路基排水系统的设置，是为将可能危害路基稳定的地面水和地下水采用适当的排水设施，使水迅速排出路基范围之外。排水设计应对公路沿线农灌系统、天然河沟、水源地、养殖水域进行调查，确定可以纳入路基排放水流的河沟、渠道或排水体，并结合路线平纵面、沿线地形、地质条件、桥涵位置等情况综合考虑，全面规划，总体设计。路基排水系统的设计应注意各种排水设施之间的联系及进出水口的处理，应注意与农灌沟渠的关系，防止冲毁农田或其他农田水利设施，如图 4-15 所示。

路基排水分排地面水和地下水两大类，排除地面水一般可采用边沟、截水沟、排水沟、跌水、急流槽及拦水带等设施；排除地下水一般可采用明沟、暗沟、渗沟等设施。排水系统在高等级公路中的地位尤为重要，高等级公路路幅一般较宽，必须十分重视排除路面水，保证路面置于可靠的路基之上。

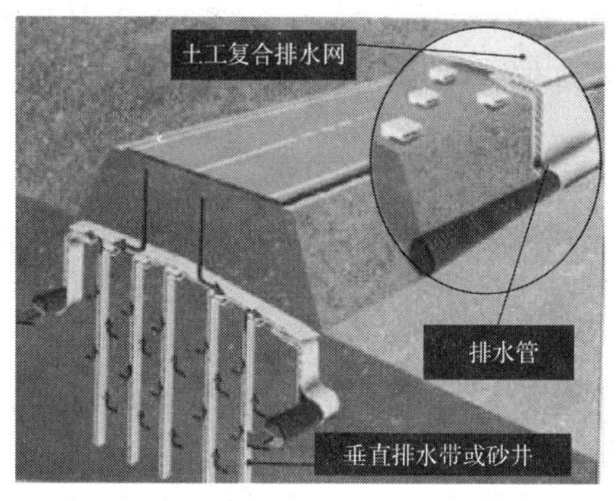

图 4-15 排水构造图

二、地表排水设施

1. 边沟

边沟设于路基挖方地段和高度小于边沟深度的填方地段。边沟排水应引入桥涵或路基以外的沟谷，其结合部应妥善设计，以使边沟水流顺畅排走，如图 4-16a）所示。边沟是否作砌石或混凝土铺砌应结合公路等级、路线纵坡及地质、水文条件确定。

边沟其开挖工程量包含在路基挖方中；有铺砌的边沟计价时，包括沟槽土石开挖（指砌体所占部分）、整型、夯实、废方弃运，铺砌材料的采备、供应、加工、运输，砌体砌筑，混凝土现浇或预制、安装、养生等作业的费用（一切与此有关作业的价款，下同）。

2. 截水沟及排水沟

当路基挖方上侧山坡汇水面积较大时，应于挖方坡顶 5m 以外设置截水沟。截水沟水流一般不应引入边沟，当必须引入时，应切实做好防护措施。排水沟起着将边沟、截水沟中的地表水引入附近水系的作用，图 4-16b）所示为边沟与排水沟相接位置。

a)

b)

图 4-16 梯形边沟图

a）梯形边沟；b）边沟与排水沟相接

边沟、截水沟、取土坑或路基附近的积水，均可采用排水沟排至桥涵或路基以外的洼地或天然河沟。

截水沟长度一般不宜超过 500m，其平、纵转角处应设曲线连接，其沟底纵坡应不小于 0.3%。当流速大于土壤容许冲刷的流速时，应对沟面采取加固措施或设法减小沟底纵坡。

截水沟、排水沟按其开挖土石方的工程量计价,包括沟槽开挖、整型、夯实、废方弃运等作业费用。有铺砌或加固沟面的截水沟、排水沟,按加固或铺砌类型的圬工工程量计价。计价中,应包含沟槽开挖的土石方工程量。

3. 跌水与急流槽

跌水与急流槽设于水沟通过陡坡地段,一般采用砌石或混凝土结构,其各部位尺寸应根据水文、地形、地质及当地气候条件确定,其边墙高度高出设计水位应不少于0.2m。跌水与急流槽的进水口应予适当加固,出水口应注意防止冲刷,一般应设置跌水井等消能设施。图4-17为急流槽,为防止基底滑动,急流槽底面每隔2.5~5m可设置凸榫嵌入基底土中。急流槽较长时应分段修筑,每段长5~10m,段间接头应用防水材料填缝,要求密实无孔隙。

图4-17 急流槽图

跌水与急流槽的计价应包括消力池、消力槛、抗滑平台等附属设施。其工程量的计算与有铺砌或加固的边沟、截水沟、排水沟大体相同。

4. 蒸发池

在气候干燥且排水困难地段,可设置蒸发池。取土坑作蒸发池时,其与路基边沟距离不应小于5m,面积较大的蒸发池应不小于20m。蒸发池水位应低于排水沟的沟底,蓄水深度不大于1.5~2.0m,蓄水容量一般不超过200~300m^3。

设置蒸发池时应不致使附近地区形成泥沼化,并应注意保持当地环境质量。

利用取土坑作蒸发池时,对蒸发池的技术要求应在取土坑设计时一并考虑,蒸发池不计算。非利用取土坑的蒸发池,其土方作业费用按土方开挖的有关规定计算。

5. 油水分离池

污水进入油水分离池前应先通过隔栅和沉沙池处理,且不得由于设置油水分离池而污染当地生态环境。池底、池壁和隔板应采用砌浆片石或现浇混凝土进行加固。

三、地下排水设施

1. 明沟、暗沟、排水槽、暗管

当地下水位高、潜水层埋藏不深时,可采用明沟或排水槽,截流地下水或降低地下水位,明沟或排水槽必须深入到潜水层。明沟一般以干砌片石加固,并设反滤层以使水流渗入明沟。明沟及排水槽可兼排地面水。排水槽可用木料、混凝土、干砌或浆砌片石筑成。

为排除泉水或地下集中水流,可采用暗沟(如图4-18)或暗管。高等级公路的中央分隔带也需要采用纵向、横向的暗沟及暗管将集中水排除路基之外。暗沟一般采用浆砌片石或混凝土筑成,暗管一般为混凝土预制安装构件。

明沟、暗沟、排水槽、暗管的工程量,一般按构筑物的体积以m^{3}为单位计算,计价内容包括沟槽开挖及砌筑、浇筑或预制、安装等作业的费用。

2. 渗沟、渗井

为降低地下水或拦截地下含水层中的水流可设置渗沟。渗沟是常见的地下排水沟渠,可视地下水流情况纵、横向设置,如图4-19~图4-21所示。渗沟应设在冻结深度以下,并尽可能设于不透水土层上。为防止地面水进入渗沟,沟顶应设封闭层,为防止泥沙淤塞渗沟,应设反滤层。渗沟布置尽可能与地下水流互相垂直，以能拦截更多的地下水。

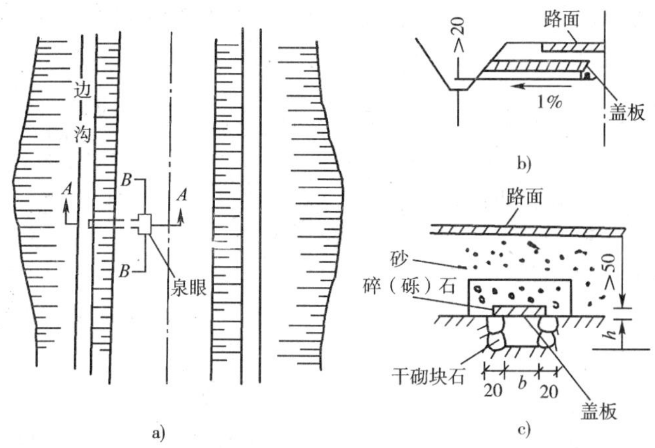

图 4-18 暗沟布置及构造(尺寸单位:cm)

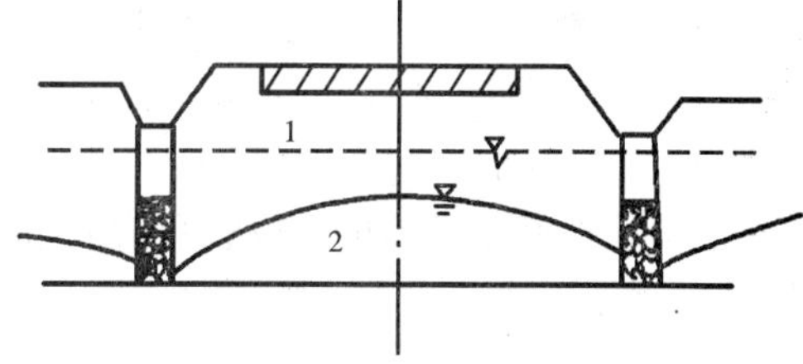

图 4-19 设在边沟下的渗沟

渗沟与暗沟在构造上差异不大，但其作用则大不相同。渗沟按排水层的构造形式，可分为盲沟、管式渗沟及洞式渗沟三类。盲沟一般设在流量不大，渗沟长度不长的地段，排水层采用粒径较大的碎石、砾石填充。近年来的高等级公路建设中，为防止泥沙淤塞排水孔隙，盲沟亦有用土工布包裹者，虽效果尚好，但造价较高。盲沟由于排水阻力较大，沟底纵坡一般采用5%左右为宜。管式渗沟是用排水管排地下水，设于地下水埋藏较深及引水较长地段，深度可达5~6m。排水管集水部分的管壁应设渗水孔眼、缝隙或间隔，以保证向管内渗水。洞式渗沟用于地下水量较大地段，洞孔可用砌石构筑，其大小依设计流量而定，沟底纵坡应不小于0.5%，当沟底纵坡较大时，宜做成台阶式。

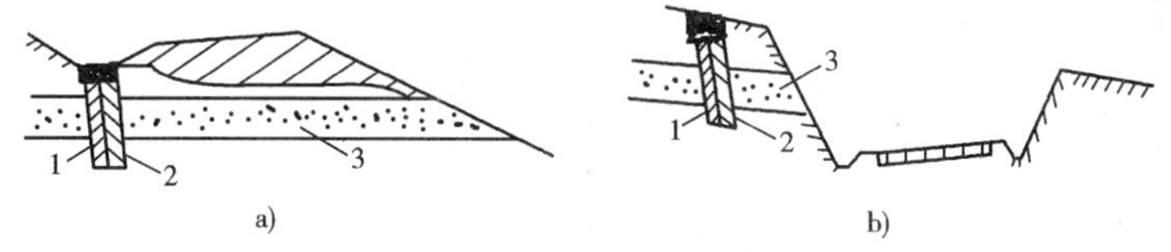

图 4-20 拦截山坡储水层向路基的渗沟

a)路堤上方的渗沟；b)路堑边坡上方的渗沟

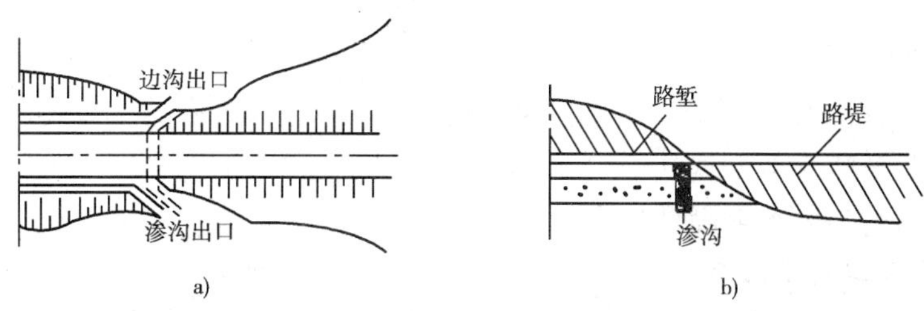

图 4-21 拦截路堑层间水的渗沟

a)平视图；b)侧视图

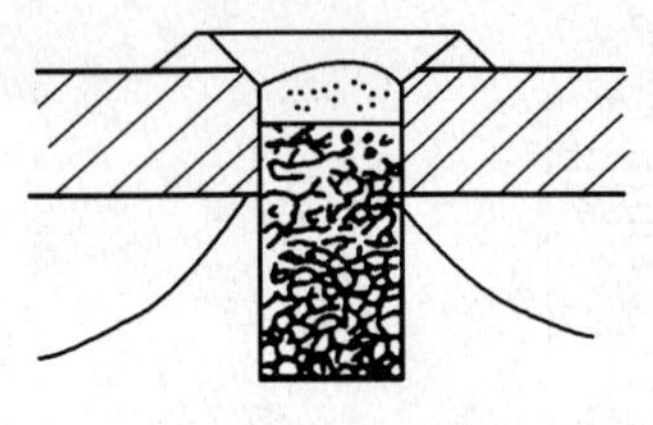
图 4-22 渗井构造图

渗沟出口除必须保证泄水顺畅不产生倒灌现象外，还应注意不让水流停滞或冲刷路基边坡。渗沟施工宜由下游向上游施工，并应随挖、随撑、随填。

当路线经过地区地形平坦，地面水或浅层地下水无法排除影响地基稳定，而下面又有透水土层时，可设置像竖井或吸水井一样的渗井。渗井构造如图 4-22 所示。

渗水井上部为集水结构，四周除留进水口外，井口周围可用黏土筑堤围护，亦可在顶上加筑混凝土盖，严防渗水井淤塞。渗水井下部为排水结构，井深必须穿过不透水层而达透水层内，井内填充碎、砾石及粗砂等透水材料。渗井造价高于渗沟，一般不轻易采用。

渗沟及渗井，计价时均应包括沟槽的开挖、整型、夯实、废方弃运、回填压实，材料的采备、供应、加工、运输，沟道或管道的铺设、安装，土工布、反滤层的设置等作业的费用。

3. 隔离层

当地下水位高，路线纵面设计难于满足最小填土高度时，可在路基内设置隔离层。隔离层由透水材料或不透水材料筑成。隔离层应设在最高地下水位之上，同时应高出边沟水位 0.2m；隔离层至路基边缘的高度视公路等级而定，一般为 0.45 ~ 0.70m。

隔离层按铺筑类型的不同，可按面积（m^2）（如铺土工布）或体积（m^3）（如碎石、砾石垫层）计价。

四、路面排水设施

（一）路面排水设施的组成

当前，在高等级公路建设中，为使渗入路面的表面水降至最小程度，以及迅速地排除进入路面结构内的水分，所采用的路面排水设施主要有四个部分组成。

（1）路面表面排水：漫流排水方式、集中排水方式；

（2）中央分隔带排水；

（3）路面结构内部排水；

（4）桥面铺装体系排水。

（二）路面排水措施

防止和减少路面水的损害应从结构本身入手。设置路面排水系统，将积滞在路面结构内的水分迅速排除路面和路基结构，改善路面的使用性能，是国内外工程实践中用得较多的一项措施，综合起来有以下几种类型。

1. 开级配透水性沥青混凝土表层

这种不同于传统的密实型结构的面层利用其相互连通的空隙，使路表水迅速下渗并在路面结构层内排出，其排水效率远大于表面径流；消除了路面水膜，减少“水漂”和“喷雾”现象，并缓解了镜面反射，另外还能降低噪声。

2. 排水性土工织物中间层

设置排水性土工织物中间层以排除路面结构内的积水。土工织物的排水效果有好有坏，所用土工织物多为纺织尼龙、无纺聚丙烯和玻璃纤维几种，以无纺聚丙烯效果较好。但国内土工织物在排水方面的应用尚属起步，对于竖向位移和水平位移较大的情况，效果并不理想。

3. 透水性基层

在低渗透性的面层下铺设高渗透性、强度足够的处治碎石基层，迅速排除渗入水是路面结构排水系统的一个很好的发展方向。

4. 路面边缘排水系统

在路肩设置排水盲沟，排除路面结构中渗流到路面边缘的水。

5. 中央分隔带排水

（1）一般路段中央分隔带排水

一般路段的中央分隔带，其排水系统的主要作用是排除中央分隔带范围内的表面渗水。在有表面铺面封闭的情况下，中央分隔带表面采用与两侧路面相同坡度的双向横坡，降落在中央分隔带上的表面水流向两侧路面，进入路面表面排水设施。当中央分隔带未采用铺面封闭时，分隔带表面做成向内微凹的横断面形式。降落在分隔带上的表面水横向流向分隔带的低凹处，汇集在分隔带的中央部位，一部分水通过中央分隔带回填土的渗透性向下渗流，另一部分水沿纵坡方向流动（在流动过程中，亦向下渗透），排泄到桥涵水道中。中央分隔带排水系统主要由渗沟、渗沟内的集水管和每隔一定间距设置的横向排水管组成。

（2）超高路段中央分隔带排水

高等级公路超高路段不允许上侧半幅路面的表面水横向漫流过下侧半幅路面。因此，超高路段的中央分隔带，除应具有一般路段中央分隔带应具有的一切功能和构造要求外，尚应设置明沟，以拦截上侧半幅路面漫流过来的表面水。针对不同的中央分隔带形式，目前在高等级公路建设中主要采用以下两种方式：

凸形中央分隔带，采取在中央分隔带路缘石外侧设置纵向格栅盖板沟，并通过每隔一定间距设置集水井，并通过横向排水管将水排出路基范围之外。

凹形中央分隔带，在中央分隔带内设置纵向格栅盖板沟，上侧半幅路面的表面水直接漫流入中央分隔带内的纵向沟，每隔一定间距设置集水井，通过横向排水管将水排出路基范围之外。

五、排水设施工程量计算

排水设施根据其结构的不同，按不同的方法进行工程量计算。对于浆砌片石、现浇混凝土、预制块、钢筋混凝土等材料建造的边沟、截水沟、急流槽，一般按圬工或钢筋混凝土的体积计算。其他的则根据设计图按长度计算，如蝶形沟、暗埋式边沟、PVC 管急流槽、路堑坡体排水、盲沟等。具有排水能力的路面结构如开级配透水性沥青混凝土、透水基层，则在路面工程中计算。

第五节　防护与加固工程

公路路基在水流、波浪、雨水、风力及冰冻等自然因素影响下，可能发生边坡坍塌、路基损坏等病害。为保证路基稳定，除做好排水设施外，还必须根据当地条件，因地制宜地采用经济合理的防护、加固措施。路基的防护与加固工程不仅可以稳定路基，而且可以美化路容，提高公路使用质量。高等级公路建设中，注重路基防护与加固尤为重要，采取植物防护不仅消除了施工痕迹，稳定了路基边坡，而且能使高等级公路景观协调，获得良好的环保效益及舒适的行车条件。

路基防护与加固工程,按其作用不同,可以分为坡面防护、冲刷防护和支挡构造物三大类。一般把防止冲刷和风化、主要起隔离作用的措施称为防护工程;把防止路基或山体因重力作用而坍滑、主要起支承作用的支挡结构物称为加固工程。

一、坡面防护

坡面防护主要是用以防护易于冲蚀的土质边坡和易于风化的岩石边坡,应根据边坡的土质、岩性、水文地质条件、坡度、高度及当地材料,采取相应防护措施。坡面防护包括植物防护和工程防护。

1.植物防护

植物防护是一种施工简单、费用不高、效果较好的坡面防护措施。植物能覆盖表土,防止雨水冲刷,调节土的湿度,防止产生裂缝;稳固土壤,避免坡面风化剥落。植物还能保护环境,美化路容。植物防护一般采用种草、铺草皮和种植灌木。高等级公路建设中,坡面植物防护往往与砌石或空心混凝土预制块(或煤渣空砖)铺筑的网格工程相结合,如图4-23所示。

图4-23　植物防护

坡面防护的草本植物应选择耐旱力强、容易生长、蔓面大、根部发达、茎低矮、多年生的特性;选择的花草应有观赏价值。坡面防护植树中,乔木不利边坡稳定,一般不宜采用。坡面防护树种应采用根系发达、枝叶茂盛、能迅速生长之低矮的灌木。植物生长要求的最小土层厚度见表4-14。

植物生长的最小土层厚度　　表4-14

类　别	草	灌木		乔木	
		大	小	浅根	深根
植物生长的最小土层厚度(cm)	15	30	45	60	90

计价时,植物坡面防护,种草、铺草皮及种植灌木丛,按铺种面积以平方米为单位计算;种植乔木按不同树种以株为单位计算。计价中,包括树木、草皮、草籽的供应、运输、种植、浇水、施肥、铺撒表土、防虫、修剪、管理等作业的费用。

圬工网格按其圬工数量计算,包括挖基、构件预制及运输砌筑(或浇筑)、养生等作业的费用。

2. 工程防护

(1)坡面处治

边坡过陡或植物不易生长的坡面,可视具体情况,选用勾缝、灌浆、抹面、喷浆、嵌补、锚固、喷射混凝土等坡面处治措施,如图4-24所示。

图4-24 坡面处治

勾缝与灌浆适用于岩石较坚硬不易风化的路堑边坡防护,节理裂缝多而细者用勾缝,大而深者用灌浆。勾缝与灌浆一般用水泥砂浆,裂缝较宽、较深时可用混凝土灌注。勾缝及灌浆前应将松动石块、泥土、草木根等杂质予以清除。

抹面适用于易风化而表面比较完整,尚未剥落的岩石边坡,如页岩、泥岩、泥灰岩或千枚岩等软质岩层。抹面应均匀紧贴坡面,抹面面积较大时应留伸缩缝。对被处治坡面应进行清理,坑洼须用小石块嵌补整平,洒水湿润坡面,使砂浆与坡面结合良好。抹面完后应夯拍出浆抹光,注意洒水养生。

喷浆是将砂浆均匀喷射在易风化岩层的坡面上,形成保护层。喷浆防护坡面效果较好,施工也比较简便,但耗用水泥量较多。

嵌补适用于补平坡面岩石中较深的局部凹坑,或者边坡上有一层较松软和易风化的岩层已被风化成凹陷时,防止岩石继续破损碎落,以保证整个边坡稳定。嵌补一般可用砌石方式完成。

锚固适用于岩石层理或构造面倾向路基,有顺层滑动的可能时采用,其方法是垂直岩面钻孔至不滑动的较完整或坚硬岩层中,将钢筋穿入,灌注混凝土使其固结,阻止不稳定的岩层下滑。

喷射混凝土与喷浆一样,适用于易风化但尚未严重风化的岩石边坡,坡面较干燥。对高而陡的边坡,上部岩层较破碎而下部岩层完整的边坡和需大面积防护的边坡,采用喷射混凝土较为经济,喷射厚度以8cm为宜,分2~3次喷射。高等级公路建设中,喷射混凝土防护坡面常与锚固钢筋配合使用,防护效果良好。

坡面处治一般按处治面积或圬工体积计算。

(2)护坡及护面墙

护坡一般用于填方坡面,可用砌石或铺砌混凝土预制块、煤渣空心砖等材料构筑。护坡有满铺式、条式及网格式等多种铺筑形式。护坡用于冲刷防护时应符合防冲刷的技术要求。

护面墙一般用于软质岩层强风化岩石或较破碎岩石挖方边坡较陡的地段,护面墙不承受墙后侧压力,故所防护的边坡应无滑动或滑塌情况,挖方边坡应符合稳定要求。由于施工后的岩石路堑边坡不能完全平整,护面墙修筑前应适当清理,清理出新鲜面应及时砌筑,并注意护面墙厚度必须满足设计要求(表4-15)。护面墙顶部应用原土夯填或砂浆抹面,防止边坡水流冲刷及水渗入护面墙墙后引起破坏。

护面墙基础应置于可靠地基上,对个别软弱段落,可用拱形结构跨过,如图4-25所示。为增加护面墙的稳定性,可分台阶设置,如图4-26所示。对于防护松散夹层的护面墙,最好在夹层底部土层中留出1m宽的边坡平台,并予加固,如图4-27所示。对于岩性极不相同的挖方边坡，应根据具体情况综合考虑，如图 4-28 所示的上部软质岩石形成凹洞，可用干砌或浆砌圬工补平，以支撑其上面的岩层，坡脚则设置护面墙。

护面墙墙厚尺寸表　　表 4-15

墙高 H(m)	边坡比(高:宽)	墙　厚(m)	
		墙顶	墙底
$H \leqslant 2$	1:0.5	0.4	0.4
$2 < H \leqslant 6$	1:0.5	0.4	$0.4 + H/10$
$6 < H \leqslant 10$	1:0.5～1:0.75	0.4	$0.4 + H/20$
$10 < H < 15$	1:0.75～1:1	0.6	$0.6 + H/20$

图 4-25　拱形护面墙

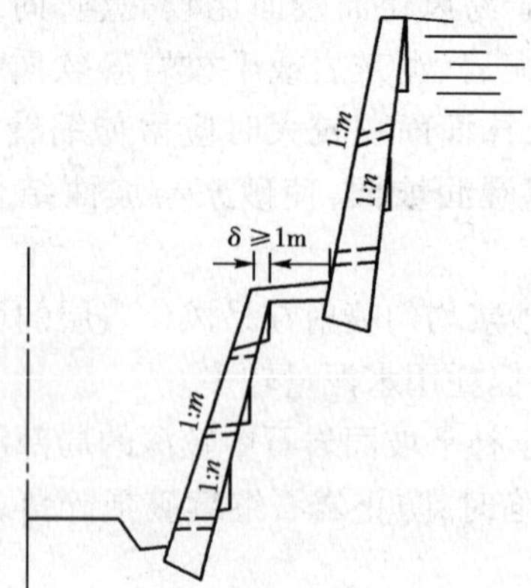

图 4-26　护面墙的平台与错台

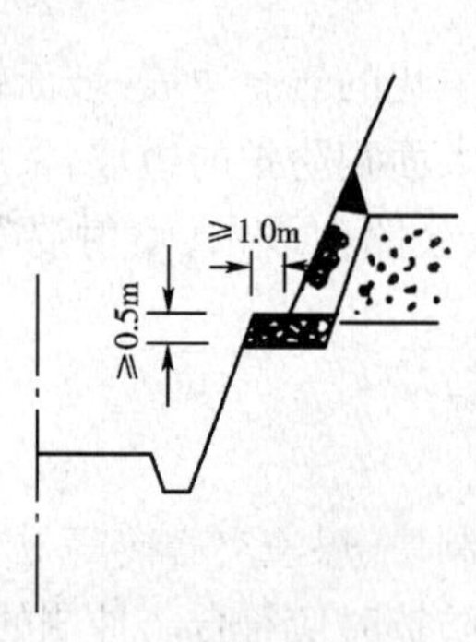

图 4-27　护面墙底设平台

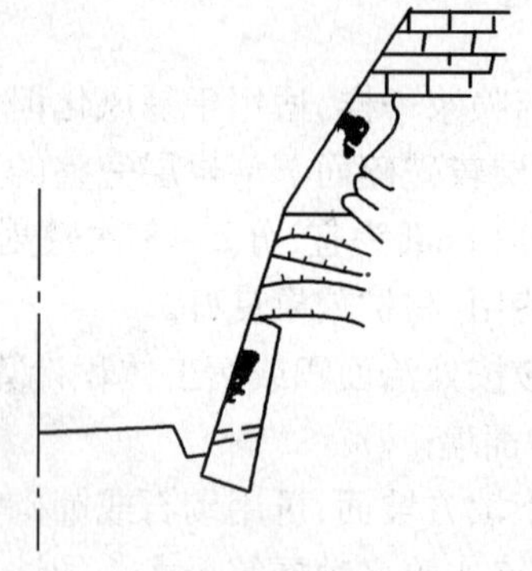
图 4-28　支补墙防护

护坡及护面墙一般按圬工体积立方米计算。计价中，应包括挖(清)基、备料、搭拆脚手架、砌筑、勾缝、养生等作业的费用。

二、沿河路基防护

沿河路基直接承受水流冲刷，为了保证路基稳定坚固，必须采取措施防止冲刷。冲刷防护有两种类型，一种是直接防护，以加固岸坡为主；另一种是间接防护，以改变水流方向、降低流速、减少冲刷为主。设计时应根据河流特性、河道地形、地质、水文条件，采用直接加固岸坡或导流构造物改变水流性质，也可采用综合防护措施。各种冲刷防护工程均应加强基础处理，一般应将基础埋置于冲刷深度以下或置于基岩上。

1. 直接防护措施

路基边坡及河岸冲刷防护主要类型见表4-16。

路基边坡及河岸冲刷防护工程　表4-16

防护类型	结构形式	适用条件		注意事项
		容许流速(m/s)	水文地形条件	
植物防护	铺草皮	1.2～1.8	水流方向与路线近乎平行，不受各种洪水主流冲刷的季节性漫水的路堤边坡防护	
	种植防水林、挂柳		有浅滩地段的河岸冲刷防护	
干砌片石护坡	单层干砌厚一般0.25～0.35m 双层干砌厚上层0.25～0.35m 下层0.15～0.25m	2～4	水流方向较平顺的河岸滩地边缘，不受主流冲刷的路堤边坡	应设置垫层，厚度一般为0.1～0.2m
浆砌片石护坡	厚0.25～0.4m 厚0.3～0.6m	4～6 4～8	主流冲刷及波浪作用强烈处的路堤边坡	有冻胀变形的边坡上，应设置垫层
抛石	石块尺寸根据流速波浪大小计算，一般0.3～0.5m	3	水流方向较平顺，无严重局部冲刷地段，已被水浸的路堤边坡及河岸	抛石厚度不应小于石块尺寸的2倍
石笼	镀锌铁丝编织成箱形或圆形笼内填石块	5～6	受洪水冲刷，但无滚石的地段和大石料缺少地区	
浸水挡土墙	浆砌片(块)石或混凝土	5～8	峡谷急流地段，水流冲刷严重地段	基础应埋在冲刷线以下1m，冰冻线以下0.25m。基础前设冲刷防护措施，墙身设泄水孔
混凝土预制块板	平面尺寸一般为0.3～0.5m^2，厚度为0.06～0.25m。当受波浪作用严重的地方，平面尺寸可用2.0～3.0m^2，厚度可用0.5m	3～12	水流急、冲刷严重地段及无石料地区	应设置垫层，厚度一般为0.1～0.2m

表中植物防护及石砌护坡的基本情况同前述坡面防护。石笼防护使用范围比较广泛，可用于防护河岸或路基边坡，同时也是加固陡边坡、减少路基占地宽度及加固河床、防止淘刷的常用措施。石笼可做成多种形式，常见的为箱形、扁长形及圆柱形等。

抛石防护主要用于受水流冲刷的边坡和坡脚以及挡土墙、护坡的基础等。抛石的石料尺寸，应视水深、流速和波浪情况确定。抛石防护横剖面如图4-29所示。

计价时，植物防护同前述坡面防护。护坡及护岸挡墙计价除一般常规所包含内容外，还应充分考虑开挖基础中的排水因素，增加围堰及抽水、排水等工作内容。抛石、石笼按抛、堆体积以立方米为单位计算，计价中包括材料（石笼含铁丝或钢筋等）的采备、供应、运输、石料抛掷或堆码或石笼的制作、笼内装石、捆扎安放等作业的费用。

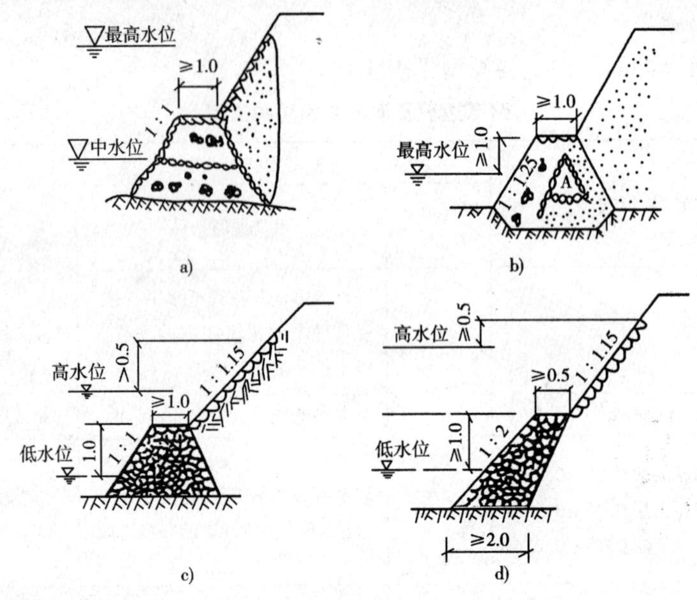

图 4-29　抛石防护（尺寸单位：m）

2. 间接防护措施（导治构造物）

为调节水流流速及方向，防护路基免受水流冲刷，可设置导治构造物。设置导治构造物时，应根据河道的地形、地质、水文条件和防护要求，合理规划、布设，应特别注意设置导治构造物后不使农田、村庄和上下游路基冲刷加剧。导治构造物一般可采用顺坝、丁坝、石笼护坡等。设置顺坝、丁坝等导治构造物时应注意坝身、坝头、坝根及坝基的冲刷。坝根应嵌入河岸足够深度，一般为 3 ~ 5m，必要时与坝根连接的河岸应予加固。

顺坝常与水流平行，对通航河流比较适宜，多用于凹岸，起疏导水流作用。顺坝起点（上游）应选择水流匀顺的过渡河段，终点可与河岸连在一起。当顺坝为淹没式时，可在坝后设置格坝，以便淤积及防止边坡与河岸遭受冲刷。

丁坝能将水流挑离河岸，用于改变流向、减低流速及束水归槽，改变流态，保护河岸和路基。按丁坝轴线与水流方向夹角，丁坝可分为上挑式、下挑式和正挑式。丁坝长度一般不宜大于河宽的 1/4，坝间相距一般为坝长的 1 ~ 1.25 倍，水流较平地段，可增至 3 ~ 4 倍，淹没式丁坝的下游适当长度内应进行铺砌。丁坝断面为梯形，其尺寸及边坡坡度可参照表 4-17 确定。

丁坝断面尺寸及边坡坡度　　表 4-17

类别	坝头顶宽（m）	坝身顶宽（m）	坝头边坡	迎水边坡	背水边坡	备　注
渗水坝	2 ~ 4	2 ~ 3	1:2.5 ~ 1:4.0	1:2.0 ~ 1:2.5	1:1.5 ~ 1:2.5	当坝高低于 3.0m，流速较大时，坝顶宽应由计算确定
石坝			1:1.0 ~ 1:3.0	1:0.5 ~ 1:2.0	1:0.5 ~ 1:2.0	坝顶宽由计算确定（不包括浆砌片石）
石梢坝	2 ~ 4	2 ~ 3	1:2.0 ~ 1:4.0	1:1.5 ~ 1:2.5	1:1.5 ~ 1:2.5	

导治构造物计价一般按圬工体积以立方米计算。计价中包括从挖基开始至圬工完成的一切相关施工作业费用。

三、支挡构造物

支挡构造物用以防止路基变形或支挡路基本身，以保证路基稳定性。常用的支挡构造物类型有各种挡土墙、垄石、填石、石垛等具有支挡侧压力作用的构造物。

挡土墙在公路工程中的运用相当广泛，既可用以稳定路堤和路堑边坡，减少挖填土石方工程量，又可用于防止水流冲刷路基，经常被用作整治滑坡、崩塌等路基病害。挡土墙种类很多，可根据设计要求及现场条件，材料供应等多种因素因地制宜、经济合理地设置与选择。

1. 普通重力式挡土墙

普通重力式挡土墙依靠墙身自重支撑土压力，一般多采用片块石砌筑，在缺乏石料地区有时也用混凝土修建。重力式挡土墙圬工量较大，但其断面形式简单，施工方便，可就地取材，适应性较强，在公路工程中应用最为广泛。

重力式挡土墙应有排水设施，以疏干墙后土体，避免墙后积水形成静水压力，减少寒冷地区回填土的冻胀压力，消除黏性土填料浸水后的膨胀压力，如图4-30所示。

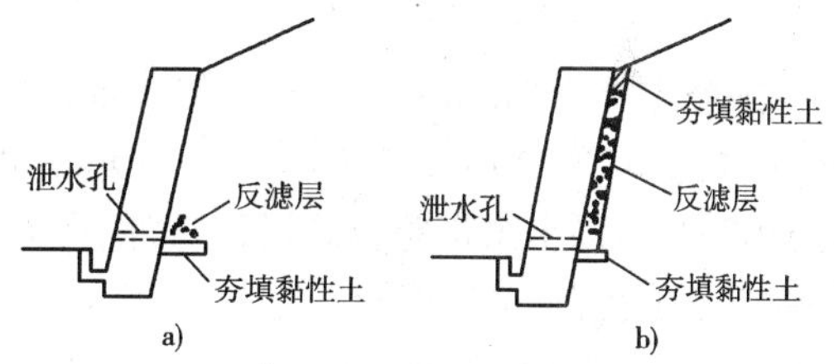

图4-30　墙背排水设施

为避免地基不均匀沉陷引起墙体开裂，应在地质条件变化处设置沉降缝；为防止圬工硬化收缩及温度变化产生裂缝，应设置伸缩缝。沉降缝和伸缩缝可合并设置，一般墙长10～15m设置一道。

重力式挡土墙的墙背，应根据地形条件、挡墙作用等因素，采用仰斜、俯斜、垂直或折线形，墙背坡度一般不宜缓于1:0.3。

砌体挡土墙、干砌挡土墙和混凝土挡土墙工程按砂浆强度等级及混凝土强度等级的不同分别按圬工体积计算。计价时应包括基础开挖、运输与回填，垫层，砌体的砌筑、嵌缝材料、砂浆勾缝，混凝土工程的脚手架、模板、浇筑和养生、表面修整，钢筋，泄水孔及其滤水层等有关作业。

2. 衡重式挡土墙

衡重式挡土墙利用衡重台上的填料和全墙重心后移增加墙身稳定，减小墙体断面尺寸。衡重式挡墙墙面坡度较陡，下墙墙背又为仰斜，故可降低墙高，减少基础开挖工程量，避免过多扰动山体的稳定。作为路堑墙，有时还可利用台后净空拦挡山坡碎落物，见图4-31所示。

衡重式挡土墙基底面积较小，对地基承载力要求较高，应设置于较坚实的地基上。衡重式挡土墙形式如图4-31所示，图中墙体面坡通常采用1:0.05，上墙墙背俯斜坡比1:0.25～1:0.45之间，下墙墙背仰斜坡比为1:0.25。上墙下墙的高度比采用2:3，衡重台宽度通过计算、验算确定。

衡重式挡土墙和普通重力式挡土墙一样，一般多为石砌圬土，其构造要求及其他技术规定与普通重力式挡土墙基本相同。

重力式和衡重式挡土墙计价时，按圬工砌体体积以立方米计算，计价中包括挖基、搭拆脚手架、拌运砂浆、砌筑、勾缝、养生等作业的费用。护岸墙及浸水挡土墙还包括挖基及砌筑过程中的围堰、排水费用。

3. 加筋土挡土墙

加筋土挡土墙是由面板、筋带和填料三部分组成的复合结构，依靠填料与筋带的摩擦力来平衡面板所承受的水平土压力，即保持加筋土挡土墙的内部稳定；并以这一复合结构去抵抗筋带后部一般填料所产生的土压力，即起支挡作用，获得加筋土挡墙的外部稳定，见图4-32所示。

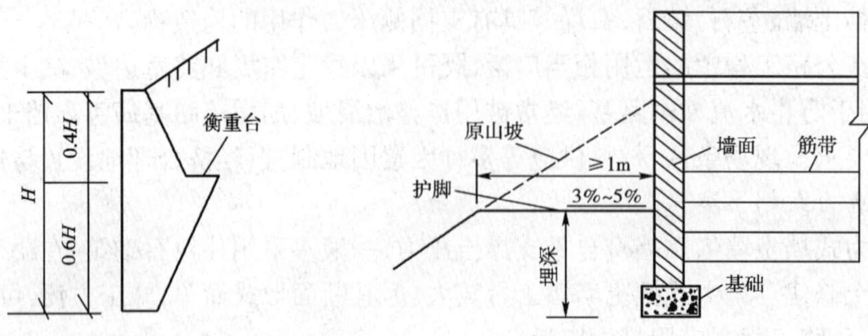

图4-31　衡重式挡土墙示意图　　图4-32　加筋土挡土墙

加筋土挡土墙的面板一般采用钢筋混凝土预制块件，厚度应不小于8cm，形状可为十字形、六角形、L形、矩形、槽形等，墙顶和角隅可采用异形板和角隅面板。筋带有扁钢带、钢筋混凝土带、聚丙稀土工带等，高等级公路的加筋土挡土墙以不采用聚丙烯土工带为好。钢筋混凝土带应分节预制，分节长度一般宜小于3m，形状为条形或楔形，截面尺寸宽10～25cm，厚6～8cm，受力钢筋直径不小于8mm。钢筋混凝土带的接长及其与面板的连接，可采用钢筋焊接或螺栓结合，结合点应作防锈处理。

加筋体填料最好采用有一定级配的砂、砾类土，也可采用碎石土、中低液限黏性土、稳定土及满足质量要求的工业废渣。一般不要采用高液限黏性土及其他特殊土，禁止采用腐殖土等不良土作填料。

加筋土挡土墙布设区域内出现层间水、裂隙水、涌泉时，应先修筑排水构造物，再进行加筋土施工。加筋土挡墙工程中的反滤层、透水层、隔水层等防排水设施应按图纸要求与加筋体施工同步进行。

加筋土挡土墙是一种复合结构，组合因素较多，计价时宜分部分项按公路工程定额划分的子目计算。

加筋土挡墙与其他支挡结构物进行技术经济比较时，当墙高出入不大，可按包含加筋土复合体的全部工程内容的单位长度工程造价与其他支挡结构物单位长度工程造价进行比较；当墙高出入过大时，两者可比性较差，可按含不同类型支挡构造物在内的相同段落全部路基工程造价进行经济比较及技术论证。

4. 锚杆挡土墙

锚杆挡土墙是由钢筋混凝土墙面和锚杆组成的支挡构造物，它依靠锚固在稳定地层的锚杆所提供的拉力维持挡土墙平衡，多用于具有较完整岩石地段的路堑边坡支挡，如图4-33所示。

锚杆挡墙结构形式主要有柱板式和板壁式两种。柱板式一般由肋柱、挡土板及灌浆锚杆组成，具有较大的抗拔力，可用于路堑或路堤挡土墙；板壁式一般由钢筋混凝土板和楔缝式锚杆组成，多用于边坡防护。锚杆是锚杆挡土墙的主要受力构件，可为单根钢筋或钢丝束，锚孔直径100～150mm，一般向下倾斜10°～15°，间距不小于2m。锚孔内放置钢筋或钢丝束后，灌注水泥砂浆使其锚固于稳定地层，具有足够的抗拔力。肋柱截面多为矩形，也有设计为T形，底端一般做成自由端或铰接，如基础埋置深，且为坚硬岩石，也可作为固定端。挡土板可采用槽形板、矩形板和空心板。

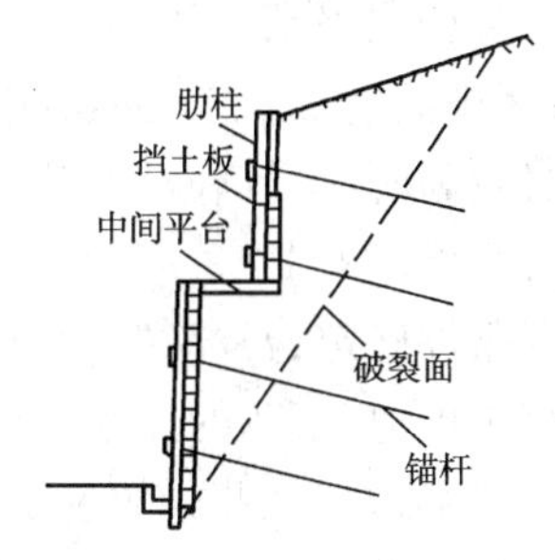

图4-33　两级柱板式锚杆挡土墙结构示意图

锚杆挡土墙计价时，由于锚杆数量及其埋置深度受地形、地质条件的变化因素影响较大，宜单独计算，锚杆计价内容包括钻孔、锚杆的制作与安装、灌浆等与锚杆相关的一切工作。除锚杆外的钢筋混凝土肋柱、挡土板以圬工体积按立方米计算，计价内容包括混凝土块件（含钢筋）的预制、安装等工作。锚杆挡土墙墙后填土或填料，不应作为锚杆挡土墙的相关项目计入，应在路基土石方作业中计算。

锚孔的钻孔、锚杆的制作和安装、锚孔灌浆、钢筋混凝土立柱和挡土板的制作安装、墙背回填、防排水设置及锚杆的抗拔力试验等，以及一切未提及的相关工作均为完成锚杆挡土墙及锚定板挡土墙所必须的工作，均含入相关支付子目单价之中，不单独计量。

5. 锚定板挡土墙

锚定板挡土墙是一种适用于填方的轻型支挡结构物，由墙面系、钢拉杆、锚定板组成，依靠埋置于填料中的锚碇板所提供的抗拔力维持挡土墙的稳定，主要特点是结构轻、柔性大（图4-34）。

锚定板挡土墙主要有肋柱式和无肋柱式两种。肋柱式由肋柱、挡土板、锚定板、钢拉杆、连接件和填料组成，一般还需设置基础。无肋柱式的墙面因无肋柱，外形美观，施工简便，但受力状况差于有肋柱式。锚定板挡土墙单级墙高不宜高于6m；双级的上、下两级间宜设平台，平台宽度不小于1.5m，肋柱错开布设。

肋柱式锚定板挡土墙与锚杆挡土墙相似。墙面板一般为钢筋混凝土板；锚定板通常采用面积不小于0.5m^{2}的方形、矩形钢筋混凝土板；拉杆宜采用螺纹钢筋，钢筋直径不宜小于22mm，亦不宜大于32mm；肋柱基础可采用条形。基础设置要牢固，肋柱式锚定板挡墙变形量较小，可用作路肩、路堤挡土墙。锚定板挡墙的填料应与墙面板及锚定板的施工同步进行，分层夯实。填料宜采用砾石及细粒土，不得采用膨胀土、盐渍土、有机质土及巨粒土。

锚定板挡土墙的计价原则与加筋土挡土墙相同。

6. 钢筋混凝土悬臂式与扶壁式挡土墙

钢筋混凝土悬臂式、扶壁式挡土墙依靠墙身自重和底板上填料及车辆荷载的重力维持挡墙稳定，也是一种轻型支挡结构物，适用于石料缺乏及地基承载力较低的填方地段（图4-35）。

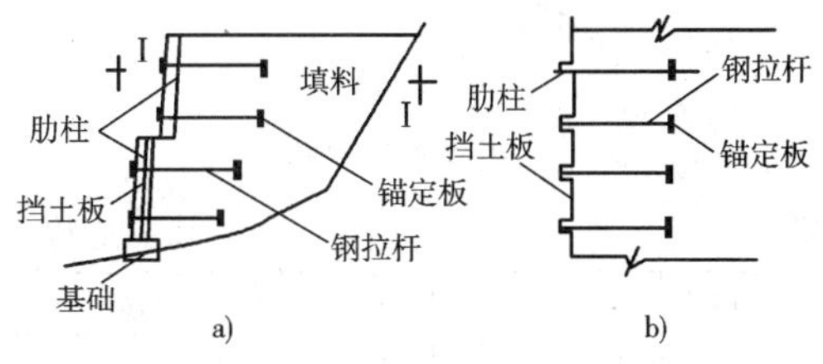

图4-34　肋柱式锚定板挡土墙结构示意图
a）横剖面；b）平剖面 I—I

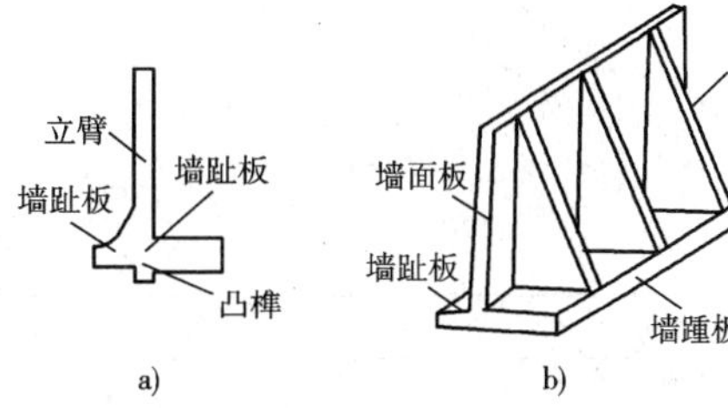

图4-35　悬臂式挡土墙和扶壁式挡土墙结构示意图
a）悬臂式；b）扶壁式

悬臂式墙高一般不大于6m，当墙高大于4m时，宜在臂前设置加劲肋。为增加抗滑稳定性，减少墙踵板长度，通常在墙踵板底部设置凸榫（防滑键）。立臂为固结于墙底板的悬臂梁，墙身较高时，宜将底部臂端截面适当加厚。墙踵板长度由全墙的抗滑稳定验算确定，踵板厚度通常为墙高的1/12～1/10，且不应小于30cm；墙趾板的长度由全墙的抗倾覆、基底应力和偏心矩等条件确定；凸榫高度由凸榫前土体的被动土压力满足全墙抗滑稳定要求确定，厚度应满足混凝土抗剪、抗弯的技术要求，并不宜小于30cm。

扶壁式与悬臂式的主要区别在于墙后间隔一定距离增设了扶壁，改善了墙面板的受力状况，墙高可达10m。扶壁式的墙趾板和凸榫构造、墙面板厚度等与悬臂式相同。

钢筋混凝土悬臂式及扶壁式挡土墙按圬工体积计算，计价内容包括挖基及混凝土浇筑、养生等一切相关费用。钢筋按质量计算，计价中包括钢筋的供应、运输、除锈、加工、焊（搭）接、绑扎、安装等作业的费用。墙面板后填料按要求应分层夯实，其计价应归入路基土石方作业中。

7. *护肩及砌石*

（1）护肩

陡山坡上的半填半挖路基，填方边坡不易填筑时，可以修筑护肩，如图4-36所示。护肩应用当地不易风化的片石砌筑，一般不超过2m高，内外坡面均直立，基底向内1∶5倾斜。护肩顶宽0.8（高度小于1m）～1.0m（高度大于1m），护肩襟边宽度应符合表4-18的规定。

襟边宽度 表4-18

地基地质情况	襟边宽度（m）	地基地质情况	襟边宽度（m）
轻风化的硬质岩石	0.2～0.6	坚硬的粗粒土	1.0～2.0
风化岩石或软质岩石	0.4～1.0		

护肩顶部0.5m高度范围内最好浆砌。墙后填料宜为开山石块，基础应设在岩石或坚实粗料土上。

（2）砌石

陡山坡上的半挖半填路基，填方边坡不易填筑时，可采用砌石，如图4-37所示。砌石应用当地不易风化的开山片石砌筑，顶宽一律采用0.8m，基底向内1∶5倾斜。砌石的襟边宽度与护肩规定相同。砌石墙体的内外坡面坡比依墙高按表4-19的规定采用。

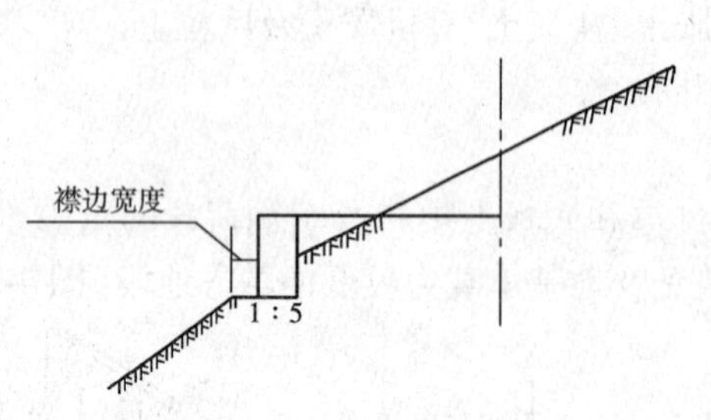

图4-36 护肩

图4-37 砌石

砌石边坡坡度 表4-19

编 号	高 度	内坡坡度	外坡坡度
1	≤5m	1∶0.3	1∶0.5
2	≤10m	1∶0.5	1∶0.67
3	≤15m	1∶0.6	1∶0.75

砌石顶部0.5m高度范围内最好浆砌。墙后填料宜为开山石块，基础应设在岩石或坚实粗粒土上，高度超过8m的砌石，底部0.5m高度范围采用M5砂浆砌筑。较高的砌石应从上往下每4m左右夹以M5砂浆砌筑的水平加强肋带，肋带高度0.5m左右。

受洪水影响的沿河路基砌石，应视水流冲刷情况予以加固，其基础必须设在基岩上或冲刷深度以下的坚实粗粒土上。

护肩和砌石一般设于石方路段或距生产石料地点较近之处，分析工程造价时，可应用砌石挡土墙定额区分干砌、浆砌分别计价。计价时，应特别分析其所用石料与一般构造物所用石料的价格构成因素差异（如不需开炸、运距较近等）区别对待。

8. *垒石、填石、石垛*

山区公路在生产石料及石方开挖地段，因地制宜设置垒石、填石或石垛等支挡构筑物，既能保证路基稳定，又能节约工程投资。

干砌垒石应有一定的设计断面，以保证其自身稳定及承受垒石体后侧压力。垒石砌体宜用0.3~0.5m以上石块堆砌，基底承压力应能满足设计要求，基础底面做成向内1:5倾斜，石质基底应做成台阶。

填石地段的边坡必须堆码成符合设计要求的坡度，填心应经过整理堆砌，严禁抛填。填石的填筑必须分层进行，每层厚度应不大于50cm，石块最大尺寸应小于层厚的2/3。较大石块应大面朝下摆平放稳，石块之间要用碎石和石屑填满铺平。压实应使用重型或振动压路机分层进行，以重轮下不出现石块松动，用锹难以挖动，须用撬棍才能松动，或重锤下落不下沉及发生弹跳为止。填石高度以不超过路床面150cm为宜，即路床面以下一定高度范围内应为土方填筑。

石垛可用于支撑路堤坡脚或防护路堤坡脚免受冲刷。石垛一般为干砌片石，外侧边坡坡比宜采用1:1，当边坡不高且用较大的平整石块砌筑时，亦可减为1:0.75。石垛基础应有适当的入土深度，基底应整平或挖成较宽的台阶，石块堆砌应彼此嵌紧。

垒石、填石、石垛按设计的断面尺寸，以堆砌体积按立方米计算。由于垒石、填石、石垛的石料一般利用开山石方，故工程所需的堆砌石应不作价或少许作价，这是垒石、填石、石垛等此类支挡构筑物与干砌片块石挡土墙、护肩及砌石等干砌工程的主要差异。

四、改移河道

为防止沿河路基被冲毁，原河道被路基侵占，或减少路基防护工程，有条件时可采取改移河道措施。改移河道必须慎重对待，应在充分调查研究的基础上，掌握河性及其演变规律与造床作用等特点，因势利导，确保新开河道水流不重归故道，并要求不致影响农田水利设施和村庄、道路的使用及安全。

新开河道的设计流量应按路基设计洪水频率计算。新开河道的断面一般不应压缩，应比照原河床状态设计，河宽与原河道稳定河宽大致相等。

改河工程的土石方作业可比照路基土石方作业计价。改河工程中设置的拦河坝、石砌护坡、河床铺砌、导流构造物等附属工程，按其相近的公路工程定额计价。

第六节　软弱地基处理

软土在我国滨海平原、河口三角洲、湖盆地周围及山涧谷地均有广泛分布。在软土地基上修筑路基，若不加处治，往往会发生路基失稳或过量沉陷，导致公路破坏或不能正常使用。近年来，高等级公路建设的工程实践反复证明，软弱地基处理是路基工程设计、施工中需要特别引起注意的问题。

一、软土地基

所谓软土，从广义上说，就是强度低、压缩性高的软弱土层。以孔隙比及有机质含量为主，结合其他指标，可将软土划分为软黏性土、淤泥质土、淤泥、泥炭质土及泥炭五种类型。通常把淤泥、淤泥质土、软黏性土总称软土，把有机质含量很高的泥炭、泥炭质土总称泥沼。

泥沼比软土具有更大的压缩性，但它的渗透性强，承受荷载后能够迅速固结，工程处治比较容易。软土分类及其物理力学特征见表4-20。

软土分类及其物理力学特征 表4-20

类型	天然重度 (kN/m³)	含水率 w (%)	孔隙比 e	有机质含量 (%)	压缩系数 $a_{0.1\sim0.3}$ (MPa)	渗透系数 K (cm/s)	快剪强度 c_u (kPa)	快剪强度 φ	标准贯入值 $N_{63.5}$
软黏性土	16~19	$w_1<w<100$	>1.0	<3	>0.3	$<10^{-6}$	<20	<10°	<2
淤泥质土			1.0~1.5	3~10					
淤泥			>1.5						
泥炭质土	10~16	100~300	>3	10~50	>2.0	$<10^{-3}$	<10	<20°	
泥炭	10	>300	>10	>50		$<10^{-2}$			

软土按其成因大致可分为海洋沿岸沉积和内陆湖盆地沉积两大类。按沉积环境及特征差别，软土可分为七种成因类型，见表4-21。

软土的成因特征 表4-21

成因类型		厚度(m)	特征	分布概况
滨海沉积	滨海相	60~200	面积广，厚度大，常夹有砂层，极疏松，透水性强，易于压缩固结	沿海地区
	三角洲相	5~60	分选性差，结构不稳定，粉砂薄层多，有交错层理、不规则尖灭层及透镜体，结构疏松	
	泻湖相	2~60	颗粒极细，孔隙比大，强度低，常夹有薄层泥炭	
	溺谷相		颗粒极细，孔隙比大，结构疏松，含水率高，分布范围较窄	
湖泊沉积	湖相	5~25	粉土颗粒占主要成分，层理均匀清晰，泥炭层多是透镜体，但分布不多，表层多有小于5m的硬壳	洞庭湖、太湖、鄱阳湖、洪泽湖周边，古云梦泽边缘地带
河滩沉积	河床相、河漫滩相、车轭湖相	<20	成层情况不均匀，以淤泥与软黏土为主，含砂与泥炭夹层	长江中下游、珠江下游及河口、淮河平原、松辽平原
谷地沉积	丘陵谷地相	<10	呈片状、带状分布，靠山边浅、谷中心深，谷底有较大的横向坡，颗粒由山前到谷中心逐渐变细	西南、南方山区或丘陵区

我国各地不同成因的软土都具有近似相同的共性,主要表现为:

(1)天然含水率高、孔隙比大。含水率≥35%,天然孔隙比≥1.0,饱和度一般大于95%,液限一般为35%~60%,塑性指数13~30,天然重度15~19kN/m^3。

(2)透水性差。大部分软土的渗透系数为10^{-8}~10^{-7}cm/s。

(3)压缩性高。压缩系数为0.005~0.02,属高压缩性土。

(4)抗剪强度低。其快剪黏聚力在10kPa左右,直剪内摩擦角宜小于5°,十字板剪切强度<35kPa。

(5)具有触变性。一旦受到扰动,土的强度明显下降,甚至呈流动状态。

(6)流变性显著。其长期抗剪强度只有一般抗剪强度的40%~80%。

二、软土地基处治要求

在未经处治的天然软土地基单位面积荷重达到天然地基极限承载力时,能够填筑的路堤高度称为极限高度。均质厚层软土地基上路堤极限高度H可按下式估算:

$$H = 5.52 \times \frac{c_u}{\gamma} \tag{4-9}$$

式中:c_u——软土的快剪单位黏聚力;

γ——填土的密度。

软土地基孔隙比大,压缩性高,抗剪能力差,容许承载力低,排水固结慢,修筑路堤或建造人工构造物时,会产生较大沉降及侧向变形,这种沉降及变形必须控制在容许范围内。

1. 沉降标准

沉降标准按我国国情并参考国外软基上修建高等级道路的有关规定,用容许工后沉降路面设计使用年限内的剩余沉降来控制,见表4-22。

容许工后沉降 表4-22

公路等级	容许工后沉降(m)		
	桥头路堤	与涵洞、箱形通道相邻路堤	一般路段路堤
高速公路、一级公路	≤0.1	≤0.2	≤0.3
二级公路(采用高级路面)	≤0.2	≤0.3	≤0.5

2. 影响沉降的主要因素

根据软土地基在荷载作用下的变形特征,地基总沉降的发生可分为瞬时沉降、主固结沉降和次固结沉降三部分。瞬时沉降是路基加载瞬时地基产生的弹性变形;主固结沉降是地基受压水分逐渐排除产生的沉降变形;次固结沉降是路堤主骨架上的有效应力在基本保持不变的条件下,地基随时间增长而发生的沉降。

在软土地基上填筑路堤引起的沉降,一部分由地基固结产生,另一部分可能由于地基侧向变形而产生,如果填土速率控制得当,地基侧向变形处于弹性阶段;如果填土速率过快,地基可能产生局部塑性平衡区,这时由于侧向变形所引起的沉陷既有弹性变形引起的,又有超弹性变形引起的。因此,路堤填筑施工时,应控制填土速率,避免发生超弹性变形。

关于软基沉降、沉降量与时间关系、沉降计算等方面的理论、参数及计算方法,可参阅有关文献或资料。

3. 地基沉降和固结度计算

地基总沉降也可以用沉降系数修正主固结沉降量得到。沉降系数为经验系数,它与地基条件、荷载强度、加荷速率等因素有关,应根据该地区沉降观测资料确定。软土地基在路堤或其他人工构造物等荷载作用下,任意时刻的沉降量与总沉降的比值称为固结度。固结度与地基加载强度、加荷速率、地基地质条件(土的固结系数等)、加荷持续时间、排水形式与位置、排水面处附加应力与非排水面处附加应力比等有关;当设地下排水体处治时,还与地下排水体有效排水直径与井径比等有关。固结度的具体计算方法可参阅有关文献或资料。

三、常用软弱地基处治措施

路基的整体稳定性必须等于或大于容许稳定安全系数,而沉降量则要求在路面设计使用年限内的工后沉降必须小于容许工后沉降,否则应进行地基处理。软基的处理方法多种多样,不同的措施是有其针对性的,有时需要采用综合治理。

软土地基处治时应遵循以下原则:投资少、效益高、少占农田和安全实用的技术经济政策;密切结合当地工程地质条件、材料供应、施工力量和工期要求,因地制宜,达到技术上先进、经济上合理;积极采用新材料、新工艺、新结构,提高劳动生产率,降低成本,缩短工期。

软土地基处理的方法有换填法、水平排水固结法、预压法、竖向排水固结法、水平增强体法、竖向增强体法以及组合法等。各种方法的原理如下。

(1)换填法是采用强度高的材料将地基中的软土全部或部分换除,起到提高地基强度和刚度的作用,该方法适用于浅层软弱土地基。

(2)水平排水固结法为设置于路堤填土与软弱土地基之间的透水性垫层,可起排水的作用,从而保证填土荷载作用下地基中孔隙水的顺利排出,既加快了地基的固结,还可以保护路堤免受孔隙水浸泡。垫层的材料有砂垫层、碎石垫层等。

(3)预压法是通过在软弱土地基表面或内部加载,使软基中的水分排出,达到提高地基强度的目的。预压法有堆载预压和真空预压两种。

(4)竖向排水法是为了提高预压的效果,在软弱土地基中打入竖向排水体,缩短土中水分排出的路径,从而提高地基固结的速度。竖向排水法一般与预压法、水平排水固结法结合使用。竖向排水法有塑料排水板法、砂井法、袋装砂井法。常用的碎石桩法也具有竖向排水作用。

(5)水平增强体法是通过在软弱土地基表面或路基内部铺设水平增强材料,如土工格栅、土工格室等材料,增强路基的整体性。该方法可起到防止路基的整体滑坡的作用。

(6)竖向增强体法是通过在软弱土地基中打入竖直的增强材料,如粒料桩、加固土桩、混凝土桩、CFG 桩[混凝土(cement)粉煤灰(fly-ash)粒料(grave)]等材料,与原地基土共同变形共同承载,起到增强地基的作用。该方法不仅提高地基强度而且可以降低路基的沉降。

几种常用方法介绍如下。

1. 砂垫层

砂垫层多采用中粗砂,厚度一般 0.6 ~ 1.0m,宽度比路堤底宽多 0.5 ~ 1.0m,见图 4-38。

设置砂垫层要注意防止被细粒所污染而造成堵塞,在砂垫层上下设反滤层。砂垫层适用于施工期限宽松,路堤高度为极限高度 2 倍以内,砂源丰富,软弱土地基表面无隔水层的情况。当软土层较薄,或软土底层又有透水层时,效果更好。

砂垫层往往还与其他处治措施配合使用，如与塑料排水板、袋装砂井、砂井等加固措施配合设置。

2. 换填法

表层分布有软土且其厚度小于3m时，可采用浅层拌和、换填、抛石等方法进行处治。

浅层拌和添加料可用石灰、水泥等无机结合料；换填材料宜用水稳性好的材料，如砂、砾、卵石、片石等渗水性材料或强度较高的黏性土。换土能根本改善地基，不留后患，效果较好，适用于软土层不厚且易于排水的情况，水塘、河沟和古埋藏沟谷等局部分布的软土常用换土方法予以处理。但因软土地区地下水位一般较高，挖掘困难，换土深度一般不宜超过2m。

抛石挤淤是强迫换土的一种形式，它不必抽水挖淤，施工简便。抛石挤淤多采用不易风化石料，片石大小随软土稠度而定；对于流塑状态的淤泥，片石可稍小些，但一般不宜小于30cm，其含量不得超过20%。片石抛出水面后应用较小石块填塞垫平，以重型机械压实紧密，其上设反滤层后再填路基土。抛石挤淤结构如图4-39所示。

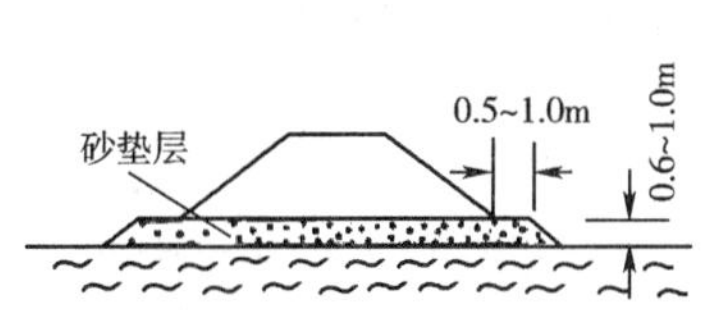

图4-38　排水砂垫层

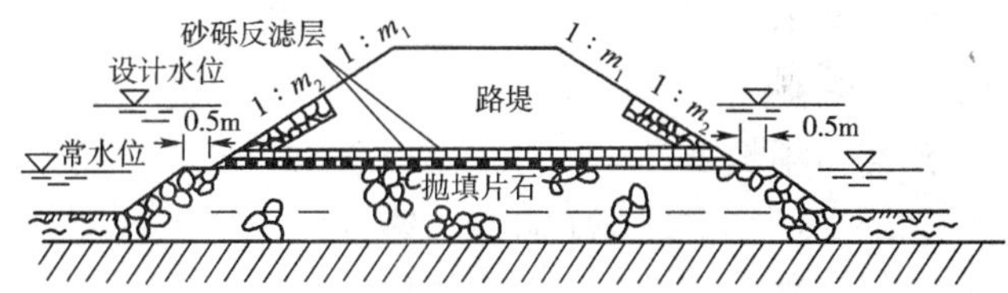

图4-39　抛石挤淤

爆破排淤也是一种浅层处治的换土方式，利用炸药爆炸时的张力作用，使软土扬弃或压缩，然后填以强度较高的渗水土或一般黏性土，达到换土的目的。爆破排淤法的换填深度较深，工效较高，适用于软土层相对较厚、调度大、路堤较高、施工期紧迫的情况。

爆破排淤可分先填后爆和先爆后填两种施工方法，前者适用于稠度较大、相对不稳的软土或泥沼，先填的路堤随爆随沉，避免回淤；后者适用于稠度小回淤较慢的泥沼或软土。实际施工中，也可以在爆破前备好填料，然后随爆随填，爆破一段，填筑一段。

3. 加筋路堤

加筋路堤指用变形小、老化慢的土工格栅、土工织物等抗拉的柔性材料作为路堤的加筋体，既可以减少路堤填筑后的地基不均匀沉降，又可以提高地基承载能力，同时也不影响排水，大大增强路堤的整体性和稳定性。土工织物强度高的方向（即其纵向）应沿公路横向铺设，并尽量设置在路堤底部。土工织物铺设时，应顺路堤坡脚回折2～3m，为了保护土工织物，上下都应铺设厚0.2～0.3m左右的砂垫层，如图4-40所示。

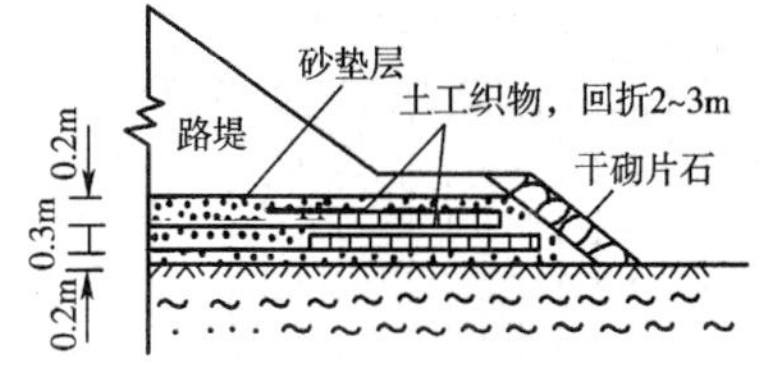

图4-40　土工织物加固软弱土地基

4. 堆载预压法

在软弱土地基上修筑路堤，如果工期不紧，可以先填一部分或全部，使地基经过一段时间固结沉降，然后再填足或铺筑路面；拟建桥涵等构造物处，先填土预压，待地基强度提高到一定程度后，挖去填土，再建构造物，称之为预压。预压分等载预压和超载预压，目的在于减少工后沉降，提高地基固结度。

预压效果与预压期及预压体高度有着重要关系。预压期可根据所需要的工后沉降或地基固结度而定,前者用于沉降起控制作用的路段,后者用于稳定性起控制作用的路段。当沉降及稳定均为控制因素,则选两者中较长的预压期。预压高度实际上起着对地基预加荷载的作用,由于预压过程中地基必然下沉,所以路堤实际填筑高度等于设计高度与预压期沉降量之和。当预压期受限制时,应采用超载预压的方法增大预压期沉降量,但超载预压高度应在保证路堤稳定的前提下实施。

预压加荷的速率应保证地基只产生沉降而不致丧失稳定。路堤较高时,可采取分级加荷,第一级加荷尽量大些,预压期一般都要半年至一年。加荷速率可用下列方法确定:

(1)地面沉降速率

通过埋设沉降板,每1~2d观测一次,要求中线表面日沉降量不大于10mm。

(2)边桩水平位移

边桩长1.0~1.5m,打入地面1m左右,要求日水平位移不超过5mm。

(3)地基孔隙水压力

在地基不同深度埋设孔隙水压力计进行观测,要求孔隙水压力不超过预压荷载力的50%~60%。

5. 竖向排水法

软弱土地基中设置竖向排水体,可大幅度缩短排水距离,再配合预压,可加速地基的固结,明显地提高预压效果。所以当超载预压高度受到稳定性制约时,多应用竖向排水体与预压相结合的处治措施。

常用的地下排水体有砂井、袋装砂井、塑料排水板等。竖向排水体间距不宜过大,以1~2m为宜,可布置成正方形或等边三角形。排水体长度依软土层厚度而定,对较薄软土层宜贯通;对较厚软土层,排水体长度按设计要求而定。

(1)袋装砂井

从理论上讲,砂井井径只要能满足排水要求即可。软黏土渗透系数一般只有砂井渗透系数的1%,袋装砂井直径7~10cm即能满足排出孔隙水的要求。

袋装砂井的施工方式一般采用将导管打入法,即将内径约12cm的套管打入土中预定深度,将预先准备好的长度比砂井深长2m左右、用聚氯乙烯纤维织成的袋放在底部,装入一定质量的砂放入孔内,袋的上端固定在装砂漏斗上,以漏斗口将干砂边振边灌入砂袋,装满为止,徐徐拔出套管。

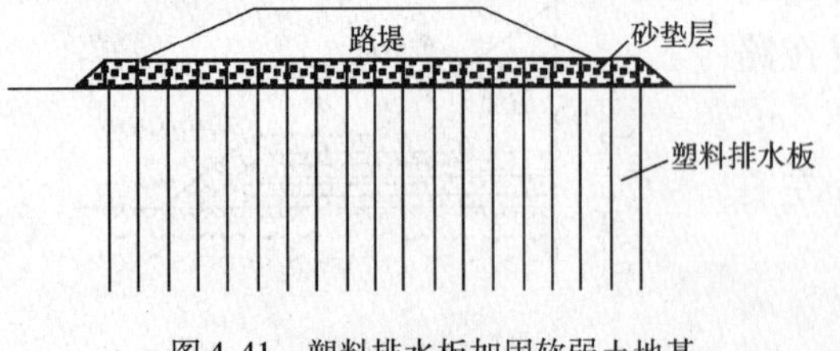

图4-41　塑料排水板加固软弱土地基

(2)塑料排水板

塑料排水板是带有孔道的板状物体,插入土中形成竖向排水通道。塑料排水板施工简便、快捷,效果亦佳,在高等级公路建设中被广泛采用。塑料排水板加固软弱土地基如图4-41所示。

塑料排水板的结构形式可分为多孔单一结构型和复合结构型两大类。多孔单一结构由两块聚氯乙烯树脂板组成,两板之间仅有若干个类似突缘相接触,而其间留有许多孔隙,故透水性好。复合结构型塑料排水板内为聚氯乙烯或聚丙烯做成芯板,外面套以用涤纶类或丙烯类合成纤维制成的滤膜,板宽一般为100mm,厚3~4mm。

塑料排水板要用插板机插入土中。插板机种类很多,从机型讲有轨道式、轮胎式、链条式、步履式等;从插设方法讲,一类是套管式插板机,另一类是无套管式插板机。套管式插板机操作时,系将塑料排水板置于套管中,随套管压入土中,达到设计深度后,拔出套管,在地面以上20cm左右切断排水板。无套管式插板机是用钻杆直接将塑料排水板压入土中,机型轻便,操作简单,速度快,但塑料排水板容易被损伤或随钻杆提升而带出,地基强度较大时更不宜使用。

6. 粒料桩

粒料桩法可归类于竖向增强体法,也可归类于竖向排水法,是采用砂、砂砾、碎石、废渣等散粒材料,以专用振动沉管机械或水振冲器来成柱,使设有粒料桩的地基土体范围内桩体间土形成加固的复合地基。粒料桩对地基土有置换、挤密和竖向排水等作用。粒料桩的深度、直径、间距,应经稳定及沉降计算而确定。桩长、桩径除受地质条件制约外,还受机械设备能力的制约。当地质条件对施工方法的适应性不清楚时,应通过试桩加以核查。

粒料桩直径约0.6~0.8m,以冲击或振动方法强力将粒料挤入软弱土地基,其施工步骤如下。

冲击式:将套管就位→提起芯管,灌粒料→锤击下沉→沉到设计深度→提起芯管,灌粒料→锤击套管和芯管→将粒料(如砂)挤出套管→提起套管和芯管→灌粒料,锤击芯管使粒料密实,直至形成桩体。

振动式:将带有垂直振动器的套管就位→振动下沉→将粒料灌入套管中→边振动边使套管上下运动→套管逐步上提→最后形成密实的桩体。

7. 加固土桩

加固土桩法为竖向增强体法,是用某种深层拌和的专用机械,将软弱土地基的局部范围用固化材料加以改善、加固,形成加固土桩,使加固土桩与桩间土形成复合地基。设计加固土桩只考虑其置换与应力集中效应,不考虑其固结排水与挤密作用。加固土桩的深度、直径、间距应经稳定性验算,并应满足工后沉降的要求。桩的直径与深度除受地质条件制约,还受机械设备能力的限制。

加固土桩的固化材料一般为水泥、石灰或NCS固化剂等。水泥宜用普通或矿渣水泥,硅酸盐水泥宜掺和石膏粉、粉煤灰。当土的渗透性较大或地下水流速过大时,为了防止水泥浆液流失,可掺入适量三乙醇胺和氯化钙等速凝剂。

旋喷桩施工程序如图4-42所示。施工时,工程钻机将旋喷浆管置入预定的地基加固深度,通过钻杆旋转,徐徐上升,将预先配制好的加固浆液,以一定的压力以喷嘴喷出,冲击土体,使土和浆液搅拌成混合体,形成具有一定强度的人工复合地基。

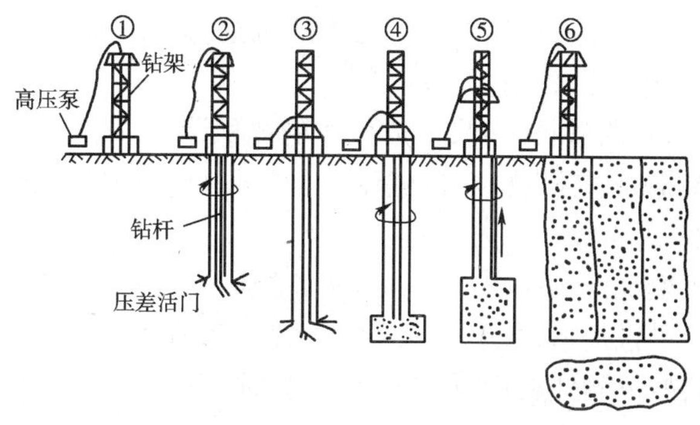

图4-42　旋喷桩施工程序

四、工程量计算

软弱地基处治方案较多，有单项或多项综合治理，一般以单项计价为宜。常见处治措施的名称及计量单位见表4-23。工程量计算中，袋装砂井及塑料排水板按不同的直径或规格及深（长）度分别以米为单位计量，砂井由于井径变化，也可按设计体积以立方米为单位计量。计价内容包括材料采备、运输及施工机械的操作，装砂、灌砂、套管沉入、拔出、桩机移位、沉降观测等作业的费用。伸入垫层内的袋装砂井及塑料排水板的长度，不作为工程量计量。

不同处治措施的名称与计量单位 表4-23

名　称		单位	名　称		单位
1	袋装砂井	m	10	砂桩	m
2	塑料排水板	m	11	碎石桩	m
3	加固土桩	m	12	强夯	m^2
4	土工织物	m^2	13	强夯置换	m^3
5	砂垫层、砂砾垫层	m^3	14	……	
6	灰土垫层	m^3	15	路堤预压填方	m^3
7	碎（砾）石垫层	m^3	16	预压填方及换土填方超运	$m^3 \cdot km$
8	抛石挤淤	m^3	17	移除预压多余填方	m^3
9	换土	m^3	18	……	

土工织物按铺筑面积（单层净面积）以平方米为单位计量，计量时不得将搭接及反包边增加面积计入。计价内容包括土工织物的采备、供应、运输入原地面整平，铺筑土工织物、沉降观测等。

计价时，袋装砂井及塑料排水板按不同的直径或规格及深（长）度分别计算，砂井由于井径变化，也可按设计体积计算。但伸入垫层内的袋装砂井及塑料排水板的长度，不作为工程量计量。计价内容包括材料采备、运输及施工机械的操作，装砂、灌砂、套管沉入、拔出、桩机移位、沉降观测等作业的费用。

土工织物按铺筑面积（锚固沟外边缘所包围的单层面积，包括锚固沟的底面积和侧面积）计算，不得将搭接及反包边增加面积计入工程量。计价内容包括土工织物的采备、供应、运输入原地面整平，铺筑土工织物、沉降观测等。

垫层及抛石按设计尺寸的体积计算。计价内容包括材料采备、运输、摊铺、整平、压实等作业的费用。

换土按换填压实的体积计算。计价中包括软土的翻挖、运弃，换填好土的挖、运、摊铺、整平、压实、整型，沉降观测等作业的费用。

粒料桩（砂桩、碎石桩、石灰砂桩等）按形成桩体的体积计算，加固土桩（旋喷桩）按设计的桩体长度计算。计价内容包括桩机就位、机械作业全过程、桩机移位及清理工作面等作业的费用。

路堤预压填方按预压填筑压实体积计算。压实体积根据施工中沉降观测标示的沉降量所绘制的横断面计算。计价中包括借（取）土的开挖、运输、摊铺、整平、压实、整型、沉降观测等费用。移除预压多余填料按量测体积计算。计价中包括挖除、运弃等费用。

第五章 路面工程

第一节 概 述

一、对路面的基本要求

路面直接承受汽车荷载的作用和自然因素的影响，并为汽车提供安全、经济、舒适的服务。现代公路交通运输，不仅要求路面具有足够的强度与稳定性，而且应满足平整、抗滑、耐久等使用要求，同时减少环境污染。

1. 具有足够的强度

车辆在行驶时，既对路面产生竖向压力，又使路面承受纵向水平力。由于发动机的机械振动和车辆悬挂系统的相对运动，路面还受到车辆振动力和冲击力的作用，在车轮后面还会发生真空吸力作用。在这些外力的综合作用下，路面逐渐会出现磨损、开裂、坑槽、沉陷和波浪等病害，影响公路使用质量。因而，路面结构的整体及其各个组成部分都必须具有与行车荷载相适应的强度，以使路面在车辆荷载作用下不致产生变形或破坏。

2. 具有足够的稳定性

路面的稳定性是指路面保持其本身结构强度的性能，也就是指在外界各种因素影响下，路面强度的变化幅度。变化幅度越小，路面稳定性越好。路面稳定性通常包括水稳定性、干稳定性、温度稳定性和耐久性。

3. 具有足够的平整度

路面平整度是路面使用质量的一项重要指标。路面不平整，行车颠簸，前进阻力和振动冲击力都大，将导致行车速度、舒适性和安全性大大降低，致使机件损坏严重，轮胎磨损和油料消耗都迅速增加；不平整的路面会积水，又加速路面的破坏。所有这些使得路面经济效益降低，因此越是高等级的路面，平整度的要求也就越高。

4. 具有足够的抗滑性

车辆行驶时，车轮与路表面间应具有足够的摩阻力，以保证行车的安全性。在陡坡路段或雨季及结冰季节，路面抗滑性对行车安全至关重要。

5. 具有尽可能低的扬尘性

汽车在中、低级路面上行驶时，车轮后面所产生的真空吸力会将路面面层上或其中的细料吸起而产生扬尘。扬尘不仅增加汽车机件磨损，影响环境和旅行舒适，而且会恶化视距条件，易酿成行车事故，因此应尽量减少路面的扬尘。

6. 具有足够的防水性

路面防水性能差，透水或层中存水，北方结冰膨胀，南方雨水下渗都将导致路面的早期损坏。

二、路面类型

路面分为铺装路面、简易铺装路面和砂石路面。铺装路面可为沥青混凝土路面和水泥混凝土路面，表面处治、沥青碎石、贯入式路面等称为简易铺装路面，砂石路面等计入未铺装路面。砂石路面是以砂、石等为集料，以土、水、灰为结合料，通过一定的配比铺筑而成的路面统称，包括级配碎（砾）石路面、泥结碎（砾）石路面、水结碎石路面、填隙碎石路面及其他粒料路面。路面面层类型的选用应符合表 5-1 规定。

路面面层类型及适用范围 表 5-1

面层类型	适用范围
沥青混凝土	高速公路、一级公路、二级公路、三级公路、四级公路
水泥混凝土	高速公路、一级公路、二级公路、三级公路、四级公路
沥青贯入、沥青碎石、沥青表面处治	三级公路、四级公路
砂石路面	四级公路

按材料分类，路面可分为沥青混凝土路面、水泥混凝土路面、砂石路面等；按路面力学特性，可分为柔性、刚性及半刚性路面。

柔性路面的力学特点是：在行车荷载作用下的弯沉变形较大，路面结构本身抗弯拉强度小，在重复荷载作用下产生累积残余变形。路面的破坏取决于荷载作用下所产生的极限垂直变形和弯拉应力。

刚性路面的特点是：在行车荷载作用下产生板体作用，其抗弯拉强度和弹性模量较其他各种路面材料要大得多，故呈现出较大的刚性。刚性路面在荷载作用下的弯沉变形极小，路面的破坏取决于荷载作用下所产生的疲劳弯拉应力。刚性路面主要指水泥混凝土路面。

半刚性路面是指用水泥、石灰、粉煤灰等无机结合料稳定类材料（常称半刚性材料）作为基层、底基层的沥青路面结构。这种半刚性基层材料使用前期的力学特性呈柔性，而后期趋近于刚性，如水泥或石灰粉煤灰稳定粒料类基层沥青路面。

三、路面结构组成

路面结构一般由面层、基层、底基层、垫层组成。

面层是直接承受车轮荷载反复作用和自然因素影响的结构层。沥青路面的表面层应根据使用要求设置抗滑耐磨、密实稳定的沥青层；中面层、下面层应根据公路等级、沥青层厚度、气候条件等选择适当的沥青结构层。

基层是设置在面层之下，并与面层一起将车轮荷载的反复作用传到底基层、垫层、土基，起主要承重作用的层次。基层太厚时，为保证工程质量分为两层或三层铺筑。当采用不同材料修筑基层时，基层的最下层称为底基层。基层可分为无机结合料稳定类（整体型）和粒料类（嵌锁型、级配型）。对高速公路、一级公路，应采用水泥稳定粒料、石灰粉煤灰（二灰）稳定粒料、沥青混合料以及级配碎砾石等材料铺筑。高速公路、一级公路的底基层和二级及二级以下公路基层和底基层，除上述类型材料外，也可采用水泥稳定土、石灰稳定土、石灰粉煤灰稳定土、石灰工业废渣、填隙碎石等或其他适宜的当地材料铺筑。

垫层是设置在基层与土基之间的结构层，起排水、隔水、防冻、防污等作用。各级公路当需要设置垫层时，一般可采用水稳性好的粗粒料或各种稳定材料铺筑。

四、路面设计

路面设计应包括路面结构层原材料的选择、混凝土配合比设计、设计参数的测试与确定，路面结构层组合与厚度计算，路面结构的方案比选等内容，以及路面排水系统设计和路肩加固等设计。路面结构层设计除包括行车道部分的路面外，对高速公路、一级公路还应包括路缘带、硬路肩、加(减)速车道、爬坡车道、紧急停车带、匝道、收费站、服务区、停车场等的路面设计。路面设计的依据包括拟建道路交通荷载、道路所在地区、土基回弹模量、路面材料等，设计成果包括路面结构组成、路面材料、配合比、设计力学指标等。典型沥青路面的设计流程如图5-1所示。

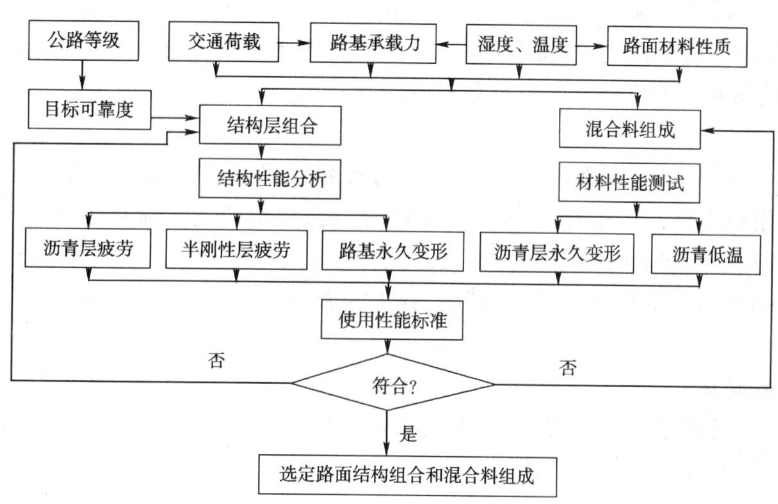

图5-1 沥青路面设计流程

路面设计的原则为：

(1)根据使用要求及气候、水文、土质等自然条件，密切结合当地实践经验，进行路基路面综合设计。

(2)在满足交通量和使用要求的前提下，应遵循因地制宜、合理选材、方便施工、利于养护、节约投资的原则，进行路面设计方案的技术经济比较，选择技术先进、经济合理、安全可靠、有利于机械化、工厂化施工的路面结构方案。

(3)结合当地条件，积极推广成熟的科研成果，对行之有效的新材料、新工艺、新技术应在路面设计方案中积极、慎重地加以运用。

(4)路面设计方案应注意环境保护和施工人员的健康和安全。

(5)为提高路面工程质量，应推行机械化施工。对高速公路、一级公路，应采用大型、高效的成套机械设备施工，以确保工程质量。

(6)高速公路、一级公路的路面不宜分期修建。

对软土地区或高填方路基等可能产生较大沉降的路段，宜按“分期修建”或“一次设计分期实施”的原则设计。设计时应按远景交通量设计路面结构厚度，铺筑时可减薄沥青面层，待路基趋于稳定后，视路面实际情况再加铺沥青面层。

第二节　基层、底基层及垫层

一、垫层

1. 垫层的设置原则

处于下列状况的路基应设置垫层,以排除路面、路基中滞留的自由水,确保路面结构处于干燥或中湿状态。

(1)地下水位高,排水不良,路基经常处于潮湿、过湿状态的路段。

(2)排水不良的土质路堑,有裂隙水、泉眼等水文不良的岩石挖方路段。

(3)季节性冰冻地区的中湿、潮湿路段,可能产生冻胀需设置防冻垫层的路段。

(4)基层或底基层可能受污染以及路基软弱的路段。

2. 垫层材料

垫层材料可选用粗砂、砂砾、碎石、煤渣、矿渣等粒料以及水泥或石灰煤渣稳定粗粒土、石灰粉煤灰稳定粗粒土等。若采用粗砂和砂砾料时,通过 0. 074mm 筛孔的颗粒含量应不大于 5%;采用煤渣时,小于 2mm 的颗粒含量不宜大于 20%。

为防止软弱路基污染粒料底基层、基层,或为隔断地下水的影响,可在路基顶面设土工合成材料隔离层。

3. 垫层设置宽度

高速公路、一级公路、二级公路的排水垫层应铺至路基同宽,以利路面结构排水,保持路基稳定。三级公路、四级公路的垫层宽度可比底基层每侧至少宽 25cm。

二、基层、底基层

基层是沥青路面结构中的承重部分,主要承受车辆荷载的竖向力,并把面层传下来的应力扩散到垫层或土基。因此基层、底基层应具有足够的强度和稳定性,在冰冻地区还应具有一定抗冻性。高级路面下的半刚性基层应具有较小的收缩(温缩及干缩)变形和较强的抗冲刷能力。

如图 5-2 所示,一般公路的基层宽度每侧宜比面层宽出 25cm,底基层每侧宜比基层宽 15cm。在多雨地区,透水性好的粒料基层,宜铺至路基全宽,以利排水。

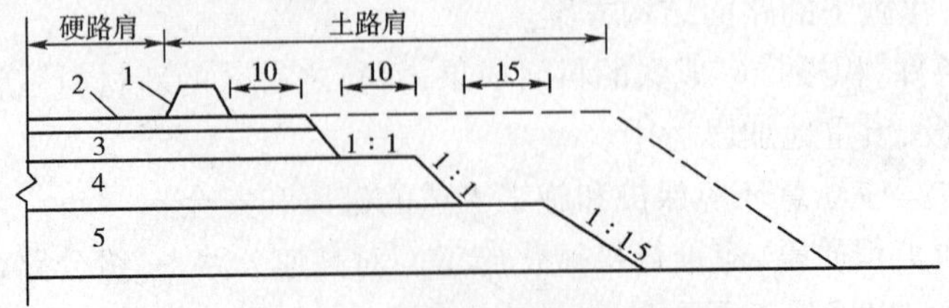

图 5-2　高速公路、一级公路的基层宽度(尺寸单位:cm)

1-路缘石;2-上面层;3-下面层;4-基层;5-底基层

三、无机结合料稳定类基层(底基层)

无机结合料稳定类基层包括水泥稳定类基层、石灰稳定类基层和工业废渣稳定类基层。

半刚性基层材料的显著特点是整体性强、承载力高、刚度大、水稳性好，而且较为经济。半刚性材料已广泛用于修建高等级公路路面基层或底基层。

水泥稳定类、石灰粉煤灰稳定类材料适用于各级公路的基层和底基层，但水泥或石灰、粉煤灰稳定细粒土不能用做高级路面的基层。

石灰稳定类材料适用于各级公路的底基层，也可用做二级和二级以下公路的基层，但石灰稳定细粒土不能用做高级路面的基层。

1. 对原材料的要求

(1)无机结合料

无机结合料目前最常用的材料有水泥、石灰、粉煤灰等。

①水泥。普通硅酸盐水泥、矿渣硅酸盐水泥和火山灰质硅酸盐水泥均可用作结合料，但宜选用终凝时间较长(宜在6h以上)的水泥。快硬水泥、早强水泥以及已受潮变质的水泥不得使用。

水泥剂量应通过配合比设计试验确定，但工地实际采用的水泥剂量应比室内试验确定的剂量多0.5~1个百分点，对集中厂拌法宜增加0.5个百分点，对路拌法宜增加1个百分点。当水泥稳定中、粗粒土做基层时，应控制水泥剂量不超过6%。水泥的最小剂量应符合表5-2的规定。

水泥最小剂量(%)　　表5-2

拌和方法 土类	路拌法	集中厂拌法	拌和方法 土类	路拌法	集中厂拌法
中、粗粒土	4	3	细粒土	5	4

水泥(石灰)剂量是指水泥(石灰)质量占全部粗细颗粒(即砾石、砂粒、粉粒和黏粒)的干质量的百分率。

②石灰。石灰质量应符合表5-3规定的Ⅲ级以上的生石灰或消石灰的技术指标，实际使用时，要尽量缩短石灰的存放时间。石灰在野外堆放时间较长时，应妥善覆盖保管，不应遭日晒雨淋。块灰须充分消解才能使用，未消解的生石灰必须剔除。对于高速和一级公路，宜采用磨细生石灰粉。

石灰的技术指标　　表5-3

类别 / 指标 / 项目		钙质生石灰			镁质生石灰			钙质消石灰			镁质消石灰		
		等级											
		Ⅰ	Ⅱ	Ⅲ	Ⅰ	Ⅱ	Ⅲ	Ⅰ	Ⅱ	Ⅲ	Ⅰ	Ⅱ	Ⅲ
有效钙加氧化镁含量(%)　不小于		85	80	70	80	75	65	65	60	55	60	55	50
未消化残渣含量(5mm圆孔筛的筛余，%)　不大于		7	11	17	10	14	20						
含水率(%)　不大于								4	4	4	4	4	4
细度	0.71mm方孔筛的筛余(%)　不大于							0	1	1	0	1	1
	0.125mm方孔筛的累计筛余(%)　不大于							30	20	—	13	20	—
钙镁石灰的分类界限，氧化镁含量(%)		≤5			>5			≤4			>4		

注：硅、铝、铁氧化物含量之和大于5%的生石灰，有效钙加氧化镁含量指标，Ⅰ等≥75%、Ⅱ等≥70%、Ⅲ等≥60%；未消化残渣含量指标与镁质生石灰指标相同。

石灰剂量应通过配合比设计试验确定,但工地实际采用的剂量应比室内试验确定的剂量多0.5~1个百分点。采用集中厂拌法施工时,可只增加0.5个百分点;采用路拌法施工时,宜增加1个百分点。

③粉煤灰。粉煤灰是火力发电厂燃烧煤粉产生的粉状灰渣,其主要成分SiO_2(二氧化硅)、Al_2O_3(三氧化二铝)和Fe_2O_3(三氧化二铁)的总含量应大于70%,烧失量不应超过20%,比表面积宜大于2 500cm^2/g。

干粉煤灰和湿粉煤灰均可使用。干粉煤灰如堆在空地上应洒水,以防止飞扬造成污染。湿粉煤灰的含水率不宜超过35%。使用时,凝固的粉煤灰应打碎或过筛,同时清除有害杂质。

(2)集料

适宜做水泥或石灰稳定土基层的材料有级配碎石、未筛分碎石、砂砾、碎石土、砂砾土、煤矸石和各种粒状矿渣等。碎石包括岩石碎石和矿渣碎石。有机质含量超过2%的土,不应单独用水泥稳定;如需采用,必须先用石灰进行处理,之后方可用水泥稳定。硫酸盐含量超过0.25%的土,不应用于水泥稳定。塑性指数15~20的黏性土以及含有一定数量黏性土的中粒土和粗粒土均适宜于用石灰稳定。塑性指数15以上的黏性土更适宜于用石灰和水泥综合稳定。

用做基层时,集料颗粒的最大粒径不应超过31.5mm;用做底基层时,集料颗粒的最大粒径不应超过40mm。同时,土的均匀系数(通过量为60%的筛孔尺寸与通过量为10%的筛孔尺寸的比值)应大于5。

水泥稳定粒径较均匀的砂时,宜在砂中添加少部分塑性指数小于10的黏性土或石灰土,也可添加部分粉煤灰;加入比例可按使混合料的标准干密度接近最大值确定,一般约为20%~40%。

半刚性基层材料所用碎、砾石应具有一定的抗压碎能力。高速和一级公路的集料压碎值不大于30%、二级和二级以下公路的集料压碎值不大于35%(底基层可放宽至40%)。

(3)水

凡人或牲畜饮用的水,均可使用。

2.混合料配合比设计

混合料组成设计所要达到的目标是:所设计的混合料组成在强度上满足设计要求,抗裂性达到最优且便于施工。设计的基本原则是结合料剂量合理,尽可能采用综合稳定以及有一定级配的集料。

混合料组成中,结合料的剂量太低则不能使材料固结为半刚性结构;剂量太高则刚度太大,容易脆裂。实际上,限制低剂量是为了保证整体性材料具有基本的抗拉强度,以满足荷载作用的强度要求;限制高剂量可使模量不致过大,避免结构产生太大的拉应力,同时降低收缩系数,使结构层不会因温度变化而引起拉伸破坏。

采用水泥、石灰综合稳定时,混合料中有一定水泥可提高早期强度,有一定石灰可使刚度不会太大,掺入一定数量的粉煤灰可以降低收缩系数,必要时可根据施工季节及材料性质加入适量的早强剂或其他外掺剂。

集料应有一定的级配。集料数量以达到靠拢而不紧密为原则,其空隙由无机结合料填充,形成各自发挥优势的稳定结构。半刚性基层材料中结合料和集料种类繁多,应以就地取材为前提,通过试验求得合理组成,充分发挥其各自优势。

混合料组成设计的主要内容是根据表5-4的强度标准值，通过试验选取适宜于稳定的材料，确定材料的配比以及最大干密度和最佳含水率。表中所列数值指龄期为7d（湿养6d、浸水1d）的无侧限抗压强度。

无机结合料稳定类材料的抗压强度（MPa）　　表5-4

公路等级	特重交通		重、中交通		轻交通	
	基层	底基层	基层	底基层	基层	底基层
水泥稳定类材料	3.5~4.5	≥2.5	3~4	≥2.0	2.5~3.5	≥1.5
石灰稳定类材料	—	—	—	≥0.8	≥0.8	≥0.7
二灰稳定类材料	≥0.8	≥0.6	≥0.8	≥0.6	≥0.6	≥0.5

混合料组成的具体设计步骤如下。

（1）制备同一种土样、不同结合料剂量的混合料，水泥和石灰的剂量可分别参考表5-5、表5-6所列数值。

水泥剂量参考值　　表5-5

土　类	水泥剂量（%）									
	做基层时					做底基层时				
中粒土和粗粒土	3	4	5	6	7	3	4	5	6	7
塑性指数小于12的土	5	7	8	9	11	4	5	6	7	9
其他细粒土	8	10	12	14	16	6	8	9	10	12

石灰剂量参考值　　表5-6

土　类	石灰剂量（%）									
	做基层时					做底基层时				
砂粒土和碎石土	3	4	5	6	7	—	—	—	—	—
塑性指数小于12的黏性土	10	12	13	14	16	8	10	11	12	14
塑性指数大于12的黏性土	5	7	9	11	13	5	7	8	9	11

二灰稳定类混合料试件的制备可根据不同情况进行。对于硅铝粉煤灰，采用石灰粉煤灰做基层或底基层时，石灰与粉煤灰之比可以是1:2~1:9。采用石灰粉煤灰土做基层或底基层时，石灰与粉煤灰之比常用1:2~1:4（对于粉土，以1:2为宜），石灰粉煤灰与细粒土之比可以是30:70~90:10。采用石灰粉煤灰集料做基层时，石灰与粉煤灰之比常用1:2~1:4，石灰粉煤灰与级配集料（中粒土和粗粒土）的配比为20:80~15:85。采用石灰煤渣做基层或底基层时，石灰与煤渣之比可以是20:80~15:85。采用石灰煤渣土做基层或底基层时，石灰与煤渣之比可以是1:1~1:4，石灰煤渣与细粒土之比可以是1:1~1:4，混合料中石灰不应少于10%。采用石灰煤渣集料做基层或底基层时，石灰:煤渣:粒料可以是(7~9):(26~33):(67~58)。

（2）采用重型击实试验确定各种混合料的最佳含水率和最大干密度，至少应做3个不同水泥或石灰剂量混合料的击实试验，即最小剂量、中间剂量和最大剂量。其他剂量混合料的最佳含水率和最大干密度用内插法确定。

（3）按工地预定达到的压实度，分别计算不同结合料剂量时试件应有的干密度。

（4）按最佳含水率和计算得到的干密度制备试件，进行强度试验。

（5）试件在规定温度下保湿养生6d，浸水1d后，进行无侧限抗压强度试验。标准养生温度为20℃ ±2℃,标准养生的湿度为≥95%。

(6)根据表5-4的强度标准,选定合适的结合料剂量。此剂量试件室内试验结果的平均抗压强度$\overline{R}$应符合式(5-1)的要求。

$$\overline{R} \geqslant R_d / (1 - Z_\alpha C_v) \quad (5\text{-}1)$$

式中:R_d——设计抗压强度(表5-4);

C_v——试验结果的偏差系数(以小数计);

Z_α——标准正态分布表中随保证率(或置信度α)而变的系数:高速公路和一级公路应取保证率95%,此时$Z_\alpha = 1.645$;一般公路应取保证率90%,此时$Z_\alpha = 1.282$。

石灰土稳定碎石和石灰土稳定砂砾,仅对其中的石灰土进行组成设计,对碎石和砂砾只要求其具有较好的级配。石灰土与碎石砂砾的质量比宜为1:4。二灰稳定粒料的组成设计,则应包括全部混合料(或25mm以下的粒料);条件不具备时,可仅对二灰进行组成设计,确定二灰的配合比后,在二灰中掺入一定比例的粒料。

3. 路拌法施工

半刚性基层或底基层路拌法施工的主要工序为:准备下承层→施工测量→备料→摊铺→拌和→整平与碾压成型→初期养护。

(1)下承层准备与施工测量

施工前,应对下承层(土基或底基层)按质量验收标准进行验收。下承层表面应平整、坚实,具有规定的路拱,没有任何松散的材料和软弱的地点,且高程符合设计要求。之后,恢复中线,直线路段每15~20m设一桩,平曲线段每10~15m设一桩,并在两侧路肩边缘外设指示桩,在指示桩上标出基层(或底基层)的边缘设计高程及松铺厚度等相关数据。

(2)备料

所用材料应符合质量要求,并根据各路段基层(底基层)的宽度、厚度及预定的干密度,计算各路段需要的干燥集料数量。根据混合料的配合比、材料的含水率以及所用车辆的吨位,计算各种材料每车料的堆放距离;对于水泥、石灰等结合料,常以袋(或小翻斗车车斗)为计量单位计算结合料堆放距离、地点。也可根据各种集料所占比例及其干密度,计算每种集料松铺厚度,以控制集料施工配合比,而对水泥、石灰等结合料仍以每袋的摊铺面积来控制剂量。

同一供料路段内应由远而近卸料。卸料距离应严格掌握,避免路段上出现料不够或过多。集料在下承层上的堆置时间不应过长,运送集料只宜比摊铺集料提前数天。

(3)摊铺与拌和(图5-3)

a)

b)

图5-3 摊铺与拌和

a)人工摊铺;b)拖拉机带铧犁拌和

用平地机、推土机或人工,按试验路段所求得的松铺系数进行集料摊铺。摊铺力求均匀。摊铺集料应在摊铺结合料的前一天进行,摊料长度应满足日进度的需要。摊料过程中,应将土块、超尺寸颗粒及其他杂物拣除。松铺厚度为压实厚度与松铺系数之积。

施工时根据需要在集料层上洒水闷料。洒水要均匀,防止出现局部水分过多现象,严禁洒水车在洒水段内停留和掉头。水泥和石灰综合稳定土应先将石灰和土拌和后一起进行闷料。

对人工摊铺的集料层整平后,用6~8t两轮压路机碾压1~2遍,使其表面平整。

结合料应当日运送到摊铺路段,直接卸在集料层上,用刮板将结合料均匀摊开。应注意摊铺完后,表面没有空白位置,也没有结合料过分集中的地点。

用稳定土拌和机进行拌和时,拌和深度应达到稳定层底,应设专人跟随拌和机,随时检查拌和深度并配合机器操作人员调整拌和深度。严禁在拌和层底部留有“素土”夹层。施工时应略破坏下承层的表面(约1cm左右,不应过多),以利上下层黏结。通常应拌和2遍以上,工作速度1.25~1.5km/h最为适宜。拌和路线应自基层的最外沿向中心线靠拢。拌和中,应适时测定含水率,如含水率过大,应进行自然蒸发,使含水率达到最佳值;若含水率小于最佳含水率,应补充洒水拌和。

在没有专用拌和机械的情况下,也可用农用旋转耕作机与多铧犁或平地机相配合拌和,但应注意拌和效果及拌和时间不能过长。

混合料拌和均匀后应色泽一致,没有灰条、灰团和花面,没有粗细颗粒离析现象,且水分合适均匀。

(4)整型与碾压(图5-4)

a)

b)

图5-4 整型与碾压

a)整型;b)碾压

混合料拌和均匀后,立即用平地机初步整型和整平。在直线段,平地机由两侧向路中心刮平;在平曲线地段,平地机由内侧向外侧刮平。对于局部低洼处,应将表层耙松后找平。整型宜反复进行,每次整型都应按照规定的坡度和路拱进行,并应特别注意接缝的顺适平整。整型过程中,严禁任何车辆通行。

整型后,当混合料的含水率等于或略大于最佳含水率时,立即用12t以上三轮压路机、重型轮胎压路机或振动压路机在路基全宽内进行碾压。碾压时,应重叠1/2轮迹,一般需碾压6~8遍。用12~15t三轮压路机碾压时,每层压实厚度不应超过15cm;用18~20t的三轮压路机碾压时,每层压实厚度不应超过20cm。对于稳定中粒土和粗粒土,采用能量大的振动压路机时,每层的压实厚度根据试验确定。超过压实厚度时,应分层铺筑,每层的最小压实厚度为10cm。压实应遵循先轻后重、先慢后快的原则,对于直线段,由两侧路肩向路中心碾压;对于平曲线段,由内侧路肩向外侧路肩进行碾压。

碾压过程中,表面应始终保持潮湿,如蒸发过快,应及时补洒少量的水。如有“弹簧”、松散、起皮等现象,应及时翻开重新拌和,或用其他方法处理,使其达到质量要求。在碾压结束之前,用平地机再终平一次,使其纵向顺适。路拱和超高符合设计要求。终平应仔细进行,必须将局部高出部分刮除并扫出路外;对于局部低洼之处,不再进行找补,留待铺筑沥青面层时处理。

(5)养生

养生时间应不少于7d。水泥稳定类混合料碾压完成后立即开始养生,二灰稳定类混合料在碾压完成后第二或第三天开始养生。养生宜采用不透水薄膜或湿砂进行,用砂覆盖时厚7~10cm,并保持整个养生期间砂的潮湿状态。也可以用潮湿的帆布、粗麻布、草帘或其他合适的材料覆盖。养生结束,必须将覆盖物清除干净,并应立即喷洒透层沥青或做下封层。基层上不铺封层或面层时,不应开放交通;必须临时开放交通时,应采取覆盖、限重、限速等保护性措施。

一般情况下,路拌法每一流水作业段以200m为宜,但每天的第一个作业段宜稍短些,可为150m(仅指宽7~8m的稳定层),如稳定层较宽,则作业段应再缩短。

4. 厂拌法施工

混合料在中心站集中拌和可以采用强制式拌和机、双卧轴桨叶式拌和机等厂拌设备。塑性指数小、含土少的砂砾土、级配碎石、砂、石屑等集料也可采用自落式拌和机拌和。

厂拌法施工前,应先调试拌和设备,目的在于找出各料斗闸门的开启刻度(简称开度),以确保按设计配合比拌和。拌和生产中,含水率应略大于最佳含水率,使混合料运到现场摊铺碾压时的含水率不小于最佳含水率。运输过程中,如运距较远,车上混合料应进行覆盖,以防水分损失过多;如有粗细颗粒离析现象,应用机械或人工再充分拌和。

混合料摊铺应采用摊铺机进行。拌和机与摊铺机的生产能力应互相协调,减少摊铺机停机待料情况,以保证施工的连续性。一般公路施工在没有摊铺机时,也可以用自动平地机摊铺。摊铺后的整型、碾压、养生与路拌法施工相同。

四、粒料类基层(底基层)

粒料类基层的类型按强度构成原理可分为嵌锁型与级配型。嵌锁型基层包括泥结碎石、泥灰结碎石、填隙碎石等;级配型基层包括级配碎石、级配砾石、符合级配的天然砂砾、部分砾石经轧制掺配而成的级配砾、碎石等。

1. 填隙碎石

用单一尺寸的碎石作主骨料,形成嵌锁作用,用石屑填满碎石间空隙,增加密实度和稳定性,这种结构称填隙碎石。实践证明,靠使用两种分开的不同尺寸的集料,可使堆放和运输过程中集料离析降到最小程度。填隙碎石用干法、湿法施工均可,但干法施工特别适宜于干旱缺水地区。填隙碎石的密实度压实良好时,通常约为固体体积率的85%~90%,其强度和密实度与良好的级配碎石相同。填隙碎石的主要缺点是潮湿的填料实际上不可能靠振动压路机将空隙填满。如企图用过多遍数的振动碾压使潮湿填隙料下移,往往可能使主骨料浮到填隙料上层并严重丧失稳定性。

1)一般规定

填隙碎石的单层铺筑厚度宜为10~12cm,碎石最大粒径宜为厚度的50%~70%。缺乏石屑时,填隙料也可用细砂砾或粗砂等细集料替代,但其技术性能不如石屑。填隙碎石施工时,细集料应干燥,应采用振动压路机(振动轮每米宽的质量至少1.8t)碾压。碾压后,基层表面粗碎石间的空隙既要填满,又能使填隙料自成一层。比较理想的状况是粗碎石棱角外露3~

5mm,这对填隙碎石层上铺薄沥青面层非常重要。它可保证薄沥青面层与基层黏结良好,避免薄沥青面层在基层顶面发生推移破坏。

填隙碎石碾压后,作为基层的固体体积率应不小于85%,作为底基层应不小于83%。填隙碎石基层未洒透层沥青或未铺封层时,禁止开放交通。

2)材料

填隙碎石用做基层时,碎石最大粒径不应超过60mm;用做底基层时,不应超过80mm。粗碎石可以用具有一定强度的各种岩石或漂石轧制,也可以用稳定的矿渣轧制(矿渣的干密度和质量应比较均匀,干密度不小于960kg/m^3),材料中扁平、长条和软弱颗粒不应超过15%。

粗碎石的集料压碎值,当用做基层时不大于26%;当用做底基层时不大于30%。轧制碎石量得到的5mm以下的细筛余料(即石屑)是最好的填隙料。

3)施工

填隙碎石施工的工艺流程为:准备下承层→施工放样→备料→摊铺粗集料→初压→撒布石屑→振动压实→第二次撒布石屑→振动压实→局部补撒石屑及扫匀→振动压实填满空隙,然后:干法施工→洒少量水→终压,或湿法施工→洒水饱和→碾压滚浆→终压。

(1)准备下承层及放样

下承层的平整度和压实度应符合规定。土基不论路堤或路堑,必须用12~15t三轮压路机或等效的碾压机械进行碾压检验,如发现土过干、表层松散,应适当洒水;如土过湿,发生"弹簧"现象,应采用挖开晾晒、换土、掺石灰或集料等措施进行处理。

在槽式断面的路段,两侧路肩上每隔一定距离(如5~10m)应交错开挖排水沟(即路基盲沟)。

下承层准备好后,恢复中线,直线段每15~20m设一桩,平曲线段每10~15m设一桩,并在两侧路肩外设指示桩,标出基层或底基层边缘的设计高。

(2)备料

根据各路段基层或底基层的宽度、厚度及松铺系数(1.2~1.3,碎石最大粒径与压实厚度之比为0.5左右时,松铺系数为1.3;比值较大时,系数接近1.2),计算各段需要的粗碎石数量,按需要逐段堆放。

填隙料的用量约为粗碎石质量的30%~40%。

粗碎石用平地机或其他合适的机具均匀地摊铺在预定的宽度上,表面应力求平整,并有规定的路拱。摊铺过程中,应随时检验松铺材料层的厚度是否符合预计要求,必要时应进行减料或补料工作。

(3)干法施工

粗碎石摊铺后用8t两轮压路机初压3~4遍,使粗碎石稳定就位。随后用石屑撒布机或类似设备将干填隙料均匀地撒铺在已压稳的粗碎石层上,松厚2.5~4.0cm。填隙料撒铺后,用振动压路机慢速碾压,将全部填隙料振入粗碎石间的空隙中。然后再次撒布松厚2.0~2.5cm的填隙料,再次碾压。碾压过程中,对局部填隙料不足之处,人工进行找补;将局部多余填隙料用竹帚扫到路外或填隙料不足之处。

振动压路机碾压后,填隙料不应在粗碎石表面局部自成一层,表面必须能见粗碎石。

设计厚度超过一层铺筑厚度,需要再铺一层时,应将已压成的填隙碎石层表面填隙料扫除一些,使粗碎石外露5~10mm,然后再铺筑第二层。

填隙碎石的终压用12～15t三轮压路机碾压1～2遍,终压过程中,不应有任何蠕动现象。终压之前,宜在表面少量洒水,洒水量在$3kg/m^2$以上。

(4)湿法施工

湿法施工与干法施工的区别在于终压前的洒水量应达饱和(但应注意勿使多余水浸泡下承层),用12～15t三轮压路机跟在洒水车后进行碾压。在碾压过程中,将湿填隙料继续扫入所出现的空隙中。

湿法施工时,洒水和碾压应一直进行到细集料和水形成粉砂浆为止。粉砂浆应有足够的数量以填塞全部空隙,并在压路机机轮前形成微波纹状。

碾压完成后的路段应留一段时间让水分蒸发。结构层干燥后,表面多余的细料以及任何自成一薄层的细料覆盖层都应扫除干净。

设计厚度超过一层铺筑厚度,需要再铺筑一层填隙碎石层时,应待结构层干燥后,将已压成的表面填隙料扫除,使粗碎石外露5～10mm,然后再在上铺筑第二层。

2.级配碎石

粗、细碎石集料和石屑各占一定比例的混合料,当其颗粒组成符合密实级配要求时,称为级配碎石。级配碎石适用于各级公路的基层和底基层;可用做较薄沥青面层与半刚性基层之间的中间层。在二级和二级以下公路上,将级配碎石用做基层时,其最大粒径应控制在40mm以内;在高速和一级公路上,将级配碎石用做基层以及半刚性路面的中间层时,其最大粒径宜控制在30mm以下。

级配碎石用做半刚性路面的中间层时,应采用集中厂拌法拌制混合料,并宜用摊铺机摊铺混合料。

1)材料

轧制碎石的材料可以是各种类型的坚硬岩石、圆石或矿渣。其干密度和质量应比较均匀,干密度不小于$960kg/m^3$。碎石机轧制出来的碎石经过与规定最大粒径相符的筛筛分出来的碎石即为未筛分碎石。

单一尺寸碎石是碎石机轧制出来的碎石通过几个不同筛孔的筛,得出不同粒径的碎石,如40～20mm、20～10mm、10～5mm碎石等。

石屑或其他细集料可以使用一般碎石场的细筛余料,也可以利用轧制沥青路面用石料的细筛余料,或专门轧制的细碎石集料。利用天然砂砾或粗砂代替石屑,颗粒尺寸应该合适,必要时应筛除其中的超尺寸颗粒。天然砂砾或粗砂应有较好的级配。

级配碎石或级配碎砾石基层的颗粒组成和塑性指数应满足规范规定。同时,其级配曲线应接近圆滑,某种尺寸的颗粒不应过多或过少。

级配碎石或级配碎砾石所用石料的压碎值应满足:当用做高速公路和一级公路的基层时,不大于26%;用做高速公路和一级公路的底基层及二级公路的基层时,应不大于30%;用做二级公路的底基层和二级以下公路的基层时,应不大于35%;用做二级以下公路的底基层时,应不大于40%。

碎石中的扁平、长条颗粒的总含量不应超过20%。碎石中不应有黏土块、植物等有害物质。当级配碎石中细料塑性指数偏大时,塑性指数与0.5mm以下细土含量的乘积应符合:年降雨量小于600mm的中干和干旱地区,地下水对土基没有影响时,乘积应不大于120;在潮湿多雨地区,乘积应不大于100。

2)路拌法施工

级配碎石路拌法施工的工艺流程为:准备下承层→施工放样→运输和摊铺未筛分碎石→洒水使碎石湿润→运输和撒布石屑→拌和并补充洒水→整型→碾压。其中,未筛分碎石和石屑可在碎石场加水湿拌,之后运到现场摊铺、补充拌和和洒水、整型、碾压。

(1)准备下承层及施工放样(与填隙碎石基本相同)

(2)备料

根据各路段基层或底基层的宽度、厚度及预定的干压密实度,并按确定的未筛分碎石和石屑配合比或不同粒级碎石和石屑配合比,分别计算出各路段所需碎石及石屑数量,并计算每车料的堆放距离。

未筛分碎石和石屑可按预定比例在料场混合,以减轻施工现场的拌和工作量。运输未筛碎石或未筛分碎石与石屑的混合料前,应在料场洒水,使其含水率较最佳含水率大1个百分点左右,以减少运输过程中的集料离析现象。未筛分碎石的最佳含水率约为4%,级配碎石的最佳含水率约为5%。

(3)摊铺

集料在下承层上的堆置时间不应过长,运送只宜在摊铺前数天进行。摊铺前应通过试验确定集料的松铺系数。人工摊铺混合料的松铺系数约为1.4~1.5,平地机摊铺的松铺系数约为1.25~1.35。

级配碎石的未筛分碎石摊铺平整后,在较潮湿的情况下,用平地机并辅以工人将石屑均匀摊铺在碎石层上,或用石屑撒布机撒布石屑。采用不同粒级的碎石和石屑时,应依次将大、中、小碎石分层摊铺,洒水使碎石湿润后再摊铺石屑。

(4)拌和及整型、碾压

拌和工序应采用稳定土拌和机,在无此机具的情况下,也可采用平地机或多铧犁与缺口圆盘耙相配合进行拌和。一般需拌和5~6遍,拌和过程中,洒足所需水分。拌和结束时,混合料的含水率应该均匀,并较最佳含水率大1个百分点左右;不出现粗细颗粒离析现象。

如级配碎石混合料在料场已经过混合,可视摊铺后有无粗细颗粒离析现象,用平地机进行补充拌和。

级配碎石基层的整型用平地机按规定的路拱进行。初步整平后,用拖拉机、平地机或轮胎压路机快速碾压一遍,以暴露潜在的不平整。

整型后,当混合料的含水率等于或略大于最佳含水率时,立即用12t以上三轮压路机、振动压路或轮胎式压路机进行碾压。一般需碾压6~8遍,以使密实度达到要求,表面已无明显轮迹为止。

3)厂拌法施工

级配碎石混合料可以在中心站用多种机械进行集中拌和。拌和设备同无机结合料稳定粒料类。宜采用不同粒级的单一尺寸碎石和石屑,按预定配合比在拌和机内拌制成级配碎石混合料;当采用未筛分碎石和石屑拌和时,若其颗粒组成发生明显变化,应注意及时调整,以使混合料的颗粒组成和含水率达到规定的要求。

厂拌混合料宜采用沥青混凝土摊铺机、水泥混凝土摊铺面或稳定土摊铺机摊铺,并应设专人跟随机后,注意消除粗细集料离析现象;一般公路施工无摊铺机时,也可以用自动平地机摊铺混合料。摊铺后的整型及碾压与路拌法施工相同。

五、基层、底基层的设计

基层可选用无机结合料稳定集料类或沥青混合料、粒料、贫混凝土等材料。底基层应充分利用沿线地方材料，可采用无机结合料稳定细粒土类或料粒类等。

基层、底基层厚度应根据交通量大小、材料性能，充分发挥压实机具的功能，以及考虑有利于施工等因素选择各结构层的厚度。为便于施工组织、管理，各结构层的材料不宜频繁变化。各种结构层压实最小厚度与适宜厚度见表5-7，并不得设计小于150mm厚的半刚性材料薄层。

各种结构层压实最小厚度与适宜厚度　　表5-7

结构层类型	压实最小厚度(mm)	适宜厚度(mm)
级配碎石	80	100~200
水泥稳定类	150	180~200
石灰稳定类	150	180~200
石灰粉煤灰稳定类	150	180~200
贫混凝土	150	180~240
级配砾石	80	100~200
泥结碎石	80	100~150
填隙碎石	100	100~120

第三节　沥青路面

沥青路面具有行车舒适、噪声低、施工期短、养护维修简便等优点，因此得到了广泛应用。沥青路面按照材料组成及施工工艺可分为热拌沥青混合料、冷拌沥青混合料、沥青贯入式、沥青表面处治等。沥青路面应具有坚实、平整、抗滑、耐久的品质，同时，还应具有高温抗车辙、低温抗开裂、抗水损害以及防止雨水渗入基层的功能。

一、一般规定

1. 沥青面层的适用范围

面层类型应与公路等级、使用要求、交通等级相适应。热拌沥青混凝土可用于做各级公路的面层。沥青表面处治适用于三级及三级以下公路的面层。沥青贯入式路面适用于三级及三级以下公路的面层，也可作为沥青路面的联结层。冷拌沥青混合料适用于三级及三级以下的公路的沥青面层、二级公路的罩面施工以及各级公路沥青路面的基层或整平层。

2. 沥青层的厚度

各沥青层的厚度应与混合料的公称最大粒径相匹配，沥青混合料的一层压实最小厚度不宜小于混合料公称最大粒径的2.5~3倍。开级配抗滑面层OGFC或沥青玛蹄脂碎石SMA的一层压实最小厚度不宜小于混合料公称最大粒径的2~2.5倍。

各结构层的设计厚度应根据级配类型、结构组合及施工条件等确定。沥青混合料的压实最小厚度与适宜厚度见表5-8。贯入式沥青碎石、沥青表面处治的压实最小厚度与适宜厚度见表5-9。

沥青混合料的压实最小厚度与适宜厚度 表 5-8

沥青混合料类型		最大粒径(mm)	公称最大粒径(mm)	符号	压实最小厚度(mm)	适宜厚度(mm)
密级配沥青混合料(AC)	砂粒式	9.5	4.75	AC-5	15	15~30
	细粒式	13.2	9.5	AC-10	20	25~40
		16	13.2	AC-13	35	40~60
	中粒式	19	16	AC-16	40	50~80
		26.5	19	AC-20	50	60~100
	粗粒式	31.5	26.5	AC-25	70	80~120
密级配沥青碎石(ATB)	粗粒式	31.5	26.5	ATB-25	70	80~120
		37.5	31.5	ATB-30	90	90~150
	特粗式	53	37.5	ATB-40	120	120~150
开级配沥青碎石(ATPB)	粗粒式	31.5	26.5	ATPB-25	80	80~120
		37.5	31.5	ATPB-30	90	90~150
	特粒式	53	37.5	ATPB-40	120	120~150
半开级配沥青碎石(AM)	细粒式	16	13.2	AM-13	35	40~60
	中粒式	19	16	AM-16	40	50~70
		26.5	19	AM-20	50	60~80
	粗粒式	31.5	26.5	AM-25	80	80~120
	特粗式	53	37.5	AM-40	120	120~150
沥青玛蹄脂碎石混合料(SMA)	细粒式	13.2	9.5	SMA-10	25	25~50
		16	13.2	SMA-13	30	35~60
	中粒式	19	16	SMA-16	40	40~70
		26.5	19	SMA-20	50	50~80
开级配沥青磨耗层(OGFC)	细粒式	13.2	9.5	OGFC-10	20	20~30
		16	13.2	OGFC-13	30	30~40

贯入式沥青碎石、沥青表面处治压实最小厚度与适宜厚度 表 5-9

结构层类型	压实最小厚度(mm)	适宜厚度(mm)
贯入式沥青碎石	40	40~80
上拌下贯沥青碎石	60	60~80
沥青表面处治	10	10~30

3.结构组合设计

沥青层在设计时,应根据公路所在区域的水文地质、气候特点,公路等级与使用要求,交通量及其交通组成等因素,结合当地实践经验,选择适宜的路面结构组合,拟订沥青层厚度。对半刚性基层沥青路面的结构层组合设计,基层与沥青面层的模量比宜在 1.5~3 之间;基层与底基层的模量比不宜大于 3.0;底基层与土基模量比宜在 2.5~12.5 之间。刚性基层沥青路面应采取措施加强沥青层与刚性基层的结合,并提高沥青混合料的抗剪强度。应选用密级配沥青混合料，以防止雨、雪水渗入路面结构层，并应采取技术措施，加强路面各结构层之间的结合，提高路面结构的整体性，避免产生层间滑移，例如：沥青层之间设黏层；各种基层上设置透层沥青；在半刚性基层上设下封层；新、旧沥青层之间与旧水泥混凝土板之间洒布黏层沥青，宜用热沥青或改性乳化沥青、改性沥青；拓宽路面时，新、旧路面接茬处，喷涂黏结沥青；双层式半刚性材料基层宜采用连续摊铺、碾压工艺，增强层间结合，以形成整层。

二、沥青路面材料

1. 沥青

(1)沥青的品种

沥青路面使用的沥青材料有道路石油沥青、改性沥青、乳化沥青、煤沥青、液体石油沥青等。

①石油沥青是由石油经蒸馏、吹氧、调和等工艺加工得到，主要为可溶于二硫化碳的碳氢化合物的固体黏稠状物质。

②改性沥青是指掺加橡胶、树脂、高分子聚合物、磨细的橡胶粉或其他填料等外掺剂(改性剂)，或采取对沥青轻度氧化加工等措施，使沥青或沥青混合料的性能得以改善而制成的沥青结合料。

改性剂是指在沥青或沥青混合料中加入的天然的或人工的有机或无机材料，可熔融、分散在沥青中，改善或提高沥青路面性能(与沥青发生反应或裹覆在集料表面上)的材料。

目前，常用的改性沥青主要是用高分子聚合物改性剂进行改性的沥青。其常用的改性剂有三类，第一类是热塑性橡胶类(热塑性弹性体)，代表性品种有苯乙烯—丁二烯—苯乙烯嵌段共聚物(SBS)，具有良好的弹性(变形的自恢复性及裂缝的自愈性)，同时兼有高温稳定性和低温抗裂性；第二类是橡胶类，代表性品种有丁苯橡胶(SBR)及其乳液，具有低温敏感性小，低温抗裂性能好，主要用于改善低温性能；第三类是热塑性树脂，代表性品种有乙烯—醋酸乙烯共聚物(EVA)、低密度聚乙烯(LDPE)、聚烯烃等，主要是增加动稳定度和劲度模量，提高抵抗永久变形的能力。

改性沥青可采用现场加工或采购成品。现场制备改性沥青可以采用一次掺配法，运用高速剪切设备或胶体磨进行加工。对于成品改性沥青，应有产品名称、代号、标号、运输与存放条件、使用方法、生产工艺、安全须知等说明。在使用前，应取样熔化检验是否有离析现象和各项技术指标。

③乳化沥青是石油沥青(或煤沥青)与水在乳化剂、稳定剂作用下经乳化加工制得的沥青产品，也称沥青乳液。乳化沥青可利用胶体磨或匀油机等乳化机械在沥青拌和厂现场制备。乳化剂用量(按有效含量计)宜为沥青质量的0.3% ~0.8%。制备现场乳化沥青的温度应通过试验确定，乳化剂水溶液的温度宜为40 ~70℃，石油沥青宜加热至120 ~160℃。乳化沥青制成后应及时使用，存放期以不离析、不冻结、不破乳为限度。

用阳离子乳化剂制得带正电荷的称阳离子乳化沥青，用阴离子乳化剂制得带负电荷的称阴离子乳化沥青。

④煤沥青系由煤干馏得到的煤焦油再经蒸馏加工制成。

⑤液体石油沥青是用汽油、煤油、柴油等溶剂将石油沥青稀释而成的沥青产品，也称轻制沥青或稀释沥青。液体石油沥青使用前应由试验确定掺配比例。

(2)沥青的选择

根据当前的沥青使用和生产水平,道路石油沥青按技术性能分为A、B、C三个等级。各个沥青等级的适用范围应符合表5-10的规定。道路石油沥青的质量应符合《公路沥青路面施工技术规范》(JTG F40—2004)的有关要求。

道路石油沥青的适用范围 表5-10

沥青等级	适用范围
A级沥青	各个等级的公路,适用于任何场合和层次
B级沥青	高速公路、一级公路沥青下面层及以下的层次,二级及二级以下公路的各个层次; 用做改性沥青、乳化沥青、改性乳化沥青、稀释沥青的基质沥青
C级沥青	三级及三级以下公路的各个层次

沥青路面采用的沥青标号,宜按照公路等级、气候条件、交通条件、路面类型及在结构层中的层位及受力特点、施工方法等,结合当地的使用经验,经技术论证后确定。对高速公路、一级公路,夏季温度高、高温持续时间长、重载交通、山区及丘陵区上坡路段、服务区、停车场等行车速度慢的路段,尤其是汽车荷载剪应力大的层次,宜采用稠度大、60℃黏度大的沥青,也可提高高温气候分区的温度水平选用沥青等级;对冬季寒冷的地区或交通量小的公路、旅游公路宜选用稠度小、低温延度大的沥青;对温度日温差、年温差大的地区宜注意选用针入度指数大的沥青。当高温要求与低温要求发生矛盾时应优先考虑满足高温性能的要求。当缺乏所需标号的沥青时,可采用不同标号掺配的调和沥青,其掺配比例由试验决定。掺配后的沥青质量应符合《公路沥青路面施工技术规范》(JTG F40—2004)的要求。

乳化沥青适用于沥青表面处治路面、沥青贯入式路面、冷拌沥青混合料路面,修补裂缝,喷洒透层、黏层与封层等。乳化沥青类型根据集料品种及使用条件选择。阳离子乳化沥青可适用于各种集料品种,阴离子乳化沥青适用于碱性石料。乳化沥青的破乳速度、黏度宜根据用途与施工方法选择。

液体石油沥青适用于透层、黏层及拌制冷拌沥青混合料。根据使用目的与场所,可选用快凝、中凝、慢凝的液体石油沥青。

2. 粗集料

用于沥青面层的粗集料包括碎石、破碎砾石、筛选砾石、矿渣等。粗集料的粒径规格应符合技术规范规定。

粗集料不仅应洁净、干燥、无风化、无杂质,而且应具有足够的强度和耐磨性以及良好的颗粒形状。用于沥青面层的碎石不宜用颚式破碎机加工。沥青面层用粗集料的质量技术要求应符合表5-11的规定。

沥青混合料用粗集料质量技术要求 表5-11

指标	高速公路、一级公路		其他等级公路
	表面层	其他层次	
石料压碎值,不大于(%)	26	28	30
洛杉矶磨耗损失,不大于(%)	28	30	35
表观相对密度,不小于	2.60	2.50	2.45
吸水率,不大于(%)	2.0	3.0	3.0

续上表

指　　标	高速公路、一级公路		其他等级公路
	表面层	其他层次	
坚固性,不大于(%)	12	12	—
针片状颗粒含量(混合料)(%),不大于 其中粒径大于9.5mm,不大于 其中粒径小于9.5mm,不大于	15 12 18	18 15 20	20 — —
水洗法小于0.075mm颗粒含量,不大于(%)	1	1	1
软石含量,不大于(%)	3	5	5

注:①坚固性试验应根据需要进行。

②用于高速公路、一级公路时,多孔玄武岩的视密度限度可放宽至2.45t/m³,吸水率可放宽至3%,但必须得到建设单位的批准,且不得用于SMA路面。

路面抗滑表层粗集料应选用坚硬、耐磨、抗冲击性好的碎石或破碎砾石,不得使用筛选砾石、矿渣及软质集料。用于高速公路、一级公路沥青路面表面层及各级公路抗滑表层的粗集料应符合规范中关于石料磨光值的要求,但允许掺加粗集料比例总量不超过40%的普通集料作为中等或较小粒径的粗集料。

筛选砾石仅适用于三级及三级以下公路的沥青表面处治或拌和法施工的沥青面层的下面层,不得用于沥青贯入式路面及拌和法施工的沥青面层的中、上面层。三级及三级以下公路可采用钢渣作为粗集料。钢渣沥青混合料的沥青用量必须经配合比设计确定。

酸性岩石的粗集料(花岗岩、石英岩)用于高速公路、一级公路时,宜使用针入度较小的沥青。为保证集料与沥青的黏附性,应采用下列抗剥离措施:

(1)用干燥的磨细消石灰或生石灰粉、水泥作为填料的一部分,其用量宜为矿料总量的1%~2%。

(2)在沥青中掺加抗剥离剂。

(3)将粗集料用石灰浆处理后使用。

3. 细集料

沥青面层的细集料可采用天然砂、机制砂及石屑,其规格应符合规范要求。细集料应洁净、干燥、无风化、无杂质,并由适当的颗粒组成。其质量技术要求应符合表5-12的规定。

沥青混合料用细集料质量要求　　表5-12

指　　标	高速公路、一级公路	其他等级公路
表观密度,不小于(t/m³)	2.50	2.45
坚固性(大于0.3mm部分),不小于(%)	12	—
含泥量(小于0.075mm的含量),不大于(%)	3	5
砂当量,不小于(%)	60	50
亚甲蓝值,不大于(g/kg)	25	—
棱角性(流动时间),不小于(s)	30	—

注:坚固性试验应根据需要进行。

热拌沥青混合料的细集料宜采用优质的天然砂或机制砂。在缺砂地区,也可使用石屑,但用于高速公路、一级公路沥青混凝土面层及抗滑表层的石屑用量不宜超过天然砂及机制砂的用量。细集料应与沥青有良好的黏结能力。黏结能力差的天然砂及用花岗岩、石英岩等酸性石料破碎的机制砂或石屑,不宜用于高速公路及一般公路的面层;必须使用时,应采取与粗集料相同的抗剥离措施。

4. 填料

沥青混合料的填料宜采用石灰岩或岩浆岩中的强基性岩石等憎水性石料经磨细得到的矿粉。矿粉要求洁净、干燥,其质量技术要求应符合表5-13的规定。

沥青混合料用矿粉质量要求 表5-13

指　　标	高速公路、一级公路	其他等级公路
表观密度,不小于(t/m^3)	2.50	2.45
含水率,不大于(%)	1	1
粒度范围 <0.6mm (%) <0.15mm (%) <0.075mm (%)	100 90~100 75~100	100 90~100 70~100
外观	无团粒结块	—
亲水系数	<1	—
塑性系数(%)	<4	—

当采用水泥、石灰、粉煤灰作填料时,烧失量应小于12%,塑性指数应小于4%,粉煤灰的用量不宜超过填料总量的50%,并经试验确认与沥青有良好黏结力,沥青混合料的水稳性能得到满足。高速公路、一级公路的混凝土面层不宜采用粉煤灰作为填料,对SMA填料一般应加入植物纤维或矿物纤维。

粉尘可作为矿粉的一部分回收使用,每盘用量不得超过填料总量的25%,掺有粉尘填料的塑性指数不得大于4%。

三、沥青混合料分类

沥青混合料是由矿料与沥青结合料拌和而成的混合料的总称,按材料组成及结构分为连续级配、间断级配混合料;按矿料级配组成及空隙率大小分为密级配(空隙率3%~6%)、半开级配(空隙率6%~12%)、开级配混合料(排水式、空隙率18%以上);按公称最大粒径的大小可分为特粗式(公称最大粒径大于31.5mm)、粗粒式(公称最大粒径等于或大于26.5mm)、中粒式(公称最大粒径16或19mm)、细粒式(公称最大粒径9.5或13.2mm)、砂粒式(公称最大粒径小于9.5mm)沥青混合料;按制造工艺分热拌沥青混合料、冷拌沥青混合料和再生沥青混合料等。

密级配沥青混合料主要有密实式沥青混凝土混合料(AC)和密实式沥青稳定碎石混合料(ATB)两种。密级配沥青混合料分按关键性筛孔通过率的不同又可分为细型、粗型密级配沥青混合料等。

沥青稳定碎石混合料简称沥青碎石,按空隙率、集料最大粒径、添加矿粉数量的多少,分为密级配沥青碎石(ATB)、开级配沥青碎石(OGFC表面层及ATPB基层)、半开级配沥青碎石(AM)。

沥青玛蹄脂碎石混合料是由沥青结合料与少量的纤维稳定剂、细集料以及较多量的填料

(矿粉)组成的沥青玛蹄脂,填充于间断级配的粗集料骨架的间隙,组成一体形成的沥青混合料,简称 SMA。

四、沥青表面处治路面

沥青表面处治是用沥青裹覆矿料,铺筑厚度小于3cm 的一种薄层路面面层。其主要作用是保护下层路面结构层,使它不直接遭受行车和自然因素的破坏作用,延长路面使用寿命并改善行车条件。计算路面厚度时,其不作为单独受力结构层考虑。

1. 特点及分类

沥青表面处治路面系按嵌挤原则修筑而成。为了保证矿料间有良好的嵌挤作用,同一层的矿料颗粒尺寸应力求均匀。

沥青表面处治路面可采用拌和法或层铺法施工。比较普遍采用的施工方法是层铺法,即将沥青材料与矿质材料分层洒布与铺撒,分层碾压成型。拌和法可热拌热铺或冷拌冷铺。热拌热铺的施工工艺按热拌沥青混合料路面的规定执行,冷拌冷铺的施工工艺按乳化沥青碎石混合料路面的有关规定执行。

层铺法施工沥青表面处治路面,按浇洒沥青及撒铺矿料的层次多少,可分为单层式、双层式和三层式,厚度宜为 1.0 ~3.0cm。单层表处的厚度为 1.0 ~1.5cm,双层表处的厚度为 1.5 ~2.5cm,三层表处的厚度为 2.5 ~3.0cm。

拌和法沥青表面处治路面厚度宜为 3.0 ~4.0cm。采用拌和法施工时,基层顶面应洒透层沥青或黏层沥青或做下封层。

2. 材料要求

沥青表面处治采用的集料最大粒径应与处治层的厚度相等,其规格和用量可按规范的规定选用。当采用乳化沥青时,为减少乳液流失,可在主层集料中掺加 20% 以上的较小粒径集料。沥青表面处治施工后,应另准备 5 ~10mm 的碎石或 3 ~5mm 的石屑、粗砂或小砾石 2 ~ $3m^3/1\ 000m^2$ 作为初期养护用料。

采用道路石油沥青时,沥青用量应按规范中规定的材料用量选定。当采用煤沥青时,可按规范规定的石油沥青用量增加 15% ~20%。当采用乳化沥青时,乳液用量按其中的沥青含量折算,规范中所列乳液用量适用于沥青含量为 60% 的乳化沥青。在高寒地区及干旱、风沙大的地区,沥青用量可超出规范规定的高限,再增加 5% ~10%。

在旧沥青路面、清扫干净的碎(砾)石路面、水泥混凝土路面、块石路面上铺筑沥青表面处治时,可在第一层沥青用量中增加 10% ~20%,不再另洒透层沥青。

3. 施工机械

沥青表面处治施工应采用沥青洒布车喷洒沥青。小规模施工沥青表面处治可采用机动或手摇的手工沥青洒布机洒布沥青。乳化沥青也可用齿轮泵或气压或洒布机洒布。手工喷洒必须由熟练工人操作,力求均匀洒布。

沥青表面处治压实机械的吨位以能使集料嵌挤紧密又不致使石料有较多的压碎为度,宜采用 6 ~8t、8 ~10t 压路机进行碾压。乳化沥青表面处治宜采用较轻的压实机械进行碾压。

4. 层铺法施工

层铺法表面处治施工分先油后料与先料后油两种方法,一般多采用先油后料法施工。当堆放集料地点受限制或临近低温施工,为使路面加速反油成型才采用先料后油法施工,如图

5-5所示。

三层式沥青表面处治的施工按下述步骤进行。

(1)在透层沥青充分渗透,或在已做透层或封层并已开放交通的基层清扫后,即可浇洒第一层沥青。沥青的浇洒温度根据施工气温及沥青标号选择:石油沥青130~170℃、煤沥青80~120℃。乳化沥青在常温下洒布,当气温偏低,破乳及成型过慢时,可将乳液加温后洒布,乳液加温不超过60℃。当浇洒出现空白、缺边时,应立即用人工补洒,有积聚时应予刮除。沥青浇洒的长度应与集料撒布机能力相配合,应避免沥青浇洒后等待时间过长。除阳离子乳化沥青外,不得在潮湿的基层(或旧路)或集料上浇洒沥青。

(2)浇洒沥青后(不必等全段洒完)应立即撒布第一层集料。当使用乳化沥青时,集料撒布必须在乳液破乳之前完成。撒布集料后应及时扫匀,达到全面覆盖一层、厚度一致、集料不重叠、沥青不外露的要求。局部缺料处应适时找补,局部积料过多处应扫除多余料。

(3)撒布一段集料后(不必等全段铺完)应立即开始用6~8t钢筒双轮压路机碾压。碾压时每次轮迹重叠约30cm,从路边逐渐移至路中心,然后再从另一边开始移向路中心,以此作为一遍,宜碾压3~4遍。碾压速度开始不宜超过2km/h,以后可适当增加。

(4)第二、三层的施工方法和要求与第一层相同,但可采用8~10t压路机。当使用乳化沥青时,第二层除撒布5~10mm碎石作嵌料后尚应增加一层封层料,其规格为3~5mm,用量为$3.5\sim5.5m^3/1\,000m^2$。

双层或单层式沥青表面处治浇洒沥青及撒布集料的次数为两次或一次,施工程序及要求与三层式相同。

除乳化沥青表面处治应待破乳后水分蒸发并基本成型后方可通车外,沥青表面处治路面在碾压结束后即可开放交通,但应设专人指挥交通,使路面全部宽度内都能够比较均匀地受到车轮的碾压,见图5-6。

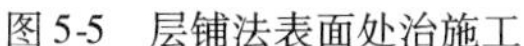

图5-5　层铺法表面处治施工

图5-6　车轮碾压

沥青表面处治应进行初期养护,当发现泛油时,应在泛油处补撒嵌缝料并扫匀;出现其他破坏现象,也应及时补修。

五、沥青贯入式路面

沥青贯入式路面是在初步压实的碎石层上浇灌沥青,再分层撒铺嵌缝料和浇洒沥青,并通过分层压实而形成的一种较厚路面面层。其厚度通常为4~8cm,但乳化沥青贯入式路面的厚度不宜超过5cm。贯入式路面的强度和稳定性主要由矿料的相互嵌挤和锁结作用而形成,属于嵌挤式一类路面。

1. 特点及分类

沥青贯入式路面具有强度较高、稳定性好、施工简便和不易产生裂缝等优点。由于沥青贯入式路面主要取决于矿料间的嵌挤作用,受温度变化影响小,故温度稳定性较好。其缺点是沥青不易均匀洒布在矿料中,在矿料密实处沥青不易贯入;而在矿料空隙较大处,沥青又容易结成块,因而强度不够均匀。

当贯入式上部加铺拌和的沥青混合料时,总厚度宜为7~10cm,其中拌和层厚度宜为3~4cm。此种结构一般称之为沥青上拌下贯式路面。

沥青贯入式路面是一种多孔隙结构,为了防止表面水的透入,增强路面的水稳性,使路面面层坚固密实,沥青贯入式面层之下应做下封层。

2. 材料要求

集料应选择有棱角、嵌挤性好的坚硬石料,当使用破碎砾石时,其破碎面应符合规范规定。贯入层主层集料中大于粒径范围中值的数量不得少于50%。细粒料含量偏多时,嵌缝料用量宜采用低限。贯入层的主层集料最大粒径宜与贯入层厚度相同,当采用乳化沥青时,主层集料最大粒径可采用厚度的0.80~0.85,数量按压实系数1.25~1.30计算。表面不加铺拌和层的贯入式路面,在施工结束后,应另备2~3m^3/1 000m^2与最后一层嵌缝料规格相同的石屑或粗砂等,以供初期养护使用。

采用道路石油沥青及乳化沥青的材料用量应按规范规定的材料用量选用。当采用煤沥青时,沥青用量增加15%~20%。当采用乳化沥青时,乳液用量按其中的沥青含量折算,规范中所列乳液用量适用于沥青含量为60%的乳化沥青。在高寒地区及干旱、风沙大的地区,沥青用量可超出规范规定的高限,再增加5%~10%。

表面加铺拌和层的路面结构,其拌和层部分的材料规格及沥青用量按热拌沥青混合料的有关规定执行。

3. 施工机械

沥青贯入式路面的主层集料可采用碎石摊铺机或人工摊铺。嵌缝料宜采用集料撒布机撒布,并采用沥青洒布车喷洒沥青。

沥青贯入式路面压实机械的吨位以能使集料嵌挤紧密又不致使石料有较多的压碎为度,宜采用6~8t、8~10t压路机进行碾压,其主层集料宜用钢筒式压路机碾压。

4. 施工

(1)沥青贯入式路面施工前,基层必须清扫干净。贯入式使用乳化沥青时,必须洒透层或黏层沥青。贯入式路面厚度小于或等于5cm时,也应洒透层或黏层沥青。

(2)撒料

撒主层集料时,应注意撒铺均匀,避免颗粒大小不均,并不断检查松铺厚度和校验路拱。撒布集料后,严禁车辆通行。

(3)碾压

主层集料撒布后,先用6~8t的钢筒式压路机以2km/h的初压速度碾压,使集料基本稳定,至集料无显著推移为止。碾压时每次轮迹重叠约30cm,应自路边缘逐渐移至路中心,然后再从另一边开始移向路中心。然后再用10~12t压路机进行碾压,宜碾压4~6遍,直到主层集料嵌挤稳定,无显著轮迹为止。

(4)浇洒第一层沥青

主层集料碾压完毕后,应立即浇洒第一层沥青。当采用乳化沥青时,为防止乳液下漏过多,可在主层集料碾压稳定后,先撒布一部分上一层嵌缝料,再浇洒主层沥青。

(5)撒布第一层嵌缝料

主层沥青浇洒后应立即均匀撒布第一层嵌缝料。当使用乳化沥青时,嵌缝料的撒布必须在乳液破乳前完成。

(6)再碾压

嵌缝料扫匀后立即用 8 ~ 12t 钢筒式压路机碾压 4 ~ 6 遍,直至稳定为止。碾压时随压随扫,使嵌缝料均匀嵌入。

(7)浇洒第二层沥青,撒布第二层嵌缝料,碾压,浇洒第三层沥青,撒布封层料,最后碾压(宜采用 6 ~ 8t 压路机碾压 2 ~ 4 遍)。

(8)交通控制及初期养护的要求,与沥青表面处治路面相同。

沥青贯入式路面若为加铺沥青混合料拌和层时,应紧跟贯入层施工,使其上下成为一整体。贯入部分若采用乳化沥青时,应待其破乳、水分蒸发且成型稳定后方可铺筑拌和层。当拌和层与贯入层不能同步连续施工,且需开放交通时,贯入层的第二层嵌缝料应增加用量 2 ~ $3m^3/1\ 000m^2$。在摊铺拌和层沥青混合料前,应清除贯入层表面的杂物、尘土以及浮动石料,再补充碾压一遍,并应浇洒黏层沥青。拌和层的施工,与热拌沥青混合料路面相同。

六、热拌沥青混合料路面

沥青混凝土的强度是按密实原则形成,采用一定数量的矿粉是其一个显著特点。矿粉的掺入,使沥青混凝土中的黏稠沥青以薄膜形式分布,从而产生很大的黏结力。其黏结力比单纯沥青要大数十倍。因此,黏结力是沥青混凝土强度构成的重要因素,而骨架的摩阻力和嵌挤作用仅占次要地位。

1. 混合料类型选择

沥青面层可由单层、双层或三层沥青混合料组成。各层混合料的组成设计应根据其层厚和层位、气温和降雨量等气候条件、交通量和交通组成等因素,选用适当的最大粒径及级配类型,并遵循以下原则。

(1)应综合考虑满足耐久性、抗车辙、抗裂、抗水损害能力、抗滑性等多方面的要求,根据施工机械、工程造价等实际情况按规范规定选用合适的类型。

(2)沥青面层的集料最大粒径宜从上至下逐渐增大,中粒式及细粒式用于上层,粗粒式只能用于中下层。砂粒式仅适用于通行非机动车及行人的路面工程。热拌热铺沥青混合料路面应采用机械化连续施工,以确保路面铺筑质量。

2. 配合比设计

沥青混合料组成设计的主要任务,是选择合格的材料、确定各种粒径矿料和沥青的配比。高等级公路沥青混凝土混合料配合比设计以马歇尔试验为主,并通过车辙试验对抗车辙能力进行辅助性检验。沥青混合料 60℃、轮压 0.7MPa 时车辙试验的动稳定度,高速公路应不小于 800 次/mm,一级公路应不小于 600 次/mm。沥青碎石混合料的配合比设计应根据实践经验和马歇尔试验结果,经试拌试铺论证确定。

高速公路和一级公路热拌沥青混合料的配合比设计应遵照下列步骤进行。

(1)目标配合比设计阶段。用工程实际使用的材料进行矿料配合比设计,通过马歇尔试验,确定最佳沥青用量。此目标配合比供拌和机确定各冷料仓的供料比例、进料速度及试拌使用。

(2)生产配合比设计阶段。对间歇式拌和机,必须从二次筛分后进入各热料仓的材料取样进行筛分,以确定各热料仓的材料比例,并取目标配合比设计的最佳沥青用量、最佳沥青用量±0.3%等三个沥青用量进行马歇尔试验,以确定生产配合比的最佳沥青用量。

(3)生产配合比验证阶段。采用生产配合比进行试拌、铺筑试验段,并用拌和的沥青混合料和路上钻取的芯样进行马歇尔试验检验,确定标准配合比。

经设计确定的标准配合比,在施工过程中不得随意变更。但生产过程中如进场材料发生变化,矿料级配及马歇尔技术指标不符合规定时,应及时调整配合比,确保沥青混合料质量,必要时需重新进行配合比设计。

3. 拌制及运输

沥青混合料必须在拌和厂(场、站)采用拌和机械拌制。拌和机械设备的选型应根据工程量和工期综合考虑,而且拌和设备的生产能力应与摊铺能力相匹配,最好高于摊铺能力5%左右。

热拌沥青混合料可采用间歇式拌和机或连续式拌和机。各类拌和机均应有防止矿粉飞扬散失的密封性能及除尘设备,并有检测拌和温度的装置。高速公路和一级公路宜采用间歇式拌和机拌和。

拌和厂的设置除应符合国家有关环境保护、消防安全等规定外,应设置在空旷、干燥、运输条件良好的场地,应有良好的排水设施及可靠的电力供应。固定式沥青混合料拌和厂场地面积可参考表5-14估算。

沥青混合料拌和厂场地面积参考表 表5-14

生产能力(t/h)	搅拌器容量(间歇式)(kg)	场地面积(m^2)
30~35	500	3 000
35~40	750	4 500
60~70	1 000	6 500
90~110	1 500	9 000
120~140	2 000	12 000
160~180	2 500	14 000
240~260	3 000	18 000
300~320	4 000	20 000
380~420	5 000	24 000

沥青混合料拌和时间应以混合料拌和均匀,所有矿料颗粒全部裹覆沥青结合料为度,并经试拌确定。拌成的沥青混合料应均匀一致、无花白料、无结团成块或严重的粗细料分离现象,不符要求的拌和混合料不得使用,并应及时调整。

运输热拌沥青混合料,应采用较大吨位的自卸汽车,车厢应清扫干净。从拌和机向运料汽车上放料时,应每卸一斗混合料挪动一下汽车位置,以减少粗细集料的离析现象。运料车应用篷布覆盖,用以保温、防雨、防污染。运输混合料的运量能力应较拌和能力或摊铺速度有所富余,以确保摊铺能够有序地进行。

4. 摊铺

铺筑沥青混合料前,应检查确认下层的质量。当下层质量不符合要求,或未按规定洒布透层、黏层、铺筑下封层时,不得铺筑沥青面层。

热拌沥青混合料应使用摊铺机作业。摊铺前,根据施工需要调整和选择摊铺机的结构参数及运行参数。摊铺机的结构参数调整主要有:熨平板宽度和路拱的调整,摊铺厚度与熨平板的初始工作仰角的调整,布料螺旋与熨平板前缘距离的调整,振捣梁行程调整,熨平板前刮料护板高度的调整等。运行参数主要指摊铺速度、摊铺机作业速度,既对其工作效率有影响,更极大地影响摊铺质量。摊铺速度应符合 2 ~ 6m/min 的要求。

沥青混合料的松铺系数应根据实际混合料类型、施工机械和施工工艺流程等因素,参照以往施工经验及实践过程,由试铺试压方法确定,一般参照表 5-15 及成型后的平均厚度校验,根据铺筑情况进行调整。

沥青混合料松铺系数 表 5-15

类　型	机械摊铺	人工摊铺
沥青混凝土	1.15 ~ 1.35	1.25 ~ 1.50
沥青碎石	1.15 ~ 1.30	1.20 ~ 1.45

摊铺压实成型后的平均厚度 T(cm):

$$T = \frac{100M}{D \cdot L \cdot W} \tag{5-2}$$

式中:D——压实成型后沥青混合料的密度(t/m^3);

L——摊铺长度(m);

M——摊铺的沥青混合料总质量(t);

W——摊铺宽度(m)。

人工摊铺仅可用于路面狭窄部分、平曲线半径过小的匝道或加宽部分,以及小规模工程。

5. 压实及成型

压实是最后一道工序,良好的路面质量最终是要通过碾压来实现。碾压中出现质量缺陷,会导致工程前功尽弃,因此,必须十分重视压实工作。沥青混合料的分层压实厚度不得大于 10cm。

应选择合理的压路机组合方式及碾压步骤,以求达到最佳效果。压实应按初压、复压、终压(包括成型)三个阶段进行。压路机应以慢而均匀的速度碾压。碾压速度见表 5-16。

压路机碾压速度 表 5-16

项　目	初压		复压		终压	
	适宜	最大	适宜	最大	适宜	最大
	碾压速度(km/h)					
钢筒式压路机	2 ~ 3	4	3 ~ 5	6	3 ~ 6	6
轮胎式压路机	2 ~ 3	4	3 ~ 5	6	4 ~ 6	8
振动式压路机	2 ~ 3 (静压或振动)	3 (静压或振动)	3 ~ 4.5 (振动)	5 (振动)	3 ~ 6 (静压)	6 (静压)

注:静压是指关闭振动装置的无振动碾压。

(1)初压

初压应在混合料摊铺后较高温度条件下进行,不得产生推移、发裂。压路机应从外侧向路中心碾压,碾压带重叠轮宽的1/3~1/2。采用轻型钢筒式压路机或关闭振动装置的振动压路机碾压2遍,其线压力不宜小于350N/cm。

(2)复压

复压应紧接在初压后进行,宜采用重型轮胎式压路机,也可采用振动压路机或钢筒式压路机。碾压遍数应经试压确定,不宜少于4~6遍。

(3)终压

终压应紧接在复压后进行。终压可选用双轮钢筒式压路机或关闭振动的振动压路机碾压,不宜少于3遍,并要求压后无轮迹。路面压实成型的最后温度应符合技术规范的要求。

6.开放交通

热拌热铺沥青混合料路面应待摊铺层完全自然冷却,表面温度低于50℃后方可开放交通。一般在施工完毕后第二天可开放交通。

七、乳化沥青碎石混合料路面

乳化沥青碎石混合料路面的面层宜采用双层式,下层采用粗粒式沥青碎石混合料,上层采用中粒式或细粒式沥青碎石混合料。单层式只宜在少雨干燥地区或半刚性基层上使用。在多雨潮湿地区必须做上封层或下封层。

1.乳化沥青碎石混合料的配合比

乳化沥青碎石混合料的配合比,目前还难于由配合比设计的方法决定。实际施工时,应根据已建道路的成功经验决定。其矿料级配可采用热拌沥青碎石的级配;其乳液用量应根据交通量、气候、石料情况,参照当地经验确定。也可按热拌沥青碎石混合料的沥青用量折算,实际的沥青用量宜较同规格热拌沥青混合料的沥青用量减少15%~20%。

2.施工要求

乳化沥青碎石混合料宜采用拌和厂机械拌和,在条件限制时也可以现场用人工拌制。其施工顺序类同热拌沥青混合料的施工,但因乳化沥青中含有较多水分,黏度较低,破乳过程要经历一定时间,因而又有某些不同之处,主要如下。

对拌和法施工,应选择慢裂或中裂乳化沥青,并应使用表面干净石料。当采用阳离子乳液时,还应在干燥石料中加入2%左右的水,使石料表面湿润后再加乳液进行拌和。要求拌和迅速,在1~2min内即将混合料拌匀。

使用乳化沥青施工时,要求暂时中断交通。当不能中断交通时,应在路面混合料摊铺碾压后做一薄层罩面,以保护主层乳液混合料。对于阳离子乳液施工的路面,车速控制不超过15km/h的时间至少2~5h;对于阳离子乳液施工,则需1~2d。在气温高、湿度小的天气,控制车速的时间可短些,反之则要长一些。

乳化沥青黏度低,渗透快,用于洒铺路面时,浇洒量不宜过于集中,以免因一次用量太大,形成流失浪费。

3.碾压

乳化沥青碎石混合料的碾压可与热拌沥青混合料相同,但应注意如下事项。

(1)混合料摊铺后,初压应采用6t左右的轻型压路机压1~2遍,使混合料初步稳定,再用轮胎式压路机或轻型钢筒式压路机压 1 ~ 2 遍。初压应匀速进退，不得在碾压路段紧急制动或快速启动。

(2)当乳化沥青开始破乳，混合料由褐色转变成黑色时，用 12 ~ 15t 轮胎式压路机或 10 ~ 12t 钢筒式压路机复压。复压 2 ~ 3 遍后立即停止，待晾晒一段时间，水分蒸发后再补充复压至密实为止。

(3)碾压时，发现局部混合料有松散或开裂时，应立即挖除，补换新料，整平后继续碾压密实。

(4)上封层应在压实成型、路面水分蒸发后方可加铺。

八、透层、黏层、封层

1. 透层

沥青路面的级配砂砾、级配碎石基层及水泥、石灰、粉煤灰等无机结合料稳定土或粒料的半刚性基层上必须浇洒透层沥青。

(1)透层沥青宜采用慢裂的洒布型乳化沥青，也可采用经稀释的中、慢凝液体石油沥青、煤沥青，稠度宜通过透入深度及试洒确定，一般要求透入深度 0.5 ~ 1.5cm。

(2)透层沥青宜紧接在基层施工结束，表面稍干后浇洒。当基层完工后时间较长，表面过分干燥时，应将基层清扫干净，在基层表面少量洒水，等表面稍干后浇洒。表层最佳含水率一般为 30%。

(3)高速公路、一级公路应采用沥青洒布车喷洒透层沥青。二级及二级以下公路也可采用手摇沥青洒布机喷洒透层沥青。喷嘴应配置适当，以保证沥青喷洒均匀。

(4)浇洒透层沥青时，对路缘石及人工构造物应适当防护，以防污染。透层沥青洒布后应不致流淌，渗透入基层一定深度，不得在表面形成油膜。铺筑面层前，应清除多余的透层沥青堆积层。

(5)在无机结合料稳定半刚性基层上浇洒透层沥青后，宜立即撒布用量为 2 ~ 3m^3/1 000m^2的石屑或粗砂。

(6)透层沥青洒布后应尽早铺筑面层。当采用乳化沥青做透层时，洒布后应待其充分渗透、水分蒸发后，方可铺筑沥青面层。时间不宜少于 24h。

透层沥青的规格与用量如表 5-17 所示。

沥青路面透层材料的规格与用量　　表 5-17

用　途	乳化沥青		液体沥青		煤 沥 青	
	规格	用量(L/m^2)	规格	用量(L/m^2)	规格	用量(L/m^2)
无结合料粒料基层	PC-2 PA-2	1.0 ~ 2.0	AL(M)-1、2 或 3 AL(S)-1、2 或 3	1.0 ~ 2.3	T-1 T-2	1.0 ~ 1.5
半刚性基层	PC-2 PA-2	0.7 ~ 1.5	AL(M)-1 或 2 AL(S)-1 或 2	0.6 ~ 1.5	T-1 T-2	0.7 ~ 1.0

注：表中用量是指包括稀释剂和水分等在内的液体沥青、乳化沥青的总量。乳化沥青中的残留物含量以 50% 为基准。

2. 黏层

黏层的作用在于使上下沥青层或沥青层与构造物完全黏结成一整体。因此，符合下列情况之一者,应喷洒黏层沥青。

(1)双层或三层式热拌热铺沥青混合料路面的沥青层之间。

(2)水泥混凝土路面、沥青稳定碎石基层或旧沥青路面层加铺筑沥青面层。

(3)路缘石、雨水口、检查井等构造物与新铺沥青混合料接触的侧面。

黏层沥青宜采用快裂或中裂乳化沥青、改性乳化沥青,也可采用快、中凝液体石油沥青。黏层沥青宜用沥青洒布车喷洒,喷嘴应配置适当,以保证沥青喷洒均匀。在路缘石、雨水进水口、检查井等局部,应用刷子人工涂刷。黏层沥青应均匀洒布或涂刷,浇洒量过量时应予刮除。浇洒面有脏物、尘土时应清除干净,当有黏的土块时,应用水刷净,待刷净面干燥后再浇洒黏层沥青。气温低于10℃或路面潮湿时,不应浇洒黏层沥青。严禁行人及其他车辆在浇洒黏层后通行。黏层沥青浇洒后应紧接铺筑其上层,但乳化沥青应待破乳、水分蒸发完后再铺筑其上层。黏层沥青的规格与用量如表5-18所示。

沥青路面黏层材料的规格与用量 表5-18

下卧层类型	液体沥青		乳化沥青	
	规格	用量(L/m²)	规格	用量(L/m²)
新建沥青层或旧沥青路面	AL(R)-3~AL(R)-6 AL(M)-3~AL(M)-6	0.3~0.5	PC-3 PA-3	0.3~0.6
水泥混凝土	AL(R)-3~AL(R)-6 AL(S)-3~AL(S)-6	0.2~0.4	PC-3 PA-3	0.3~0.5

3.封层

符合下列情况之一时,应在沥青面层上铺筑上封层:

(1)沥青面层的空隙较大,透水严重;

(2)有裂缝或已修的旧沥青路面;

(3)需加铺磨耗层以改善抗滑性能的旧沥青路面;

(4)需铺筑磨耗层或保护层的新建沥青路面。

符合下列情况之一时,应在沥青面层下铺筑下封层:

(1)位于多雨地区且沥青面层空隙率较大,渗水严重;

(2)在铺筑基层后,不能及时铺筑沥青面层,且须开放交通。

上封层及下封层可采用拌和法或层铺法施工的单层式沥青表面处治,也可采用乳化沥青稀浆封层。稀浆封层的厚度宜为3~6mm。乳化沥青稀浆封层的矿料级配及沥青用量应符合规范规定。

第四节 水泥混凝土路面

水泥混凝土路面刚度大、强度高、经久耐用,近年来在我国有了长足的发展。水泥混凝土路面可分为普通混凝土路面、钢筋混凝土路面、碾压混凝土路面、钢纤维混凝土路面及连续配筋混凝土路面等。本节主要介绍普通水泥混凝土路面。

一、水泥混凝土路面设计

水泥混凝土路面设计以100kN的单轴-双轮组荷载作为标准轴载,以弹性地基上的薄板理论为基础,采用有限元法计算荷载应力与温度应力。其设计的主要内容包括结构组合设计、板的平面尺寸和接缝构造设计、板厚的确定和配筋、水泥混凝土混合料组成设计等。

1. 路基

水泥混凝土路面下的路基必须密实、稳定和均质。影响路基强度和稳定的地面水和地下水,必须采取拦截或疏导措施,把水流排出路基以外。路基应处于干燥或中湿状态。过湿状态或强度与稳定性不符合要求的潮湿状态的路基,必须经过处理。

2. 基层与垫层

垫层的作用与要求见本章第二节。

为保证水泥混凝土路面的整体强度及耐久性,防止唧泥和错台,基层应具有足够的强度和稳定性。特重和重交通量的公路,基层宜采用水泥稳定砂砾、水硬性工业废渣稳定类或沥青混合料类等;中等和轻交通量的公路,除上述类型外也可采用石灰土、泥灰结碎石等。其技术要求见本章第二节。

基层宽度应比混凝土面板每侧宽出 30cm(采用小型机具或轨道式摊铺机施工)或 50cm(采用轨模式摊铺机施工)或 65cm(采用滑模式摊铺机施工)。路肩采用水泥混凝土面层,其厚度与行车道面层相同时,基层宽度宜与路基同宽。新建公路的水泥混凝土路面基层的最小厚度一般为 15cm。岩石路基上铺筑水泥混凝土面板时,应根据需要设置整平层,其厚度一般为 6～10cm。填石路基上铺筑水泥混凝土面板时,填石路基必须稳定、密实,表面平整,并满足水泥混凝土面板对基层强度的要求,如图 5-7 所示。

图 5-7　基层与垫层

在原有公路上铺筑水泥混凝土面板时,原有路面应平整密实,符合路拱要求。其顶面的当量回弹模量与新建公路基层顶面的要求相同。若原有路面当量回弹量达不到要求时,应设置补强层。补强层的厚度应经过计算确定,但不得小于结构层最小厚度的规定。

3. 混凝土面板

(1)板的平面尺寸

普通混凝土面板一般为矩形,纵向和横向接缝应垂直相交,其纵缝两侧的横缝不得互相错位。纵向缩缝间距(即板宽)可按路面宽度和每个车道宽度而定,其最大间距不得大于 4.5m。横向缩缝间距(即板长)应根据当地气候条件、板厚和实践经验确定,一般采用 4～6m,最大不得超过 6m,且板宽与板长之比不宜超过 1:1.3,平面尺寸不宜大于 25m^2。

(2)板厚设计

板的横断面一般采用等厚,其厚度通过计算确定,但最小厚度为 18cm。为便于荷载应力计算,各级交通量的混凝土板初估厚度如表 5-19 所示。

混凝土板的初估厚度　　表 5-19

交通等级	特重				重			
公路等级	高速	一级		二级	高速	一级		二级
变异水平等级	低	中	低	中	低	中	低	中
面层厚度(mm)	≥260	≥250	≥240		270～240	260～230	250～220	

交通等级	中等				轻	
公路等级	二级		三、四级	三、四级	三、四级	
变异水平等级	高	中	高	中	高	中
面层厚度(mm)	240～210	230～200		220～200	≤230	≤220

按路面所承受的交通等级，初估板厚 h_i，根据规范中的有关公式及图表求得荷载疲劳应力 σ_p 和温度疲劳应力 σ_t。当两者之和不大于混凝土设计弯拉强度 f_{cm} 的 103% 和不低于 f_{cm} 的 95% 时，则初估板厚可作为设计板厚 h；否则，重新假定 h 并计算，直到满足要求为止。板厚设计过程见图 5-8。

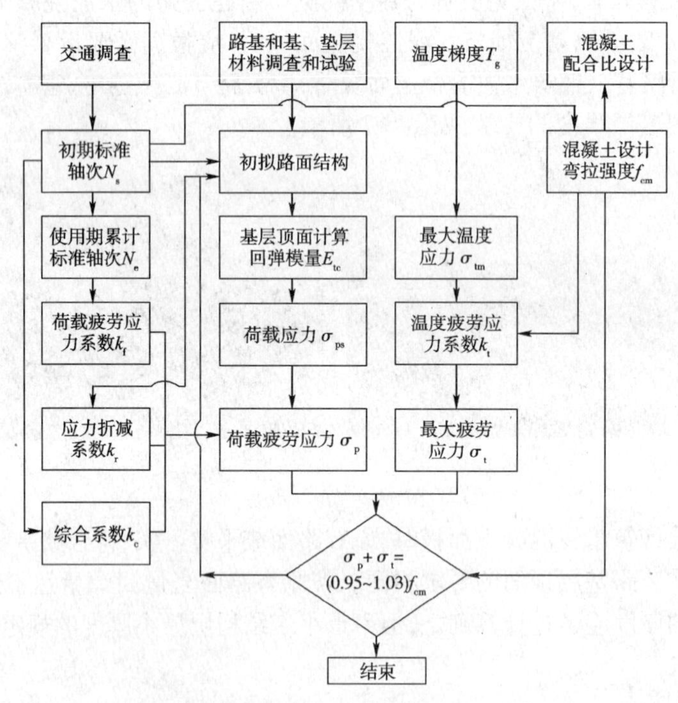

图 5-8　板厚设计过程框图

4. 接缝设计

(1)纵缝

混凝土面板的纵缝必须与路线中线平行。纵缝一般分为纵向缩缝和纵向施工缝。一次铺筑宽度大于 4.5m 时，应增设纵向缩缝。纵向缩缝采用假缝，并应设置拉杆。其构造如图 5-9 所示。一次铺筑宽度小于路面宽度时，应设置纵向施工缝。纵向施工缝采用平缝，并应设置拉杆。其构造如图 5-10 所示。

(2)横缝

横缝一般分为横向缩缝、胀缝和横向施工缝。横向缩缝采用假缝,其构造如图 5-11 所示。在特重交通的公路上,横向缩缝宜加设传力杆;其他各级交通的公路上,在邻近胀缝或路面自由端部的 3 条缩缝内,均宜加设传力杆。其构造如图 5-11 所示。

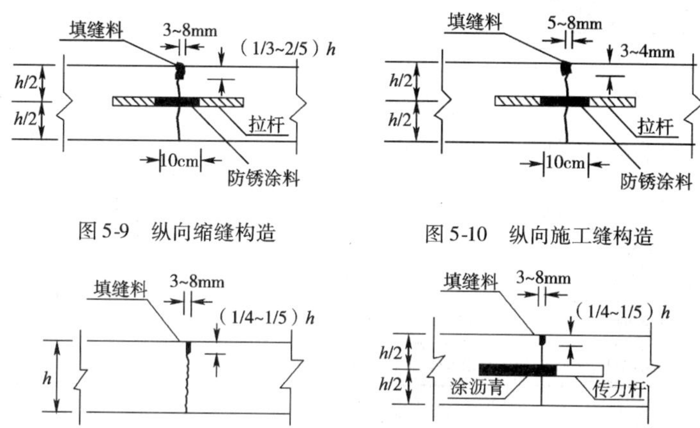

图 5-9 纵向缩缝构造

图 5-10 纵向施工缝构造

图 5-11 横向缩缝构造

在邻近桥梁或其他固定构筑物处、与柔性路面相接处、板厚改变处、隧道口、小半径平曲线和凹形竖曲线纵坡变换处,均应设置胀缝。在邻近构造物处的胀缝,应根据施工温度至少设置 2 条。除此之外的胀缝宜尽量不设或少设。其间距可根据施工温度、混凝土的膨胀性并结合当地经验确定。

胀缝应采用滑动传力杆,并设置支架或其他方法予以固定。其构造如图 5-12a)所示。与构筑物衔接处或其他公路交叉的胀缝无法设传力杆时,可采用边缘钢筋型或厚边型。其构造如图 5-12b)、c)所示。

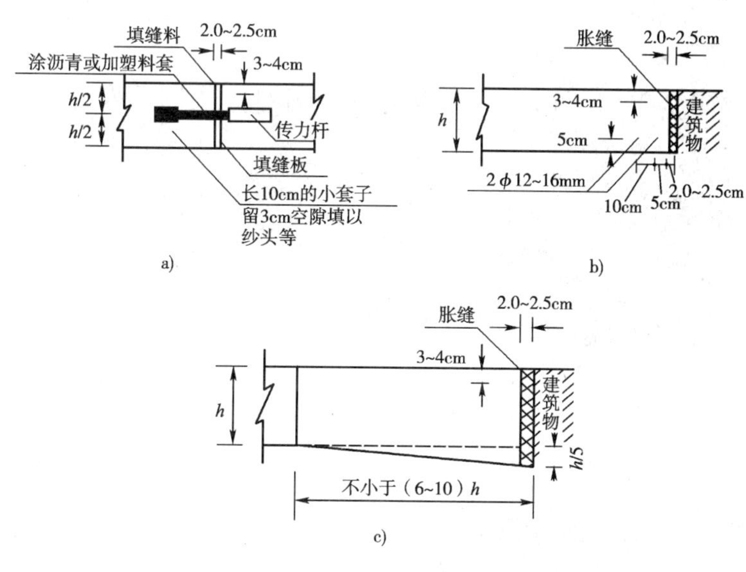

图 5-12 胀缝构造

a)传力杆(滑动)型;b)边缘钢筋型;c)厚边型

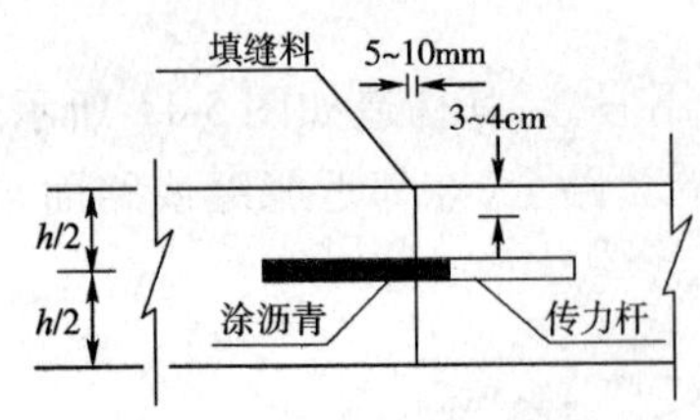

图 5-13 横向施工缝构造

每日施工结束，或浇筑混凝土过程中因故中断浇筑时，必须设置横向施工缝。其位置宜设在胀缝或缩缝处。设在胀缝处的施工缝，其构造与图 5-12a）相同。设在缩缝处的施工缝应采用平缝加传力杆型，其构造如图 5-13 所示。

（3）拉杆与传力杆

拉杆应采用螺纹钢筋，设在板厚中央，并应对拉杆中部 10cm 范围内进行防锈处理。拉杆尺寸及间距可按表 5-20 选用。其最外边的拉杆距接缝或自由边的距离一般为 25 ~ 35cm。

拉杆尺寸及间距（mm） 表 5-20

面层厚度（mm）	到自由边或未设拉杆纵缝的距离（m）					
	3.00	3.50	3.75	4.50	6.00	7.50
200 ~ 250	14 × 700 × 900	14 × 700 × 800	14 × 700 × 700	14 × 700 × 600	14 × 700 × 500	14 × 700 × 400
260 ~ 300	16 × 800 × 900	16 × 800 × 800	16 × 800 × 700	16 × 800 × 600	16 × 800 × 500	16 × 800 × 400

传力杆尺寸及间距 表 5-21

面层厚度 h（cm）	传力杆直径 d_s（mm）	传力杆最小长度（cm）	传力杆最大间距（cm）
22	28	40	30
24	30	40	30
26	32	45	30
28	35	45	30
30	38	50	30

如图 5-14a）所示传力杆，应采用光面钢筋，其长度的一半再加 5cm，应涂以沥青或加塑料套。胀缝处的传力杆，尚应在涂沥青一端加一套子，内留 3cm 的空隙，填以纱头或泡沫塑料。套子端宜在相邻板中交错布置。传力杆尺寸及间距可按表 5-21 选用。其最外边的传力杆距接缝或自由边的距离一般为 15 ~ 25cm。

a)

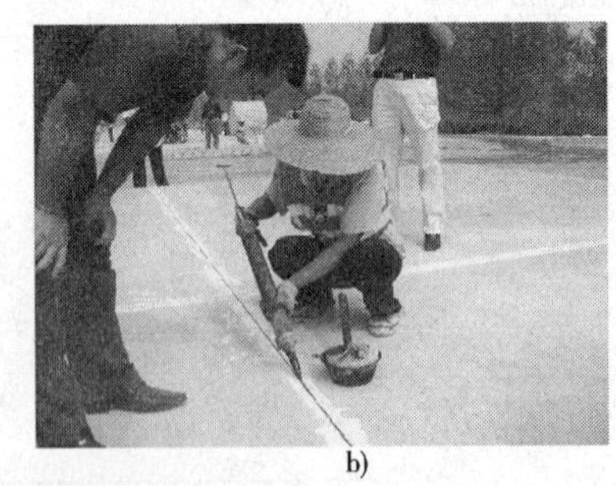
b)

图 5-14 横缝设置

a）传力杆；b）灌缝

（4）补强钢筋

混凝土面板纵、横向自由边边缘下的基础，当有可能产生较大的塑性变形时，宜在板边缘加设补强钢筋。角隅处加设发针形钢筋或钢筋网。

混凝土面板边缘部分的补强，一般选用 2 根直径 12 ~ 16mm 螺纹钢筋，布置在板的下部，距底板一般为板厚的 1/4，并应不小于 5cm，间距一般为 10cm，钢筋两端应向上弯起。钢筋保护层最小厚度应不小于5cm。

混凝土板的角隅补强，可选用2根直径12~16mm螺纹钢筋，布置在板的上部，距板顶应不小于5cm，距板边一般为10cm。板角小于90°时，亦可采用双层直径为6mm的钢筋网补强，布置在板的上下部，距板顶和板底5~10cm为宜。钢筋保护层最厚度应不小于5cm。

二、材料技术要求

1. 混凝土材料

水泥混凝土由水泥、粗集料、细集料、水与外加剂组成。

特重、重交通路面宜采用旋窑道路硅酸盐水泥，也可采用旋窑硅酸盐水泥或普通硅酸盐水泥和道路硅酸盐水泥。中、轻交通的路面可采用矿渣硅酸盐水泥，低温天气施工或有快通要求的路段可采用R型水泥。

水泥的物理性能及化学成分应符合《通用硅酸盐水泥》(GB 175—2007)和《道路硅酸盐水泥》(GB 13693—2005)的规定。

粗集料(碎石或砾石)应质地坚硬、耐久、洁净，符合规定级配，最大粒径不应超过40mm。细集料(天然砂或石屑)应质地坚硬、耐久、洁净，符合规定级配，细度模数宜在2.5以上。

清洗集料、拌和混凝土及养生所用的水，不应含有影响混凝土质量的油、酸、碱、盐类、有机物等。饮用水一般均适用于混凝土。

为了改善混凝土的技术性质，有时在混凝土制备过程中加入一定量的外加剂。常用的外加剂有流变剂、调凝剂和改变混凝土含气量的外加剂三类。外加剂的质量应符合国家标准《混凝土外加剂》(GB 8076—2008)的技术规定，其用量应通过试验确定。

2. 接缝材料

接缝材料按使用性能分为接缝板和填缝料两类。接缝板应选用能适应混凝土面板膨胀收缩、施工时不变形、耐久性良好的材料。填缝料应选用与混凝土面板缝壁黏结力强、回弹性好、能适应混凝土面板收缩、不溶于水和不渗水、高温时不溢出、低温时不脆裂和耐久性好的材料。

接缝板可采用杉木板、纤维板、泡沫橡胶板、泡沫树脂板等。接缝板的技术要求应符合规范的规定。

填缝料按施工温度分为加热施工式和常温施工式两种。加热施工式填缝料主要有沥青橡胶类、聚氯乙烯胶泥类和沥青玛蹄脂类等；常温施工式填缝料有聚氨酯焦油类、氯丁橡胶类、乳化沥青橡胶类等。填缝料的技术要求应符合规范的规定。

三、配合比设计

混凝土的配合比应根据设计弯拉强度、耐久性、耐磨性、和易性等要求和经济合理的原则，选用原材料，通过计算、试验和必要的调整，确定混凝土单位体积中各种组成材料的用量。

混凝土的配合比设计强度f_c，应按式(5-3)确定。

$$f_c = k_i \cdot f_{cm} \tag{5-3}$$

式中：f_{cm}——混凝土设计弯拉强度(MPa)；

k_i——提高系数，其值为1.10~1.15，可根据施工的技术水平和工程的重要程度确定。

【例】 已知：实测水泥胶浆28d抗压强度为$R_c=48$MPa，抗弯拉强度$f_{sc}=7.83$MPa，水泥的密度为$\rho_c=3.1$g/cm^3；细集料为中砂，表观密度为$\rho_s=2.7$g/cm^3；粗集料为石灰石，最大粒径

40mm，表观密度为$\rho_g=2.75g/cm^3$；要求的混凝土设计抗弯拉强度$f_{cm}=4.5MPa$，混合料的坍落度为1~3cm。试确定其配合比。

解：(1)计算试配强度

选定提高系数$k_i=1.15$，根据计算式，得混凝土的试配抗弯拉强度为：

$$f_c=1.15\times4.5=5.2(MPa)$$

(2)计算水灰比

路面混凝土的最大水灰比应符合规定，一般公路应不大于0.5，高速公路应不大于0.46，冰冻地区冬季施工应不大于0.45。计算灰水比C/W按下式进行。

$$\begin{aligned}&\text{碎石混凝土}:C/W=(f_c+1.0079-0.3485f_{sc})/1.5684\\&\text{砾石混凝土}:C/W=(f_c+1.5492-0.4565f_{sc})/1.2618\end{aligned}\tag{5-4}$$

则：$C/W=(5.2+1.0079-0.3485\times7.83)/1.5684=2.22$

水灰比$W/C=0.45$，符合不大于0.5的规定。

(3)计算用水量W

在水灰比已定的条件下，确定用水量也就是确定混凝土中的水泥浆用量，而后者取决于混凝土的工作性要求（以坍落度表征）和组成材料性质（集料表面性质和最大粒径、细集料的粗度和含量等）。每立方米混凝土的用水量W可按下列经验关系式确定。

$$\left.\begin{aligned}&\text{碎石混凝土}:W=104.87+3.09h_s+11.27(C/W)+0.61S_r\\&\text{砾石混凝土}:W=86.89+3.70h_s+11.24(C/W)+1.00S_r\end{aligned}\right\}\tag{5-5}$$

式中：h_s——坍落度(cm)；

S_r——砂率(%)，可按表5-22选用。

混凝土混合料砂率S_r的范围(%) 表5-22

水灰比	粗集料最大粒径(mm)			
	碎石		砾石	
	20	40	20	40
0.4	29~34	27~32	25~31	24~30
0.5	32~37	30~35	29~34	28~33

取定坍落度为2cm、砂率为31%，则：

$$W=104.97+3.09\times2+11.27\times2.22+0.61\times31=155kg/m^3$$

(4)计算水泥用量

路面混凝土的水泥用量应不小于300kg/m³。一般采用强度等级42.5级的道路水泥时，水泥用量约为310~340kg/m³；采用强度等级52.5级的道路水泥时，约为300~330kg/m³。水泥用量计算式为：

$$C=W(C/W)\tag{5-6}$$

代入数据，则：

$C=155\times2.22=344kg/m^3$，符合不低于300kg/m³的要求。

(5)计算砂石用量

集料用量按绝对体积法计算，公式为：

$$
\left.\begin{aligned}
&\frac{m_c}{v\rho_c}+\frac{m_g}{\rho_g}+\frac{m_s}{\rho_s}+\frac{m_w}{\rho_w}=1\\
&\beta_s=\frac{m_s}{m_g+m_s}\times 100
\end{aligned}\right\}\tag{5-7}
$$

式中：m_c——每立方米混凝土的水泥用量(kg)；

ρ_c——水泥的密度(kg/m^3)；

m_g——每立方米混凝土的粗集料用量(kg)；

ρ_g——粗集料的表观密度(kg/m^3)；

m_s——每立方米混凝土的细集料用量(kg)；

ρ_s——细集料的表观密度(kg/m^3)；

m_w——每立方米混凝土的用水量(kg)；

ρ_w——水的密度(kg/m^3)，可取 1 000kg/m^3；

β_s——砂率(%)。

经计算，$m_s=622kg/m^3$，$m_g=1\ 385kg/m^3$。

(6)试拌调整

按上述初定的材料用量试拌 30L 混凝土混合料，测得坍落度为 2cm，符合工作性要求。但观察其黏聚性和保水性，砂率偏小，将砂率提高为 32% 重新计算得到：W 为 156kg/m^3、C 为 346kg/m^3、m_s 为 641kg/m^3、m_g 为 1 362kg/m^3。再次试拌，测得坍落度为 1.5cm，工作性符合要求，黏聚性和保水性良好。

按试拌调整砂率后的配合比，混凝土计算密度为(156 + 346 + 641 + 1 362) = 2 505kg/m^3，实测混凝土密度为 2 480kg/m^3，由此校正系数为：$K=2\ 480/2\ 505=0.99$。

校正后的配合比(kg/m^3)：$W=154.5$，$C=342.5$，$m_s=634.6$，$m_g=1\ 348.4$。

(7)强度验核

同时拌制 $W/C=0.42$、0.45、0.48 三组混凝土，制备梁式试件，测得其 28d 抗弯强度如表 5-23 所列，最后选定 B 组为设计配合比。

混凝土弯拉强度测试结果　　　　表 5-23

组　别	A	B	C
W/C	0.42	0.45	0.48
抗弯拉强度 f_c(MPa)	5.80	5.35	5.07

四、施工前的准备工作

1. 材料准备及其性能检验

根据施工进度计划，在施工前分批备好所需要的水泥、砂石料及必要的外加剂，并在实际使用时核对调整。砂料应抽样检测含泥量、级配、有害物质含量、坚固性，对碎石还应抽检其强度、软弱及针片状颗粒含量和磨耗等。如含泥量超过允许值，应提前两天冲洗或过筛至符合规定为止；其他技术指标不符合规定时，应另选材料或采取有效的补救措施。

水泥除查验其出厂质量报告单外，还应逐批抽验其细度、凝结时间、安定性及 3d、7d、28d 的抗压强度等是否符合要求。受潮结块的水泥禁止使用。新出厂水泥至少要存放一个周后方可使用。

外加剂应按其性能指标检验,并须通过试验判定其是否适用。

2. 混凝土配合比的检验与调整

施工前必须检验混凝土配合比设计是否合适。

(1)工作性的检验与调整

按设计配合比取样试拌,测定其工作度,必要时还应通过试铺检验。

(2)强度检验

按工作性符合要求的配合比,成型混凝土抗弯拉及抗压试件,养生28d后测定其强度,强度较低时,可采用提高水泥等级、降低水灰比或改善集料级配等措施。

(3)其他检验

除上述检验外,还可以选择不同用水量、不同水灰比、不同砂率或不同集料级配等配制混凝土,通过比较从中选出经济合理的方案。施工现场砂石料的含水率会经常发生变化,必须及时进行测定,并调整其实际用量。

3. 基层检验与整修

(1)基层质量检验

基层强度应以基层顶面的当量回弹模量值或以黄河标准汽车测定的计算回弹弯沉值作为检验指标,检查结果不得小于设计要求。

基层完工后,应加强养护,控制行车,不使其出现车槽。如有损坏,应在浇筑混凝土板前采用相同材料修补压实,严禁用松散粒料填补。对原有公路加宽的部分,新旧部分的强度应一致。

(2)测量放样

测量放样是水泥混凝土路面施工前的一项重要工作。应先放出路中心线及路边缘线,将设胀缩缝、曲线起讫点、纵坡变化点等的中心点及一对边桩在实地标明。放样时,基层宽度应比混凝土板每侧宽出25~35cm。主要中心桩应分别固定在路边稳固位置,临时水准点每隔100m左右设置一个,以便施工时就近复核路面高程。

根据放好的中心线及边缘线,在现场核对施工图纸的混凝土分块线。要求分块线距窨井盖及其他公用事业检查井井盖的边线至少1m的距离,否则应适当调整、移动分块线位置。

4. 安装模板及布设钢筋

摊铺混凝土之前,应先将路面边部模板安装完毕(对于滑模摊铺机无此工序)。采用半幅路面施工时,还应安装纵缝处模板。边模高度应与路面厚度相同。模板底面与基层若有空隙,应用石子或木片垫衬,以免振捣时模板下沉。垫衬后的剩余空隙,可用砂填满补实,以免漏浆而使混凝土侧面形成蜂窝。模板安装后应检查其高程是否正确,然后在内侧涂刷肥皂水、废机油等润滑剂以利拆模。

浇筑混凝土前,应按设计要求布设钢筋。钢筋应绑扎好,边缘钢筋可在底部垫放预制的混凝土垫块,或用钢钎插入基层固定,混凝土浇筑捣固后钢钎不再取出;角隅钢筋或全面网状钢筋,可先在下面浇一层混凝土后再予安放,然后再浇筑上面的混凝土。

五、施工技术

1. 混凝土拌制及运送

拌制混凝土时,要准确掌握配合比,特别要严格掌握用水量。每天开始拌和前,应根据天气变化情况，测定砂石含水率，据以调整实际用水量。每盘拌料均应过磅，保证用料精确度控制在规范规定的范围。

每一工班应检查材料量配精度至少2次，每半天检查坍落度2次。拌和机每盘拌和时间为1.5～2.0min，大致相当于拌鼓转动18～24转。

采用移动式拌和机时，通常用于推车或小翻斗车运送混凝土。因振动易使混合料产生离析现象，故运距不宜太长，一般以不超过100m为宜。采用拌和站（厂）集中拌和时，通常用自卸汽车或专用的混凝土罐车运送混凝土。自卸汽车车箱应密封，以免漏浆，装载不可过满，天热时需防水分蒸发，通常应不宜覆盖。运距则根据运载容许时间确定，通常夏季不宜超过30～40min，冬季不宜超过60～90min。

2. 混凝土铺摊及捣实

水泥混凝土路面施工常分为小型机具、轨道式摊铺、滑模式摊铺机三种方法，如图5-15所示。

a)

b)

图5-15　水泥路面施工
a）轨道式摊铺；b）滑模式摊铺机施工

（1）小型机具施工

混凝土混合料运送到达工地后应卸在钢板上，以免扰动下承层（尤其在砂质整平层更应注意）。混合料有离析现象时应用铁铲翻拌均匀。摊铺时不宜撒扬抛掷，以免混凝土发生离析。在模板附近，必须用方铲以扣铲法撒铺，并予振捣，使浆水捣出，以免发生空洞蜂窝。摊铺后的松散混凝土表面应略高于模板顶面，使捣实后的路面高程及厚度符合设计要求。

混凝土摊铺到一半厚度时应予刮平，用2.2kW平板振捣器振捣一遍后再加铺至路面顶面，整平后换用1.2～1.5kW平板振捣器再振捣一遍。

平板振捣器振捣后，对低洼处应予找补，然后用振捣梁振实。振捣梁的长度较一块路面板宽度略短，梁上装两三只1.1～1.7kW振捣器。振捣梁（夯实）两边各由一人扶着来回振捣，一般来回振捣一次，多余混凝土随振捣梁走动而刮去，低陷处应补足混凝土混合料后振捣密实。

为提高混凝土强度，可采用重复振动来捣实路面混凝土。即在混凝土初凝前先振捣一遍使其密实，3～5h后再振捣一遍，然后整平收浆。两次振捣均用2.2kW平板振捣器。此法可提高混凝土强度20%～25%。

（2）轨道式摊铺机施工

轨道式摊铺机施工的整套机械系在轨道上推进，也以轨道为基准控制路面高程。轨道和模板同步安装，统一调整定位，将轨道固定在模板上，既做路面的侧模，也是每节轨道的固定基座。轨道固定在路基上，其高程是否准确，轨道是否平直，接头是否平顺，将直接影响路面摊铺质量。模板要能承受从轨道传下来的机组质量，横向要保证模板的刚度。设置纵缝时，应按要求的间距，在模板上设置拉杆预留孔。

轨道模板本身的精度和安装精度，应达到一定的质量指标和技术要求，见表5-24、表5-25。

轨道及模板的质量指标 表5-24

项目	纵向变形	局部变形	最大不平整度(3m直尺)	高度
轨道	≤5mm	≤3mm	顶面≤1mm	按机械要求
模板	≤3mm	≤2mm	侧面≤2mm	与路面厚度相同

轨道及模板安装质量要求 表5-25

纵向线形顺直度	顶面高程	顶面平整度(3m直尺)	相邻轨、板间高差	相对模板间距离误差	垂直度
≤5mm	≤3mm	≤2mm	≤1mm	≤3mm	≤2mm

将倾卸在基层上或摊铺机箱内的混凝土按摊铺厚度均匀地充满在模板范围之内。

刮板式摊铺机本身能在模板上自由地前后移动，在前面的导管上左右移动。由于刮板本身也旋转，所以可将卸在基层上的混凝土混合料向任意方向摊铺。这类摊铺机质量轻，容易操作，易于掌握，使用较为普遍，但其摊铺能力较小。

箱式摊铺机通过卸料机(纵向或横向)将混凝土混合料卸在钢制箱内。箱体在机械前进行驶时横向移动，同时箱子的下端按松铺厚度刮平混凝土。此类摊铺机混凝土混合料一次全部卸在箱内，质量较大，但摊铺均匀而准确，摊铺能力大，故障较少。

螺旋式摊铺机由可以正反方向旋转的螺旋杆(直径均为50cm)将混凝土混合料摊开。螺旋杆后面有刮板，可准确调整高度。这种摊铺机的摊铺能力大，其松铺系数一般在1.15～1.30之间。它与混凝土的配合比、集料粒径和坍落度有关，施工阶段主要取决于坍落度。

混凝土振捣机是跟在摊铺机后面，对混凝土进行一次整平和捣实的机械。振捣梁前方设置的与铺筑宽度同宽的复平梁，一方面是补充摊铺机初平的缺陷，更重要的是使松铺混凝土混合料在全宽范围内达到正确高度。其与振捣密度和路面平整度直接相关。复平梁后是一道全宽的弧面振捣梁，以表面平板式振动把振动力传至全厚度。弹性振捣梁通过后，混凝土已全部振实。其后部混凝土应控制有2～5mm的回弹高度，提出砂浆，使整平工序能正常进行。

(3)滑模式摊铺机施工

滑模式摊铺机的施工工艺过程与轨道式摊铺机基本相同。滑模式摊铺机是将各作业装置装在同一机架上，使路面挤压成型，并可实现多种功能的摊铺，如路肩、路缘石等。滑模式摊铺机的特点是不需轨模，整个摊铺机的机架支承在液压缸上，可以通过控制系统上下移动以调整上下厚度，一次完成摊铺、振捣、整平等多道工序。

3.表面修整与拆模

混凝土振实后还应进行整平、精光、纹理制作等工序。

(1)人工施工

整平可用长45cm、宽20cm的木抹板反复抹平，然后再用相同尺寸的铁抹板至少拖抹三次，再用拖光带沿左右方向轻轻拖拉几次，将表面拉毛，并除去波纹和水迹。

为使混凝土路面具有粗糙抗滑的表面，可在整面后用棕刷顺横坡方向轻轻刷毛，也可用金属梳或尼龙梳梳成深1～2mm的横槽。

(2)机械施工

表面整修机有斜向移动和纵向移动两种。斜向表面修整机通过一对与机械行走轴线呈10°～13°的整平梁作相对运动来完成修整。其中一根整平梁为振动整平梁。纵向表面修整机为整平梁在混凝土表面沿纵向往返移动，由于机体前进而将混凝土表面整平。整平中，要随时注意清除因修光梁往复运行而摊到边沿的粗集料，确保整平效果和机械正常行驶。

精光工序是对混凝土表面进行最后的精细修整，使混凝土表面更加致密、平整、美观。这是混凝土路面外观质量的关键工序。

纹理制作是提高水泥混凝土路面行车安全的重要措施。施工时用纹理制作机对混凝土路面进行拉槽式压槽，在不影响平整度的前提下，具有一定粗糙度。适宜的纹理制作时间以混凝土表面无波纹水迹比较合适，过早或过晚都会影响纹理的质量。

混凝土达到一定强度即可拆除模板。拆模时间视气温而定，一般在浇筑混凝土 60h 以后拆除。

4. 接缝施工

当胀缝与结构物相接，混凝土板无法设置传力杆时，可做成厚边式，即接近结构物一端适当加厚。此时可将木制嵌缝板设在胀缝位置，为便于事后取出嵌缝条，可在临浇筑混凝土一侧贴一层油毛毡。为减少填缝工作，可用沥青玛蹄脂与软木屑混合压制成板放在胀缝位置，不再取出。

当胀缝设置传力杆时，可用软木（或油浸甘蔗板）做成整体式嵌缝板，中部预留穿放传力杆圆孔，混凝土浇筑后不再取出。也可用两截式嵌缝板，下截用软木制成，不再取出；上截用钢材或木材制成，也叫压缝板，浇筑混凝土捣固初凝后取出，然后填缝。

缩缝有压缝及切缝两种做法。压缝法是在混凝土经振捣后，在缩缝位置先用湿切缝刀切出一条细缝，再将压缝板压入混凝土中。压缝板为铁制，高度较假缝深度略大，宽度与缝隙宽度相等，使用前应先涂废机油等润滑剂；如压入困难，可用锤击或振动梁压入。切缝法是在混凝土强度达 50% ~70% 时，使用切缝机切割成缝。切缝法便于连续施工，效率高，切缝整齐平直，宽度一致，美观大方。施工中，应尽可能采用切缝机切缝。

平头式纵缝应在其下部已凝固的混凝土侧壁涂以沥青，上部设置压缝板，再浇筑另一侧混凝土。

5. 养生与填缝

养生的目的是防止混凝土中水分蒸发过速而产生缩裂，保证水泥水化过程的顺利进行。养生工作应在抹面 2h 后，混凝土表面已有相当硬度，用手指轻轻压上没有痕迹时开始进行。养生一般采用麻袋、草席覆盖及铺 2 ~ 3mm 厚砂层，每天均匀洒水 2 ~ 3 次，时间一般为 14 ~ 21d，具体时间应视气温而定。养生应注意保持接缝内的清洁，以免增加填缝困难。

混凝土路面养生期满后即可进行填缝。填缝也可在混凝土初步硬结后进行。填缝时，缝内必须清除干净，必要时应用水冲洗，待其干燥后在侧壁涂一薄层沥青漆，待沥青漆干燥后再行填缝。

理想的填缝料应能长期保持弹性与韧性，热天缝隙缩窄不软化挤出，冷天缩缝增宽时能胀大而不脆裂；此外，还要耐磨、耐疲劳，不易老化。冬季施工填缝应与混凝土路面齐平，夏季施工可稍许高出路面，但不应溢出或污染边缘。

第五节 路面工程量计算

一、混合料综合平均运距的计算

路面结构混合料的材料来源于多个料场，因此需要确定混合料的综合平均运距。当公路沿线路面结构类型和料场位置确定之后,首先确定相邻两种料场经济供应范围的分界点,然后按各路段的材料用量及运距用加权平均的方法求各个料场和全线路面材料的综合平均运距。假设路面工程料场的分布情况如图 5-16 所示,以各运料路段的中心桩号为运料终点,计算各料场的综合平均运距和全线路面材料的综合平均运距。

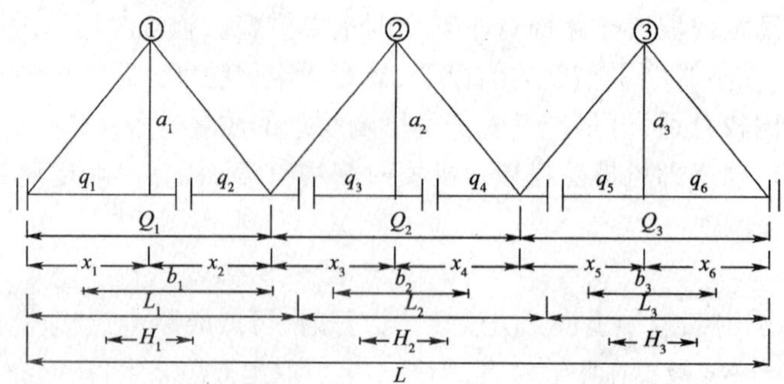

图 5-16 路面工程材料分布

计算材料场 1 的材料综合平均运距。

料场 1 的供应路段 $L_1 = x_1 + x_2$; q_1 、q_2 分别为 x_1 、x_2 路段内材料供应量; $Q_1 = q_1 + q_2$,为 L_1 路段内材料供应量。

当 L_1 路段内路面类型一致且路面厚度 h_1 及宽度 b_1 相同时,则材料供应量 q 与路段长度 x 成正比,即:

$$q_1 = H_1 b'_1 x_1 \qquad q_2 = H_1 b_1 x_2 \tag{5-8}$$

故料场 1 的材料综合平均运距 S_1 为:

$$S_1 = \frac{q_1\left(a_1 + \frac{x_1}{2}\right) + q_2\left(a_2 + \frac{x_2}{2}\right)}{q_1 + q_2} = \frac{a_1(x_1 + x_2) + \frac{1}{2}(x_1^2 + x_2^2)}{x_1 + x_2} \tag{5-9}$$

同理可求得其他料场的综合平均运距为:

$$S_2 = a_2 + a'_2 \qquad S_3 = a_3 + a'_3 \quad \cdots \quad S_n = a_n + a'_n \tag{5-10}$$

式中 a'为上路交点至两边供应范围内路面中间点的距离,即:

$$a'_1 = \frac{L_1}{2} - \frac{x_1 \cdot x_2}{L_1} \quad a'_2 = \frac{L_2}{2} - \frac{x_3 \cdot x_4}{L_2} \cdots a'_n = \frac{L_n}{2} - \frac{x_{2n-1} \cdot x_{2n}}{L_n} \tag{5-11}$$

全线路面材料的综合平均运距为:

$$S = \frac{Q_1 \cdot S_1 + Q_2 \cdot S_2 + \cdots + Q_n \cdot S_n}{Q_1 + Q_2 + \cdots + Q_n}$$

$$= \frac{h_1 \cdot b_1 \cdot L_1 \cdot S_1 + h_2 \cdot b_2 \cdot L_2 \cdot S_2 + \cdots + h_n \cdot b_n \cdot L_n \cdot S_n}{h_1 \cdot b_1 \cdot L_1 + h_2 \cdot b_2 \cdot L_2 + \cdots + h_n \cdot b_n \cdot L_n} = \frac{\sum_{i=1}^{n} h_i \cdot b_i \cdot L_i \cdot S_i}{\sum_{i=1}^{n} h_i \cdot b_i \cdot L_i} \tag{5-12}$$

当路面宽度不变时,上式可化简为:

$$S = \frac{\sum_{i=1}^{n} h_i \cdot L_i \cdot S_i}{\sum_{i=1}^{n} h_i \cdot L_i} \tag{5-13}$$

二、路面工程量的计算

(1)各类路面垫层按设计需要铺设的路面垫层的顶面面积计算。

(2)各类路面基层、底基层按设计需要铺设的路面基层、底基层(分层铺筑时的每层)的顶面面积计算。

(3)透层、黏层、封层按设计需要铺设的面积计算。透层和封层一般按基层顶面面积计算,黏层按需要铺洒黏层油的两面层的下层的顶面面积计算。

(4)各类路面面层除沥青混合料路面按设计路面混合料的实体体积计算外,其他路面均按设计需要铺设的路面面层(每层)的顶面面积计算。

(5)水泥混凝土路面的补强钢筋及拉杆、传力杆、钢筋网等按设计需要的质量计算。

(6)厂拌稳定土混合料、沥青混合料及水泥混凝土运输按设计路面混合料的实体体积计算。

(7)整修旧路面按设计需要整修的路面实际面积计算。

(8)挖除旧路面按设计需要挖除的旧路面的压实体积计算。

(9)挖路槽、培路肩按设计需要的挖路槽或培路肩的面积计算。

第六章 隧道工程

第一节 概 述

一、隧道及其分类

位于地表以下，一个方向的尺寸远大于另两个方向的尺寸，两端起连通功能的人工建筑物称为地道。横截面较小时称为坑道，横截面较大时称为隧道。

隧道按其所处的位置不同可分为山岭隧道、水下隧道（河底和海底）以及城市隧道等。

隧道按其横断面形状分为圆形、椭圆形、马蹄形、连拱形等，如图 6-1、图 6-2 所示。

隧道按其用途可分为交通隧道（包括公路隧道、铁路隧道、城市地铁、人行隧道等）和运输隧道（包括输水隧道、输气隧道、输液隧道等）。

图 6-1 分离式隧道

图 6-2 整体式直中墙连拱隧道

公路隧道一般指的是山岭隧道。为了克服地形和高程上的障碍（如山梁、山脊、垭口等），以改善和提高拟建公路的平面线形和纵坡，缩短公路里程，或为避免山区公路的各种病害（如滑坡、崩坍、岩堆、泥石流等不良地质地段），以保护生态环境，必须修建公路隧道。尤其是在高等级公路建设中，为了符合各等级公路的有关技术标准，常常必须修建隧道。

公路隧道按其长度的不同又分为四类，如表 6-1 所示。这种分类的目的，主要是为了以各种隧道的长度确定有关的设计和施工的技术要求、规定及不同的设计深度，从而达到简化的目的。

公路隧道分类 表 6-1

隧道分类	特长隧道	长隧道	中隧道	短隧道
隧道长度（m）	$L>3\,000$	$3\,000\geqslant L>1\,000$	$1\,000\geqslant L>500$	$L\leqslant 500$

隧道长度是指进出口洞门端墙之间的水平距离，即两端端墙面与路面的交线同路线中线交点间的距离，并以此作为计量支付的依据。

尽管隧道有各种用途、不同长度及横断面形状，但其构造组成大体相同，均由主体建筑物和附属建筑物两大部分组成。

二、隧道主体建筑物

隧道主体建筑物包括洞口和洞身。

1. 洞口

洞口工程是隧道出入口部分的建筑物，包括洞门，洞口通风及排水设施，边、仰坡支挡构造物和引道等。

隧道洞口位置的选择也是隧道位置的平纵横断面的最终确定。洞口位置应根据地形、地质、水文条件，并考虑边坡及仰坡的稳定，从保证施工和营运的安全出发，通过技术经济比较综合分析确定，并注意以下几点要求。

(1)洞口位置应设在山坡稳定、地质条件较好处，尽可能避开滑坡、崩坍、泥石流等不良地质地段。

(2)洞口位置不应设在沟谷低洼处，一般应设在有足够宽度的地质较好的山嘴处。

(3)为了保持洞口的自然环境，应延伸洞口的位置设置明洞。

(4)在不稳定环境的悬岩陡壁下进洞时，应延伸洞口设置明洞或采取其他加固措施，以保证安全。

(5)洞口位置也应考虑弃渣处理的可能与方便，并尽可能避开附近建筑物和居民区等。

(6)洞口的边坡和仰坡必须保证稳定，避免大挖大刷；并应根据实际情况，采取护坡防护措施。其顶部及周围应根据实际情况，设置排水沟及截水沟，以免造成坍塌，影响行车安全。

洞口应修建洞门，并应尽量与隧道轴线正交。洞门是为了保证边坡和仰坡稳定，并将仰坡流下的水引离隧道而在洞口修建的建筑物。它是隧道外露的唯一部分，起着保护洞口，保证边坡和仰坡稳定，美化和诱导作用(图6-3)。

图6-3　隧道洞口施工

隧道洞门有翼墙式、端墙式、柱式、环框式、遮光或遮阳式等不同形式(图6-4)。公路隧道一般采用翼墙式。

洞门正面端墙是洞门的主要组成部分，其作用是承受山体的纵向推力、支撑仰坡。端墙面有垂直式和仰斜式两种，就其与路线中心线的关系分为正交和斜交。端墙顶端构筑女儿墙，墙背后根部设有排水沟，端墙应嵌入路堑边坡内0.3～0.5m。

侧面翼墙的作用有两种，一是加强端墙抵抗山体纵向推力从而减少端墙的厚度；二是可减小洞口、明堑的开挖坡度，从而减少土石方数量。

洞口仰坡坡脚至洞门墙背的水平距离不应小于1.5m，洞门端墙与仰坡之间水沟的沟底至衬砌拱顶外缘的高度不应小于1.0m，洞门墙顶应高出仰坡坡脚0.5m以上。

洞门墙应根据实际需要设置伸缩缝、沉降缝和泄水孔。洞门墙的基础必须置于稳固的地基上，应视地形及地质条件、冰冻深度，埋置足够的深度，保证洞门的稳定性，如图6-5所示。

构筑洞门常用的材料有混凝土、钢筋混凝土、浆砌片石、镶面块石等。

为了美化环境，洞门可进行必要的装饰，并植树绿化。当设在城镇、旅游风景区附近及高速公路、一级公路的隧道，尤其应注意与当地环境、周围地形，以及建筑物相协调，做到既经济、适用又美观。

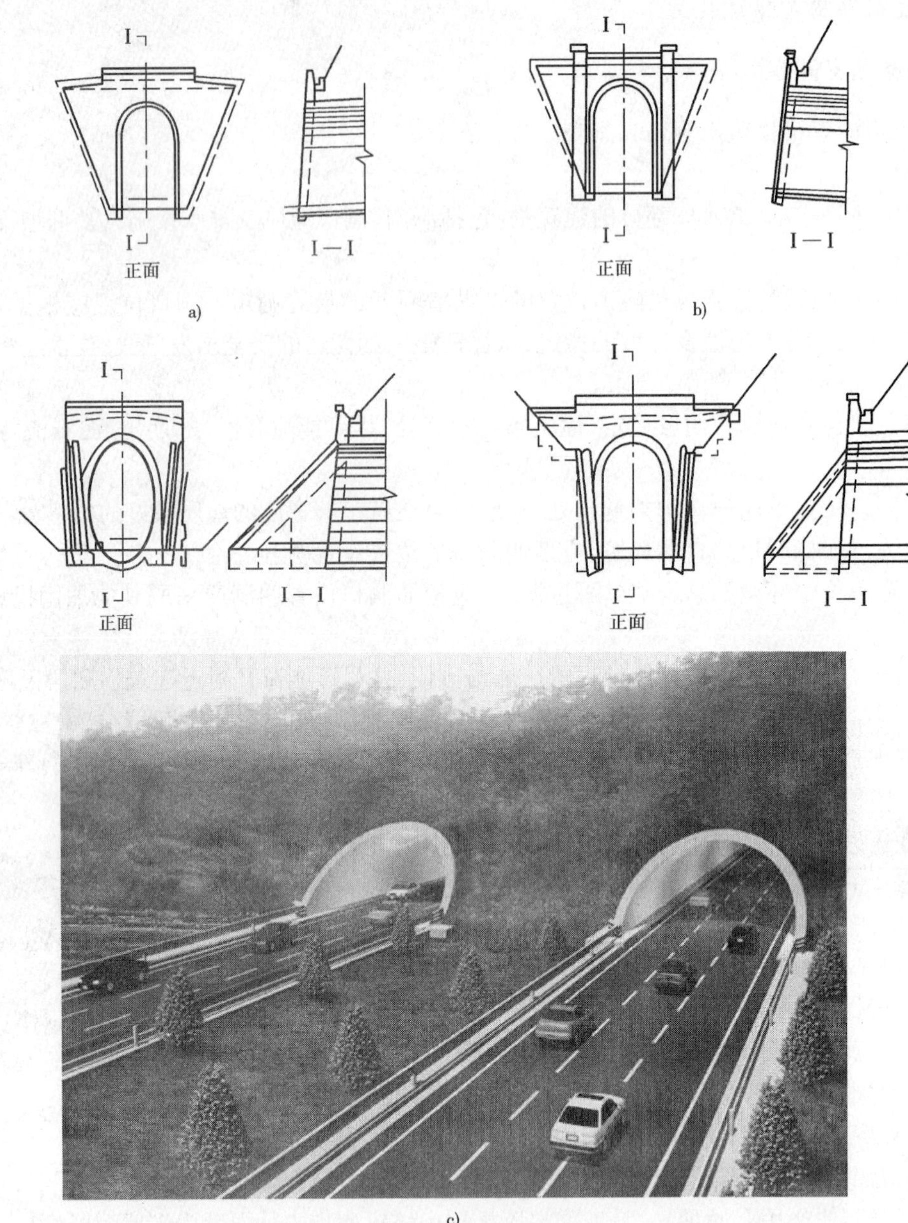

图6-4 隧道洞门形式
a)端墙式;b)柱式;c)削竹式

2. 洞身

洞身是隧道工程的主要组成部分,按其所处地形、地质条件及施工方法的不同,分为隧道洞身、明洞洞身和棚洞洞身。

(1)隧道洞身

根据路线设计高程与地形地质情况,当有足够厚的覆盖层时,应设计成隧道。隧道洞身由暗挖的岩土空间经衬砌而成。

图 6-5 洞门位置

衬砌即随洞内壁承受围岩压力的镶护结构。其作用是支护隧道、防止岩石碎落、风化、保证净空、防水排水。根据地质条件的不同,隧道衬砌按功能分为承载衬砌、构造衬砌和装饰衬砌,按组成可分为整体式衬砌和复合式衬砌(图 6-6);就使用材料而言,有喷射混凝土、锚杆、型钢拱形支撑、钢筋格栅支撑、钢筋网或铁丝网、模注混凝土、石料混凝土预制块衬砌及一、二次衬砌间的防水层、排水管等。

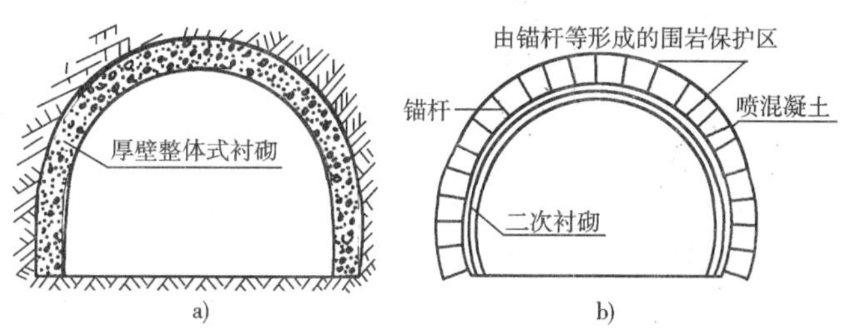

图 6-6 隧道衬砌

a)整体式衬砌;b)复合式衬砌

承载衬砌的作用是承受围岩垂直与水平方向的压力,一般由拱顶、边墙和仰拱(无仰拱时做铺底)组成。边墙根据水平压力的大小可做成直墙式或曲墙式。承载衬砌需进行荷载计算和衬砌设计,一般都做成整体式,常用的材料有混凝土、钢筋混凝土或浆砌片石,如图 6-7 所示。

图 6-7 承载衬砌

构造衬砌是在围岩压力很小,但为了防止岩石局部松动塌落和防止岩石风化而建造的衬砌。其无需进行受力计算。

装饰衬砌系在山体岩石整体性很好,且在Ⅳ类围岩(Ⅰ ~ Ⅲ级围岩)以上时,为防止表面岩石风化而做的衬砌。

在衬砌段之间,应根据实际情况设置变形缝,在Ⅲ级及以下(Ⅳ ~ Ⅵ级)围岩地段应设置仰拱。所谓仰拱,是指在两相对的边墙基础之间,设置曲线形的水平支撑结构。一般通过不良的地质和特殊围岩的隧道衬砌，如软弱和膨胀性围岩的隧道，应采用曲墙带仰拱的混凝土或钢筋混凝土衬砌结构，必要时还应设置钢拱支撑混凝土衬砌结构。这是处理和加固软弱围岩地段隧道必不可少的技术措施。设置仰拱的隧道，路面下应以浆砌片石或贫混凝土密实回填。

复合式衬砌也称二次衬砌，由内外两层复合而成。其外层（即与围岩面接触的部分）常称为初次（或初期）柔性支护，有喷射混凝土、锚杆、钢筋网或铁丝网、临时或永久性钢拱支撑等支护形式，可以设置为单一或多项的合理组合；内层常称为二次衬砌，一般采用现浇混凝土，又称为模注混凝土。两次衬砌之间应采用防水夹层措施。隧道开挖后，首先用喷锚作为初期支护，承受围岩的初期变形，待初期变形基本稳定后，再做内层现浇混凝土衬砌。外层喷锚支护与内层现浇混凝土衬砌相互依赖共同来承受围岩的变形和压力。其基本特点是将围岩的松动压力经喷锚支护传给稳定的基岩，使围岩、支护、衬砌三者形成一个整体统一的承载结构。复合式衬砌通常适用于Ⅳ类及以下的软弱破碎围岩。

(2)明洞洞身

明洞是指采用明挖的方法施工的隧道，如图6-8所示。在修建洞口工程时，往往需要修筑一定长度的明洞，即路基或隧道洞口受不良地质、边坡塌方、岩堆、落石、泥石流等危害又不宜避开清理的地段，以及为了保证洞口的自然环境而延伸隧道洞口时，需设置明洞。明洞除常用于洞口内，当隧道位置处于下列情况时，一般都设置明洞：

①洞顶覆盖层薄，不宜大开挖修建路堑而又难于采用暗挖法修建隧道的地段；

②可能受到塌方、落石或泥石流威胁的洞口或路堑；

③铁路、公路、水渠和其他人工构造物必须在拟建公路的上方通过，又不宜采用隧道或立交桥或涵渠跨越的地点。

明洞的结构形式有拱形明洞和箱形明洞两种。拱形明洞整体性好，可承受较大的垂直与水平压力。当边坡塌方量较大、落石较多或基础设置条件较好时，一般都宜采用拱形明洞。当净高、建筑高度受到限制或地基软弱的地段，则宜采用箱形明洞。

明洞衬砌一般采用对称变截面拱圈、直线或曲线墙，内形一般与洞身一致。为防渗水、积水及冰冻危害，明洞一般做外贴式防水层和隔水层。

明洞基础的埋置深度，一般应符合上述洞门的有关规定和要求。当埋置深度超过路面以下3m时，在路面以下设置钢筋混凝土横向水平拉杆，锚固于内层边墙或岩体中，用锚杆锚固于稳定的岩体中。基岩埋置较浅时，基础可设置于基岩上。当基础位于软弱地基上时，基础可采用仰拱、整体式钢筋混凝土底板等结构。

(3)棚洞洞身

棚洞是指明挖路堑后，构筑简支的或拱形顶棚架并回填而成的洞身，如图6-9所示，属于明洞范畴的隧道。采用棚洞的条件与明洞大致相似，其结构整体性比明洞差，但由于顶棚与内外墙简支，故对地基的要求相对较低。其适用条件为：

①有少量塌方和落石的地段；

②内外墙底基础软硬差别较大，不适宜修建拱形明洞的地段；

③半路堑外侧地形狭窄或基岩埋深大并有条件设计为桩基的地段。

棚洞随地形、地质条件的不同有多种类型，但其基本构造均有内墙、外侧支撑结构（悬臂式棚洞无此结构）以及顶板三部分组成。内墙一般用浆砌片石砌筑，截面厚度不小于50cm，内墙顶设顶帽以承托和嵌固顶板。外侧支撑结构根据地形、地质情况的不同可做成刚架式、柱式和墙式。顶板可采用T形梁、I形梁或空心板截面构件。

当棚洞立柱的基础置于路面3m以下时，立柱可在路基平面处加设纵撑和横撑，以与相邻立柱及内边墙相连接，以增强其稳定性。

图6-8　明洞

图6-9　棚洞

三、隧道附属建筑物

隧道除了组成其主体结构的洞口、洞门及洞身外，一般还有如下一些附属建筑物。

1. 防水排水系统

隧道要求拱部不滴水，边墙不漏水，路面不冒水、不积水，设备箱洞处不渗水，冻害地区隧道衬砌背后不积水、排水沟不冻结。为达到上述要求，应采取防、截、排、堵综合治理，形成防水排水系统。该系统包括洞顶防水排水、洞门排水、洞内排水和洞内防水四个方面。图6-10、图6-11为隧道内排水不良产生的病害。

图6-10　隧道内结冰

图6-11　隧道渗漏水

2. 通风、照明与供电系统

隧道内有良好的空气是行车安全的必要条件，所以隧道应具备良好的通风条件，以排出污浊空气，补充新鲜空气，或吹入新鲜空气，稀释污浊空气。隧道的通风方式有机械通风和自然通风两种。交通量小的中、短隧道可采用自然通风，交通量大的长隧道应采用机械通风。采用机械通风时，常采用纵向通风形式，配以射流风机，并按正常通风量的50%配置备用通风机。

为了保证车辆的正常行驶和交通安全，隧道应设电光照明。隧道的照明要考虑洞内有合理的光过渡，尤其是白天，要避免"黑洞"效应，使之由亮到暗（洞外到洞内）或由暗到亮（洞内到洞外）有个很好的适应过程。对于能通视、交通量较小和行人密度不大的短隧道，可以不设白天照明设施。但长度超过100m的高速公路，一、二级公路的隧道，则仍应设置白天照明设施。照明的光源，一般选用在烟雾中有较好的透视性的低压钠灯或显色性较好的荧光灯，而在隧道的出入口处，则选用小型、大光通量的高压钠灯或高压荧光灯。结合公路隧道营运的特点,则宜选用具有耐腐蚀性、不易老化、防潮和防喷性的灯具,达到节约维修和保养费用的目的,如图6-12所示。

图6-12　隧道通风、照明系统

隧道内供电系统分动力供电和照明供电。供电系统的设计必须执行国家技术经济政策,做到保证安全、供电可靠、技术经济合理。一般采用三相四线供电,供电系统宜采用380/220V交流电和中性接地变压器。

3. 隧道运营管理设施

隧道的运营管理设施包括动力网路使用的电缆与电缆槽,通信、信号及标志,消防及救援设施,以及装饰、消音、收费设施等。救援设施包括避人洞及行人横洞和行车横洞。隧道内不设人行道时,除短隧道外,应设置避车洞。避车洞在洞内应两侧交叉布置。相邻双孔隧道之间按规定间距设置供巡查、维修、救援及车辆转换方向用的行人横洞和行车横洞。

图6-13　隧道中央控制中心

长隧道必要时应设置报警、消防及其他应急设施,如图6-13所示。

4. 辅助坑道

在隧道建设中,为了增加工作面、提高施工进度、缩短工期以及改善施工条件,可适当增设辅助坑道。辅助坑道有横洞、竖井、斜井和平行导坑几种形式。

横洞多用于傍山线路靠河的一侧,其纵坡向外下坡,出口有河槽或谷地便于排水和堆渣,且有利于正洞的施工通风。横洞既增加了工作面又便于施工管理,是优选方案。

斜井适用于隧道覆盖层较薄,或虽厚但在适宜处旁侧有低洼地形时。利用斜井出渣运输需要有相应的提升设备。为使机具材料运输与人员上下互不干扰,有时按主、副斜井分建,但造价高、工期长,故多数宜建混合井。斜井底部设停车场,提升设备应有可靠的安全装置。

当隧道较长且无设置横洞和斜井的条件,但在洞顶某些地段覆盖层较薄,且地质条件允许时,可设竖井。通常竖井都设在主隧道的一侧。竖井横断面有矩形和圆形,由井颈、井身、井窝和马头门组成。

主隧道较长且覆盖层较厚,不宜采用其他形式辅助坑道时,尤其是在远期规划需增建第二线平行隧道时,采用平行导坑方案具有良好的经济效益。平行导坑可在主隧道一侧或两侧设置,一般都是独头导坑。平行导坑应先于主洞开工,根据工期和施工方法确定由平行导坑开向主洞的横通道数量。平行导坑在施工期间作为增加工作面的进出口和施工通风道,在涌水量大的主隧道运营期间,可作为排水通道起排水沟的作用,如图6-14、图6-15所示。

图 6-14　车行横洞与紧急停车带

图 6-15　隧道双侧壁导坑法

四、洞内线路构筑物

对于不同种类的隧道，有不同的洞内线路构筑物。例如，铁路隧道的洞内线路构筑物为道床，公路隧道的洞内线路构筑物为路基和路面。

第二节　公路隧道设计

一、隧道位置选择与线形要求

隧道位置选择的一般要求是：高速公路、一级公路上的隧道和二、三、四级公路上的短隧道，其线形及其与公路的衔接应符合路线布设的规定。二、三、四级公路上的特长及长、中隧道的位置原则上应服从路线走向，路隧综合考虑确定。此外隧道两端洞口的连接线应与隧道的平面线形相协调，并符合以下规定：

(1)隧道洞口内外各 3s 的设计车速行程长度范围的平面线形应一致；

(2)隧道洞口内外各 3s 的设计车速行程长度范围的纵面线形应一致，有条件时宜取 5s 设计速度行程；

(3)当隧道建筑限界宽度大于所在公路的建筑限界时，两端连接线应有不短于 50m 的、同隧道等宽的路基加宽段；当隧道限界宽度小于所在公路的建筑限界时，两端连接线的路基宽度仍按公路标准设计，其建筑限界宽度应设有 4s 的行程的过渡段与隧道洞口衔接，以保持隧道洞口内外横断面顺适过渡；

(4)长、特长的双洞隧道，宜在洞口外合适位置设置联络通道，以利车辆掉头。

对于间隔 100m 以内的短隧道群，宜整体考虑其平、纵线形技术指标。其连接线的纵坡则应有一定的距离与隧道纵坡保持一致，以满足设置竖曲线和保证各级公路停车或会车视距的需要。虽然隧道位置的最终确定和选择，是定测阶段和施工图设计时的任务，但在各个设计阶段的比选中，仍然是十分重要的。

隧道位置应选择在稳定的地层中，尽量避免穿越地质不良地段，若必须通过时，应有切实可靠的工程措施。

修建沿河傍山公路时，常会遇到地形陡峻和山区病害多发的不良地质地段，为了改善线形，满足标准，避免高填深挖，引发新的病害，以确保公路的营运安全。设计为傍山隧道，又称河谷隧道，其位置宜向山侧内移，以免一侧洞壁过薄产生偏压，同时要求注意水流冲刷对山体和隧道洞身的影响。

濒邻水库区的隧道，其洞口路肩设计高程应高出水库计算洪水位（含浪高和壅水高）不小于0.5m。

隧道内的纵坡一般大于0.3%，以利排泄雨水，但不应大于3.0%。独立的明洞和短于50m的隧道可不受此限制。纵坡的形式一般可设置为单坡，地下水发育的隧道及特长和长隧道可设计为人字坡。隧道内纵坡变更处应设置竖曲线。凸形竖曲线最小半径和最小长度应满足规范要求。

二、横断面

公路隧道的横断面，主要是指隧道的净空断面，即衬砌内轮廓线所包围的空间，也称为内轮廓限界。它包括隧道建筑限界，以及照明、通风等所需的空间断面积。而隧道的建筑限界如图6-16所示，在建筑限界内，不得有任何部件侵入。

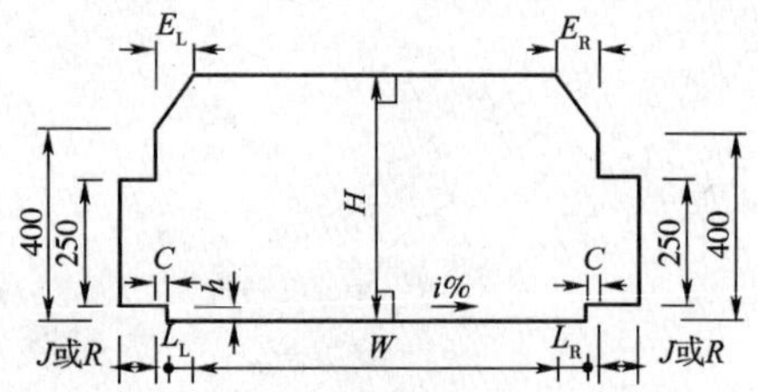

图6-16　公路隧道建筑限界（单位：m）

H-建筑限界高度；W-行车道宽度；L_L-左侧向宽度；L_R-右侧向宽度；C-余宽；J-检修道宽度；R-人行道宽度；h-检修道或人行道的高度；E_L-建筑限界左顶角宽度，$E_L = L_L$；E_R-建筑限界右顶角宽度，当$L_R \leq 1m$时，$E_R = L_R$，当$L_R > 1m$时，$E_R = 1m$

公路隧道的横断面设计除应符合上述建筑限界规定外，还应考虑洞内排水、通风、照明、防火、监控、营运等附属设施所需的空间，以及施工方法等必要的富余量。根据围岩压力和使用要求，确定断面形式和尺寸。

高速公路、一级公路的隧道应设计为上、下分离的独立双洞。分离式独立双洞的最小净距，按两洞结构彼此不产生有害影响的原则，结合隧道平面线形、围岩地质条件、断面形状和尺寸、施工方法等因素确定，一般情况下可按表6-2的规定选用。在隧桥相连、隧道相连、地形条件限制等特殊地段隧道净距不能满足要求时，可采取小净距隧道或连拱隧道形式，但应作出充分的技术论证和比较研究，并制订可靠的技术保障措施，确保工程质量。

分离式独立双洞间的最小净距　　表6-2

围岩级别	Ⅰ	Ⅱ	Ⅲ	Ⅳ	Ⅴ	Ⅵ
最小净距（m）	1.0B	1.5B	2.0B	2.5B	3.5B	4.0B

注：B为隧道开挖断面的宽度。

三、路面

公路隧道洞内行车道路面宜采用水泥混凝土路面，它能提高照明亮度，并具有耐久使用等优点；当洞内干燥无水、施工方便时，也可采用沥青混凝土路面。采用水泥混凝土路面时，应按设计要求在相应位置设置必要的变形缝。路面设计应符合路面设计规范的有关规定。

四、防水与排水

防水与排水设施是隧道工程重要的组成部分，应结合隧道衬砌采用可靠的防水和排水措施，使洞内外形成一个完整的畅通的防排水系统。基本要求要做到隧道内不滴水或不渗水，以保证在营运期内行车安全、设备的正常使用，使之具有良好的耐久性。在设计和施工防排水系统时，要特别注意保护生态环境和农田水利排灌系统的完好无损。

公路隧道防水，首要是做好堵水和截水。所谓堵水，就是在围岩破碎和涌水易塌地段，直接向围岩体内压水泥浆或化学浆液，堵塞裂隙水和渗涌水孔。至于截水，则主要是防止地表水的下渗，其措施有铺砌、勾补、抹面，以及坑穴、钻孔等的填平、封闭等。

公路隧道衬砌的防水方法很多，应首先采取引排措施，如设置盲沟、排水管等，将水引至水沟内排出，然后敷设聚氯乙烯塑料板或合成树脂防水卷材，以及防水混凝土等内、外贴衬砌防水层。当采用复合式衬砌时，则宜设置夹层防水层。隧道衬砌中的施工缝、变形缝等处，应采用专门的止水条（带）嵌塞措施，以防止渗漏。

公路隧道的排水设施，包括洞内和洞外两部分。

洞外排水应根据地形、地质、气象，以及建设工程的实际情况，结合农田水利建设的需要，全面规划，综合治理，因地制宜地设置疏水、截水、引水设施。

在洞口和明洞顶，应设置截水沟、排水沟等排水设施。洞口边坡、仰坡应采取防护措施，如铺砌、抹面等，以防止地表水的下渗和冲刷。要注意防止洞外雨水流入洞内，当洞口外路堑为上坡时，应在洞口外设置反排水沟或截流涵洞。

洞内一般要设置纵向排水钩、横向排水坡或横向排水暗沟、盲沟等排水设施。

五、照明与通风、供电

1. 照明

公路隧道长度大于100m的隧道应设置照明。照明设计应综合考虑环境条件、交通状况、土建结构设计、供电条件、建设与营运费用等因素。其照明其区段的划分如图6-17所示。

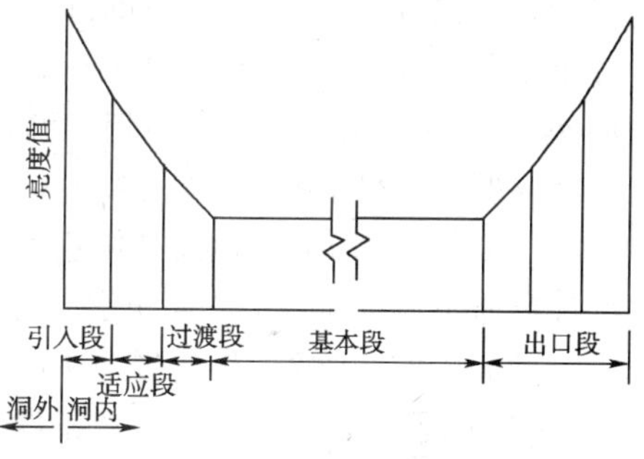

图6-17 白天照明渐变梯度图（双向交通）

照明设计路面亮度总均匀度（U_0）应不低于表6-3的要求，路面亮度纵向均匀度（U_1）不低于表6-4的要求。

路面亮度总均匀度 表6-3

设计交通量 N（辆/h）		U_0
双车道单向交通	双车道双向交通	
≥2 400	≥1 300	0.4
≤700	≤360	0.3

注：当交通量在其中间值时，可按插入法取值。

路面亮度纵向均匀度 表6-4

设计交通量 N（辆/h）		U_1
双车道单向交通	双车道双向交通	
≥2 400	≥1 300	0.6～0.7
≤700	≤360	0.5

注：当交通量在其中间值时，可按插入法取值。

中间段亮度可按表6-5取值。过渡段、出口段的照明应满足规范有关要求。

中间段亮度 L_{in}（cd/m²） 表 6-5

计算行车速度（km/h）	双车道单向交通 N＞2 400 辆/h 或双车道双向交通 N＞1 300 辆/h	双车道单向交通 N≤700 辆/h 或双车道双向交通 N≤360 辆/h
100	9.0	4.0
80	4.5	2.0
60	2.5	1.5
40	1.5	1.5

当双车道单向交通 700 辆/h＜N≤2 400 辆/h，双向交通 360 辆/h＜N≤1 300 辆/h 且通过隧道的行车时间超过 135s 时，可按表 6-5 的 80% 取值。

当隧道不设电光照明时，则宜设置车道分离设施（如隔离墩、分离块）和配置诱导视线的反光标志。此外，凡在隧道内设置紧急停车带时，其停车处的亮度应按基本照明亮度的 1.5～2.0 倍设计确定。

2. 通风

公路隧道当隧道较长，而交通量又较大时，汽车所排出的一氧化碳（CO）和柴油车所排出的烟雾，会直接危害司乘人员的健康，而烟雾、尘土等又会使能见度降低，从而影响行车速度和行车安全。公路隧道通风设计应综合考虑交通条件、地形、地貌、地质条件、通风要求、环境保护要求、火灾时的通风控制、维护与管理水平、分期实施的可能性、建设与营运费用等因素。

根据《公路隧道设计规范》（JTG D70—2004）的规定，隧道通风应符合以下要求。

（1）单向交通的隧道设计风速不宜大于 10m/s，特殊情况下可取 12m/s；双向交通的隧道设计风速不应大于 8m/s；人车混合通行的隧道设计风速不应大于 7m/s。

（2）风机产生的噪声及隧道中废气的集中排放均应符合环保的有关规定。

（3）确定的通风方式在交通条件发生变化时，应具有较高的稳定性，并能适应火灾情况下的通风要求。

（4）隧道内营运通风的主流方向不应频繁变化。

公路隧道的通风方式，有机械通风和自然通风两种。采用哪种方式才合理，应根据建设工程的实际情况和营运期间的交通状况，通过对行驶车辆排放的有害气体所计算出的数据来确定。

3. 供电

公路隧道的照明与通风所需的原动力，主要是电力，所以应设置完善的供电系统，做到保证人身安全、供电可靠、技术经济合理。凡设照明、通风的高速公路、一级公路的隧道，应设置独立的备用电源，以防意外的断电事故，并确保交通运输的安全，避免造成不应有损失。

六、救援及消防设施

为了便于消防及紧急救援，凡设计为眼镜形的双孔隧道，两座隧道之间宜按表 6-6 的规定，设置供巡查、维修、救援及车辆转换方向用的行人横洞和行车横洞。

横洞间距及尺寸（m） 表 6-6

名称	间距	尺寸	
		宽	高
行人横洞	250～500	2.0	2.5
行车横洞	750～1 000	4.0	5.0

当隧道长度在400～600m时，可在隧道中间设置一行人横洞；当隧道长度在800～1 000m时，可在隧道中间设置一行车横洞，凡小于上述下限值的则不设横洞。在500m以上的高速公路和一级公路的隧道，宜单独设置存放专用消防器材等的洞室。横洞及各种专用洞室的衬砌，一般应与隧道内相应部位衬砌类型相同，行人横洞的底面应与人行道或边沟盖板顶面平齐。行人横洞两端则应与路缘带顺坡，并设半径不小于5m的转弯喇叭口。

七、装饰

公路隧道装饰不仅可起到美化作用，而且还可减少噪声，提高隧道亮度和照明的效果，但除高速公路、一级公路的隧道外，一般不考虑进行内装饰。所以，公路隧道设计规范和施工规范对此没有规定和要求，故应结合建设工程的实际情况，合理确定。

在进行隧道内装饰时，应经济耐用，易于保养清洗，并适当考虑美化、提高亮度和尽可能减少噪声的原则，进行综合分析确定。

第三节　公路隧道施工

一、隧道施工方法概述

隧道施工是修建隧道及地下洞室的施工方法、施工技术和施工管理的总称。隧道施工方法的选择主要依据地质、地形、环境条件及埋置深度，并结合隧道断面尺寸、长度、衬砌类型、隧道的使用功能和施工技术水平等因素综合考虑确定。根据隧道穿越地层的不同情况和目前隧道施工技术的发展，隧道施工方法可按以下方式分类。

山岭隧道的支护方法有矿山法、新奥法、掘进机法，如图6-18所示。浅埋及软土隧道的施工方法有明挖法、地下连续墙法、浅埋暗挖法、盾构法。水底隧道的施工方法有沉埋法、盾构法。

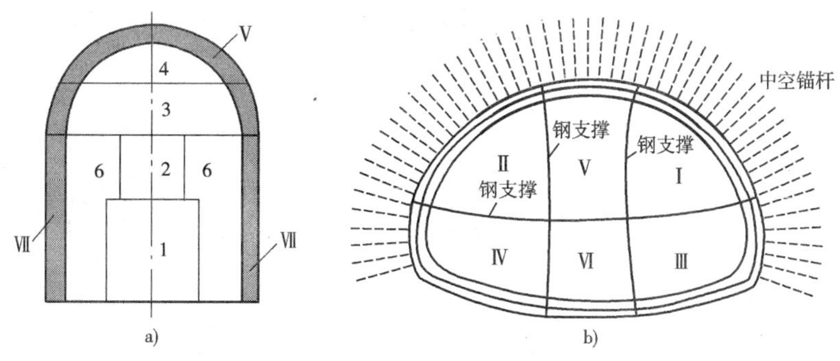

图6-18　隧道施工支护方法

a)矿山法；b)新奥法

隧道施工有以下特点：

(1)受工程地质和水文地质条件的影响较大；

(2)工作条件差，工作面小而狭窄，工作环境差；

(3)暗挖法施工对地面影响较小，但埋置较浅时，可能导致地面沉陷；

(4)有大量废渣,需妥善处理。

埋置较浅的工程,施工时先从地面挖基坑或堑壕,修筑衬砌后再回填,这种施工方法称明挖法。当埋置深度超过一定限度后,明挖法不再适用,而要改用暗挖法,即不开挖地面,采用在地下挖洞的方式施工。

暗挖法施工最初是采用矿山开拓巷道的方法,故称为矿山法。其基本原理是,隧道开挖后受爆破影响,造成岩体破裂形成松弛状态,随时都有可能坍落,因此施工中按分部顺序采取分割式一块一块的开挖,边挖边撑以求安全,所以支撑复杂,木料耗用多。现在应用越来越少。

随着岩体力学的发展,在结合现场经验的基础上,20 世纪中叶创建了新奥法。该法的主旨是尽量利用围岩的自承能力,用喷锚支护控制围岩的变形及应力重分布,使之达到新的平衡。这样就把支护和围岩组成一整体结构,而其中的主要承载部分是围岩。此法是在软弱围岩中施工的有效方法。

二、公路隧道围岩分类及施工要点

隧道的土壤岩面统称为围岩,它与土壤岩面有不同的分类方法和标准。公路隧道的围岩分级见表 6-7。

公路隧道的围岩分级 表 6-7

围岩级别	围岩或土体主要定性特征	围岩基本质量指标 BQ 或修正的围岩基本质量指标[BQ]
Ⅰ	坚硬岩,岩体完整,巨整体状或巨厚层状结构	>550
Ⅱ	坚硬岩,岩体较完整,块状或厚层状结构; 较坚硬岩,岩体完整,块状整体结构	550~451
Ⅲ	坚硬岩,岩体较破碎,巨块(石)碎(石)状镶嵌结构; 较坚硬岩或较软硬岩层,岩体较完整,块体状或中厚层结构	450~351
Ⅳ	坚硬岩,岩体破碎,碎裂结构; 较坚硬岩,岩体较破碎~破碎,镶嵌碎裂结构; 较软岩或软硬岩层互层,且以软岩为主,岩体较完整~较破碎,中薄层状结构	350~251
	土体:1 压密或成岩作用的黏性土及砂性土; 2 黄土(Q_1、Q_2); 3 一般钙质、铁质胶结的碎石土、卵石土、大块石土	
Ⅴ	较软岩,岩体破碎; 软岩,岩体较破碎~破碎 极破碎各类岩体,碎、裂状,松散结构	≤250
	一般第四系的半干硬至硬塑的黏性土及稍湿至潮湿的碎石土、卵石土、圆砾、角砾土及黄土(Q_3、Q_4)。非黏性土呈松散结构,黏性土及黄土呈松软结构	
Ⅵ	软塑状黏性土及潮湿、饱和粉细砂层、软土等	

注:本表不适用于特殊条件的围岩分级,如膨胀性围岩、多年冻土等。

在公路隧道的设计和施工过程中,对隧址区的工程地质资料的收集十分重要,通常应在较大的范围内,按照不同设计阶段的深度和要求,做详细的工程地质和水文地质以及其他有关方面的调查,根据地质测绘、勘探、试验资料等,对隧道围岩作质量评价,科学地指定围岩类别,为设计和施工提供可靠的依据。在隧道施工期间,应随时了解和收集洞身地质资料,发现设计文件与实际情况不相符时,应及时修改围岩类别,变更衬砌设计,重新确定继续掘进的施工方法。

修建公路隧道时,除要进行开挖外,还要进行衬砌,要修建洞门、路面、防排水结构、交通工程及管理设施等。而在隧道设计中,开挖和衬砌是两个主要的工作环节。根据勘探调查的地质资料,提出各类围岩的开挖断面与衬砌形式和尺寸的统一设计资料,并计算出每米洞身的开挖和衬砌数量,作为编制工程造价和组织施工的依据。

公路隧道工程的设计和施工,是一个复杂的系统工程,除洞口和洞门是在露天施工外,其余各项工程都是在地下并要不间断的进行施工作业,故在整个施工过程中必须备有良好的照明和通风条件,还要进行洒水除尘。因此,隧道工程需要照明发电设施和空气压缩机供应站,修建蓄水供水系统等临时工程设施。

1. 供电

隧道的供电必须满足动力和照明的需要,并确保施工的安全。施工作业地段每平方米应不小于15W,已开挖成洞至弃渣处的运输地段都应设照明电灯,要求灯光充足均匀,不得闪耀。

若采用工业电力时,应修建由高压输电线路至工地变电站的电力线路。

2. 供气

隧道的供气,一是为风动工具提供原动力,二是为洞内施工人员送入新鲜空气或吸出污浊空气,常称为通风。除短隧道可采用自然通风外,其余各类隧道一般都采用管道通风。根据实践经验资料,每人约需新鲜空气$3m^3/min$左右。

空气压缩机站的生产能力,应能满足施工需要的风量,同时应使开挖面的风压不小于0.5MPa。机组宜选用固定式的电动空压机,若采用机动空压机,则配合的风量应比电动空压机增加20%。除按必需的风量选配机型外,一般还应考虑适当的备用量。

3. 供水

隧道的供水主要用于以下几个方面:

(1)凿岩机钻孔用水;

(2)喷雾防尘;

(3)冲洗围岩面和石渣;

(4)衬砌用水。

供水的水压应满足用水点的要求,应尽量利用高山水源筑池蓄水。水池应有一定的储水量和高程,以保证一般工作面水压不小于0.3MPa,喷射混凝土应不小于0.5MPa。严寒地区要注意保温。

三、新奥法

新奥法即奥地利隧道施工新方法(New Australian Tunnelling Method),是奥地利学者腊布希维兹首先提出的。它是以喷射混凝土和锚杆作为主要支护手段,通过监测控制围岩的变形,便于充分发挥围岩的自承能力的施工方法。

锚喷支护技术与传统的钢木构件支撑技术相比,不仅仅是手段上的不同,更重要的是工程概念的不同,是人们对隧道及地下工程问题的进一步认识和理解。由于锚喷支护技术的应用和发展,导致隧道及地下洞室工程理论步入到现代化理论的新领域,也使隧道及地下洞室工程的设计和施工更符合地下工程实际,即设计理论—施工方法—结构(体系)工作状态(结果)的一致。因此,新奥法作为一种施工方法,已在世界范围内得到了广泛的应用。

1. 理论依据

新奥法的基本理论依据,就是利用围岩本身所具有的承载效能的前提下,采用毫秒爆破和光面爆破技术,进行全断面开挖施工,并以复合式内外两层衬砌形式来修建隧道的洞身,即以喷混凝土、锚杆、钢筋网、钢支撑等为其外层支护形式,称为初次柔性支护,系在洞身开挖之后必须立即进行的支护工作。因为蕴藏在山体中的地应力由于开挖成洞而产生再分配,隧道空间靠空洞效应而得以保持稳定。也就是说,承载地应力的主要是围岩体本身(抗荷环),而采用初次喷锚柔性支护的作用,是使围岩体自身的承载能力得到最大限度地发挥,二次衬砌主要是起安全储备和装饰的作用,因此总的衬砌厚度是比较薄的,如图 6-19 所示。

图 6-19　隧道施工

2. 设计特点

公路隧道的设计与其他结构设计相比有以下两个难点。

(1)难以求得其真实的围岩体的物理参数和初始地应力。由于地质构造的离散性和不可预见性,地质钻探难以全面、准确地获得地质情报。

(2)难以确定荷载系统。作用在隧道上的荷载有两种,即作用在隧道围岩上的荷载和作用在支护结构上的荷载。前者是随隧道开挖产生再分配而引起的,而这种应力再分配的特性,受隧道的断面形式、开挖程序、支护方法和围岩形变特性所支配,很难用一个模式将其确定;后者主要是由围岩体的变形引起的,它同样也受上面几种因素的影响而难以确定。

因此,采用新奥法施工时,一个完整的隧道工程设计由初始设计和修正设计两部分组成。初始设计难以反映围岩体和支护结构的真实受力状况,故新奥法要求在开挖过程中,认真做好量测工作,并不断地反馈到初始设计中,以利及时修改支护参数和施工方案,使其更经济、合理。

初始设计是编制隧道工程造价和组织施工的主要依据,是指令性的技术文件。其设计方法主要有以下三种。

(1)基于围岩的分级设计

这种方法是根据勘测钻探所提供的围岩分级情报资料,预先确定出对于各级围岩的设计开挖断面和设计支护形式,如隧道的各部尺寸、锚杆的长度、间距、喷射混凝土和模注混凝土的厚度,然后据以计算出每米的开挖工程量、锚杆的质量、喷射混凝土和模注混凝土的数量等。设计时只需将山体分级围岩的长度乘以对应于各类围岩的每米设计工程量,这样,隧道的开挖和衬砌两项的初步设计工作就基本完成。目前,国内外的公路隧道大都是依靠围岩的分级来进行设计的。因为这种方法技术要求明确又直观,设计人员容易掌握使用。

新奥法的横断面形式,一般设计为弧形。对于隧道开挖断面的设计尺寸及其面积的计算方法,现以Ⅳ级围岩为例介绍如下。

Ⅳ级围岩的横断面设计开挖尺寸,如图6-20所示。

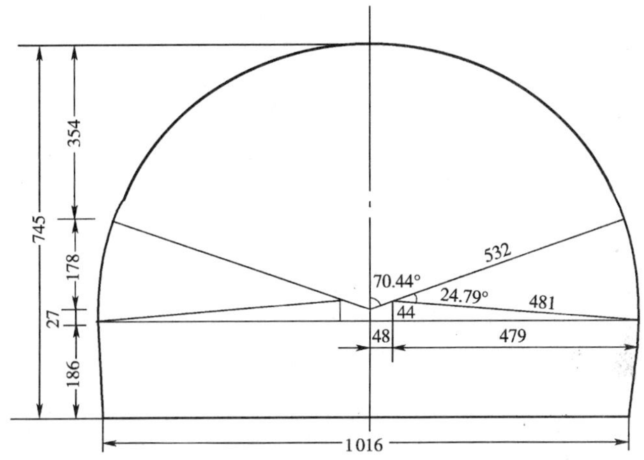

图6-20 Ⅳ级类围岩横断面设计尺寸(尺寸单位:cm)

有关横断面面积的计算方法是:

拱部弧长:$L_1 = 2 \times 5.32 \times \pi \times 70.44 \div 180 = 13.08\text{m}$

边墙弧长:$L_2 = 4.81 \times \pi \times 24.79 \div 180 = 2.08\text{m}$

全部面积:$\sum A = 13.08 \times 5.32 \div 2 + [4.81 \times 2.08 \div 2 + (0.27 + 0.44) \div 2 \times 0.48 + 4.79 \times 0.44 \div 2 + (5.27 + 5.08) \div 2 \times 1.86] \times 2 = 66.5\text{m}^2$

上半部面积:$A = 13.08 \times 5.32 \div 2 - 5.32 \times \sin 70.44° \times 5.32 \times \cos 70.44° \times 2 \div 2 = 25.86\text{m}^2$

(2)基于以往经验和工程类比的设计

这种方法是根据以往工程的实际施工经验资料,即参照当地已建成的隧道的地质情况和断面形状,以及支护形式等,与拟建设计项目类比进行设计。

由于影响隧道设计的因素很多,故很难从已建成的隧道工程中找到地质情况到支护形式等完全与拟建设计项目相一致的情况,所以实际工作中较少采用。

(3)基于理论分析和数值解析的设计

当地质情况特别复杂,尤其是埋置很浅的隧道,以及所经路线附近又有其他人工构造物,或有其他特殊要求时,一般可考虑采用解析的方法解析设计,如用有限元法分析隧道开挖时(间)空(间)效应的三维问题等。

因此,新奥法的设计特点主要体现在两个方面:一是不必进行严格计算,围岩分级与工程类比是其设计的重要依据;二是结构设计与施工设计紧密结合,在根据初始设计进行开挖的过程中,应认真量测围岩,监控施工,修改设计。

3. 施工

新奥法的施工程序如图6-21所示。

根据新奥法的施工技术要求和施工顺序,施工可划分为开挖、喷锚(初期支护)、模注混凝土(二次衬砌)和装饰四个过程。其施工过程主要是开挖、喷锚、模注混凝土三大工序的循环式流水作业。装饰是在整个隧道贯通之后才进行的。

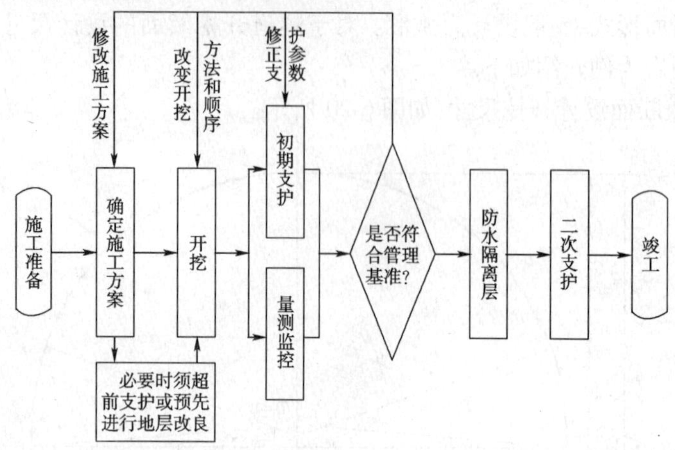

图 6-21　新奥法施工程序

(1)开挖

开挖或称掘进,是先导工作,是龙头,在整个隧道的施工过程中至关重要,故专业分工比较细,通常设有量测画线组、钻孔组、爆破组和清渣等班组。在一般情况下,一个循环的工作时间约为 20h 左右,生产人员约 53 人。施工机械配有空压机、风动凿岩机、大吨位自卸汽车、轮式装载机,以及通风和照明等设备。开挖工作是以施工机械为主和一般的劳动手段为前提的一种劳动组合,每一个工作循环的进尺在 2m 左右。

开挖有两种不同的方法——全断面法和台阶法。其台阶的长度以 4 ~ 8m 为宜,这样以利上半部的石渣自行抛落到路床上,否则就重需劳力将其扒至台阶的下面,才能采用装载机等机械进行清渣。另外一般双车道隧道,其开挖高度约近 8m。当采用这种台阶法施工时,不仅增加了工作面,还可以减少开挖和初次支护工作所需配置的脚手架的安拆工作,可以取得较好的施工经济效益。台阶法虽然将隧道分为上下两个半部,但在开挖掘进时,仍应同时进行钻孔爆破,一次完成。采用全断面法施工时,则宜采用凿岩台车或其他先进的凿岩设备进行凿岩爆破作业。

新奥法对隧道洞身的开挖爆破,是以毫秒爆破和光面爆破技术,辅以装载机装渣和大吨位的自卸汽车运渣来进行的。所以,对炮位的设置和装药量都有其特殊技术要求和规定。首先是将隧道划分为上下两个半部,分别布孔并采用不同的装药量。由于采用的是毫秒爆破技术,这样在爆破过程中,因各部位置起爆时间差异的关系,增大了临空面,可以减少爆破时对围岩扰动影响的因素,而爆破后的石渣又便于装载机装渣。因此,各部位炮位之间的间距以及装药量也各不相同。其主要目的是在施工过程中通过这些技术措施,以降低爆破时对围岩体的扰动,从而确保围岩的安全;另一方面也能满足采用台阶法爆破施工技术的要求。

围岩横断面的各部设计开挖尺寸,是按照高速公路隧道建筑限界标准加上复合衬砌厚度等确定的设计开挖线,也就是进行编制工程造价和计量支付的计价线。超挖量的问题是隧道工程施工过程中不可避免的,采用新奥法爆破施工的超挖量一般在 15cm 以内。但因公路工程隧道的概、预算定额,已将清除这部分超挖量工作的工料消耗综合在工程定额内,故不能再将其作为编制工程造价和计量支付的依据。

从算出的各类围岩的横断面积来看，其设计开挖面积的大小是不一样，以致衬砌的厚度有所不同，故设计开挖面积就有差异。根据统计资料分析，新奥法的开挖断面约比矿山法少4.7%～10.0%，其回填量约减少50%。因为传统的施工方法的超挖在30cm以上，而且往往还难以控制。

新奥法最基本的特点是，要求在施工过程中，每一循环开挖工序完成之后，在对下一循环中的炮位设计和支护工作之前，注意做好洞内的观察、测量研究分析工作，常简称为“量测”。然后综合围岩体开挖后的实际情况和所取得的各项科研数据，对初始设计作进一步完善和改进，作为组织下一循环施工的依据。

所谓量测并不是一般用花杆和皮尺去丈量或检验一下现场，而是因隧道地质的复杂性和不可预见行性，初始设计未必完全符合客观实际情况，所以，在施工过程中应边开挖边监测，对地质情况做出预报，据以调整支护形式和施工方案，是隧道施工过程中极为重要的一个工作环节。由于这项工作是在施工中进行的，所以又被称为信息化施工或现场临床诊断式施工。它的主要评价指标是围岩体是否稳定和支护形式是否合理。因此，为了切实做好这一量测工作，在劳动组合中，一般都设有不少于5人负责量测画线的专业小组。鉴于它与施工生产的密切关系和不同于一般的现场管理工作，故将其作为一线生产人员，计入劳动定额（概、预算定额）内。也就是说，把它作为组织生产要素的一个重要内容。

(2)初期支护

洞身开挖前，首先在进洞口设置管棚（先钻孔，再放导管，后注浆），加固围岩（一般长度10m～45m），再根据围岩情况进行开挖，并决定开挖长度，接着喷浆，设置各种锚杆，设置钢拱支撑、钢丝网、联结钢筋，最后喷射混凝土，完成初期支护。

喷锚支护指初期柔性支护，一般在开挖后的渣堆上即开始进行，在开挖后围岩自稳时间的1/2时间内完成。喷锚施工一般设有喷射混凝土和锚杆两个班组。这项工作常分为两次进行，一次是在爆破后，经找顶，进行初步清渣和初步喷锚支护；在清渣工作全部结束后，按设计要求完成锚杆、挂钢筋网或铁丝网、喷射混凝土的全部工作。生产人员约29人，每一工作循环约需8h，需要配备混凝土喷射机和凿岩机等设备。

公路隧道衬砌已经普遍采用喷锚技术，即复合式中的外层衬砌工艺。“喷锚”是喷射混凝土、喷射混凝土与锚杆、钢筋网或铁丝网喷射混凝土与锚杆等类型的支护或衬砌的总称。

喷射混凝土有干法喷射和湿法喷射两种。其施工顺序如图6-22、图6-23所示。根据施工实践经验，在喷射过程中，其回弹量可高达50%左右，故应注意做好材料的回收利用。这是一个重要的问题。

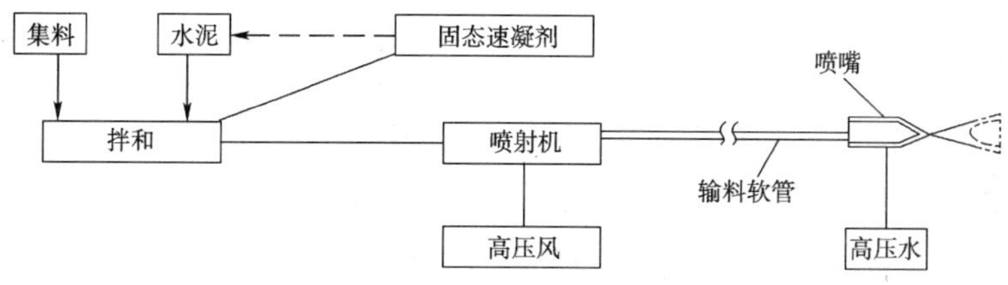

图6-22　干法喷射施工顺序

喷射混凝土应分段、分片由下而上顺序进行喷射。每段长度不应超过6m。一次喷射的厚度，如不掺速凝剂，拱部为3～4cm，边墙为5～7cm；如掺速凝剂，拱部为5～6cm，边墙为7～

10cm。当分多次喷射时,后一层喷射应在前层混凝土终凝后进行。

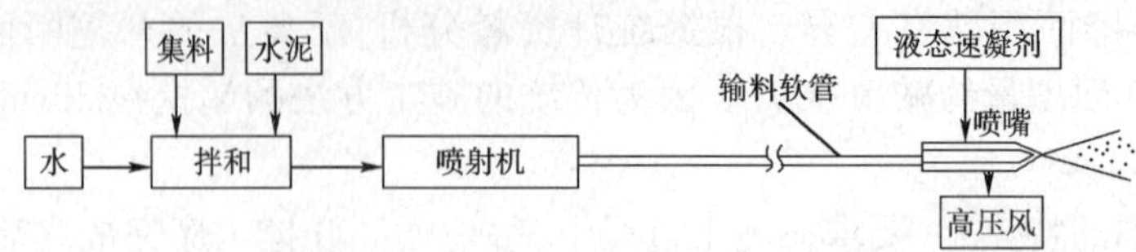

图6-23　湿法喷射施工顺序

当隧道处于下列情况时不宜采用喷锚衬砌:

①大面积淋水地段;

②膨胀性地层、不良地质围岩,以及能造成衬砌腐蚀的地段;

③严寒和寒冷地区有冻害的地段。

根据建设实践经验,喷锚衬砌,一般适用于下列情况:

①围岩良好、完整、稳定的地段,可以采用喷射混凝土衬砌。

②在层状围岩中,如硬软岩石互层、薄层或层间结合差,或其状态对稳定不利且可能掉块时,可以采用锚杆喷射混凝土衬砌。

③当围岩呈块(石)碎(石)状镶嵌结构,稳定性较差时,可以采用挂钢筋网或铁丝网的锚杆喷射混凝土衬砌。

锚杆一般采用Ⅱ级钢筋做成。其类型和用途比较多,它与喷射混凝土等共同形成永久性支护。根据施工实践,按新奥法施工的隧道,爆破对围岩扰动的影响范围最大不会超过1.5m,所以锚杆的长度一般不应小于1.5m。

(3)二次衬砌模注混凝土

在初期支护之后,接着铺设防水层(防水层之外设置各种排水管),之后开始二次衬砌。复合衬砌中的二次衬砌,大都采用现浇混凝土,为有别于喷射混凝土,故习惯称之为模注混凝土。施工中采用定型装配式的活动钢模板组织施工,衬砌的内轮廓线应一致,这也是钢模板制造和美观的要求。

模注混凝土系指立模现浇混凝土,与在露天情况下现浇混凝土没有大的差异;所不同的是在洞内作业,其模板则宜采用组合式的门式钢支架,便于开挖出渣的汽车通行。

隧道衬砌工作中的另一个重要环节是回填。在开挖过程中因爆破造成超挖,一般约为设计开挖工程量的4%。因此,当按照设计要求在做初次喷锚支护时,拱部和边墙处存在不同程度的空隙,要求采用现浇混凝土或石砌圬工将空隙回填密实,使各部衬砌与围岩紧密地结合起来,共同承受荷载。

(4)新奥法施工的基本原则

新奥法施工的基本原则可以归纳为"少扰动、早支护、勤量测、紧封闭"。

"少扰动"是指在进行隧道开挖时,尽量减少对围岩的扰动次数、扰动强度、扰动范围和扰动持续时间。因此要求能用机械开挖的就不用钻爆法开挖;采用钻爆法开挖时,要严格地进行控制爆破;尽量采用大断面开挖;根据围岩级别、开挖方法、支护条件选择合理的循环掘进进尺;自稳性差的围岩,循环掘进进尺应短一些;支护要尽量紧跟开挖面,缩短围岩应力松弛时间。

"早支护"是指开挖后及时施作初期喷锚支护,使围岩的变形进入受控状态。这样做一方面是为了使围岩不致因变形过度而产生坍塌失稳;另一方面是使围岩变形适度发展,以充分发挥围岩的自承能力。必要时可采取超前预支护措施。

"勤量测"是指以直观、可靠的量测方法和量测数据来准确评价围岩(或围岩加支护)的稳定状态,或判断其动态发展趋势,以便及时调整支护形式、开挖方法,确保施工安全和顺利进行。量测是现代隧道及地下工程理论的重要标志之一,也是掌握围岩动态变化过程的手段和进行工程设计、施工的依据。

"紧封闭"一方面是指采用喷射混凝土等防护措施,避免围岩因长时间裸露而致使其强度和稳定性的衰减,尤其是对于易风化的软弱围岩;另一方面更重要的是指要适时对围岩施作封闭形支护,这样做不仅可及时阻止围岩变形,而且可使支护和围岩能进入良好的共同工作状态。

四、矿山法

矿山法是一种传统的施工方法,是人们在长期的施工实践中发展起来的。它是以木或钢构件作为临时支撑,待隧道开挖成型后,逐步将临时支撑撤换下来,而代之以整体式厚衬砌作为永久性支护的施工方法。

木构件支撑由于其耐久性差、对坑道形状的适应性差,支撑撤换工作既麻烦又不安全,且对围岩有所扰动,因此目前已很少使用。

钢构件支撑具有较好的耐久性和对坑道形状的适应性等优点,施工中可以不撤换,也更安全。日本隧道界将以钢构件作为临时支撑的矿山法称为"背板法"。

钢木构件支撑类似于地上的"荷载—结构"力学体系。它作为一种维持坑道稳定的措施,很直观、很奏效,也容易被施工人员理解和掌握。因此,这种方法常被应用于不便采用喷锚支护的隧道中,或处理塌方等。由于衬砌的设计工作状态与实际工作状态不一致,以及临时支撑存在的一些缺陷等,在一定程度上限制了它的发展和应用。

矿山法的基本理论依据是,隧道开挖后受爆破影响,造成围岩体破裂形成松弛状态,随时都有可能塌落。基于这种松弛荷载理论依据,其施工方法是采取分割式按分部顺序一块一块开挖,并要求边挖边撑以策安全,所以支撑复杂,材料耗用多。这种施工方法,因其工作面小,不能使用大型的凿岩钻孔设备和装卸运输工具,故施工进度慢,建设周期长,机械化程度低,耗用劳力多,难以适应现代公路建设工期的需要。

1. 施工程序及基本原则

矿山法施工程序如图6-24所示。

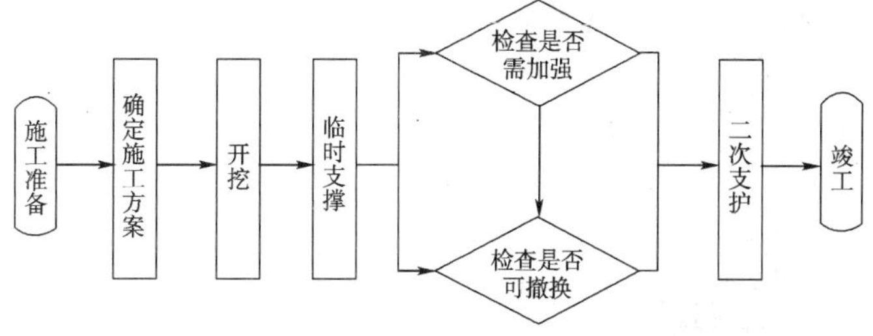

图6-24　矿山法施工程序

矿山法施工的基本原则可以归纳为"少扰动、早支撑、慎撤换、快衬砌"。

"少扰动"是指在进行隧道开挖时,尽量减少对围岩的扰动次数、扰动强度、扰动范围和扰动持续时间。这与新奥法施工的要求是一致的。采用钢支撑,可以增大一次开挖断面跨度,减少分部次数,从而减少对围岩的扰动次数。

“早支撑”是指开挖后及时施作临时构件支撑,使围岩不致因变形松弛过度而产生坍塌失稳,并承受围岩松弛变形产生的压力——早期松弛荷载。定期检查支撑的工作状况,若发现变形严重或出现损坏征兆,应及时增设支撑予以加强。作用在临时支撑上的早期松弛荷载大小可比照设计永久衬砌的计算围岩压力大小来确定。临时支撑的结构设计亦采用类似于永久衬砌的设计方法,即结构力学方法。

“慎撤换”是指拆除临时支撑而代之以永久性模注混凝土衬砌时要慎重,即要防止撤换过程中围岩坍塌失稳。每次撤换的范围、顺序和时间要视围岩稳定性及支撑的受力状况而定。若预计到不能拆除,则应在确定开挖断面大小及选择支撑材料时就予以研究解决。使用钢支撑作为临时支撑,则可以避免拆除支撑的麻烦和危险。

“快衬砌”是指拆除临时支撑后要及时修筑永久性混凝土衬砌,并使之尽早承载参与工作。若采用的是钢支撑又不必拆除,或无临时支撑时,亦应尽早施作永久性混凝土衬砌。

2. 开挖方法

矿山法的开挖方法比较多,公路隧道常用上下导洞开挖法和下导洞扩大开挖法两种。矿山法具有施工安全、机具设备简单等优点,但施工干扰大,通风、排水、运输条件差。

(1)上下导洞开挖法,如图6-25所示,将设计开挖断面划分为六个部位,按编码由小到大的顺序进行开挖。它适用于各类围岩的隧道,现按顺序说明如下。

①首先开挖下导洞,并从工作面铺设轻便轨道至弃渣处,配以斗车,以人力推运出渣,或用手推车运输出渣。轻便轨道则随洞身的延伸陆续向前接长。

②当下导洞开挖到一定的深度之后,即开始进行上导洞的开挖工作。在上导洞开挖到适当的深度之后,则在上下导洞之间挖一个80cm×80cm的方形漏渣孔,以便出渣。将上导洞开挖出来的石渣通过漏渣孔落入下导洞内所敷设的轻便轨道上的斗车内,运弃于洞外。

③当上下导洞都开挖到适当的深度之后,就开始将拱部扩大部分挖除。其开挖长度宜控制在20~30m之内,经检查符合设计要求时,即可进行拱部衬砌。

④在拱部衬砌到一定长度之后,才能分段(2~4m)间错将中槽和马口两部分挖掉,随之将边墙衬砌好,常称为先拱后墙法。

矿山法认为围岩体呈松弛状态,要求当上述每一部位在爆破并进行排烟、找顶工序作业之后,应立即做好以木料为主的各部位的临时支撑工作,以免发生岩石塌落。

(2)下导洞扩大开挖法,如图6-26所示,将设计横断面划分为三个部位。它适用于围岩条件较好的隧道。显然该法各个部位的开挖面积比上下导洞开挖法要大,因此开挖的效率要好。它的基本要求和施工程序与上下导洞开挖法相似,不再赘述。

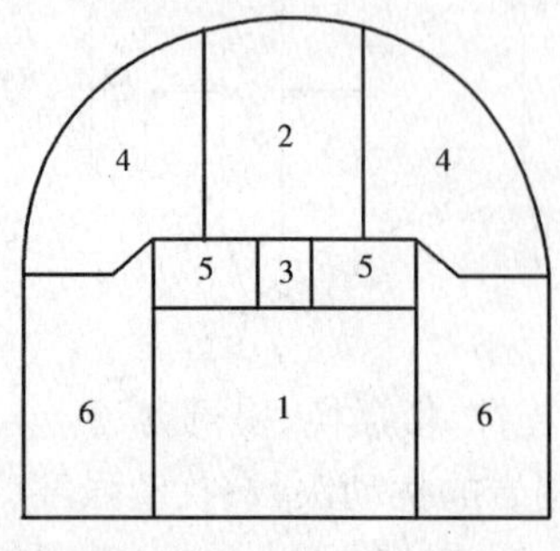

图6-25 上下导洞开挖法

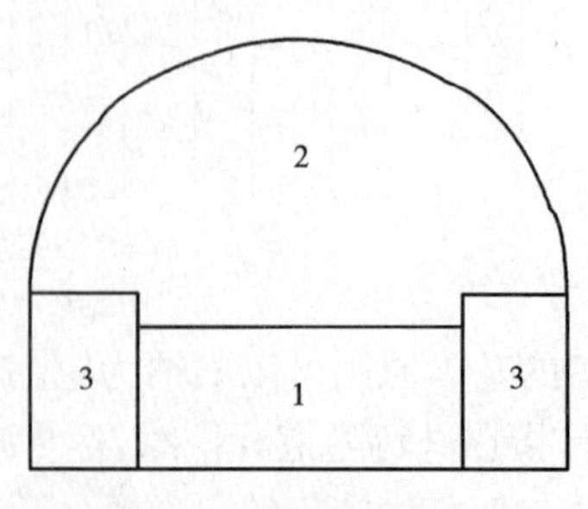

图6-26 下导洞扩大开挖法

3. 临时支撑的架设和加强

开挖轮廓要尽量平顺，开挖后要及时架设支撑。架设支撑前应清除周边危石，防止落石伤人，称为找顶。

每榀支撑应按要求的中线、高程和断面尺寸架设在隧道横断面内。支撑构件的接头应连接牢固，基脚铺垫应坚实稳固。各榀支撑之间应加设足够的联系，以便构成整体。支撑与围岩之间的楔块应打设紧密，并应对称打设。

对所架支撑应经常检查，发现支撑变形严重、倾斜、沉降及楔块松脱时，必须立即予以加强或顶替。支撑的顶替应先顶后拆，以免引起围岩的进一步松弛甚至坍塌。

4. 整体式衬砌的施工及回填压浆

按松弛荷载理论设计的隧道永久性模注混凝土衬砌，其厚度较厚，刚度较大，故相对于复合式衬砌称为整体式衬砌。整体式衬砌的施工应注意以下几点。

(1)模注混凝土衬砌时，若需拆除临时支撑应慎重进行，以免围岩坍塌失稳。每次拆除的范围、顺序和时间要视围岩稳定性及支撑的受力状况而定。若不必拆除或不能拆除临时支撑，则可将其留在衬砌背后或浇注在混凝土中，但原则上只允许钢构件留在混凝土中。

(2)整体式衬砌的设计中一般并未计入钢支撑的承载作用。事实上，当钢支撑不必拆除或不能拆除时，其支承作用是存在的。这种不计入的方式就造成一定的浪费，因此有人提出：在整体式衬砌设计时，计入钢支撑的永久承载作用，并相应地适当减薄衬砌厚度。

(3)采用先拱后墙法施工时，应注意处理好墙顶和拱脚连接处的封口，以保证其整体刚度不严重降低。

(4)采用矿山法施工，其衬砌背后空隙较多，尤其是拱部有较多背板未拆除时，对于衬砌的受力状态是不利的。因此，应在衬砌混凝土达到一定强度后进行压浆处理。浆液材料多采用单液水泥浆。钻压浆孔时应注意避开未被拆除的钢支撑。

(5)整体式衬砌混凝土的拆模时间，应根据衬砌的受力条件、自重及混凝土的强度增长情况由现场试验确定，以保证不会因拆模而导致衬砌变形开裂，一般应符合下列要求。

①不承受外荷载的拱、墙，应在混凝土强度达到5.0MPa或拆模时混凝土表面和棱角不致被破坏，并能承受自重时方可拆模。

②承受围岩压力较大的拱、墙，应在封口或刹肩混凝土强度达到设计强度的100%时方可拆模。

③承受围岩压力较小的拱、墙，应在封口混凝土达到设计强度的70%时方可拆模。

五、明挖法

明挖法是指挖开地面，由上向下开挖土石方至设计高程后，自基底由下向上顺序施工，完成隧道主体结构，最后回填基坑或恢复地面的施工方法。公路隧道施工中，明洞和棚洞都是采用明挖法施工的。以下以明洞施工为例加以简要介绍。

明洞的施工方法，有先墙后拱法、先拱后墙法和拱墙交替法三种。

1. 先墙后拱法

根据围岩条件，其开挖方法有路堑式、拱部明挖边墙拉槽（或挖井）和侧壁导坑先做内墙，如图6-27所示。它们分别适用于下列不同情况。

(1)在施工过程中，临时开挖的边坡能保持稳定时，宜采用路堑方法开挖，即明挖直至基底高程，按设计要求先做好边墙后，安设拱架，修建拱圈。

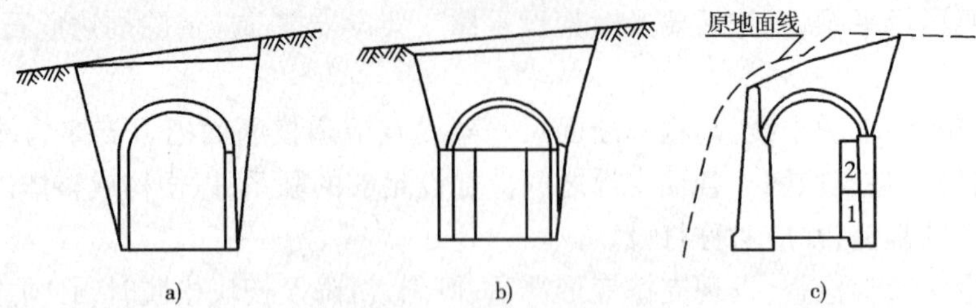

图 6-27　明洞先墙后拱施工法

a）路堑式开挖；b）拱部明挖边墙拉槽；c）侧壁导坑先做内墙

（2）在土质松软或岩石破碎的地层中施工，如临时边坡不大，开挖后又能保持稳定时，则可采用拱部明挖边墙拉槽的方法开挖。即开挖到拱脚后，从边墙顶到基础底挖成直立的基槽或竖井来修建边墙，待拱圈完成后，再挖洞内全部土石方。

（3）在隧道的一侧覆盖层较薄，土质松散，侧压力较大，则宜采用侧壁导坑先做内墙的方法。即先开挖衬砌内边墙，为避免导洞过高，可分为两次进行，然后明挖衬砌外边墙，最后修建拱圈。

2. 先拱后墙法

该法实际上仍属于上述路堑式的明洞施工方法，因边坡稳定性差，但拱脚地层又有一定的承载能力，即可采用先拱后墙法施工。即将拱部明挖后，随之衬砌好拱圈，然后挖出洞内土石方修建边墙，如图 6-28 所示，但应分段并左右交错地进行边墙的衬砌，以策安全。

3. 拱墙交替法

当隧道所在位置原地面坡度很陡，一侧处悬空状态，因地形限制不能先砌拱圈或地层松散等情况，先做拱圈可能产生较大沉陷时，则宜采用拱墙交替法进行施工，即先将悬空面的边墙做好，然后明挖修建拱圈，最后再修建另一侧的边墙，如图 6-29 所示。

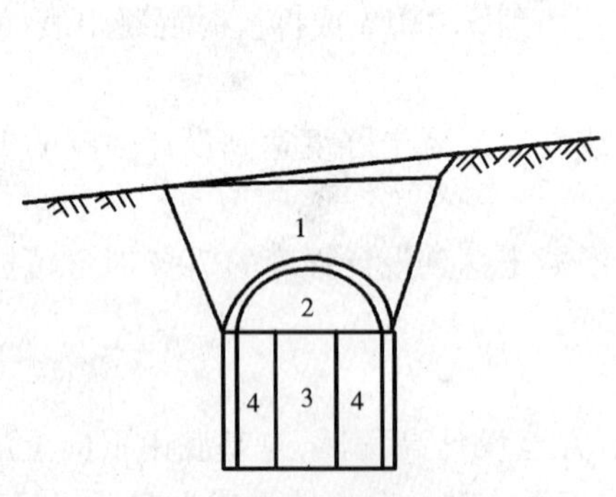

图 6-28　明洞先拱后墙施工顺序

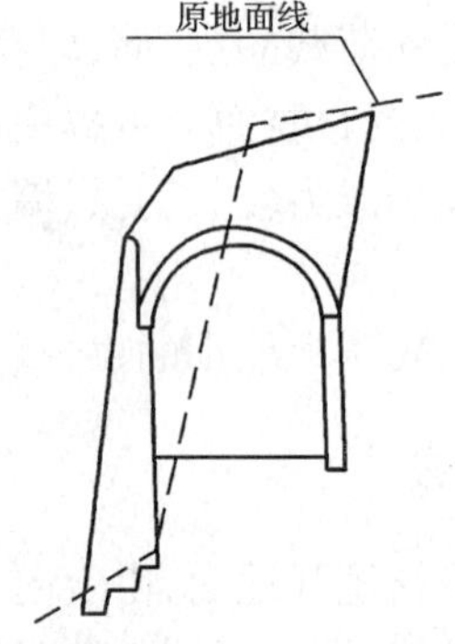

图 6-29　明洞拱墙交替施工法

明洞顶部的填土厚度，应根据实际确定，为防护一般的落石、崩塌危害时，填土的厚度不宜小于 2.0m；当保护洞口的自然环境，则应按山坡的自然坡度填土。立交明洞上的填土高度，应符合铁路、沟渠及其他人工构造物的表高、自然环境以及美化要求，在明洞的结构设计时综合考虑，合理确定。

在明洞施工过程中，要注意做好明洞的拱背和墙背的回填工作。拱脚处应用贫混凝土，边墙背后超挖部分宜用片石混凝土或砂浆浆砌片石紧密回填。

六、辅助坑道

矿山法的各种开挖方法，都因开挖面积小，又严格要求按部就位的顺序进行施工操作，以致严重地制约了施工进度。因此当隧道稍长时，则应采取开挖平行导洞、横洞和竖井等辅助坑道来增加工作面，便于施工出渣、进料，加快施工进度，达到缩短施工工期的目的（当然工程费用也相应要增多）。其开挖断面一般为 4 ~ 6m^2。由于存在上述缺点，矿山法在实际工作中已较少采用。

1. 平行导洞

平行导洞一般用于深埋的山岭隧道，或当不宜采用其他辅助坑道、地质条件比较复杂和有大量地下水的隧道。它能起到探测地层变化，了解掌握围岩情况，遇到塌方和涌水等情况时，还可起安全通道和通风的作用；但开挖导洞工作量大，工程造价高，是很不经济的。

2. 横洞

横洞一般用于沿河隧道，具有出渣、进料运距短等优点，但洞身应向洞外设置不少于0.3%的下坡，以利出渣运输和排水。

3. 竖井

竖井一般用于埋置深度浅、地质条件好，而又无开挖横洞等辅助坑道条件的隧道，宜设在隧道一侧的适当距离处，虽能增加工作面，加快进料进度，但出渣受到限制，因要垂直吊运出渣，费工费时。

第四节 开挖面的稳定与辅助稳定措施

随着开挖技术、喷锚支护技术、地层改良技术的研究应用和发展，工程中采用了许多辅助稳定措施，从而使得现代隧道工程施工的开挖和支护变得更简捷、及时、有效、彻底，也更具有可预防性和安全性。

隧道施工中常用的辅助稳定措施见图6-30。

上述辅助稳定措施的选用应视围岩地质条件、地下水情况、施工方法、环境要求等具体情况而定，并尽量与常规施工方法相结合，进行充分的技术经济比较，选择一种或几种同时使用（图6-31、图6-32）。下面就几种辅助措施作简要介绍。

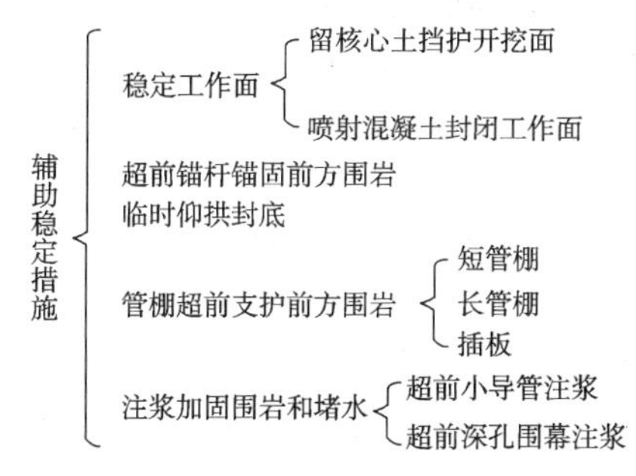

图6-30 常用辅助稳定措施

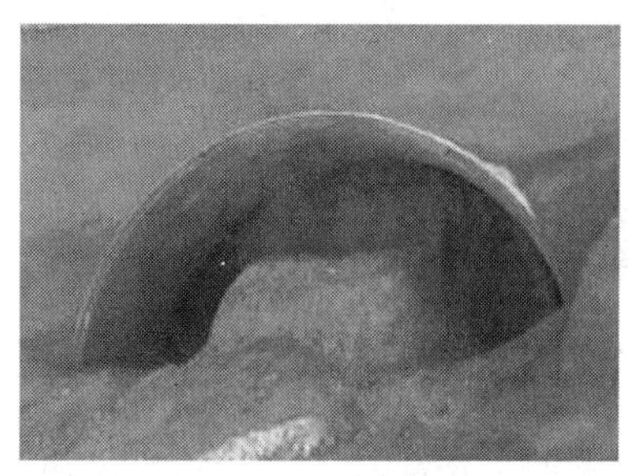

图6-31 留核心土

一、超前锚杆

超前锚杆是沿开挖轮廓线，以稍大的外插角，向开挖面前方安装锚杆，形成前方围岩的预锚固，在提前形成的围岩锚固圈的保护下进行开挖等作业，如图6-33所示。

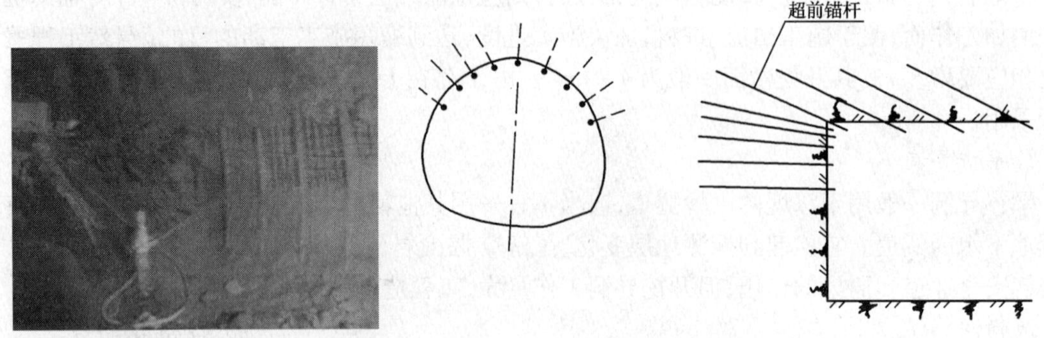

图6-32 喷射混凝土　　图6-33 超前锚杆预锚固围岩

二、管棚

管棚是利用拱架与沿开挖轮廓线、以较小的外插角、向开挖面前方打入钢管或钢插板构成的管棚来形成对开挖面前方围岩的预支护，如图6-34所示。

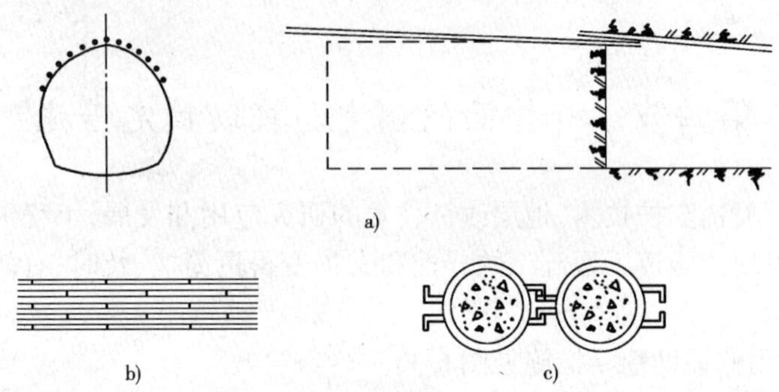

图6-34 管棚预支护围岩(长管棚)

a)棚管的环向布置；b)管棚钢管纵向错接；c)钢管端部横向连接

采用长度小于10m的小钢管的称为短管棚，采用长度为10~45m且较粗钢管的称为长管棚，采用钢插板(长度小于10m)的称为板棚。管棚的导管环向间距一般为30~50cm，两组管棚间纵向应有不小于3.0m的水平搭接长度。导管外径80~180mm，一般长度为10~45m，分段长4~6m。注浆孔孔径10~16mm，呈梅花形布置，间距15~20cm。管棚设计与施工见图6-35。

三、超前小导管注浆

超前小导管注浆是在开挖前，先用喷射混凝土将开挖面和5m范围内的坑道封闭，然后沿坑道周边向前方围岩内打入带孔小导管，并通过小导管向围岩压注起胶结作用的浆液，待浆液硬化后，坑道周围岩体就形成了有一定厚度的加固圈。在此加固圈的保护下即可安全地进行开挖等作业。若小导管前端焊一个简易钻头，则可钻孔、插管一次完成，称为自进式注浆锚杆，如图 6-36 所示。

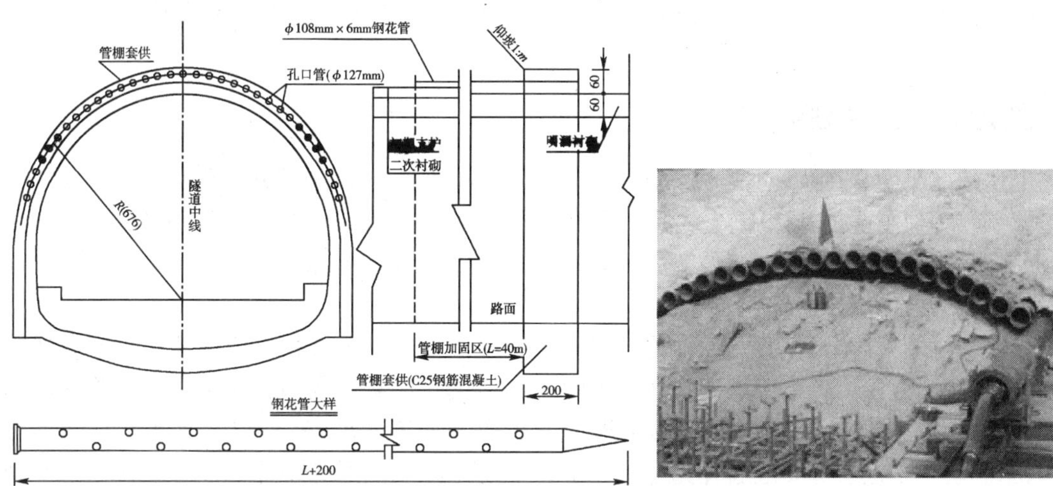

图 6-35 管棚设计图与施工现场(尺寸单位:cm)

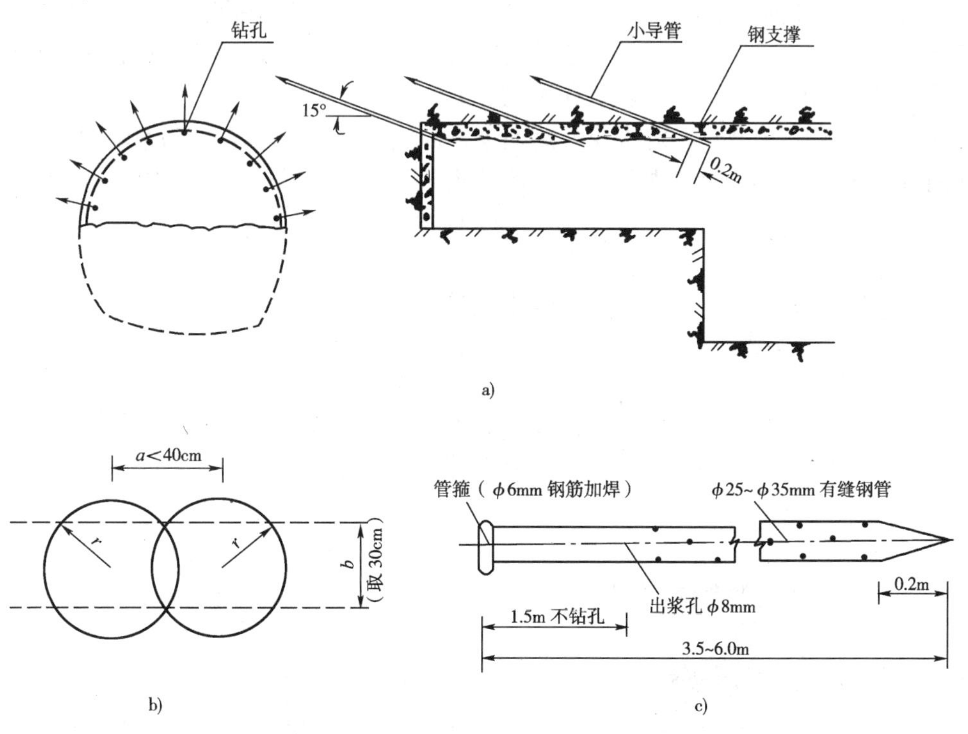

图 6-36 超前小导管注浆预加固围岩

a)超前小导管布置;b)注浆半径及孔距选择;c)小导管全图

主要工序及施工要点如下。

(1)小导管钻孔安装前,应对开挖面及 5m 范围内坑道喷射 5 ~ 10cm 厚的混凝土封闭。

(2)小导管一般采用 ϕ32mm 的焊接钢管或 ϕ40mm 的无缝钢管制作,长度宜为 3 ~ 6m,前端做成尖锥形。前端管壁上每隔 10 ~ 20cm 交错钻眼,眼孔直径宜为 6 ~ 8mm。

(3)钻孔直径应较管径大 20mm 以上,环向间距应按地层条件而定。渗透系数大的,间距应加大,一般采用20~50cm;外插角应控制在10°~30°之间。

(4)小导管插入后应外露一定长度,以便连接注浆管,并用塑胶泥将导管周围空隙封堵密实。

四、超前深孔围幕注浆

上述超前小导管注浆,对围岩加固的范围和加固处理的程度是有限的,作为软弱破碎围岩隧道施工的一项主要辅助措施,它占用时间和循环次数较多。因此,在不便采用其他施工方法时,深孔预注浆加固围岩就较好地解决了这些问题,注浆后即可形成较大范围的筒状封闭加固区,称为围幕注浆。

其注浆机理可以分为两种:一种是对于破碎岩层,砂卵层,中、细、粉砂层等有一定渗透性的地层,采用中低压力将浆液压注到地层中的空穴、裂缝、空隙里,凝固后将岩土或土颗粒胶结为整体,称为渗透注浆。另一种是对于颗粒更细的黏土质不透水(浆)地层,采用高压浆液强行挤压孔周,使黏土层劈裂成缝并充塞凝结于其中,从而对黏土层起到了挤压加固和增加高强夹层加固作用,称为劈裂注浆。

预注浆一般可超前开挖面30~50m,可以形成有相当厚度的和较长区段的筒状加固区,从而使得堵水的效果更好,也使得注浆作业的次数减少。它更适用于有压地下水及地下水丰富的地层中,也更适用于采用大中型机械化施工。

如果隧道埋深较浅,则注浆作业可在地面进行;对于深埋长大隧道可利用辅助平行导坑对正洞进行预注浆,这样可以避免与正洞施工的干扰,缩短施工工期,见图6-37。

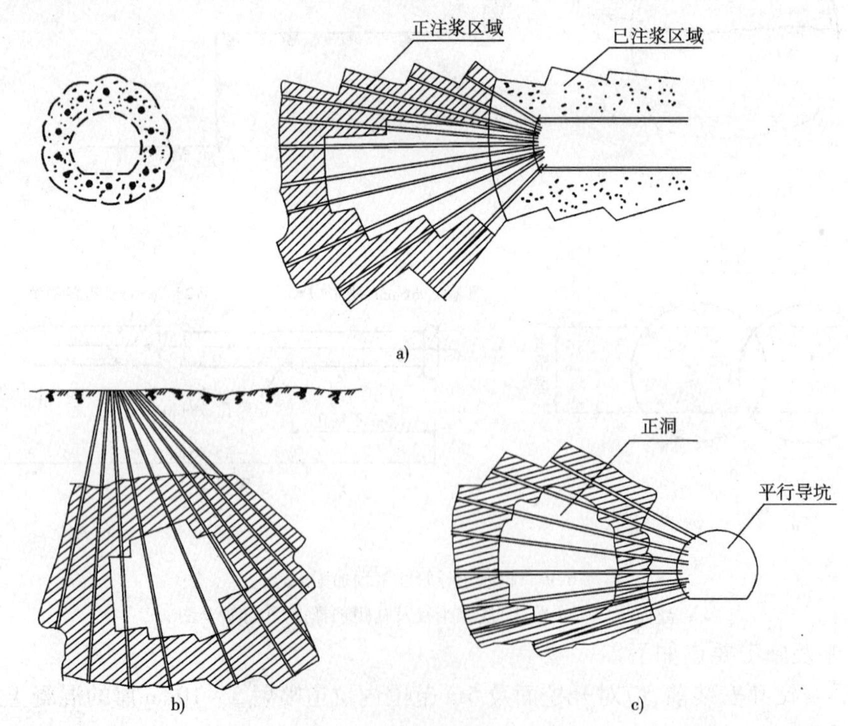

图6-37　超前深孔围幕注浆

a)洞内超前注浆;b)地表超前注浆;c)平导超前注浆

第五节　工程量计算

隧道工程结构物一般具有较规则的几何形体，或者可以将其划分为简单的几何形体组成的实体，通过计算几何图形的面积、体积来确定该实体结构的工程数量。

1. 洞口土石方

洞口(包括边仰坡)、洞门、明洞开挖按路基土石方计算，其工程量计算规则详见第四章。

2. 洞门

洞门工程量，根据不同圬工类别按设计图纸标示的圬工实体计算。洞门装饰则按设计图纸要求的装饰面积计算。

3. 洞身开挖

洞身开挖、出渣工程量，根据不同围岩类别，分别按设计断面数量(成洞断面加衬砌断面)计算，包括洞身及所有附属洞室的数量。超挖数量不可计入工程量内。

4. 支护和衬砌

(1)喷射混凝土按设计厚度乘以喷射面积计算，喷射面积按设计外轮廓线计算。

(2)砂浆锚杆按锚杆、垫板及螺母等材料的设计质量之和计算，中空注浆锚杆、自进式锚杆按锚杆设计长度计算；超前管棚、小导管按设计钢管长度计算；各种型钢、钢筋格栅钢架按设计质量计算，连接钢筋的数量不可计入工程量内。

(3)现浇混凝土洞身衬砌按设计断面衬砌数量计算，包含洞身及所有附属洞室的衬砌数量，不可将因超挖及预留变形需回填的混凝土数量计入工程量内。计价时应注意，编制概算、预算时对洞内混凝土管(沟、槽)的处理是不同的。

5. 防排水

(1)洞外截水沟和排水沟等的土石方及砌筑工程量，按设计图纸计算，工程量计算规则同第四章路基工程。

(2)盲沟、止水带(条)、透水管均按设计数量计算；防水板、明洞防水层均按设计图纸敷设面积计算。

(3)拱顶压(注)浆按设计数量计算。

注浆按不同围岩类别，根据设计要求采用有关数据及计算公式进行计算。一般单液压浆的注浆量可根据扩散半径及岩石裂隙率，按下式估算：

$$Q = \pi r^2 H \eta \beta \tag{6-1}$$

式中：Q——注浆数量(m^3)；

r——浆液扩散半径(m)，见表6-8；

H——压浆深度(m)；

η——围岩的裂隙率，见表6-9；

β——浆液在围岩裂隙内的有效填充系数，视围岩类别而定，一般为0.3~0.9。

浆液扩散半径(m)　　表6-8

裂隙宽度(cm)	<0.5	0.5~3.0	>3.0
浆液扩散半径(m)	2	4	6

围岩的裂隙率　　表 6-9

围岩类别		Ⅴ	Ⅳ	Ⅲ	Ⅱ	Ⅰ
围岩裂隙率(%)	硬岩	3~5	3~5	2~3	1~2	0~1
	软岩		2~3	1~2		

(4)横向塑料排水管按单洞两侧的设计数量计算,纵向弹簧管按隧道纵向每侧设计铺设长度之和计算,环向盲沟按隧道横断面设计敷设长度计算。

6. 监控量测与超前预报

(1)监控量测是隧道安全施工必须采取的措施,监控量测除必测项目外,应根据具体情况确定选测项目,计价时不可再单独计算监控量测费用。

(2)计价时,应根据设计采用的超前地质预报方法,另行计算相应的费用。

第七章　桥 涵 工 程

为了保证拟建的公路工程项目连续，河沟水流通畅，船只航行和维持原有道路的交通运输，必须修建各种结构类型的桥梁和涵洞。桥涵工程一般造价都比较高，消耗的各种资源较多，技术要求高，设计和施工也较复杂，施工时间一般都比较长，一旦遭到破坏，又不容易修复。根据工程造价历史资料统计分析，桥涵工程的造价约占公路总造价的 10% ~20%，有的甚至高达 30% 或更高。

桥梁的总体规划和设计应根据所设计桥梁的任务、性质和所在路线的远景发展需要，按照适用、经济和适当照顾美观的原则进行。公路桥涵应适当考虑农田排灌的需要，以支援农业生产。靠近村镇、城市、铁路及水利设施的桥梁，应结合各有关方面的要求，综合考虑。

随着科学技术的发展，社会的进步，人们物质、文化生活水平的不断提高，对公路交通建设的要求也越来越高，尤其对高等级公路中的桥梁工程建设，提出以下几点要求：

(1)桥梁的设置要尽可能符合路线布设规定，并服从于路线走向，对大桥、特大桥，路线要服从桥梁，以确保行车舒适、安全、经济。

(2)桥涵的造型要美观，尤其是城市和风景区的桥梁，其建筑造型往往成为评选方案的重要条件。

(3)桥梁的环保要求严，以免造成水土流失、破坏生态环境。

(4)桥梁的工程质量要求高，施工期限要求紧，这是取得较好的社会效益的重要前提条件。所以，应尽可能采用工业化和机械化施工。

因此，在现代桥梁建设中，以钢筋混凝土和预应力混凝土为主的建筑材料，以梁、拱、悬索为主要结构体系的桥梁结构，不仅得到了广泛的应用，而且正向大跨度方向发展。

第一节　桥涵的组成与分类

一、桥涵的组成

桥涵主要由上部构造、下部构造、基础和调治构造物四大部分组成，如图 7-1 所示。

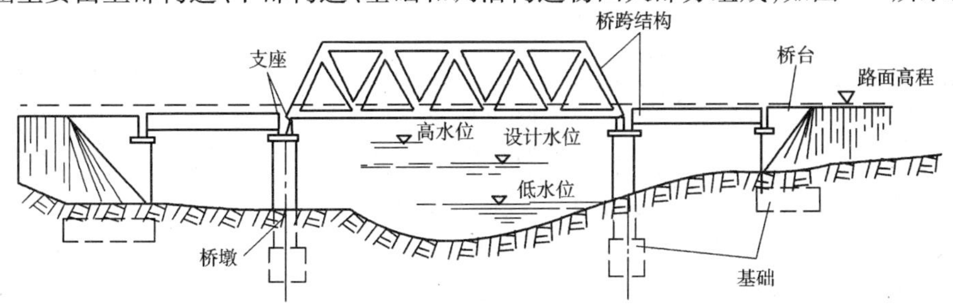

图 7-1　桥梁的基本组成

1. 上部构造(桥跨结构)

上部构造包括承重结构、桥面铺装和人行道三大部分,由于桥梁有梁式、拱式等不同的基本结构体系,故其承重结构的组成各不相同。

承重结构主要指梁和拱圈及其组合体系部分。它是在路线中断时跨越障碍的承载结构。当需要跨越的幅度较大,并且除恒载外要求安全地承受车辆荷载的情况下,承重结构的构造就比较复杂,施工也相当困难,如图 7-2 所示。

承重结构与墩、台的支承处所设置的传力装置,称为支座。

图 7-2　承重结构

梁式桥的支座,虽体形小,耗费也不多,但起着十分重要的作用。它不仅要传递上部结构的支承反力,而且要保证结构在活载、温度变化、混凝土收缩和徐变等因素作用下的自由变形和桥梁的正常营运。常用的支座形式,有切线式(又称为弧形)和辊轴钢支座、板式和钢盆式橡胶支座、四氟板式橡胶组合支座等,如图 7-3 所示。

梁式桥的支座一般分为固定式和活动式两种。简支梁桥应在每根梁(或板)的一端设置固定支座,而在另一端设置活动支座。悬臂梁的锚固跨也应在一侧设置固定支座,另一侧设置活动支座。多孔悬臂梁桥挂梁支座的设置与简支梁相同。连续梁桥则应在每联的一个桥墩上设置固定支座,而在其余的墩台上都设置活动支座。

切线式钢支座,是由两块厚约 40 ~ 50mm 的铸钢制成的,适用于跨径不大于 20m 和支承反力不超过 600kN 的梁桥。

辊轴钢支座适用于较大跨径的梁桥,支座的垫板可采用铸钢,铰轴和滚轴可采用锻钢,滚轴的直径一般在 75mm 以上。

橡胶支座构造简单、加工方便、结构高度小,便于安装和工业化生产,同时它又能适应任意方向的变形,对于宽桥、曲线桥和斜桥具有特别的适应性。此外,橡胶的弹性还能消除上下结构所受的动力作用,对抗震也十分有利。因此,公路桥梁建设中,尤其是高等级公路建设中,橡胶支座得到了广泛的应用。板式橡胶支座一般适用于中小跨径的桥梁,钢盆式橡胶支座适用于大跨径的桥梁,而标准跨径小于 10m 的简支梁、板桥,一般在墩台帽上铺几层油毛毡垫层作为支座(垫层经压实后的厚度不少于 1cm)。

桥面铺装包括混凝土三角垫层,防水混凝土或沥青混凝土面层,泄水管和伸缩缝等。当拱桥且拱上又有土石填料时，还应包括与路线同样的路面结构的垫层和基层。在实际工作中，通常实腹式拱桥上的桥面铺装不计入桥内而归在路面工程中计算。

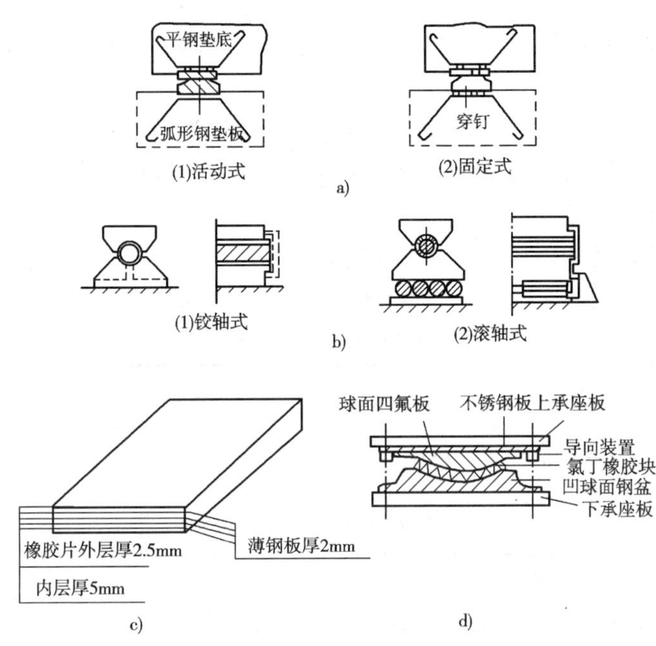

图 7-3　梁式桥支座

a）切线式（弧形）钢支座；b）辊轴钢支座；c）板式橡胶支座；d）钢盆式橡胶支座

人行道系包括人行道板和缘石或安全带，以及栏杆扶手等。高等级公路上的桥梁，如设有防撞护栏者，也属上部构造范围。

2. 下部构造

桥梁的下部构造包括桥台和桥墩或索塔，它是支撑桥跨结构并将恒载和车辆等活载传至地基的建筑物。

拱桥常用的桥台为实体式的，也称重力式桥台，它由台身、拱座、侧墙或八字墙及台背排水等组成。梁、板式桥常用的重力式桥台则包括台身、台帽、侧墙或八字墙及台背排水等，柱式、框架式、肋形埋置式桥台则包括台身、盖梁和耳背墙等。

拱桥的桥墩一般为实体式的，由墩身和拱座组成。梁、板桥的桥墩其结构形成比较多，实体式的包括墩身和墩帽，柱式的则由柱身和盖梁组成。

3. 基础

基础是将桥梁墩、台所承受的各种荷载传递到地基上的结构物，是确保桥梁安全使用的关键部位。有扩大基础（明挖浅基础）、桩基础和沉井基础等不同的结构形式。随着桥梁技术的不断发展，一些新的基础形式也逐渐在桥梁工程中得到应用。

4. 调治构造物

调治构造物指为引导和改变水流方向，使水流平顺通过桥孔并减缓水流对桥位附近河床、河岸的冲刷而修建的水工构造物。如桥台的锥形护坡、台前护坡、导流堤、护岸墙、丁坝、顺坝等，对保证河道流水顺畅和防止破坏生态环境有着极其重要的作用。

二、桥涵的分类

桥梁与涵洞是技术比较复杂和施工难度比较大的土木工程建筑，在公路建设中通常称为构造物，设计和施工都有其特殊的规定和要求，为适应各方面管理的需要，对桥涵进行了相应的分类。

桥涵分类的方法很多，主要按建设规模大小，桥梁结构类型、用途，主要承重结构所用的建筑材料，跨越障碍物的性质，上部结构中行车道所处的位置等进行分类。

1. 按建设规模大小分类

主要是以桥涵的长度和跨径的大小作为划分依据，分为特大桥、大桥、中桥、小桥和涵洞五类。交通运输部颁布的《公路工程技术标准》(JTG B01—2003)规定的划分标准，见表7-1。

桥梁涵洞按跨径分类 表7-1

桥涵分类	特大桥	大桥	中桥	小桥	涵洞
多孔跨径总长 L(m)	$L>1000$	$100\leqslant L\leqslant 1000$	$30<L<100$	$8\leqslant L\leqslant 30$	—
单孔跨径 L_k(m)	$L_k>150$	$40\leqslant L_k\leqslant 150$	$20\leqslant L_k<40$	$5\leqslant L_k<20$	$L_k<5$

单孔跨径系指标准跨径而言。

《公路工程技术标准》(JTG B01—2003)规定，标准设计或新建桥涵，当跨径在50m以下时，应尽量采用标准跨径，并规定了从0.75m到50m的各种标准跨径共21种。为了推行标准化设计，交通运输部有关专业部门出版了大量的桥涵标准设计图以供设计和施工选用。对于圆管涵和箱涵，不论其管径或跨径的大小、孔数的多少，均称为涵洞。

2. 按桥梁结构类型分类

桥梁上部构造形式，虽多种多样，但按其受力构件，总离不开弯、压和拉三种基本受力方式。由基本构件所组成的各种结构物，在力学上可归纳为梁式、拱式、悬吊式三种基本体系以及它们之间的各种组合。

(1)梁式桥。梁式桥是一种在竖向荷载作用下无水平反力的结构，其主要承重构件是梁，由于外力(包括自重和活载等)的作用方向与梁的轴线趋近于垂直，因此外力对主梁的弯折破坏作用特别大，故属于受弯构件。它与同样跨径的其他结构体系相比，梁内产生的弯矩最大，所以，需要用抗弯能力较强的钢筋混凝土或预应力混凝土等材料来修建，如图7-4所示。

梁式桥按其受力特点，可分为简支梁、连续梁和悬臂梁。若就其构造形式而言，则有矩形板、空心板、T形梁、工形梁、箱形梁、桁架梁等不同构造形成。其中T形梁和工形梁又称为肋形梁。目前在公路建设中应用较广的是钢筋混凝土和预应力混凝土简支梁和连续梁。

(2)拱式桥。主要承重结构是拱圈或拱肋，在竖向荷载作用下，拱的支承处会产生水平推力(桥墩或桥台将承受这种推力)。由于水平推力的作用，从而使荷载在拱圈或拱肋内所产生的弯矩比同跨径的梁要小得多，而拱圈或拱肋主要是承受轴向压力，故属于受压构件。因此，通常利用抗压性能较好的圬工(砖、石、混凝土)和钢筋混凝土等建筑材料来修建，如图7-5所示。

同时应当注意，为了确保拱桥能安全使用，下部结构和地基必须能经受住很大水平推力的不利作用。

图 7-4　梁桥施工

图 7-5　拱桥施工

(3)刚构桥。其主要承重结构是梁或板和立柱或竖墙整体在一起的刚架结构，梁和柱的连接处具有很大的刚性。在竖向荷载作用下，梁部主要受弯，而在柱脚处也具有水平反力，其受力状态介于梁桥和拱桥之间。因此，对于同样跨径且在相同荷载作用下，刚架桥的跨中正弯矩要比一般梁桥小，相应地，其跨中的建筑高度就可以做得较矮。刚架桥的缺点是施工比较困难，且梁柱刚接处容易开裂，目前较大跨径达 400m。

目前，在公路桥梁中属于刚架结构体系采用较多的桥型有 T 形刚构桥、连续刚构桥及刚构—连续组合梁桥等。

(4)悬索桥。又称吊桥。桥梁的主要承重结构由桥塔和悬挂在塔上的缆索及吊索、加劲梁和锚碇结构组成。荷载由加劲梁承受，并通过吊索将其传至主缆。主缆是主要承重结构，但其仅承受拉力。这种桥型充分发挥了高强钢缆的抗拉性能，使其结构自重较轻，能以较小的建筑高度跨越其他任何桥型无法比拟的特大跨度，是目前单跨超过两千米的唯一桥型，如图 7-6 所示。

(5)组合体系桥(图 7-7)。根据结构受力特点，由几个不同体系的结构组合而成的桥梁称为组合体系桥。其实质不外乎利用梁、拱、吊三者的不同组合，上吊下撑，以形成新的结构。组合体系桥一般均可采用钢筋混凝土来建造。对于大跨径桥梁以采用预应力混凝土或钢结构修建为宜。一般来讲，这种桥梁的施工工艺比较复杂。斜拉桥就是一种有代表性而又广泛应用的组合体系桥。

图 7-6　悬索桥

图 7-7　组合体系桥

3. 按用途分类

有公路桥、铁路桥、公路铁路两用桥、城市桥、渡水桥(渡槽)、人行天桥和马桥,以及其他专用桥梁(如通过管道、电缆)等。

4. 按承重结构所用建筑材料分类

有圬工桥(包括砖、石、混凝土桥)、钢筋混凝土桥、预应力混凝土桥、钢桥和木桥等。

5. 按跨越障碍物的性质分类

有跨河桥、跨线桥(立体交叉)和高架桥等。高架桥一般是指跨越深沟峡谷,以代替高填路堤的桥梁或在大城市中的原有道路之上另行修建快速车行道的桥梁,以解决交通拥挤的矛盾。

6. 按上部结构行车道的位置分类

有上承式、下承式和中承式三种。桥面布置在主要承重结构之上者,称为上承式桥;桥面布置在承重结构之下的为下承式桥;桥面布置在桥跨结构高度中间的称为中承式桥。除以上固定式桥梁外,有时根据建设环境和使用要求,还有开合桥、浮桥和漫水桥等形式的桥梁。

现行的公路桥涵设计规范、施工技术规范、预算定额、概算定额和估算指标、公路工程概预算项目的划分,以及建设工程管理的有关规定等,均以上述桥涵工程分类为依据。这样,就便于合理地规范人们从事公路建设活动,确保建设工程的顺利实现。如《公路桥涵设计通用规范》(JTG D60—2004)上就明确规定:“特大、大、中桥梁应进行必要的方案比选,选择最佳的桥型方案。”这就为设计深度提出了极其明确的要求。

三、桥梁工程中常用的技术名词

在公路桥梁建设中,常用到以下的专业技术术语。

1. 设计洪水位

在进行桥涵设计时,按照一定设计洪水频率所计算得出的水位,称为设计洪水位。根据《公路桥涵设计通用规范》(JTG D60—2004)的规定,一般按桥涵的建设规模和公路等级的具体情况,常用25年、50年和100年,高速公路和一级公路中的特大桥则以300年一遇的最大洪水位作为设计洪水位,其目的是充分考虑桥位上游村镇和农田的安全,使其不受壅水淹没的危害。

2. 计算跨径(l)

设支座的桥涵指桥跨结构在相邻两个支座中心之间的水平距离。不设支座的桥涵(如拱桥、刚构桥、箱涵等)指上下部结构相交面中心间的水平距离。

3. 净跨径(l_0)

梁式桥为设计洪水位上相邻两个桥墩(台)之间的水平距离。拱式桥为每孔拱跨两个拱脚截面最低点之间的水平距离。

4. 总跨径

即多孔桥各孔净跨径之和。

5. 标准跨径

梁式桥、板式桥涵指两相邻桥墩中线之间的距离或桥墩中线至桥台台背前缘之间的距离;拱式桥涵、箱涵、圆管涵则以净跨径为准。

6. 桥梁全长(总长度)

有桥台的桥梁为两岸桥台侧墙或八字墙尾端之间的距离;无桥台的桥梁为桥面系行车道的长度。涵洞的长度是以其洞身两端洞口之间的水平距离为准,即路基横方向的长度。

7. 桥梁多孔跨径总长

梁式、板式桥涵为多孔标准跨径之和;拱式桥为两岸桥台内拱脚截面最低点(起拱线)之间的水平距离;其他形式的桥梁为桥面系的行车道长度。

8. 桥梁净空

它包含有两个方面的内容:一方面指桥面净空,即桥面的宽度和桥上的净空高度,我国公路桥面行车道净宽为车道数乘以车道宽度,并计入所设置的加(减)速车道、紧急停车道、爬坡车道、慢车道或错车道的宽度;另一方面指桥下净空,即设计洪水位或设计通航水位至桥跨结构最下缘之间的净空高度,是为保证洪水、流冰排泄无阻和符合河流通航净空要求所规定的一个重要设计参数。

9. 建筑高度

是指桥梁的结构高度,即行车道路面的高程至桥跨结构最下缘之间的距离,它对降低路基平均填土高度有极其重要的影响。

10. 矢跨比

是指拱的计算矢高与计算跨径之比,也称拱矢度,是区分坦拱与陡拱的依据,是拱桥主拱圈设计的一个主要参数。

11. 设计荷载

是指桥涵除了承受本身自重和各种附加恒载外,主要还要承受各种交通荷载。《公路桥涵设计通用规范》(JTG D60—2004)将其归纳成三类:永久荷载,如结构自重、预加应力、土的自重和侧压力等;可变荷载,分基本可变荷载(活载)即汽车、人群等,其他可变荷载,即风力和温度影响力等;偶然荷载,如地震力等。

第二节　涵洞工程

涵洞是公路路基通过洼地或跨越水沟(渠)时设置的,或为把汇集在路基上方的水流宣泄到下方而设置的横穿路基的小型地面排水结构物。它是公路上广泛使用的一种人工构筑物。公路建设中修建涵洞的目的:一是专为排泄小溪流水和天然雨水,以保护路基的稳固,避免雨水的毁坏;二是专为灌溉农田之用,不致因修建公路而影响发展农业生产用水。

一、涵洞的组成与分类

1. 构成

涵洞由洞身、洞口建筑、基础和附属工程组成,如图7-8所示。

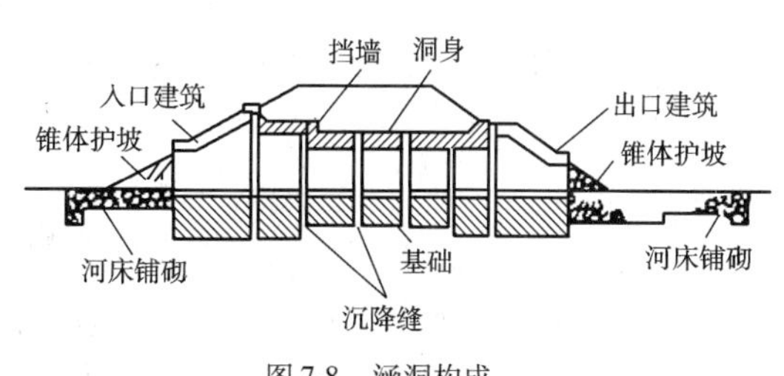

图7-8　涵洞构成

洞身是涵洞的主要部分,其截面形式有圆形、拱形、箱形等。

洞口建筑设置在涵洞的两端，有一字式和八字式两种结构形式。涵洞的进出口应与路基衔接平顺且保证水流顺畅，使上下游河床、洞口基础和洞侧路基免受冲刷，以确保洞身安全，并形成良好的泄水条件。在山区修建涵洞时，出水口要设置跌水坎，在进水口处有时要设置落水井（竖井）等减冲、防冲消能设施，一般下游至少应铺出洞口以外3～5m，压力式涵洞宜更长些。尤其是改沟移位的涵洞，进出水口的沟床应整理顺直，要做好上下游导流排水设施，如天沟、侧沟、排水沟等的连接应圆顺、稳固，以保证流水顺畅，避免流水损坏路基、村舍和农田等。

基础的形式分为整体式和非整体式两种。涵洞的附属工程包括：锥形护坡、河床铺砌、路基边坡铺砌及人工水道等，如图7-9所示。

图7-9　涵洞

涵洞的建设规模以孔数、跨径、台高的形式来表示，其长度则以路基横断面方向的水平距离作为计算依据。如2－1.0×1.2则表示为双孔、跨径1.0m、台高1.2m的盖板涵，又如1－ϕ1.5则表示为单孔、直径1.5m的圆管涵。

2. 涵洞的分类

涵洞的种类繁多，截面形状、出入口类型、涵内水流流态也多种多样。按不同的分类方法，涵洞可分为不同的类型。

（1）根据涵洞中线与路线中线的关系，可分为正交涵洞和斜交涵洞。正交涵洞中线与路线中线垂直，斜交涵洞中线与路线中线有一定交角。

（2）根据涵洞洞身截面形状的不同，可分为圆管涵、盖板涵、拱涵和箱涵等。

（3）根据涵洞洞顶填土情况的不同，可分为明涵和暗涵。明涵洞顶不填土，适用于低路堤或浅沟渠；洞顶填土厚度大于50cm的称为暗涵，适用于高路堤和深沟渠。

（4）按建筑材料的不同，可分为砖涵、石涵、混凝土涵、钢筋混凝土涵和其他材料（木、陶瓷、瓦管、缸瓦管、石灰三合土篾管、石灰三合土拱、铸铁管、皱纹管）涵等。

（5）按涵洞水利特性的不同，可分为无压力式、半压力式、压力式涵等。

无压力式涵洞入口水流深度小于洞口高度，并在涵洞全长范围内水面都不触及洞顶，具有自由水面。公路上大多数涵洞均属于此类。

半压力式涵洞入口水深大于洞口高度，水仅在进水口处充满洞口，而在涵洞全长范围内的其余部分都具有自由水面。通常在涵洞尺寸受路基高度或其他因素限制时采用。

压力式涵洞入口水深大于洞口高度，在涵洞全长范围内都充满水流，无自由水面。此类涵洞仅在深沟高路堤或允许壅水但不危害农田时采用。

此外，当路线跨越农业灌溉沟渠，沟渠底高于路堤时，可设置为倒虹吸式涵。此时，涵洞的管节宜采用钢筋混凝土或混凝土管，进出水口须设置竖井，包括防淤沉淀井等设施。

二、涵洞设计的有关问题

1. 涵洞设置位置要求

(1)凡路线与一条明显沟形的干沟、小溪相交，且上游汇水面积大于 0.1km^2 时，应设置涵洞。

(2)山区公路的傍山路线，除应在路线上、下坡变坡处，或为路线纵坡由大于 6% 变换至小于 3% 的变坡处，设置涵洞外，一般每隔 200 ~ 400m，设置一道涵洞，以排除路基内侧边沟雨水。

(3)当路线与其他道路相交叉时，为了不使边沟雨水受阻，一般均应设置涵洞，通常称为线外涵洞或边沟涵。

(4)路线跨越农田、灌溉沟，为了不致因修建公路而影响自浇灌溉或淹没庄稼时，必须设置能满足灌溉和排水要求的涵洞。

2. 涵洞设计参数的确定

涵洞孔径的确定，一般采取直接类比法，即通过对该地区各种道路上已建成的涵洞的基本尺寸和实际营运情况的调查比较，从而拟定涵洞设计孔径。该法确定了设计流量后，则可根据下列公式简化宽顶堰流的计算公式，确定涵洞的孔径。

$$\text{盖板涵}\quad Q=1.575\times B\times H^{\frac{3}{2}},B=\frac{B}{1.575\times H^{\frac{3}{2}}} \tag{7-1}$$

$$\text{石拱涵}\quad Q=1.422\times B\times H^{\frac{3}{2}},B=\frac{B}{1.422\times H^{\frac{3}{2}}} \tag{7-2}$$

$$\text{圆管涵}\quad Q=1.69\times d^{\frac{5}{2}},d=\left(\frac{Q}{1.69}\right)^{\frac{2}{5}} \tag{7-3}$$

$$H=\frac{h-\Delta}{\beta} \tag{7-4}$$

式中：Q——设计流量(m^3/s)；

B——涵洞宽，即净跨径(m)；

H——涵前壅水高度(m)；

d——圆管涵孔径(m)；

h——涵洞高度，计算时一般事先初步拟定，作为计算分析依据(m)；

Δ——进口处涵洞净空高度(m)，按表 7-2 规定计算确定；

β——进口壅水降落系数，通常采用 $\beta=0.87$。

无压力涵洞净空规定　　表 7-2

涵洞类型 / 净空高度(m) / 涵洞进口净高(或内径)(m)	盖板涵	拱　涵	圆管涵
$h\leqslant3$	$\geqslant h/6$	$\geqslant h/4$	$\geqslant h/4$
$h>3$	≥0.5	≥0.75	≥0.75

3. 涵洞设计要点

根据《公路圬工桥涵设计规范》的规定，当涵洞长度大于 15m 小于 30m 时，其内径或净高不宜小于1.0m;长度大于30m时不宜小于1.25m。以防一旦发生泥土等堵塞时,便于进行清除养护。压力式和半压力式涵洞必须设置基础,接缝要严密。涵洞洞底的纵坡不宜大于5.0%,以免遭受急流冲刷。当洞底纵坡大于5.0%时,其基础底部宜每隔3~5m设置防滑横隔墙或把基础做成阶梯形。洞底纵坡大于10.0%时,涵洞洞身及基础应分段做成阶梯形,同时前后两节涵洞的盖板或拱圈的搭接高度不得小于厚度的1/4。涵洞沿洞身长度方向和在结构分段处应设置沉降缝,以防止不均匀沉降。涵身一般每隔4~6m设沉降缝一道,具体设置视地基土情况及路堤填土高度而定。

涵洞整体式基础一般为矩形基础,其尺寸通常是由上部构造的大小而定,而不受地基承载力的控制,分离式基础是单独修建在各涵台下相互独立的基础,在跨径较大及地基强度较高时采用。

涵洞完成后,应在涵洞砌体砂浆或混凝土强度达到设计强度的70%时,方可回填土,同时应从涵洞两侧不小于2倍孔径范围内,按水平分层、对称地填筑压实,但进行公路路基设计和计算土石方数量时,通常是不扣减涵洞体积所占的土石方数量,所以,编制涵洞工程的造价时,不得将涵背回填土石方数量作为计算造价的依据。

三、涵洞工程施工技术

1.圆管涵

圆管涵,一般采用预制的钢筋混凝土管材,其管壁厚度与孔径大小及其管顶填土高度有关。常用的管径有0.75m、1.00m、1.25m、1.50m、2.00m五个标准。管内水流一般为重力流,除倒虹吸管外,一般不考虑承受内部压力。目前在平原地区二级公路以下使用比较多,而高速公路、一级公路以及山岭区的公路建设中则采用得少一些,如图7-10所示。

图7-10 圆管涵

公路工程中的管涵有混凝土管涵和钢筋混凝土管涵,目前我国公路工程中多采用钢筋混凝土管涵。预制混凝土圆管可采用振动制管法、离心法、悬辊法和立式挤压法,鉴于公路工程中涵管一般为外购,故对涵管预制不再进行详细说明。管涵的预制长度一般在2~4m,有插口和平口两种接口形式,一般的预制管厂都有成品出售,平接管的接缝应不大于1~2cm,其沉降缝则应设在管节的接缝处。

管节安装应从下游开始,使接头面向上游;每节涵管应紧贴于垫层或基座上,使涵管受力均匀;所有管节应按正确的轴线和图纸所示坡度敷设。如管壁厚度不同,应使内壁齐平。在敷设过程中,要保持管内清洁无脏物、无多余的砂浆及其他杂物。管节的安装方法通常有滚动安装法、滚木安装法、压绳下管法、龙门架安装法、吊车安装法等,可根据施工现场实际情况选择。管涵的施工程序如下:

(1)挖基坑,并准备修筑管涵基础的材料;

(2)砌筑圬工基础或浇筑混凝土基础;

(3)安装涵洞管节,修筑涵管出入口端墙、翼墙及涵底(端墙外涵底铺装);

(4)铺设管涵防水层及修整;

(5)铺设管涵顶部防水黏土(设计需要时),填筑涵洞缺口填土及修建加固工程。

当地基承载力符合设计要求时,管身可直接搁置在天然地基上,但应做成与管身弧度密贴的弧形基座。若管底土层承载力不够时,则可采用砂砾(砂)或碎石等材料铺设涵管基础垫层进行加固,当设有石砌或混凝土基础时,则应铺设混凝土垫层(管座),如图7-11所示。图中的φ角叫中心角,这个角度的大小,往往与荷载及地基承载力有关,在无特殊荷载时,一般采用90°;如有特殊荷载,而且地基松软,又容易产生不均匀沉降时,则可采用135°或180°。

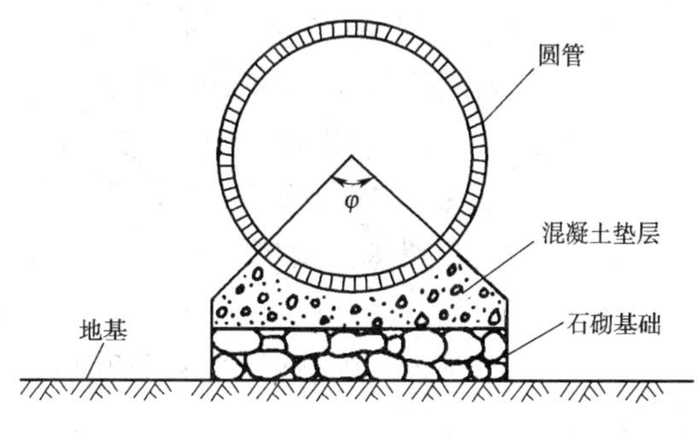

图7-11　圆管涵基础

圆管涵结构简单,施工方便,耗用材料少。采用工厂化生产,吊装设备也比较简单,施工进度快,总体经济效果较好。而且可以采用顶进法进行施工,可避免破坏已建成的路基和影响交通,还可节省修建临时便道等费用。

2.盖板涵

盖板涵有石盖板和钢筋混凝土盖板两种。目前采用的石盖板涵已不太多,广泛采用钢筋混凝土盖板涵。钢筋混凝土盖板涵洞身和基础,大都采用石砌圬工。

钢筋混凝土盖板涵有0.75m、1.00m、1.25m、1.50m、2.00m、2.50m、3.00m、4.00m八种不同的标准跨径,修建较多的是1.00m左右跨径的盖板涵,2.00m及以上的一般都比较少,洞身(墩、台)都采用矩形截面,其圬工砌体要求采用不低于MU25的片块石和M5.0砂浆砌筑,砌体的外露面要用M7.5砂浆勾缝,其中块石主要用作镶面之用,表面应平整,并应分层砌筑,厚度为20~30cm。每层石料的高度应大体一致,块石砌体一般约占40%左右。基础工程(包括沟底铺砌)一般采用与墩台相同强度等级的砂浆砌筑和片石圬工砌体,沟床和进出水口处的铺砌等工程,在编制施工图预算时,一般与基础工程综合在一起作为编制涵洞造价的依据。洞口设置的一字墙或八字墙的墙身和基础圬工砌体则分别与涵洞的墩台身和基础合并进行计算。但在编制初步设计概算时,则是按洞身、洞口分别适用工程定额进行计算,这是概预算编制方法的不同之处。

钢筋混凝土盖板,一般采用预制宽度为1.00m的矩形实心板,板的长度为净跨径加2×25cm,混凝土的强度等级不宜小于C20。当板顶填土高度大于5.0m时,一般要适当增加板的厚度和钢筋的用量,以免土压过大而造成盖板断裂。

预制钢筋混凝土盖板时,应注意检查上下面的方向,斜交涵洞则应注意斜交角度的方向,避免发生反向错误。

盖板涵的安装工作,由于构件重量轻,一般都是采用扒杆或汽车式起重机械等来进行。

3.拱涵

拱式涵洞多为石拱涵,且一般都是采用半圆拱结构,其标准跨径(净跨径)为1.50m、2.00m、2.80m、3.00m、4.00m五种,各结构的组成、施工工艺要求与石拱桥基本上是一致的,对地基的承载力要求高,不能产生不均衡的沉降,以免造成拱圈开裂。

拱涵所需的拱涵支架,是以涵洞的长度乘净跨径的水平投影面积作为定额计算单位,这是与石拱桥拱盔、支架的计算方法不同之处。在条件许可的情况下,也可以采用土胎(常称为土牛拱)来建造拱圈。

拱涵的拱圈按无铰拱计算,其各部分的圬工砌体,通常分别采用如下不同规格的石料、砂浆砌筑,并以它作为编制施工图预算的依据。

(1)拱圈,采用 M7.5 砂浆砌片石或片块石混合砌体,并用 M10 砂浆勾缝。

(2)墩、台、侧墙等采用 M5.0 砂浆砌片块石,其中片石约为2/3、块石1/3,并用 M7.5 砂浆勾缝。

(3)基础,一般采用 M5.0 砂浆砌片石,沟床应进行铺砌。

(4)护拱,采用 M5.0 砂浆砌片石。

(5)防水层,拱圈上要铺设防水层,一般采用胶泥、石灰土或石灰三合土。

石拱涵的优点是不需耗用钢材,施工工艺要求不高也不复杂,但木料和劳动力需要多,施工周期相应也要长。因此,在设计选型时,应根据地质情况,结合工期要求,按就地取材的原则,综合考虑确定。

4. 箱涵

箱涵是一种刚架结构,系用钢筋混凝土建筑材料制成,有现浇和预制两种。这种结构,可用于跨越溪沟排泄流水或天然雨水而修建的排水设施(涵洞),而更多的是用于跨越原有乡村道路,以维持交通运输,或穿过原有铁路、公路而所修建的立交式通道,因此,也可以说,箱涵是属于交叉工程范畴的构筑物之一。

现浇钢筋混凝土箱涵的标准设计结构尺寸,是以箱涵的净空来表示的,即净宽×净高,分为2.0×1.5~4.0×3.0,6.0×3.5~7.0×4.2,(3.0+7.0+3.0)×4.2 等,在公路工程概预算定额中亦依此作为划分定额子目的依据。由于它是一种整体式的箱形截面,故习惯把它称为箱涵。

预制钢筋混凝土箱涵,则是当拟建的公路须从现有铁路或公路的路基下面通过时,又不能修筑便桥、便道以维持交通,经技术经济比较合理,而拟建箱涵的地点及附近地区的地形,地质条件又适宜时,则可以采取预制顶进的施工方法来建造。这样,需要设置专业的顶进设施,以箱涵自重所需的金属设备的重量作为计算依据。图 7-12 所示是在顶进部位开挖竖坑实施顶进方法的情况,若在平地上进行顶进施工时,则应在千斤顶的后面修建其他构筑物来承受反力。

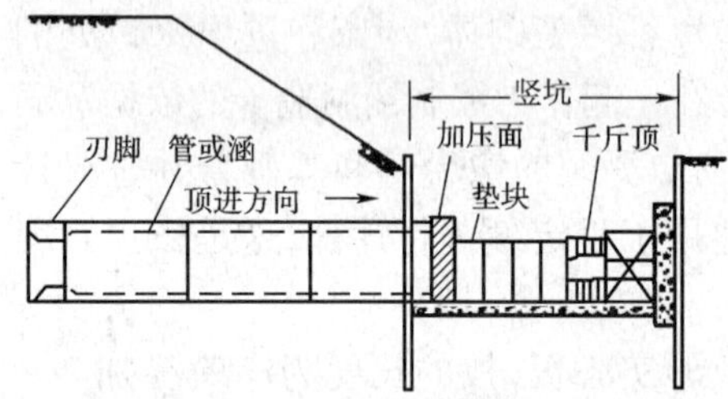

图 7-12　顶进方法

顶进的施工方法主要是依靠顶进力,它是根据被顶进物体的尺寸、顶进长度、断面的厚度、内部挖掘的方法、地基的土质类别、使用减摩剂等不同,一般单位外周面积的顶进力为 2~3kN/m^2。

混凝土和钢筋混凝土拱涵、盖板涵、箱涵的施工分为现场浇筑和在工地预制安装两大类。无论是圬工基础还是砂垫层基础,施工前必须先对下卧层地基土进行检查验收,地基土承载力或密实度符合设计要求时,才可进行基础施工。对于软土地基应按照设计规定进行加固处理,符合要求后,才可进行基础施工。对于拱涵基础要求较高,可采用整体式基础、非整体式基础和板式基础。

(1)整体式基础

两座涵台的下面和孔径中间使用整块的混凝土浇筑的基础称为整体式基础。其地基土的承载力应满足设计文件规定。若设计无规定,则填方高 H 在 1~12m 时,必须大于 0.2MPa;$H>12$m 时必须 >0.3MPa。湿陷性黄土地基,不论其表面承载力多大,均不得使用整体式基础。

(2)非整体式基础

两座涵台的下面为独立的现浇混凝土或浆砌片石基础,两者之间不相连的称为非整体式基础。其地基土要求的容许承载力较上述的基础为高,当设计文件无规定时,一般应大于0.5MPa。

(3)板式基础

两座涵台下面的混凝土基础之间用较薄的混凝土或钢筋混凝土板在顶部连接,一起浇筑成似同板凳一样的基础。其地基土容许承载力的要求处于前两者之间,设计文件无规定时,应为大于0.4MPa的砂类土或"中密"以上的碎石土。

拱圈和盖板浇筑或砌筑施工应注意:拱圈和端墙的施工,应由两侧拱脚向拱顶同时对称进行;拱圈和盖板混凝土的现场浇筑施工,应连续进行,尽量避免施工缝;当涵身较长时,可沿涵长方向分段进行,每段应连续一次浇筑完成;施工缝应设在涵身沉降缝处。

5. 倒虹吸管

当路线穿过沟渠、路堤高度很低或在浅挖方地段通过,填、挖高度不足,难以修建明涵时,或因灌溉需要,必须提高渠底高程,建筑架空渡槽又不能满足路上净空要求时,常修建倒虹吸管。公路上通常采用的倒虹吸管为竖井出入口式,如图7-13所示。

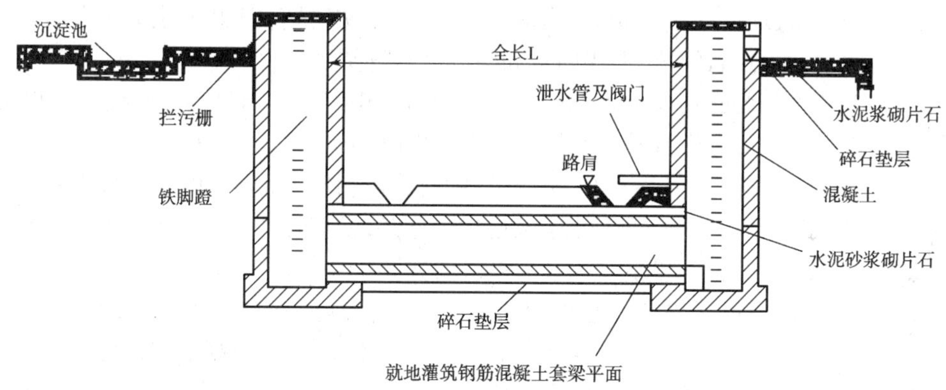

图7-13　竖井式倒虹吸

6. 钢波纹管涵

波纹管涵是将20～70mm薄钢板板面压成波纹后,制成管节或板片,可以增加其刚度和管轴压力的抵抗强度,因此修建成的涵洞称为波纹管涵或板通道。截面形状:圆形、椭圆形、半圆形、拱形等不同结构形式,管径范围 ϕ50～800cm,满足填土厚度1～60m构造物的需要。

波纹管涵是一种柔性结构,具有一定的抗震能力,而且能适应较大的沉降与变形。它建成后与周围土体形成一种组合结构,共同受力。波纹管涵楔形部及两侧的回填土很关键,如回填不密实或有楔形部中空或局部有大石块直接作用于管体,将局部出现较大变形,两侧及楔形部的回填施工要严格控制,波纹管涵工程造价比同类跨径的涵洞低。施工工期短,主要为拼装施工,比混凝土结构提前约两个月,如图7-14所示。

图7-14　钢波纹管涵

第三节　桥涵结构形式选择

桥涵设计与施工之间关系密切,尤其在现代公路建设中,由于钢筋混凝土和预应力混凝土等新型建筑材料和结构形式的出现,施工工艺不断革新,当桥涵结构的设计方案选定后,施工方法亦基本确定,施工单位则应忠实地按设计要求完成建桥任务。

一、桥涵结构形式的选择

1. 影响桥涵形式选择的因素

桥涵是一个整体的空间构筑物,其结构形式的选择,一般是指上部结构、墩台和基础的造型,所以,在总体设计中应进行综合分析比较,使上下部构造协调一致,经济美观,同时要适当考虑农田排灌的需要,并应尽可能采用标准化的装配式结构,以利实现工厂化和机械化施工。而每一具体的结构形式,又与地质、地形和水文等因素有关。所以在选择桥型时,必须要妥善处理各方面的矛盾,选出合理的方案。

影响桥涵结构形式选择的因素很多,分析它们的特点,根据它们所起的作用和所处的地位,可以将这些因素分为独立因素、主要因素和限制因素等类别。

桥梁的长度、宽度和通航孔大小等都是桥型选择的独立因素,它们是随设计任务同时提出的,这些因素不是设计人员在进行桥梁设计时能随意更改的。

经济是桥型选择时考虑的主要因素,一切设计必须经过详细而周密的技术经济比较。一般而言,造价低、材料省、劳动力消耗少的应该是优秀方案,但有时当其他技术因素或使用要求上升为设计的主要矛盾时,也不得不放弃较为经济的方案。

地质、地形、水文及气候条件是桥型选择的限制因素。地质条件在很大程度上影响到桥位、桥型(包括基础类型)和工程投资。地形条件及水文条件将影响到桥型、基础的深度、水中桥墩的数量等。例如,在水下基础施工困难的地方,适当将跨径放大一些,避开水下工程的施工,常可取得较好的经济效益;在高山峡谷、水深流急的河道,建造单孔桥往往比较合理。

所以,在选择桥涵结构类型时,必须考虑上述因素和施工条件,找出所面临问题的关键所在,分清主次,才能选出适合于各种具体情况的最佳方案。

2. 上部结构的选型

目前我国公路桥梁建设常用的桥跨结构体系有钢筋混凝土和预应力混凝土简支和连续梁、T形刚构、钢筋混凝土箱形拱、桁架拱、刚架拱等;桥梁横断面形式有:T形梁、工形梁、预应力混凝土组合箱梁、箱梁、桁架梁;涵洞工程则有圆管涵、盖板涵、箱涵和拱涵等,一般采用钢筋混凝土盖板涵,它便于组织施工和加快施工进度,如图7-15所示。

图7-15　上部结构构造

(1)梁式桥

①板桥。其截面结构简单,建筑高度小,容易适应各种线形要求,便于利用组合钢模板进行工厂化生产。最常用的有矩形板、钢筋混凝

土和预应力混凝土空心板，尤其是跨线桥、软土地基上的桥梁，常常是首先考虑的桥型，它能有效地降低路基的平均高度，总体上是经济合理的。目前已建成的先张法预应力混凝土空心板的跨径达 30m，它比同跨径的 T 形梁的建筑高度约低 80cm，这对于建筑高度要求较严的桥梁十分有利。板式桥的主要缺点是自重大，当跨径超过一定限度时，截面便要显著加高，从而导致自重也大。它的经济合理跨径一般限制在 13 ~ 15m 以下，预应力混凝土连续板桥也不宜超过 35m。

②T 形梁和工形组合梁，又称为肋形梁。板的抗剪能力要比其抗弯能力大得多，但当其跨径增大时，则弯矩增加的速度要比剪力快得多，这就要求增加板厚，为了节省材料，将其腹部挖空，形成 T 形和工形截面形式的梁，主梁之间则借助横隔板使之连接成整体。若桥梁的建筑高度不受限制，其跨径在 20 ~ 50m 之间。

③箱梁。有单箱、多箱，以及组合箱梁等多种截面形式，它具有截面挖空率高、材料用量少、结构自重轻、跨越能力大等特点，故大跨径的梁桥中，以及弯桥、斜桥等多采用这种截面形式，尤其是大悬臂斜腹板单箱室结构，箱底宽度比较窄，与之配合的桥墩工程量也相应减少，对降低工程造价、节约投资都是有利的。

(2)拱式桥

①石拱桥。由于石料规格要求高，加之木材和劳动力耗用都比较多，建设工期又比较长，故目前采用的比较少。20 世纪 60 年代盛行的双曲拱桥，因整体性差和承载能力低，亦已很少采用。

②桁架拱和刚架拱。在修建双曲拱桥经验的基础上发展起来的桁架拱和刚架拱，具有结构受力合理、构件少、自重轻、整体性好、造型美、施工方便、经济合理等优点，是一种有水平推力的轻型钢筋混凝土拱式结构，目前多用于中等跨径(20 ~ 50m)的桥梁，它也是在软土地基上修建拱桥的实践中发展起来的一种新桥型。

③大跨径拱式桥梁的钢筋混凝土箱形截面主拱圈，采用无支架吊装施工方法修建，其跨径已达 150m。采用钢拱架就地浇筑的，其跨径已达 170m。而采用钢管混凝土劲性骨架的箱形拱桥跨径已达 420m。这种箱形截面的挖空率可达全断面的 50% ~ 70%，故可大量地减少圬工数量和自重，有利于跨越深壑河谷，降低工程造价，总体经济效果比较好，目前我国已建成的这种桥型的桥梁比较多。在山岭区修建高等级公路时，也常采用这种桥型，其不足是需要设置耗费较大的缆索吊装设备。

④T 形刚构。目前施工工艺已相当成熟，在跨越大型河流、山谷及通行道路方面，与悬索桥、斜拉桥相比，其施工工艺及造价皆有一定优势，目前使用相当普遍，超过 100m 跨径的全国已超过 300 座。

3. 墩台的选型

公路桥梁中的墩台形式，分为重力式和轻型两大类，前者依靠自身的重量来平衡外力的作用而保持其稳定，墩台身比较厚实，圬工体积大，一般都用石砌或片石混凝土做成，可以不用钢筋，它用于地基良好的天然基础；后者所用的建筑材料，大都为钢筋混凝土，故它的截面小，重量较轻，外形美观，这类墩台的形式比较多，而且各有其自身的特点和适用条件。轻型墩台包括柱式墩台、空心墩、Y 形和薄壁墩、框架式和肋形埋置式桥台等，选用时应根据地形、地质、水文，以及建设条件、就地取材、施工方便、安全耐久等因素综合考虑确定，并应特别注意与上部构造的配合协调，使整座桥外形优美，且总体经济性最合理，如图 7-16 所示。

目前我国在中等跨径的公路桥梁建设中，应用最多的是重力式U形桥台、埋置式肋板桥台及桩柱台和柱式板式及空心薄壁桥墩。U形桥台具有结构简单，便于施工和就地取材等优点。柱式桥墩有独柱、双柱和三柱等结构形式，独柱墩在弯梁中得到了广泛的应用，尤其有利于立交桥的墩位布置，占地范围小，桥下空间视野开阔；双柱式和三柱式适用于板式、肋式和箱梁的桥墩。高等级公路桥梁建设中的桥墩多采用双柱式，斜桥因桥面较宽，则采用三柱式，在经济上是比较合理的。

4. 基础的选型

基础是使桥涵的全部荷载传至地基，从而保证桥涵安全使用的重要部分，形式如何选定，主要取决于水文、地质情况，上部及墩台结构形式和使用要求等。实际中广泛使用的是天然地基上的浅基础和钻孔灌注桩基础。当地基的持力层埋深在5.0m以内时，一般选用天然地基上的浅基础，即石砌或混凝土圬工。当地基承载力不足，而各土层的摩阻力和桩尖土的承载力能够承受由桩传来的上部荷载时，则选用摩擦桩，否则应将桩尖嵌入岩层，使之成为柱桩（支撑桩），这样，上部的荷载由桩底岩层抗力承受，如图7-17所示。当上部荷载特别大，而地基承载力又不足，覆盖层虽不太深，但明挖基坑工作困难，如开挖方量大，支撑和排水耗费多，且通过与桩基础等技术经济比较合理时，则采用沉井基础。

图7-16　桥梁墩台

图7-17　基础

桥涵结构形式的选择，是初步设计阶段的主要任务，主要解决其总体规划问题，如桥位选定，确定结构形式，分孔，纵横断面的布置等，并据此拟定桥涵结构的主要尺寸，提出主要工程数量作为编制概算的依据。在施工图设计阶段应根据批准的初步设计中的修建原则，编制施工详图，并提出详细的工程数据，以供组织施工和编制施工图预算采用，这是属于指令性的技术文件。

独立公路大桥的勘察设计工作，一般都采用上述两个阶段设计程序。至于路线中的桥涵设计工作，则随路线的设计阶段而定。

二、桥梁工程施工方法

一座桥梁的建设一般要经过规划、工程可行性研究、勘察设计和施工等几个阶段。施工是具体体现桥梁设计思想和设计意图的一个过程，其最终目的是要建造一个既满足营运要求又能作为一种空间艺术结构存在于社会之中的工程实体，而施工技术无论在设计阶段还是在施工阶段都起着举足轻重的作用。施工技术包含了施工设计计算，施工的方法、手段和工艺等方面的内容。在桥梁的施工阶段，施工技术占据了主导地位。技术的先进与否，直接影响到施工所能采用的方法和手段，甚至将左右工程的进展。任何一项结构简单或复杂的桥梁工程，都必须依据相应的施工技术，才能制订出切实可行的施工方案，确定具体施工方法，用于指导施工。桥梁施工应包括选择施工方法，进行必要的施工验算，选择或设计、制作施工机具设备，选购与运输建筑材料，安排水、电、动力生活设施以及施工计划，组织与管理等方面的事务。施工是一项复杂及涉及面很广的工作，上至天文、气象，下至工程地质、水文、地貌、机械、电器、电子、管理等各领域，同时与人的因素、与地方政府的关系密切。因此，现代的大型工程施工，应由多种行业的技术人员和工人齐心协力完成。

建造一座桥梁特别是大型桥梁工程，其投资是巨大的，根据桥梁工程在规划、工程可行性研究、勘察设计、征地拆迁、施工等阶段的资金分配情况来看，施工费用一般要占工程费用的60%以上(拆迁量大的城市桥梁除外)。在施工阶段为降低工程造价、节省投资，除采取加强施工的组织管理、节约材料、提高机械设备的利用率等措施外，一条重要途径是在施工中应用新技术、新工艺来改善施工条件，以达到降低工程成本、节省投资的目的。合理地采用先进的施工技术，对于降低工程造价的作用是显而易见的。

1. 桥梁上部结构施工

桥梁上部结构的形式是多种多样的，其施工方法的种类也较多，但除一些比较特殊的施工方法之外，大致可分为预制安装和现浇两大类。现将常用一些施工方法(见图7-18)的特点和适用性分述如下。

1)预制安装施工法

预制安装可分为预制梁安装、预制节段式块件拼装和整跨箱梁预制吊装两种类型。预制梁安装主要指装配式的简支梁板，如空心板、T形梁、工形梁及小跨径箱梁等的安装，然后进行横向联结或施工桥面板而使之成为桥梁整体；预制节段式块件拼装则将梁体(一般为箱梁)沿桥轴向分段预制成节段式块件，运到现场进行拼装，其拼装方法一般多采用悬臂法。此法由于对预制精度、张拉控制等要求较高，有时会产生扭曲变形，连续梁、T构、刚构和斜拉桥都可应用这种方法进行施工；整跨箱梁预制吊装是通过在现场设置临时预制场将箱梁集中预制，大规模生产，然后利用大吨位运架机械逐跨架设，达到类似工业化生产的效果，既达到了大跨径桥梁高标准要求，又能满足箱梁大规模生产的需求。

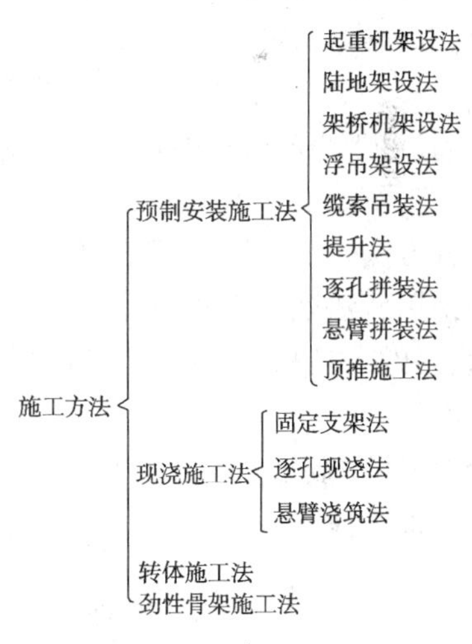

图7-18 桥梁上部结构施工方法

梁板预制可分为长线预制和短线预制两种施工方式。长线预制是指预制场或施工现场按桥梁底缘曲线制作固定的底座，在底座上安装底模进行块件预制工作。短线预制亦称活动底座法，是一种用于箱梁块件等的立式预制方法。

(1)起重机架设法

这种架设法进行装配式梁(板)桥安装时，一般先将梁(板)运到桥位处，采用一台或两台自行式汽车式起重机或履带式起重机或轮胎式起重机直接将梁(板)片吊起就位。此法主要用于陆地桥梁、城市高架桥施工，一般适用于跨径在30m以内的简支梁（板）的安装作业。在现场吊装孔跨内或引道上应有足够设置起重机的场地，同时应确保运梁道路的畅通，起重机的选定应充分考虑梁体的质量和作业半径后方可决定。

(2)陆地架设法

指在中、小跨径装配式梁（板）桥的施工过程中，预制梁（板）主要采用跨墩龙门吊机、穿巷吊机、摆动排架、移动支架或小型架桥机等在无水陆地上进行安装的架设方法。

①跨墩龙门吊机安装法。在墩台两侧顺桥向设置轨道，其上安置跨墩的龙门吊机，将梁体在吊起状态下运到架设地点而安装在预定位置。此法一般可将梁的预制场地安排在桥头引道，以缩短运梁距离。其优点是：施工作业简单，施工速度快，容易保证施工安全。但要求架设地点的地形应平坦且良好，梁体应能沿顺桥向搬运，桥墩不能太高。因设备的费用较大，架设安装的孔跨数不能太少。

②扒杆吊装法

扒杆吊杆是一种较原始但简单易行的方法，对一些质量轻的小型构件比较适宜，目前已很少采用。但近年国内亦有采用扒杆吊装大跨径（330m）箱式拱经验，单件吊装最大质量达200t以上。

(3)架桥机架设法

这是预制梁的典型架设安装方法。在孔跨内设置安装导梁，以此作为支承梁来架设梁体，这种作为支承梁的安装梁结构称为架桥机。目前架桥机的种类较多，有专用的架桥机设备，也有采用常备构件（万能杆件和贝雷桁片等）自行拼装而成的。按形式的不同，架桥机又可分为单导梁、双导梁、斜拉式和悬吊式等。逐跨拼装的节段式桥梁也经常采用专用的架桥机设备进行施工。其特点是：不受架设孔跨的桥墩高度影响，亦不受梁下条件的影响，架设速度快，作业安全度高，对于跨数较多的长大桥梁更具优越性。

(4)浮吊架设法

这种方法一般适用于河口、海上长大桥梁的架设安装，包括整孔架设和节段式块件的悬臂拼装。采用此法施工工期较短，但梁体吊点及驳船支撑点局部位置需要补强，且驳船、大型吊具、架设用的卡具和设备均较大型化。随着浮吊和泵船移动，会使梁体摇动，因此应充分考虑其倾覆问题。

(5)缆索吊装法

当桥址为深谷、急流等桥下净空不能利用时，在桥台或桥台后方设立钢塔架，塔架上悬挂缆索，以缆索作为承重索进行架设安装的施工方法（见图7-19）。缆索吊装较多的应用于拱桥的拼装施工，有直吊式和斜拉式之分。梁式桥及其他桥型亦有采用此法施工的。缆索吊装法比其他方法架设机械庞大且工期长，采用时需对其经济性进行充分分析。

图7-19　缆索吊装

其施工工序为：先在预制场预制拱肋（箱）和拱上结构，再将其运至缆索吊装位置，进行吊运和安装。安装时利用扣索对分段拱肋（箱）进行临时固定，然后吊装合龙段，最后进行轴线调整、合龙、拱上结构安装等。缆索吊装施工常用的设备有卷扬机、主索、扣索、抗风索、索塔、锚碇等。

(6)提升法

提升法有两种形式：一是采用卷扬机装置进行提升，较适用于悬臂拼装的桥梁；另一种是采用液压式千斤顶装置进行连续提升，较适用于重型构件的架设安装。

(7)逐孔拼装法

逐孔拼装法一般适用于节段式预应力混凝土连续梁的施工。在施工的孔跨内搭设落地式支架或采用悬吊式支架，将节段预制块件按顺序吊放在支架上，然后在预留孔道内穿入预应力筋，对梁施加预应力使其成为整体。

(8)悬臂拼装法

悬臂拼装法现多用于预应力混凝土梁体的施工，其他类型的桥梁亦可选用。此法是将梁体分节段预制，墩顶附近的块件用其他架设机械安装或现浇，然后以桥墩为对称点，将预制块件沿桥轴方向对称起吊、安装就位后，张拉预应力筋，使悬臂不断接长，直至合龙的施工方法，如图7-20所示。悬臂拼装法施工速度快，桥梁上、下部结构可平行作业，预制块件的施工质量易控制，但预制节段所需的场地较大，大跨桥梁的施工中拼装精度要求较高，因此此法可在跨径100～200m的大桥中选用。这种施工方法可不用或少用支架，施工时不影响通航或桥下交通，宜在跨深水、山谷和海上进行施工，并适用于变截面预应力混凝土梁桥。悬臂拼装可用的机具设备较多，有移动式吊车、缆索吊、汽车吊和浮吊等，可根据不同的桥梁结构和地形条件进行选择。

(9)顶推施工法

顶推施工是在桥台的后方设置施工场地，分节段预制梁体，并用纵向预应力筋将预制节段与已完成的梁体联成整体，在梁体前端安装长度为顶推跨径0.7倍左右的钢导梁，然后通过水平千斤顶施力，将梁体向前方顶推出施工场地。重复这些工序即可完成全部梁体的施工(见图7-21)。顶推法最早是1959年在奥地利的阿格尔桥上使用的，其特点是：由于作业场所限定在一定范围内，可设置制作顶棚而使施工不受天气影响，全天候施工。连续梁的顶推跨径以30～50m左右最为经济有利。如竣工跨径大于此值，则需要设置临时墩等辅助手段。逐段顶推法施工宜在等截面的预应力混凝土连续梁桥中使用，也可在组合梁和斜拉桥的主梁上使用。用顶推法施工，设备简单、施工平稳、噪声低、施工质量好，可在深谷和宽深河道上的桥梁、高架桥以及等曲率曲线桥、带有部分竖曲线的桥和坡桥上采用。顶推施工的方法可分为单点顶推和多点顶推两种。

图7-20 悬臂拼装法

图7-21 顶推法

2)现浇施工法

(1)固定支架法

这是在桥跨间设置支架,安装模板,绑扎钢筋,现场浇筑混凝土的施工方法,特别适用于旱地上的钢筋混凝土和预应力混凝土中小跨径连续梁桥的施工。支架按其构造的不同可分为满布式、柱式、梁式和梁柱式几种类型,所用材料有门式支架、扣件式支架、碗扣式支架、贝雷桁片、万能杆件及各种型钢组合构件等。在这种施工法中,支架虽为临时结构,但施工中需承受梁体的大部分自重,因此必须有足够的强度和刚度,同时支架的地基要可靠,必要时需对地基进行加固处理。固定支架法施工的特点是:梁的整体性好,施工平稳、可靠,不需大型起吊设备,施工中无体系转换的问题,但需要大量施工支架,并需要有较大的施工场地。

(2)逐孔现浇法

①在支架上逐孔现浇施工

这是一种与固定支架法相类似的施工方法,其区别在于逐孔现浇施工仅在梁的一孔(或两孔)间设置支架,完成后将支架整体转移到下一孔连续施工,因此这种方法可仅用多孔的支架和模板周转使用,所花费施工费用较少。支架可用落地式、梁式和落地移动式。落地式支架多用于旱地桥梁或桥墩较低的情况;梁式支架的承重梁则可支承在位于桥墩承台的立柱上或锚固于桥墩的横梁上;落地移动式支架可在地面设置轨道,支架在轨道上(或其他滑动、滚动装置上)进行转移。逐孔现浇施工的接头通常设在距桥墩中心约 $L/5$ 弯矩较小的部位,这种施工方法适用于中小跨径及结构构造比较简单的预应力混凝土桥梁。

②移动模架逐孔现浇施工

这种方法是使用不着地移动式的支架和装配式的模板进行连续地逐孔现浇施工。此法自20世纪50年代末开始使用以来,得到了较广泛的应用,特别对于多跨长桥如高架桥、海湾桥,使用十分方便,施工快速,安全可靠,机械化程度高,节省劳动力,减轻劳动强度,少占施工场地。不会受桥下各种条件的影响,能周期循环施工,同时也适用于弯、坡、斜桥。但因其模架设备的投资较大,拼装与拆除都较复杂,所以此法一般适用于跨径20~50m的预应力混凝土连续梁桥施工,且桥长至少应在500m以上。

移动模架可分为在梁下以支架梁等支承梁体重量的活动模架(支承式)和在桥面上设置的主梁支承梁重的移动悬吊模架两种形式。

(3)悬臂浇筑法

这种方法最常用的是采用挂篮悬臂浇筑施工,在桥墩两侧对称逐段就地浇筑混凝土,待混凝土达到一定强度后张拉预应力筋,移动挂篮继续进行施工,使悬臂不断接长,直至合龙。挂篮的构造形式很多,通常由承重梁、悬吊模板、锚固装置、行走系统和工作平台几部分组成。挂篮除强度应保证安全可靠外,还要求造价省,节省材料,操作使用方便,变形小,稳定性好,装拆移动灵活和施工速度快等。

悬臂浇筑施工不需在跨间设置支架,使用最少施工机具设备,便可以很方便地跨越深谷和河流,适用于大跨径变截面连续梁桥及刚构桥、斜拉桥的施工。

3)转体施工法

转体法多用于拱桥上部结构的施工,亦可用于斜拉桥、斜腿刚架桥和刚构桥上部构造的施工。这种施工法是在岸边立支架(或利用地形)预制半跨桥梁的上部结构,之后以桥梁结构本身为转体,使用一些机具设备,借助上、下转轴偏心值产生的分力使两岸半跨桥梁上部结构向桥跨转动，用风缆控制其转速，最后就位合龙成桥（见图7-22）。该法最适用于峡谷、水深流急、通航河道和跨线桥等地形特殊的情况，具有工艺简单、操作安全、所需设备少、成本低、速度快等特点。转体法分平转和竖转两种施工方法，施工中又分为有平衡重和无平衡重两种方式。一般适用于单孔或三孔的桥梁。

4）劲性骨架施工法

又称埋置式拱架法，是大跨径拱桥无支架施工方法的一种。它是指用无支架方法架设好拱形的劲性骨架，然后围绕劲性骨架浇筑混凝土，劲性骨架不再拆卸和回收，而是与混凝土一起共同组成承重的主拱结构（见图7-23）。这种埋入式拱架法，国内有施工实例，国外称为"米兰拱"，骨架可采用型钢或钢管等材料制作。由于该法主要用于大跨径的拱桥，因而施工中混凝土浇筑的分段和分环顺序及浇筑数量应严格控制，对劲性骨架的变形和应力应严格监测，以确保施工安全。

图7-22　转体施工法

图7-23　劲性骨架施工法

2. 桥梁下部结构施工

桥梁下部构造的施工方法根据其结构形式的不同各不相同。对结构形式较简单、高度不大的桥梁墩（台）身，通常采取传统的方法，即立模（一次或几次）现浇施工。但对高墩及斜拉桥、悬索桥的索塔，则有较多的可供选择的方法，而施工方法的多样化主要反映的是模板结构形式的不同。近年来，滑升模板、爬升模板和翻升模板等在高墩及索塔上应用较多，其共同的特点是：将墩身分成若干节段，从下至上逐段进行施工。

采用滑升模板（简称滑模）施工，对结构物外形尺寸的控制较准确，施工进度平衡、安全，机械化程度较高，但因多采用液压装置实现滑升，故成本较高，所需的机具设备亦较多；爬升模板（简称爬模）一般要在模板外侧设置爬架，因此，这种模板相对而言需耗用较多的材料，且需设专门用于提升的起吊设备。

高墩的施工，应根据现场的实际情况，进行综合比较后选择适宜的施工方案。

中、小桥中，有的设计为石砌墩（台）身，其施工工艺虽然简单，但必须严格控制砌石工程的质量。

3. 桥梁基础施工

在桥梁工程中，通常采用的基础有扩大基础、桩基础、沉井基础等。基础的施工方法大致可分类如下。

1）扩大基础

扩大基础施工的顺序是开挖基坑，对基底进行处理（当地基的承载力不满足设计要求时，需对地基进行加固),然后砌筑圬工或立模、绑扎钢筋、浇筑混凝土。其中,开挖基坑是施工中的一项主要工作,而在开挖过程中,必须解决挡土与止水的问题。

当土质坚硬时,对基坑的坑壁可不进行支护,仅按一定坡度进行开挖。在采用土、石围堰或土质疏松的情况下,一般应对开挖后的基坑坑壁进行支护加固,以防止坑壁坍塌。支护的方法有挡板支护加固、混凝土及喷射混凝土加固等。

扩大基础施工的难易程度与地下水处理的难易有关。当地下水位高于基础的设计底面高程时,施工时则须采取止水措施,如打钢板桩或考虑采用集水坑用水泵排水、深井排水及井点法等使地下水位降低至开挖面以下,以使开挖工作能在干燥的状态下进行。还可采用化学灌浆法及围幕法(冻结法、硅化块、水泥灌浆法和沥青灌浆法等)进行止水或排水。但扩大基础的各种施工方法都有各自特有的制约条件,因此在选择时应特别注意。

2)桩基础

桩是深入土层的柱形构件,其作用是将作用于桩顶以上的荷载传递到土体中的较深处。根据不同情况,桩可以有不同的分类法。现按成桩方法对桩进行分类,其施工方法和工艺如下。

(1)沉入桩

沉入桩是将预制桩用锤击打或振动法沉入地层至设计要求高程。预制桩包括木桩、混凝土桩和钢桩,一般有如下特点:

①因在预制场内制造,故桩身质量易于控制,质量可靠;

②沉入施工工序简单,工效高,能保证质量;

③易于水上施工;

④多数情况下施工噪声和振动的公害大、污染环境;

⑤受运输、起吊设备能力等条件的限制,其单节预制桩的长度不能过长;沉入长桩时要在现场接桩;桩的接头施工复杂、麻烦,且易出现构造上的弱点;接桩后如果不能保证全桩长的垂直度,则将降低桩的承载能力,甚至在沉入时造成断桩;

⑥不易穿透较厚的坚硬地层,当坚硬地层下仍存在较弱层,设计要求桩必须穿过时,则需辅以其他施工措施,如射水或预钻孔等;

⑦当沉入地基的桩超长时,需截除其超长部分,截桩不仅较困难,且不经济。

沉入桩施工方法主要有:锤击沉入桩、振动沉入桩、静力压桩法、辅助沉桩法(射水和预钻孔)、沉管灌注法以及锤底沉管法等。

(2)灌注桩

灌注桩是在现场采用钻孔机械(或人工)将底层钻挖成预定孔径和深度的孔后,将预制成一定形状的钢筋骨架放入孔内,然后在孔内灌入流动的混凝土而形成桩基。水下混凝土多采用垂直导管法灌注。灌注桩特点是:

①与沉入桩的锤击法和振动法相比,施工噪声和振动要小得多;

②能修建比预制桩的直径大的桩;

③与地基土质无关,在各种地基上均可使用;

④施工时应特别注意孔壁坍塌形成的流沙,以及孔底沉淀等的处理,施工质量的好坏,对桩的承载力影响很大;

⑤因混凝土是在泥水中灌注的,因此混凝土质量较难控制。

灌注桩因成孔的机械不同，通常采用的施工方法包括：①旋转锥钻孔法；②潜水钻机成孔法；③冲击钻机成孔法；④正循环回转法；⑤反循环回转法；⑥冲抓钻机成孔法；⑦人工挖孔法等。

(3)大直径桩

一般认为，直径2.5m以上的桩可称为大直径桩。目前最大桩径已达6m以上。近年来，大直径桩在桥梁基础中得到广泛应用，结构形式也越来越多样化，除实心桩外，还发展了空心桩。施工方法上不仅有钻孔灌注法，还有预制桩壳钻孔埋置法等。根据桩的受力特点，大直径多做成变截面的形式。大直径桩与普通桩在施工上的区别主要反映在钻机选型、钻孔泥浆及施工工艺等方面。

3)沉井基础

沉井基础是一种断面和刚度均比桩大得多的筒状结构，施工时在现场重复交替进行构筑和开挖井内土方，使之沉落到预定的地基上。在岸滩或浅水中建造沉井时，可采用“筑岛法”施工；在深水中建造时，则可采用浮式沉井，先将其浮运至预定位置，再进行下沉施工。按材料、形状和用途不同，可将沉井分成很多种类型，但各种沉井基础有如下的共同特点：

(1)沉井基础的适宜下沉深度一般为10~40m；

(2)与其他基础形式相比，沉井基础的抗水平作用能力及竖直支承力均较大，由于刚度大，其变形较小。

沉井基础施工的难点在于沉井的下沉，主要是通过从井孔内除土，清除刃脚正面阻力及沉井内壁摩阻力后，依靠其自重下沉。沉井下沉的方法可分为排水开挖下沉和不排水开挖下沉，但其基本施工方法应为不排水开挖下沉，只有在稳定的土层中，而且渗水量不大时，才采用排水开挖法下沉。另外还有压重、高压射水、炮震(必要时)、降低井内水位减少浮力以增加沉井自重、采用泥浆润滑套或空气幕等一些沉井下沉的辅助施工方法。

4)管柱基础

管柱基础是由薄壁钢筋混凝土管柱或钢管柱中填混凝土或砂，其底部伸入岩盘或土层中，顶部锚固在承台内所形成的基础。一般采用预应力混凝土管柱或钢管柱。管柱基础一般适用于深水、厚覆盖层、岩面起伏等条件下的桥梁基础。

管柱基础因其施工方法和工艺相对来说较复杂，所需的机械设备也较多，一般的桥梁极少采用这种形式的基础，仅当桥址处的水文地质条件十分复杂，应用通常的基础施工方法不能奏效时，方采用这种基础形式。因此，对于大型的深水或海中基础，特别是深水岩面不平、流速大的地方采用管柱基础是比较适宜的。

管柱基础的施工一般包括管柱预制、围笼拼装浮运和下沉定位、下沉管柱、在管柱底基岩上钻孔、在管柱内安放钢筋笼并灌注水下混凝土等内容。管柱有钢筋混凝土、预应力钢筋混凝土和钢管三种。其下沉与沉入桩类似，大多采用振动法并辅以射水、吸泥等措施。管柱的下沉必须要有导向装置，浅水时可用导向架，深水时则用整体围笼，见图7-24。

5)地下连续墙

地下连续墙是用膨润土泥浆进行护壁，在防止开挖壁面坍塌的同时，按设计位置开挖一条狭长端圆的深槽，然后将钢筋骨架放入槽内，并灌注水下混凝土，从而在地下形成连续墙体的一种基础形式。该方法目前国内还多用于临时支挡设施。地下连续墙有墙式和排柱式之分，但一般多用墙式。地下连续墙的特点有：

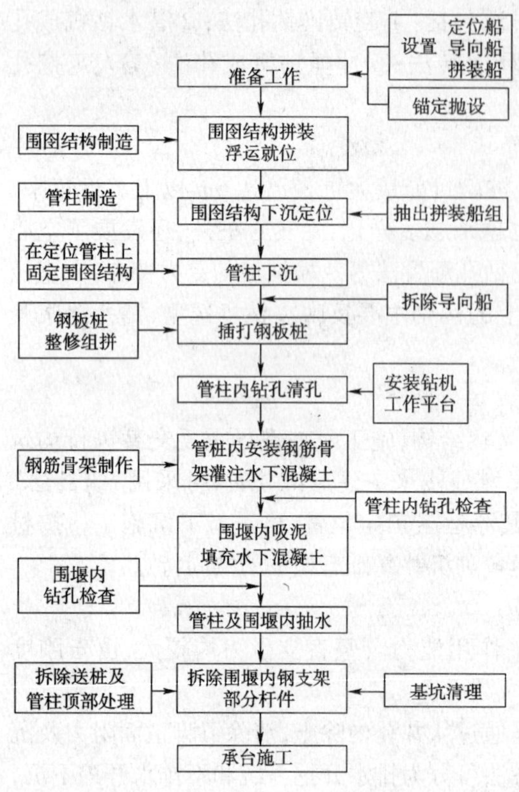

图 7-24　管柱施工流程图

(1)施工时噪声、振动小;

(2)墙体刚度大,且截水性能优良,对周边地基无扰动;

(3)所获得的支承力大,可用作刚性基础,对墙体进行适当的组合后,可用以代替桩基础和沉井基础;

(4)可用于逆作法施工,并适用于多种地基条件;

(5)在挖槽时因采用泥浆护壁,如管理不当,有槽壁坍塌的问题。

地下连续墙的施工方法种类甚多,根据机械类型和开挖方法可分为抓斗式、冲击式和旋转切削式三类。

6)承台

位于旱地或浅水中采用土石筑岛施工桩基的桥梁,其承台的施工方法与扩大基础的施工方法相类似,可采取明挖基坑、简易板围堰后开挖基坑等方法进行施工。

对深水中的承台可供选择的施工方法通常有:钢板桩围堰、钢管桩围堰、双壁钢围堰及套箱围堰等,不论何种围堰,其目的都是为了止水,以实现承台的干处施工。钢板桩和钢管桩围堰实际上是同一类型的围堰形式,只不过所用材料不同;双壁钢围堰通常是将桩基和承台的施工一并考虑,在桩顶设钻孔平台,桩基施工结束后拆除平台,在堰内进行承台施工;套箱现多采用钢材制作,分有底和无底两种类型,根据受力情况不同又可设计成单壁或双壁。

三、桥涵施工方法的选择

由于科学技术的日益发展,社会化施工生产的不断提高,自 20 世纪 70 年代以来,随着公路桥梁建设预应力混凝土的广泛应用,施工机械设备的不断发展,从而引起施工工艺的不断革新,已形成了多种多样的施工方法,如现浇、预制安装、悬臂施工[图 7-25a)]、顶推施工等。但就其施工工艺的全过程来看,可以归纳为两类:一是就地砌筑或浇筑,二是预制安装或悬拼。基础和墩台工程的施工,基本上都是采用前一种施工方法,只是上部构造中的钢筋混凝土和预应力混凝土的桥跨结构采用后一种施工方法,同时,为了使桥梁上部构造具有较好的整体性能,以满足营运的需要,在安装或悬拼完成之后,还有适量的现浇接缝混凝土。所以,施工方法也是错综复杂的。选择桥梁施工方法时应考虑的主要因素有以下几点:

(1)桥梁的结构形式和规模;

(2)桥位处的地形、自然环境和社会环境;

(3)施工机械和施工管理的制约;

(4)以往的施工经验;

a)

b)

图7-25 悬拼及架桥机架桥方法
a)悬臂施工;b)架桥机施工

(5)安全性和经济性等。

桥梁的施工方法虽然很多,但都有其一定的适用范围和条件,表7-3是各种桥型常用的施工方法。表7-4所列桥梁施工方法常用的跨径范围,可在施工方法选择时参考。

各类桥型可选择的主要施工方法 表7-3

桥型 施工方法	简支梁桥	悬臂梁桥 T形刚构	连续梁桥	刚架梁	拱桥	组合 体系桥	斜拉桥	悬索桥
现浇施工	√	√	√	√	√	√	√	
预制安装	√	√	√	√	√	√	√	√
悬臂施工		√	√	√	√		√	√
转体施工				√	√			
顶推施工			√				√	
逐孔施工		√	√	√	√			
横移施工	√	√	√			√	√	
提升与浮运施工	√	√	√		√	√		

各类施工方法的适用跨径 表7-4

跨径(m) 施工方法	0 20 40 60 80 100 120 140 160 180 200 300 400 500
现浇施工	
预制安装	
悬臂施工	
转体施工	
顶推施工	
逐孔施工	
横移施工	
提升与浮运施工	

注:桥梁跨径主要指混凝土桥。 ——— 常用跨径, ········· 施工达到的跨径。

桥涵设计确定其施工方法时,除需要充分考虑桥位的地形、水文、地质情况、经济合理、安全可靠外，施工技术水平、施工机具设备条件、社会环境，也是必须考虑的重要因素，以便合理地确定设计方案。

另外，在组织实施时，施工单位应事先对每一座桥的具体情况、水文地质条件、企业现有施工机具和人员的能力认真细致地做好施工组织设计，按网络计划技术的要求，做到高计划地、科学地指导施工。从广义上讲，以下工作内容也是属于施工方法选择的范畴，如天然基础的施工，应采用何种围堰，是采用人工还是机械开挖；构件体制是采用钢模还是木模；桥跨结构的安装应采用哪种吊装设备等。

第四节　桥梁上部构造

公路桥梁上部构造，是跨越山谷、河流，连接路基的主要承重部分，常用的有梁板式和拱式两种结构形式。梁板式桥上部构造由主梁（称为承重结构）、桥面铺装（包括泄水管、伸缩缝）、人行道或安全带、栏杆扶手或防撞护栏，以及支座等所组成。拱式桥上部构造则有实腹式和空腹式之分，实腹式由主拱圈、护拱、侧墙、拱上填料等所组成；空腹式则包括主拱圈，双曲拱桥主拱圈包括拱肋、拱波、横墙或立柱、拱板、腹拱、侧墙及拱上填料等工程内容。拱式桥也包括人行道或安全带及桥面铺装等工程（其中桥上的路面铺筑，一般在编制工程造价时，并入路面工程部分，因其形式及厚度与线路上相同）。

梁板式桥的截面形式有矩形板、空心板、肋形梁（包括T形梁、工形梁）、箱形梁、组合箱梁和桁架梁等。

拱式桥的截面形式有板拱、薄壳拱、肋拱、双曲拱、箱形拱、桁架桥和刚架拱等。

现扼要介绍常用的桥梁上部构造有关设计和施工技术方面的规定和要求。

一、板式桥上部构造

1.矩形板上部构造

矩形板是公路小跨径钢筋混凝土桥中最常用的桥型之一，有整体式和装配式两种结构，只适用于跨径小于8m的桥梁。前者就地浇筑而成，为双向受力的整体宽板，故整体性能好，横向刚度较大，但模板和支架消耗量较多，施工工期较长，所以较少采用，广泛采用装配式结构。板的横截面，无论是宽板或是窄板，一般都设计成等厚的矩形截面。

装配式矩形板，一般中板宽度为1m，边板则视桥的宽度而定，板与板之间接缝（企口缝）用混凝土联结。

板的宽度和长度，以预制时的实际尺寸为准，据此作为计算圬工体积的依据，同时应计算出企口（铰缝）的圬工数量。为了使矩形板桥建成后，桥面能形成整体，应将两块板的企口接缝处的预留钢筋连接，并在桥面铺装之前，用与板同强度等级的混凝土填塞好铰缝。

矩形板一般设置简易垫层支座，铺垫油毛毡后，就直接安置在墩、台帽上，并用锚栓与墩、台帽锚固。

预制矩形板，一般采用起重机安装，若采用扒杆安装，编制施工图预算时，每座桥应列入两个扒杆费用。

悬臂板桥一般做成双悬臂式结构，中间跨径为8～10m，两端伸出的悬臂长度约为中间跨径的0.3倍，板在跨中的厚度约为跨径的1/14～1/18，在支点处的板厚要比跨中的加大

30% ~40%。悬臂端可以直接伸到路堤上,不用设置桥台。

连续板桥的特点是板不间断地跨越几个桥孔而形成一个超静定结构体系。连续板桥较简支板桥而言,具有伸缩缝少、车辆行驶平稳等特点。连续板桥的跨径可比简支板桥的跨径做得大一些。我国已建成的连续板桥,跨径大约在14m左右;在国外当采用预应力混凝土时,跨径可达33.5m。连续板桥边跨与中跨之比约为0.7~0.8,这样可以使各跨的跨中弯矩接近相等。连续板桥也可以有整体式和装配式两种结构。

2. 空心板上部构造

空心板是将板的横截面中间部分挖成空洞,以达到减轻自重、节约材料的目的。装配式空心板的标准宽度一般为1m,通常用钢筋混凝土和预应力混凝土做成。

空心板的截面构造简单,施工方便,建筑高度小,容易适应桥梁各种线形的要求,与同跨径的T形梁比,其建筑高度要低50cm左右(一般板的高度为跨径的1/20,而T形梁是1/15),故可有效地降低路基的平均高度,因此,空心板桥已成为广泛使用的一种桥型。

钢筋混凝土空心板的跨径为10~13m,其板厚为40~80cm。预应力混凝土空心板的跨径范围在10~20m之间,厚度为50~100cm,一般采用C40混凝土。对构件施加预应力有先张法和后张法两种不同的方法,先张法指浇筑混凝土之前张拉预应力钢筋或钢绞线,故要设置张拉台座;后张法则无需设置张拉台座,是在梁体内预先设置孔道,待混凝土浇筑后,张拉预应力钢筋或钢束,需要配置锚具,最后还要对孔道压入水泥浆和浇筑梁端封锚混凝土。后张法适宜于配置曲线形预应力筋的大型预制构件。空心板预制时,跨径在16m以下的,一般采用先张法施工,20m跨的则采用后张法施工。

预应力混凝土分为全预应力和部分预应力两种,前者在最大使用荷载下混凝土不会出现拉应力,后者则允许发生不超过设计规定裂缝宽度或拉应力值。公路桥梁建设中广泛采用全预应力混凝土。

先张法预制空心板时,要修建张拉台座,在立模和浇筑混凝土之前,张拉预应力钢绞线、高强钢丝、钢筋等,混凝土达到了规定的强度(不得低于设计强度的70%)时,逐渐将预应力筋放松,并将其张拉的工作长度切割掉。这样,就因预应力的弹性回缩通过与混凝土之间的黏结作用,使混凝土获得预压应力。在编制施工图预算中,一般应计列张拉台座的费用,其钢绞线等预应力筋的张拉工作长度一般可按板的设计长度另加1.5m计算,确定预应力筋的消耗数量。

槽式台座形成一个承力框架,便于立模和浇筑混凝土,如图7-26所示。横梁一般采用型钢制作,传力柱可采用钢筋混凝土制作或钢构件组拼,底板作为空心板的底模用。这种台座的工料消耗大,若这种预制块的数量不多,是很不经济的。

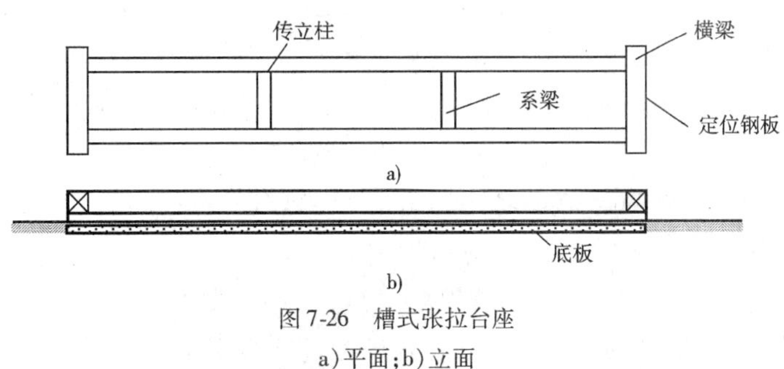

图7-26 槽式张拉台座

a)平面;b)立面

后张法的预应力空心板需要设置锚具张拉钢绞线和锚固,20m 的预应力空心板一般采用 7 根钢绞线群锚、橡胶管制孔,在预制空心板时,按设计要求布置,形成钢绞线孔道,待其混凝土达到规定强度后,再在孔内穿入钢绞线,进行张拉并锚固,最后进行孔道压浆和浇筑板端封头混凝土,锚具就被埋置在板内。封头混凝土的强度等级不宜低于构件本身混凝土强度等级的 80%,亦不宜低于 C30 混凝土。

空心板桥梁的墩、台帽要设置支座,一般采用板式橡胶支座,每块板要设置四块。

斜交的板梁桥,当斜交的角度大于 15°时,应分别在钝角部位的上层布置垂直于钝角平分线的加强钢筋,而在其下层布置平行于钝角平分线的加强钢筋。

装配式空心板,一般采用扒杆或起重机安装,20m 的预应力空心板亦可采用单导梁等施工方法安装。在桥面铺装之前,应将板的绞缝内预留的钢筋连接,然后浇筑好绞缝混凝土,以使桥面横向连成整体承受荷载,保证桥梁的安全使用。

二、梁式桥上部构造

1. T 形梁和工形梁上部构造

T 形梁和工形梁统称为肋形梁,每孔上部构造一般由多片梁组成,梁间由隔板连接。主梁间距通常在 2m 左右,主梁由梁肋、横隔梁(横隔板)、行车道板(T 梁为翼板)组成。

(1)T 形梁

跨径在 20m 及以下的 T 梁,一般采用钢筋混凝土结构,跨径在 25 ~ 50m 的则用预应力混凝土结构。T 形梁桥多采用装配施工。

装配式钢筋混凝土 T 形梁的优点为:施工工艺简单,肋内钢筋可做成刚劲的钢筋骨架,各主梁之间设置间距 4 ~ 6m 的横隔梁连接,整体性好。有各种标准图设计。它有利于采用定型模板,实行工厂化预制生产,节约模板等费用,如图 7-27 所示。

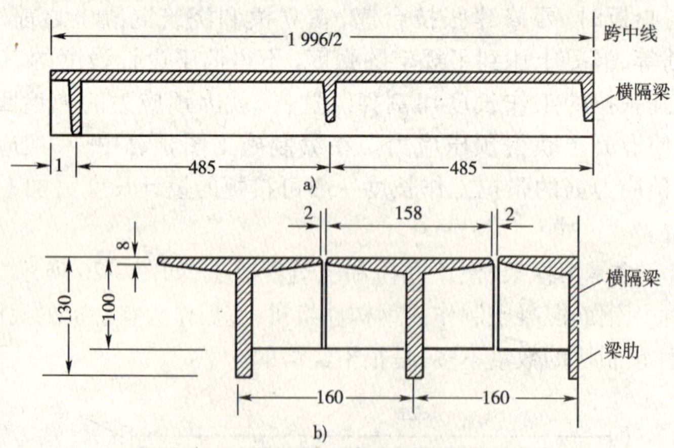

图 7-27　跨径 20m 装配式钢筋混凝土简支 T 形梁构造尺寸(尺寸单位:cm)

a)半纵剖面;b)横截面图

装配式简支 T 形梁,梁高与跨径之比约为 1/11 ~ 1/16,跨径大的取偏小比值,梁肋(一般称腹板)的厚度应视梁内主筋的直径和钢筋骨架的片数而定,同时要考虑不致使捣固混凝土发出困难,故也不能做得太薄。跨中横隔梁的高度,一般为梁高的 3/4,以保证其有足够的抗弯刚度,端部的横隔梁一般要做成与主梁同高,但为便于安装和检查支座,宜留有空隙。当横隔梁的高度较高时，为了减轻自重，常将其中部挖空，如图7-28所示。若梁肋下部呈马蹄形时，则横隔梁应做到马蹄形的上边缘处。主梁的翼缘板在实际预制时，其宽度应比主梁之间的宽度小2cm，以便在安装过程中易于调整梁的位置和消除制作上的误差。

T形梁的翼缘板是构成行车道的主要部分，为使行车道平整而连接成整体，能有效地承受车辆荷载的作用，在翼缘板和横隔梁的边缘都要预埋钢板，安装完毕后，再以同等厚度的钢板予以焊接。在公路工程预算定额中是将这些钢板的消耗量分别综合在预制与安装两项工程定额内，为更能保证联结可靠，翼板及隔板端口皆预留钢筋，吊装就位后再现浇混凝土联结（钢筋电焊或绑扎联结）。

当钢筋混凝土简支T形梁的跨径大于20m时，不仅钢材消耗量大，而且混凝土开裂现象也比较严重，从而影响结构的耐久性和桥梁的安全使用。因此，当跨径大于20m且适宜设计为T形梁时，应采用预应力混凝土简支T形梁。我国已建成的有50~60m跨径的这种桥型，并编制了25m、30m、35m和40m等不同跨径的标准设计图。其结构形式与钢筋混凝土简支T形梁基本相似，如图7-28所示。为了便于布置钢绞线或高强钢丝等预应力筋，一般都将肋梁的下部加厚做成马蹄形，在端部的腹板处也要逐渐加厚与马蹄形同厚，其加厚范围，最好达到梁高的一倍左右，以利设置锚固构造。

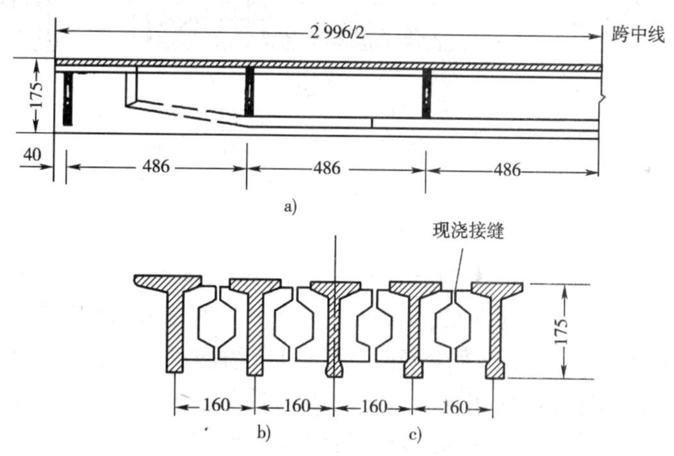

图7-28　跨径30m装配式预应力简支T形梁构造尺寸（尺寸单位：cm）

a）内梁半立面；b）支点截面；c）跨中截面

钢筋混凝土T形梁的钢筋骨架，一般要采用对焊焊接，并用侧面焊缝使其形成平面骨架，如图7-29所示。侧面焊缝设在弯起钢筋的弯起点处，并在中间部分适当增加短焊缝，以便有效地固定各片主钢筋。图中的焊缝长度为双面焊缝，若为单面焊缝时，其焊缝长度则要加倍，d为主筋的直径。

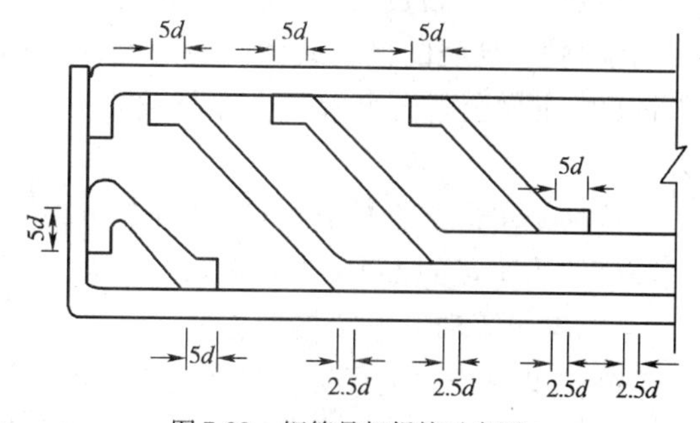

图7-29　钢筋骨架焊接示意图

对预应力T梁一般采用预应力筋的合理布置抵抗主拉应力，不采用非预应力的钢筋骨架形式。

在后张法的锚固构造中，其锚具底部的混凝土要承受很大的压力，因直接承受的面积小，故应力非常集中，一般都设计为图7-30所示的结构形式，并配置加强钢筋网。

在修建跨径20m以上的简支T形梁时，常将梁与梁之间的翼缘板做得窄一点，即预留有一定宽度的纵向现浇接缝混凝土，这样，既减轻了主梁的安装重量，又能加强面板连接的整体性，从而形成刚性固接。

(2)工形梁

工形梁，既是一种肋形梁又是一种组合式梁，它适用于跨径30m以内的钢筋混凝土和预应力混凝土的简支梁桥。其技术要求和施工方法基本上与T形梁相似，只是梁间的横隔梁要现浇连接。由于是组合结构受力，受力状况不如T梁，目前很少使用。

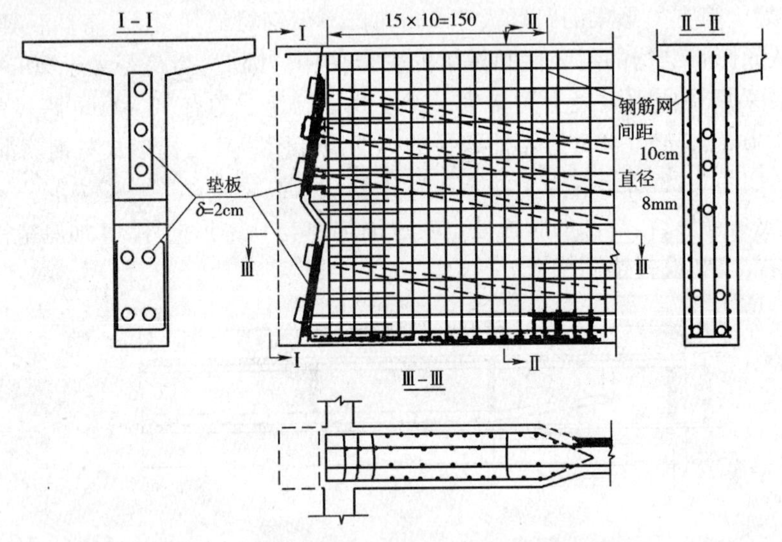

图7-30　后张法预应力简支T形梁锚固构造

工形梁除在纵向将梁肋与桥面板(翼缘板)完全分割开来外，而从横向又将板划分成在平面上呈矩形的预制构件，一般设计为少筋微弯板，以节约钢材。安装时先架设梁肋并现浇横隔梁混凝土，然后安放预制板，最后在纵向接缝内或同时在板上现浇部分混凝土，从而使肋与板构成整体。这种装配式桥梁通常称为组合式桥梁。因此，为了使组合式梁能可靠地承受外力，就必须保证结合面的抗剪强度，所以必须严格按规定进行接缝处理，通常将钢筋混凝土梁肋内钢筋骨架伸出梁顶部分与板内伸出的钢筋相连，纵缝现浇的混凝土应不低于板的混凝土强度等级。当梁肋为预应力混凝土时，则梁肋的钢筋应有一部分伸入后浇的板中作梁与板的结合钢筋。

组合梁在实施过程中，是分阶段受力的，在梁肋安装完毕后，所有现浇的横隔梁混凝土、安装的预制块、现浇的接缝或桥面混凝土，连同梁肋本身的重力，都要由梁肋承受，这是与装配式T形梁由主梁全截面来承受全部荷载的不同之处。因此工形梁的截面一般比T形梁的要做得大些。

这种工字形组合预制构件，使安装的单元尺寸大为减小，安装的重量相应减轻，梁肋的建筑高度约为跨径的1/16~1/20，经分析比较，约比同跨径的T形梁要轻40%左右。

(3)T形梁和工形梁架设方法

简支T形梁和工形梁安装方法较多，一般常用的是采用导梁(图7-31)、跨墩龙门架(图7-32)，较多的是用架桥机进行安装。导梁分为单导梁和双导梁两种，跨径25m以上的则采用双导梁及架桥机安装。在陆地上对于桥不太高，沿桥墩两侧铺设轨道不困难的情况下，适宜采用跨墩门架安装方法。小跨径的亦可采用扒杆或起重机作为安装工具。一般应根据技术经济原理合理确定安装方法。

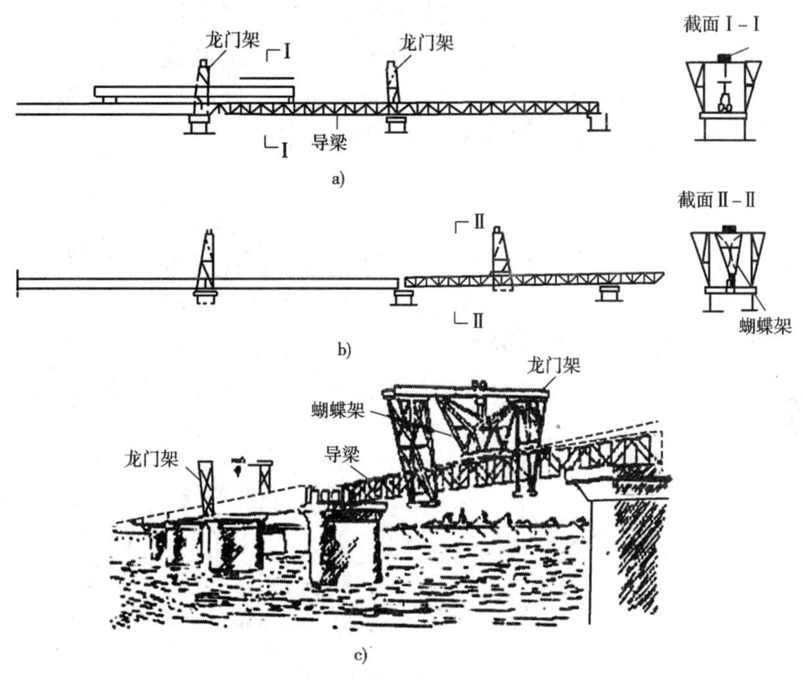

图 7-31 用导梁、龙门架及蝴蝶架联合架梁

a)架梁；b)移动导梁；c)移动龙门架

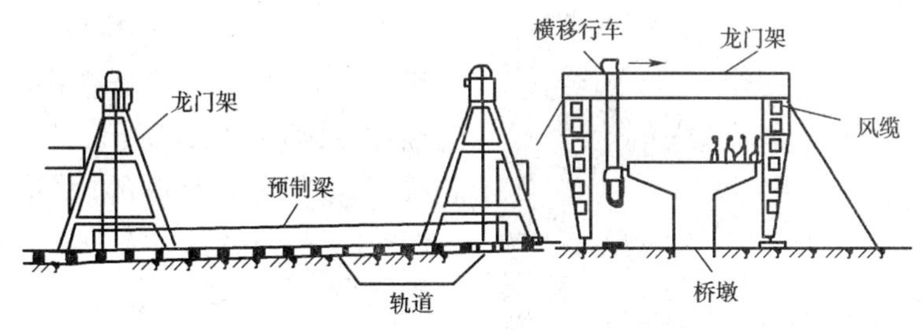

图 7-32 跨墩龙门架

简支 T 形梁和工形梁的截面形状不稳定，在运输和安装过程中的稳定性较差，故要特别注意予以支撑加固，做好安全措施，以免发生梁体倾倒，造成不应有的经济损失和工伤事故。

梁桥的墩、台帽上都要设置支座，每根梁肋设置 2 个（对连续梁的中间支撑仅设一个），一般是根据跨径的大小，分别采用板式或盆式橡胶支座、切线式或辊轴钢支座等。

（4）编制 T 形梁和工形梁施工图预算的要求

编制简支 T 形梁和工形梁的施工图预算时，除应列入修建预制场地外，还要列入修建大型预制构件的平面底座，其数量应以预制梁肋的根数与施工期限为依据计算确定。要求尽可能多次周转使用，以节约工程费用。同时，预制场内还应计列起吊的龙门架和运输轨道，以利构件起吊出坑和运输工作。

2. 箱梁上部构造

箱梁由底板、腹板(梁肋)和顶板(包括翼板)组成,其横截面是一个封闭箱,图7-33所示为单箱单室截面,梁的底部由于有扩展的底板,因此,它提供了有足够的能承受正、负弯矩的混凝土受压区。箱梁的另一个特点是,它的横向刚度和抗扭刚度特别大,在偏心的活载作用下各梁肋的受力比较均匀。所以箱梁适用于较大跨径的悬臂梁桥(T形刚构)和连续梁桥,还易于做成与曲线、斜交等复杂线形相适应的桥型结构,斜拉桥、悬索桥也常采用这种截面。

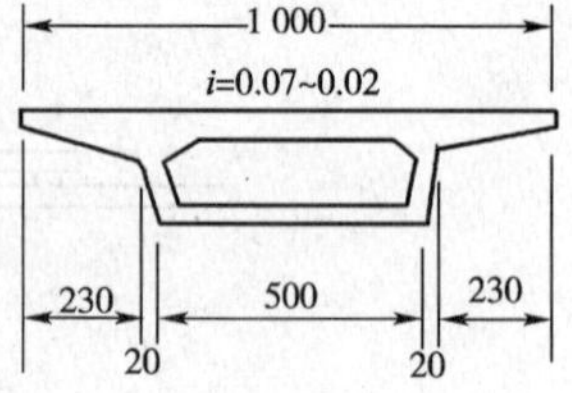

图7-33　单箱单室横截面
(尺寸单位:cm)

箱梁有单箱、多箱和组合箱梁等多种形式,如图7-34所示。一般设计为等截面的C40钢筋混凝土和预应力混凝土结构,其梁的高度常为跨径的1/18~1/20,它具有截面挖空率高、材料用量少、结构简单、施工方便等优点。其中单箱单室结构,由于底板较窄,与之相配合的下部构造和基础工程的圬工数量也相应会减少,高等级公路的跨线桥梁常用单室结构。

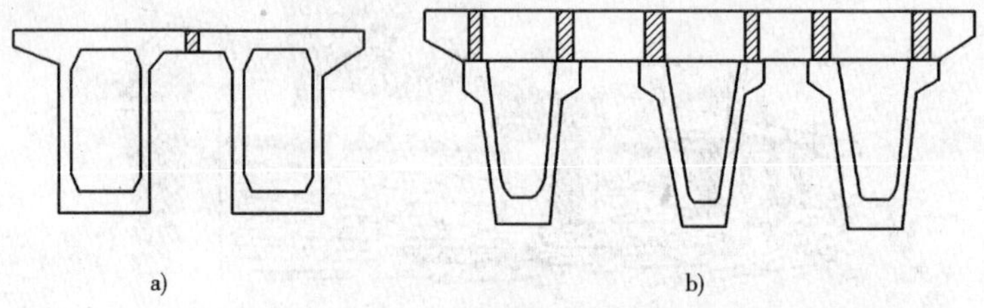

图7-34　多箱式结构截面
a)双箱截面;b)预应力混凝土组合箱梁截面图

为了加强箱梁竖肋与水平板的联系,顶板与腹板相交处应设置承托。由于箱形截面抗扭性能好,亦有利于荷载的分布,故一般只在支点处或跨中设置横隔板,但横隔板应开孔,以利施工和养护人员进出,底板上还应预留10cm的通风孔。同时,在支承处腹板的厚度也要适当逐渐加厚,如图7-35所示。装配式的双箱截面箱梁,一般是分开预制的,两箱间应留有30cm宽的湿浇纵向接缝,待安装完毕后,现浇与梁体结构同强度等级的混凝土,使桥面横向联成整体。此形式很少用,因现浇接缝并不能使两箱连成整体,反而增加裂缝,故一般多采用一箱多室截面,但由于重量加大,多为现浇。

图7-35　悬臂浇筑的变截面连续箱梁桥施工

在编制简支箱梁的施工图预算时,也要列入修建预制场地和大型预制构件底座,以及预制场内的运输轨道和起重的龙门架等辅助工程设施。至于主梁的安装一般采用跨墩门架或导梁的安装方法进行。

简支箱梁的墩、台帽上,一般设置盆式橡胶支座,除大跨径单箱独柱墩帽上设置一个支座外,其他情况设置2个支座。

3. 预应力连续梁上部构造

在较宽阔的河谷上修建连续梁时,通常采用2~5孔一联的多联结构形式,在每个桥墩上只设置沿桥墩中心的支座,一般根据跨径的大小采用不同等级反力(kN)的盆式橡胶支座。不仅节省了支座的数量,而且桥墩的尺寸相应也减少了,从而可节约材料用量,联与联之间的连接处,则与简支梁一样,仍需设置两个支座支承在同一桥墩上。因此桥面接缝少,行车较舒适,也减少了养护维修工作。因连续梁过长会增大温度变化的附加影响,故一般一联很少超过五孔。

预应力连续梁,可以做成等跨和不等跨、等高的和不等高的结构形式。其截面形式,除了中等跨径的梁桥采用T形或工形截面外,对大跨径的连续梁桥和采用顶推法或悬臂法施工的连续梁桥,都采用箱形截面,因为它能满足顶推法和悬臂法施工工艺的要求,又便于设置预应力筋。

连续梁桥一般采用(C40及C50)预应力混凝土,很少用钢筋混凝土。由于支点处负弯矩的存在,致使处在负弯矩区的梁上缘容易出现裂缝,而预应力混凝土就能有效地避免这种情况,这是目前连续梁很少使用钢筋混凝土的一个重要原因。

预应力混凝土连续梁,以及刚构桥和斜拉桥,都是采用后张法施工,应根据设计所确定的预应力筋的规格品种,如高强钢丝、钢绞线及精制粗钢筋等选配锚具形式,以利施加预应力。

预应力连续梁跨越能力大,常用的施工方法有顶推法、悬臂法、预制吊装(先简支后连续)及支架现浇等。

(1)顶推法施工

中等跨径的连续梁桥采用顶推法施工时，一般设计为等跨、等高的箱形截面结构，梁的高度常为跨径的1/18~1/20。顶推施工工艺的基本方法是，将支承在以高强度和低摩阻的聚四氟乙烯塑料做成的不锈钢滑道上的梁段，用水平千斤顶向前推移就位。由于氟板与不锈钢板之间的摩擦系数只有0.05~0.07,虽重达万吨的梁,也仅需5 000kN的力即可推移。

顶推的施工程序是,在桥台后面的引道路基上或临时支架上设置预制场,进行梁段预制,而在前方各墩上则安放不锈钢滑道支承。逐段预制并反复向前推移,全部预制和顶推完成后,将不锈钢滑道支承更换成永久性支座。为了减少在顶推中悬臂端的负弯矩,一般要在梁的前端安装一节长约为顶推跨径0.6~0.7倍的自身轻而刚度好的钢导梁,当跨径较大时,还需在跨中搭设临时支承墩,如图7-36所示。

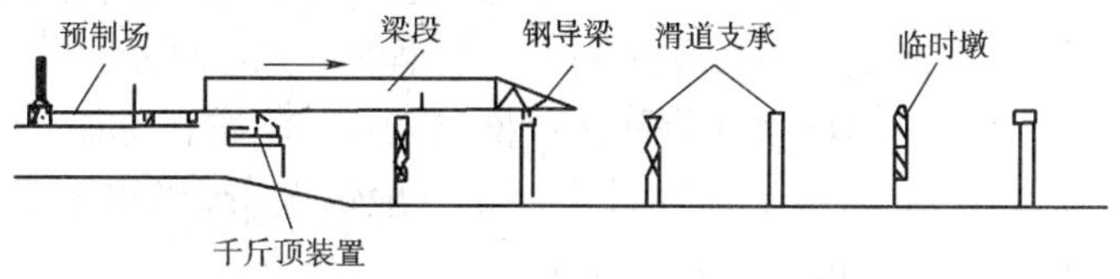

图7-36　连续梁顶推法施工示意图

顶推法分为单点顶推和多点顶推两种。单点顶推是在桥台上进行顶推作业,一般采用水平千斤顶和竖向千斤顶的联合装置,如图7-37所示。它是在竖向千斤顶将梁顶起后,启动水平千斤顶将竖向千斤顶向前推移。由于竖向千斤顶的上端有粗齿垫板,而下面设的又是滑道,这样上端的摩擦系数(约为0.3~0.65)显然大于下面的摩擦系数,故竖向千斤顶在前进过程中就能带动梁段向前移动。当水平千斤顶达到最大行程时,降下竖向千斤顶使梁段落在原来支承上,同时,水平千斤顶带动竖向千斤顶退回到原来位置,然后再往返重复上一作业循环过程,直至将梁推到设计位置。

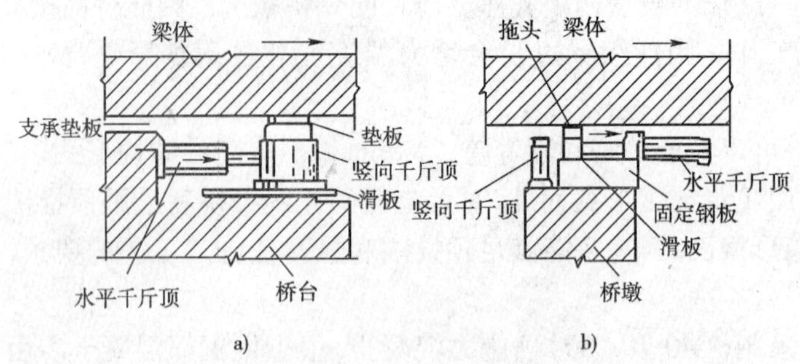

图 7-37 水平千斤顶和竖向千斤顶联合装置

a)在桥台上;b)在桥墩上

多点顶推法,则是通过传力架在每个墩、台的顶部靠近主梁的外侧,设置一对小吨位(400 ~800kN)的水平千斤顶,将集中顶推分散到各个墩上,这样不仅减少了在顶推过程中桥墩承受的水平推力,而且因顶推设备吨位小,也容易配置,故在实际施工中一般采用多点顶推的施工工艺。多点顶推法常采用装配式和插心式的拉杆顶推装置。装配式的拉杆用连接器接长后与预埋在梁段的腹板上的锚固器相连接,如图 7-38 所示,当启动水平千斤顶后就拉动拉

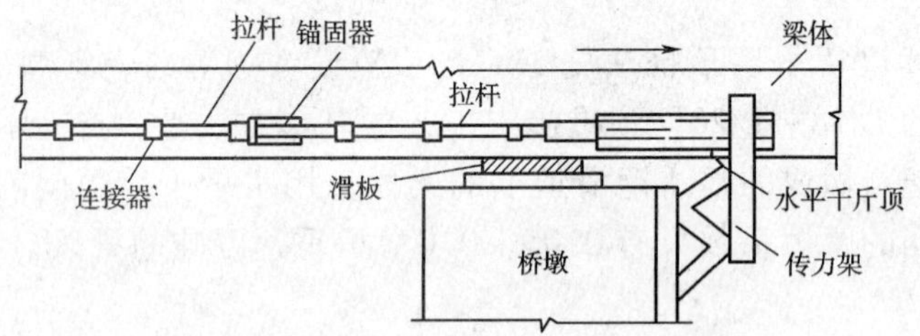

图 7-38 装配式拉杆顶推装置

杆,使梁段借助设在梁底的不锈钢滑道和滑块而向前移动。当水平千斤顶达到最大行程后,就卸下一节拉杆,同时水平千斤顶又回复到原来的状态,再连接拉杆进行下一循环作业。至于穿心式的拉杆顶推装置,则是将拉杆的一端固定在预埋梁段腹板上的锚固器上,另一端则穿过水平千斤顶后用夹具锚固在水平千斤顶活塞杆的头部,如图 7-39 所示。当水平千斤顶启动时带动滑道上的梁段向前移动。在水平千斤顶达到最大行程后,使之回复原状,重新固定拉杆,再进行下一循环顶进作业。由于拉杆顶推装置在顶推过程中,不需用竖向千斤顶作顶梁和落梁作业,不仅简化了操作程序,也加快了顶推进度。在一般情况下,当水平千斤顶的行程为 1m 时,一个顶推循环作业过程约需 10 ~15min。

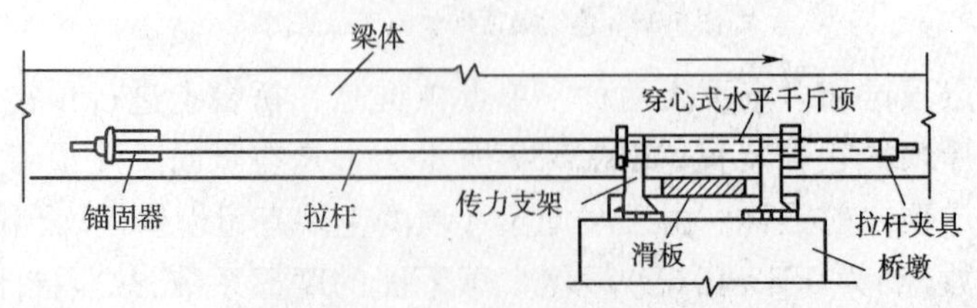

图 7-39 穿心式拉杆顶推装置

(2)悬臂施工法

施工中桥跨间不需要搭设支架,主要设备是悬臂吊机或挂篮,吊机及挂篮应专门设计,也可用工厂化生产的成套设备。在施工过程中,人员、施工机具、各种建筑材料或预制的桥跨结构构件的重量,完全由已建成的墩和梁段来承受。一般要利用托架先行浇筑好墩顶零号块件,然后在其上面安放悬臂吊机或挂篮,从两侧对称地分段悬空浇筑或悬拼施工。由于此法的独特优越性能,已被广泛应用于修建预应力T形刚构、连续梁、连续刚构、斜拉桥、悬索桥等,如图7-40所示。

图7-40 悬臂施工

不等跨不等高的大跨度预应力混凝土连续梁,是悬臂施工法最常用的桥梁结构形式。这种结构通常设计为箱形截面,既可采用悬臂现浇施工,也可采用悬臂拼装施工。

连续梁一般按奇数孔设计,将中孔布置在主河道或主航道上,并向两侧逐孔减小跨径,这样造型比较美观。支点处的梁高与跨径之比约为1/14~1/22,跨中的梁高与跨径之比约为1/25~1/35。

悬臂施工法的主要特点是,不需要搭设支架,而直接从已建成的桥墩顶部逐段向跨中延伸现浇或拼装,每延伸一段就进行预应力筋的张拉工作,使之与已建成的部分连成整体。但从桥墩两侧逐段延伸来建造这种预应力混凝土连续梁时,为了承受悬臂施工过程中可能出现的不平衡力矩,对连续梁必须将墩顶的梁段(常称零号块件)与桥墩临时固接起来,如图7-41所示。待连续梁全部完成之后,即可拆除临时措施,恢复原来结构状态,从而使连续梁的永久性支座符合设计要求。此外,也可以根据水深、桥高、基础或承台的形式,分别采用支架、立柱和三角撑架等结构形式来搭设梁段临时支承固接措施,如图7-42所示。

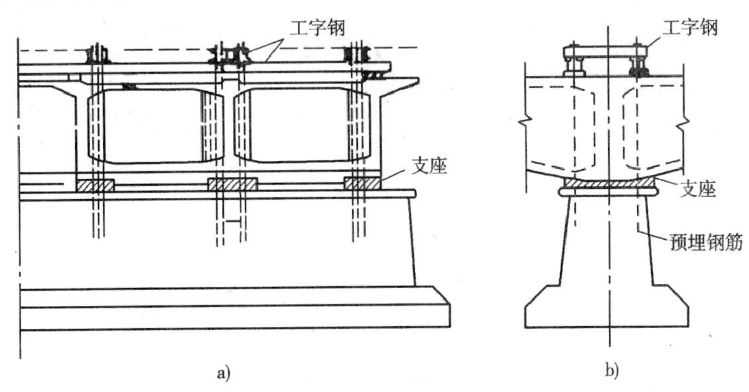

图7-41 零号块件与桥墩的临时固接措施

a)桥墩正面;b)侧面

悬臂施工法中的主要设备是悬浇挂篮和悬臂吊机,如图7-43和图7-44所示。为了组装和安放悬臂挂篮和吊机,要先行浇筑好墩顶梁段(常称为零号块件)及其两侧附近一定长度的梁段,称为起步长度。一般采用托架支撑来浇筑,故又称为零号块件托架。托架一般采用万能杆件、装配式公路钢桥桁架等钢构件组拼,支撑在桥墩基础(桥墩不高时)或墩身上,横向的宽度一般比箱梁底宽出 1.5 ~ 2m。

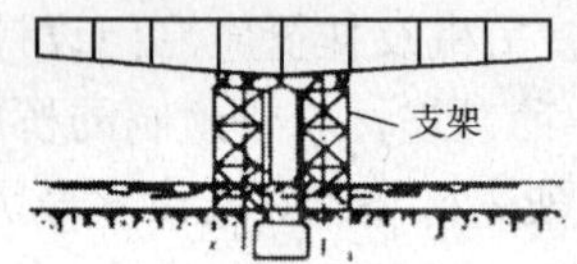

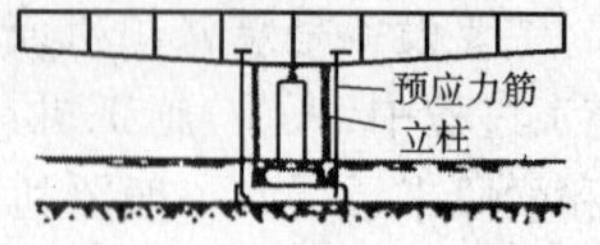

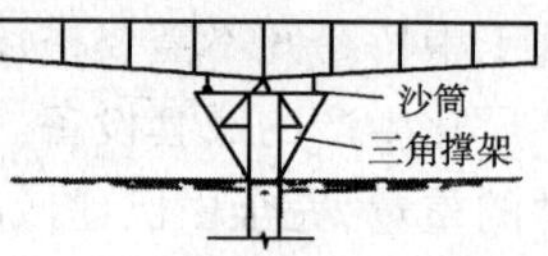

图 7-42　几种临时固接措施

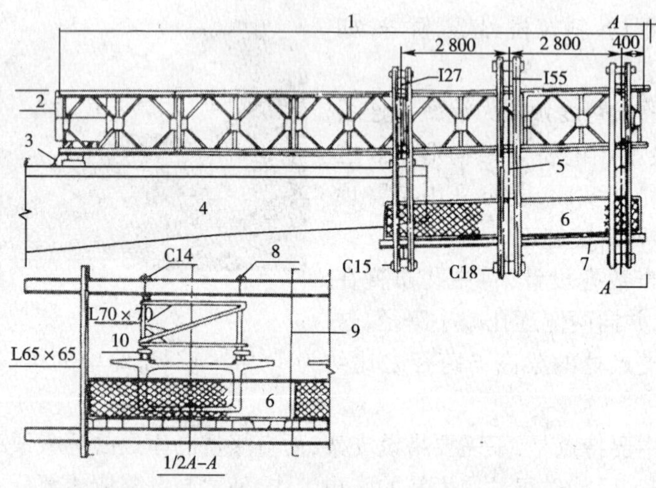

图 7-43　公路装配式钢桁架挂篮（尺寸单位：mm）

1-桁架（5 节）；2-混凝土配重块，共 10 块，重 10t；3-地锚；4-已浇筑完成箱梁；5-吊环；6-栏杆；7-纵梁；8-ϕ22 螺栓；9-ϕ32 圆钢；10-垫木

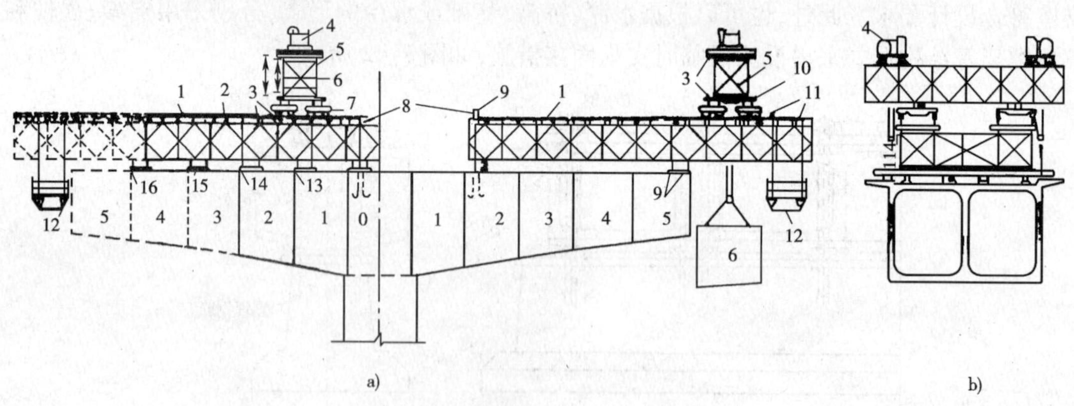

图 7-44　用贝雷桁架组拼的悬臂吊机

a）立面；b）侧面

1-吊机主桁架单层双排共计贝雷 44 片；2-钢轨；3-枕木；4-卷扬机；5-撑架用角钢 50×50×5；6-横担桁架；7-平车共 8 台；8-锚固吊环；9-工钢 240；10-平车之间用角钢联结成一整体；11-工钢 120 共 4 根；12-吊篮

无论是悬臂现浇或悬臂拼装，均应从桥墩的两侧分段对称进行，一般悬臂现浇每个节段的长度为 3 ~ 5m，悬臂拼装的预制长度为 2 ~ 5m。

用悬臂拼装施工方法修建连续梁时，需在跨中将悬臂端进行刚性连接，一般预留 1.5 ~ 2m

梁长现浇整体化混凝土合龙。

悬臂施工法适宜水深、宽阔的河流中及山谷修建大跨径的桥梁。当采用悬臂拼装时,一般需要配备工程驳船和拖轮,修建临时专用码头来运输预制构件。悬臂现浇时,有时需配置混凝土搅拌船,以利及时供应所需混凝土。

悬臂拼装施工时的构件预制工作,需要修建预制场地、大型预制构件曲面底座、构件出坑起吊龙门架和运输轨道等辅助工程设施。由于要求预制件的精细准确及张拉控制的合理,施工操作困难,目前对悬拼施工很少使用。

悬臂施工法所需的悬臂吊机或挂篮,应以每个墩上需设置一套这种悬臂吊机或挂篮作为计算设备重量的依据。在实施时,既可联在一起,也可以分为两段,前者则需在两端接长,而后者则在向两端纵向推后,其后端应锚固在箱梁块件的吊环上,或加压块件。至于编制施工图预算时,吊装设备套数及其总量吨数以及设备摊销费,应根据施工组织设计安排计算。

(3)先简支后连续的施工方法

先简支后连续的施工特点是,按照简支梁板桥的设计原则和施工方法进行构件的设计与预制,安装时则将其支承在墩顶两侧的临时支座上,如图7-45所示。然后现浇接缝混凝土和张拉预应力筋,并将其锚固好,最后拆除墩顶两侧的临时支座,安放好永久性支座,使之转换成连续结构体系。

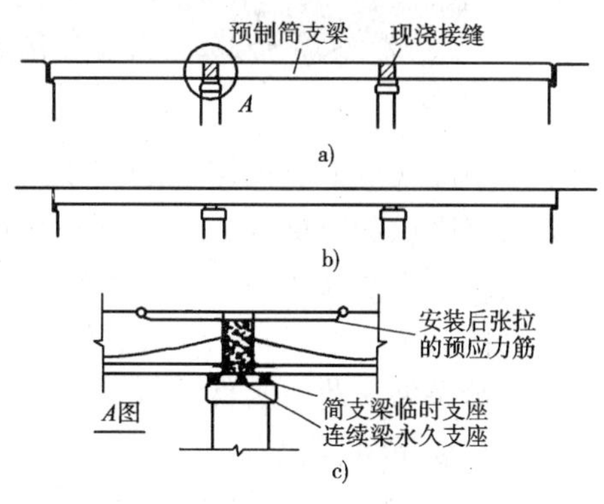

图7-45　简支—连续施工法

连续梁桥因具有伸缩缝(桥面接缝)少,刚度大,行车平稳,便于养护等优点,所以,目前在高等级公路跨径不大的多孔钢筋混凝土简支梁桥,普遍采用将简支梁板刚性固接形成连续梁。

三、拱式桥上部构造

拱式桥与梁板式桥的主要区别,不仅在于外形上的差异,而且更主要的是受力不同。由于水平推力的作用,使拱的弯矩与同跨径的梁板桥的弯矩相比就要小得多,使承重结构的拱圈主要承受压力。因此,采用抗压性能较好而抗拉性能较差的天然石料和混凝土修建。其缺点是自重较大,水平推力也大,相应增加了墩、台和基础的圬工数量,对地基的条件要求高,而且一般采用拱盔、支架来施工。故机械化程度低,耗用劳动力多,施工周期长,施工工序较多,相应地增加了施工难度。因此,在高等级公路和大跨径的桥梁建设中,较少采用这种拱式圬工建筑。为了改善和克服上述这些缺点,提高机械化施工水平,加快施工进度,减轻结构的自重,目前已向预制钢筋混凝土构件的新型桥梁方向发展,以实现有支架或无支架施工,增大拱桥跨越能力,扩大拱桥的使用范围,如图7-46所示。

1.拱桥分类及其构造要求

拱桥按主拱圈的截面形式,分为板拱(包括石拱、钢筋混凝土薄壳拱)、肋拱、双曲拱、箱形拱、桁架拱和刚架拱等;若按照拱上结构形式,则可分为实腹式和空腹式两类拱桥;按结构受力可分无铰拱、两铰拱及三铰拱桥。

主拱圈以上的建筑部分,常称为拱上建筑。它将作用在桥面上的荷载较均匀地传给主拱圈,一般不与主拱圈共同受力。拱上建筑作为主拱圈所承受的恒载,当考虑联合作用时,才与主拱圈共同受力。实腹式的拱上建筑包括侧墙、帽石、护拱、防水层、拱背填料等工程内容,它结构简单,施工方便,因填料数量较多,恒载大,一般适用于跨径20m以下的小型石拱桥。大、中跨径的拱桥都采用空腹式,以减少恒载,并使桥梁更显得轻巧美观,也有利于泄洪,如图7-47

图7-46 拱式桥上部构造施工

所示。空腹式拱上建筑,有拱式和梁板式两种结构形式,除具有与实腹式相同的拱上建筑外,还设置有腹拱和腹拱墩。腹拱一般是对称地设置在主拱圈上两侧高度所容许的范围内,其孔径不宜大于主拱跨径的1/8~1/15(其比值随跨径的增大而减小),一般为2.5~5.5m。在大、中跨径的石拱桥中,为了节约钢材,大多采用拱式建筑,其矢跨比一般为1/2~1/6。拱式的腹拱墩一般是做成薄壁的直立墙,常称为拱上横墙,建于墩上的这类腹拱墩则称为墩上横墙,为了减轻横墙重量,便于施工和养护人员在拱上建筑内通行,一般都在横墙上设置洞门。至于肋拱、双曲拱和箱形拱等拱桥,为了尽可能减轻拱上建筑的重量,常采用梁板式结构形式。梁板式的腹拱墩,采用立柱和盖梁组成的钢筋混凝土排架结构,并在立柱的下面设置底梁,以避免立柱传给主拱圈的压力过分集中,这种结构常采用装配施工,以利于提高工厂化水平,加快施工进度。

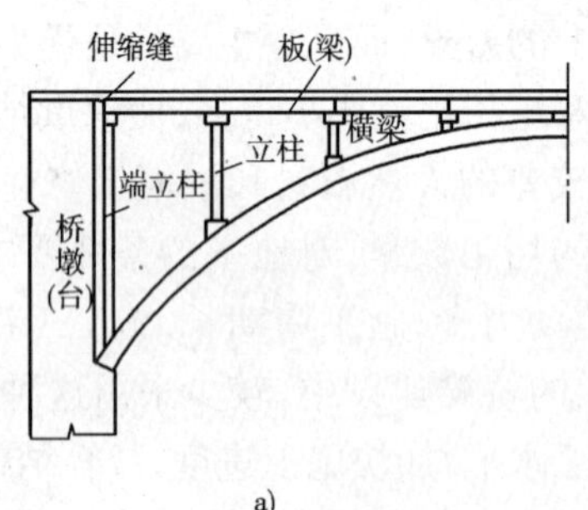

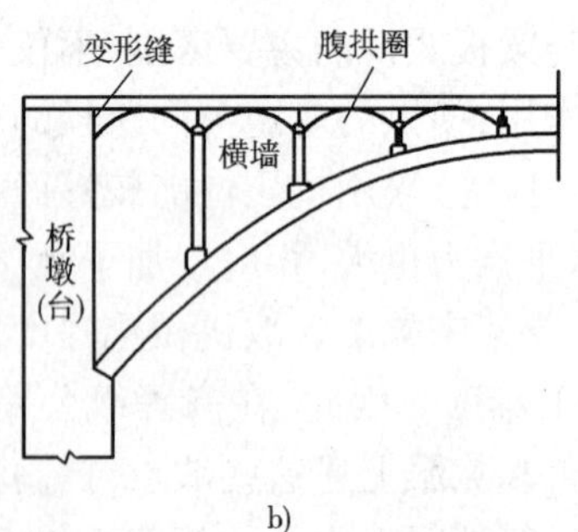

图7-47 空腹式拱上建筑形式

a)梁板式;b)拱式

无铰拱结构的整体刚度大,而且结构简单,施工方便,材料用量比较省,故使用最广泛。它是三次超静定结构,温度变化,材料收缩,特别是墩台沉陷等原因,会在拱内产生较大的附加内力,所以对地基条件要求较高,一般在软土地基上不宜修建这种超静定拱式结构。

三铰拱属于静定结构。温度变化,材料收缩,墩台沉陷等原因,不会在拱内产生附加内力。所以,在软土等不良地基上宜采用三铰拱。由于铰的设置,使其构造复杂,施工困难,材料用量和费用相应增多,而且整体刚度差,降低了抗震能力,因此主拱圈一般不采用三铰拱。

两铰拱为一次超静定结构,它的特点介于三铰拱和无铰拱之间。由于取消了跨中铰,故比三铰拱的整体刚度大,在因地基条件较差而不宜修建无铰拱时,可考虑采用两铰拱。

根据设计规范的有关规定,空腹式拱桥的腹拱,其靠近墩(台)的一孔应做成两铰拱或三铰拱,大跨径的拱桥,必要的可将靠拱顶的腹拱或其他腹拱做成三铰拱或两铰拱,在腹拱铰上面的侧墙、人行道和栏杆等均应设置变形缝。所以,两铰拱和三铰拱多用于空腹式的拱上建筑。拱铰有弧形铰、平铰或其他形式的假铰等。其中弧形铰由具有两个不同半径圆弧形块件合成,一个为凹面,一个为凸面。凹面的半径 R_2 与凸面的半径 R_1 的比值在 1.2 ~ 1.5 之间取定。

拱上建筑和主拱圈,在构造和受力上有着密切的联系,为了避免拱上建筑不规则的开裂,以保证桥梁的安全运营,通常在相对变形较大的位置要设置伸缩缝,而在变形较小之处设置变形缝。实腹式拱桥的伸缩缝常设在墩(台)两起拱脚的上方,要贯穿全桥宽和侧墙的全高及人行道至栏杆;空腹式拱桥则在紧靠墩(台)的一孔做成的三铰拱的拱铰上方设置伸缩缝,在其余两铰及其他铰的上方则设置变形缝。伸缩缝的宽度一般为 2 ~ 3cm,用沥青麻絮填塞充满,变形缝则不留缝宽,只将其断开或贴放油毛毡即可。

2. 板拱桥

石板拱结构简单,施工方便,又有利于就地取材,因而成为常用的桥型结构。其矢跨比一般采用 1/4 ~ 1/8,小跨径的石拱桥也可采用半圆拱。

中、小跨径的主拱圈大都设计为等截面,采用片块石砌筑,但应选择较大的平整面与拱轴线垂直,并使石块的大头向上、小头向下,石块之间的砌缝必须相互交错,砌筑的砂浆强度等级不得小于 M7.5。为了外表美观,主拱圈的两端可用料石镶面。我国已建成的石板拱最大跨径已达 50m。

大跨径的主拱圈也有设计为变截面的,即拱顶处比拱脚处做得薄一些。当采用料石来砌筑时,拱石就需要随拱轴线和截面形式的变化分别进行编号,以便进行拱石的加工和砌筑。这样,给施工带来了较多的困难,故实际上较少采用。

实腹式拱桥,其拱圈上除要设置用片石砌筑的护拱,以达到加强拱圈的作用外,还应铺设防水层,以防止雨水渗入拱圈内。防水层应沿拱背、护拱、侧墙连续铺设,不宜断开。防水层有石灰三合土、沥青油毛毡等多种类型,可根据建设工程的实际情况,本着就地取材的原则合理确定。

拱上填料(指拱腹范围内),宜采用透水性较好的土壤,应在接近最佳含水率的情况下分层填筑夯实,每层厚度不宜大于 20 ~ 30cm。也可采用碎砾石或其他轻质材料(如炉渣、石灰、黏土等混合料)作为拱上填料。

此外,还有现浇钢筋混凝土薄壳拱和两铰板拱,也属于板拱的范畴,因结构较复杂,施工工序多,又需耗用大量钢材,故在实际中很少采用。

板拱桥建设的另一个重要工作环节,就是需要搭设拱盔和支架,常简称为拱架,以支承全部或部分拱圈和拱上建筑的重量,并保证拱圈的形状符合设计要求。而在实施过程中,它只起辅助作用,仅有利于拱圈的建成而不构成其实体。拱盔、支架制作工艺复杂,技术要求高,对工程质量、安全生产都有着极其重要的影响。故要求具有足够的强度、刚度和稳定性。同时,因为它是一种临时性的辅助工程,所以,又要求结构简单,安装、拆除方便,并能多次周转使用,以节约费用，加快建设进度。

拱桥中常用的拱架有土牛拱、木拱架和钢拱架三种，如图 7-48 所示。

图 7-48　拱架

(1)土牛拱一般只宜用于无常流水的河沟中修建的小型石拱桥，实际很少使用。

(2)木拱架，包括拱盔、支架和支架基座三部分工程内容，有满堂式和桁架式两种形式，如图 7-49 所示。

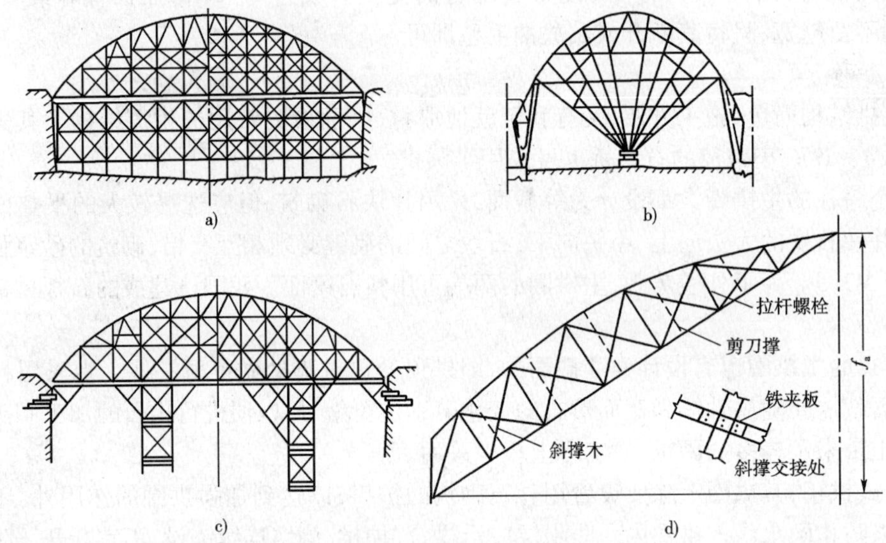

图 7-49　木拱架的主要形式

a)排架式；b)扇形式；c)撑架式；d)桁架拱架

满堂式根据跨中所设支点的形式和个数，又分为排架式、撑架式和扇形式三种。桁架式一般用于经常性通航、水域较深或墩台较高的桥孔，跨中不设支点。支架的基座必须稳固，当地基为石质时，应挖去表土，将柱根处的岩石凿平；若为密实土壤时，则可用枕木和石块铺砌作为基座；若为松软土壤时，则应采用桩基或其他加固措施，以确保支架基座承重后的下沉值符合设计要求。在公路拱桥建设中木拱架使用比较广泛。

(3)钢拱架，有工字梁钢拱架和钢桁架拱架两种，如图 7-50 所示，系用钢构件组拼而成，可重复使用，它不需要设置支架，只需在墩台上预留缺口设置拱脚铰，以支承拱架，钢拱架拆除后，将缺口予以修复，故钢拱架的安装拆除工作，可按钢拱架全套设备的重量，并以桥梁拱盔的工程定额计算所需的费用。但在安装钢拱架时，需要另行配备吊装设施，如缆索、扒杆等。在公路拱桥建设中使用钢拱架的也比较少。

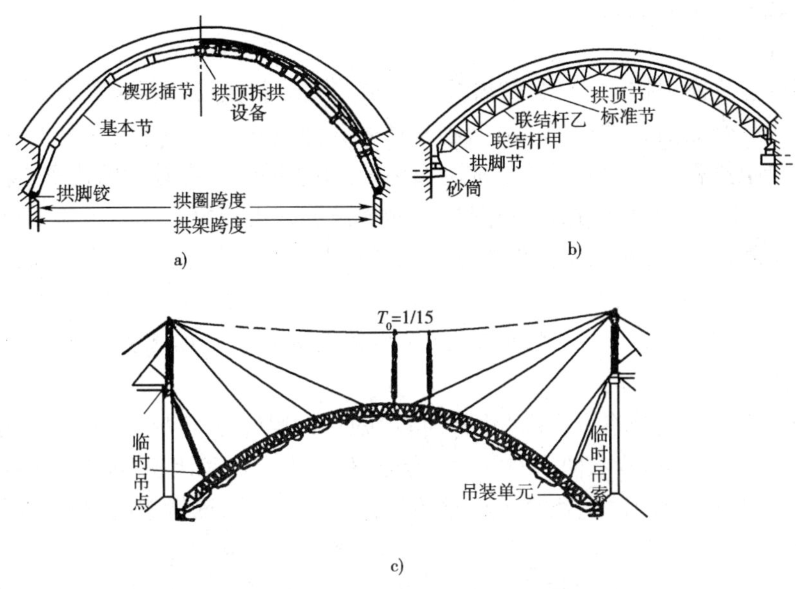

图 7-50 钢拱架形式

a)工字梁钢拱架;b)桁架钢拱架;c)拱架吊装布置

3.肋拱桥

肋拱桥实质上是在板拱的基础上演变而成的,就是将板拱分割成两条或多条刚度较大、分离的平行拱肋,而肋与肋之间则用横系梁进行连接,以增强其整体稳定性,在拱肋上设置立柱和盖梁,以支承桥面结构,如图 7-51 所示。

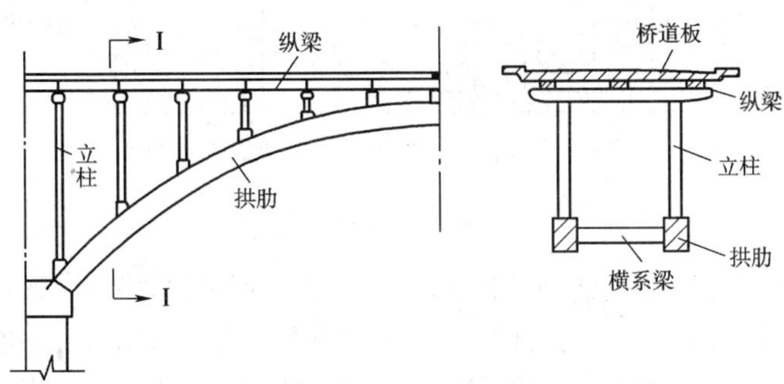

图 7-51 肋拱

拱肋是肋拱桥的主要承重结构,通常用 C20 混凝土或钢筋混凝土制作,采用装配施工,在小跨径的肋拱桥中多采用矩形截面,肋高约为跨径的 1/40 ~ 1/60,肋宽约为肋高的 0.5 ~ 2 倍,较大跨径的肋拱桥,其拱肋则常采用工字形截面,肋高约为跨径的 1/25 ~ 1/35,肋宽约为肋高 0.4 ~ 0.5 倍,腹板的厚度一般设计为 30 ~ 50cm。

肋拱桥的主要特点是,拱肋的横截面较小,而一般又多采用两肋组成,这样就能较多地节省材料用量,不仅减轻了拱体的重量,而且相应地减少了拱上建筑、墩台及基础的工程数量,从而能有效地降低工程造价、节约投资。因此,适用于较大跨径的拱桥。

装配式肋拱桥,可根据跨径的大小和构件的轻重,采用扒杆配简单支架或缆索安装。拱肋的预制工作,也同其他大型预制构件一样,要修建预制场地、大型预制构件曲面底座、构件出坑起吊龙门架和运输轨道等设施。

4. 双曲拱桥

双曲拱桥的主拱圈由拱肋、拱波和拱板等组成，纵向和横向都呈曲线形，故称为双曲拱桥。因主拱圈为组合截面，且材料不均匀，容易产生各种裂缝。

现浇的混凝土拱板将拱肋和拱波连成为整体，在主拱圈中占有较大的比重，从而加强了主拱圈的整体性，其厚度不宜小于拱波的厚度，宜做成波形或折线形。

双曲拱也同肋拱一样，在拱圈上设置立柱和腹拱以支承桥面结构，并将上部的活载及恒载传至主拱圈。

双曲拱一般采用装配施工，其预制和安装工作需要修建的辅助工程设施和应配备的吊装设备基本上与肋拱桥是一样的。

这种桥型的主要特点是将主拱圈“化整为零”的一种组装施工方法，我国20世纪60年代创建以来，曾广为采用。随着双曲拱桥的大量修建和不断的实践认识，虽然用料省，比板拱又有较多的优越性，但施工工序多，组合截面整体性差、易开裂等，该桥型已较少采用。

5. 箱形拱桥

箱形拱桥的主拱圈截面形式有多箱和单箱两种。它宜用于50m以上的大跨径拱桥，一般采用多箱式的闭合箱形，每个箱由腹板(箱壁)、顶板、底板和横板隔板组成，如图7-52所示。箱形截面的挖空率可达全截面的50% ~70%，矢跨比一般采用1/6 ~1/10。一般都采用C30混凝土做成。

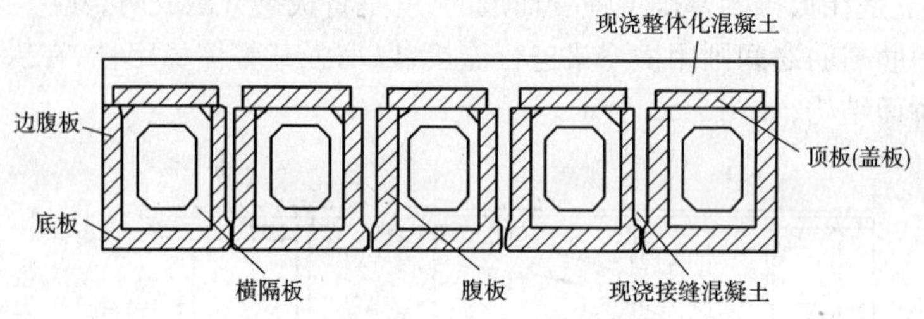

图7-52　多箱式箱形拱截面形式

在施工可能的情况下，箱形拱以采用闭合箱形为宜。但开口箱不仅构件单元重量轻，有利于安装，而且预制工作比闭口箱也要方便，故在实际中多采用开口箱形。一般是在开口箱体安装好后，再安砌盖板(顶板)，然后现浇接缝和整体化混凝土，使之连成整体，最后依然形成闭合箱形，故横向整体性强，稳定性好，抗扭刚度也大。

多箱的顶、底板厚度一般为8 ~10cm，也就是说，在预制时，可以做得薄些，以减轻构件重量，待安装好后，再按设计要求现浇一层混凝土予以增厚。当闭合箱形拱建成后有可能被洪水淹没时，应设置排气孔和进水孔，以减少浮力。

箱形拱桥的拱上建筑，可采用拱式或梁板式结构。实际中多采用立柱、盖梁板式拱上建筑，这样，可减轻拱上自重，节约材料和费用。

箱形拱圈及其他肋拱通常根据跨径大小，分为三段、五段及七段或更多段预制，采用无支架的缆索吊装施工。公路工程预算定额中的缆索吊装设备定额，是以主索、2号起重索、牵引索、扣索、风缆，以及塔架、主索和扣索等地锚、天线滑车等工程内容进行综合的，如图7-53所示。

这种桥型也同前述的肋拱、双曲拱一样，其箱形拱圈在预制时要设置预制场地等辅助工程设施。

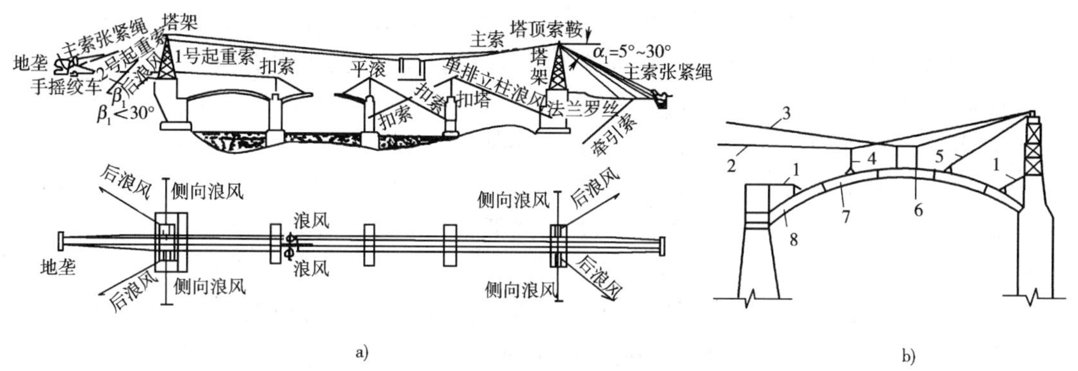

图 7-53　缆索吊装设备

a) 三段缆索吊装布置；b) 五段扣索形式

1-墩扣；2-扣索天线；3-主索天线；4-天扣；5-塔扣；6-顶段；7-中段；8-端段

根据公路工程预算定额所规定的预制、安装箱形拱的工程内容，开口箱主拱圈的工程量，只能以开口箱的体积作为编制施工图预算的依据，其盖板（顶板）应按小型构件另行计价，至于盖板的安砌工作，因已将其工料消耗综合在主拱圈的安装定额内，不能再另行计算。

6. 桁架拱桥

桁架拱由桁拱片及其横向联系和桥面板三部分组成的，如图 7-54 所示，是一种常用斜拉杆桥型，常用 C30 混凝土做成，它外形美观，是将拱圈与拱上建筑组合成为一个整体而共同承受荷载。

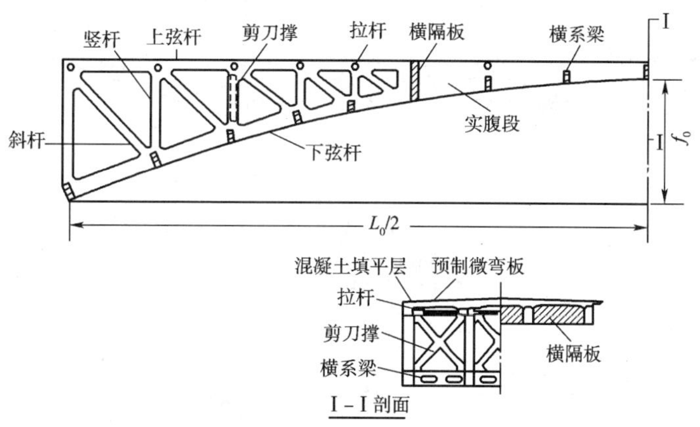

图 7-54　桁架拱桥的主要组成

桁拱片是桁架拱桥的主要承重结构，它由下弦杆、上弦杆、腹杆（包括竖杆和斜杆）和拱顶实腹段所组成，下弦杆一般采用圆弧形，这样施工较方便。为了使桁拱片连成整体而共同受力，以保证其横向稳定，故在桁拱片之间设置横向联系。这种横向联系结构，因所设在位置的不同，有拉杆、横系梁和剪刀撑、横隔板等不同的称谓。拉杆和横系梁分别设置在上下弦杆的节点处，拱顶的实腹段一般每隔 3～5m 也要设置横系梁。横隔板则分别设置在实腹段与桁架部分的连接处和跨中（拱顶），它的高度顶到桥面板。剪刀撑一般设置在 1/4 跨径附近的上下弦杆节点之间和端部。

桁架拱桥的桥面结构，一般采用微弯板，以节约钢材。这种桥型是为进一步减轻拱桥自重，增强拱式桥结构的整体性，大力提高工厂化水平，加快施工进度，在修建双曲拱桥经验的基础上，发展起来的一种轻型的钢筋混凝土桥型。其特点是桁拱片可以根据跨径和场地的大小，采用整片、分段或分杆件来制作，这样构件分细后，单件重量轻，便于运输和安装，而且还可采取卧式预制的方法进行预制，即在地面上按桁拱形状设置底模，侧模就不会太高，便于绑扎钢筋和浇筑混凝土，构件的质量也容易得到保证。同时，还可采取多片叠制的方法进行桁拱片的预制，即在前一片之上浇筑后一片，以前一片作为后一片的底模，结合桁拱片的厚度，一般在同一底模上可叠制2~4片，这就有利于节约费用，降低工程成本。桁架拱适宜用于50m以下跨径的桥梁。

当桁拱片是采用卧式预制时，预制后出坑移动需翻身竖起，一般应在全片构件吊起之后，再悬空进行翻身竖立。桁拱片运输时，则宜采用平卧运输。

桁架拱桥也是采用缆索吊装方法进行安装，在安装过程中只有少量现浇接头混凝土，故工厂化水平高，有利于提高劳动效率。在构件预制时，也同上述肋拱等拱式桥一样，需要修建预制场地等辅助工程设施。

7. 刚架拱桥

刚架拱桥是在桁架拱桥等基础上发展起来的另一种轻型钢筋混凝土桥型，它具有构件少，自重轻，整体性好，刚度大，外形美观等优点。也同桁架拱桥一样，是属于具有水平推力的拱式结构，适宜用于50m以内跨径的桥梁。

刚架拱桥由刚拱片、横系梁和桥面板等组成，如图7-55所示，桥面板一般都采用微弯板，这样钢材用量省。

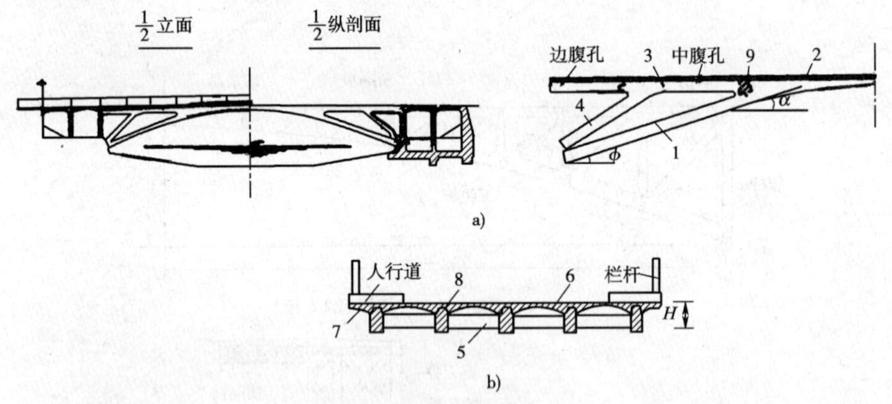

图7-55　刚架拱桥的主要组成

a)立面图；b)拱顶横断面图

1-主拱腿；2-实腹段；3-腹孔段（中腹孔和边腹孔）；4-次拱腿；5-横隔板；6-微弯板；7-悬臂板；8-现浇桥面；9-现浇接头

刚拱片是由跨中的实腹段的主梁、空腹段的次梁（包括中腹段和边腹段）、主拱腿（主斜撑）、次拱腿（次斜撑）等所组成。一般都采用C30混凝土来制作。主梁一般采用圆弧形。主梁与主拱腿的交接处称为主接点，次梁与次拱腿的交接处称为次接点。刚架拱桥大都采用装配式的施工方法修建，为了减轻吊装重量，一般都将主梁、次梁和斜撑等分开进行预制，当跨径较大时，次梁还可分段预制，吊装就位后，用现浇混凝土接头。

为使各刚拱片联成整体共同受力，一般在跨中（拱顶），主、次接点，次梁的端部等处都要设置横系梁，以保证横向的稳定和桥梁的安全营运。

刚架拱桥也采用缆索吊装施工，预制时，同桁架拱一样，要修建预制场地等辅助工程设施。

8. 钢管混凝土拱桥

钢管混凝土拱桥是我国近年来公路桥梁建筑发展的新技术，具有自重轻、强度大、抗变形能力强的优点。它比较好地解决了修建桥梁所要求的用料省、安装重量轻、施工简便、承重能力大的诸多矛盾，是大跨径拱桥一种比较理想的结构形式。

在结构受力方面，随着轴向力 N 的增大，内填型钢管混凝土使得混凝土的径向变形受到钢管的约束而处于三向受力状态，承载能力大大提高。同时，钢管的套箍作用大大提高了混凝土的塑性性能，使得混凝土特别是高强度混凝土脆性的弱点得到克服。另一方面，混凝土填于钢管之内，增强了钢管管壁的稳定性，刚度也远大于钢结构，使其整体稳定性也有了极大的提高。因此，钢管混凝土材料应用于以受压为主的构件中，较之钢结构和混凝土结构有着极大的优越性。

在施工方面，钢管具有较大的刚度和强度，可以作为施工的劲性骨架。钢管本身又可作为耐侧压的模板，这样，施工时就基本不需要模板和支架。钢管制作工厂化，劳动效率高，比起钢筋混凝土结构中的钢筋加工制作省时省工。

钢管混凝土是钢管与混凝土的组合材料。根据钢管与混凝土的组合关系，可分为内填型和内填外包型两类，如图 7-56 所示。

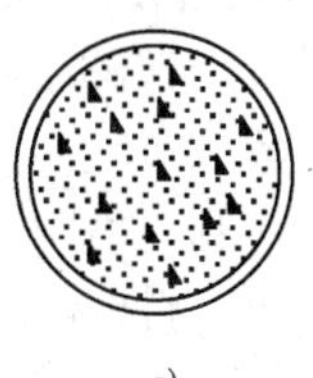
a)

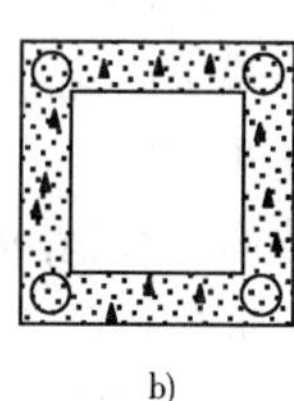
b)

图 7-56　钢管与混凝土的组合

a）内填型；b）内填外包型

这两类钢管混凝土应用于拱桥可同时解决拱桥材料高强化和拱圈施工轻型化两大难题。但在具体应用时，其发挥材料的作用和施工的作用有所侧重，因此产生两大方向：

一是应用内填型混凝土，即钢管内包混凝土，钢管表皮外露，与核心混凝土共同作为结构的主要受力组成部分，同时也作为施工时的劲性骨架，设计以前者控制，称为钢管混凝土拱桥。这类拱桥可设计为肋拱、桁拱及桁架拱等结构形式。

另一种是应用钢管内填外包混凝土，钢管表皮不外露，钢管主要作为施工的劲性骨架，先内灌混凝土成钢管混凝土后再挂模板外包混凝土形成断面，钢管材料参与建成后的受力，但不是以使用阶段为控制，而是以施工荷载为控制的，可称之为钢管混凝土劲性骨架拱桥，有时也称之为钢筋混凝土拱桥。这类拱桥主要有肋拱、箱形拱和刚架拱等形式。

钢管混凝土结构的应用，使拱桥的跨越能力得到提高，同时使拱桥更加轻巧，表现力也更强，更加美观。由于具有以上优点，所以钢管混凝土拱桥在我国得到了迅速发展，目前，已建成的钢管混凝土拱桥的最大跨径为 270m，钢管混凝土劲性骨架拱桥的最大跨径为 420m。

四、预应力刚构上部构造

刚构桥又称刚架桥，是由梁式桥跨结构与墩台（支柱或板墙）刚性连接而形成整体的结构体系，如图 7-57 所示。按其静力结构体系可分为单跨和多跨的，支柱做成斜柱式时称为斜腿刚构。

多跨刚构桥可将主梁做成连续式或非连续式。非连续式刚构桥在主梁跨中设铰或悬挂简支梁,通常称为T形刚构桥,或简称为T构。它的显著特点是全桥所有的墩上都不设置任何形式的支座。带挂梁的刚构桥在挂梁端相应设置支座,属于静定结构。

图7-57　预应力刚构上部构造

带有挂梁的T形刚构桥,一般都采用以偶数的T构单元与奇数的挂梁相配合。为了简化设计,有利施工,多跨的桥梁一般都采用尺寸划一的T构和挂梁。当然也可结合建设工程的实际情况,采用不同的T构悬臂长度和相同尺寸长度的挂梁相配合。这样,也像多跨的连续梁一样,形成中孔跨径最大,而向两侧是逐孔减小的桥型结构。显而易见,每个T构两侧的恒载是对称的,墩中无不平衡的力矩。

T形刚构桥支点处的梁高一般为跨径的1/14～1/22,挂梁的高度则视其跨径而定,一般为支点处梁高的1/5～1/2。挂梁一般采用等高梁,其长度为跨径的0.2～0.5倍,但不应使挂梁的长度超过35～40m,否则会增大施工难度。

T形刚构桥对基础和桥址的地质条件没有特殊要求,主梁跨中设铰或悬挂简支梁可有效地减小或免除各种因素引起的附加内力,这是其优点。但铰或挂梁的存在使桥面接缝增多,接缝两侧主梁变形不一致,车辆通过时易引起对桥梁的冲击作用,不利于高速行车,且剪力铰的结构复杂,养护麻烦。因此,有将主梁做成连续式的趋势,即做成连续刚构,或每隔数孔设一跨中带悬挂简支梁的主梁,以此作为较长的连续刚构桥的伸缩缝。

连续刚构是墩、梁固接的连续结构,由于固接的桥墩能提供部分固端弯矩,从而使跨中弯矩减小,因而可以达到较大的跨径。有时为了适应特殊的水文地质条件或地形条件,也可以将连续梁桥与连续刚构桥结合起来,成为所谓刚构—连续组合梁桥。其做法通常是在一联连续梁的中部数孔采用墩梁固接的刚构,边部数孔为设置支座的连续梁结构。

连续刚构的主梁高度一般取其跨度的1/7～1/30,大跨度连续刚构多采用其跨度的1/30～1/40。当采用变高度梁时,端部梁高可为跨中梁高的1.2～2.5倍,甚至更高。

预应力刚构桥一般都采用变截面的箱形结构形式,但也有采用桁架梁的,桁架梁的结构形式与桁架拱基本上相同。

修建预应力刚构桥时,无论是现浇还是预制安装,都采用悬臂的施工方法,实质上T形刚构与悬臂施工是相应发展起来的,其施工程序是,首先搭设托架现浇墩顶块件(零号块件),然后组拼吊机或挂篮进行悬浇或悬拼,待T构按设计完成后,再采用导梁等施工方法进行简支挂梁的安装工作。

预应力刚构桥的预制安装或现浇同预应力连续梁桥的施工方法基本上是相同的,除要修建预制场地等辅助工程设施外,还要配备预制和安装挂梁的吊装设备等辅助工程设施。

五、预应力斜拉桥上部构造

斜拉桥是一种造型美观的组合体系结构,由索塔、斜索和主梁三部分组成,如图7-58、图7-59所示。锚固在索塔上而悬吊起主梁的斜钢索实际上是起着混凝土主梁弹性支撑的作用。这样,主梁就像小跨度的多孔弹性支承的连续梁一样承受着全部荷载。因此,不仅可以增大跨越能力，而且梁的高度也可以大大减小，一般只有跨径的 1/40 ~ 1/100，自重较轻，钢材和混凝土的用量均较节省，但由于钢索和锚具的费用都比较昂贵，所以，这种桥型的造价是比较高的。

索塔形式、斜拉索布置和主梁截面是多种多样的，索塔将在第四节桥墩和桥台内作介绍，此处不再赘述。现扼要介绍斜拉索和主梁的有关技术要求和构造类型。

图 7-58　斜拉桥施工

1. 斜拉索

斜拉索是斜拉桥的主要承重结构，一般采用抗拉强度高、疲劳强度好和弹性形变模量较大的高强钢丝或钢绞线。

斜拉索在立面上的设置形状有辐射形、竖琴形和扇形三种形式，如图 7-60 所示；在横截面上有双面索和单面索两种。

(1)辐射形斜拉索。因斜拉索倾角大，平均接近 45°，故能够发挥较好的工作效率，所以钢索用量省。但由于斜拉索集中于塔顶，致使锚固难度大，而且对索塔受力也不利，在实际中较少采用。

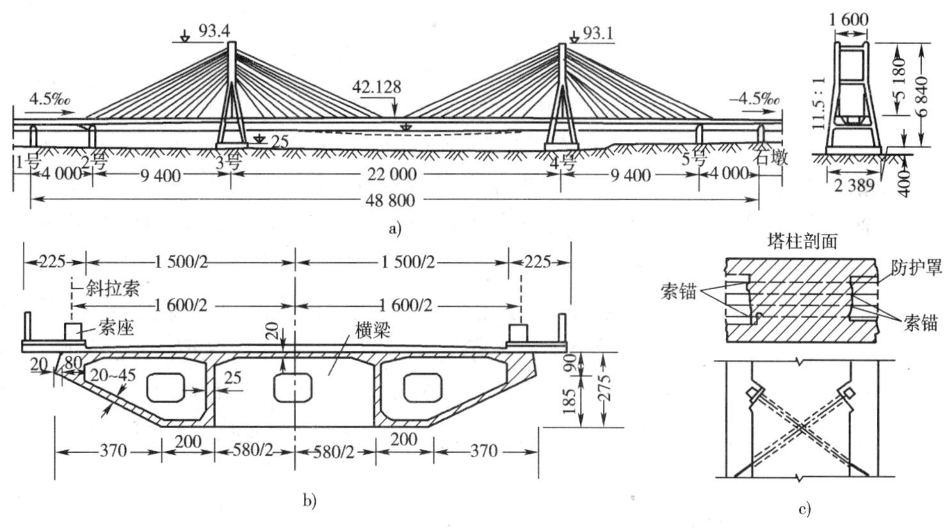

图 7-59　斜拉桥（尺寸单位：cm；高程单位：m）

a)斜拉桥立面；b)主梁横截面；c)塔柱内穿索示意图

(2)竖琴形斜拉索。因斜拉索与索塔的连接处是分散的，而且各斜拉索又是平行的，其倾角相同。这样，不仅连接构造易于处理，而且锚具垫座的制作与安装也方便，同时对索塔的受力也比较有利。但因斜拉索倾角小，就不能像辐射形斜拉索那样发挥较好的工作效率，致钢索用量相对要多。

(3)扇形斜拉索。它的特点是介于辐射形和竖琴形斜拉索两者之间，可以说是兼有上述两种形式的优点。近年来在公路斜拉桥的建设中大多采用这种斜拉索布置形式。

斜拉索的间距，近年来多采用扇形的密索体系，其特点是间距可以小于 6 ~ 8m，这样就能降低梁的建筑高度，使自重较轻，有利于施工。

斜拉索防护是斜拉桥拉索防腐蚀和抗疲劳的措施，早期拉索防腐采用钢套筒压注水泥砂浆或钢丝绑扎涂机油的麻布等，防腐效果不好，已很少采用；现多用带热挤聚乙烯防护套的成品索。这样，在运营过程中也便于进行斜拉索的更换工作。为防止风、雨振引起的横向振动导致索端弯曲疲劳，多采用橡胶垫圈或黏滞阻尼器进行减振。

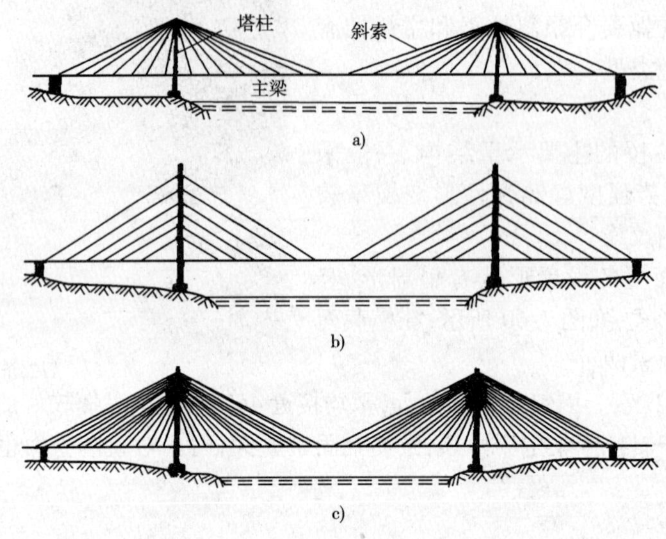

图 7-60　斜拉桥斜拉索的形式

a)辐射形；b)竖琴形；c)扇形

2. 主梁

预应力混凝土斜拉桥的主梁，一般采用箱形截面结构，并设计为连续梁或 T 形刚构，如图 7-61 所示。因连续梁刚度大，整体性好，行车平稳，对抗风也有利，是斜拉桥常用的一种结构形式。一般采用 C50 混凝土。

图 7-61c)和图 7-61d)是一种封闭式的箱形截面结构，它的抗扭刚度大，常用于单面索的斜拉桥(图 7-62)，其倾斜式的腹板结构比竖直板的要好，但施工难度要大，至于图 7-61d)中箱梁内的斜撑，则是为锚固斜索而设置的。图 7-61b)是一种半封闭箱形截面结构。两箱之间设有横隔板，其外缘做成尖嘴形，主要是为减少风的阻力，两侧局部加固，以利斜拉索的锚固。

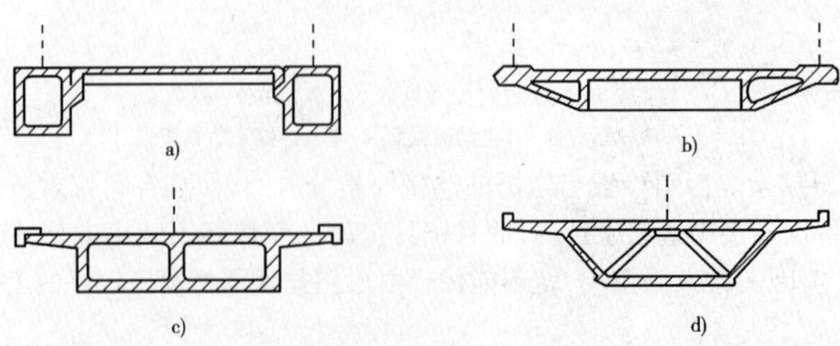

图 7-61　斜拉桥的主梁横截面形式

预应力斜拉桥，按其索塔、斜拉索和主梁三者的不同结合方法，可以分为悬浮、支承、塔梁固接和刚构四种体系，其特点和技术要求如下：

(1)悬浮体系。主梁除两端需设置支座来支承外，其余全部都是用斜拉索将其悬吊起来，而在纵向是可以稍作浮动的一种具有弹性支承的单跨梁结构形式,但在横向则不能任其随意摆动,必须施加一定的横向约束。这种体系在密索的作用下,主梁各截面的变形和内力的变化都比较平缓,受力比较均匀,刚度也比较好,其截面也不存在需局部加强的情况,从而有利于施工,这种结构体系在实际工作中采用较多。

悬臂方法施工时,在墩塔处的梁段要另行在墩上架设托架浇筑,并应在梁下设置临时支座,在斜拉索安装张拉调整和主梁合龙后拆除。

图 7-62　单面索的斜拉桥

(2)支承体系。主梁在墩塔处要设置支点,是一种接近在跨度内具有弹性支承的三跨连续梁。这种体系的主梁内力,在墩塔支承处会产生急剧变化,出现很大的负弯矩,故需要加强支承区梁段的截面。支承体系在悬臂施工中不需额外设置临时支点,施工比较方便。

(3)塔梁固接体系。它相当于在梁的顶面用斜拉索加强的一根连续梁,这样,全部上部结构的荷载都要由支承座来传给桥墩,故需要在墩塔处设置较大吨位的支座。

(4)刚构体系。将桥墩、索塔与主梁三者固接在一起,从而形成了在跨度内具有弹性支承的一个刚构体系,故在固接处会产生很大的负弯矩,因此需要将其附近梁段的截面予以加大。这种体系的墩塔处不需要设置支座,但在固接点和墩脚处会产生很大的温度附加弯矩,为了减少或消除这种不利影响因素,常在主梁的跨中设置挂梁或设置可以容许水平移动的剪力铰。

总之,悬浮体系具有充分的刚度,受力比较匀称,可以作成等截面主梁而简化施工,抗风、抗震性能也较好,是采用较多的结构体系。支承体系不比悬浮体系有多大的优越性。塔梁固接体系的塔柱内力最小,温度内力也最小,仅主梁边跨负弯矩较大,整体刚度较小,也是可以考虑采用的结构体系,但修建时要解决大吨位支座的问题。由于巨大的温度内力,刚构体系一般都做成带挂梁的形式,它适用于对抵抗地震和风振无特殊要求的场合。

预应力斜拉桥的主梁,一般采用悬臂现浇、悬臂拼装或顶推等施工方法,在施工过程中,基本上同预应力连续梁桥和预应力刚构桥一样,要相应修建有关的各种辅助工程设施。而不同之处是,除了主梁要施加预应力外,还要对斜拉索进行张拉和锚固。

六、悬索桥上部构造

悬索桥是指主要承重构件由缆索和行车道梁、吊索(杆)、索塔和锚碇组成的桥梁。悬索桥建筑高度小、自重轻,适用于长大跨径桥梁,经济跨径在 500m 以上。悬索桥一般由索塔、主缆索、锚碇、吊索、加劲梁及索鞍等主要部分组成,如图 7-63 所示。

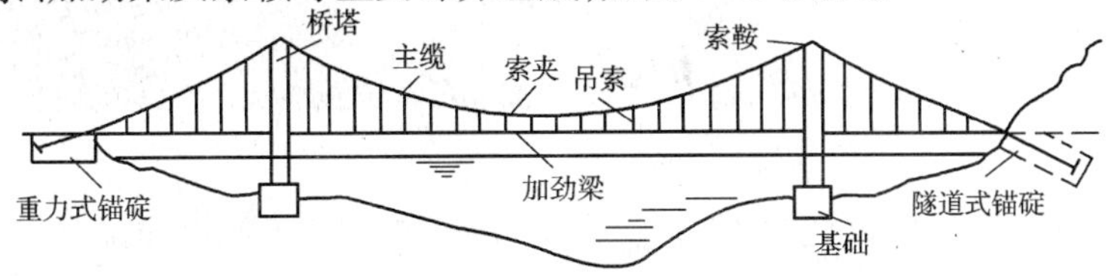

图 7-63　悬索桥的主要构造

悬索桥具有合理的受力形式，因为主要承重构件悬索受拉，无弯曲和疲劳而引起的应力折减，可以采用高强度钢丝制成，其$[\sigma]/\gamma$之值最大（$[\sigma]$为钢材的容许应力，γ为钢材的重度），因此悬索桥的跨越能力是目前所有桥梁体系中最大的，如图7-64所示。

悬索桥采用高强钢材作为主要承重结构，所以与其他桥型相比，其恒载与活载之比最小，因此在一般情况下，悬索桥是一种用料最省的桥型。由于在结构方面构造简单、轻便，又能充分利用索塔架设缆索、拼装加劲梁和桥面系，所以施工方便，外形美观。

以下仅就主缆索、锚碇、加劲梁、吊索和索鞍的主要结构特点作简要叙述。

1. 主缆索

主缆索是悬索桥的主要承重构件，不仅承担自重恒载，还通过索夹和吊索承担加劲梁（包括桥面）等其他恒载以及各种活载。此外，主缆索还要承担部分横向风载，并将其传至索塔顶部。主缆索可采用钢丝绳钢缆、钢绞线钢缆或平行钢丝束钢缆，由于平行钢丝束钢缆弹性模量高，空隙率低，抗锈蚀性能好，因此大跨度悬索桥的主缆索均采用这种形式。现代悬索桥的主缆索多采用直径5mm的高强度镀锌钢丝组成，先由数十到数百根5mm的高强度镀锌钢丝制成正六边形的索股（束），再将数十至上百股索股挤压形成主缆索，并做防腐处理，如图7-65所示。设计中主缆索的线形一般采用二次抛物曲线，如图7-66所示。

图7-64　悬索桥

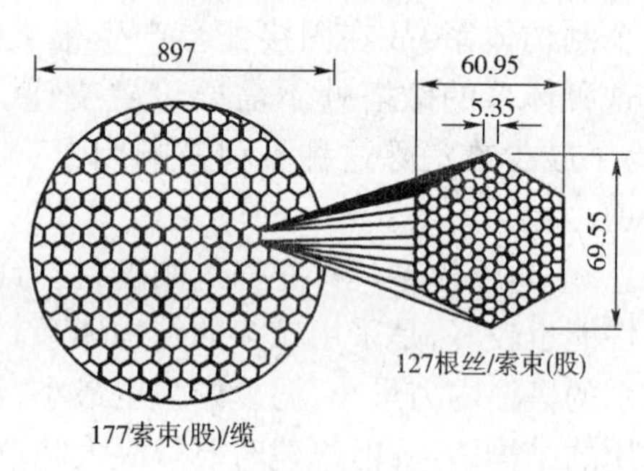

图7-65　悬索桥主缆索断面构造示意图（尺寸单位：mm）

图7-66　主缆索

主缆索的架设方法主要有两种：空中送丝成缆法和预制钢丝束成缆法。前者是在现场空中编缆，每根主缆索所含索束数较少，但每根索束所含钢丝根数较多，施工工期较长，所需锚碇面积较小，是最早采用的成缆法。后者是在工厂先预制钢丝索束，然后在现场使用索束编缆，每根主缆索所含索束数较多，但每根索束所含钢丝根数较少，施工周期较短，所需锚碇面积较大，是现代悬索桥较多采用的成缆法。

2. 锚碇

锚碇是主缆索的锚固构造。主缆索中的拉力通过锚碇传至基础。通常采用的锚碇有两种形式：重力式和隧道式，如图7-67所示。重力式锚碇依靠其巨大的自重来承担主缆索的垂直分力，而水平分力则由锚碇与地基之间的摩阻力或嵌固阻力承担。隧道式锚碇则是将主缆索中拉力直接传递给周围的基岩。隧道式锚碇适用于锚碇处有坚实基岩的地质条件。当锚固地基处无岩层可利用时，均采用重力式锚碇。锚碇主要由锚碇基础、锚块、主索的锚碇架及固定装置和遮棚组成，如图7-68所示。

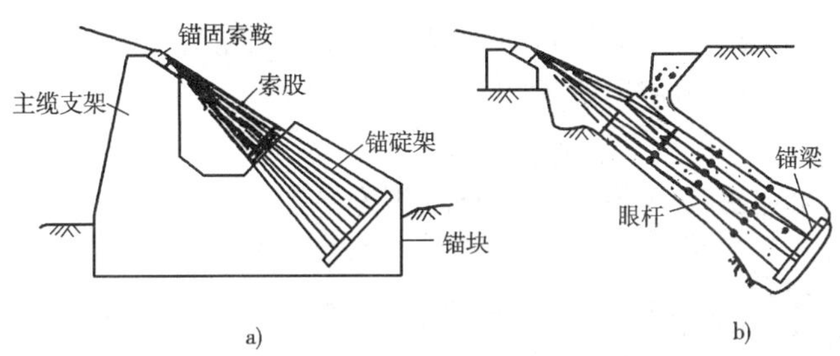

图7-67 悬索桥的锚碇构造

a)重力式锚碇；b)隧道式锚碇

图7-68 锚碇构造

3. 加劲梁

加劲梁的主要作用是直接承受车辆、行人及其他荷载，以实现桥梁的基本功能，并与主缆索、索塔和锚碇共同组成悬索桥结构体系。加劲梁是承受风荷载和其他横向水平力的主要构件，应考虑其结构的动力稳定特性，防止其发生过大挠曲变形和扭曲变形，避免对桥梁正常使用造成影响。大跨度悬索桥的加劲梁均为钢结构，通常采用桁架梁和箱形梁。预应力混凝土加劲梁仅适用于跨径在500m以下的悬索桥,大多采用箱形梁。采用箱形梁时,应选择流线型主梁截面,并适当设置风嘴、导流板、分流板等抗风装置;采用桁架梁时,应加强主梁与桥面车道部分的联系,并注意保证主梁及桥面构造横向通风良好,不得有任何阻碍空气流动的多余障碍物存在,也可适当设置抗风装置。加劲梁的构造和尺寸主要取决于其抗风稳定性。通常参考其他已建成悬索桥的加劲梁拟定一个设计构造和尺寸,再根据结构计算结果进行适当修改,最后对较为合理的方案,通过风洞试验检验其抗风性能,并选择抗风性能好的加劲梁作为最终选定的构造和尺寸。

悬索桥加劲梁的架设,可以采用缆载起重机利用先架设完成的主缆索吊运拼装。架设顺序可以从主跨跨中开始,向索塔方向逐段拼装,也可以从索塔开始,向主跨跨中及边跨岸边前进。当加劲梁为桁架式时,可采用桁架桥的悬臂施工方法,所不同的是其不是靠梁的已成部分来承担其后拼装梁段的自重,而是立即将拼装好的梁段同其对应的吊索连接,使所有拼装梁段的自重都经吊索传至主缆索,由主缆索承担。

4. 吊索

吊索也称吊杆,是将加劲梁等恒载和桥面活载传递到主缆索的主要构件。吊索可布置成垂直形式的直吊索或倾斜形式的斜吊索,其上端通过索夹与主缆索相连,下端与加劲梁连接。吊索与主缆索的联结方式有两种:鞍挂式和销接式,如图7-69所示。两种方式各有所长。吊索与加劲梁联结也有两种方式:锚固式和销接固定式。锚固式联结是将吊索的锚头锚固在加劲梁的锚固构造处。销接固定式联结是将带有耳板的吊索锚头与固定在加劲梁上的吊耳通过销钉联结。吊索宜采用有绳芯的钢丝绳制作,两根或四根一组;两端均为销接式的吊索可采用平行钢丝索束作为吊索,如图7-70所示。

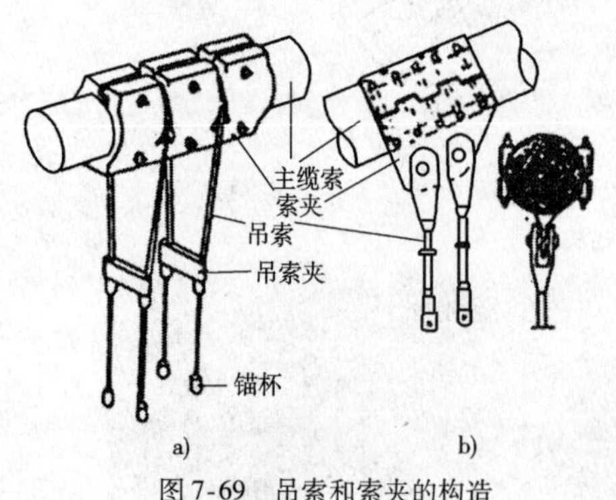

图7-69　吊索和索夹的构造
a)鞍挂式索;b)销接式索夹

吊索的间距由桥面系材料的经济性确定,跨径在80～200m范围内的多为5～8m,桥跨径增大,吊索间距也相应增大。

图7-70　吊索

5. 索鞍

索鞍是支承主缆索的重要构件,其作用是保证主缆索平顺转折,将主缆索中的拉力在索鞍处分解为垂直力和不平衡水平力，并均匀地传至塔顶或锚碇的支架处。索鞍可分为塔顶索鞍和锚固索鞍。塔顶索鞍设置在索塔顶部，将主缆索荷载传至塔上；锚固索鞍（亦称散索鞍）设置在锚碇支架处，主要作用是改变主缆索的方向，把主缆索的钢丝束股在水平及垂直方向分散开来，并将其引入各自的锚固位置。为了减少塔顶索鞍处钢丝的弯曲次应力，塔顶索鞍弯曲半径一般为主缆索直径的 8 ~ 12 倍；而散索鞍必须考虑钢丝束股的水平曲率半径和竖直曲率半径，以确定索鞍的合理形状。索鞍通常采用铸焊组合件组成，大型组件采用分块制作，安装后通过螺栓或焊接连成整体。

七、桥面铺装、人行道及栏杆

以上介绍的有关上部构造，只是组成上部构造中之一的承重结构，即梁板和拱等，而上部构造是泛指桥梁的承重结构，以及桥面铺装、人行道和栏杆等。除实腹式的拱桥的桥面铺装之外，其余桥面系统构造基本上相同。

1. 桥面铺装

桥面铺装是指在主梁的翼缘板（行车道板）上铺筑一层三角垫层的混凝土和沥青混凝土面层，以保护和防止主梁的行车道板不受车辆轮胎（或履带）的直接磨损和雨水的侵蚀，同时，还可使车辆轮重的集中荷载起到一定的分布作用。故三角垫层内一般要设置用直径 6 ~ 8mm 做成 20cm × 20cm 的钢筋网，如图 7-71 所示。

图 7-71 桥面铺装

为了迅速排除桥面雨水，桥面铺装要根据不同类型桥面铺装沿横桥向设置 1.5% ~ 3% 的双向横坡，一般是采用不低于主梁混凝土强度等级的混凝土做成，使之符合设计要求，也称为三角垫层。因桥面铺装部分在桥梁上部构造的恒载中占有相当的比重，尤其是小跨径的桥梁尤为显著。为了减轻桥面铺装重量，对于板桥或现浇的梁桥，常将墩台帽的顶面做成横坡，这样，垫层就成为等厚了。同时，为了防止雨水滞积桥面而渗入梁体影响桥梁的营运安全起见，当桥面纵坡大于 2%，而桥的长度又超过 50m 时，宜每隔 12 ~ 15m 设置一个泄水管，若小于 2% 则宜每隔 6 ~ 8m 设置一个泄水管。一般应沿行车道两侧左右对称或交错地排列，大多采用金属泄水管。

在桥面铺装中的另一个重要工作环节，就是要设置桥面伸缩缝。为了保证桥跨结构在温度变化、混凝土收缩与徐变，以及活载作用等影响下，在设计要求的范围内能自由变形，又不影响行车而必须在两梁板端之间,以及梁板端与桥台背墙之间的桥面上设置一种横桥向伸缩缝,也称为变形缝。它的种类较多(见表7-5),且各有其不同的适用范围,现扼要介绍几种常用的伸缩缝构造形式。

桥梁伸缩装置分类 表7-5

类　别	形　式	种 类 例	说　明
对接式	填塞对接型	沥青、木板填塞型	以沥青、木板、麻絮、橡胶等材料填塞缝隙的构造(在任何状态下,都处于压缩状态)
		U形镀锌铁皮型	
		矩形橡胶条型	
		组合式橡胶条型	
		管型橡胶条型	
	嵌固对接型	W型	采用不同形状的钢构件将不同形状的橡胶条(带)嵌固,以橡胶条(带)的拉压变形吸收梁变位的构造
		SW型	
		M型	
		SDⅡ型	
		PG型	
		FV型	
		GNB型	
		GQF-C型	
钢制支承式	钢制型	钢梳齿板型	采用面层钢板或梳齿钢板的构造
		钢板叠合型	
橡胶组合剪切式	板式橡胶型	BF、JB、JH、SD、SC、SB、SG、SEG型	将橡胶材料与钢件组合,以橡胶的剪切变形吸收梁的伸缩变位,桥面板缝隙支承车轮荷载的构造
		SEJ型	
		UG型	
		BSL型	
		CD型	
模数支承式	模数式	TS型	采用异型钢材或钢组焊件与橡胶密封带组合的支承式构造
		J-75型	
		SSF型	
		SG型	
		XF型	
		GQF-MZL型	
无缝式	暗缝型	GP型(桥面连续)	路面施工前安装的伸缩构造,以路面等变形吸收梁变位的构造
		TST弹塑体	
		EPBC弹性体	

(1)梳形钢板伸缩缝。由梳形板、锚栓、垫板、锚板、封头板及排水槽等组成,有的还在梳齿之间填塞合成橡胶,以起防水作用,如图7-72所示。它适用于变形量达20～40cm的桥梁。其安装程序为:桥面整体铺装→切缝→缝槽表面清理→将构件放入槽内→用定位角铁固定构件位置及高程→布设焊接锚固钢筋→在混凝土接缝表面涂底料→浇筑树脂混凝土→及时拆除

定位角铁→养生→填缝→结束。

(2)镀锌铁皮沥青麻絮伸缩缝。它适用于变形量在 20 ~ 40mm 的低等级公路的中、小跨径桥梁及人行道上,系用镀锌铁皮弯成 U 形并在其内填塞沥青和麻絮。这样,当桥面伸缩时,镀锌铁皮可以随之变形。

(3)橡胶条伸缩缝。利用橡胶富有弹性、耐老化的特性,将其嵌入型钢制成的槽内,使橡胶在气温升降变化时始终保持受压状态。在型钢与橡胶条接触面上用胶黏剂黏结,根据伸缩量不同制成两孔或三孔的形式。它具有构造简单、伸缩性好、防水防尘、安装方便、价格低廉等优点,伸缩量为 30 ~ 50mm,一般用于低等级公路的中、小桥梁,如图 7-73 所示。

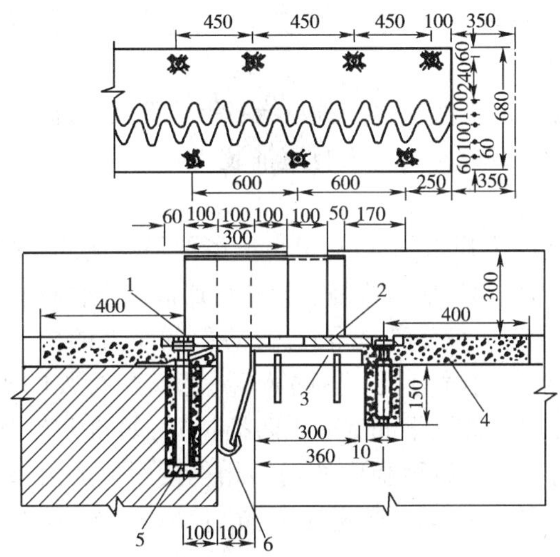

图 7-72 梳形钢板伸缩缝构造图(尺寸单位:mm)

1-封头板;2-垫板;3-锚板;4-C40 混凝土;5-锚栓;6-排水槽

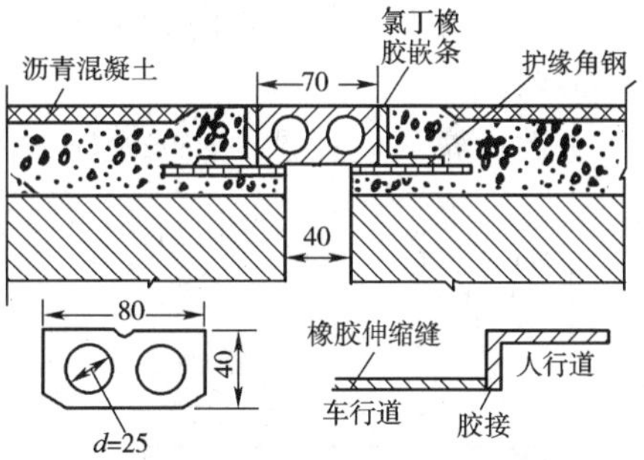

图 7-73 橡胶条伸缩缝

(4)模数式伸缩装置。由于高等级公路和各种长大桥梁的不断兴建,对位移伸缩量的要求越来越高,钢板及一般的橡胶伸缩装置,已难以满足大位移量的要求,因此出现了在大位移量情况下能承受车辆荷载的各种类型模数式伸缩装置系列,如图 7-74 所示。

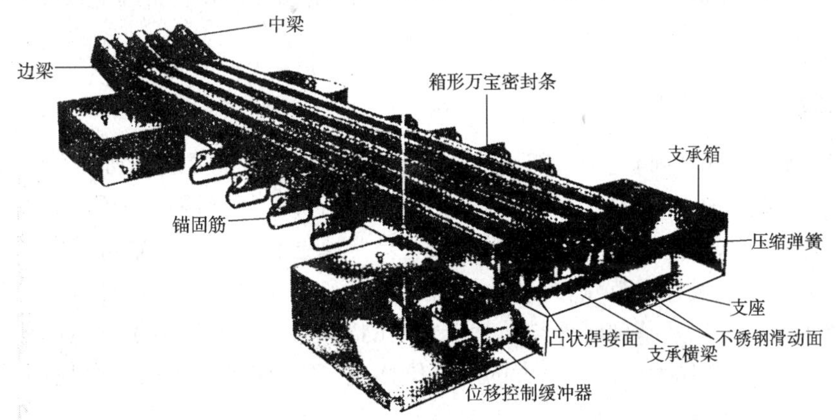

图 7-74 模数式伸缩装置构造图

模数式伸缩装置的构造特点是:均由 V 形截面或其他截面形状的橡胶密封条(带),嵌接于异型边梁钢和中梁钢内组成可伸缩的密封体,异型钢梁直接承受车辆荷载,且可根据要求的伸缩量,随意增加中梁钢和密封橡胶条(带),加工组装成各种伸缩量的系列产品。其单缝伸缩量为0~80mm,位移量可根据桥梁实际需要随意组合,最大可达1 200mm。

(5)弹性体材料填充式伸缩缝。它是由高黏弹塑性材料和碎石结合而成的一种伸缩体,适用于变形量在50mm以内的中、小跨径桥梁工程。

实腹式拱桥上的桥面铺装,一般都是按路面工程中的各结构类型进行铺筑,同时并入路面工程内计算,不计入桥梁工程内。

2. 人行道

位于城镇附近和行人较多的桥梁,一般均应设置人行道,其宽度一般为0.75m或1m,当大于1m时按0.5m的倍数增加。当不设人行道时,为确保行车安全,则应设置宽度不小于0.25m的安全带,一般采用C20混凝土。

人行道一般都采用装配式结构,它包括人行道块件、人行道板、缘石等。在安装好后,人行道板上要铺设2cm厚的水泥砂浆或沥青砂作为面层,常称为人行道铺装。

3. 栏杆

公路桥梁的栏杆是一种安全防护设施,其高度通常为80~100cm,既要简单耐用,又要具有一定的艺术造型,常用的是装配式钢筋混凝土栏杆。

高速公路、一级公路是全封闭体系,其路上的桥梁不要求设置人行道,同时,为了适应汽车高速安全行驶的需要,通常将栏杆改为现浇钢筋混凝土防撞护栏,如图7-75所示,它的底部与预埋在行道板内的钢筋相连接而形成为整体结构。高度为80~100cm,底宽为50cm,顶部安放直径100mm的钢管栏杆。

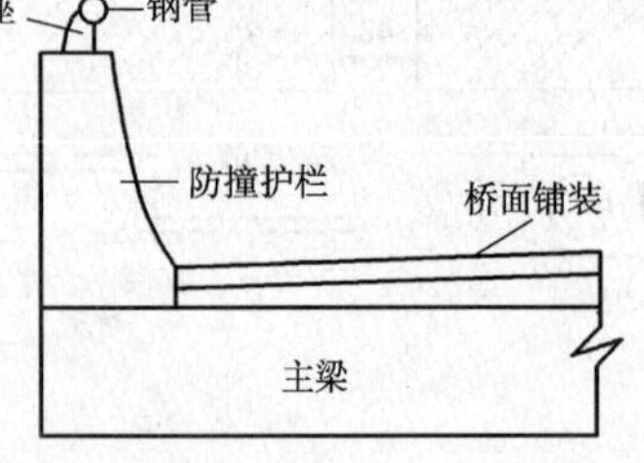

图7-75 钢筋混凝土防撞护栏构造

第五节 桥墩和桥台

桥墩和桥台,包括墩台身和墩台帽或盖梁等两项工程内容,通常称为下部构造。常用的墩台结构形式有实体式墩、台,柱式墩、台,埋置式桥台,空心墩,Y形墩和薄壁墩,以及索塔等,如图7-76所示。

一、墩台结构设计要求

桥墩是多跨桥梁的中间支承上部构造的构筑物。因此,它还要承受河中水压力,水面以上的风力,以及可能出现的漂流物或流冰、排筏、船只撞击等。至于桥台则还起着衔接两岸路堤接线的作用,所以,既要能挡土护岸,又要能承受台背填土和填土上车辆等荷载所产生的附加侧压力。故公路桥涵设计规范除要求桥梁的墩、台本身应有足够的强度、刚度和稳定性外,而且对地基的承载能力以及基础底面与地基土之间的摩阻力等,都提出了一定的要求和具体规定,以避免在各种荷载作用下产生过大的水平位移或沉降,保证桥梁的安全使用,设计时要注意以下有关规定和要求:

(1)当在非岩石类的地基上修建带八字翼墙的桥台时,台身与翼墙之间,要设缝分开。桥台应采取必要的排水措施。

(2)在有流水或漂浮物的河流中,混凝土桥墩的迎水面,应设置钢筋网及设置防撞柱,并采用强度等级高的混凝土；石砌桥墩则应采用强度较高的石料砌成。若系强烈流冰的河流，则宜在最高流冰水位以上 1m 和低于最低流水水位时冰层底面下 0.5m 之间设置破冰体，破冰体的倾斜度一般为 3∶1～10∶1。

图 7-76　各种轻型桥墩形式

a）单柱式桥墩；b）多柱式桥墩；c）T 形墩；d）、e）矩形薄壁墩；f）V 形墩；g）双叉形墩；h）四叉形墩；i）X 形墩

（3）梁、板式上部构造的梁端与梁端、梁端与桥台之间的伸缩缝宽度，中、小跨径的桥梁一般为 2～5cm，大跨径的桥梁则应根据温度变化、弹性变形以及混凝土徐变确定。

（4）大跨径桥梁的墩帽和台帽的厚度，不小于 40cm，中、小跨径的桥梁不小于 30cm。墩台帽的出檐宽度一般为 5～10cm。

（5）有关盖梁的计算规定。多柱式墩台的盖梁，可按连续梁计算。盖梁的刚度与柱的刚度比大于 5 的双柱式墩台，其盖梁按简支梁计算。当墩台承受较大的横向力时，则盖梁应作为刚构的一部分计算。当盖梁的计算跨径与梁高之比，对于简支梁小于 2.0，对于连续梁小于 2.5时，则盖梁可按深梁计算。

（6）拱式桥台的台背填土，为了减少土的变形对上部结构的影响，应在主拱圈安装以前完成。台后填土的长度为台高的 3～4 倍。

二、实体式墩、台

实体式墩、台有重力式墩、台和轻型墩、台两种，通常用天然石料、片石混凝土、混凝土和钢筋混凝土等建筑材料修建，各有其不同的适用范围。因为适宜于就地取材，施工方便，需要的施工机械设备又不多，施工工艺也不太复杂，故是公路桥梁建设中较为广泛使用的一种结构形式，如图 7-77 所示。

1. 重力式墩、台

它的主要特点是靠自身的重量来平衡外力而保持其稳定。因此，墩、台身比较厚实，圬工体积相应较大，主要采用天然石料或片石混凝土砌筑，不需要耗用钢筋，比较经济。适用于地基良好或有流冰、漂浮物较多的河流。由于体积大，以致阻水面积也大，是其不足之处。

公路梁桥和拱桥中的重力式墩、台,除了墩、台帽和拱座的构造上有所差别外,其他各部分的构造外形大致是相同的,施工方法基本上也是一样的。《公路圬工桥涵设计规范》都作了较为详细的规定和要求,现扼要介绍如下。

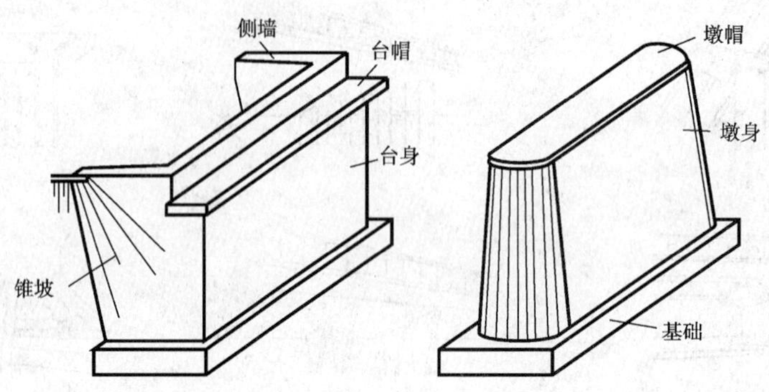

图 7-77　重力式墩台

(1)墩、台帽及拱座

是墩、台顶端的传力部分,起着承托上部构造的作用,即将桥上的全部恒载和活载传到墩、台身上。因此,其强度要求较高,一般都采用 C30 混凝土或钢筋混凝土修建。梁式桥的墩、台帽的平面尺寸,首先应满足布置支座的需要,其平面形状则应与墩、台身形状相配合,至于墩帽还应符合墩身顶宽的要求。支座边缘到墩、台身顶部边缘的距离见表 7-6 的规定。其目的是为了避免支座过分靠近墩、台身边缘而导致应力集中,另一方面是为了提高混凝土的局部抗压强度,以及考虑施工误差和设置锚栓孔的需要。同时,墩、台帽的宽度除了应满足上述规定和要求外,还应视墩、台结构形式和安装上部构造的施工方法,以及防震措施所需的宽度而定。

支座边缘至墩、台身边缘的最小距离(cm)　　表 7-6

桥向 / 跨径	顺桥向	横桥向	
		圆弧形端头(自支座边角量起)	矩形端头
大桥	25	25	40
中桥	20	20	30
小桥	15	15	20

注:①当采用钢筋混凝土悬臂式墩、台帽时,上述最小距离则为支座至墩、台帽边缘的距离。

②跨径 100m 及以上的桥梁,应按实际情况另定。

在桥梁建设中,钢筋混凝土悬臂式墩、台帽是一些较宽或墩、台身较高的桥梁,为了减少墩、台身和基础的圬工数量,降低工程造价,而常采用的一种结构形式。

根据上述要求,梁式桥顺桥方向的墩帽宽度,应符合下列表达式:

$$b = f + a + 2c_1 + 2c_2 \quad (7\text{-}5)$$

式中:b——梁桥的墩帽宽度(cm);

f——相邻两跨支座的中心距离(cm),它由支座中心至主梁端部的距离和梁端与梁端之间的伸缩缝宽度来确定;

a——支座板的纵桥向宽度(cm);

c_1——墩帽的出檐宽度，一般为 5 ~ 10cm；

c_2——支座边缘至墩身边缘的最小距离(cm)，见表 7-6。

在支座下面，墩帽和台帽内应设置钢筋网。对于大、中跨径的桥梁，墩、台帽内应设置构造钢筋，小跨径的墩、台帽，除严寒地区外，可以不设置构造钢筋。钢筋直径一般采用 8 ~ 16mm，按间距 15 ~ 25cm 网格布置。

在同一桥墩上，当支承相邻两孔桥跨结构的支座高度或建筑高度不相同时，常在桥墩上设置支承垫石来调整。垫石的平面尺寸一般规定为支座垫板的边缘距支座垫石的边缘距离不应小于 15 ~ 20cm，垫石的厚度为其长度的 1/2 ~ 1/3。

至于拱式桥则是在其墩、台顶部的起拱线高程上，设置与拱轴线成正交的拱座，直接承受拱圈传来的压力。所以，若拱式桥的拱圈为半圆拱时，则拱座呈水平面；为圆拱时，则拱座为斜面。

当桥墩两侧的孔径不等，恒载水平推力不平衡时，常将拱座设置在不同的起拱线高程上。这样，一般在桥墩墩身推力较小的一侧进行变坡，考虑外形美观上的要求，变坡点应设在常水位以下。

(2)墩、台身

是桥墩和桥台的主要组成部分，在公路梁桥和拱桥建设中，常用的重力式桥台有 U 形桥台和八字形桥台两种结构形式。有关 U 形桥台的技术要求和规定，将另行介绍。

根据《公路圬工桥涵设计规范》的规定，对于梁桥中的实体桥墩墩身的顶宽，小跨径不宜小于 80cm；中跨径不宜小于 100cm，至于大跨径桥的墩身顶宽，应视上部构造的类型而定。其墩身侧坡一般采用 20∶1 ~ 30∶1，小跨径桥的桥墩也可采用直坡。

为了便于水流和漂浮物的顺利通过，墩身平面形状通常做成圆端形或尖端；无水的岸墩或高架桥的桥墩也可做成矩形，应结合实际情况，合理确定。

至于拱桥，因是一种推力结构，拱圈传给墩上的力，除了垂直力以外，还有较大的水平推力，这是与梁桥最大不同之处。同时，拱桥的桥面(上承式拱桥)与墩顶的顶面相距还有一定的高度，故墩顶上还要修建各种不同形式的结构，如实腹式拱桥，则要做成与侧墙平齐的形式，空腹式拱桥则常采用立墙式(墩上横墙)或者立柱加盖梁等形式。

等跨径拱桥的实体式桥墩的顶宽(单向推力墩除外)，对于混凝土墩可按拱跨的 1/15 ~ 1/30，石砌墩可按拱跨 1/10 ~ 1/25 估算，其比值随跨径增大而减小，且不宜小于 80cm。对于单向推力墩，则应按实际情况计算确定。

单向推力墩是指在它的一侧的桥孔因某种原因遭到毁坏时，能承受住单向水平推力，以保证其另一侧的桥孔不致因此而倒塌，故又称为制动墩。有时在多孔拱桥的施工中，为了拱架的多次重复使用，达到节约劳力和费用的目的，按桥台与某墩之间或者按某两个墩之间作为一个施工段进行分段施工，因此也需要设置能承受部分恒载的单向推力的制动墩。这种单向推力的制动墩比一般普通墩要做得厚实一些，相应圬工体积要大。

2. 轻型墩、台

实体式轻型墩、台，是相对于重力式墩、台而言的，其主要特点是力求体积轻巧，自重较小，它借助结构物的整体刚度和材料的强度来承受外力，从而可大量节省圬工材料，减轻地基的负担，为在软土地基上修建桥梁开辟了经济可行的途径。但它只适宜用于跨径不大于 13m 的梁(板)式上部构造，当台高不超过 4m 时，可采用块石砌筑，其顶宽不宜小于 60cm，一般都采用直坡,是一种直立薄壁墙。

轻型桥台上端与上部构造要铰接,即用钢筋锚栓相互锚固,相邻桥台(墩)之间要设置支撑梁,这样就构成四铰刚构系统,以桥梁的上部构造及桥孔下面的支撑梁作为桥台上下支撑,桥台则作为上下端简支的竖梁,承受台后的土压力。支撑梁应设于铺砌层或冲刷线以下,中距一般为2~3m。从桥中心线左右两侧对称布置,并应垂直于桥台,可采用混凝土或天然石料砌筑,以节约钢筋,但断面尺寸不应小于40cm×40cm。若支撑梁设计为钢筋混凝土时,其断面尺寸一般为20cm×30cm。

轻型桥台按照翼墙的不同形式,有八字形轻型桥台、一字墙轻型桥台和耳墙式轻型桥台三种,如图7-78所示。

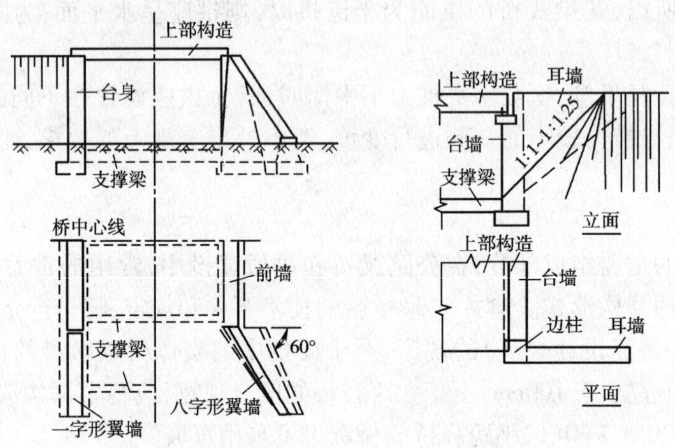

图7-78　轻型桥台结构形式

八字墙和一字墙的轻型桥台,都采用天然石料砌筑,砂浆强度等级不宜小于M7.5,如果基础能嵌入岩层,也可不设支撑梁。台身与翼墙之间一般要设置沉降缝分离。这类桥台一般都不设置路堤锥坡。

为了节省圬工,轻型桥台可以不做八字翼墙或一字翼墙,改在轻型台上设置耳墙。这样,桥台由台墙、耳墙和边柱三部分所组成。耳墙附于钢筋混凝土的边柱上部,为水平土压力作用下的悬臂板。它是一种三角形的薄壁结构,与锥坡配合起到路堤挡土的作用,其悬臂长度不宜大于4m。对于需要经过人工处理的软土地基来说,效果较好。

轻型墩、台的墩、台帽的尺寸及结构,也取决于上部构造及其支座的尺寸等要求而定,与上述的重力式墩、台并无多大差异。

三、柱式墩、台

公路桥梁中的柱式墩、台结构,有圆柱式和方柱式两种,都是采用钢筋混凝土就地浇筑而成,高度可达30m,是公路桥梁建设中采用较多的一种墩、台结构形式。它外形美观,圬工体积小,故相应重量较轻。

柱式墩、台也是一种轻型墩、台结构,应用最多的有独柱、双柱和三柱三种形式,如图7-79所示。

1.独柱式

在跨线桥(立交)和弯梁桥中应用较多,因为它能适应连续曲线箱梁等半径较小及斜交角度较大的特殊情况，便于立交桥的墩位布置，不仅占地少，而且桥下空间视野开阔，有利于行车，桥梁的整体造型也很美观。

图 7-79　柱式桥墩

2. 双柱式

多作为空心板、T 形梁、工形梁、箱梁等上部构造的桥墩使用。它的特点是：基础大都是采用钻孔灌注桩，柱与桩直接相连，可以说立柱是地面上的桩。这种钻孔灌注桩柱式桥墩结构，根据建设实践经验，能适应许多场合和各种不同的地质条件，一般情况下，是比较经济的。当墩身桩柱的高度大于 1.5 倍的桩距时，通常应在桩柱之间设置系梁。这样，柱的底端被连成整体，从而增强墩身的侧向刚度。不足之处是双柱间空隙较小，易于阻塞漂浮物，如图 7-80 所示。

图 7-80　双柱式桥墩

3. 三柱式

高等级公路桥梁的桥面一般都比较宽，当斜交时则桥墩的盖梁长度可达 18m 左右。这样，通常采用桩连柱的形式，设置较小的盖梁高度和跨径，此时桩柱间距离一般在 6 ~ 8m 之间。若按双柱设计，盖梁内力必然增大，势必加大钢筋混凝土盖梁的高度，相应会使路堤高度增加，从总体上来讲，是不经济的。

当柱式墩、台的高度超过钢筋的标准定尺长度时，施工过程中必然出现在现场接长钢筋的情况，根据公路工程概、预算定额的规定，所需搭接长度的数量应按照实际情况另行计入钢筋的设计重量内。若系较高的立柱式墩，为了加快施工进度，减少模板的安装拆卸工作，应采用提升模架的方式进行施工。这种提升模架，是将模板沿着所施工的混凝土结构四周截面组配，并固定在提升架上，模板的高度根据墩身分节浇筑的高度确定，一般在 4m 左右，逐节浇筑，然后往上提升。这样，就无需设置施工接缝，也提高了工程质量。因此，在编制工程造价时，应另行计算其提升模架的金属设备费用。

柱式墩、台的施工方式比较优越和具有许多有利条件，因为全部墩、台工程都可以在原有的钻孔灌注桩工作平台上进行，不仅能节省费用，也便于组织连续施工。

四、埋置式桥台

埋置式桥台，是将台身完全埋置在路堤填土中，只露出台帽部分在外，以安置支座和上部构造，在台身上设置背墙和短小的耳墙与路堤衔接，耳墙伸入路堤的长度应不小于50cm。在台前铺砌护坡，台的两侧设置锥坡。这种桥台受到的土压力大为减少。因此，可以减薄台身，缩短翼墙。所以，埋置式桥台也是一种轻型桥台。但是由于台前护坡伸入桥孔，压缩了河床的流水断面，或者为了不压缩河床，就要适当增加桥长。而护坡一般是用片石作表面防护的一种永久性设施，故存在被洪水冲毁而使桥台裸露的可能，所以，在设计时，要考虑承受来自桥台后面单向主动土压力的受力情况，可以用压实土的内摩擦角来验算其主动土压力。

台帽部分的内角到护坡表面的距离不应小于50cm，否则应当在台帽的两侧设置挡板，用以挡住护坡填土，以免侵入支座平台上去。

埋置式桥台，有肋形式、框架式、后倾式和双柱式等多种形式。

1. 肋形式埋置式桥台

由若干块后倾式的肋板与顶面帽梁连接而成，故而得名。并设有台背墙和耳墙，以挡住路堤填土，如图7-81所示。肋板高度一般不易超过7m，台高在10m及以上者要设置系梁。台身和基础可用C15混凝土，台身与帽梁和基础之间，要布置少量的接头钢筋，它适用跨径40m以内的梁桥。

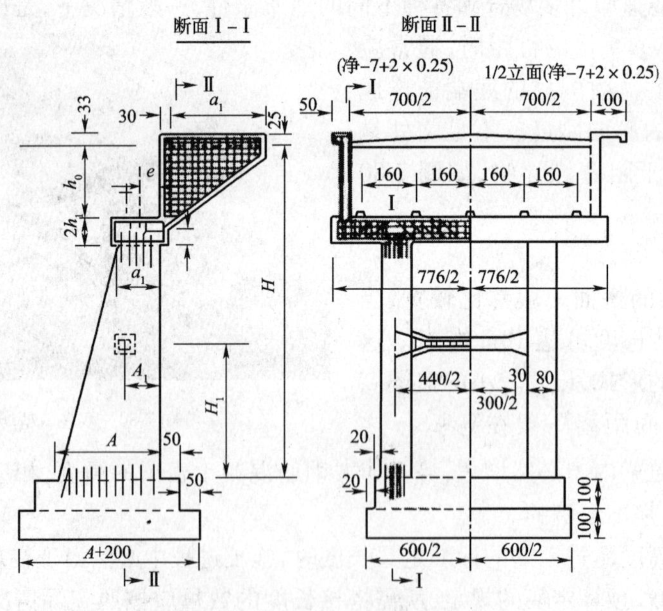

图7-81 肋形式埋置式桥台

2. 框架式埋置式桥台

它与肋形式埋置式桥台基本上是类似的，只是其挖空率更高，故用料更省，但一般要用钢筋混凝土来修建，如图7-82所示。其基础通常都是采用双排钻孔灌注桩，通过系梁连成为一个框架结构，所以，具有更好的刚度，它适用于跨径20m以内的梁板式桥及台身高度在10m以下的桥台。

3. 后倾式埋置式桥台

它实质上是一种实体重力式桥台，借助台身后倾，使重心落在基底截面重心之外，以平衡台后填土的倾覆作用，故倾斜要适当。台身一般都用天然石料修建，台帽、背墙及耳墙采用C15混凝土，其中台帽与耳墙要设置钢筋。这种桥台的稳定性较好，如图7-83所示。它适用于10m以上高度的桥台。

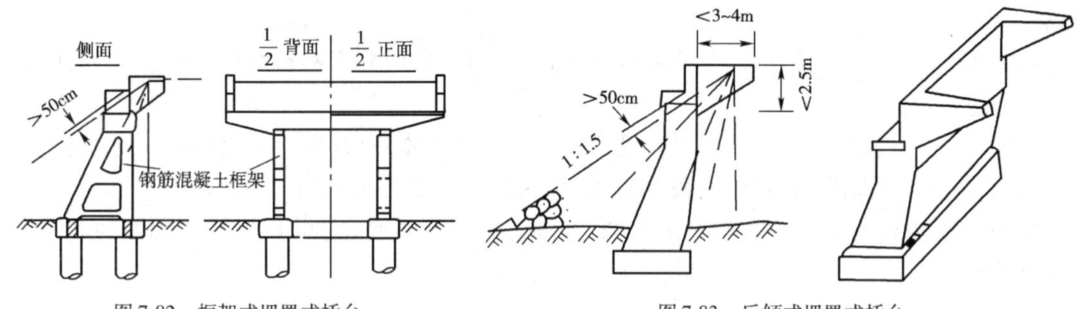

图7-82　框架式埋置式桥台　　图7-83　后倾式埋置式桥台

如果为了节省圬工体积，降低工程造价，可以把这种后倾式埋置式桥台的台身部分适当挖空，就成为前述的肋形式埋置式桥台，所以，在进行设计时，应当根据建设工程的实际情况，合理选用。

4. 双柱式埋置式桥台

它与双柱式墩、台结构形式基本上是一样的，只是盖梁上要设置台背墙和耳墙，是一种桩与桩相连的结构。

双柱式埋置式桥台适用于各种土壤的地基，还可根据桥宽和地基承载能力采用三柱或者多柱的结构形成。如果不采用钻孔灌注桩而将立柱嵌在天然基础之上的则称为立柱式埋置式桥台。

埋置式桥台，一般适用于桥头为浅滩或边坡冲刷较小的河道修建桥梁的桥台或岸墩，但在施工时要注意前后均匀填土。

五、U形桥台

U形桥台是一种实体重力式桥台，它由前墙和两个侧墙构成为一个U字形，如图7-84所示，大都采用天然石料砌筑。前墙正面侧坡一般为10:1或20:1，侧墙正面一般是垂直的，与前墙联合成一体，兼有与路基衔接和反撑前墙的作用，侧墙尾墙应有不小于75cm的长度插入路堤内，以保证与路堤有良好的衔接。U形桥台主要依靠自身的重量和台内填土的重量来维持其稳定，其结构简单，施工方便，有利于就地取材，是广泛使用的一种桥台形式，但由于自重较大，因此对地基要求较高。

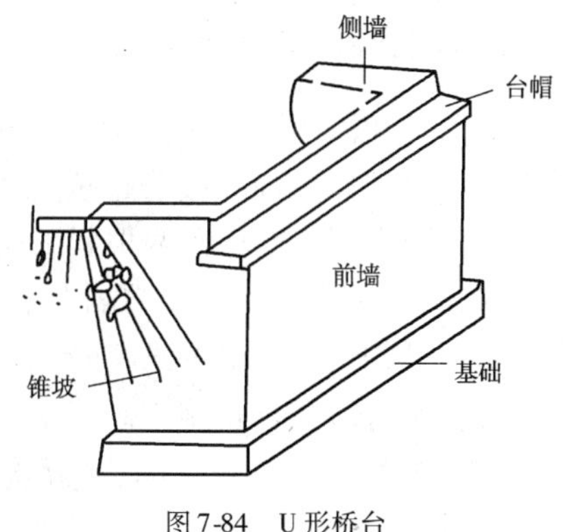

图7-84　U形桥台

根据桥涵设计规范的规定，U形桥台的前墙，其任一水平截面的宽度不宜小于该截面至墙顶高度的0.4倍。侧墙的任意水平截面的宽度，对于片石砌体不小于该截面墙顶高度0.4倍，对于块石、料石砌体或混凝土不小于0.35倍。如果桥台内填料为透水性良好的砂性土或砂砾，上述两项规定可相应减为0.35倍和0.30倍。

为了排除桥台内积水,一般要在略高于高水位的平面上,修建台背排水设施,在台后路基方向设置有斜坡的夯实黏土层作为不透水层,其上再铺一层碎石,将积水引入设在台后横贯路堤的盲沟内。

设置在U形桥台两侧的锥坡坡比,一般由纵向的1:1逐渐变至横向的1:25,以便与路堤边坡一致。故锥坡的平面形状为四分之一的椭圆。锥坡的表面一般采用片石或混凝土块铺砌加固。

当U形桥台设有两层帽石,在编制设计概算时,第二层应并入桥台的圬工体积计算,以上则属人行道工程内容。

U形桥台的台帽和拱座的尺寸及构造与重力式桥墩基本一致,所不同之处是,台帽只设单排支座,而在另一侧则要设置矮墙,称为背墙,作为挡住路堤填土之用。

如果U形桥台的侧墙改成八字形翼墙,则称为八字形桥台,它与U形桥台的各种规定和要求是类似的。

六、空心墩

空心桥墩的结构形式,在外形上与实体重力式桥墩是相似的,主要是在一些高大的桥墩中,为了减少圬工体积,节约用料,降低工程造价,或者为了减轻重量,降低地基承受力,而用混凝土或钢筋混凝土将墩身内部做成空腔结构,故称为空心墩,其自重较实体式桥墩要轻,介于实体重力式和轻型桥墩之间,由于工艺要求高,低于40m的,一般仍用实心,目前多用于50~150m高墩。

按规定,空心墩的构造尺寸,应符合下列要求:

(1)墩身的最小壁厚,对于混凝土不宜小于80cm,钢筋混凝土不宜小于50cm。

(2)墩身内应设置横隔板,以加强墩的局部稳定。

(3)墩顶实体部分及以下,应设置带门的进人洞和相应检查设施。

(4)墩身周围应适当设置通风孔或泄水孔,孔的直径不宜小于20cm。

空心墩的不足之处是,抵抗碰撞的能力较差,因此,在夹有大量泥砂等撞击磨损物质或通航,以及有流冰、排筏等河流中不宜采用。

空心墩一般都是用于高桥墩和大跨径的桥梁,故墩身顶宽及墩帽的平面尺寸应视上部构造的类型而定。为加快施工进度,应采用滑模或提升模架的方式组织施工,并设置施工电梯,以利施工人员进出施工现场,确保施工安全。

七、Y形墩和薄壁墩

Y形墩和薄壁墩,都是一种轻型桥墩,其结构形式经济合理,外形轻盈美观,一般都采用钢筋混凝土修建。在高等级公路桥梁建设中,常使用这种桥墩结构。

Y形墩由矩形墩柱和两根斜腿所组成,因墩身呈Y字形而得名。大都采用C30的钢筋混凝土来做成,适用于高度在20m以内的梁桥桥墩,一般都与箱梁上部构造配合使用,故无需再设置盖梁。结合这种墩的结构特点,在施工过程中,两个斜腿应对称地进行混凝土浇筑,若数量较多亦可分段地进行施工。

薄壁墩的墩身是直立的,其厚度与高度的比值较小,约为1/10~1/15,一般只30~50cm厚,是一种实体薄壁结构。其结构特点是:圬工体积小,结构轻巧,比实体重力式桥墩的圬工要少20%左右，而且施工方便，外形美观，由于墩身薄，故过水性较好，适用于软弱地基的梁桥桥墩的修建，只是钢筋的含量较高，大都采用C25混凝土来修建。

八、索塔

索塔，一般由立柱、横梁、顶梁及腹系杆所组成，但也有不设顶梁的。从立面看有单柱式、A形和倒Y形，从横向看有门形塔、斜腿门形塔、双柱式塔、独柱式塔、A形塔，以及可减小桥墩尺寸的宝石形(拐脚式)塔等多种形式。它是悬索桥和斜拉桥的主要支承结构，通过固定的钢索承托着上部构造的全部荷载，如图7-85所示。

图7-85 索塔

独柱形的索塔，外形轻巧美观，结构简单，是吊桥和斜拉桥常用的结构形式。而纵向和横向都呈独柱形的索塔，则仅限于单面斜拉索的桥梁，当需要加强侧向抗风刚度时，可以配合采用倒Y形式。斜腿门式索塔，是双平面索常用的形式，而且它适用于较高的索塔。门式索塔一般用于设置竖直双平面索的场合，钢索吊桥则通常都是采用这种索塔的结构形式。

索塔主要承受轴力，除塔底铰支的辐射式斜索布置形式外，也承受弯矩。此外，因制动力、温度变化、混凝土的徐变与收缩等还会增加塔内的弯矩。当采用悬臂施工时，还会受到相当大的不平衡弯矩。索塔一般都是用C40混凝土做成，其截面为方形或矩形。斜拉桥索塔的钢筋含量比较高。

凡索塔是墩塔相连的一种固接形式时，其高度和工程量则应从基础顶面算起。吊桥的索塔多建于桥台或岸墩，其墩、台与索塔有明显的分界线，是一种分离形式，索塔的高度和工程量，则应从桥面顶面以上至塔顶进行计算。所以，在编制工程造价时，应分别按上述要求确定其计算工程量。

索塔一般都比较高，施工时应采用提升模架，并设置施工电梯，以确保施工的顺利进行。

第六节 桥梁基础

公路桥梁常用的基础类型，有扩大基础、桩基础(打入桩、钻孔灌注桩、挖孔桩)和沉井基础三种。随着桥梁技术的发展，地下连续墙基础、组合式基础也逐渐得到应用。根据《公路桥涵地基与基础设计规范》(JTG D63—2007)的规定与要求，基础类型应根据桥址处的工程地质勘测资料,以及水文、地形情况,结合上下部结构、荷载、材料供应和施工条件等合理选用。

一、扩大基础

这种基础将荷载通过逐步扩大的基础直接传到土质较好的天然地基或经人工处理的地基上。它的尺寸按地基承载力和所承受荷载决定,基础埋置深度与基础宽度相比很小,属于浅基础范畴,施工常采用明挖方法,因此又称为明挖浅基础。

1.基础埋深的规定

(1)当墩台基底设置在不冻胀土层中,其基底埋深可不受冻深的限制。若上部为超静定结构的桥梁,而地基为冻胀性土时,则基础的基底应埋入冻结线以下不小于25cm。若墩台基础设置在季节性冻胀土层中,其基底的最小埋置深度,应按规范规定的计算公式计算确定。

(2)小桥基础,在无冲刷处,除岩石地基外,应在地面或河床底以下至少埋入深度1m;如有冲刷,基底埋深应在局部冲刷线以下不少于1m。若河床上有铺砌层时,宜设置在铺砌层顶面以下1m。

(3)大、中桥基础在有冲刷处,其基底埋置深度应按规范规定的局部冲刷线以下的安全值选定,一般为1~4m。建于抗冲刷能力强的岩石上的基础,则不受此限制。

(4)墩台基础的顶面不宜高于最低水位,若地面高于最低水位但不受冲刷时,则不宜高于地面。

(5)墩台基础设置在岩石上时,应清除风化层。当河流冲刷较严重时,则应根据基岩强度嵌入岩层一定深度,或采取其他锚固措施,使之连成整体。当桥台设置在山坡或倾斜的岩石上时,可根据基岩的强度做成台阶形,以减少工程数量,节约投资。

为了确保桥梁基础设计的合理可靠,一般应沿桥轴线或其两侧进行工程地质钻探,钻孔数结合桥梁的类别和桥址的工程地质条件而定,中桥不少于2个钻孔,大桥不少于3个钻孔,特大桥一般不少于5个钻孔(控制性钻孔应不少钻孔总数的一半)。钻孔主要是了解掌握桥基持力层的地质构造、不良地质情况、地基土的物理力学性质及地下水的状况等,以满足设计和施工的需要。

2.天然地基上的浅基础的特点

天然地基上的浅基础的特点是将基础底面直接设置在土层或岩层上,其埋置深度较浅,一般从地表面至地基上的深度在5m以内,而地基的承载力又能满足设计的要求,则采用这种天然地基上的浅基础。它施工简单,又比较经济,是公路桥梁工程建设中广泛使用的一种基础形式。一般采用石砌或混凝土圬工,不需要钢筋,又能做到充分就地取材。由于圬工材料抗拉强度较小,故基础的悬出部分不宜过大,以避免因其受拉而开裂破坏,当基础的厚度较大时,则应做成台阶形断面。

天然地基上的浅基础的另一个特点,是要开挖基坑,其作用是提供一个施工活动的空间,使基础的砌筑得以按照设计所指定的位置进行,所以,基坑的大小应满足基础施工作业的要求,一般基底应比设计的平面尺寸各边增宽50~100cm,并以此作为计算开挖基坑数量和编制工程造价的依据。渗水土质(在湿处开挖基坑土、石方)基坑坑底的开挖尺寸,还应考虑设置排水沟和集水井的宽度。但因此而相应增加的开挖基坑的土、石方数量,不得作为编制桥梁工程挖基的计价依据,因为概预算定额中已综合了这些作业的用工。

3.基坑开挖的要求

当基础覆盖层的土壤系坚硬或硬塑状态的黏性土,而基坑顶部边缘无活荷载,稍松土质的基坑深度不超过0.50m,中等密实土质的基坑深度不超过1.25m,密实土质的基坑深度不超过2.00m时,都可采取垂直坑壁进行开挖。基坑深度在5.00m以内,施工期较短,土的湿度正常,土层结构均匀时,则可采取斜坑壁(放坡)开挖,其坑壁坡度可参考表7-7确定。当坑壁不稳定或放坡开挖受场地限制,或开挖方数过大,不符合技术经济要求,则可结合具体情况,采用基坑挡土板对坑壁进行加固。挡土板的计价工程量一般按需要支撑的基坑侧面积计算。

基坑坑壁坡度 表7-7

坑壁土类	坑壁坡度		
	坡顶无荷载	坡顶有静载	坡顶有动载
砂类土	1:1	1:1.25	1:1.5
卵石、砾类土	1:0.75	1:1	1:1.25
粉质土、黏质土	1:0.33	1:0.5	1:0.75
极软岩	1:0.25	1:0.33	1:0.67
软质岩	1:0	1:0.1	1:0.25
硬质岩	1:0	1:0	1:0

在确定基坑的开挖坡度时,若要经过不同的土层时,坡度可分层决定,并酌设平台。当基坑深度大于5m时,基坑坑壁可适当放缓或加设平台。

4.基坑渗水量的计算

当桥梁基础位于地表水以下,而采用明挖基础时,还要根据水深、流速和桥址的实际情况,设置各种不同结构形式的围堰作为防水设施,以保证在无水条件下进行基础施工作业。因此,相应要考虑排水工作,在公路工程概预算定额中的湿处挖土石方所需的水泵台班已有了具体的规定,编制工程造价时,可以根据覆盖层的土壤类别选用。但在施工时,如何确定抽水设备的总排水能力,以保证能在基坑内基本无水进行作业,首要的任务是,要计算出基坑的渗水量,然后据以选定抽水机的型号。渗水量的计算可参照下列经验公式进行:

$$Q = F_1 q_1 + F_2 q_2 \tag{7-6}$$

式中:Q——基坑总渗水量(m^3/h);

F_1——基坑底面积(m^2);

q_1——基坑底面平均渗水量[$m^3/(m^2 \cdot h)$],可参照表7-8选用;

F_2——基坑侧面积(m^2);

q_2——基坑侧面平均渗水量[$m^3/(m^2 \cdot h)$],可参照表7-9选用。

基坑底面每 m^2 的渗水量(q_1) 表7-8

序号	土类	土的特征及粒径	渗水量(m^3/h)
1	细亚砂土,松软黏砂土	基坑外侧有地表水,内侧为岸边干地;土的天然含水率<20%,土粒径<0.005mm	0.14~0.18
2	有裂隙的碎石岩层、较密实黏性土	多裂隙透水的岩层,有孔隙水的粒性土层	0.15~0.25
3	细砂黏土、大孔性土层,紧密砾石土	细砂粒径0.05~0.25mm,大孔土密度800~950kg/m^3,砾石土孔隙率在20%以下	0.16~0.32

续上表

序号	土　类	土的特征及粒径	渗水量(m^3/h)
4	中粒砂,砾砂层	砂粒径0.25~1.0mm,砾石含量30%以下,平均粒径10mm以下	0.24~0.8
5	粗粒砂,卵砾层	砂粒径1.0~2.5mm,砾石含量30%~70%,平均最大粒径150mm以下	0.8~3.0
6	砾卵砂,砾卵石层	砂粒径2.0mm以上,砾石卵石含量30%以上(泉眼总面积在0.07m^2以下,泉眼直径50mm以下)	2.0~4.0
7	漂石、卵石有泉眼或砂砾石有较大泉眼	石料平均粒径50~200mm,或有个别大孤石在0.5m^3以下,泉眼直径300mm以下(泉眼总面积0.15m^2以下)	4.0~8.0
8	砾石、卵石,漂石粗砂,泉眼较多		>8.0

注:表中渗透量:无地表水时,用低限;地表水深2~4m,土中有孔隙时,用中限;地表水深>4m,松软土时,用高限。

基坑侧面每 m^2 的渗水量(q_2)　　表7-9

序号	基坑围堰情况	渗水量(m^3/h)
1	敞口放坡开挖基坑或土围堰	按同类土质基坑底面渗水量的20%~30%计
2	木板桩或石笼填土心墙围堰	按同类土质基坑底面渗水量的10%~20%计
3	挡土板或单层草袋围堰	按同类土质基坑底面渗水量的10%~20%计
4	钢板桩、沉箱及混凝土护壁	按同类土质基抗底面渗水量的0~5%计
5	竹、木笼围堰	按同类土质基坑底面渗水量的15%~30%计

5.基坑排水

目前常用的基坑排水方法有集水井(坑)排水法和井点排水法两种。

(1)集水井(坑)排水法

它是在基坑整个开挖过程及基础施工和养护期间,在基坑四周开挖集水沟汇集坑壁及基底的渗水,并引向一个或数个比集水沟挖得更深一些的集水井(坑),用排水工具将水排出基坑之外。集水沟和集水井(坑)应设在基础范围之外,在基坑每次下挖之前,必须先开挖沟、井,集水井(坑)的深度应大于抽水机吸水龙头的高度。在吸水龙头上套以竹筐围护,防止龙头堵塞。

这种排水方法设备简单,费用低,一般土质条件下均可采用。但当地基土为饱和粉砂、细砂土等黏聚力较小的细粒土层时,由于抽水会引起流沙现象,造成基坑破坏和坍塌,因此,不宜采用此种排水方法。

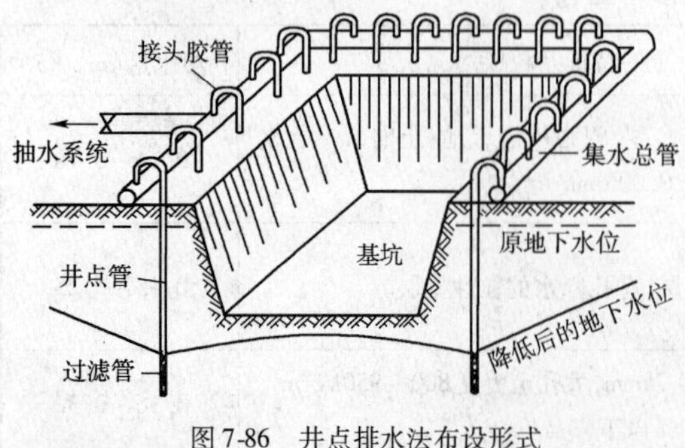

图7-86　井点排水法布设形式

(2)井点排水法

对基坑系粉、细砂或地下水位较高,基坑较深,坑壁不易稳定和用普通排水方法难以解决的基坑,可以采用井点排水法。公路工程定额中的“轻型井点降水”定额适于土层渗透系数为0.1~80m/h的土壤,降低水位深度在6~9m。井点法的布设形式如图7-86所示,其中滤水管应尽可能埋设在透水性能较好的土层中,并应在水位降低的范围内，设置水位观测孔。对整个井点系统要加强维护和检查，并保证不间断地进行抽水。此外，还应考虑到水位降低区域构筑物受其影响而可能产生沉降，故应做好沉降观测，必要时应采取防护措施，以免造成不必要的经济损失。井点排水法因需要设备较多，施工复杂，费用较高，故在公路桥梁建设中较少采用，应结合建设工程的实际情况，进行技术经济比较后确定。

(3)帷幕法排水

它是在基坑边线外设置一圈隔水幕，减少渗流水量，防止流沙、突涌、管涌、潜蚀等地下水的作用。具体方法有深层搅拌桩隔水墙、压力注浆、高压喷射注浆、冻结围幕法等。

6. 人工地基

天然地基的承载力，常会碰到不能满足设计要求的情况，若改用其他形式的基础，既无此必要，又很不经济，因此，常采用人工加固的方法，以提高地基的承载力，使之符合设计要求，这种地基处理称为人工地基。处理方法有砂砾(砂)、碎石垫层，石灰桩，振冲碎石桩，袋装砂井，塑料排水板，粉喷搅拌桩等。粉喷搅拌桩的直径一般为80～100cm，深度为10～30m。

实际工程中应根据软弱地基的厚度和物理力学特性、承载力大小、施工期限、施工机具和材料供应等因素，就地取材，因地制宜地选用合理的方法。

二、桩基础

当地基浅层土质不良时，采用浅基础无法满足结构物对地基强度、变形和稳定性等方面的要求时，往往要采用深基础。

桩基础由若干根桩和承台两部分组成。桩在平面排列上可以为一排或几排，所有桩顶由承台联成一整体并传递荷载。在承台上再修筑桥墩、桥台及上部构造，如图7-87所示。桩身可全部或部分埋入地基土中，当桩身外露在地面上较高时，在桩间应加设横系梁，以加强桩之间的横向联系。

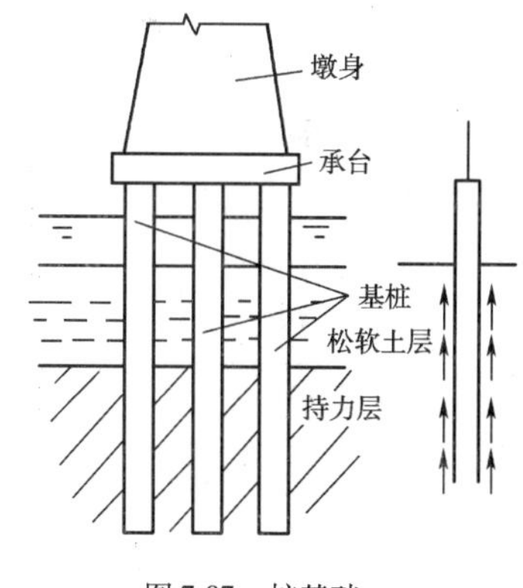

图7-87　桩基础

桩基础的作用是将承台以上结构物穿来的外力通过承台，由桩传到较深的地基持力层中去，承台将各桩联成一整体共同承受荷载。桩是基础中的柱形构件，其作用在于穿过软弱的压缩性土层，把桩基坐落于更硬或更密实或压缩性较小的地基持力层上。各桩所承受的荷载通过桩身和桩侧土的摩阻力及桩端土的抵抗力将荷载传至桩周围的土层中。

若桩基础设计正确，施工得当，其将具有承载力高、稳定性好、沉降量小而均匀、耗材少、施工简便等特点，如图7-88所示。因此，桩基础适宜在以下几种情况采用：

(1)荷载较大，地基上部土层软弱，适宜的地基持力层位置较深，采用浅基础或人工地基在技术上、经济上不合理；

(2)河床冲刷较大，河道不稳定或冲刷深度不易计算正确，采用浅基础施工困难或不能保证基础安全时；

(3)当地基计算沉降过大或结构物对不均匀沉降敏感时，采用桩基础穿过松软土层，将荷载传到较坚实土层，减少结构沉降并使沉降较均匀；

(4)当施工水位或地下水位较高时，采用桩基础可减少施工困难和避免水下施工；

(5)采用桩基础可增加结构物的抗震能力,消除或减轻地震对结构物的危害。

以上情况也可采用其他形式的深基础,但由于桩基础耗材少、施工简便,往往是优先考虑的深基础方案。

图 7-88 桩基础施工

1. 桩基础的分类

1)按桩的受力条件分类

(1)支撑桩和摩擦桩

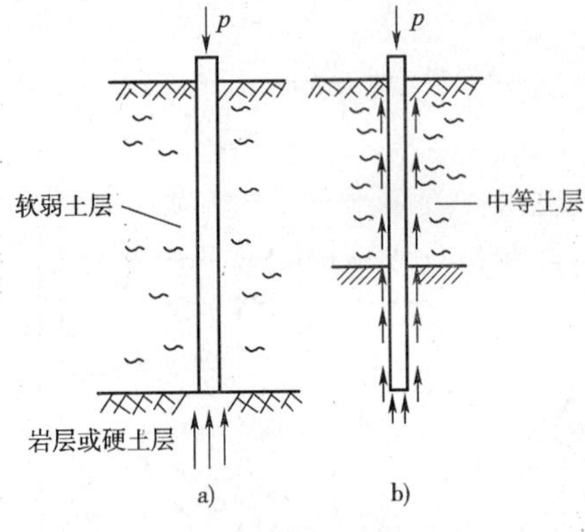

图 7-89 支撑桩和摩擦桩

桩穿过较松软土层,桩底支承在岩层或硬土层等实际非压缩性土层时,完全依靠桩底土层抗力支承垂直荷载,这种桩称为柱桩或支承桩,如图 7-89a)所示;桩穿过并支承在各种压缩性土层中,主要依靠桩侧土的摩阻力支承垂直荷载,这种桩称为摩擦桩,如图 7-89b)所示。一般情况下,摩擦桩除桩侧土的摩阻力支承垂直荷载外,桩底土层抵抗力也支承部分(一般 10%)垂直荷载,一个墩台不可以既有支撑桩又有摩擦桩。

(2)竖直桩和斜桩

按桩轴方向可分竖直桩、单向斜桩和多向斜桩,如图 7-90 所示。斜桩的特点是能承受较大的水平荷载,斜桩的桩轴线与竖直桩所成倾斜角的正切不宜小于 1/8,否则斜桩不起作用。

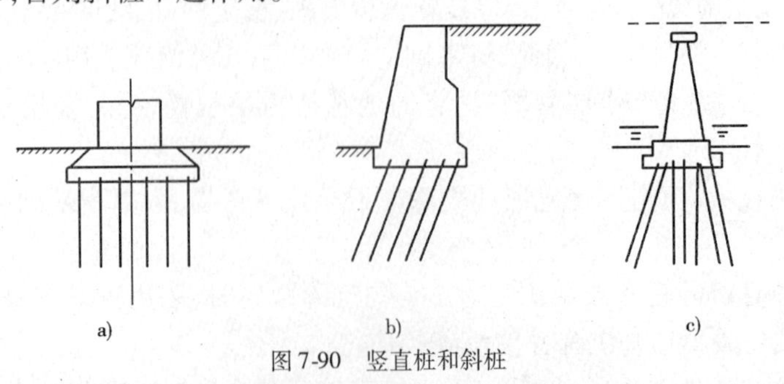

图 7-90 竖直桩和斜桩

a)竖直桩;b)单向斜桩;c)多向斜桩

(3)桩墩

桩墩是通过在地基中成孔后灌注混凝土形成大口径断面柱形深基础,即以单个桩墩代替群桩及承台。桩墩基础底端可支于基岩上,也可嵌入基岩或较坚硬土层之中,分为支撑桩墩和摩擦桩墩两种。

2)按施工方法分类

(1)钻(挖)孔灌注桩

用钻(挖)孔机械在土中钻(挖)成桩孔,然后在孔内放入钢筋骨架,灌注桩身混凝土而成的桩,称为钻(挖)孔灌注桩。

(2)沉入桩

沉入桩是通过锤击、震动、射水、静力压及钻孔埋置等沉桩方法,将各种预先制好的桩打入地基内并达到所需要的深度。

3)按承台位置分类

桩基础按承台位置可分为高桩承台基础和低桩承台基础(简称高桩承台和低桩承台)。高桩承台的承台底面位于地面(或冲刷线)以上,低桩承台的承台底面位于地面(或冲刷线)以下。

4)按材料分类

有木桩、钢桩和钢筋混凝土桩。

2. 钻孔灌注桩基础

钻孔灌注桩基础,是利用不同专业钻孔机具,在地基的土石中钻成一个直径为圆形钻孔,达到设计高程后,将钢筋骨架吊入钻孔中,然后通过安放在孔中的导管,直接在水中进行混凝土的灌注作业,从而形成一根较粗糙的圆柱式的桩基础。由于它是在现场就地浇注完成的,所以称为钻孔灌注桩基础。其工程量应按桩的设计直径和长度作为计量支付依据。

1)钻孔机具

钻孔机具有冲抓锥、冲击锥、冲击钻机、回旋钻机、潜水钻机以及全套管钻机等专业钻孔机具。这些常用的钻孔机具,可归纳为冲抓式、冲击式和旋转式三大类,它能在各类土层钻孔成桩,常用的桩径有 1.0m、1.2m、1.5m、2.0m、2.5m、3.0m、3.5m 等,而建成的最大桩径已有6.0m的。桩的长度则从十余米到上百米。常用的钻孔机具如图 7-91 所示。

2)设计要求

对于摩擦桩,其入土深度不得小于4m,若有冲刷时,入土深度则应自局部冲刷线算起。对于柱桩须嵌入基岩的有效深度,应按规范规定的计算公式计算确定,一般不得小于 2 倍孔径(不包括风化层)。

钻孔灌注桩,都要设置钢筋骨架,但应按桩身内力大小分段设筋,当经过内力计算表明不需要配筋时,亦应在桩顶 3 ~ 5m 内设置构造钢筋。桩内钢筋的主筋直径不宜小于 14mm,其数量不宜小于 8 根。对于直径较大的桩,为了加强钢筋骨架的刚度,应在钢筋骨架上每隔 2.0 ~ 2.5m 设置直径 14 ~ 18mm 的加劲箍筋一道。同时,在吊装入孔时,应在钢筋骨架四周设置凸出的定位钢筋、定位弧形混凝土块或采用其他定位措施,以确保主筋有足够的保护层厚度。若系柱桩,则钢筋骨架应布置到嵌岩中。

修建群桩钻孔灌注桩基础时,其承台的厚度不宜小于 1.5m,边桩外侧与承台边缘的距离,对于直径小于或等于1m的桩,不得小于0.5倍桩径并不小于25cm,对于直径大于1m的桩,则不得小于0.3倍桩径并不小于50cm。承台在桩身混凝土顶端平面内须设一层钢筋网,钢筋的直径采用14~18cm。

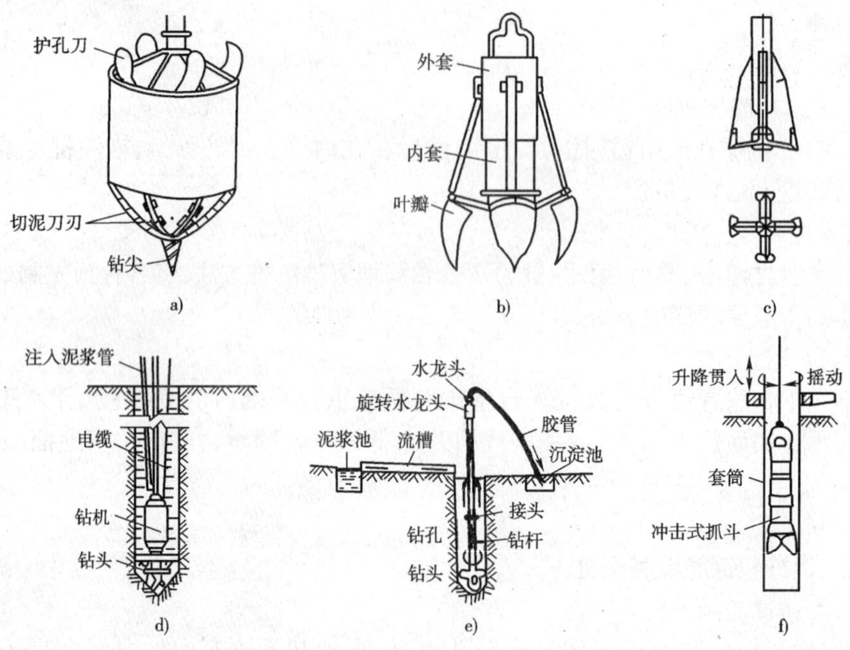

图7-91 常用的钻孔机具

a)大锅锥;b)冲抓锥;c)冲击锥;d)潜水钻机;e)回旋钻机;f)全套管钻机

当设计为桩与柱相连的结构,为加强钻孔灌注桩与圆柱墩之间整体性而设置横系梁时,横系梁的高度可采用0.8~1.0倍桩的直径,宽度可取为0.6~0.8桩的直径。横系梁的主筋应伸入桩内与主筋相连接。

钻孔灌注桩所用水下混凝土,不同于一般混凝土的技术要求,水泥的初凝时间不宜早于2.5h。骨料粒径不宜大于导管内径的1/6~1/8和钢筋最小净距的1/4,同时不宜大于40mm。混凝土的含砂率宜采用40%~50%,水灰比宜采用0.5~0.6,坍落度宜为18~20cm。每m^3混凝土的水泥用量,一般不宜小于350kg。

3)施工程序及要求

钻孔灌注桩的施工,除应由有施工经验的施工人员主持外,还应掌握钻孔区的地质和水文情况,同时,选好钻孔设备(可参考表7-10),施工记录要完善。其施工程序是,钻孔场地准备、埋设护筒、钻孔、吊放钢筋骨架、安设导管和灌注水下混凝土等,如图7-92所示。

(1)钻孔现场准备

钻孔现场准备指在钻孔之前必须进行的场地平整工作,主要是为解决安放钻孔设备的问题。当场地为旱地时,应清除杂物,换除软土,平整夯实。当系山坡时,可用枕木或型钢等搭设工作平台。若场地位于水中时,可采用围堰筑岛或修建工作平台的方法进行施工,围堰筑岛和工作平台的面积可按钻孔方法、桩基数量、设备大小等要求决定。凡采用围堰筑岛的方法进行施工,在编制工程造价时,其埋设护筒工作,则应视同为干处,适用其工程计价定额,不能再按水中埋设护筒计算。

各种钻孔设备的适用范围　　表 7-10

序号	钻孔设备	适用范围			
		土层	孔径(cm)	孔深(m)	泥浆作用及设施
1	冲抓锥	砂土、黏土、砂砾、砾石、卵石	100～150	20～50	护壁
2	冲击锥	砂土、黏土、砂砾、砾石、卵石、软石、次坚石、坚石	100～150	20～40	浮悬钻渣并护壁
3	冲击钻机	砂土、黏土、砂砾、砾石、卵石、软石、次坚石、坚石	100～150	20～50	浮悬钻渣并护壁
4	回旋钻机	砂土、黏土、砂砾、砾石、卵石、软石、次坚石、坚石	200～250	30～100	浮悬钻渣并护壁，要设泥浆池
5	潜水钻机	砂土、黏土、砂砾、砾石、卵石、软石、次坚石、坚石	200～250	30～80	浮悬钻渣并护壁，要设泥浆池
6	全套管钻机	砂土、黏土、砂砾、砾石、卵石、软石、次坚石、坚石	100～200	30～40	不需要泥浆

注：反回旋钻机和反潜水钻孔泥浆只起护壁作用。

图 7-92　桥梁基础施工

在经过技术经济比较，采用人工围堰筑岛的施工方法，既不经济，建设条件也不许可，工作难度又大时，则可采用修建桩基或浮箱工作平台进行钻孔灌注桩的修建工作。

(2)埋设护筒

护筒具有保护孔口地面，防止地表水流入钻孔内，固定桩位和引导钻进方向，并保证钻孔内的水位高出地下水位和施工水位，从而增加静水压力，以维护孔壁，防止坍塌等作用。常用的有钢护筒和钢筋混凝土护筒两种，要求坚固耐用，不漏水，其内径应比桩径稍大，冲抓锥、冲击锥、冲击钻机、潜水钻机宜大 30～40cm，回旋钻机、人工推钻宜大 20～30cm，深水处的护筒内径至少应比桩径大 40cm。

护筒顶端的高度：采用反循环回转方法钻孔时，护筒顶端应高出地下水位和施工最高水位

2.0m 以上；采用正循环回转方法钻孔时，护筒顶端泥浆溢出口底边，当地质良好，不易坍孔时，宜高出地下水位和施工最高水位 1.0 ~ 1.5m 以上，当地质不良，容易坍孔时，应高出地下水位 1.5 ~ 2.0m 以上；采用其他方法钻孔时，护筒顶端宜高出地下水位 1.5 ~ 2.0m，当处于旱地时，还应高出地面 0.2 ~ 0.3m；在有潮水影响的地区时，应高出最高水位 1.5 ~ 2.0m 以上。

护筒底端的埋置深度：当在旱地或浅水处，对于黏性土应不小于 1.0 ~ 1.5m；对于砂土应将护筒周围 0.5 ~ 1.0m 范围内挖除夯填黏性土至护筒底 0.5m 以下；在冰冻地区应埋入冻层以下 0.5m；在深水及河床软土、淤泥层较厚处，应尽可能深入到不透水层黏性土内 0.5 ~ 1.5m，当无黏性层土时，则应沉入到砾卵石层内 0.5 ~ 1.0m，若河床为软土、淤泥时，则不得小于 3.0m；有冲刷影响的河床，应埋入局部冲刷线以下不少于 1.0 ~ 1.5m。

在旱地埋设护筒时，筒身周围应用黏土填筑夯实。在深水中埋设时，应先打入导向架，可以采用冲抓或震动沉埋。

当采用全套管钻孔桩施工时，则不需要设置护筒。

(3)钻孔

钻孔灌注桩的成孔方法，随着钻孔设备的不同，其施工工艺也不尽相同，扩孔的程度也不一样，当前在公路桥梁建设中常用的几种钻孔设备，如表 7-10 所示。

冲抓锥是一种无动力的钻具，要另行配置卷扬机共同进行钻孔作业，它不需要钻杆，用钢索吊起，靠冲抓锥自重冲下，将土抓出，冲击高度一般在 1.0 ~ 2.5m，可以直接投放黏土在钻孔内，借频繁冲击作用，形成护壁泥浆。

冲击锥基本上与冲抓锥一样，所不同之处，是冲击高度要大，但最大冲程不宜超过 4 ~ 6m，同时需要采用掏渣筒出渣。

冲击钻机是具有动力的钻具，有机动和电动两种，它的成孔作业过程完全与冲击锥一样，其钻孔效率虽比卷扬机带冲击锥冲孔要高，但相应耗费也要大。所以，在选用时，应注意进行必要的技术经济比较，合理选用。

回旋钻机与潜水钻机是一种电动钻孔机械，有正反循环两种类型，是采用减压钻进成孔的，即钻机的主吊自始至终承受部分钻具（钻杆、钻锥、压重块）的重力，而孔底承受的钻压不超过其钻具动力之和（扣除浮力）的 80%，主要是为了减少斜、弯、扩孔现象。钻孔时所需的浮悬钻渣和护壁的泥浆，要用搅拌机械或人工进行拌制，质量要求高。因此，要修建泥浆循环系统，以利回收泥浆原料，清除钻渣和减少环境污染。若在水上进行钻孔作业时，还应设置船上泥浆循环系统。这种钻机的钻孔速度快，与冲击钻机同等孔径、深度相比，要快三倍多。而且孔深可达 100m 以上，费用也比较省，总体经济效益是比较好的。

图 7-93　桩基施工

全护筒钻机是一种比较先进的钻孔设备，利用压入孔内的钢套筒保护孔壁，然后用冲抓锥或冲击锥进行成孔。当在软弱及粉土地层钻进时，护筒应深入抓土面 1.0 ~ 1.5m，在中等硬度（N = 6 ~ 20）地层中钻进时，应深入 30cm 左右，在紧密的卵砾石层中钻进时，须用抓斗预掘到护筒以下 20 ~ 30cm，再压下护筒，然后继续往返钻进。它具有不扩张和坍孔等优点，也不需要泥浆，如图 7-93 所示。

钻孔作业应采取多班连续进行，要认真做好施工原始记录，注意土层变化，捞取渣样，以便与设计的地质剖面图核对。对泥浆质量要求较高的钻具，应经常对泥浆进行试验，不符合要求时，应随时改正。钻孔达到设计高程并经检查符合规范要求后，应立即进行清孔。清孔方法有掏渣清孔、换浆清孔和抽浆清孔三种，可以根据设计要求、钻孔方法、机具设备条件和土层情况等决定。掏渣清孔法只适用于冲抓、冲击钻孔；换浆清孔法适用于正循环钻孔的摩擦桩；抽浆清孔法，清孔较彻底，适用于各种方法钻孔的柱桩和摩擦桩。经清孔后，孔内沉淀厚度，摩擦桩不大于(0.4～0.6)d，应尽量争取不大于0.4d(d为设计桩径)，柱桩应不大于设计规定。孔内泥浆的允许指标是：相对密度1.05～1.20，黏度17～20，含砂率小于4%，支撑桩沉淀厚度不大于5cm。

(4)吊装钢筋骨架

在完成了清孔作业并经检查符合规定要求后，应及时、准确地将钢筋骨架吊放在钻孔内，并应牢固定位，可将它固定在护筒或钻架上，以免在灌注水下混凝土过程中被混凝土顶出，或发生位移等事故。

(5)灌注水下混凝土

在钻孔内灌注水下混凝土，一般用不漏水的钢质导管进行，其内径一般为25～35cm。在吊装好钢筋骨架之后，应立即将导管安放在钻孔内，导管应设置储料漏斗，如图7-94所示。在灌注水下混凝土过程中，导管埋在混凝土内的深度一般不宜大于2.0m，否则提升导管困难。

在进行水下混凝土作业之前，要了解下列问题。

①首批混凝土的需要量，如图7-95所示，应能满足导管初次埋置深度(≥1.0m)和填充导管底部间隙的需要，可按下列公式计算确定：

$$V \geqslant \pi r^2 h_1 + \pi R^2 H_c \tag{7-7}$$

式中：V——首批混凝土所需数量(m^3)；

r——导管内半径(m)；

h_1——井孔内混凝土面高达到H_c时，导管内混凝土柱需要的高度(m)；

R——井孔半径(m)；

H_c——灌注首批混凝土时，井孔内混凝土的顶面至底部所需的高度(m)。

$$h_1 \geqslant \frac{\gamma_w H_w}{\gamma_c} \tag{7-8}$$

式中：H_w——井孔内混凝土顶面以上的水或泥浆的深度(m)；

γ_w——井孔内水或泥浆的重度(kN/m^3)；

γ_c——混凝土混合物的重度(kN/m^3)。

$$H_c = h_2 + h_3 \tag{7-9}$$

式中：h_2——导管初次埋置深度(m)，$h_2 \geqslant 1.0m$；

h_3——导管底部至孔底间隙(m)，约为0.4m。

②当钻孔桩的桩顶低于或高于井孔中水面时，漏斗底口前者应高出水面，后者则要高出桩顶，各不宜小于4～6m。亦可按下列公式计算确定，见图7-96所示，当计算值大于上述规定时，应采取计算值作为取定依据。

$$h_c \geqslant \frac{p_0 + \gamma_w H_w}{\gamma_c} \tag{7-10}$$

式中：h_c——井孔内混凝土顶面以上导管内混凝土的高度(计算至漏斗底口)(m)；

p_0——使导管内混凝土下落至导管底并将导管外的混凝土顶升时所需的超压力，采用 100～150Pa，桩径 1m 左右时取低限，2m 左右时取高限；

其他符号含义同前。

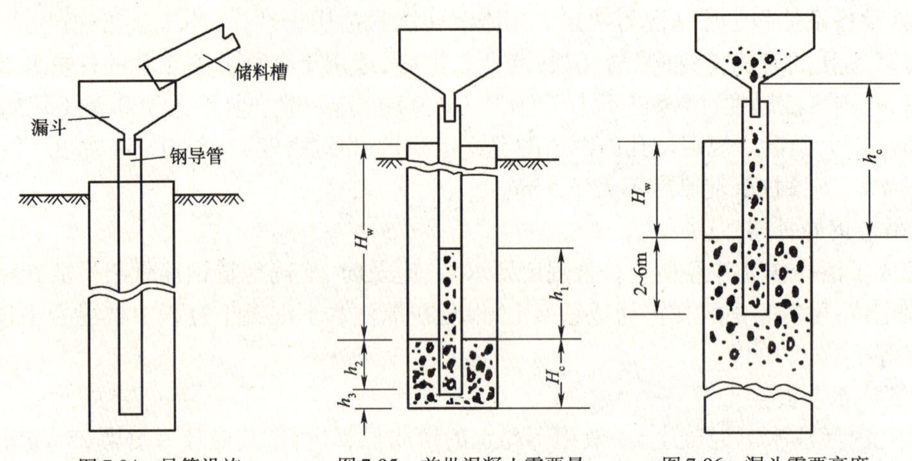

图 7-94　导管设施　　图 7-95　首批混凝土需要量　　图 7-96　漏斗需要高度

③灌入的首批混凝土的初凝时间，不得早于灌注桩的全部混凝土灌注完成时间，当混凝土的数量较大，经分析计算无法达到时，可通过试验，在首批混凝土中掺入缓凝剂，以延迟其凝结时间。

灌注达到桩顶时，应高出设计高程 0.5～1.0m。在修建承台或系梁时予以凿除。

若在通航河道上进行水下混凝土作业时，可以配置船上混凝土搅拌台，以利及时组织混凝土的供应。

当在全护筒内灌注混凝土时，应逐步提升护筒，护筒内混凝土不得过高，但一般不应小于 1.5m，以防护筒内外侧摩阻力超过起拔能力，而拔不出护筒。

当桩身混凝土达到设计要求的强度后，若系干处或围堰筑岛修建的桩基，即可清除桩头混凝土，开挖基坑，立模浇筑承台或系梁，若处于水中则可采用套箱围堰，进行承台或系梁混凝土的浇筑工作，至此桩基工作已告完成，可开始进行墩台工程的施工。

3. 挖孔灌注桩基础

挖孔桩也属于灌注桩的范畴，只是其成孔方法是采用人工开挖，桩径一般在 1.2～2.0m，以便于施工为宜，若桩径过小则开挖困难，孔深不宜大于 15m，只适用于无水或少水而且较密实的土或岩石地层。为确保施工安全，防止孔壁坍塌，应根据实际情况，选择合适的孔壁支护类型，如木框架、混凝土护壁等，切实做好孔壁的支护工作。桩身混凝土可按常规的混凝土浇注方法进行施工，若采用水下混凝土时，则应先向桩孔内灌水，至少应与地下水位相平。挖孔桩具有不受地形条件限制，使用机具简单，能减少大量挖基和圬工数量，能全面铺开，加快施工进度，在开挖过程中又能直接摸清地质情况等优点，如图 7-97 所示。

图 7-97　挖孔灌注桩基础

4. 沉入桩基础

如前所述,沉入桩有锤击、震动、射水、静力压及钻孔埋置等沉桩方法,应根据桩重、桩型、设计荷载、地质情况、设备条件及对附近建筑物产生的影响等因素选择合理的方法。

沉入桩所用的基桩主要为预制的钢筋混凝土桩和预应力混凝土桩,断面形式常用的有实心方桩和空心管桩两种。近年来钢管桩在一些桥梁基础工程中也开始使用,随着我国钢铁工业的发展及钢管桩施工方便的优点的日益突出,有可能会逐步推广。

当预制桩的长度不足时,需要进行接桩。常用的接桩方法有法兰盘连接、预埋钢圈焊接、硫黄砂浆锚接等。钢管桩一般在工厂整根制作或分节制作后在现场焊接。

沉入桩在公路桥梁工程中,目前使用较少,以下仅就锤击沉桩作以扼要介绍。

锤击沉桩亦称打入桩,一般适用于松散、中密砂类土和黏性土。由于锤击沉桩是依靠桩锤的冲击能量将桩打入土中,因此一般桩径不能太大(不大于60cm),入土深度在40m以内。

锤击沉桩的主要设备有桩锤、桩架及动力装置三部分。常用的桩锤有坠锤、单动汽锤、双动汽锤、柴油锤和震动锤等几种。沉桩设备是桩基施工质量与成败的关键,应根据土质,工程量,桩的种类、规格、尺寸,施工期限,现场水电供应等条件选择。目前,单(双)动汽锤在公路桥梁工程中已很少采用。

锤击沉桩施工中为了避免或减轻沉桩时由于土体的挤压使后沉桩沉入困难或先沉入的桩被推移,沉桩的顺序应由基础的一端向另一端进行,当桩基础平面尺寸较大时,也可由中间向两端进行。如果桩的埋置深度不一致时,应先沉入埋置深度大的。如果沉桩处地形为坡地时,则沉桩应由高处向低处进行。

在沉桩过程中,随着桩入土深度的增加,每次锤击的贯入度将随之减小,它在一定程度上能反映出桩的承载力,因此在沉桩时应记录好桩的贯入度,以此作为桩是否达到设计要求的控制数据。除一般的中、小桥沉桩工程,有可靠的依据和实践经验可不进行试桩外,其他沉桩工程在施工前均应先进行试桩试验,以确定桩基的入土深度和控制贯入度,保证桩基具有设计的承载能力。

三、沉井基础

沉井是井筒状构造物,如图7-98所示。它是通过井内挖土、依靠自身重量克服井壁摩阻力后下沉至设计高程,然后经过混凝土封底,并填塞井孔,使其成为桥梁墩台或其他结构物的基础。沉井基础的特点是埋置深度大、整体性强、稳定性好,能承受较大的垂直荷载和水平荷载,而且施工设备简单,工艺不复杂,在桥梁工程中应用较为广泛。缺点是工期长,易发生流沙现象,造成沉井倾斜,沉井下沉过程中遇到大孤石、树干或岩石表面倾斜较大等,均会给施工带来一定的困难。

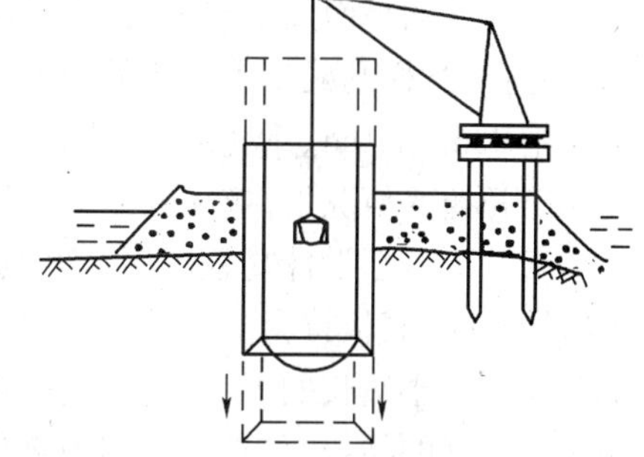

图7-98　沉井基础

1. 沉井的类型和构造

1)沉井的类型

(1)按所用的材料分类

沉井可用不同的材料做成,有混凝土、钢筋混凝土、砖石和钢壳沉井等。目前公路桥梁中采用较多的是钢筋混凝土沉井。

(2)按沉井的平面形状分类

沉井的平面形状通常是结合墩台的平面形状来确定的,一般常用的有圆形、矩形、正方形和圆端形等。

(3)按沉井的立面形状分类

在公路桥梁工程中,常用的沉井立面形状有柱形、阶梯形和倾斜式等。沉井立面形状的选择,主要取决于沉井下沉时所穿切土层的性质和下沉深度。当穿切的土层土质比较松软,摩阻力不大,下沉深度也不很深,沉井依靠自重便可以克服摩阻力而下沉时,宜采用柱形沉井,保证下沉时有较好的稳定性。当土层比较实,摩阻力较大时,为了不增加沉井的自重而能顺利下沉,可采用阶梯形或倾斜式沉井。沉井高度以沉井顶面不高出河流最低水位为宜,如地面高于最低水位,且不受冲刷时,则不宜高出地面。沉井底面高程应由冲刷深度和地基容许承载力而定。

2)沉井的构造

沉井主要由井壁、刃脚、隔墙、封底、填心和顶盖板等几部分组成,如图7-99所示。

井壁是沉井的主体部分。在下沉进程中,是一个活动围壁,用以挡土围水,并利用自身重量克服土与井壁之间的摩阻力,使沉井顺利下沉。在使用期间,作为基础将作用其上的荷载传递到地基上去。它的厚度应根据结构强度、下沉需要的重量等因素来确定。一般采用0.7~1.5m,但薄壁沉井不受此限制。所采用的混凝土强度等级不应低于C15,沉井最底下一节的最小含筋率不宜小于0.1%,其水平钢筋不宜在井壁转角处有接头。每节沉井的高度根据沉井全高、土质情况和施工条件确定,不宜高于5m。

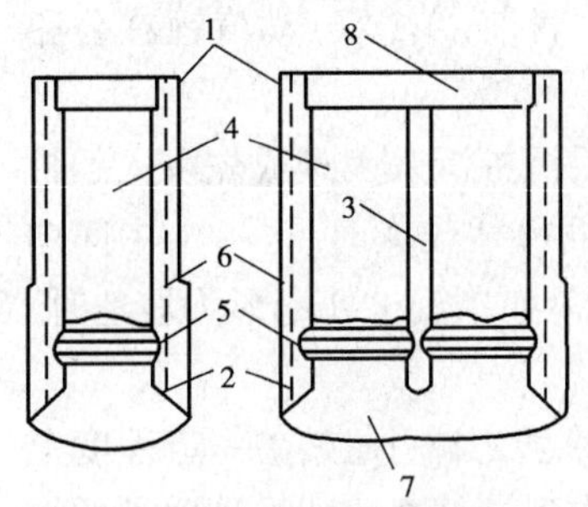

图7-99　沉井结构示意图

1-井壁;2-刃脚;3-隔墙;4-井孔;5-凹槽;6-填心;7-封底;8-盖板

井孔是由井壁围成的空间,在施工过程中作为挖土排土的场地和通道,其尺寸应满足施工要求,井孔的宽度或直径不宜小于3m。井孔的平面布置宜简单对称。

刃脚位于沉井井壁的下端,其主要作用是切土。为了利于切土和便于取土,刃脚斜面在保证刃脚受弯和受剪的强度要求下,应尽量做得陡些,刃脚斜面与底面所成的夹角大于45°。刃脚的踏面宽度一般为0.1~0.2m。刃脚高度视井壁厚度而定,为了便于人工挖掏刃脚下面的土,高度最好大于1m。沉井通过坚硬土层,如夹卵石、漂石层时,刃脚底面应以角钢或钢板加强,以免损坏刃脚。沉井刃脚一般采用强度等级不低于C20的钢筋混凝土制成。

当沉井的平面尺寸较大时,为了使用或施工中的需要,常用一道或几道内墙把沉井分隔成几个井孔,这样既减少了井壁的跨度,又增加了沉井的整体刚度。隔墙一般受力较小,其厚度常采用0.6~1.0m。隔墙刃脚踏面应比井壁刃脚踏面高出0.5m,以减少下沉阻力。在排水下沉人工开挖的情况下,应在隔墙上开设1.0m×1.2m的过人洞,以方便施工。

沉井下沉至设计高程后用C20混凝土填封底层,岩石地基可用C15混凝土填封。沉井封底后抽水时,底板将会受到地基反力和水压力的作用,根据其受力要求来确定其厚度,一般不小于井孔最小边长的1.5倍,封底的顶面应高出刃脚根部0.5m。为了使封底混凝土与井壁混凝土有较好的结合,可在井壁的刃脚附近设置凹槽。沉井井孔的空间,可采用填心或空心两种方式进行处理。当作用在沉井上的外力较大时,应采用填心式,填料可采用混凝土、片石混凝土或浆砌片石,在无冰冻地区,还可采用粗砂或砂砾来填充。当作用在沉井上的外力较小,或为了减轻沉井重量时,在无冰冻地区也可采用空心沉井,但不管是填充砂砾材料还是空心沉井，其顶盖板一律采用钢筋混凝土板，以承受由墩台传来的荷载。对填心的沉井顶盖板可采用强度等级不低于 C15 的混凝土，厚度为 1.0 ~ 2.0m。

2. 沉井施工

沉井本身既是基础结构，在施工过程中又是挡土防水的围堰设施。其埋深规定与天然地基上的浅基础相同。

沉井一般都是作为桥墩基础，其制作方法应根据桥址的具体情况合理确定。当在制作下沉过程中无被水淹没的岸滩上，则宜就地围堰筑岛制作沉井。当位于深水处而围堰筑岛困难时，可采用浮式沉井。

(1)重力式沉井

它的特点是壁厚、重量大。当墩台位于旱地时，可就地制作，挖土下沉；当位于浅水区或可能被水淹没的区域时，一般宜用筑岛的方法制作和下沉。筑岛分为无围堰筑岛和有围堰筑岛两种形式。筑岛材料应用透水性好、易于压实的砂土或碎石土等，而且不应含有影响岛体受力的抽垫下沉的块体。土岛适用于水浅、流速不大的河床，其临水面坡度一般可采用 1∶1.75 ~ 1∶3有围堰的筑岛，可结合当地的实际情况，选用草土、草(麻)袋、竹木笼、钢板桩等围堰。制作重力式沉井的岛面应比施工最高水位高出 50 ~ 70cm，有流水时，应再适当加高，筑岛尺寸应满足沉井制作和抽垫等施工要求，一般须在沉井周围设置护道，无围堰筑岛其护道宽度不小于 2.0m，有围堰筑岛其护道宽度可按下列公式计算确定。但在任何情况下，护道的宽度都不应小于 1.5m。

$$b \geqslant H\tan\left(45° - \frac{\varphi}{2}\right) \tag{7-11}$$

式中：b——护道的宽度(m)；

H——筑岛高度(m)；

φ——筑岛土饱和水时的内摩擦角(°)。

重力式沉井的下沉作业，有排水下沉和不排水下沉两种方式。一般宜采用静水抓土的不排水方法下沉，有卷扬机带抓斗和履带式起重机带抓斗两种方法，可结合现场条件选定。当限于设备条件，又是在稳定的土层中，也可采用排水人工开挖配卷扬机提升出土下沉，但应有安全措施，防止发生人身安全事故。

在沉井下沉过程中，进行沉井接高时，不得将刃脚掏空，接高加重要均匀，并对称地进行，以防止接高时急剧下沉发生倾斜。

(2)浮式沉井

浮式沉井基础，系将沉井做成空腔式的壳体，入水后能自行浮于水中，有钢丝网水泥薄壁沉井和钢壳沉井等多种形式。钢丝网水泥薄壁浮运沉井的构造，其空腔壁系由 3cm 左右厚的钢筋网、钢丝网和水泥砂浆组成，在河岸上制成后，通过临时修建的下水轨道下滑至水中。考虑施工人员在壁腔内操作方便，沉井的壁厚一般不得小于 80cm。钢壳沉井实际上是用角钢和薄钢板焊成的沉井钢模板，如图 7-100 所示，一般是在工厂里按设计要求制成构件，然后在船坞或船上进行拼装，故应根据现场实际情况，修建临时船坞或拼装船。

浮式沉井的施工顺序是：制作或拼装、下水、浮运、定位落床。在施工之前，应根据建设条件和实际情况与要求，选配好导向船、定位船、船上混凝土搅拌台、排水灌水设备，以及固定船只和沉井用的锚碇的规格和数量等。在沉井制作完成下水后，用拖轮拉运(导向船)或绞车

(卷扬机)牵引就位,而在浮运和定位落床的任何时间内,露出水面的高度均不得小于1m,尤其是定位落床,它是浮式沉井施工中的一个关键环节,技术要求高,施工难度大,故应根据建设环境的实际情况,通过各种必要的分析计算,确定定位布置方案。

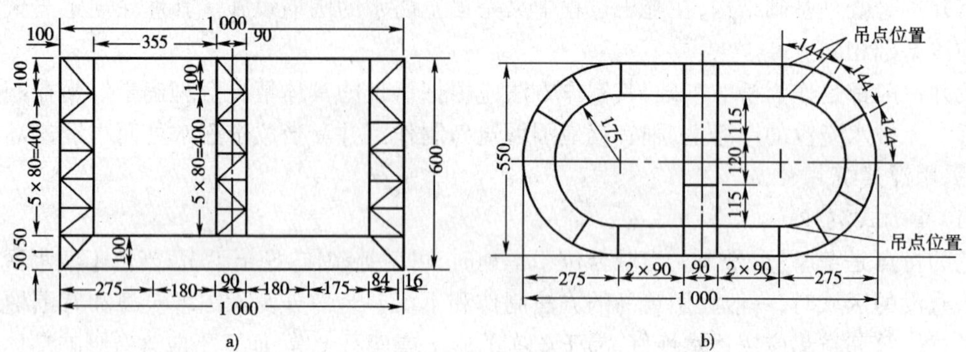

图7-100　钢壳沉井构造(尺寸单位:cm)

a)剖面;b)平面

当浮运沉井准确定位后,应向井孔内或井壁空腔格内迅速、对称、均衡地灌水,使沉井落至河床,并拆除临时底板,薄壁空腔沉井落床后,可逐格对称、均衡地灌注适当数量的水下混凝土,以加固井壁和增加重量,然后将水抽干,进行一般混凝土的浇筑,从而使薄壁空腔式沉井变成为普通的重力式沉井,依靠自重或另行加压使之下沉。

3.封底、井孔充填及顶板浇筑

当沉井沉至设计高程后,经检查基底合格,应及时进行封底。封底之前,应进行清底,要尽量整平基底,清除浮泥,井壁、隔墙及刃脚与封底混凝土接触处的泥污要清洗掉。采用水下混凝土封底,当封底面积较大时,宜采用多根导管逐根灌注,按先周围后中部和先低处后高处的顺序进行,使混凝土保持大致相同的高程。多根导管之间的布置间距与灌注混凝土时的超压力有关,可参考表7-11确定。封底混凝土的厚度,一般应由计算确定,但其顶面应高出刃脚根部(刃脚斜面的顶点处)不小于50cm。

导管作用半径与超压力的关系　　表7-11

超压力(kPa)	75	100	150	250
导管作用半径(m)	<2.5	3.0	3.5	4.0

沉井基础耗用的人工和材料都比较多,由于钻孔灌注桩施工工艺的不断完善和发展,因此,在公路桥梁建设中已较少采用这种基础。

四、地下连续墙基础及组合基础

随着桥梁技术的不断发展,以及跨越能力的不断增大,一些新型基础形式也得到了发展和应用。在此,简要介绍一些地下连续墙和组合基础的概念。

1.地下连续墙基础

地下连续墙是在泥浆护壁条件下,采用专用的挖槽(孔)机械,顺序沿着基础结构物的周边,在地基中开挖出一个具有一定宽度和深度的槽孔,然后在槽内安放钢筋笼,浇注水下混凝土,逐步形成的一道连续的地下钢筋混凝土墙。当混凝土硬化到一定的强度后,即可作为基坑开挖时挡土、防渗、对邻近建筑物的支护,以及直接成为承受垂直荷载的基础的一部分。目前,直接作为桥梁基础的还较少,大多是作为基坑开挖的挡土、防渗设施。

地下连续墙按槽孔形式可分为壁板式、桩排式和组合式,如图7-101所示。按墙体材料可分为钢筋混凝土、素混凝土、塑性混凝土(由黏土、水泥和级配砂石所合成的一种低强度混凝土)和黏土等。按挖槽方式可分为抓斗、冲击钻和回旋钻等。基础的平面形状能适应工程的需要做成矩形、圆形、多角形及井字形等。

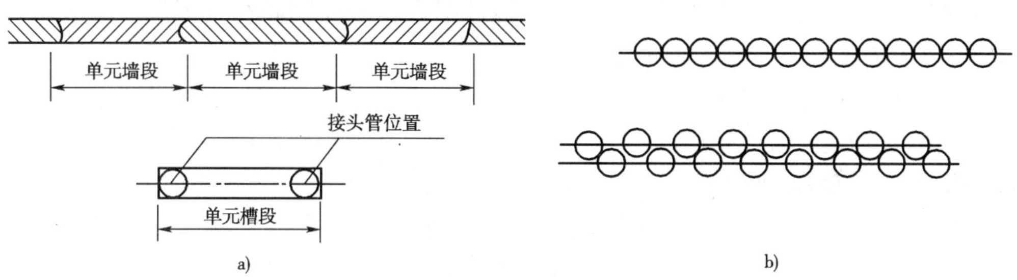

图7-101　地下连续墙的平面形式

a)壁板式;b)桩排式

地下连续墙刚度大、强度高,是一种变形较小的刚性基础。施工时对地基无扰动,基础与地基的密着性好,墙壁的摩阻力比沉井井壁大,在无明显坚硬持力层的情况下,能提供较大的承载力。同时,施工所占用空间较小,对周围地基及现有建筑物的影响小,可近距离施工,特别适宜于在建筑群中施工。施工时振动小、噪声低,无需降低地下水位,浇注混凝土无需模板和养护,故可使费用降低。对地基的使用范围广,施工机械化程度高,工作效率高,速度快。随着成槽机械的不断改进,目前地下连续墙的深度已达100m。

但地下连续墙施工工序较多,技术要求高,尤其因墙壁是钻挖成槽后就地浇注水下混凝土的薄壁结构,如果施工不当,容易发生因竖直度达不到要求,不能形成封闭的地下围墙,或出现槽壁坍塌、墙体厚薄不匀、水下混凝土浇注质量低劣等事故。为了保证施工质量,工地施工检测和控制的可靠性是十分重要的。

2. 组合式基础

处于特大水流上的桥梁基础工程,墩位处往往水流湍急,地质条件极其复杂,河床土质覆盖层较厚,施工时水流冲刷严重,施工工期较长,采用普通的单一形式的基础已难以适应。为了确保基础工程安全可靠,同时又能维持通航,宜采用由两种以上形式组成的组合式基础。其功能要满足既是施工围堰、挡水结构物,又是施工作业平台,能承担所有施工机具与用料等,同时还应成为整体基础结构物的一部分,在桥梁运营阶段亦有所作用。

组合式基础的形式较多,常用的有双壁钢围堰钻孔灌注桩基础、钢壳沉井加管柱(钻孔桩)基础、浮运承台与管柱、井柱、钻孔桩基础,以及地下连续墙加箱形基础等。可根据设计要求、桥位处地质水文条件、施工机具设备状况、施工安全及通航要求等因素,通过综合技术经济分析、论证比较,因地制宜地合理确定。

五、基础围堰

围堰为在水中进行基础施工时,围绕基础平面尺寸外围修建的临时性挡水设施。围堰建成后,可使基础工程由水中施工变为干处施工。

围堰的结构形式和材料要根据水深、流速、地质情况、基础形式及通航要求等条件进行选择。但不论何种围堰,均必须满足下列要求:

(1)围堰的顶高宜高出施工期间最高水位(包括浪高)50~70cm。

(2)围堰的外形应适应水流排泄,大小不应压缩流水断面过多,以免壅水过高危害围堰安全,以及影响通航、导流等。围堰内形应满足基础施工的要求。堰身断面尺寸应保证有足够的强度和稳定性,使基础施工期间,围堰不致发生破裂、滑动或倾覆。

(3)应尽量采取措施防止或减少渗漏,对围堰外围边坡的冲刷和修筑围堰后引起河床的冲刷均应有防护措施。

围堰为辅助工程,概预算定额是将修建和拆除清理两项工作内容综合在一起的。而在设计阶段,设计人员在选定桥梁基础的结构形式时,除考虑其经济合理和实施的可能性外,一般对应采用哪种形式围堰都不提供具体的设计资料,而是在编制工程造价和组织施工时,由造价工程师或施工人员,根据设计要求,结合建设条件和现场实际情况,通过调查研究,本着合理可靠、便于施工的原则决定。不同水深和地质条件的基础围堰,如表7-12所示。

各类围堰参考适用范围 表7-12

序号	围堰类型	适用条件
1	草土围堰	水深1.5m以内,流速0.5m/s以内,河床土质渗水性较小
2	草、麻袋围堰	水深3.0m以内,流速1.5m/s以内,河床土质渗水性较小
3	竹笼围堰	水深4.0m以内,流速较大,河床土质渗水性较小
4	竹、铅丝笼围堰	水深1.5~4m以内,流速较大
5	套箱围堰	埋置不深的水中基础
6	钢板桩围堰	各类土(包括强风化岩)的深水基础
7	钢筋混凝土板桩围堰	黏性土、砂类土及碎石类河床
8	双壁钢围堰	深水基础

围堰所用的填料宜采用黏性土,以减少渗漏,从而减少排水工作。

凡采用围堰施工的基础,应尽可能安排在枯水季节进行,在施工前应将堰底河床上的树根、石块、杂物等清除,修筑围堰应自上游开始至下游合拢。

公路桥梁基础施工中常用的围堰结构形式介绍如下。

1.草土围堰

在围堰的临水面分层铺草填土,以保护坡面、防止土被水冲走的一种防水设备,称为草土围堰,堰顶宽度一般为1~2m,堰外侧的边坡一般全部是土围堰时,边坡应为1:2~1:3,堰内侧边坡一般为1:1~1:1.5,边脚与开挖基坑的边缘距离根据河床土质及基坑的深度而定,但一般不得小于1m。它多用于河岸处的墩台基础围堰。

2.草、麻袋围堰

为减少围堰断面并保护堰坡不被流水冲刷侵蚀,而采用80cm×60cm的草袋或110cm×70cm的麻袋盛装松散的黏性土堆码堰堤边坡而在中间填土的一种防水设施,称为草、麻袋围堰。围堰的顶宽一般为1~2m,有黏土心墙时为2.0~2.5m,堰的外侧边坡一般为1:0.5~1:1,堰的内侧边坡一般为1:0.2~1:0.5,坡脚与开挖基坑的边缘距离的具体要求与草土围堰相同。它多用于流速较大，而又不宜过多压缩河道流水断面的基坑开挖工作。袋内盛土一般为袋容量的60%左右为宜，袋口应用线缝合，堆码要尽量密实整齐，土袋内外层和上下层应相互错缝，必要时由潜水工配合整理坡脚。采用黏土心墙措施，是为了更好地防止渗漏，从而减少排水工作。

3. 竹笼围堰

用竹篾编成 ϕ80 ~ 120cm 左右的竹笼，其高度视需要的围堰高度而定，在笼内填塞土袋、石块，竖立成单层或双层，用木料串联，铁丝捆扎等方法予以加固，在两层中间填筑黏性土壤，防止渗漏的一种防水设施，称为竹笼围堰。竹笼围堰的顶宽一般为水深的 1 ~ 1.5 倍。为防底部渗漏，可在堰底外侧堆码土袋。它适用于水流较急的河道，但由于需用竹子较多，故只宜在盛产竹子的地方使用。

4. 木笼铁丝围堰

用木料做成的框架，内外安设铁丝编成的网，在框架就位后，再抛填石块、土袋的一种防水设施，称为木笼铁丝围堰。当用于开挖基坑围堰防水时，木笼的宽度一般应不小于 0.6 倍水深，这样，在排除堰内的水后，它依靠自身的重量与其中所抛填的土石的重量，以及所产生的摩阻力的作用，可抵防外侧的水压力，其稳定性就能得到保证。当其用于钻孔灌注桩的围堰筑岛，就不需要再考虑其他防渗措施。若用于开挖基坑围堰防水时，则应采取其他有效的防渗漏措施，如在木笼外侧堆码草、麻袋黏土墙等。

5. 套箱围堰

用各种钢构件（如万能杆件）组拼成骨架，板壁用钢板焊或铆合成一个开口箱形结构后，将其整体悬吊定位，有无底和有底两种形式，因为它常被用于修建桩基的承台，施工时是将基桩套在其内并予以固定的一种围堰防水设施，故称为套箱围堰。除用于修建桩基承台外，一般只适宜用于埋置不深的水中基础。

套箱用于修建桩基承台时，无论是有底还是无底都要在套箱内灌注水下混凝土封底，然后抽干水再进行施工。若用于修建一般基础工程则与沉井的施工方法是一样的。

有底套箱一般用于桩基的承台设置在水中，当承台埋置在覆盖层内时，则应采用无底套箱围堰作为防水设施。在组织实施时，一般可根据现场的实际情况和配备的起吊、移动能力，亦可采用装配式的方法，就地拼装，但必须采取措施，防止套箱接缝处渗漏。

在实际工作中，套箱围堰一般用于通航的河道，故在实施时，需要配拖轮、工程驳船、潜水设备等，用驳船吊运至基础位置、定位落床。

6. 钢板桩围堰

钢板桩是一种定型的工业产品，具有强度大，防水性能好，能打入坚硬的砾石、卵石以及软石岩层内，适用范围广等优点。其成品长度有多种规格，最长为 20m，可根据需要进行接长，一般采用等强度焊缝焊接。10 ~ 30m 深的围堰，采用钢板围堰是适宜的，但费用比较高，需要的机械设备比较多，如需要在水中修建工作平台或采用工程船舶进行插打钢板桩，故在公路桥梁建设中较少使用。

7. 双壁钢围堰

前述的钢壳沉井作为围堰使用，其组拼、下水、浮运、定位落床与沉井的施工方法是完全一样的，唯一不同之处，是在基础工程完成之后，应予以拆除，在编制工程造价时，应按规定计算回收，如设计不拆除作其他使用，如防撞，则不计回收。这种围堰适宜作为深水通航河道基础施工的围堰防水，目前，在国内外大江、大海深水基础中，同灌注桩或管柱桩组成复合式基础使用较多。

围堰的种类比较多，除上述几种外，还有钢筋混凝土板桩围堰、木板桩围堰、木和钢木结合套箱及钢丝网混凝土套箱围堰等，为了做到安全可靠，经济合理，在编制工程造价时，应通过调查研究，结合建设条件，本着就地取材和保护生态环境的原则，逐座桥梁、逐个基础地进行分析比较，选定适宜的围堰形式。

第七节　桥涵工程工程量的计算

一、基坑开挖工程

1. 土石方工程量的计算

土石方工程量均以天然密实体积(自然方)计算。

计价时，应注意编制概预算时工程量与施工招投标时工程量在计算方法上的区别。根据相关规定，编制概预算时基坑开挖工程量按基坑容积计算，而施工招投标时基坑开挖工程量按取用基坑底、顶面间平均高度的棱柱体体积计算。两者相同的是均应按干处、水下及土、石分别计算。

2. 工程量的计量规则

干处挖方与水下挖方以地下水位线为界，在地下水位线以上开挖的为干处挖方，在地下水位线以下开挖的为水下挖方。编制概预算时，有地面水的挖方也为水下挖方。

基坑底面应按设计图纸所示的基础(包括地基处理部分)的基底高程线计算，其平面尺寸以超出基底周边0.5m为界。

基坑顶面应按设计图纸所示的原地面线计算。

计价时，基坑基底夯实与整修、检平石质基底、基坑回填与压实、挖边沟、挖集水井及排水作业用工均不应再单独计算费用，但弃土坑外运输、围堰、基坑支撑或挡土板、排水水泵等则应根据具体情况需要，单独计算相应的费用。当基坑采用取土回填时，应按路基工程有关定额另计取土费用。

《公路工程标准施工招标文件》规定，为完成基础挖方所做的地面排水及围堰、基坑支撑及抽水、基坑回填与压实、错台开挖及斜坡开挖、基坑土的运输均作为挖基工程的附属工作，不另行计量与支付，其费用应摊入挖基坑的单价中。

二、围堰、井点降水

草土围堰、草(麻)袋围堰、竹笼围堰的工程量按围堰中心线的长度计算，其高度按施工期内最高临水面加0.5m考虑。

木笼围堰按围堰所包围的实体体积计算。

套箱围堰按套箱金属结构的质量计算。

钢板桩围堰按设计需要的钢板桩的质量计算。

筑岛填心按设计需要的填心体积计算。

三、桩基工程

1. 套用定额时工程量的计算

1）钻孔灌注桩工程量的计算

（1）关于桩长、孔深

桩长指设计图纸标示的桩的长度，即设计图纸标示的桩底设计高程至承台底或系梁底设计高程之间的长度。对于与桩连为一体的柱式墩台，如无承台或系梁时，则以桩位处地面线为分界线，地面线以下部分为灌注桩桩长，若图纸有标志的，按图纸标志计算。

定额中的孔深是指护筒顶高程至桩底设计高程的深度。

套用定额时，应注意桩长与孔深的区别，一般情况下孔深大于或等于桩长。

（2）工程量计算

钢护筒的工程量按设计提出的需要设置的钢护筒的成品质量计算，包括加劲肋及连接用法兰盘等全部钢材的质量。钢筋混凝土护筒按设计提出的需要设置的护筒数量，分别按混凝土实体（预制）、质量（钢筋）、长度（护筒埋设）以立方米（m^3）、千克（kg）、延长米为单位计算。陆地上埋设护筒的开挖及回填黏土、水中埋设护筒定位用的导向架以及护筒接头等均不应再单独计算。

工作平台的工程量按施工组织设计确定的需要搭设的施工工作平台的面积计算。

成孔工程量按灌注桩设计入土深度计算。在计算成孔工程量时，应注意灌注桩成孔工程量与孔深、设计桩长三者之间的关系。在不同的情况下，三者之间存在不同的关系，如图 7-102 所示。

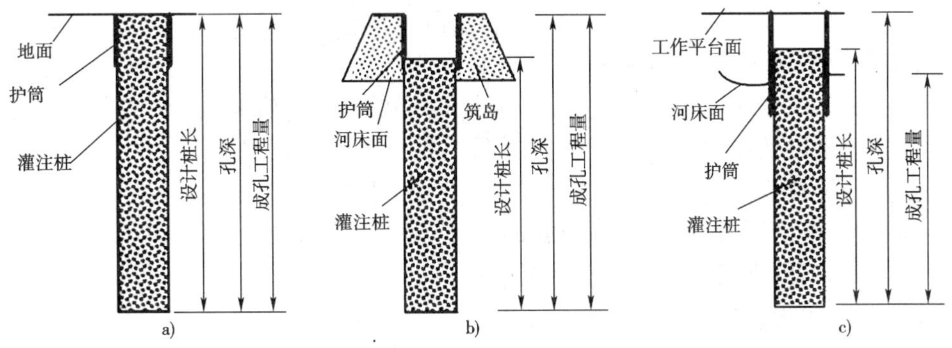

图 7-102　成孔工程量、孔深、设计桩长之间的关系

a）陆地；b）水中筑岛；c）水中工作平台

灌注桩混凝土的工程量按设计桩径横断面面积乘以设计桩长计算。不得将扩孔因素计入工程量内。

灌注桩无破损检测管的工程量按设计需要安装的检测管的质量进行计算，检测管封头、套管等钢材的质量不得计入工程量内。

计价时，钻孔灌注桩应依据设计图纸标示和施工组织设计确定的工程量，按照护筒、工作平台、成孔、安放钢筋笼、灌注混凝土的顺序，套用相关的定额计算其费用。在河滩、水中采用筑岛方法施工时，应采用陆地上成孔定额计算。钻孔泥浆、清孔、破桩头等均不应再单独计算。

2）沉入桩工程量的计算

打预制钢筋混凝土方桩和管桩的工程量应根据设计尺寸及长度以体积计算（管桩的空心

部分应予以扣除)，设计中规定凿去的桩头部分的数量，应计入设计工程量内。

钢筋混凝土方桩的预制的工程量，应为打桩定额中括号内的备制数量。

各类接桩按设计接头以个为单位计算。

打桩用的工作平台的工程量按施工组织设计所需的面积计算。

船上打桩工作平台的工程量，根据施工组织设计，按一座桥梁实际需要打桩机的台数和每台打桩机需要的船上工作平台面积的总和计算。

打导桩、打送桩及打桩架、破桩头等均不得另行计算工程量。

3)挖孔灌注桩工程量的计算

挖孔工程量按护壁(护筒)外缘所包围的面积乘以设计孔深计算。

灌注桩混凝土工程量的计算同钻孔灌注桩。

4)桩的垂直静荷载试验

试桩不论是检验荷载或是破坏荷载，其桩本身的建造费用与前述内容没有区别。

在计价时，关于桩基的荷载试验及钻取芯样检验费用，应根据设计要求单独计列。

四、沉井工程

重力式沉井制作工程量按设计图纸井壁及隔墙混凝土数量计算。钢丝网水泥薄壁浮运沉井制作工程量按刃脚及骨架钢材的质量计算，但铁丝网的质量不作为工程量计算。钢壳沉井制作的工程量按设计图纸沉井钢材的总质量计算。

沉井下沉工程量按设计沉井刃脚外缘所包围的面积乘沉井刃脚下沉入土深度进行计算，溢流(翻砂)数量不得计入工程量内。

沉井浮运、接高、定位落床工程量按沉井刃脚外缘所包围的面积计算，分节施工的沉井的接高工程量应按各节沉井接高工程量之和计算。

沉井下沉所需的工作台、三脚架、便道、下井工作软梯、井内抽水、挖(或爆破)土(石)并运至井外、清理刃脚以及各种机具的安拆和下沉辅助措施等，计价时不应单独计算。

计价时应注意，沉井下沉按土、石所在的不同深度分别采用不同下沉深度的定额，如沉井下沉在5m以内的土、石应采用下沉深度0～5m的定额，当沉井继续下沉到10m以内时，对于超过5m的土、石应执行下沉深度5～10m的定额。定额中的下沉深度是指沉井顶面到除土作业面的高度，如图7-103所示。

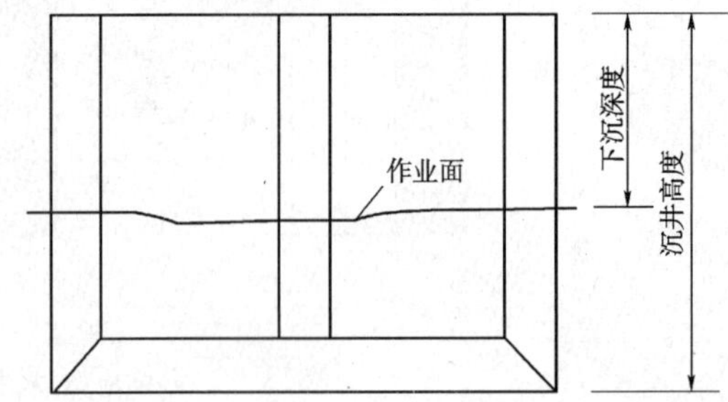

图7-103　沉井下沉深度、沉井高度之间的关系

五、砌筑工程

砌筑工程的工程量为砌体的实际体积，包括构成砌体的砂浆体积。混凝土预制块的预制工程量应按定额中括号内所列的预制块数量计算。

计算体积时，泄水孔、排水管或其他面积小于0.02m^2的孔眼不予扣除，削角或其他装饰的切削，其数量为所在石料5%或少于5%者，不予扣除。

计价时，砌筑砂浆和勾缝砂浆、脚手架、踏步、井字架等均不应另行计算。垫层及拱背、台背填料、砂浆抹面、拱盔和支架等应根据需要另行计算。

六、钢筋及预应力钢材工程

1. 钢筋

定额中各种钢筋工程量按设计图纸中钢筋的设计质量计算,施工操作损耗、一般钢筋因接长所需增加的钢筋质量不得计入钢筋设计重量内。但对于某些特殊的工程,必须在施工现场分段施工采用搭接接长时,其搭接长度的钢筋质量应在钢筋的设计重量内计算。

钢筋及钢筋骨架用的铁丝、钢板、套筒(连接套)、焊接、钢筋垫块或其他固定钢筋的材料,以及钢筋的防锈、截取、套丝、弯曲、场内运输、安装等,作为钢筋工程的附属工作,不另行计算。

2. 预应力钢材

定额中预应力钢绞线、预应力精轧螺纹粗钢筋及配锥形(弗氏)锚的预应力钢丝的工程量按锚固长度与工作长度的质量之和计算。配镦头锚的预应力钢丝的工程量按锚固长度的质量计算。先张钢绞线的工程量按设计图纸钢绞线的质量计算,预制场构件间的工作长度及张拉工作长度的质量不作为工程量计算。各种预应力钢材的操作损耗均不作为工程量计算。

预应力钢材的加工、锚具、管道、锚板及联结钢板、焊接、张拉、压浆、封锚等,作为预应力钢材的附属工作,不另行计算。预应力锚具包括锚圈、夹片、连接器、螺栓、垫板、喇叭管、螺旋钢筋等整套部件。

七、混凝土及钢筋混凝土工程

定额中现浇混凝土的工程量为设计图纸所示构筑物的实际体积,不扣除钢筋(钢丝、钢绞线)、预埋件和预留孔道所占的体积,但不包括其中空心部分的体积。

预制混凝土的工程量按预制构件的实际体积(不包括空心部分的体积)计算,其中预应力构件的工程量为构件预制体积与构件端头封锚混凝土的数量之和。预制空心板的空心堵头混凝土不作为工程量计算,钢筋混凝土项目的工程量不扣除钢筋(钢丝、钢绞线)、预埋件和预留孔道所占的体积。

预制构件运输的工程量按构件的实体体积计算。

计价时,构件的预制数量应为安装定额中括号内所列的构件备制数量。安装的工程量为安装构件的体积。构件安装时的现浇混凝土的工程量为现浇混凝土和砂浆的数量之和。但如在安装定额中已计列砂浆消耗的项目,则在工程量中不应再计列砂浆的数量。

为完成结构物所用的施工缝连接钢筋、预制构件的预埋钢板、防护角钢或钢板、脚手架及模板、混凝土养生、混凝土表面修整,以及为安装所需的临时性或永久性的固定扣件、钢板、焊接、螺栓等,均作为各项相应混凝土工程的附属工作,不另行计算。

八、桥梁附属工程

桥面防水层、泄水管按设计图纸数量计算。

支座按图纸所示不同的类型,包括支座的提供的和安装,以个计算。支座清洗、运输、起吊及安装支座所需的扣件、钢板、焊接、螺栓、黏结等,作为支座安装的附属工作,不另行计算。

桥面伸缩装置按图纸要求安装的数量,分不同结构形式计算。其内容包括伸缩装置的提供和安装等作业。

安装时切割和清除伸缩装置范围内沥青混凝土铺装和安装伸缩装置所需的临时或永久性的扣件、钢板、钢筋、焊接、螺栓、黏结等,作为伸缩装置安装的附属工作,不另行计算。

沥青或油毛毡防水层,作为其他有关项目内的附属工作,不另行计算。

九、涵洞工程

预算定额中,涵洞工程工程量的计算同前述桥梁工程。概算定额中涵洞工程工程量按表7-13中规定的组成内容的设计图纸圬工数量之和计算。

各类涵洞工程量组成内容 表7-13

<table>
<tr><th colspan="2">定额名称</th><th>工程量包括的项目</th></tr>
<tr><td rowspan="5">洞身</td><td>石盖板涵</td><td>基础、墩台身、盖板、洞身涵底铺砌</td></tr>
<tr><td>石拱涵</td><td>基础、墩台身、拱圈、护拱、洞身涵底铺砌、栏杆柱及扶手(台背排水及防水层作为附属工程摊入定额)</td></tr>
<tr><td>钢筋混凝土盖板涵</td><td>基础、墩台身、墩台帽、盖板、洞身涵底铺砌、支撑梁、混凝土桥面铺装、栏杆柱及扶手</td></tr>
<tr><td>钢筋混凝土圆管涵</td><td>圆管涵身、端节基底</td></tr>
<tr><td>钢筋混凝土箱涵</td><td>涵身基础、箱涵身、混凝土桥面铺装、栏杆柱及扶手</td></tr>
<tr><td colspan="2">涵洞洞口</td><td>基础、翼墙、侧墙、帽石、锥坡铺砌、洞口两侧路基边坡加固铺砌、洞口河底铺砌、隔水墙、特殊洞口的蓄水井、急流槽、防滑墙、消力池、跌水井、挑坎等圬工实体</td></tr>
<tr><td colspan="2">倒虹吸管洞口</td><td>竖井、留泥井、水槽</td></tr>
</table>

图纸中标明的基底垫层和基础(座),圆管的接缝材料、沉降缝的填缝与防水材料等,洞口建筑,包括八字墙、一字墙、帽石、锥坡、洞口及洞身铺砌、跌水井,以及基础挖方和运输、地基处理与回填(包括台背)等均作为承包人应做的附属工作,不单独计算。

洞口(包括倒虹吸管)建筑以外涵洞上下游沟渠的改沟、铺砌、加固以及急流槽消力坎的建筑等均列入路基工程相应子目内计算。

建在特殊地基上的涵洞,按图纸要求特殊处理的基础工程量计算。

第八章　交通工程及沿线设施

交通工程设施是根据交通工程学的原理和方法为使道路通行能力最大、经济效益最高、交通事故最少、公害程度低而设置的系统、设施和给人或车配备的装备，即为使车辆高速、高效、安全、舒适地行驶而设置的各类设施。其技术标准和工程规模，随不同的公路等级和建设工程的实际使用情况而有所不同。因此，要求从实际出发，本着经济合理、安全可靠和适用的原则确定。

第一节　交通工程设施主要内容

一、交通管理设施

现代化的道路交通设施，科学的交通管理与控制，两者结合起来才能取得良好的效果。交通管理就是按照既定的法规与要求，运用各种手段、方法、工具和设备等对动态交通准确地调度，使其安全通畅地运行。实行交通管制的重点在于运用各种设施控制、掌握并及时地指挥交通。

交通管理设施主要内容：

(1)道路交通标志；

(2)交通标线；

(3)交通信号灯。

二、交通安全设施

交通安全设施主要包括护栏、道路交通标志、路面标线、隔离设施、防眩设施、视线诱导和施工安全设施等。对交通安全设施数量、位置、形式、安装工艺从交通工程学的观点出发认真分析研究，使之真正起到安全保障作用。

三、监控系统

如果把交通安全设施作为车辆高速、安全、舒适行驶的静态保障系统，监控系统则是其动态保障系统。车辆抛锚、货物散落等交通事故虽然是偶然的，但却是不可避免的，一旦发生，必然对高速公路交通产生干扰。在交通量不大的情况下，这些交通事故可能不会造成交通阻塞，但也需要及时组织救援，在交通量增长到一定程度时，偶发的交通事故将会造成交通阻塞，此时要尽快发现交通事故并及时组织救援、清理路障；在交通量达到高峰时，某些路段不发生偶然性事件也会发生交通阻塞，此时应该有相应的措施去避免、减少或缓解这种交通异常情况。这一切都是交通监控系统的任务。

监控系统包括信息采集系统、信息提供系统和监控中心三大部分。信息采集系统收集公路上的实时交通信息,从而判断交通运行状态正常与否;信息提供系统把交通运行状态或控制指令告知驾驶人员,以便参考或遵循;监控中心则是监控系统中实时信息的分析处理和指令的决策发布的中枢部分。根据交通需求和道路路况的不同,交通监控系统又分为主线控制、匝道控制和隧道控制等类型。

四、收费系统

收费系统包括收费车道、收费站和收费中心三大部分。收费车道是具体进行收费操作的场所,收费站对收费车道的系统设施和收费业务进行管理,而收费中心则是一个路段或整条高速公路收费管理的核心机构。高速公路收费系统的建立往往对交通量影响很大,如何既保证交通畅通,又保证通行费的正常收取,都需要从交通工程学的观点出发,对收费制式、收费方式、站点布设、系统结构和系统运行管理进行认真分析研究,结合工程做出决定。本书重点介绍开放式、封闭式和混合式三种收费制式的半自动收费方式的收费系统。

高速公路收费系统多种多样,按特征可归纳为两种类:半自动收费系统和电子收费系统。前者以停车交费和有收费员为主要特征,后者以无收费员和非现金支付为主要特征。其中,不停车、无人工操作、无现金交易是电子收费过程三个主要特征,适用于开放和封闭两种收费方式。随着交通量的上升,主道收费口车辆堵塞越来越厉害,成为高速公路的瓶颈。增修收费车道可减轻拥挤,但加修一条车道所能增加的车辆有限。同时,也不是所有收费站都有空地可供修建新车道。借助遥距传输为主的多种先进电子技术,建成一种新型的电子收费系统。该系统在车前装有作为通行券使用的非接触卡,称为标识卡,它与装在车道上空的收发通信器进行微波通信(交互读、写),验证通行权,判别车辆类型,自动核算并记录通行费额。此时,车辆无需停车,可直接高速(160~200km/h)通过,凭借收费数据记录,实现事后无人自动收费,国外称它为电子收费或简称 ETC(Electric Toll Collection System)。

五、通信系统

通信系统是公路现代化管理的支撑系统,它承担三方面任务:第一,承担监控系统和收费系统的数据语音、图像等信息的传输任务,使监控系统和收费系统真正成为系统而正常运转;第二,承担内部各业务部门和管理部门的业务联系,如事故救援、道路、设备、设施维修等;第三,承担内部的监控中心、收费中心、业务部门和管理部门与外界的联系,如与上级管理部门、公安、消防、医院的信息沟通,甚至把实时交通信息通过有线或无线方式向社会公众发布等,所有这一切归结为信息传输。

六、机电系统

机电系统是发挥道路设施交通功能的主要辅助系统,是对高速公路实施现代化管理(实时和数据管理)的主要工具。机电系统是包含多个子系统,以电子、电气、控制、通信、机械和交通工程等技术为基础的综合性大系统,它由监控、收费、通信、照明、供配电和隧道安全运行保障等子系统组成。子系统内部和各子系统间由通信网联系,系统组成见图 8-1。其中,监控和收费系统大都为计算机控制系统,通过光缆数字通信连接成远程计算机网络,各网络间信息共享。

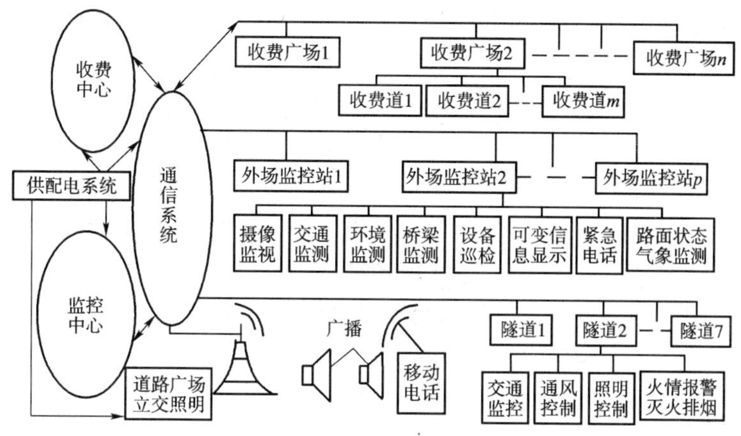

图 8-1　高速公路机电系统组成示意图

七、道路休息设施

高速长途行车使驾驶员生理和心理受到较大的影响，如易产生疲劳、精力分散、注意力不集中，因此，安全性下降。休息设施的设置无疑是消除驾驶员的疲劳、恢复精力最好的措施，同时也给汽车加油、加水和检修提供必要条件，以达到长途行车的安全舒适。

道路休息设施主要研究内容：

（1）休息设施的种类、组成及设置

休息设施通常分为停车区与服务区，哪一区由哪些部分组成，停车区与服务区的规划，设置地点选择、合理间距。

（2）形式与组成

服务区、停车区的类型选择，休息设施内各种设施的布置。

（3）休息设施规模

休息设施总的规模、停车场的规模和各种建筑设施规模大小的确定与确定方法。

八、道路照明

道路照明主要保证车辆和行人在夜间通行的安全，提高行车速度与通行能力，增加运输效益。另外，对美化市容以及城市夜景也有着相当大的作用。

道路上照明的主要作用，对照度的要求，公路上在什么地点需要设置照明，城市道路的照明要求与照度标准，以及在道路直线路段、曲线地段、平面交叉口和立体交叉口照明的布置。

九、交通环境保护

社会的发展和科技的进步促进了工农业生产和交通运输的发展，而交通运输的发展和汽车保有量的猛增，使得道路面积、路况和设施远远不能适应，致使交通阻塞，运力下降，事故频繁，污染严重，环境恶化，危及人和动物的生存。交通污染的主要表现如下。

（1）交通噪声

交通噪声的主体是汽车噪声，其主要声源为排气、进气、发动机及风扇，以及高速行驶的轮胎与路面的摩擦声。汽车的噪声随行车速度和载质量的增加而增大，路面的平整度对噪声影响也比较显著。交通管理条件差，路上人车混杂，特别是交叉路口和闹市中心，由于机动车不断制动和启动致使噪声增加很大。

(2)交通废气

当汽车发动机运转时，不仅消耗人类生存所需的大量氧气，而且排放出大量的有毒废气，其中对人类危害最大的有一氧化碳、碳氢化合物、氮氧化物和铅化合物等。

汽车排出的废气对人的影响是多方面的，主要表现为呼吸道疾病与生理机能障碍，眼、鼻、黏膜组织病变，严重者会引发急性心肌恶化或神经性中毒。

改善交通环境的措施是多种多样的，如城市规划的合理布局，健全交通法规，加强交通管理，改进汽车生产工艺，种植绿化带和设置隔音墙等。

十、公路绿化工程

高速公路绿化部位的功能要求不同，其绿化景观设计的技术指标也不同。

(1)中央分隔带防眩绿化

中央分隔带的主要功能是隔离车辆分道行驶，减轻车辆高速行驶造成的眩晕和夜间行车灯眩光，保障车辆高速行驶的安全，分隔带植物种植的主要技术指标一般有：

①防眩树要四季常青、低矮缓生，株高在1.2～1.5m之间，抗逆性(抗旱、抗寒冷、抗病虫、抗污染、耐贫瘠)好，耐粗放管理。

②防眩树种植主要采取全遮光绿篱式和半遮光散栽式两种方式。全遮光绿篱的特点是全封闭、不透光、防眩好，但绿化投资大、通透性差，影响路容路貌。半遮光散栽式的特点是通透性好、绿化投资较小、绿化形式灵活、防眩技术要求严格。

③防眩树株距是在车辆高速行驶的线性环境下，依据车灯光的扩散角、行车速度和人的动视觉三者之间的关系来确定。

(2)路堤边坡防护绿化

高速公路路基一般都比普通公路路基高，形成的边坡绿化面积较大，这对稳定路基、保障安全、防止冲刷、保土保水具有重要作用。

边坡绿化应遵循经济、实用、安全和美观的原则，根据不同路段的功能要求，进行植物选择，采用相应的绿化方式。

高速公路边坡植被立地条件具有一定特殊性，土坡一般为外来土壤，多数情况下是生土，斜坡土层蓄水、保肥能力差，整体上冬季地温低，早春地温回升晚，且有阴坡、阳坡之分。

边坡绿化要求防护坡面路基、植被群落有长期的生态稳定性，养护管理粗放。所以，边坡绿化选择的植物要能适应边坡的特殊地质条件，根系要发达、固土能力强、生长缓慢、植株低矮，能形成密实的植被覆盖。

高速公路边坡绿化方式常见有两种：一种是用硬质材料(混凝土、石料)砌成圆窗形网格，空格中种草，这种方式可大大减少雨水对边坡的冲刷，增强固坡能力，但投资较大，常用于坡度较陡的路段；另一种是对边坡全栽植物，不作硬化处理，常用于普通路段或坡度小、路基低的路段。

(3)行道树种植绿化

行道树主要栽植在路堤下方(边坡脚下)金属护网内侧，高路堤路段栽植高大乔木，低路堤路段栽植中小乔木或大灌木。行道树株距与外部环境景观协调一致，一般路段有景观特色，特殊路段有隔噪声、隔粉尘、隔臭气、防风沙、防泥石流等作用。

(4)绿篱护网绿化

绿篱护网在金属护网0.5~1m处,采取多栽植有刺灌木,形成封闭性绿篱的形式,作为高速公路的第二道防护网,若干年后金属护网被锈蚀破坏,绿篱护网可起替代作用。

(5)路堑土、石质坡面垂直绿化

路堑的坡度一般较大,绿化难度大,国内外目前主要采取机械喷播绿化和人工沟、穴绿化。机械喷播绿化是以专用机械设备,将植物种子、各种养分、保水剂和有机黏结剂混合于水中,用高压喷射于土质或半土质坡面上进行绿化。

(6)立体交叉区绿化

城区以外的高速公路立体交叉区多位于农田中,且多为简单立交,一般不能形成专门的绿化地带,在为纵或横道路绿化延续时,应注意提高立交路口的识别性,如较密栽植常绿和乔灌花木。对于复杂立交,可参照城市立交区绿化的做法。

(7)服务区环境绿化

高速公路分车绿带、边坡防护绿带、防护林带等的绿化是营造行驶动态的观赏景观,而服务区、收费站的绿化是营造停车后静态的观赏最观,并且这部分大多为块状绿地,所以只能按园林景观进行绿化。

十一、生态环境保护

公路交通对生态环境的影响概括起来有两方面:一是公路建设占用、损坏自然资源,从而破坏生态环境;二是排放污染物污染环境,造成生态环境破坏。生态环境保护包括对热带雨林、天然林地、湿地、自然保护区、水源地等蕴藏着丰富的生物资源重要生态系统的保护;对耕地、草地、各种水产养殖地和林地、果园等农林牧副渔业的基本生产资料等土地资源的保护;对地表水流、水质的影响和地下水流、水质的影响等水资源的保护;对重要生态系统及生物资源的保护;水土保持;地表植被保护与绿化设计等。

公路项目的环境保护可以分为公路建设期的环境保护和公路营运期的环境保护,其主要的项目包括:初步设计阶段项目环境影响评价;施工图设计阶段的环境保护设计;招投标阶段在招标文件、工程合同及监理合同中纳入环境保护条款;施工期环境保护设施的施工及监理;竣工和交付使用阶段的环境保护设施验收与环境后评价;公路营运期环境保护设施的运行及维护。

(1)公路建设期的环境保护

项目前期工作的环境保护主要涉及的是环境评价和环境工程设计公路环评的目的和意义,包括:一是从环保角度出发评价公路选线的合理性,对路线方案的可行性和项目的可行性提出评价意见和结论;二是提出必要的环保措施,使项目对环境的不利影响减少到可接受的程度;三是预测项目的环境影响程度和范围,为公路沿线社区发展规划提供环境保护依据。

公路施工期环境保护除水土保持外,涉及环境污染的项目较多,一般包括空气污染、光污染、噪声污染、污水污染及固体废弃物污染等。

(2)公路营运期的环境保护

公路在营运期,其对环境的影响主要在于路基可能发生的崩塌、水毁,危险品运输可能发生的泄漏,汽车营运产生的汽车尾气和噪声污染,以及公路附属服务设施产生的固体废弃物和污水。因此,营运期的环境保护,除继续落实项目环境保护计划和环境监测计划外,还应做好环境保护设施的维护,并报据环境监测结果和沿线居民的环境投诉适时调整环境保护措施的实施方案。

第二节　交通安全设施

交通安全设施属于道路的基础设施,它对减轻事故的严重度,排除各种纵、横向干扰,提高道路服务水平,提供视线诱导,改善道路景观等起着重要的作用,特别是对充分发挥高速公路安全、快速、经济、舒适的功能,具有特殊的意义。因此,世界各国尤其是工业发达国家,对安全设施的开发研究及其应用非常重视,不断推出形式多样、经济美观、性能优良和安全适用的新产品,以满足交通运输发展对安全设施的需求。

我国对交通安全设施的系统研究始于20世纪80年代,交通安全设施主要包括:安全护栏及相应的防撞缓冲设施,防眩设施,隔离封闭设施和视线诱导设施等。我国修建的高等级公路上都安装了这些基础设施,对保障道路交通安全,提高运输效益起到了良好的作用。在设计和施工时,应按照《公路交通安全设施设计规范》(JTG D81—2006)、《公路交通安全设施设计细则》(JTG/T D81—2006)等各项有关规定和要求执行。

一、安全护栏

早期的公路设计主要是针对行车道,行车道以外的路侧区和中央分隔带因不作行车之用而被忽视。随着车速的提高,车辆越出路外的事故越来越严重,使公路设计者认识到需要分析路侧的潜在危险并改进路侧设计。同时,道路设计者和使用者都希望整条公路的设计标准一致,线形连续顺畅,填方高度小,边坡平缓,并有足够的侧向净宽供失控车辆返回行车道或在危险物前安全停车。但是,由于地形条件、土地利用情况、投资和技术条件等诸多因素的制约,道路上难免存在一些行车障碍。当然,路侧障碍物并不一定对越出路外车辆构成危险,因为车辆失控越出路外时,驾驶员有可能使失控车辆回复到正常行驶车道上。那么,从行车道硬路肩外边缘至车辆回复轨迹横向最远点的距离称为路侧安全距离,各国对路侧安全距离都有相应的规定,而在路侧安全距离之内的障碍物称为危险物。对越出路外车辆构成危险的路侧构造物(包括窄的中央分隔带、路堤、路堑边坡、护栏、防撞垫、路缘石、标志柱、树木、排水沟、挡土墙等)统称为路上危险物。广义地讲平曲线半径小于设计标准的曲线外侧半径,也称为路上危险物。根据美国交通事故统计资料表明,每年大约有1/4的交通事故与中央分隔带有关,大约有1/3的交通事故系车辆越出路外,与路上危险物相撞造成的。

通常,减少车辆碰撞路上危险物的措施有:

(1)消除可移走的所有路上危险物;

(2)把路侧危险物移至满足安全要求的道路侧向净宽以外;

(3)把遗留的路上危险物设计成解体消能结构;

(4)采用护栏保护。

在公路上设置护栏并不是为了减少一般事故的发生。护栏的防撞机理是通过护栏和车辆的弹塑性变形、摩擦、车体变位来吸收车辆碰撞能量,从而达到保护乘客生命安全的目的。护栏与其他安全设施的显著区别是以护栏和车辆自身的破坏变形来防止更严重的伤害事故发生。在设置护栏避免车辆与其他危险物碰撞时，应把护栏当成危险物看待。也就是说，如果是某一车辆以一定碰撞条件碰撞某一危险物的事故严重度比相同条件下车辆碰撞护栏的事故严重度小，那么就不能用护栏保护该危险物。例如，在某一平缓、低填方的路段，车辆越出路堤的事故严重度比车辆碰撞护栏的事故严重度小，即使在此路段上发生过一次乃至几千次以上的车辆越出路外事故，也不能采用护栏保护该路段，而是应采取其他安全措施，如道路几何线形的改善、设置视线诱导设施、设置限速标志及提高路面抗滑能力等。安全护栏是公路的重要交通安全设施，其作用一是起警示作用，二是防止失控车辆越出路外或穿越中央分隔带闯入对面行车道，以保护路边和中央分隔带内的构造物及其他设施，并使失控车辆平滑改变方向，防止危及其他车辆，保障人身安全，使事故损失减至最小限度。护栏有柱式护栏、墙式护栏、钢筋混凝土防撞护栏、波形钢板护栏、缆索护栏、桥梁护栏等多种不同的结构形式，各自适用于不同等级的公路和不同的情况。

(1)柱式护栏(护柱)

柱式护栏是设置在公路土路肩上或路堤挡土墙上的预制钢筋混凝土护栏结构，其截面为20cm×20cm，设在土路肩上的长度为130cm，设在挡土墙上的长度为80cm，其间距一般为2～4m。它只适用一般公路的高填路堤、悬崖、急弯的外侧等路段，并应在柱上涂上黑、白相间宽度为10cm的油漆。

(2)墙式护栏

通常采用天然石料砌成，为了美观常用水泥砂浆进行抹面，并应在迎车行道一侧的墙上和两端涂以黑、白相间的油漆。其截面一般为40cm×60cm(宽×高，其高度不包括埋入路肩内的深度)，有整体式和间断式两种。这种护栏的适用范围与柱式护栏相同。

(3)钢筋混凝土防撞护栏

通常简称为混凝土护栏，是一种以一定的截面形状的混凝土块相连接而成的墙式结构，一般只用于高速公路和一级公路。其特点是，当失控车辆与它碰撞时，在瞬间移动荷载的作用下，护栏基本上不会移动和变形，而碰撞过程中的能量主要是依靠汽车沿护栏坡面爬高和转向来吸收，使失控车辆恢复到正常的行驶方向，从而减少碰撞车辆的损失和保护车上乘员的安全。所以，混凝土护栏截面形状和尺寸(高度、宽度等)的合理确定，是直接影响碰撞作用效果的重要因素。混凝土护栏有设置在中央分隔带和公路路肩上等几种不同的结构形式，它具有防止失控车辆越出路外、效果好、维修费用省等优点。不足之处是，由于混凝土护栏是一种不变形的刚性结构，吸收碰撞能量效果差，在失控车辆从较大的进入角与护栏发生碰撞时，对车辆和乘员的损害都比较大，同时，还有遮挡路外视线的缺点。

中央分隔带混凝土护栏，适用于中央分隔带较窄的路段，现行规范推荐基本型和改进型两种混凝土护栏结构，如图8-2所示。在一般情况下，应优先考虑采用改进型，因为它适合交通量大和重车比例高的路段。(注：这两种护栏都不同程度地存在碰撞车辆翻车的可能性，已与现有车辆群体不相适应。大多数西欧国家及我国都在不同程度地限制其使用，而主张推广采用单坡型混凝土护栏。)

当要将通信、供电管线布置在中央分隔带内时，可采用分离式的混凝土护栏，如图8-3所示，即将基本型或改进型一分为二，背面为直立，顶上则加设盖板。如果不设置管线，则不设盖板而在中间填土，植树进行绿化。这种设置方式，只有当中央分隔带的宽度大于2m时才能使用，而且造价高，设计时应进行必要的技术经济比较。

当中央分隔带设置为混凝土护栏而遇有其他构造的地点时，如标志柱、照明灯柱等，则可与之浇筑在一起，并做专门处理。这种结构称为加宽型混凝土护栏，是在基本型或改进型的基础上进行加宽，把其他构造物包裹在里面，其加宽的尺寸可以根据其他构造物的大小和特点确定，但最大不能超出中央分隔带的宽度，即加宽部分不能侵入公路建筑限界，而且这种加宽型混凝土护栏只能用于中央分隔带内有其他构造物的局部路段。因此，在标准型护栏与加宽型之间应设置一渐变段，其渐变段的长度应符合规范的要求，以达到线形平滑过渡和美观的目的。

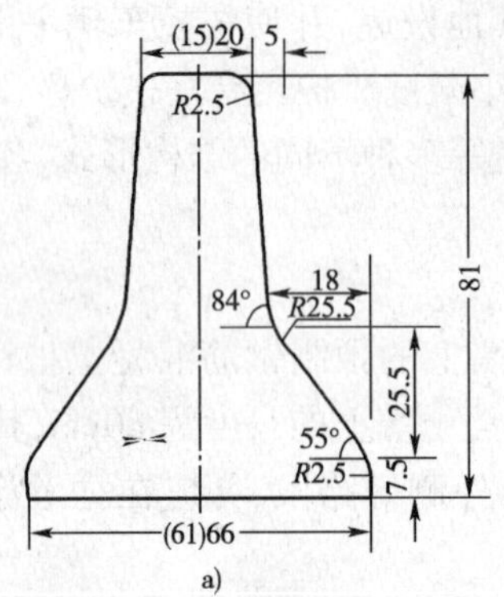

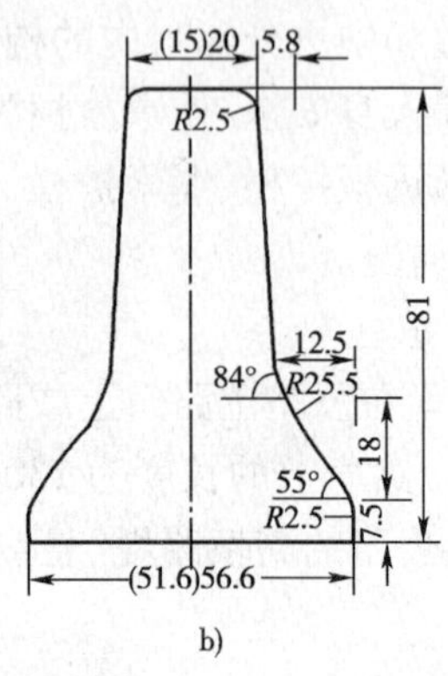

图 8-2　中央分隔带混凝土护栏（尺寸单位：cm）

a）基本型混凝土护栏；b）改进型混凝土护栏

中央分隔带混凝土护栏的高度一般为 81cm，若作为防眩设施则高度不够。因此，凡在混凝土护栏路段需设置防眩设施时，通常是在护栏的顶部预埋连接件，然后将防眩设施固定在中央分隔带混凝土护栏的顶部，要求做到连接牢固，拆装方便。若要设置轮廓标时，一般是将轮廓标安装在混凝土护栏的侧墙上或护栏的顶部。

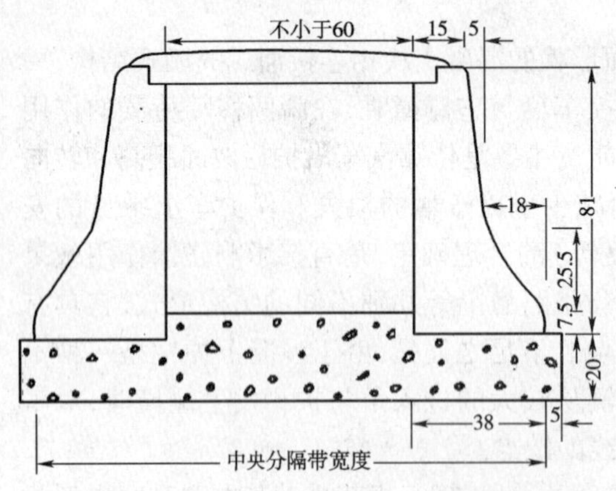

图 8-3　分离式的混凝土护栏（尺寸单位：cm）

由于中央分隔带混凝土护栏的修建，可能对路面排水会产生一定的影响，因此，为了及时排除路面雨水，一般是在中央分隔带混凝土护栏的侧面下缘设泄水孔。泄水孔的尺寸和间距可根据当地雨量情况和路面排水设计的要求综合考虑确定。

中央分隔带混凝土护栏系采用强度等级不低于 C25 的混凝土做成，有预制安装和就地浇筑两种施工方法。预制分节的长度，一般为 2 ~ 6m，就地浇筑的长度，可按横向缩缝要求确定，横缝的间距一般采用 4 ~ 5m，最大不超过 6m。目前，在实际工作中多采用现浇施工安装。公路工程概、预算定额将采用这种方法设置的护栏，称为“中间带隔离墩”。凡预制的混凝土护栏块，应配置一定数量的纵、横向钢筋，一般是根据预制块的长度和吊装方式来确定。

为了提高混凝土护栏的稳定性和强度，必须设置基础。基础是保证护栏寿命，充分发挥护栏应有功能的一个重要组成部分。在碰撞过程中，它与护栏一起共同参与作用。护栏与基础连接有两种方式：一是将中央分隔带混凝土护栏嵌锁在基础中，其埋置深度一般为 10 ~ 20cm，施工时先按设计高程铺好混凝土垫层，护栏吊装就位后，浇筑两侧宽度不小于10cm的混凝土基础嵌锁带；二是将中央分隔带混凝土护栏通过传力钢筋与基础连接，传力钢筋的长度为25cm，直径不应小于25mm，必须将其固定在埋置于基础中的20cm×20cm×20cm的混凝土块中，并应错列布设。

预制混凝土护栏除要做好与基础的连接外，还要考虑纵向连接，以防止在汽车冲击力的作用下，发生护栏的脱开、错位，以致使失控车辆不能利用护栏进行顺利的导向。这种护栏预制块的纵向连接可采用纵向传力钢筋连接法或纵向企口连接法。

现浇的混凝土护栏，其纵向可按平接处理。

在中央分隔带混凝土护栏的起、终点和开口处，若汽车发生碰撞时，几乎是处于直角正面碰撞状态，因此，其端头要进行特殊设计，目前世界上广泛使用的有斜坡式和尖头式两种不同的结构形式，其效果都比较好，前者正面碰撞时车辆可以爬高吸能，后者正面碰撞时车辆不能爬高，但侧撞时会有很好的导向效果。一般应根据设置地点的实际情况确定。

当半径较小的弯道，行驶条件较差，以及危险陡坡路段，为防止车辆越出路外，可考虑设置路侧混凝土护栏。但由于混凝土护栏存在有上述不足之处，故在一般情况下，路侧应尽可能不要设置这种护栏。其结构形式如图8-4所示，外侧为直立截面。它的基础有嵌锁式和扩大式两种形式。前者适用于有边坡的高填方路段，后者常与危险路堤处的高挡土墙配合使用。设置路侧混凝土护栏时宜就地浇筑，基底则宜加做一层厚度不小于20cm的半刚性基层。

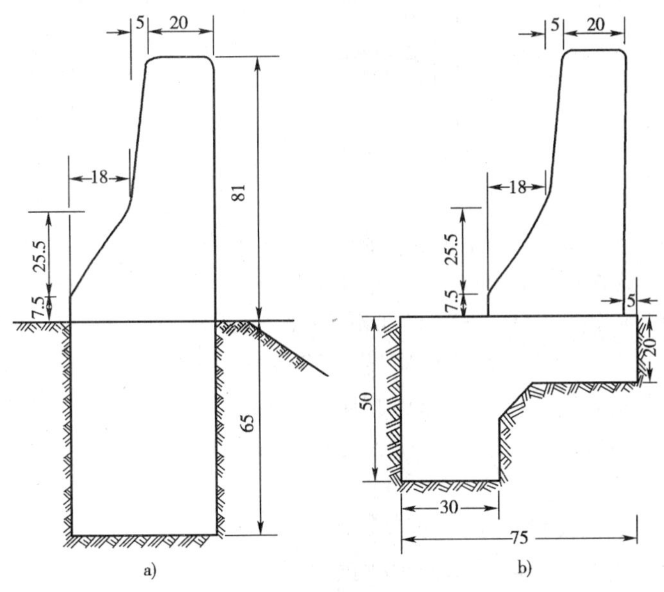

图8-4　路侧混凝土护栏构造（尺寸单位：cm）

a）路侧混凝土护栏嵌锁式基础；b）路侧混凝土护栏扩大式基础

在一条公路上设置混凝土护栏时，应采用同一截面结构形式，这不仅是美观上的要求，而且也更便于模具的加工制作和护栏的施工，这是在实际工作中不可忽视的一个问题。

（4）波形钢板护栏

波形钢板护栏是一种以波纹状钢板相互拼接并由钢立柱支撑而组成的连续梁柱式的护栏结构，具有一定的刚度和柔性，故又称为波形梁护栏。其特点是利用土基、立柱、波形梁的变形来吸收失控车辆的碰撞能量，并使其改变方向，回复到正常的行驶方向，避免越出路外或穿越中央分隔带闯入对面行车道。

波形钢板护栏，按防撞等级可分为用于路侧护栏的 A 级和 S 级与用于中央分隔带护栏的 Am 级和 Sm 级，其中 S 级和 Sm 级为加强型。其结构形式是一样的，只是立柱的中心间距不同，A 级和 Am 级的为 4m，加强型的为 2m。这种护栏常设置在高速公路和一级公路的路侧和中央分隔带上，加强型的适用于路侧特别危险，需要加强保护的路段或中央分隔带内有重要构造物，并需要限制护栏横向移动的路段。是目前我国高速公路和一级公路建设工程中广泛使用的一种护栏结构形式。

波形钢板护栏由立柱、波形钢板、紧固件以及防阻块和横隔梁等组成多种结构形式，对设置在路侧和中央分隔带上也各有不同的要求和规定，如图 8-5 所示。防阻块是波形钢板与立柱之间的承力部件，适用于交通流比较复杂，预计碰撞车辆可能会在护栏的立柱处产生绊阻的路段，或为了减少路缘石对碰撞车辆的运动轨迹产生不利影响的路段。

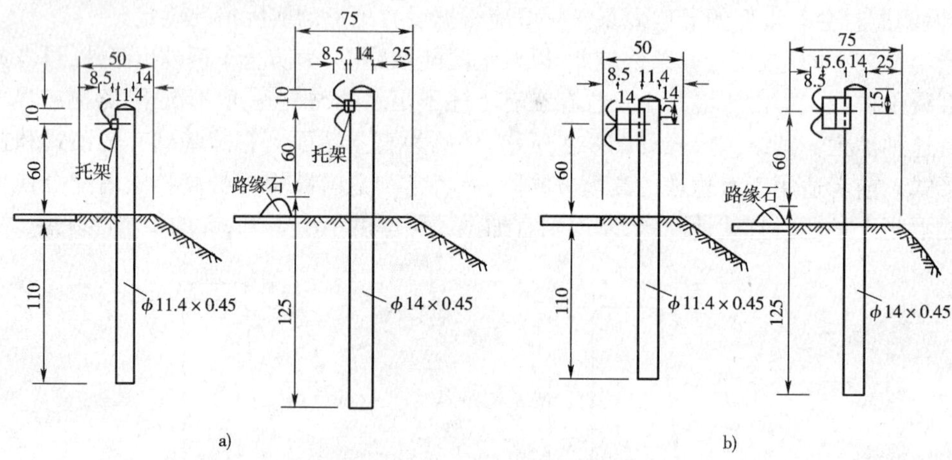

图 8-5　路侧波形钢板护栏的横断布置（尺寸单位：cm）

a）无防阻块的路侧波形钢板护栏（圆形立柱）；b）有防阻块的路侧波形钢板护栏（圆形立柱）

设置于路侧的波形钢板护栏，其护栏面不应侵入公路建筑限界以内，同时又应使立柱外侧具有足够的侧向土压力。故当土路肩的宽度为 50cm 时，立柱外边缘到路肩边缘的最小距离，不应小于 14cm；当土路肩的宽度为 25cm 时，则不应小于 25cm。

图 8-6 中的 C 值，应满足公路建筑限界的规定和要求，即护栏面不得侵入公路的建筑限界内。

设有横隔梁的波形钢板护栏系一种组合型护栏，它适用于中央分隔带比较窄的路段，其立柱设置在公路的中心线上。横隔梁由两根槽钢组成，分别安装在立柱的两边。两边的波形钢板则分别与横隔梁的两端相连接，其最大的组合宽度为 100cm，但也可根据中央分隔带的宽度作适当的调整，如图 8-7 所示。

波纹状钢板，是用 3mm 厚的钢板或带钢在工厂经冷弯、冲孔、镀锌一次加工完成的半成品。其形式和尺寸应符合图 8-8 和表 8-1 的规定。其搭接部分可以采用等截面或变截面。

波形钢板护栏的立柱有圆形和槽形两种，其形状和尺寸应符合图 8-9 和表 8-2 的规定。为便于养护管理，一般都采用镀锌。当重型车辆占的比例大、失控车辆越出行车道会发生严重交通事故的危险路段，图中圆形立柱可以采用 $\phi 140\times 4.5$mm 的钢管。

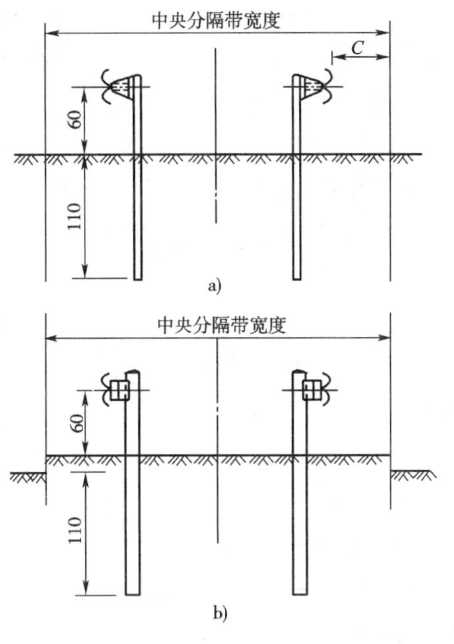

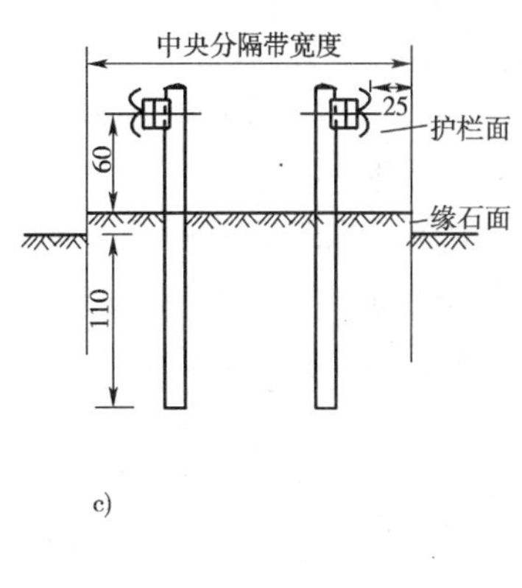

图 8-6　分设型护栏的横断布置(尺寸单位:cm)

a)无缘石时;b)有缘石时;c)满足公路建筑限界的规定

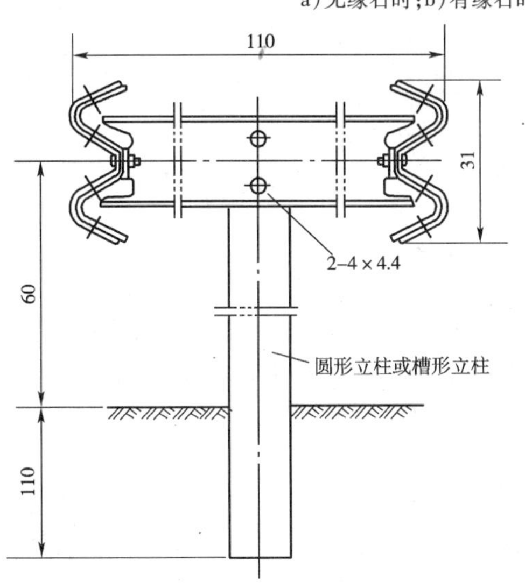

图 8-7　组合型波形钢板护栏构造(尺寸单位:cm)

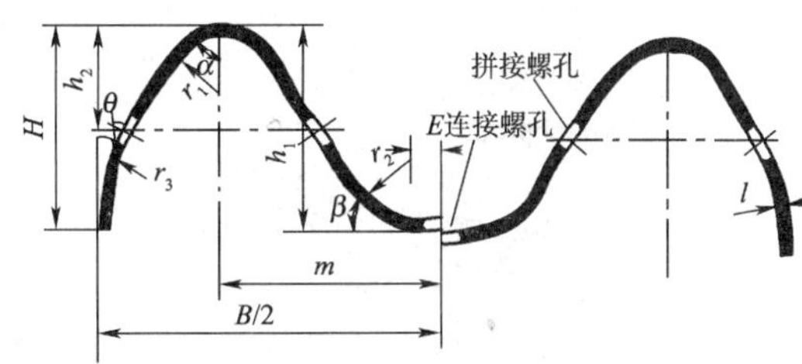

图 8-8　波形钢板截面

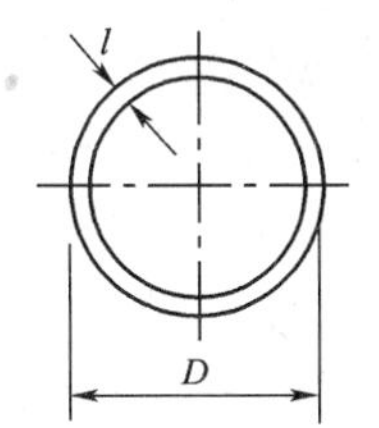

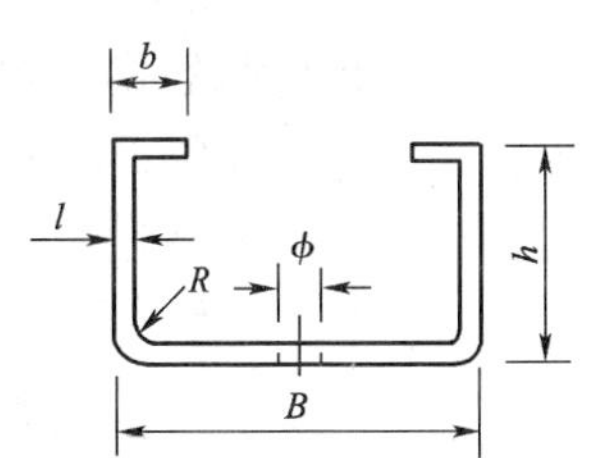

图 8-9　立柱的断面

波形钢板截面各部尺寸(cm)　　表 8-1

代号	B	m	H	h_1	H_2	E	r_1	r_2	r_3	α	β	θ	t
尺寸(mm)	310	96	85	83	39	14	27	24	10	55°	55°	10°	3

立柱截面各部尺寸　　表 8-2

圆形立柱(mm)		槽形立柱(mm)				
D	t	B	H	b	t	ϕ
ϕ114	4.5	125	62.5	25	5	18

立柱一般都采用打入法施工,无法打入的石方地段或有构造物时则可采用挖孔浇筑混凝土基础或预留孔洞的埋置方式。埋置于混凝土基础中的深度一般应不小于40cm,混凝土的强度等级不应小于C15。为了维修养护方便,可采用法兰盘装配式的连接方式或抽换式护栏立柱装置。抽换式的护栏立柱装置,非常适合用于混凝土的基础中。它结构简单,安装维修都很方便。

波形钢板护栏的起终点和中央分隔带的开口处,都应进行端头处理。路侧护栏的端头有圆头式和地锚式两种。逆行车方向的上游圆头式端头与标准段之间应设渐变段,顺行车方向的下游端头则可与标准段成一直线布设。

中央分隔带护栏的端头有分离型和组合型两种结构形式,分设型的端头一般在16m长的范围内,以抛物线形与标准段相连接,圆头的半径一般为25cm,其立柱的间距为2m。

中央分隔带上,无论是设置波形钢板护栏,还是混凝土护栏等,在开口处均应设置活动护栏,如图8-10所示。其高度应与中央分隔带护栏高度保持一致。为便于养护工作的进行和特种车辆(如交通事故处理车和急救车等)在紧急情况下临时开启放行,安装后,应易于拔出和重新插入。

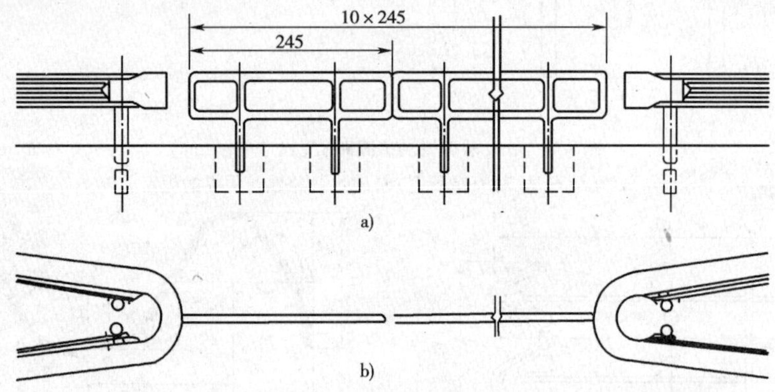

图8-10　活动护栏构造(尺寸单位:cm)

a)平面图;b)立面图

此外,设置在交通分流处的匝道三角地带的波形钢板护栏,其构造应与路侧护栏一致,并应根据三角地带的线形和地形进行设置。在靠近公路主线和匝道一侧的两端各8m长的范围内应采用加强型级,在加强型护栏的中间接6跨A级护栏,同时用圆头将三角区两侧的护栏连接起来。一般在危险三角区应采用带防阻块的护栏。

(5)缆索护栏

缆索护栏是一种以数根施加初张力的钢丝绳固定于立柱上所组成的,具有较大缓冲能力的韧性护栏结构,主要依靠缆索的拉应力来抵抗车辆的碰撞从而吸收碰撞能量。目前,我国在高速公路和一级公路的建设中,较少修建这种护栏。

路侧缆索护栏,按防撞等级也分为A级和S级两种,S级为加强型,中央分隔带缆索护栏则只有Am一个等级,没有加强型的,其适用范围与波形钢板护栏基本相同。

(6)桥梁护栏

指设置于高速公路和一级公路的桥梁上具有防撞功能的护栏结构,分为三个等级:一级用于一般公路跨越高速公路和一级公路;二级用于高速公路和一级公路;三级用于桥外特别危险需要重点保护的特大桥,故它不同于一般公路桥梁的行人护栏(常称为桥梁栏杆,是由立柱和扶手组成的,结构简单,只起保障行人安全的作用)。

桥梁护栏用钢材、铝合金或钢筋混凝土等材料制成。按其构造特征,可分为梁柱式、钢筋混凝土墙式和组合式三类护栏，如图 8-11 和表 8-3 所示。在实际工作中，桥梁护栏一般都是与桥梁的上部构造一起进行设计和施工，实际上它是桥梁工程的一个重要组成部分，故其费用归并在桥梁工程的造价内，不单独反映，也不归并在沿线设施的护栏工程内。但为了便于统筹组织施工，目前在一些高速公路和一级公路的建设工程中，除特大桥和大、中桥外，大都采用与路侧护栏一致的结构形式进行设置，无疑是适宜的，同时，也省却了端头的处理，节约了费用，简化了施工环节，是应予注意的一个问题。

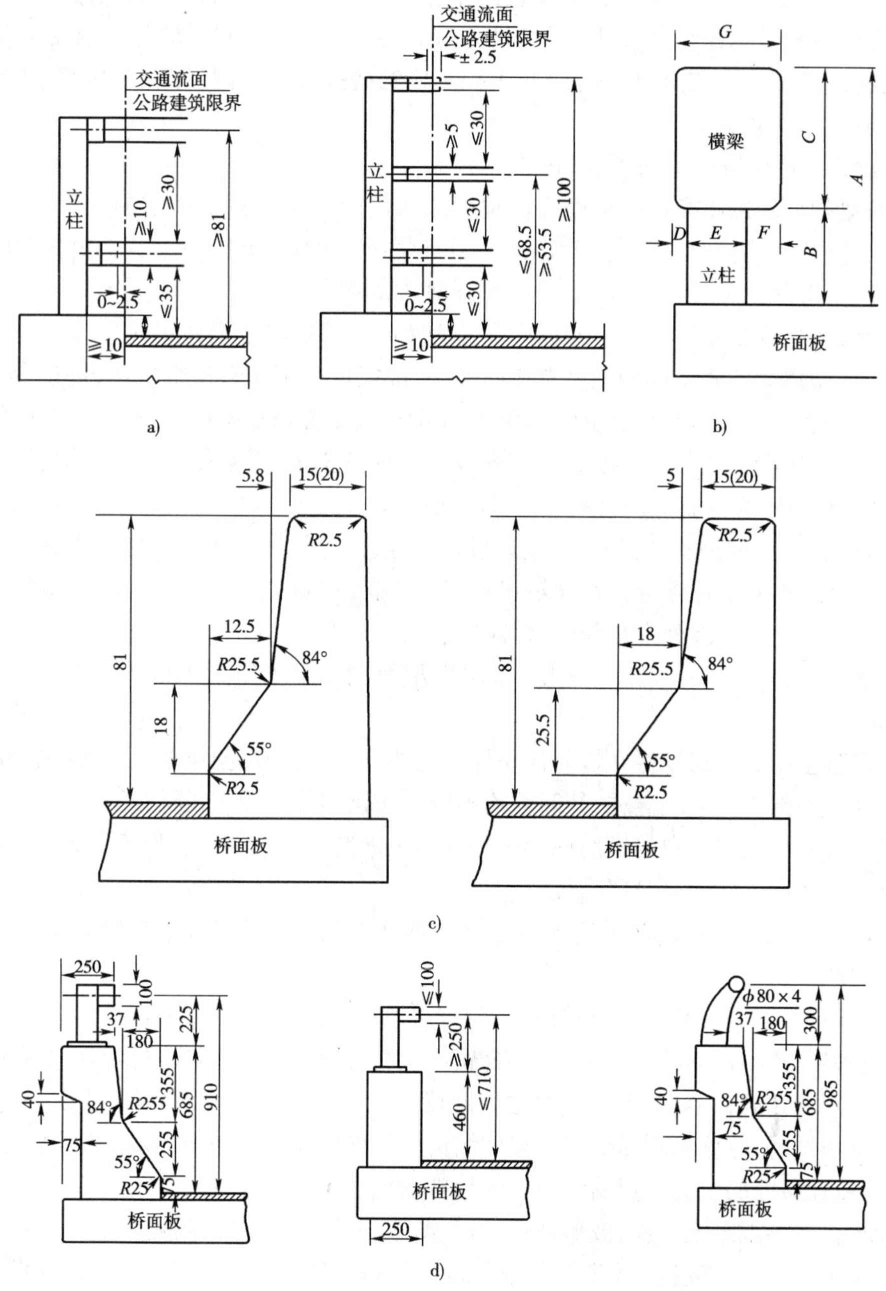

图 8-11　桥梁护栏构造特征（尺寸单位：cm）

a）金属制桥梁护栏（$D \leqslant 10$cm）；b）钢筋混凝土梁柱式护栏；c）钢筋混凝土墙式护栏；d）组合式桥梁护栏

钢筋混凝土梁柱式护栏参数(cm)　　表8-3

参数 形式	A	B	C	D	E	F	G
Ⅰ型	80	30	50	4	18	11	33
Ⅱ型	80	33	47	0	15	15	30

目前,美国、英国和日本等国已大量使用铝合金桥梁护栏。这种护栏具有重量轻、不易腐蚀(无须进行油漆或镀锌)、强度大、延续性好等优点,不仅易于加工成复杂或空心的截面形状,而且能通过铝合金的变形更好地吸收失控车辆的碰撞能量,保护车辆和旅客,故是桥梁护栏今后发展的一个重要方向。

设置桥梁护栏应符合下列要求和规定:

(1)桥梁护栏的最小高度与桥面高出地面或水面的高度和桥面净空的大小有关,当桥高或桥面较宽(如四车道)时,应不小于100cm,其他情况,应不小于81cm。凡高度为100cm的金属梁柱式护栏应设置为三横梁,81cm的则可设置为双横梁。

(2)金属梁柱或桥梁护栏立柱的标准间距为4m,钢筋混凝土梁柱式的为2m。

(3)为使金属梁柱式桥梁护栏具有连续性,应按规定采用套管进行拼接,拼接套管的长度应大于或等于直径的2倍,并不应小于30cm,在护栏的正面(迎车流面)不应有突出物。

(4)高速公路和一级公路的桥梁上不宜设置护轮安全带,当必须设置时,其高度宜控制在5~10cm之间,护栏的正面与护轮带的边缘应成一直线。

(5)凡桥面设有伸缩缝处,护栏亦应设置伸缩缝,并应与桥梁伸缩缝的位移量一致。

金属梁柱式护栏的伸缩缝应符合规定和要求,其连接板或管的长度应大于或等于3倍横梁的宽度。当桥面伸缩缝处发生竖向、横向复杂的位移时,可不连接,但应在伸缩缝的两端设置专门的端部立柱,其中心间距不应大于2m,两横梁的间隙不得大于桥梁伸缩缝的设计位移量加25mm。

钢筋混凝土墙式桥梁护栏在桥面伸缩缝处应断开,钢筋混凝土梁柱式桥梁护栏亦应断开,但在伸缩缝的两端应设置端立柱,其间隙均不应大于桥面伸缩缝的设计位移量。

至于组合式桥梁护栏中的钢筋混凝土部分和金属结构部分,应分别符合钢筋混凝土墙式和金属梁柱式中有关伸缩缝设置的规定。

(6)桥梁护栏的起、终点应进行端头处理。钢筋混凝土墙式和组合式桥梁护栏应设置独立的端部翼墙。

(7)桥梁护栏与路侧护栏相连接时,要设置过渡段,过渡段的设置应符合规范规定。

桥梁护栏与桥面板连接有多种方法,金属护栏有直接插入式和地脚螺栓连接式两种,前者在桥面板上须留孔洞,一般适用于桥面边缘厚度大于40cm处,后者适用一般桥梁,便于安装和养护。有条件时,也可采用插换式的立柱结构。钢筋混凝土护栏,一般都采用就地浇筑法施工,与桥面板连接处的配筋应根据防撞等级计算确定。

上述护栏中的混凝土护栏、波形钢板护栏、缆索护栏、桥梁护栏四种护栏主要是用作高速公路和一级公路的安全设施,但并不是每条路上的每一路段和每一座桥梁,都要设置这种护栏,而应该针对每条公路沿线的实际情况和每座不同类型的桥梁,从实际出发,经过充分分析、比较,经济合理地选择应设置的路段和护栏的结构形式。

二、隔离设施

隔离设施是将金属网绷紧在支撑结构上的一种栅栏，是对高速公路和一级公路进行隔离封闭的人工构造物的统称，常称为隔离栅。其目的在于防止人、畜进入或穿越公路，防止非法侵占公路用地。它有多种结构形式，主要由立柱、斜撑、金属网、连接件和基础等组成。

在实际工作中，常用的金属网有钢板网、刺铁丝和编织网，立柱有钢管、型钢和钢筋混凝土。立柱可直接打入土中或埋置于混凝土基础内。其结构形式如图 8-12 所示。

隔离设施的有效高度，一般为 160 ~ 180cm，可根据不同的地形和村镇的稠密程度合理确定。隔离网与立柱的连接有两种方法：一是挂在立柱的挂钩上，它适用于连续布设的金属网和刺铁丝等隔离设施。型钢立柱的挂钩可用冲压成型或焊接挂钩。混凝土立柱的挂钩则可预埋钢筋。二是固定在框架上，框架与立柱通过螺栓进行连接。

为保证隔离设施有足够的稳定性和整体强度，每隔 100m 应对立柱进行加强，型钢立柱可采用两侧加设斜撑，如图 8-12a）所示，每隔 200m 或在隔离栅改变方向的地方，应在型钢立柱的三个方向加设斜撑，钢筋混凝土立柱则可采用加强混凝土基础的方法来保证其稳定性。

为了养护管理的需要，隔离设施应在适当的地点开口。凡开口处均应设门，以便控制出入。大门的形式有单开门和双开门，单门的宽度应不大于 1.5m，双门的总宽应不超过 3.2m。双开门主要是为养护机械和车辆的进出而设置的。

此外，凡跨越铁路、高速公路和一级公路上的跨线桥的两侧均应设置金属网或钢板网，以避免杂物掉入路上造成交通事故。这种金属网的眼孔不应超过 25mm × 35mm，钢板网的眼孔不应超过 45mm × 20mm，其厚度不应小于 3mm。

隔离栅的形式选择必须考虑其性能、造价、美观、与公路周围环境的协调、施工条件及养护维修等因素，并应与公路的设计标准相适应。隔离栅设置的原则有：

（1）为保证公路高速、舒适、安全、经济的运行，防止横向干扰、减少延误，高速公路和其他等级公路认为有必要的路段，尤其是高速公路沿线两侧原则上均应设置隔离栅口。

（2）高速公路、一级公路凡符合下列条件之一的路段，可不设隔离栅。

①公路路侧紧靠河流、水渠、池塘、湖泊等天然屏障，认为将来不用担心有人、畜进入或非法侵占公路用地的路段；

②公路路侧有高度大于 1.5m 的挡土墙或砌石陡坝，人、畜难以进入的路段；

③桥梁、隧道等构造物的两侧，除桥头或洞口需与路基上隔离栅连接封死外的路段。

（3）隔离栅一般沿公路用地界线以内 20 ~ 50cm 处设置。

（4）隔离栅在遇桥梁、通道时，应朝桥头锥坡或端墙方向围死，不应留有让人、畜可以钻入的空隙。

（5）隔离栅与涵洞相交时，如沟渠较窄，隔离栅可直接跨过。

（6）由于地形的原因，隔离栅前后不能连续设置时，就以该处作为隔离栅的端部，并处理好端头的围封。

（7）在地形起伏较大，隔离栅不易施工的路段，可根据需要把隔离栅设计成阶梯的形式。

（8）隔离栅宜根据管理养护的需要在适当地点设置开口。凡开口处均应设门，以便控制出入。

而对于隔离栅的结构设计参数，主要包括结构高度、隔离栅的稳定性、网孔尺寸。

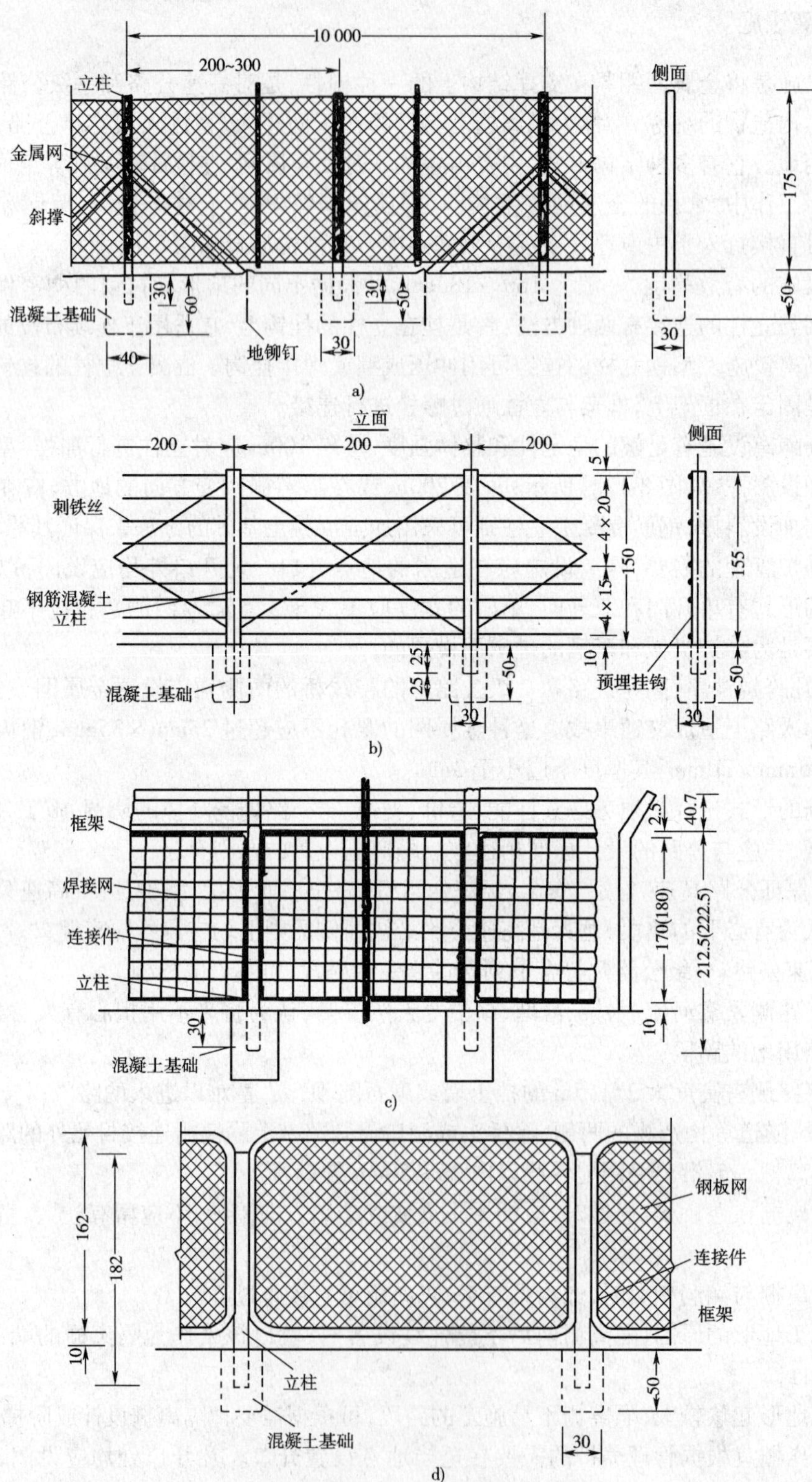

图 8-12　隔离设施构造形式(尺寸单位:cm)

a)金属网连续铺设的构造;b)钢筋混凝土立柱铁丝网的构造;c)框架式焊接网,加刺铁丝的构造;d)框架式钢板网的构造

1. 结构高度

隔离栅的高度是结构设计的一个重要指标，该指标的取值大小直接影响工程的单位造价和使用性能。结构高度须结合实际的地形地物、道路两侧的人口稠密程度及人口的流动分布情况等因素综合分析确定。

隔离栅的高度主要以成人高度为参考标准，其取值范围在1.50~2.10之间。在城市及其郊区人口密度较大的路段，特别是青少年较为集中的地方，如学校、运动场、体育馆、影(剧)院等处，隔离栅高度应取上限，并且根据实际需要，可从高度和结构设计上做到使人无法攀越的程度，而在人迹稀少的路段、山岭地区和公路保留用地，隔离栅的高度值可取下限。

2. 隔离栅的稳定性

隔离栅的稳定性直接关系到其使用效果和使用年限，其设计荷载主要考虑风力，同时也考虑人、畜的破坏作用。

风力可按下式计算：

$$\begin{aligned} P &= \rho W_0 S = SW \\ W &= \rho W_0 \end{aligned} \tag{8-1}$$

式中：P——设计风力(N)；

W——设计风压(Pa)；

W_0——基本风压(Pa)，按《公路桥涵设计通用规范》(JTG D60—2004)的规定取值；

S——迎风面积(m^2)，为每片隔离栅的外轮廓线面积；

ρ——考虑隔离栅为网孔结构的折减系数，一般$\rho=0.50\sim0.85$，$\rho_{max}=1.0$。

根据计算的风力，可进行稳定性验算，由此确定支柱截面尺寸。隔离栅支柱的截面尺寸可参照表8-4的要求确定。

支柱截面要求　　表8-4

支柱类型	截面要求
钢支柱	截面面积≥3.3cm^2
钢筋混凝土支柱	截面尺寸大于10cm×10cm

3. 网孔尺寸

隔离栅网孔尺寸的大小主要根据以下几个因素选定：

(1)不利于人攀越；

(2)整个结构的配合要求；

(3)网面的强度(绷紧程度)。

三、防眩设施

防眩设施是指防止夜间行车不受对向车辆前照行灯眩目而设置在中央分隔带内的一种构造物，由板条和方形型钢组成。板条的厚度为2.5~4.0mm，板宽有8~10cm和8~25cm两种标准，前者用于一般路段，后者用于平(竖)曲线路线，方形型钢的外形尺寸可为40mm×40mm~65mm×65mm，其壁厚可为2mm×3mm。防眩板条和方形型钢等金属件，可采用热浸镀锌进行防腐处理。为改善视觉景观，避免给人以单调的感觉，可将部分或全部板条采用颜色搭配的方法涂刷油漆。

防眩设施的高度，一般为1.6m，板与板之间的间距为50cm。在连续设置时，应每隔一定的距离使其在纵向断开，成为一独立结构段的制造和安装单元，每一结构段的长度宜为4~12m。

防眩设施的设置应注意其连续性，即在两段防眩设施之间，避免留有短距离间隙。在平曲线半径较小的弯道上设置时,应验算是否对停车视距有影响。在凸形竖曲线上设置时应避免防眩设施的下缘漏光。在凹形竖曲线上设置时,则应适当增加防眩设施的高度。

(1)设置条件

高速公路和一级公路,凡符合下列情况之一的路段,宜设置防眩设施:

①夜间交通量较大,大型车混入率较高的路段。

②平曲线半径小于一般最小半径和设置竖曲线时驾驶员有严重眩目影响的路段。

③无照明的大桥和高架桥上。

④长直线和地形起伏较大的路段。

⑤从互通式立体交叉、服务区、停车场的匝道或连接道进入主干线时,对向驾驶员有严重眩目影响的路段。

(2)防眩设施的形式

防眩设施的设置方式,有如下三种形式。

①防眩板与混凝土护栏结合。通过混凝土护栏顶部的预埋件架设在混凝土护栏上,预埋件的间距一般为2.0m,采用焊接方法固定,如图8-13所示。

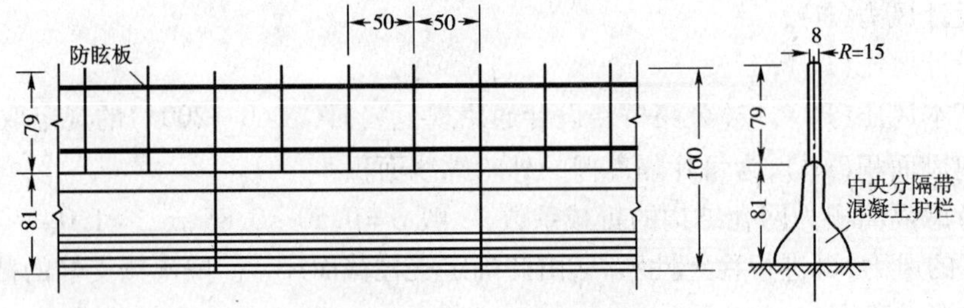

图8-13 设置于混凝土护栏上的防眩板构造(尺寸单位:cm)

②防眩板与波形钢板护栏结合。若系分设型护栏,则加设横梁(槽钢)将防炫板固定在槽钢上,通过连接件将其架设在护栏上,如图8-14所示。若系组合型护栏,则可直接焊接在护栏的立柱上。

③单独竖立支柱。将其埋设在中央分隔带上。

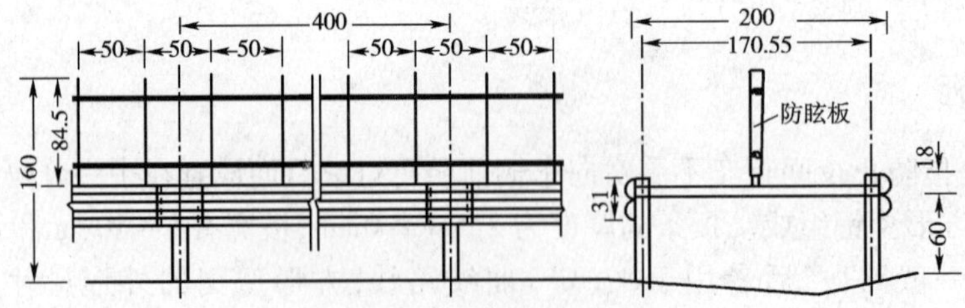

图8-14 设置于波形钢板护栏上的防眩板(尺寸单位:cm)

当中央分隔带较宽时,亦可采用植树进行防眩。

四、视线诱导设施

驾驶员为了安全地驾驶汽车,应能判断设计视距以外的道路方向。行车时,驾驶员的视线在汽车前方寻视,以路旁地带、具有良好识别线的道路表面和与平行于车行道的各种线条(路缘或路面边线，路旁整齐的树木、护栏和视线诱导设施）来判定道路的行进方向，特别是在夜间、雨天、大雾、路上有积雪等不良气候条件时，路面标线可能不清楚，驾驶员对视线诱导设施的需求就更迫切。视线诱导设施按功能可分为：轮廓标，分流、合流诱导标，指示性或警告性线形诱导标三类。它们以不同的侧重点来诱导驾驶员的视线，使行车更趋安全和舒适。

（1）轮廓标

轮廓标是以指示道路线形轮廓为主要目标的一种视线诱导设施。通常都是全线连续的，设置在高速公路和一级公路的主线，以及互通式立体交叉、服务区、停车场等的进出匝道或连接道前进方向左、右两侧的道路边缘，设置间隔直线段一般为5m。轮廓标有埋置于土中和附着于各类构筑物上两种不同的构造形式，一般应根据建设工程的实际情况确定。

①埋置于土中的轮廓标，由三角形柱体、反射器和混凝土基础等所组成，如图8-15所示。柱体采用钢板或玻璃钢做成，其顶部斜向行车道，柱身部分为白色，在距路面55cm以上部分有25cm的黑色标记，在黑色标记的中间，镶嵌一块18cm×4cm的定向反光材料反射器，故又称为柱式轮廓标。为轮廓标被撞坏时便于更换修复，柱与基础的连接可采用装配形式。

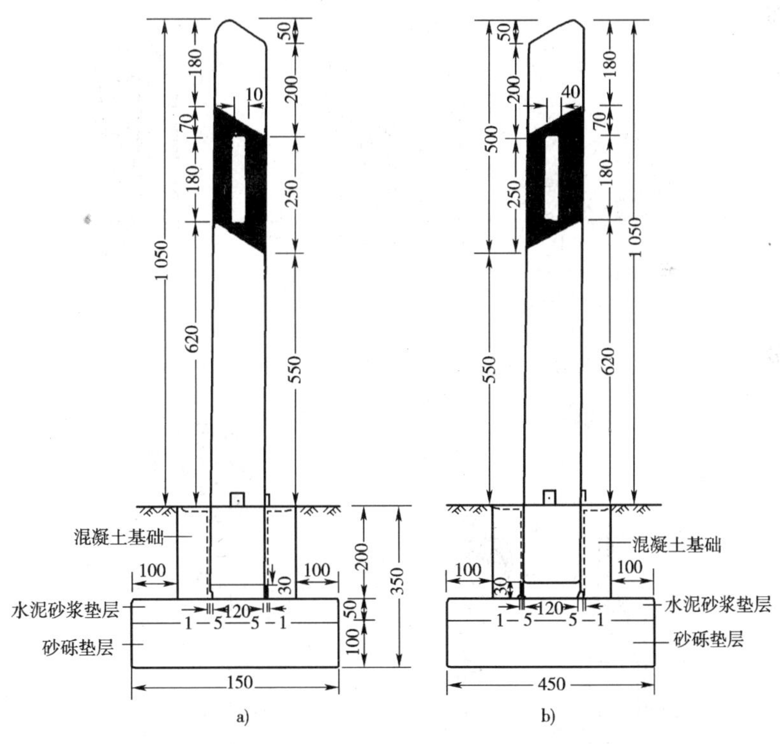

图8-15　轮廓标（设置于土中）的构造（尺寸单位：mm）

a）行车道左侧；b）行车道右侧

②附着于各类构筑物上的轮廓标，由反射器、支架和连接件组成。由于构筑物的种类和位置不同，其形状和连接方式也不一样，如有附于各种护栏上的，也有附于隧道、挡土墙、桥梁墩台等侧墙上的。如图8-16所示是附着于波形钢板护栏上的一种轮廓标构造形式，故又称为栏式轮廓标。如图8-17所示是附着于侧墙上的轮廓标的构造形式。

在经常有雾、风沙、阴雨、下雪、暴雨等地区，可采用直径100mm的圆形反射器，将其安装在波形钢板护栏的立柱上，如图8-18所示。

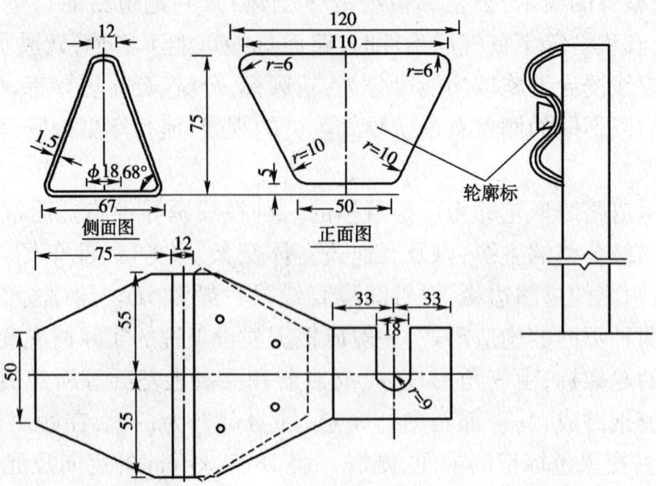

图 8-16　轮廓标附着于波形钢板护栏中间的槽内(尺寸单位:mm)

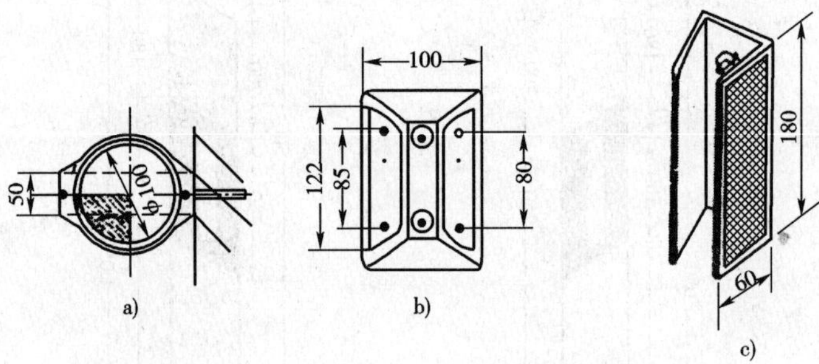

图 8-17　附着于侧墙上的轮廓标(尺寸单位:mm)

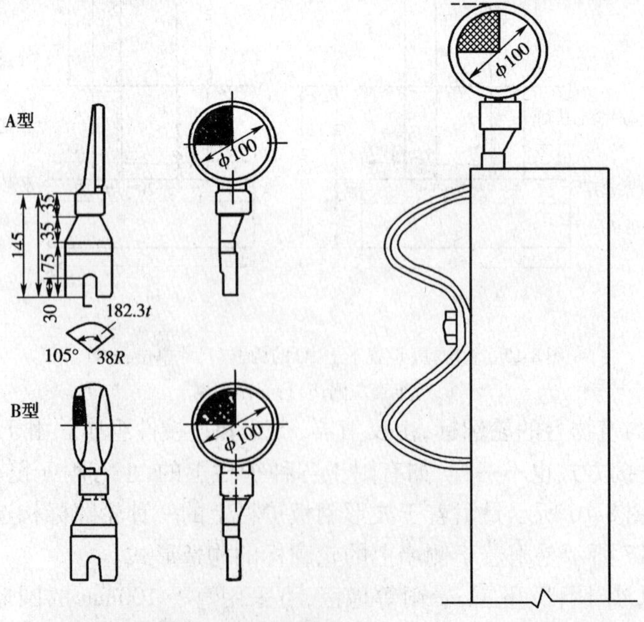

图 8-18　轮廓标安装于波形钢板护栏立柱上(尺寸单位:mm)

(2)分流、合流诱导标

分流、合流诱导标是设置在互通式立体交叉的进、出口匝道附近,有交通分流或合流的地方的一种设施,它可以引起驾驶员对互通式立体交叉进、出口匝道附近的交织运行的注意,由反射器、底板、立柱、连接件和混凝土基础等所组成。其底板的尺寸为60cm×60cm的钢板或铝合金,距路面高度为2.0m,高速公路的底板为绿色,其他公路为蓝色,诱导标的符号为白色。其构造如图8-19所示。实际上它的构造形式与公路标志基本上是一样的。

(3)线形诱导标

线形诱导标是设置在急弯或视距不良地段,用以指示道路改变方向或警告驾驶员改变行驶方向的一种设施,其构造如图8-20所示。当计算行车速度大于100km/h时,底板的尺寸为60cm×80cm,计算行车速度在100km/h以下时,底板的尺寸为22cm×40cm。一般都采用钢板或铝合金做成。其构造形式也和公路标志是相同的。线形诱导标,当系指示性的为白底蓝图,警告性的则为白底红图。警告性线形诱导标,是由于公路局施工或维修作业等,需临时改变行车方向的路段。

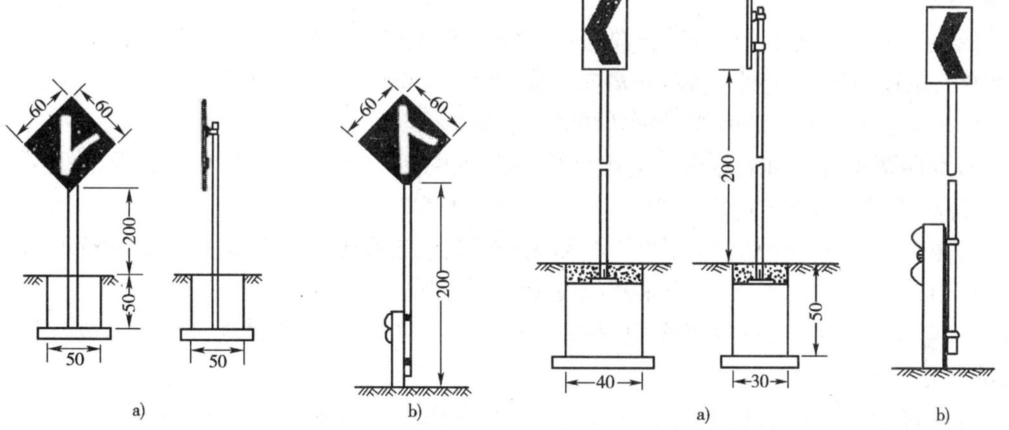

图8-19　分流、合流诱导标构造形式(尺寸单位:cm)
a)埋于混凝土基础中(分流式);b)附着于护栏立柱上(合流式)

图8-20　线形诱导标构造形式(尺寸单位:cm)
a)埋置于混凝土基础中;b)附着于护栏立柱上

视线诱导设施上的反射器一般都是采用反光膜镶贴而成,在夜间停车时通过车辆前照灯的照射就能显示其标记,具有良好的视线诱导效果。

第三节　交通管理设施

一、交通标线

道路交通标线是交通安全设施的重要组成部分,由标画于路面上的各种线条、箭头、文字、立面标记、突起路标和轮廓标等构成,是引导驾驶员视线、管制驾驶员驾车行为的重要设施。驾驶员在道路上安全、高速地行驶,有赖于道路线向的轮廓分明,在路面标线和视线诱导设施的指引下,建立行进方向的参照系,驾驶员对其视野范围更远的道路走向树立信心。因此,路面标线是引导驾驶员视线、管制驾驶员驾车行为的重要手段,它可以确保车流分道行驶,导流交通行驶方向,指引车辆在汇合或分流前进入合适的车道,加强车辆的行驶纪律和秩序,促使更好地组织交通。正确设置交通标线能合理地利用道路的有效面积,改善车流行驶条件,增加道路通行能力,减少交通事故。

因此,对标线的可见性、耐久性、施工性等有严格的要求。车辆行驶时,无论是白天或黑夜,都能由于光泽和色彩的反衬而清晰地识别和辨认路面标线。无论是沥青路面或水泥混凝土路面标线涂料必须保持与路面之间的紧密结合,在一定时期内,不会因为车辆和行人来往通行而剥落。标线涂料应具有优良的耐久性,能经受车轮长久的磨耗,不会产生明显的裂缝。标线涂料应具有很好的防滑性能,车辆驶过标线时产生较小的噪声和振动。高速公路、一级公路和二级公路应设置齐全的路面标线,运输繁忙的三级公路以及在急弯、陡坡、视距不良等路段,应设置分道行驶的行车道中心线。

这些标线可归纳为连续实线、间断线和箭头指示三种形式,其颜色一般采用白色或黄色。线的宽度除停车线和人行横线为 15 ~20cm 外,其他标线都采用 10 ~15cm 宽。路面标线按功能可分为指示标线、禁止标线和警告标线三类。

1.指示标线

指示标线是指示车行道、行驶方向、路面边缘、人行道等设施的标线,分为纵向标线(如行车道中线、车道分界线、路缘线等)和横向标线(如人行道横线、距离确认线等)。此外,还有其他标线,如高速公路出入口标线、停车位标线、导向箭头等。

(1)双向两车道路面中心线为黄色虚线,用于分隔对向行驶的交通流。在保证安全的情况下允许车辆越线超车或向左转弯。

(2)车道分界线为白色虚线,用来分隔同向行驶的交通流,设在同向行驶的车行道分界线上。在保证安全的情况下,允许车辆越线变换车道行驶。

(3)车行道边缘线为白色实线,用来指示机动车道的边缘,或用来划分机动车道与非机动车道的分界。

(4)左转弯待转区边线为白色虚线,用来指示左拐车辆可在直行时段进入待转区,等待左转。左转时段终止,禁止车辆在待转区内停留。

(5)人行横道线为白色平行粗实线(斑马线),表示准许行人横穿车行道的标线。

(6)高速公路车距确认标线为白色平行粗实线,为车辆驾驶人员保持行车安全距离提供参考,视需要设于经常发生超车、易肇事或其他有需要的路段。车距确认标线应与车距确认标志配合使用。

(7)高速公路出入口标线是为驶入或驶出匝道车辆提供安全交汇、减少与突出路缘石碰撞的标线,包括出入口的横向标线、三角地带的标线。出入口标线的颜色为白色,按直接式和平行式两种情况设置。

(8)停车位标线表示车辆停放位置。可在停车场或路边空地、车行道边缘或道路中央位置设置。停车位标线的颜色为白色,应与停车场标志配合使用。停车位标线可分为:平行式——车辆平行于通道的方向停放;倾斜式——车辆与通道方向成 30° ~60°角度停放;垂直式——车辆垂直于通道的方向停放。

(9)港湾式停靠站标线表示公共客车通向专门的分离引道和停靠位置,包括公共客车进出引道的横向标线和斑马线。港湾式停靠站标线的颜色为白色。

(10)收费岛标线包括收费岛岛头标线和迎车流方向地面标线,表示收费岛的位置,为驶入收费车道车辆提供清晰的标记。收费岛岛头标线的颜色为黄黑相间的斜线；迎车流方向地面标线为白色。

(11)导向箭头表示车辆的行驶方向，颜色为白色。

(12)地面文字标记是利用路面文字，指示或限制车辆行驶的标记。用于限速时，数字的颜色为黄色；用于区分大、小机动车道及超车道时，文字颜色为白色。

2. 禁止标线

禁止标线是告示道路交通的遵行、禁止、限制等特殊规定，车辆驾驶员及行人需严格遵守的标线，分为纵向禁止标线（如禁止超车线、禁止变换车道线、禁止路边停车线等）和横向禁止标线（如停车线、停车让行线、减速让行线等），以及其他禁止标线，包括非机动车禁驶区标线、导流线、网状线、专用车道线和禁止掉头线。

(1)禁止超车线：

①中心黄色双实线，表示严格禁止车辆跨线超车或压线行驶。用以划分上下行方向各有两条或两条以上机动车道而没有设置中央分隔带的道路。

②中心黄色虚实线，为一条实线和一条与其平行的虚线组成的标线。表示实线一侧禁止车辆越线超车或向左转弯，虚线一侧准许车辆越线超车或向左转弯。

③中心黄色单实线，表示不准车辆跨线超车或压线行驶。

(2)禁止变换车道线为白色实线，用于禁止车辆变换车道和借道超车。设于交通特别繁杂而同向具有多条行车道的桥梁、隧道、弯道、坡道、车行道宽度渐变路段、交叉口驶入段、接近人行横道的路段或其他认为需要禁止变换车道的路段。

(3)禁止路边停放车辆线为黄色实线，用于指示禁止路边停车路段。标画于禁止路边停车路段的缘石正面及顶面，无缘石的道路则可标画于距路面边缘30cm的路面上。

(4)停止线为白色实线，表示车辆等候放行信号或停车让行的停车位置。

(5)减速让行线为两条白色平行的虚线和一个倒三角形，表示车辆在此路口必须减速让干道车辆先行。

(6)导流线为白色单实线、V形线和斜纹线，表示车辆需按规定的路线行驶，不得压线或越线行驶。主要用于过宽、不规则或行驶条件比较复杂的交叉路口、立体交叉的匝道口或其他特殊地点。

(7)网状线为黄色，用以告示驾驶人禁止在设置本标线之交叉路口或其他出入口处临时停车，防止交通阻塞。

(8)车种专用车道线由黄色虚线及文字组成，用以指示仅限于某车种行驶之专用车道，其他车种及行人不得进入。

3. 警告标线

警告标线是促使车辆驾驶员及行人了解道路上的特殊情况，提高警觉，准备防范应变措施的标线，分为纵向警告标线（如车行道宽度渐变段标线、路面障碍物标线和铁路平交道口标线等）和横向警告标线（如减速标线、减速车道线等）。此外，还有一种立面标记，一般设在跨线桥、渡槽等的墩柱或侧墙端面上及隧道洞口和人行横道上的安全岛等的壁面上，其作用是提醒驾驶员注意，在车行道或近旁有高出路面的构造物，以防发生碰撞。

(1)车行道宽度渐变段标线，用以警告车辆驾驶人路宽缩减或车道数减少，应谨慎行驶，禁止超车。本标线的颜色，应与中心线的颜色一致。

(2)接近障碍物标线,用以指示路面有固定性障碍物,警告车辆驾驶人谨慎行驶,绕过路面障碍物。本标线的颜色,应根据障碍物所在的位置,与中心线或车道分界线的颜色一致。

(3)近铁路平交道口标线,由白色交叉线、"铁路"标志、横向虚线、禁止超车线和停止线组成,用以指示前方有铁路平交道口,警告驾驶员谨慎行车。

(4)减速标线为白色反光虚线,用于警告车辆驾驶人前方应减速慢行,视需要设于收费广场、出口匝道或易超速、易肇事路段的起点附近。

(5)立面标记为黄黑相间的倾斜线条,可设在跨线桥、渡槽等的墩柱或侧墙端面上,以及隧道洞口和人行横道上的安全岛等壁面上。用以提醒驾驶人注意,在车行道或近旁有高出路面的构造物,防止发生碰撞。

此外,其他几种常用的标线有:

(1)行车道中心线。指设置在没有中央分隔带设施的中心位置上的连续实线或虚线,用以隔离对向行驶的交通流。当系四个及四个以上的车道时,应采用黄色双实线,两线间隔20~30cm,但并不一定限于设置在道路的几何中心线上。其画法为虚线的实线段长度为4m,间距6m。

(2)车道分界线。凡同一行驶方向有两条或两条以上行车道时,应画车道分界线,用白色虚线表示。用以分隔同向行驶的交通流,设在同向行驶的行车道分界线上。在保证安全的情况下,允许车辆越线变换车道。高速公路、一级公路的车道分界线中实线段长为6m,间距为9m;其他道路实线段长为2m,间距为4m。

(3)路缘线。指设置在公路的路面边缘的标线。高速公路、一级公路应在行车道外侧边缘或在路缘带内侧画边缘线,采用白色连续实线。但当车辆需跨越边缘线处(除辟有紧急停车带路段外)应画白色虚线。

(4)停车线、人行横线、导流线、导向箭头、交叉路口中心圈。一般在公路平面交叉处才设置这种标线。

(5)禁止超车线。分中心黄色双实线、中心黄色虚实线、中心黄色单实线三种情况。

(6)停车方位线。在高速公路和一级公路的服务区设有停车场或路边空地、行车道边缘或道路中央位置设置,用以指示车辆停放的位置。停车方位线为白色,可分为平行式、倾斜式和垂直式三种,根据行车道宽度、停放车辆种类、交通量等情况选用。

路面标线的材料有标线涂料,还有各种粘贴材料,如贴附成型标带、突起路标、分离器等。路面标线的材料分类见表8-5。

路面标线材料的分类 表8-5

序号	分类			施工条件
1	标线涂料	溶剂型	常温涂料	常温施工
			加热涂料	加热施工
		熔融型	热熔涂料	熔融施工
2	贴附材料	贴附成型标带		粘贴施工
		热融成型标带		加热施工
		铝箔标带		粘贴施工
3	标线器	突起路标		粘贴或埋入施工
		分离器		螺栓固定施工

路面标线涂料按施工温度可分为常温型(冷用)、加热型和熔融型三类。常温和加热型(50～80℃)属于溶剂型涂料,呈液态供应,常称为标线漆,使用寿命较短。其中加热型涂料固体成分略多一些,黏度也高一些。熔融型涂料呈粉末状供应,需经加高温(180～220℃)使其熔解后才能涂敷于路面,这种涂料称为热塑涂料,其使用寿命比较长,费用要高,目前在公路建设工程中大都采用这种热塑型标线涂料。

路面标线涂料中均掺有反光玻璃微珠,这种玻璃微珠是无色透明的小球,对光线具有折射、聚焦和定向反射功能。混入涂料或撒布于涂膜表面,可以将汽车灯光回归反射到驾驶员的眼睛,大大提高标线的可见性,在夜间行车时,有利于行车安全。

在原有道路的旧路面上和水泥混凝土路面上,涂刷热塑型标线涂料时,要先涂刷一遍底漆,使之与路面能更好地结合。

贴附式标带有贴附成型标带、热融成型标带和铝箔标带三类。不需特殊设备便可简便地进行施工,耐磨性好,但不利于机械化施工,不能采用大规模施工,价格高,湿润后防滑性能降低,夜间可视性差,一般只在小面积的文字及记号的标示、积雪寒冷地带人行道外边线及临时标线等情况使用。

突起路标一般俗称路纽。正常情况下与标线配合使用,也可单独使用。对突起路标的要求是反光亮度大,视线诱导效果高,施工容易,耐久性好。

分离器主要用于没有中央分隔带的双向行驶的道路中心线上,是用弹性材料制作的,车辆碾压后能恢复原状,反光性能好。

二、交通标志

道路交通标志是用图形符号、颜色和文字,向交通参与者传递特定信息,用以管制、警告及引导交通的安全设施,它在现代道路交通管理中发挥着重要作用。实践证明,合理设置道路交通标志,可以提高道路通行能力,能够减少交通事故,防止交通阻塞,节省能源,降低公害,美化路容。不同类别的道路对交通标志有不同的要求。通常按道路类别分为一般道路标志和高速公路标志两类。标志按尺寸分为小型、大型、巨型三类,以适应不同行驶速度对标志认读距离的要求。高速公路上车速较高,车道多,标志牌尺寸比一般道路上的大得多。

标志的三要素包括颜色、形状和图符。交通标志有主要标志和辅助标志两大类,如图8-21所示。

图8-21　公路指示标志

交通主要标志按其作用,可分为如下四种。

(1)指示标志。是指示车辆、行人行进或停止的一种标志,如直行,左右转弯,行人横道,停车场,公共汽车停靠站,公路的起、终点等。标志牌的形状为圆形、矩形和正方形,颜色为蓝底白色图案。

(2)指路标志。是传递道路方向、地名、地点、距离等信息的一种标志,有里程碑、百米桩、公路界牌、指路牌、地名牌、立交行车示意牌、高速公路和一级公路中途出入口和服务区标志等。除里程碑、百米桩、公路界碑外,其他指路标志牌的形状均为矩形,板面尺寸的大小主要根据汉字和数字的高度而定,一般应符合表8-6的规定,阿拉伯字码的高度可按汉字相应高度的0.7倍取定。颜色一般为蓝底白字和白色图案。高速公路指路标志为绿底白字。

指路标志牌上汉字大小标准 表8-6

计算行车速度(km/h)	80及以上	40、60	30、20
汉字高度(cm)	30	20	10

(3)警告标志。是警告驾驶员注意沿路运行中存在有影响行车安全地点的一种标志。如交叉点、道路平面形状(如急弯、连续弯)、道路纵坡形状(如纵坡大于或等于7%的路段)、路面变窄及窄桥、沿路情况(如铁路道口、隧道、落石、易滑、村镇、学校等)等的预告。标志牌的形状为等边三角形,颜色为黑边框、黄底和黑色图案。

(4)禁令标志。是禁止和限制车辆和行人通行的一种标志,如禁止某些机动车、非机动车通行,禁止左右转弯,禁止超车,限制速度、重量、高度等,标志牌的形状为圆形,颜色为白底红圈红斜杠和黑色图案。

辅助标志,是附设在指标、警告和禁令标志牌的下面,起辅助说明作用的标志,不单独设立。其形状为矩形,颜色为白底黑边框和黑字。可分为:表示车辆种类,表示时间,表示区域或距离,表示禁令、警告理由四种。

公路标志,除里程碑、百米桩、公路界碑采用混凝土或天然石料做成外,其他各种标志,目前大都采用金属建筑材料制造,其板面有钢板和铝合金两种。底板、文字和图案则采用反光膜镶贴而成,常称为反光标志。反光膜的耗用量一般为板面的1.3~1.5倍。立柱一般采用钢管,通过连接件进行固定,埋设在混凝土基础中,或采用地脚螺栓进行连接。其埋置深度应根据当地土质、板面大小等条件确定,一般为60~200cm。板面尺寸的大小与计算行车速度的高低有关,应符合表8-7的规定。

公路标志牌形状及尺寸(cm) 表8-7

形　状	计算行车速度(km/h)			
	>100	90~70	60~40	<30
三角形	130	110	90	70
圆形	120	100	80	60
正方形	120	100	80	60
矩形	190×140	160×120	140×100	—

标志牌的立柱形式,有单柱、双柱、悬臂、门架和附着等不同形式,如图8-22所示。其设置高度,单柱式和双柱式自标志牌面的下缘到路肩表面为180~250cm,悬臂式和门架式自标志牌面的下缘到行车道路面的顶面,应符合各级公路建筑限界的规定。

各种标志一般应设在公路右侧，其内缘离路面或硬路肩边缘的距离不得小于25cm。在同一点需要设置两种以上的标志时，可以合并安装在一根立柱上，但最多不应超过四种。

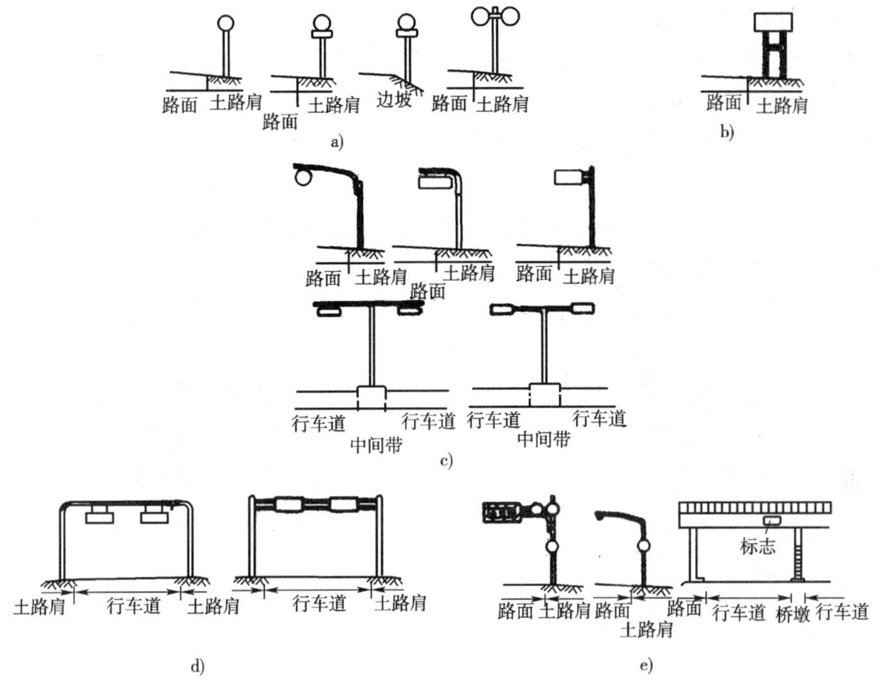

图8-22　标志牌支柱形式

a)单柱式；b)双柱式；c)悬臂式；d)门架式；e)附着式

道路标志设置地点的选择，首先要考虑到标志的易识别性，标志应设置在容易被看见的地方。其次，要研究道路的几何线形、交通流量、流向和交通组成、道路沿线的状况等对标志设置位置的影响。为使道路使用者能根据标志的指示安全、顺畅、舒适地行驶，提出以下设置原则：

(1)道路标志的设置应全盘考虑，整体布局。标志布设应做到连贯、一致，给道路使用者提供全面的咨询，满足各种道路交通条件的需要。

(2)道路标志的设置，应确保行驶的安全、快捷、通畅。标志的布设应以完全不熟悉周围路网体系的外地驾驶员为对象，通过标志的引导，能顺利、快捷地抵达目的地，不允许发生错向行驶。

(3)道路标志为道路使用者提供正确、及时的信息，但应防止信息过载。重要的信息应给予重复显示的机会。

(4)道路标志的位置应根据标志的类别确定，应充分考虑道路使用者对标志感知、识别、理解、行动的特性，根据速度和反应时间确定合适的设置地点。

(5)道路附属设施(如上跨桥、照明设施、监控设施等)及路上构造物(如电杆、电话、消火栓、广告牌、门架等)对标志视认性的影响要给予高度重视。在标志布设时要随时注意上述设施对标志板面的遮挡，以免影响标志的视认性，尤其对行道树及中央带绿篱，必须防止枝叶对标志视认性的影响。

(6)静态的交通标志应该与动态的可变标志相辅相成，统一布局，形成整体。

(7)应避免在交叉路口标志林立，妨碍驾驶员视野。交叉路口以设置指路标志和禁令标志为多。对于指路标志,可采用前置预告的方法,把位置错开。驾驶员通过路口后,可以看到确认标志,使驾驶员知道其现在行驶的方向是否正确。禁令标志可采用组合方式或采用加辅助标志的办法,以减少标志数量。

(8)道路标志是交通管理设施,路上的标志具有法律效力。应根据交通管理法规及有关标准,正确合理地设置交通标志。

(9)道路标志的设置不得侵占建筑限界,应保证侧向余宽。标志牌不应侵占路肩或人行道,应确保净空高度。

(10)交通标志的设置应充分考虑道路使用者的行动特性,即充分考虑在动态条件下发现、判读标志及采取行动的时间,以确定合适的前置距离。

(11)交通标志应设在车辆行进正面方向最容易看见的地方。可根据具体情况设置在道路右侧或中央分隔带,或车行道上方。

(12)同一地点需要设置两种以上标志时,可以安装在一根标志柱上,但最多不应超过四种。应避免出现互相矛盾的标志内容。解除限制速度标志、解除禁止超车标志、干路先行标志、停车让行标志、减速让行标志、会车先行标志、会车让行标志应单独设置。

多个标志牌在一根支柱上并设时,应按警告、禁令、指示的顺序,先上后下,先左后右的顺序排列。

(13)路侧式标志应尽量减少标志板面对驾驶员的眩光。

第四节　沿线设施

一、道路收费设施

为偿还道路工程建设贷款、筹集道路运营养护费用或以道路建设作为商业投资目的,对过往车辆征收通行费的道路,称为收费道路。一般按道路的长度、性质、过往车辆的类型、地区属性等对车辆进行收费,并在适当的位置设置收费站。在公路和城市道路上,用于收取过往车辆通行费的一切交通设施,称为道路收费设施,包括土建工程和机电工程设施。

道路交通对国家的经济发展和人民生活至关重要。我国道路交通目前正向着高标准化的方向发展。高等级道路,特别是高等级公路、城市快速干道,具有通行能力大、行车速度快、交通事故少、服务水平高等特点,其经济效益和社会效益均很显著。另外,高等级道路对相关地区的资源开发、工农业发展、经济领域的商品流通和旅游事业的发展,也起着很大的促进作用。由于高等级道路的占地面积和规模较大,道路交通设施标准高,故其建设投资比一般道路高出很多。因此,资金回收对进一步发展道路交通事业显得十分重要。大力发展收费道路,完善道路收费设施,对于缓解目前道路交通运输的供需矛盾,促进经济建设的发展,具有十分重要的现实意义。道路收费设施的设计,应遵循如下原则。

1. 满足道路收费功能的要求

设立道路收费设施的主要目的,在于对道路过往车辆征收通行费,为道路建设、发展、养护、运营等筹集资金,或者用于偿还道路建设贷款。因此,一切道路收费设施的设计,首先应满足收费使用功能的要求。所有设施,无论是土建设施还是机电设施,都必须直接或间接为道路收费服务。

2. 形成一个完整的收费系统

现代化收费设施通过计算机联网的方式，将收费车道、收费站、收费中心联结成一个计算机网络系统。在进行道路收费设施的设计时，应保证收费系统的完整性。例如，对于封闭式半自动收费系统，必须在道路的起、讫点，以及道路所有互通立交的出入口匝道上设立收费车道，安装完整的收费设备，并通过光纤、电缆或其他通信方式将车道设备、收费站设备和收费中心设备联结成一个完整的计算机网络系统，才能保证每一辆通过该道路的车辆能够按车型、车种及其实际行驶的里程收费。

3. 收费设施应与道路其他设施相协调

收费设施设计应同其他道路设施的设计相结合，形成一个协调的道路设施整体。例如，收费站出入口的布置、交通组织设计、线形布置应同道路的线形，立交的规模、形式、布置，匝道的车道数、线形等相协调，考虑彼此之间的影响，在设计上保证它们的统一。收费系统工程的设计，还应同道路机电工程通信系统、供电系统和监控系统的设计相结合。

4. 多方案设计优化比选、分期实施

道路收费设施的建设，应该根据道路的性质、地域、建设年限、建设规模、交通状况、资金来源和供给、收费分配、地方对道路收费的政策、法规等因素，经多方案设计，优化比选，以寻求最佳方案，做到既满足功能，达到一定服务水平，又节省投资。在方案设计时，关键在于确定收费制式、收费方式、网络结构、付款方式、车种判别方法、收费车道数、收费站规模等因素。此外，还应该按近、远期划分设计目标，一次规划，分期分批实施，充分发挥各种收费设施的效能，减少早期资金的投入。近期设计，还应该考虑到远期目标中的土建、机房平面布设、房建、管线等工程的预留（埋），确定将来可能增加的设备荷载、数据传输接口的安排等问题，做到统筹规划、经济合理。

5. 尽量减少对道路的交通干扰

在进行道路收费设施总体设计时，应根据该道路的观测交通量和预测量，确定收费车道数和收费站规模，并选择合适的收费制式、收费方式。道路收费设施的设计，首先应满足其收费功能，其次要保证收费车辆尽快通过，避免由于收费系统的设立，导致交通阻塞以造成不必要的延误，并维持一定的服务水平。对于相互联结的收费道路网络，特别是高等级公路网，应尽可能避免在连接部分相邻很近的主线上，重复设立路障式主线收费站，造成驾驶员多次停车和延误；各道路营运公司，应该在协商的基础上，通过计算机联网的方式，采用电脑进行拆账，减少主线收费站的设置。

6. 技术先进可靠

由于电子、通信和计算机技术的发展日新月异，产品更新换代快，因此道路收费设施的设计，应该考虑到道路建成通车以后短时期内，所选用的产品、设备是否可能已落后或被淘汰，以及将来购置易损零配件（如半自动磁卡收费系统车道读写器的磁头）和消耗品（如纸磁卡、发票等）的难易程度。为了保证道路收费的准确性、连续性，避免财务漏洞的出现，在设计时同样应考虑所选用设备的可靠性。

7. 国产化程度高

由于进口设备价格较高，需要支付昂贵的关税，且在人员培训、设备维修、保养等售后服务上不太方便，因此在设计上，应尽可能选用市场占有率高、性能优良、故障少且经过鉴定信得过的国内产品。另外，应注意该品牌产品的生产是否具有连续性，以利于将来维修，及易损零配件的采购。

8.有利于防止收费作弊

随着我国实行改革开放和发展市场经济，许多地区兴建了收费道路、桥梁、隧道，道路收费也出现较为严重的作弊行为。据交通部门有关资料统计表明：目前公路收费的总额只占应收总额的70%左右，其中有相当一部分流失，给国家和道路经营部门造成极大损失。作弊的方法主要有三种：一是在车的数量上作弊；二是在车型上作弊，如大车变小车，一般车当作警车、公务车，港澳车变国内车等；三是在里程上作弊。为了有效地防止作弊，除了加强对收费员的职业道德教育，加强道路营运公司的管理外，还应该在收费设施的设计中充分考虑如何防止作弊，如选择封闭式制式，设立收费监视控制系统等。

二、交通监控设施

高速公路的道路本身在规划设计过程中已经充分考虑到要使车辆高速、安全、舒适地行驶，并考虑到道路景观的美化。道路走向、平纵断面线形、车道数、车道宽度、路面材料、铺装工艺、道路结构物的位置和形式等都以这种共同的目标作为设计的出发点。高速公路交通安全设施是在高速公路主体工程确定之后的重要补充，高速公路的主体工程和交通安全设施等静态设施对稳定交通流提供了基本保障。但是，高速公路建成后的交通状况和道路环境状况不是一成不变的，在很大程度上呈现随机性。这种随机性主要表现在以下三个方面：第一，交通流本身的随机性。交通流量、行驶速度、车流密度等在一天内、一年内和若干年内在不同路段都是变化的，车辆的驾驶行为如加减速、转移车道等呈现着更大的随机性。第二，交通干扰的随机性。交通事故、车辆抛锚、物品散落、道路维修工程等都对高速公路交通流产生严重干扰，这些事件发生的时间、地点都是随机性的。第三，道路环境的变化，如白天黑夜、进出隧道、恶劣天气等都对驾驶行为造成影响。诸如此类的问题都是高速公路主体工程和静态的交通安全设施所难以完全考虑的。高速公路监控系统正是针对这些变化着的道路交通状态而设置的，它将进一步确保高速公路交通的高速、安全和舒适。

根据高速公路监控系统的设置宗旨，它应当具备以下三方面功能：第一，信息采集。即实时地采集变化着的道路交通状态，包括交通信息、气象信息、交通异常事件信息等。第二，信息的分析处理功能。包括对交通运行状态正常与否的判断、交通异常事件严重程度的确认、交通异常状态的预测，对已经发生或可能发生的异常事件处置方案的确定等。第三，信息提供功能。包括为在高速公路上行驶着的驾驶人员提供道路状况信息，对行驶车辆发出限制、劝诱、建议性指令，为交通事故和其他异常事件的处理部门提供处置指令，向信息媒体或社会提供更广泛应用的高速公路交通信息。

高速公路监控系统的功能决定了系统必须具有实时性、稳定性和功能可扩充性等特点。根据监控系统的功能，监控系统可以理解为由信息采集子系统、信息提供子系统和监控中心三大部分组成。

1.信息采集子系统

信息采集子系统是高速公路上设置的用来采集信息的设备和装备。

采集的信息主要包括如下几个方面。

(1)交通流信息。如交通量、车辆速度、车流密度、车辆占有率、车重等。交通流信息的采集设备主要是各种类型的车辆检测器。

（2）气象信息。如风力、风向、降雨、降雪、冰冻、雾区等。这些信息的检测主要靠气象检测器。

（3）道路环境信息。如路面状况、隧道内的噪声、有害气体浓度等。这些信息靠环境检测器等检测。

（4）异常事件信息。如交通事故、车辆抛锚、物品散落、道路设施损坏、道路施工现场等。这些信息主要靠紧急电话、闭路电视、巡逻车等设备和装备进行搜集提供，也可以通过交通流信息进行辅助分析判断。

所谓信息采集系统并非仅是由上述各类信息采集设备连成的一个系统。根据高速公路情况的不同，监控系统中所应包含的信息采集设备的类型、数量、位置有所不同，但这些设备的功能是相同的，即对原始信息进行预处理，以得到符合系统应用要求的信息。

2. 信息提供子系统

信息提供子系统是高速公路上设置的用来向道路使用者提供道路交通信息和诱导控制指令的设备，以及向管理、救助部门和社会提供求助指令或道路交通信息的设备。该子系统的主要功能包括以下几个方面：

（1）向道路使用者提供信息。如前方路段交通阻塞情况、事故告警、气象情况、道路施工情况等。这些情况常通过可变情报板或路侧通信系统提供。

（2）向道路使用者提供建议或控制指令。如最佳行驶路线、最佳限速车道控制信号、匝道控制信号等。这些指令常通过可变情报板、可变限速标志、车道控制标志或匝道控制设备来实现。

（3）向管理和救助部门提供信息。在发生如交通事故、车辆抛锚、道路设施损坏等情况时，向消防、急救、服务区、道路养护工区等提供有关指令或信息。这些信息常利用指令电话或业务电话来传递。

（4）向社会提供信息。包括对新闻媒介和高速公路以外的道路使用者提供本条高速公路的交通信息。这些信息的提供往往通过交通广播系统或广域信息网来实现。

3. 监控中心

监控中心是介于信息采集子系统和信息提供子系统之间的中间环节，是监控系统的核心部分。它的主要职能是信息的接收、分析、判断、预测、确认、交通异常事件的处理决策、指令发布、设备运行状态的监视和控制等。监控中心通常由计算机系统、室内显示设备和监控系统控制台组成。

监控系统根据所辖路段的道路状况和交通状况分为多种类型，主要有主线控制、隧道控制、匝道控制、通道控制和综合控制五类。

（1）主线控制

主线控制的监控系统主要是对主线上交通异常事件的监测和应答。由于路段上交通量和通行能力的不同，在异常事件发生时，事件对交通的影响程度是不同的。在交通量不大时，主线交通畅通，即使发生异常事件，也不会发生阻塞，此时，监控系统只需一般的信息采集设备和一般的信息提供设备就够了；当交通量增长到一定程度，平时交通可以畅通，但发生交通异常时，监控系统的规模和功能会随道路交通的具体情况有很大差异。一般而言，主线监控系统通过可变情报板、可变限速标志进行交通诱导、警告和控制。监控中心的主要职能则是对交通异常事件的及时搜索、判断、确认和处理。

(2)隧道控制

由于隧道的特殊性,在隧道控制系统中除具备主线控制的功能外,还应当具有其他功能,如隧道的照明控制、通风控制、火灾报警控制,以及在发生交通事故时的车道控制和交通信号控制等。因此,隧道监控系统中除具备主线控制的监控系统所具有的外场设备外,还需增加某些信息采集设备和控制设备,监控中心的分析处理功能相应也有所增强。

在通常情况下,隧道监控系统(并非完全独立)往往作为主线监控系统的一部分进行设计、建立和运转。

(3)匝道控制

高速公路的出入口匝道本身并没有交通控制的需求,这种需求主要来自于主线。高速公路的主线上交通量增长到接近饱和程度,即使不发生交通异常事件,在交通高峰时段也会发生交通阻塞。这种阻塞是周期性的,持续的时间也很长,主线控制没有任何有效手段去消除,只有通过上游入口匝道的交通控制来解决。入口匝道的交通控制适量地限制车辆进入,减少主线交通量,从而有助于主线交通阻塞的消除。

匝道控制有定周期控制、感应式控制、合流式控制、匝道关闭等多种方式,系统所用设备主要有车辆检测器、交通信号控制机等。

(4)通道控制

高速公路通道是指高速公路和与其平行的相邻干线公路或城市道路的集合,这些与高速公路平行的干线公路或城市道路称为高速公路的集散道路。在很多情况下,无论是单纯的主线控制,还是具有匝道控制的主线控制,都不能缓解高速公路的阻塞情况。同时,高速公路的交通阻塞还波及影响到集散道路,使整个高速公路通道的运行效益严重下降。通道控制就是针对这种情况而建立。

(5)综合控制

综合控制的监控系统是更大范围的高速公路网和城市路网的交通监控系统,其目标是寻求整个路网上交通运行的最佳效果。这类系统复杂程度更高,属当代世界上许多国家竞相研究开发的智能运输系统(ITS)的范畴。

三、交通通信设施

高速公路通信系统是高速公路现代化管理的支撑系统,它要实现监控系统和收费系统的数据、话音和图像等信息准确而及时地传输,要保持高速公路管理部门之间业务联络通信的畅通,并要为高速公路内部各部门与外界建立必要的联系。因此,通信系统是实现高速公路现代化管理必不可少的基础设施。

根据高速公路建设的实际情况和交通管理的特殊要求,高速公路通信系统有以下特点。

(1)高速公路的各级管理机构及沿线设施一般均建筑在公路两侧,沿公路呈线状分布。一般通信站都设置在收费站或管理所的所在地,所以通信站的地理位置实际上在公路建设时已基本确定,即不能随意选址设站。

(2)高速公路的管理体制一般采取分级管理、集中控制调度,高速公路通信网的网络结构为树形结构。此外,各级管理机构与公路沿线各地有关部门及上级机关也必须保持通信联络的畅通。

(3)在高速公路管理处、管理所、服务区、收费站、收费(分)中心、监控(分)中心等机构之间，以及外场监控设备与监控（分）中心之间需进行话音、数据、图像等各类信息的传输和交换。

此外，为及时处理交通事故，进行交通调度指挥，有关部门必须和巡逻车等保持通信联络。因此，高速公路通信系统应是以有线通信为主，并采用移动通信等多种通信手段的综合通信系统。

1. 高速公路通信系统建设的基本要求

（1）高速公路通信系统是交通专用通信网的重要组成部分，它的建设应该在交通专用通信网规划的统一指导下进行。全网应采用统一的技术标准，建立统一的网络管理系统，以利于专用通信网的建设、运行、维护和管理。

（2）为了便于分期实施，在通信系统建设时应贯彻信道优于终端设备的原则。设计方案不仅要满足本路段通信业务的需要，而且要考虑到各路段通信系统联网的需求。

（3）根据交通专用通信网自建、自管、自用的原则，应在通信系统建设的同时，建立一支专业化的通信设备维护管理队伍，以保证通信系统的正常运行，充分发挥其作用。

（4）当前通信技术日新月异，世界已进入建设"信息高速公路"的新时代。为此，高速公路通信系统的方案设计起点要高，要积极采用高新技术。在经济条件许可的前提下，设备选型应优先考虑先进性和可靠性，且要便于扩容。

2. 高速公路通信系统建设的设计目标

根据高速公路通信系统的通信层次，结合各省高速公路综合通信专用网（简称省专用网）的实际情况，高速公路通信系统的设计可以分两个层次来考虑，即省专用网和各路段通信系统。应该在省专用网规划的指导下进行各路段通信系统的设计，以利于全省联网和管理。而省专用网则随着各路段通信系统的建成逐步完善。

1）省专用网的设计目标

（1）实现省高等级公路管理局与省内高速公路各路段管理处的通信联网，建立交通管理部门内部综合通信专用网。

（2）根据交通行业管理的要求，专用网应确保话音、数据及图像等各类信息准确、及时地传输，在专用网内部建立电话交换网、数据传输系统、图像传输系统和无线移动通信系统。

（3）干线通信以数字光纤通信为主，数字微波通信为辅，采用 SDH 系列设备，构筑数字同步传输网。

（4）以数字程控交换机为核心，建立数字交换网。不仅能满足电话业务的要求，而且能实现数据交换、调度指挥、电话会议等各种功能，并且适应 ISDN 的标准。

（5）方案设计起点要高，积极采用高新技术，方案统一设计，采用统一的技术标准，便于分期实施和联网，留有充分余量，便于扩容和升级。

2）路段通信系统的设计目标

（1）为本路段公路管理及收费、监控系统提供不间断的通信手段，保证实时的话音、数据、文字和图像通信，并有足够的能力适应综合通信系统的扩展。

（2）数字程控交换系统具有话音、数据综合通信能力，并能在今后适应综合服务数字网（ISDN）的要求。

（3）能满足远期扩容及省专用网、电信公用网的联网要求。

（4）全线配置独立的应急电话系统，构成本路段专用安全电话网。

3. 高速公路通信系统的基本组成及其功能

高速公路通信系统应确保话音、数据及图像等各类信息准确及时地传输,由以下各部分组成:

(1)主干线传输作为交通专用通信网的通信主干线,它不仅要满足长途网和地区网的传输要求,而且应考虑到省内各地区交通部门的通信需要。

(2)业务电话是通信系统的基本通信业务,包括网内各级管理机构的业务电话和个人电话,它能实现专用网内用户和公用网用户之间的通话。

(3)指令电话为在高速公路内部进行交通管理和调度指挥服务,指令电话调度台对分机具有选呼、组呼、全呼等功能,它包括有线指令电话和无线指令电话。

(4)紧急电话是高速公路内部专用的安全报警电话,它为高速公路使用者提供紧急呼救求援的通信手段。

(5)数据传输包括收费系统内部的收费车道→收费站→收费(分)中心三级计算机数据通信网络和监控系统内部的外场监控设备→监控(分)中心之间的二级计算机数据通信网络。通信系统应为上述计算机通信网络提供传输信道。

(6)图像传输包括 CCTV、交通监视图像及会议电视图像传输,通信系统应为各类图像信息提供传输信道。

(7)广播包括路侧道路情报广播及交通信息电台广播。其中路侧道路情报广播由各路段通信系统实施,而交通信息电台广播一般由各省(市)统一组织建台实施。

(8)通信电源包括交流供电系统、直流供电系统及通信机房的接地系统。

(9)通信管道推荐采用高密度聚乙烯(HDPE)管道及 HDPE 硅管,并且采用管道敷缆的新施工方法——气吹法。

四、供电照明设施

这是使整个公路管理系统正常运行的配套设施,如监控系统的用电,收费站、管理站和公路特殊地段的照明,隧道的通风和照明等用电。在实际工作中,一般都是利用工业电源,但需要建立变电站和完善的供电系统。同时,还应设置储备的自发电源,以便一旦发生断电事故,仍能保证公路的正常营运。供电系统的设置,一般应按照电力部门的有关规定和要求执行。当无工业电源时,就必须自行修建发电站,相应就要修建生产厂房和生活等设施。

道路照明是防止夜间交通事故最为有效的手段之一。设置道路照明还可使车速提高,减少运行时间,并使昼夜交通流的分布发生变化,吸引车辆在夜间行驶,有效地减轻白天高峰期的拥挤程度,提高道路的使用效率。合理的道路照明布局,也可以给驾驶员提供前方道路方向、线形等视觉信息,使照明设施具有良好的诱导性。合理的照明设计,还具有美化环境、改善景观的作用。

道路照明虽有上述益处,但如设置不当,则有可能成为交通事故新的诱发因素。因此,在照明设计中,除应达到要求的照度外,还应具有良好的照明质量。照明设计的基本要求为:

(1)车行道的亮度水平(照度标准)适宜;

(2)亮度均匀,路面不出现光斑;

(3)控制眩光,主要避免光源的直接眩光、反射眩光及光幕反射;

(4)良好的视觉诱导性;

(5)良好的光源光色及显色性;

(6)节约电能;

(7)便于维护管理;

(8)与道路景观协调。

一般认为公路很少需要照明,除非在一些危险的地方,如交叉口、长桥梁、隧道以及路侧有干扰的地段。这是由于大部分现代化公路设计成敞开式的横断面和相当高级的平、纵面线形,这样能够最大限度地利用汽车头灯照明,从而减少公路全线固定式照明的需要。在城市道路上,通常配置连续照明。在高速公路上,于互通式立交桥处、收费站附近和个别路段,采用局部照明。

道路照明标准,通常用路面的水平照度值和不均匀度来表示。在道路照明中,人对物体的感觉多数以路面为背景,因而采用路面亮度值作为道路照明标准更为合理。但对一定的路面材料来说,规定的平均照度和平均亮度之间存在着一定的换算关系,故目前大多数国家仍规定以路面水平照度作为道路照明设计的标准。

确定道路照明标准时,要综合考虑道路的等级、使用性质、交通量大小及路面反射特性等因素。在交通繁忙的道路上,人的视觉机能起作用的主要是视觉感受速度。我国城市道路照明标准,按快速路、主干路、次干路、支路及居住区道路分为五级,如表 8-8 所列。表 8-9 为国内几条高速公路的照明设计标准。

我国城市道路照明标准　　表 8-8

级别	道路类型	亮度		照度		眩光限制	诱导性
		平均亮度 L_{av}(cd/m^2)	均匀度 L_{min}/L_{av}	平均照度 E_{av}(lx)	均匀度 E_{min}/E_{av}		
Ⅰ	快速路	1.5	0.4	20	0.4	严禁采用非截光型灯具	很好
Ⅱ	主干路及迎宾路,通向政府机关和大型公共建筑的主要道路,市中心或商业中心的道路,大型交通枢纽等	1.0	0.35	15	0.35	严禁采用非截光型灯具	很好
Ⅲ	次干路	0.5	0.35	8	0.35	不得采用非截光型灯具	好
Ⅳ	支路	0.3	0.3	5	0.3	不宜采用非截光型灯具	好
Ⅴ	主要供行人和非机动车通行的居住区道路和人行道	—	—	1～2	—	采用的灯具不受限制	—

注:①表中所列的平均照度仅适用于沥青路面,若系水泥混凝土路面,其平均照度值可相应降低20%～30%。

②表中各项数值仅适用于干燥路面。

国内高速公路的设计标准 表8-9

项目	指标值	项目	指标值
路面亮度均匀度 U_0	≥0.4	匝道平均照度	10lx
路面亮度均匀度 U_1	≥0.7	收费广场平均照度	20lx
眩光控制指数 G	≥5	收费天棚平均照度	50lx
		主线平均照度	20lx

注:①U_0 为路面最小亮度与平均亮度之比值,表征前方路面上的障碍物能否看见;U_1 为路面最小亮度与最大亮度之比值,表征前方路面的明暗不均匀程度。

②G 的大小反映罩面设施产生的眩光引起驾驶员视觉不舒适感的程度,G 值越小,眩光引起的不舒适感越强。一般道路照明要求 $G=4\sim6$。

此外,隧道照明是比较特殊的道路照明区段。汽车驾驶员在白天从明亮的环境接近、进入和通过隧道的过程中,与行驶在一般道路上不一样,会发生种种特殊的视觉问题。我国的公路隧道设计规范有关规定如下:

(1)对于能通视、交通量较小、行人密度不大的短隧道可不设白天的照明设施。长度超过100m的高速公路,一、二级公路隧道,均应设置白天的照明设施。

(2)隧道照明应按白天和夜间两种不同情况确定设计亮度。白天照明的隧道,可分为引入段、适应段、过渡段、基本段和出口段等不同区段分别确定路面最低亮度。当隧道外有路灯照明时,隧道内路面亮度值不得低于露天路段亮度的2倍。

(3)照明光源除能满足在隧道特定环境下的光效、光通量、寿命及工作特性、光色、显示性、控制配光的难易程度等主要要求外,还应选择在烟雾中有较好透视性的低压钠灯。寒冷和严寒地区宜选择启动温度较低的光源。

(4)单向行驶三车道或双向行驶四车道的隧道,建议采用对称双光带布设灯具,不得出现眩光及昏暗死角,一般情况下,路面亮度均匀度不应小于1/3。

单向行驶两车道或双向行驶两车道的隧道,可考虑采用单光带,在拱顶中央部分沿隧道纵向布设。

五、环境保护设施

现代化的交通不仅给经济发展带来了活力,同时也对与其相关的环境产生种种不利因素,主要表现在交通噪声、尾气污染、生态环境及道路景观与环境协调四个方面。国民经济需要大力发展道路交通,同时又需要提高生活质量和保护环境,这两者在相当程度上是互相矛盾的,人、社会和环境不得不为道路交通付出很高的代价,不增加交通和少修建道路不是解决问题的方法,切实可行的方法是在道路规划和道路设计中考虑环境因素,尽量减少道路交通对环境的影响,尽可能在有利于环境保护的前提下发展道路交通。

公路对环境的不利影响主要是:路网的每条道路对其周围的自然环境造成侵入,使得原本连续的自然环境形成了一定环境特征变化地带。这一地带的环境特征称为道路路界环境系统,这个系统的边界是灰色模糊的,它改变了自然环境原来的连续性和整体性,破坏了自然环境的动态平衡。道路路界环境系统主要包括道路沿线周围四个方面的环境特征:路界声环境、路界大气环境、路界生态环境和路界景观环境。

公路对环境的影响,主要反映在两个阶段中,即公路施工阶段和营运阶段。前一阶段是对自然环境的破坏，容易造成水土流失，这是在设计和施工过程中，应注意修建必要的防护工程和排水设施来解决，同时，要注意处理好建筑废渣。后一阶段则是对社会环境的影响，在相当长的营运时期内，汽车排出的废气和汽车的噪声与振动，随着交通量的增加而会日益严重。故在公路概、预算项目的划分中，设有“环境保护工程”专项，如在医院、学校，以及居民稠密区，应修建必要的防噪设施，其次是要做好绿化和美化工作，使公路的构筑物与沿线景观相协调。在市郊、风景区、疗养区等路段，应尽可能选用常绿树种，栽植风景林，以增加美观感。在工厂区附近的路段，则宜植耐酸或耐废气的树种。而在农田地区的公路两侧则不得栽植对当地农作物成活生长等有传播虫害的树种。同时，对树种的选择在可能条件下，做到使速生树种与慢长树种相结合，速生树种绿化快，但寿命短，宜用慢长树种来更新。常绿树种与落叶树种相结合，四季之中，都有绿化效果。

《公路工程基本建设项目概算预算编制办法》中只对二级及以下公路的绿化规定了每公里绿化补助的费额指标，因此，高速公路、一级公路的绿化，应根据当地实际情况，做好绿化的设计和施工工作。

交通噪声控制是一个比较复杂的问题，由于牵涉面很广，需要采取综合治理的方案。综合治理措施一般包括：缩小和消灭噪声源，控制噪声传播，道路上设置吸声材料的隔声障壁，合理规划及设计道路，贯彻执行必要的环境保护法规等。

道路交通对大气环境影响主要是指汽车排放的烟尘和有害气体，一般为两种典型的污染物：即一氧化碳（CO）的浓度和氮氧化物（NO_x）的浓度，来评价公路网对大气环境的影响。其环境空气质量控制的措施主要有：制定与完善机动车的排放标准和加强地方管理与法规、严格执行机动车排放标准和法规、机动车节约燃料与新燃料开发应用、加速淘汰高排放车辆、加强交通管理、加强道路绿化[采用如梓树、柏、广玉兰、女贞、枫香、银杏、悬铃木（法桐）等乔木，海桐、木芙蓉等灌木，在抗污染、吸毒、防尘方面有积极作用的树种]。

第九章　工 程 计 量

工程计量支付是项目施工管理的关键环节，它的计算精度将直接关系着概算、预算实际执行情况，是投资控制的一种表现手段，是业主和承包人经济利益的焦点核心问题，对加快承包人的资金周转、维护业主的最终利益都具有十分重要的意义。公路工程计量的主要依据为设计图纸及施工组织设计资料，《公路工程概算定额》、《公路工程预算定额》对工程计量的各种规定等。本章将结合公路工程计量中经常遇到的问题，阐述公路工程各种工程量的计算方法、计量规则、计量支付台账编制及计量支付工作流程。

第一节　计量与支付概述

一、计量与支付的概念

1. 计量的概念

计量是按照《公路工程标准施工招标文件》所规定的方法，对承包人所完成的符合要求的已完工程的实际数量所进行的测量、计算、核查和确认的过程。计量是监理人的基本职责和基本权力，也是费用监理的基本环节。没有准确和合理的计量，就会破坏工程承包合同中的经济关系，影响承包合同的正常履行。

计量的任务是确定实际的工程数量。工程量有预估工程量和实际工程量之分。工程量清单的工程量仅是估算工程量，不能作为承包人应予完成的工程之实际和确切的工程量。这是因为工程量清单中的数量是在制订招标文件时，在图纸和规范的基础上估算出来的，与实际工程量相比存在或多或少的误差甚至计算错误。它只能作为投标报价的基础，而不能作为结算的依据。实际工程量的多少只有通过计量才能揭示和确定。按实际完成的工程量付款可以减少工程量的估计误差给双方带来的风险，增强造价结算结果的公平性，这正是单价合同的优点之一。

计量必须以净值为准。FIDIC 条款第 57 条明确规定：无论通常和当地的习惯如何（除非合同中另有规定），计量必须以净值为准。

计量必须准确、真实、合法和及时。准确指计量结果是正确地按照规定的计量方法和工程量计算原则而得出的，方法正确、结果准确无误，使已完工程的实际数量得到了正确的确定，没有漏计和错计。真实指被计量的工程内容真实可靠，没有虚假的部分，即被计量的工程中没有质量不符合要求的，也没有重复计量，隐蔽工程的数量没有弄虚作假，工程量中没有虚报成分。合法指计量是按规定的程序合法进行的。因为计量结果是支付的直接基础和依据，直接关系到业主和承包人双方的经济利益。监理组织机构会制订严格的计量管理程序和指定专人按分级管理的原则进行分工负责，明确谁负责现场计量、谁复核、谁审查、谁审定等各项工作。只有通过了程序严格审查产生的计量结果才是合法的。及时指计量必须按合同规定的时间进行，不得无故推延。

2. 支付的概念

支付是指按合同规定对承包人的应付款项进行确认并办理付款手续的过程。支付是业主与承包人之间的一种货币收支活动，既是施工合同中经济关系全面实现的一个主要环节，也是监理人控制工程的根本手段和制约合同双方（业主与承包人）的有力杠杆。合理的支付是工程顺利进行的前提和条件。

在施工活动中，同时存在着资金运动和物质运动，只有当两种运动取得平衡时，施工活动才能顺利进行。随着工程的进展，资金通过支付而逐步由业主向承包人转移，即承包人先将所需的材料采购到工地，再组织劳动力和施工机械对这些分散的材料按设计图纸和技术规范进行加工，最后形成业主所需要的特定的结构物。支付就是保证两种运动达到平衡的基本环节。如果支付发生问题，就会直接导致施工发生困难，直至施工合同无法履行。因此，只有通过合理而及时的支付，才能公平地实现业主与承包人之间的交易，确保双方的经济利益。

支付签认权是监理人三大权力（质量否决权、计量确认权和支付签认权）之一，是监理人控制工程的最后一个环节，是对承包人施工行为的最终评价，是监理工作的关键和核心。支付必须以合同为依据，计量为基础，质量为前提。只有符合合同规定的费用才能签认。对合同中规定不明确的，要依据合同精神，实事求是地去确认，如索赔金额、变更的估价等。支付金额的多少，必须以准确的计量为基础。对质量不合格的工程量一律不能支付，并且还要承包人自费返工使其达到合格要求。

支付也同计量一样，必须做到准确、真实、合法和及时。

二、计量与支付的原则

计量与支付不仅直接涉及业主与承包人的经济利益，而且是监理人的重要权力和监理手段。在计量支付中遵守有关基本原则，是搞好监理工作的有效保障。

1. 合同原则

无论是计量还是支付，在合同文件中都有明确规定。监理人在进行计量和支付时，必须全面理解合同条件、技术规范、设计图纸和工程量清单等合同文件的各组成部分。如技术规范的每一章每一节都有计量支付的规定，详细说明了各工程细目的内容及要求，对哪些内容不单独计量和支付，其价值如何分摊，都具体做了规定。工程量清单中的单价是承包人按招标文件的要求和合同条件的规定填报的，是支付的单价依据。因此，监理人必须严格遵守合同中的有关规定来进行计量与支付，使每一项工程的计量和支付都符合合同要求。

2. 公正性原则

监理人在计量与支付两个环节中拥有广泛的权力，承包人与业主的货币收支是否合理，取决于监理人签认的工程量和工程费用是否准确和真实。监理人只有保持公正的立场和恪守公正的原则，才能在计量与支付工作中正确地使用权力，准确地计量，实事求是地处理好业主与承包人之间的有关纠纷，合理地确定工程费用。如果心怀不正，监理人就无法正确地作出判断。特别是当施工过程中发生工程变更、工程索赔和各种特殊风险时，更是要求监理人公正而独立地作出判断和估价。因此，监理人在计量与支付中，必须认真负责，以实事求是的精神和客观公正的态度做好每一项工作，确保业主与承包人之间的交易公平。唯有公正，才能分清业主和承包人各自的权利和责任,才能准确地协调好双方之间的利益关系,才能保证计量与支付准确、真实和合法。

3. 时效性原则

计量与支付都具有严格的时间要求,时效性极强。计量不及时,会影响承包人的施工进度;支付不及时,直接产生合同纠纷。FIDIC 条款分别在第 56 条和第 60 条中对计量与支付规定了严格的时间限制。因此,监理人一定要按时进行计量和支付。

4. 程序性原则

为了保证计量与支付准确、真实和合法,合同条款和各项目的监理组织都规定了严格的程序。这些程序规定了各项工程细目和各项工程费用进行计量与支付的条件、办法以及计算、复核、审批的环节,从合同上、组织上和技术上对计量与支付加以严格管理,以确保准确和公正。如计量必须以质量合格为前提,支付必须以计量为基础等。因此,计量与支付必须遵守程序,通过按程序办事来提高数据的准确性、真实性和合法性,以保证计量与支付准确、合理。

三、计量与支付的作用

计量与支付一方面是施工合同中的关键内容,是经济利益关系的集中体现,在施工活动中有着极为重要的作用;另一方面也是监理工作的关键和核心,为确保监理人的核心地位提供手段。

1. 调节合同中的经济利益关系,促使合同的全面履行

计量与支付是施工合同的重要内容,是合同中各类经济关系的全面反映,同时还揭示了施工活动的经济本质。通过计量与支付这两个经济杠杆,调节合同双方利益,制约承包人严格遵守合同,准确地按设计图纸和技术规范进行施工;促使业主履行其义务,及时向承包人支付,确保施工活动中资金运动与物质运动平衡地进行,使施工合同得到全面履行。

2. 确保监理人的核心地位

FIDIC 条款的核心是在业主与承包人之间引入独立的第三方——监理人,由他对工程的质量、进度和费用进行全面控制。通过计量与支付来确保监理人的核心地位,对工程施工进行全面而有效地控制,对业主和承包人的合同行为进行有效地调控。计量与支付为监理人开展监理工作提供最基本的手段。

监理人掌握了计量支付权,就抓住了"主要矛盾",掌握了控制施工活动和调控承包人施工行为最有效的基本手段,抓住了"指挥棒"。如果承包人的施工工艺不符合规范要求,监理人可要求其自费改正;如果所用材料不合格,监理人可以对材料拒收;如果工程质量不合要求,监理人将不予计量和支付,并要求承包人返工使其达到要求;如果承包人不执行有关指令,则将受到罚款或驱逐。计量支付权使监理人可以有效地从经济上制约承包人,严格按合同要求办,确保工程的质量目标。同样,如果承包人进度过慢,监理人将让其支付拖期违约损失赔偿金和延误罚款;如果进度严重落后,监理人还可以提议驱逐承包人,这就有效地保证了监理人对工期的控制。

总之,计量与支付工作是控制工程造价的核心环节,是进行质量控制的主要手段,是进度控制的基础,是保证业主和承包人合法权益的重要途径。

四、计量与支付的基本程序

1. 计量程序

工程计量由承包人向监理人提出，并附有必要的中间交工验收资料或质量合格证明。监理人对工程的任何部分进行计量时，应按照通用条款 56 条规定，事先通知承包人或承包人的代表。承包人或承包人的代表应立即委派合格人员前往协助监理人进行计量工作，还应提供必要的人员、设备和交通工具。计量工作可以由监理人和承包人双方委派合格人员在现场进行，也可以采用记录和图纸在室内按计量规则进行计算。其结果都必须经监理人和承包人双方同意，签字认可。

如果承包人在收到监理人的计量通知后，不参加或未派人参加计量工作，根据通用条件第 56 条规定，由监理人派出人员单方面进行的工程计量，经监理人批准的应认为是正确的工程计量，可以用作支付的依据，承包人不可以对此种计量提出异议。

如果对永久工程采用记录和图纸的方式计量，监理人则应准备该项工程项目的图纸和记录。当承包人被通知要求参加此项计量时，应在通知发出 14d 内同监理人一同查阅和确认记录与图纸，并在双方取得同意时，在上面签字。如果承包人不参加或不委派参加上述记录和图纸的审查与确认，则应认为这些记录和图纸是正确无误的；除非承包人在上述计量后 14d 内向监理人提出申辩，说明承包人认为上述记录和图纸有不正确之处，要求监理人予以决断。监理人在收到承包人的申辩后应进一步检查记录和图纸，或者维持原议或者进行修改，并将复议后的结果通知承包人。

2. 计量、支付的分工

在一个驻地监理机构中，一般配有项目工程师（如道路工程师、材料工程师、结构工程师、测量工程师、合同工程师、计量支付工程师等）。

计量工程师专门负责计量与支付，为了控制本合同段的工程费用，不仅应认真尽职地搞好计量支付，承担起本合同段的计量与支付职责；而且应将不同细目的计量支付控制目标明确，在工程费用预算和本段工程费用分析的基础上，找出计量支付的重点，并责任到人，将本段支付额较好地控制在合同价款的范围内。其应与驻地的所有监理人员互相协作，共同做好工作。

3. 计量、支付的管理

除了职责分工明确，目标具体落实外，监理人还应加强对计量、支付的管理工作。计量、支付工作十分重要，需要大量资料和表格，工作很繁琐，因此，监理人必须建立起行之有效的管理办法，建立计量与支付档案，不断改进管理工作。

对于整个项目来说，计量、支付职责必须落实到人，专人分管，并加强对整个项目的计量与支付管理。总监理工程师、总监代表、高级驻地监理等都应以计量、支付控制为指导思想，对计量、支付进行严格的管理；应建立计量支付的管理制度和各级人员的岗位责任制，并对计量支付工作进行定期检查和考核，对违反支付管理制度的人员给予处理；对工程费用的动态进行全面分析，及时发现问题，对各类工程费用进行专项分析，并在分析的基础上制定专门的管理办法，以保证支付工作的顺利进行。一个大型项目的计量支付工作极其复杂和繁琐，没有严格的管理程序，势必造成混乱。计量支付工作的混乱将导致监理人无法进行有效的监理，对此，总监理工程师及其高级代表必须引起足够重视。

计量支付是一项综合性极强的工作，必须在质量管理的基础上进行综合管理，涉及内容多,处理复杂,并且承包人在申请时要申报大量的报表和资料。另外,支付工作的计算和资料管理工作都很繁重。项目中应推行表格和报表的标准化管理,尽力争取用计算机来处理报表,以提高计量支付工作的准确性和工作效率。

4. 支付的基本步骤

支付工程费用一般经过如下三个步骤。

(1)承包人提出要求

支付工程费用一般由承包人先通过监理人向业主提出付款申请,承包人在付款申请时要出具一系列的有效报表,以说明申请金额的准确性。其主要工作就是填好月报或月结账单。

承包人的月报表应说明其在这个月应收取的金额,一般包括已完成的永久性工程的价值;承包人的设备、临时工程、计日工等款额;材料和待安装工程装置的发票价值的分期付款,价格调整的款项(含物价与法规变更),按合同规定他有权获得的其他任何金额(如索赔和延期付款利息)。月报表应严格按照监理人指定的格式填写。

以上各种款项,还应有一系列的附表以说明其价值。

(2)监理人审核与签认

审查工作应满足公平性、及时性、准确性的要求。就公平性而言,监理人一方面应通过审查剔除承包人付款申请中不符合合同规定的付款要求,并扣除承包人的违约金或其他损害赔偿,保护业主的合法权益不受损害;另一方面对承包人付款申请中符合合同规定的付款要求应及时予以确认并办理付款签证,以保护承包人的合法权益。就准确性而言,在审查过程中,监理人应注意承包人的付款申请中原始凭据是否齐全,是否有合同依据。如承包人申请的工程款中其完成的工程量是否有相应的计量证书;申请的计日工付款申请是否有监理工程师的计日工指示及确认资料;材料预付款申请是否符合合同规定,是否有监理人对到场材料的数量确认及相应的发票;变更工程的付款申请中是否有监理人的变更令及相应的完成工程量计量证书;其单价是否与工程量清单的单价相符等。另外,在审查过程中,监理人还应复核计算过程的准确性。为保证支付结果的准确性,项目中应坚持分级审批的监理制度,防止监理人滥用权力损害公平原则的现象发生。监理人在完成审查工作后及时签发付款证书。

监理人对承包人的月报表进行全面审核和计算,在逐项审核和计算的基础上签认应支付的工程费用,一般以支付证书的方式确认工程费用的数额。

(3)业主付款

业主收到监理人签认的支付证书后,按合同规定的时间支付费用给承包人。

第二节 计 量

一、计量组织类型

工程计量一般有三种组织类型,即监理人单独计量、承包人单独计量和监理人与承包人联合计量。这三种计量各有特点,但无论如何,计量都必须符合合同的要求,其结果必须由监理人确认。

1. 监理人独立计量

监理人独立计量时,可以由监理人完全控制被计量的部位,质量不合格的工程肯定不会被计量，也很少出现多计的情况，能够确保记录结果的准确性；但监理人的工作量较大，且容易引起承包人的异议而延误计量工作时间。

2. 承包人独立计量

这种方式可以减轻监理人的工作，让监理人有时间进行计量分析和计量管理；但由于承包人是自行计量，往往会出现多计和冒计的问题，有时计量细节和计量方法甚至算术计算也有差错，并且一些质量不合格的工程也可能被计量。因此，在这种情况下，监理人一定要认真细致地审查计量结果，并定期派人对承包人的测量工作进行检查，最好派有经验的计量人员经常检验及控制承包人的计量工作。即当由承包人独立计量时，监理人一定要对计量结果的准确性和测量方法及计算规则进行严格审查。

3. 联合计量

这种方式有利于消除双方的疑虑，当场解决分歧，减少争议，能较好地保证计量结果的公正性和准确性，简化程序，节约时间。因此，公路工程合同中较多地采用联合计量，即承包人和监理人共同进行计量工作。

二、计量管理

1. 落实计量职责

为使计量工作责任分明，监理机构中一般设有专门负责计量的工作班子，并在每个驻地办事机构中设一名专门的计量工程师。如京津塘项目的计量由驻地监理工程师办公室负责，高级驻地中心试验室有时配合，就计量工作进行抽查。驻地计量工程师主要负责的是各细目的工程计量。在组织计量工作时，采用按专业分工，分别进行计量的办法，做到计量职责分明。具体工程内容的计量应落实到人，以免重复计量和漏计。如果职责不明，势必造成计量混乱，从而给承包人以可乘之机。因此，计量工作一定要有专人负责，并且为了保证计量的准确性，还必须有负责检查、复核的人员以及最终签认的人员，使计量工作按规定的程序进行。

例如，济青线的计量工作由市（地）监理处负责，省监理处审定。具体做法是由驻地的各项目工程师对其分管项目进行计量，并签署“托付证书”，由计量工程师审查“托付证书”，核查其工程量是否准确；如有疑问，有权要求项目工程师提供资料和有关情况，经计量工程师审查后再交驻地监理工程师，而中外驻地监理工程师则共同对本合同段的计量工作负全面责任。采用这样一些办法的目的就是明确计量职责，清除计量工作的混乱，保证计量工作的准确性。

通过对计量工作的分工，使工程计量责任到人，并通过对计量的复核、审定等程序和制定计量人员的岗位责任制，对计量工作进行有效管理。

2. 做好计量记录

计量记录与档案是计量管理中的一个重要内容。对于公路工程这样大型的复杂项目，要进行多次计量，将形成一系列的计量资料，只有在完善计量记录的基础上加强对计量的档案管理，才能使项目的计量工作顺利完成。

为了便于合同管理，正确评价工程和查询交流计量工作，项目中必须加强工程计量（中间计量）档案管理。

计量应根据合同的要求做好记录。符合要求的记录应能说明哪些已经计量，哪些尚未计量，哪些已经签发支付证书，哪些尚未签发证书。计量时监理工程师还应完成以下工作。

（1）应有一套图纸（最好挂在墙上），用彩笔将所进行的工程的位置在图纸上标示出来，并在适当的位置做详细补充说明,如工程的开始、结束及几何尺寸等数据。这将有助于做好计量记录。

(2)应有一套档案,包括计量证书的号码及所计量的数量。所有计量证书必须是承包人和监理人共同签署的,只有这样才能作为支付的凭证。

(3)记录工程量清单中所列出的分类细目的数量与计量后数量的差异,及双方同意的任何进度支付证书应付的款额。

(4)对计日工应记录在有号码的计量证书上,并由承包人代表及监理工程师代表共同签名。计日工应详细记录如下内容。

①记录已指令进行的这项计日工的估计数量和付款额已获同意,记录计日工已完成的数量及付款金额。

②如果计日工的时间超过一个月,应在暂时计量单上记账,并在计量证书上另立系列号码,这些记录应与累计账册一同归档;记录已同意的计日工单价、付款的金额、付款报表号码。

(5)工程变更应记录已下达的变更指令依据,已同意的单价和价格调整,增加费用的计量证书应另编系列号码分开存档。

(6)对于现场存放的材料应每月计量记录一次,其计量表中应记录已发到现场的材料的种类和数量及这些材料的发票面值;已计量的数量应记录每一次报表中的预付金额及回收金额,材料计量证应另编系列号码,并应与发票及所有材料的累计账册一同归档。

3. 计量分析

为了做好计量的管理工作,除落实职责和加强记录与档案的管理外,工作中还应加强计量分析,一方面及时发现计量工作中的问题,另一方面及时掌握工程进度,为进度监理和费用支付提供基础。

为了便于计量的分析与管理,计量的表格应统一,做到标准化和规范化。监理工程师应设计好表格让承包人和具体从事计量的人员按此填写,这便于采用计算机辅助计量和进行计量分析。

计量分析时一方面应对照原工程量清单和设计图纸进行分析,将实际工程量与原设计的工程量进行对比,发现偏差并分析偏差的原因;另一方面以计量的工程量为依据,计算出实际进度,将实际进度与批准的进度进行比较,发现进度偏差,并找出原因从而采取措施改进。

计量分析也应对计量的方法是否恰当,计量的结果是否准确以及是否有质量不合格的工程等进行分析,通过分析找出是否有多计、错计的部分。

除以上所述三项内容外,计量管理还包括计量争端的协调与处理。计量是费用支付的直接基础,也是承包人工作的一种基本评价,因此,在计量工作中难免发生争端与分歧,监理工程师必须协调各方,尽快解决争端。

三、计量依据

计量的依据一般有质量合格证书、工程量清单前言、合同条件中的“计量支付”条款、技术规范中有关计量支付的内容(或独立的计量支付说明)和设计图纸及各种测量数据。计量时必须以这些资料为依据。

1. 质量合格证书

计量的基本条件和前提是质量合格,质量不合格部分不予计量。因此,计量工程师进行计量时,一定要同质量工程师配合,只有通过了质量监理,被质量监理工程师签发了质量合格证书的工程内容,才能进行计量。

2. 清单前言和技术规范

因为清单前言和技术规范中的"计量支付"规定了清单中每一项工程的计量方法,同时还规定了按规定的计量方法确定的单价即包括的工作内容和范围。例如关于路面面层的计量,计量条款中规定:路面面层的计量单位为"m^2",该项目应按图纸上所示的该层顶面的平面面积计量并包括图 9-1 所示该层断面内所有的材料及工作。

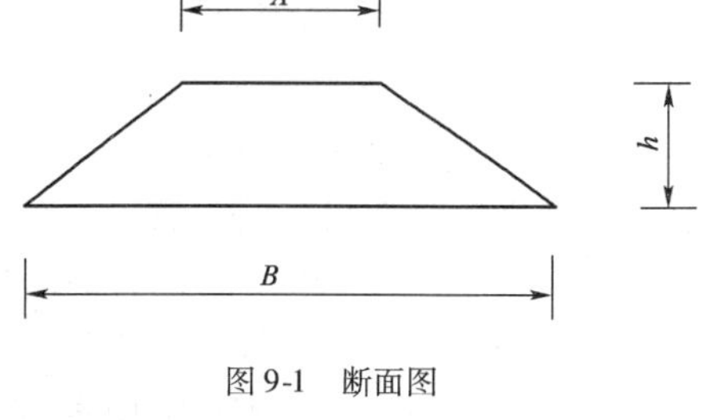

图 9-1　断面图

其中,A 为面层顶面宽度,B 为底面宽度。根据上述的规定,计量面层的数量时,只能以顶面宽 A 进行计算,以底面宽或以"$A+B$"的平均值计量都是不允许的。因为投标时,承包人根据规定,应当把该层断面内所有的材料及工作发生的费用,都包括在以顶面面积所确定的单价内。

3. 设计图纸

工程量清单的数量是该工程的估算工程量,但是被计量的工程数量,并不一定是承包人实际施工的数量,因为计量的几何尺寸应当以设计图纸为准。图 9-2 为就地灌注桩施工实测图。根据计量规定:对就地灌注桩的支付计量,应根据图纸所示由监理工程师确定的从设计基础表面到下方桩端间的长度考虑。因此,图中实际施工的灌注桩的长度虽然为"L_1+L_2",但是被计量支付的长度为 L_1。

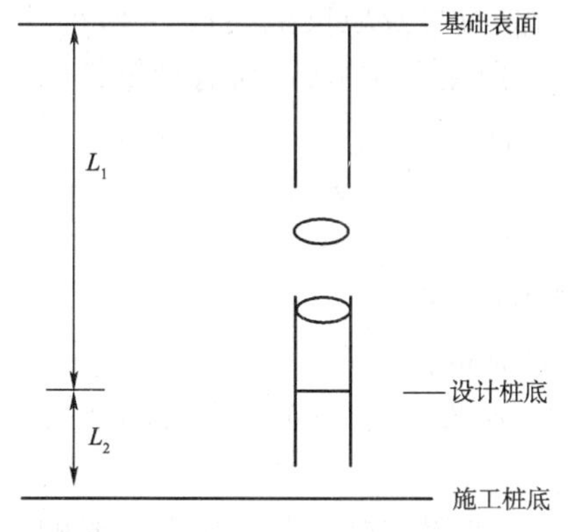

图 9-2　就地灌注桩施工实测图

4. 测量数据

与计算有关的测量数据有原始地面线高程的测量数据、土石分界线的测量数据、基础高程的测量数据、施工测量数据等。测量数据的准确性严重影响计量结果的准确性。

四、计量规则与方法

1. 计量内容

理论上,所有工程事项均应加以计量,以便获得完整的记录;实际上,工程中只是对所有需要支付的细目加以计量,这是计量工作范围的最低要求。这些细目在技术规范中每一节"计量与支付"条款及工程量清单的"前言"中明确规定了计量方法与付款内容。除了对已完成的工程细目进行计量和记录外,监理工程师最好对那些涉及付款的工程细目在施工中发生的一切问题进行详尽记录,以便在发生索赔时有据可查。

因此,计量工作的范围有最高与最低要求,具体达到什么样的要求,由具体工程项目的内容及施工情况而定。

公路工程计量的范围一般是技术规范和工程量清单所包含的内容,一般有:为监理工程师提供必要的办公、生活服务和交通运输设施,土方工程,排水及小型构筑物工程,路基工程,路面工程,桥梁工程,通信监控系统,收费系统,民用房建工程和附属工程等。

2. 计量时间

根据合同规定,监理工程师应及时对已经完成且质量合格的工程细目进行计量,并且对一切进行中的工程,均须每月粗略计量一次,到该部分工程完工后,再根据规范的条款进行精细的计量。每月进行计量是以便掌握工程进度情况及核定月进度款(即期中支付证书),为此,监理工程师一般须填制"中间计量单"。

对于隐蔽工程,则须在工程覆盖之前进行计量,否则在覆盖后再进行计量将使工作更复杂和更困难。

3. 计量单位与计量精度

计量单位分两类,一类是物理计量单位,另一类是自然计量单位。物理计量单位以公制计量,自然单位通常采用十进位自然数计算。

对于物理计量单位长度常用米、延米、千米、公里,面积常用平方米、万平方米、公顷;体积常用立方米、万立方米;重量常用克、千克、吨;自然计量单位常用个、片、座、株;时间单位常用日、星期、月、年等。

对于精度,为方便起见,小数点须四舍五入至小数点后恰当的位数,并且应对不同的细目分别作出统一规定。

虽然这是一简单问题,但实际工作中,常常出现计量名称、符号及取位错误和不规范。同时,还应该注意的是:各细目的计量单位必须与工程量清单中所用单位一致,所有计量都以净值为准。

4. 计量方式

计量方式一般有如下三种。

(1)实地测量与实地勘查。如土方工程,一般对横断面宽度、挖方的边长等需实地测量和勘查;又如场地清理也需按野外实地测得的数据,根据计算规则进行计算。

(2)室内按图纸计算。对于钢筋混凝土结构物以及多数永久工程,一般可按图纸计算工程量。

(3)根据现场记录。如计日工必须按现场记录来计算,又如灌注桩抽芯应按取芯时的钻探记录计算,打桩工程按施工记录计算等。

一般情况下,工程量的计算由承包人负责,工程量审核由监理工程师负责。通常,一个工程项目的计量往往是三种方式综合运用。不论采用何种方式,其结果都须经监理人和承包人双方同意,共同签字;有争议时,协商解决;协商解决不了仍由监理人决定。

5. 计量规则和计量方法

计量规则和计量方法主要在技术规范的有关内容和工程量清单的"前言"中明确给予规定。在进行计量时必须遵守其要求,并且在不同的合同中,这些计量规则和计量方法会有差别(即使对同一工程内容)。因此,计量时必须严格按合同计量细则的规定进行计量,不能按习惯计量方法,也不能按别的计量细则。

例如,同是压实土方的工程,京津塘高速公路计量细则规定:填方料的体积是以测量的地面高程为标准的设计断面的净体积;而济青公路计量细则中规定:其体积以测量的地面高程与标准设计断面加上监理工程师指定宽度的体积;在《公路工程标准施工招标文件(2009 年度)》(下称《招标文件》)的计量细则中规定:应以承包人施工测量并经监理工程师校核批准的横断面地面线为基础,按图纸中的典型横断面所绘制的由监理工程师审核批准的横断面施工图为依据进行计算。

由此可知,不同的合同均有各自的计量规定与要求,这些要求在技术规范每一节的计量与支付和工程量清单的“前言”中已经给出,计量时必须认真地遵照执行。计量统一的规定如下。

(1)所采用的测量方法,是计算工程量清单的统一依据,既适用于在建工程,也适用于该工程竣工测量。

(2)工程量清单不仅包括合同规定的所有必须完成的工作项目,还包括该项目工作所必须的一切有关费用(人工、材料、机械、附属工程、管理费、利润、税收等)。计量和支付是紧密结合在一起的。

(3)对所采用的测量方法,如用于特殊地段、特殊部位的工程项目时,应根据具体情况制定补充规定。

(4)工程量清单的细目,均需逐项进行较详细的说明。这些说明应以设计文件图纸为依据,并与合同文件中的施工技术规范相呼应。

(5)计算的工程量,不论采用什么方法,其计算结果都应该是净尺寸工程量。计算结果不包括施工中必然发生的允许的“合理超量”。超量价值应包括在净量单价内。

(6)以长和宽计量的项目,应注明其断面尺寸、形状、周长或周长范围及其他适当的说明。管道工程应注明其内径或外径尺寸。

(7)以面积计量的项目,应注明厚度或其他的说明。

(8)以质量计量的项目,应注明材料的规格或其他适当的说明。

(9)对于专利产品,应尽量适合制造厂价目表或习惯的计量方法,可不受本原则的限制。

(10)工程量清单中的项目说明,要以其他文件或图纸为依据,在这种情况下,应理解为该资料是符合本计算原则的。

应该注意的是:监理工程师除了对工程量清单的各个细目进行计量外,还应对所有有关支付的其他事务进行计量。如计日工使用的具体数量、各种工程意外事件以及工程变更后的工程量等,均应加以计量,以便进行支付。这些内容主要采取记录计量方式。

第三节　工程量清单的计量

工程量是以物理计量单位或自然计量单位所表示的建筑安装工程各个分项工程或结构件的实物数量。工程量计算是根据施工图、预算定额划分的项目及工程量计算规则,列出分部分项工程名称和工程量计算式,然后计算出其结果的过程。工程量清单中工程量的计算是确定工程造价的关键内容,是施工阶段计量支付工作的基础。其计算内容既包含设计图纸中道路、桥架等工程实物,又包括设计图纸和工程量清单所提供的工程量以外的施工组织设计中发生的合理工程量。《招标文件》中工程量清单的计量包括两部分:一是现行《招标文件》中的“计量与支付”规则;二是根据公路建设项目的实际情况,以《招标文件》中技术规范为基础补充修改的“项目专用技术规范”中的计量与支付规则。实际工作中应将两者结合起来理解和使用。

一、一般规定

以《招标文件》为主,结合国内几个大型公路工程的实际,以下对计量工作中的一般规定进行介绍。

1. 一般要求

(1)所有工程项目,除个别注明者外,均采用我国法定的计量单位,即国际单位及国际单位制导出的辅助单位进行计量。

(2)计量与支付应与合同条款、工程量清单以及图纸同时阅读,工程量清单中的支付项目号和《招标文件》的章节编号是一致的。

(3)任何工程项目的计量,均应按《招标文件》规定或监理人书面指示进行。

(4)按合同提供的材料数量和完成的工程量所采用的测量与计算方法,应符合《招标文件》的规定。所有这些方法,应经监理人批准或指令。承包人应提供一切计量设备和条件,并保证其设备精度符合要求。

(5)除非监理人另有准许,一切计量工作都应在监理人在场的情况下,由承包人测量、记录。有承包人签名的计量记录原本,应提交给监理人审查和保存。

(6)工程量应由承包人计算,由监理人审核。工程量计算的副本应提交给监理人并由监理人保存。

(7)全部必需的模板、脚手架、装备、机具、螺栓、垫圈和钢制件等其他材料,应包括在工程量清单中所列的有关支付项目中,均不单独计量。

(8)除监理人另有批准外,凡超过图纸所示的面积或体积,都不予计量与支付。

(9)承包人应严格标准计量基础工作和材料采购检验工作。沥青混凝土、沥青碎石、水泥混凝土、高强度等级水泥砂浆的施工现场必须使用电子计量设备称重。因不符合计量规定引发的质量问题,所发生的费用由承包人承担。

(10)如《招标文件》规定的任何分项工程或其子目未在工程量清单中出现,则应被认为是其他相关工程的附属工作,不再另行计量。

2. 重量

(1)凡以重量计量或以重量作为配合比设计的材料,都应在精确与批准的磅秤上,由称职合格的人员在监理人指定或批准的地点进行称重。

(2)称重计量时应满足以下条件:监理人在场,称重记录,载有包装材料、支撑装置、垫块、捆束物等重量的说明书在称重前提交给监理人作为称重依据。

(3)钢筋、钢板或型钢计量时,应按图纸或其他资料标示的尺寸和净长计算。搭接、接头套筒、焊接材料、下脚料和固定、定位架立钢筋等,则不予计量。钢筋、钢板或型钢应以千克计量,四舍五入,不计小数。钢筋、钢板或型钢由于理论单位重量与实际单位重量的差异而引起材料重量与数量不相匹配的情况,计量时不予考虑。

(4)金属材料的重量不得包括施工需要加放或使用的灰浆、楔快、填缝料、垫衬物、油料、接缝料、焊条、涂敷料等的重量。

(5)承运按重量计量的材料的货车,应每天在监理人指定的时间和地点称出空车重量。每辆货车还应标示清晰易辨的标记。

(6)对有规定标准的项目,例如钢筋、金属线、钢板、型钢、管材等,均有规定的规格、重量、截面尺寸等指标,这类指标应视为通常的重量或尺寸;除非引用规范中的允许偏差值加以控制,否则可用制造商说明的允许偏差。

3. 面积

除非另有规定，计算面积时，其长、宽应按图纸所示尺寸线或按监理人指示计量。对于面积在 $1m^2$ 以下的固定物（如检查井等）不予扣除。

4. 结构物

（1）结构物应按图纸所示净尺寸线，或根据监理人指示修改的尺寸线计量。

（2）水泥混凝土的计量应按监理人认可的并已完工工程的净尺寸计算，钢筋的体积不扣除，倒角不超过 $0.15m \times 0.15m$ 时不扣除，体积不超过 $0.03m^3$ 的开孔及开口不扣除，面积不超过 $0.15m \times 0.15m$ 的填角部分也不增加。

（3）所有以延米计量的结构物（如管涵等），除非图纸另有表示，应按平行于该结构物位置的基面或基础的中心方向计量。

5. 土方

（1）土方体积可采用平均断面积法计算，但与似棱体公式计算结果比较，如果误差超过 ±5% 时，监理人可指示采用似棱体公式。

（2）各种不同类别的挖方与填方计量，应以图纸所示界线为限，而且应在批准的横断面图上标明。

（3）用于填方的土方量，应按压实后的纵断面高程和路床面为准来计量。承包人报价时，应考虑在挖方或运输过程中引起的体积差。

（4）在现场钉桩后 56d 内，承包人应将设计和进场复测的土方横断图连同土方的面积与体积计算表，一并提交监理人批准。所有横断面图都应标有图题框，其大小由监理人指定。一旦横断面图得到最后批准，承包人应交给监理人原版图及三份复制图。

6. 运输车辆体积

（1）用体积计量的材料，应以经监理人批准的车辆装运，并在运到地点进行计量。

（2）用于体积运输的车辆，其车厢的形状和尺寸应使其容量能够容易而准确地测定并应保证精确度。每辆车都应有明显标记。每车所运材料的体积应于事前由监理人与承包人相互达成书面协议。

（3）所有车辆都应装载成水平容积高度，车辆到达送货点时，监理人可以要求将其装载物重新整平，对超过定量运送的材料将不予支付。运量达不到定量的车辆，应被拒绝或按监理人确定减少的体积接收。根据监理人的指示，承包人应在货物交付点，随机将一车材料刮平，在刮平后如发现货车运送的材料少于定量时，从前一车起所有运到的材料的计量都按同样比率减为目前的车载量。

7. 重量与体积换算

（1）如承包人提出要求并得到监理人的书面批准，已规定要用立方米计量的材料可以称重，并将此重量换算为立方米计量。

（2）将重量计量换算为体积计量的换算系数应由监理人确定，并应在此种计量方法使用之前征得承包人的同意。

8. 沥青和水泥

（1）沥青和水泥应以千克（kg）计量。

（2）如用货车或其他运输工具装运沥青材料，可以按经过检定的重量或体积计算沥青材料的数量，但要对漏失量或泡沫进行校正。

(3)水泥可以袋作为计量的依据,但一袋的标准应为50kg。散装水泥应称重计量。

9.成套的结构单元

如规定的计量单位是一成套的结构物或结构单元(实际上就是按“总额”或称“一次支付”计的工程子目),该单元应包括了所有必需的设备、配件和附属物及相关作业。

10.标准制品项目

(1)如规定采用标准制品(如护栏、钢丝、钢板、轧制型材、管子等),而这类项目又是以标准规格(单位重、截面尺寸等)标识的,则这种标识可以作为计量的标准。

(2)除非所采用标准制品的允许误差比规范要求的允许误差要求更严格,否则,生产厂确立的制造允许误差不予认可。

二、开办项目

开办项目(第100章)包括的主要工程内容有:保险、工程管理、临时工程与设施、承包人驻地建设等。对于这些工程的具体工作内容已经在技术规范中作了详细规定和说明,在清单中按项报价,均属于包干支付项目。因此,在计量规则中很简单,计量方法都是现场检查和统计。但是,具体工程中,对这种按自然单位计量的项目,一定要在现场进行认真地检查和核实,并注意按照技术规范规定的工作内容在现场逐项查实。

三、路基工程

路基工程(第200章)包括的工程内容主要有场地清理,挖方路基,填方路基,特殊地区路基处理,路基整修,坡面排水,护坡、护面墙,挡土墙,锚杆、锚定板挡土墙,加筋土挡土墙,喷射混凝土和喷浆边坡防护,预应力锚索边坡加固,抗滑桩,河道防护等。

路基工程的施工测量与放样、调查与试验、施工期间的防水和排水、冬季施工、雨季施工等工作内容均不单独计量,其费用应包括在与其相关工程子目的单价或费率中。

1.场地清理

对于场地清理的计量《招标文件》中作了如下规定:

(1)施工场地清理的计量应按监理人书面指定的范围(路基范围以外临时工程用地清场等除外)进行验收。现场实地测量的平面投影面积以平方米计量。现场清理包括路基范围内的所有垃圾、灌木、竹林及胸径小于100mm的树木、石头、废料、表土(腐殖土)、草皮的铲除与开挖。借土场的场地清理与拆除(包括临时工程)均应列入土方单价之内,不另行计量。

(2)砍伐树木仅计胸径(即离地面1.3m高处的直径)大于100mm的树木,以棵为单位计量。包括砍伐后的截锯、移运(移运至监理人指定的地点)、堆放等一切有关的作业;挖除树根以棵为单位计量,包括挖除、移运、堆放等一切有关的作业。

(3)挖除旧路面(包括路面基层)应按各种不同结构类型的路面分别以平方米计量;拆除原有公路结构物应分别按结构物的类型,依据监理人现场指示的范围和量测方法量测,以立方米为单位计量。

(4)所有场地清理、拆除与挖掘工作的一切挖方、坑穴的回填、整平、压实,以及适用材料的移运、堆放和废料的移运处理等作业费用均含入相关子目单价之中,不另行计量。

2.挖方路基

(1)路基土石方开挖数量包括边沟、排水沟、截水沟,应以经监理人校核批准的横断面地面线和土石分界的补充测量为基础,按路线中线长度乘以经监理人核准的横断面面积进行计算,以立方米为单位计量。

(2)挖除路基范围内非适用材料及淤泥(不包括借土场)的数量,应以承包人测量,并经监理人审核批准的断面或实际范围为依据的计算数量,分别以立方米为单位计量。

(3)除非监理人另有指示,凡超过图纸或监理人规定尺寸的开挖,均不予计量。

(4)石方爆破安全措施、弃方的运输和堆放、质量检验、临时道路和临时排水等均含入相关子目单价或费率之中,不另行计量。

(5)在挖方路基的路床顶面以下,土方断面挖松深300mm再压实;石方断面应辅以人工凿平或填平压实。作为承包人应做的附属工作,均不另行计量。

改河、改渠、改路的开挖工程按合同图纸施工,计量方法可按上述(1)款进行。改路挖方线外工程的工作量计入203-2子目内。

需要说明的是,应注意编制估(概、预)算时与编制招标控制价(清单预算、投标报价)时对路基土石方数量计算规定的差异。编制估(概、预)算时,路基土石方数量中仅包括边沟的开挖数量,不包括排水沟和截水沟的开挖数量,其开挖数量在排水工程中计列;而编制招标控制价(清单预算、投标报价)时,则全部计入路基土石方数量内。

3. 填方路基

(1)填筑路堤的土石方数量,应以承包人的施工测量和补充测量经监理人校核批准的横断面地面线为基础,以监理人批准的横断面施工图为依据,由承包人按不同来源(包括利用土方、利用石方和借方等)分别计算,经监理人校核认可的工程数量作为计量的工程数量。

(2)零填挖路段的翻松、压实含入报价之中,不另计量。

(3)零填挖路段的换填土按压实的体积,以立方米为单位计量。计价中包括表面不良土的翻挖运弃(不计运距),换填好土的挖运、摊平、压实等一切与此有关作业的费用。

(4)利用土、石填方及土石混合填料的填方,按压实的体积,以立方米为单位计量。计价中包括运输、挖台阶、摊平、压实、整型等一切与此有关的作业的费用。利用土、石方的开挖作业在《招标文件》第203节路基挖方中计量。承包人不得因为土石混填的工艺、压实标准及检测方法的变化而要求增加额外的费用。

(5)借土填方,按压实的体积,以立方米为单位计量。计价中包括借土场(取土坑)中非适用材料的挖除、弃运及借土场的资源使用费、场地清理、地貌恢复、施工便道、便桥的修建与养护、临时排水与防护等和填方材料的开挖、运输、挖台阶、摊平、压实、整型等一切与此有关作业的费用。

(6)粉煤灰路堤按压实体积,以立方米为单位计量,计价中包括材料储运(含储灰场建设)、摊铺、晾晒、土质护坡、压实、整型以及试验路段施工等一切与此有关的作业费用。土质包边土在本节支付目录号204-1-e中计量。

(7)结构物台背回填按压实体积,以立方米为单位计量,计价中包括挖运、摊平、压实、整型等一切与此有关的作业费用。

(8)锥坡及台前溜坡填土,按图纸要求施工,经监理人验收的压实体积,以立方米为单位计量。

(9)临时排水以及超出图纸要求以外的超填,均不计量。

(10)改造其他公路的路基土方填筑的计量方法同本条(1)款。

4. 特殊地区路基处理

特殊地区路基处理所完成的工程量，经验收后，由承包人计算监理人校核的数量作为计量的工程数量。

(1)挖除换填

挖除原路基一定深度及范围内淤泥以立方米计量，列入相应的支付子目中。

换填的填方，包括由于施工过程中地面下沉而增加的填方量以立方米为单位计量，列入填方路基相应的支付子目中。

(2)抛石挤淤

按图纸或验收的尺寸计算抛石体积的片石数量，以立方米为单位计量，包括有关的一切作业。

(3)砂垫层、砂砾垫层及灰土垫层

按垫层类型分别以立方米为单位计量，包括材料、机械及有关的一切作业。

(4)预压和超载预压

按图纸或监理人要求的预压宽度和高度以立方米为单位计量，包括材料、机械及有关的一切作业。

(5)真空预压、真空堆载联合预压

应以图纸或监理人所要求预压范围(宽度、高度、长度)经监理人验收合格，预压后体积以立方米为单位计量；计量中包括预压所用垫层材料、密封膜、滤管及密封沟与围堰等一切相关的材料、机械、人工费用。

(6)袋装砂井

按不同直径及深(长)度分别以米为单位计量。砂及砂袋不单独计量。

(7)塑料排水板

按规格及深(长)度分别以米为单位计量，不计伸入垫层内长度，包括材料、机械及有关的一切作业。

(8)砂桩、碎石桩、加固土桩、CFG 桩

按不同桩径及桩深(长)度以图纸为依据经验收合格按米为单位计量，包括材料、机械及有关的一切作业。

(9)土工织物

铺设土工织物以图纸为依据，经监理人验收合格以设计图为依据计算单层净面积数量(不计搭接及反包边增加量)，包括材料、机械及与此有关的一切作业。

(10)滑坡处理

按实际发生的挖除及回填体积，经监理人验收合格后以立方米为单位计量。计价中包括施工中所采取的安全保护措施、采取措施截断流向滑体的地表水、地下水及临时用水，以及采取措施封闭滑体上的裂隙等全部作业。

滑坡处理采用抗滑支挡工程施工时所发生工程量按不同工程项目，分别在相关支付子目下计量。

(11)岩溶洞按实际填筑体积，经监理人验收合格后以立方米为单位计量。经批准采取其他处理措施时，经验收合格后，参照类似项目的规定进行计量。

(12)膨胀土路基按图纸及监理人指示进行铺筑，经监理人验收合格，按不同厚度以平方

米为单位计量,其内容仅指石灰土改良费用,包括石灰的购置、运输、消解、拌和及有关辅助作业等一切有关费用;土方的挖运、填筑及压实等作业含入《招标文件》第203节、第204节相关子目之中。

(13)黄土陷穴按实际开挖和回填体积,经监理人验收合格后以立方米为单位计量。

(14)采用强夯处理,以图纸为依据经监理人验收合格后以平方米为单位计量,包括施工前的地表处理、拦截地表和地下水、强夯及强夯后的标准贯入、静力触探测试等相关作业。

(15)盐渍土路基处理换填,经监理人验收合格后按不同厚度以平方米为单位计量,其内容包括铲除过盐渍土、材料运输、分层填筑、分层压实等相关作业。

(16)风积沙填筑路基以图纸为依据,经验收合格以立方米为单位计量,包括材料、运输、摊平、碾压等相关作业。

(17)季节性冻土地区路基施工以图纸为依据,经验收合格按不同填料规格,以立方米为单位计量,其内容包括清除软层、材料运输、分层填筑、分层压实等相关作业。

(18)工地沉降观测作为承包人应做的工作,不予计量与支付。

(19)临时排水与防护设施认为已包括在相关工程中,不另行计量。

5. 路基整修

路基整修工作内容均不作计量,其所涉及的费用应包括在与其相关的工程子目的单价或费率之中。

6. 坡面排水

(1)边沟、排水沟、截水沟的加固铺砌,按图纸施工经监理人验收合格的实际长度,分不同结构类型以米为单位计量。由于边沟、排水沟、截水沟加固铺砌而需扩挖部分的开挖,均作为承包人应做的附属工作,不另计量。

(2)改沟、改渠护坡铺砌按图纸施工,经监理人验收合格的不同圬工体积,以立方米为单位计量。

(3)急流槽按图纸施工,经验收合格的断面尺寸计算体积(包括消力池、消力槛、抗滑台等附属设施),以立方米为单位计量。

(4)路基盲沟按图纸施工,经验收合格的断面尺寸及所用材料,按长度以米为单位计量。

(5)所用砂砾垫层或基础材料、填缝材料、钢筋以及地基平整夯实及回填等土方工程均含人相关子目单价之中,不另行计量。

(6)土工合成材料的计量按特殊地区路基处理中的规定执行。

(7)渗井、检查井、雨水井的计量按路面及中央分隔带排水的规定执行。

7. 护坡、护面墙

(1)干砌片石、浆砌片石护坡、护面墙等工程的计量,应以图纸所示和监理人的指示为依据,按实际完成并经验收的数量按不同的工程子目的不同的砂浆砌体分别以立方米为单位计量。

(2)预制空心砖和拱形及方格骨架护坡,按其铺筑的实际体积以立方米为单位计量。所有垫层、嵌缝材料、砂浆勾缝、泄水孔、滤水层、回填种植土以及基础的开挖和回填等有关作业,均作为承包人应做的附属工作,不另行计量。

(3)种草、铺草皮、三维植被网、客土喷播等应以图纸要求和所示面积为依据实施,经监理人验收的实际面积以平方米为单位计量。整修坡面、铺设表土、三维土工网、锚钉、客土、草种

(灌木籽)、草皮、苗木、混合料、水、肥料、土壤稳定剂等(含运输)及其作业均作为承包人应做的附属工作,不另行计量。

(4)封面、捶面施工以图纸为依据,经监理人验收合格,以平方米为单位计量,该项支付包括了上述工作相关的工料机全部费用。

8. 挡土墙

(1)砌体挡土墙、干砌挡土墙和混凝土挡土墙工程应以图纸所示或监理人的指示为依据,按实际完成并经验收的数量,按砂浆强度等级及混凝土强度等级分别以立方米为单位计量。砂砾或碎石垫层按完成数量以立方米为单位计量。

(2)混凝土挡土墙的钢筋,按图纸所示经监理人验收后,以千克(kg)为单位计量。

(3)嵌缝材料、砂浆勾缝、泄水孔及其滤水层,混凝土工程的脚手架、模板、浇筑和养生、表面修整,基础开挖、运输与回填等有关作业,均作为承包人应做的附属工作,不另行计量。

9. 锚杆、锚定板挡土墙

(1)锚杆挡土墙、锚定板挡土墙工程计量应以图纸所示和监理人的指示为依据,按实际完成并经验收的数量,混凝土挡板和立柱以立方米为单位计量,钢筋及锚杆以千克(kg)为单位计量。

(2)锚孔的钻孔、锚杆的制作和安装、锚孔灌浆、钢筋混凝土立柱和挡土板的制作安装、墙背回填、防排水设置及锚杆的抗拔力试验等,以及一切未提及的相关工作均为完成锚杆挡土墙及锚定板挡土墙所必须的工作,均含入相关支付子目单价之中,不单独计量。

10. 加筋土挡土墙

(1)加筋土挡墙的墙面板、钢筋混凝土带、混凝土基础以及混凝土帽石,经监理人验收合格,以立方米为单位计量。浆砌片石基础以立方米为单位计量。

(2)铺设聚丙烯土工带,按图纸及验收数量以千克(kg)为单位计量。

(3)基坑开挖与回填、墙顶抹平层、沉降缝的填塞、泄水管的设置及钢筋混凝土带的钢筋等,均作为承包人的附属工作,不另计量。

(4)加筋土挡墙的路堤填料按图纸的规定和要求,在填方路基中计量。

11. 喷射混凝土和喷浆边坡防护

(1)锚杆按图纸或监理人指示为依据,经验收合格的实际数量,以米为单位计量。

(2)喷射混凝土和喷射水泥砂浆边坡防护的计量,应以图纸所示和监理人的指示为依据,按实际完成并经验收的数量,以平方米为单位计量;钢筋网、铁丝网以千克(kg)为单位计量;土工格栅以平方米为单位计量。

(3)喷射前的岩面清理,锚孔钻孔,锚杆制作以及钢筋网和铁丝网编织及挂网土工格栅的安装铺设等工作,均为承包人为完成锚杆喷射混凝土和喷射砂浆边坡防护工程应做的附属工作,不另行计量。

(4)土钉支护施工以图纸为依据,经监理人验收合格,分不同类型组合的工程项目按下列内容分别计量:

①土钉钻孔桩、击入桩分别按米为单位计量;

②含钢筋网或土工格栅网的喷射混凝土面层区分不同厚度按平方米为单位计量;

③钢筋、钢筋网以千克(kg)为单位计量;

④土工格栅以净面积为单位计量;

⑤网格梁、立柱、挡土板以立方米(m^3)为单位计量。

⑥永久排水系统依结构形式参照坡面排水中的规定计量。

⑦土钉支护施工中的土方工程、临时排水工程以及未提及的其他工程均作为土钉支付施工的附属工作,不予单独计量,其费用含入相关工程子目单价之中。

12. 预应力锚索边坡加固

(1)预应力锚索长度按图纸要求,经监理人验收合格以米为单位计量。

(2)混凝土锚固板按图纸要求,经监理人验收合格以立方米为单位计量。

(3)钻孔、清孔、锚索安装、注浆、张拉、锚头、锚索护套、场地清理以及抗拔力试验等均为锚索的附属工作,不另行计量。

(4)混凝土的立模、浇筑、养生等为锚固板的附属工作,不另行计量。

13. 抗滑桩

(1)抗滑桩按图纸规定尺寸及深度为依据,现场实际完成并验收合格的实际桩长以米为单位计量,设置支撑和护壁、挖孔、清孔、通风、钎探、排水及浇筑混凝土以及无破损检验,均作为抗滑桩的附属工程,不另行计量。

(2)抗滑桩用钢筋按图纸规定及经监理人验收的实际数量,以千克(kg)为单位计量。

(3)桩板式抗滑挡墙应按图纸要求进行施工,经监理人验收合格,挡土板以立方米为单位计量。桩板式抗滑挡墙施工中的挖孔桩按抗滑桩(1)款规定计量。钻孔灌注桩、锚杆、锚索等项工作按实际发生参照桥梁工程钻孔灌注桩、喷射混凝土和喷浆边坡防护、预应力锚索边坡加固的相关规定进行计量。

(4)土方工程、临时排水等相关工作均作为辅助工作不予计量,费用含入相关工程报价中。

14. 河道防护

(1)河床铺砌、顺坝、丁坝、调水坝及锥坡砌筑等工程及抛石防护,应分别按图纸尺寸和监理人的指示,按实际完成并经验收的数量,以立方米为单位计量。砂砾(碎石)垫层以立方米为单位计量。

(2)砌体的基础开挖、回填、夯实、砌体勾缝等工作,均作为承包人应做的附属工作,不另行计量。

四、路面工程

路面工程(第300章)包括的工程内容主要有已完成并经监理人验收合格的路基上铺筑各种垫层、底基层、基层和面层,路面及中央分隔带排水施工,培土路肩、中央分隔带回填土及路缘石设置,以及修筑路面附属设施等有关的作业。

1. 垫层

(1)碎石、砂砾垫层应按图纸和监理人指示铺筑、经监理人验收合格的面积,按不同厚度以平方米为单位计量。

(2)水泥稳定土、石灰稳定土垫层应按图纸和监理人指示铺筑、经监理人验收合格的面积,按不同厚度以平方米为单位计量。

(3)对个别特殊形状的面积,应采用适当计算方法计量,并经监理人批准以平方米为单位计量。除监理人另有指示外,超过图纸所规定的面积,均不予计量。

2. 石灰稳定土底基层

(1)石灰稳定土底基层应按图纸所示和监理人指示铺筑的面积,经监理人验收合格,按不同厚度以平方米为单位计量。

(2)对个别特殊形状的面积,应采用监理人认可的计算方法计算。除监理人另有指示外,超过图纸所规定的计算面积或体积均不予计量。

(3)桥梁和明涵处的搭板、埋板下变截面石灰稳定土底基层按图纸所示和监理人的指示铺筑,经监理人验收合格后,以立方米为单位计量。

3. 水泥稳定土底基层、基层

(1)水泥稳定土底基层、基层按图纸所示和监理人指示铺筑,经监理人验收合格的平均面积,按不同厚度以平方米为单位计量。

(2)对个别特殊形状的面积,应采用监理人认可的计算方法计量。除监理人另有指示外,超过图纸所规定的计算面积或体积均不予计量。

(3)桥梁及明涵的搭板、埋板下变截面水泥稳定土底基层按图纸所示和监理人指示铺筑,经监理人验收合格后,以立方米为单位计量。

4. 石灰粉煤灰稳定土底基层、基层

(1)石灰粉煤灰稳定土基层和底基层按图纸或监理人指示铺筑,并经验收的平均面积按不同厚度以平方米为单位计量。任何地段的长度应沿路幅中线水平量测。对个别不规则形状,应采用经监理人批准的计算方法计量。

(2)桥梁及明涵的搭板、埋板下变截面石灰粉煤灰稳定土底基层按图纸所示和监理人指示铺筑,经监理人验收合格后,以立方米为单位计量。

5. 级配碎(砾)石底基层、基层

(1)级配碎(砾)石底基层和基层应按图纸和监理人指示铺筑的平均面积,经监理人验收合格后,按不同厚度以平方米为单位计量。除监理人另有指示外,超过图纸所规定的面积,均不予计量。

(2)桥梁及明涵的搭板、埋板下变截面级配碎(砾)石底基层按图纸所示和监理人指示铺筑,经监理人验收合格后,以立方米为单位计量。

6. 沥青稳定碎石基层(ATB)

沥青稳定碎石混合料,按图纸所示或监理人指示的平均铺筑面积,经监理人验收合格,按不同厚度分别以平方米为单位计量。除监理人另有指示外,超过图纸所规定的面积均不予计量。

7. 透层和黏层

(1)透层和黏层按图纸规定的或监理人指示的喷洒面积,经监理人验收合格,以平方米为单位计量。

(2)对个别特殊形状的面积,应采用适当的计算方法计量。除监理人另有指示外,超过图纸规定的计算面积均不予计量。

8. 热拌沥青混合料面层

热铺沥青混凝土,应按图纸所示或监理人指示的平均铺筑面积,经监理人验收合格,按粗、中、细粒式沥青混凝土和不同厚度分别以平方米为单位计量。除监理人另有指示外,超过图纸所规定的面积均不予计量。

9. 沥青表面处治与封层

(1)沥青表面处治按图纸所示或监理人指示铺筑,经监理人验收合格,按不同厚度分别以平方米为单位计量。

(2)封层按图纸规定的或监理人指示的喷洒面积,经监理人验收合格,以平方米为单位计量。

(3)表面处治除监理人另有指示外,超过图纸规定的面积不予计量。

10. 改性沥青及改性沥青混合料

改性沥青混合料按图纸要求及监理人的指示按不同厚度及实际摊铺的面积以平方米为单位计量。

11. 水泥混凝土面板

(1)水泥混凝土面板按图纸和监理人指示铺筑的面积,经监理人验收合格,按不同厚度以平方米为单位计量。除监理人另有指示外,任何超过图纸所规定的尺寸的计算面积,均不予计量。

(2)水泥混凝土路面的补强钢筋及拉杆、传力杆等钢筋按图纸要求设置,经监理人现场验收后以千克为单位计量。因搭接而增加的钢筋不予计入。

(3)接缝材料等未列入支付子目中的其他材料均含入水泥混凝土路面单价之中,不单独计量。

12. 培土路肩、中央分隔带回填土、土路肩加固及路缘石

(1)培土路肩及中央分隔带回填土按压实后并经验收的工程数量分别以立方米为单位计量。现浇混凝土加固土路肩、混凝土预制块加固土路肩经验收的工程数量分别以延米为单位计量。

(2)水泥混凝土加固土路肩经验收合格后,沿路肩表面量测其长度以延米为单位计量。加固土路肩的混凝土立模、摊铺、振捣、养生、拆模,预制块预制铺砌,接缝材料等及其他有关加固土路肩的杂项工作均属承包人的附属工作,均不另行计量。

(3)路缘石按图纸所示的长度进行现场量测,经验收合格以延米为单位计量。埋设缘石的基槽开挖与回填、夯实以及混凝土垫层或水泥砂浆垫层等有关杂项工作均属承包人的附属工作,不另行计量。

13. 路面及中央分隔带排水

(1)中央分隔带处设置的排水设施,按图纸施工,经监理人验收合格的实际工程数量分别按下列项目计量:

①排水管按不同材料、不同直径分别以米为单位计量。

②纵向雨水沟(管)按长度以米为单位计量。

③集水井按不同尺寸以座为单位计量。

④渗沟按不同截面尺寸以延米为单位计量。

⑤防水沥青油毡以平方米为单位计量。

(2)路肩排水沟,经监理人验收合格的实际工程数量,分别按下列项目计量:

①混凝土路肩排水沟按长度以米为单位计量。

②路肩排水沟砂砾垫层(路基填筑中已计量者除外)按立方米为单位计量。

③土工布以平方米为单位计量。

(3)排水管基础开挖和基础浇筑、胶泥隔水层及出水口预制混凝土垫块及混凝土包封等不另行计量,包含在排水管单价中。

(4)渗沟上的土工布不另计量,包含在渗沟单价中。

(5)拦水带按长度以米为单位计量。

五、桥涵工程

桥涵工程(第400章)包括的工程内容主要有:模板、拱架和支架,钢筋,基础挖方及回填,钻孔灌注桩,沉桩,挖孔灌注桩,桩的垂直静荷载试验,沉井,结构混凝土工程,预应力混凝土工程,预制构件的安装,砌石工程,小型钢构件,桥面铺装,桥梁支座,桥梁接缝和伸缩装置,防水处理,圆管涵及倒虹吸管,盖板涵、箱涵,拱涵。

1. 模板、拱架和支架

桥涵工程中的模板、拱架和支架均作为有关工程的附属工作,不作计量。

2. 钢筋

(1)根据图纸所示及钢筋表(不包括固定、定位架立钢筋)所列,按实际安设并经监理人验收的钢筋以千克(kg)为单位计量。

其内容包括钢筋混凝土中的钢筋,预应力混凝土中的非预应力钢筋及混凝土桥面铺装中的钢筋。

(2)除图纸所示或监理人另有认可外,因搭接而增加的钢筋不予计入。

(3)钢筋及钢筋骨架用的铁丝、钢板、套筒(连接套)、焊接、钢筋垫块或其他固定、定位架立钢筋的材料,以及钢筋的防锈、截取、套丝、弯曲、场内运输、安装等,作为钢筋工程的附属工作,不另行计量。

3. 基础挖方及回填

(1)基础挖方应按下述规定,取用底、顶面间平均高度的棱柱体体积,分别按干处、水下及土、石,以立方米为单位计量。干处挖方与水下挖方是以经监理人认可的施工期间实测的地下水位为界线。在地下水位以上开挖的为干处挖方,在地下水位以下开挖的为水下挖方。

基础底面、顶面及侧面的确定应符合下列规定。

①基础挖方底面:按图纸所示或监理人批准的基础(包括地基处理部分)的基底高程线计算。

②基础挖方顶面:按监理人批准的横断面上所标示的原地面线计算。

③基础挖方侧面:按顶面到底面,以超出基底周边0.5m的竖直面为界。

(2)当承包人遇到特殊或非常规情况时,应及时通知监理人,由监理人定出特殊的基础挖方界线。凡未取得监理人批准,承包人以特殊情况为理由而完成的任何挖方将不予计量,其基坑超深开挖,应由承包人用砂砾或监理人批准的回填材料予以回填压实。

(3)为完成基础挖方所做的地面排水及围堰、基坑支撑及抽水、基坑回填与压实、错台开挖及斜坡开挖等,作为挖基工程的附属工作,不另行计量。

(4)台后路基填筑及锥坡填土在填方路基内计量。

(5)基坑土的运输作为挖基工程的附属工作,不另行计量。

4. 钻孔灌注桩

(1)钻孔灌注桩以实际完成并经监理人验收后的数量,按不同桩径的桩长以米为单位计量，计量应自图纸所示或监理人批准的桩底高程至承台底或系梁底。对于与桩连为一体的柱式墩台，如无承台或系梁时，则以桩位处地面线为分界线，地面线以下部分为灌注桩桩长；若图纸有标识的，按图纸标识为准。未经监理人批准，由于超钻而深于所需的桩长部分，将不予计量。

(2)开挖、钻孔、清孔、钻孔泥浆、护筒、混凝土、破桩头，以及必要时在水中填土筑岛、搭设工作台架及浮箱平台、栈桥等其他为完成工程的子目，作为钻孔灌注桩的附属工作，不另行计量。混凝土桩无破损检测及所预埋的钢管等材料，均作为混凝土桩的附属工作，不另行计量。

(3)钢筋在钢筋工程内计量，列入403-1子目内。

(4)监理人要求钻取的芯样，经检验，如混凝土质量合格，钻取的芯样应予计量，否则不予计量。混凝土取芯按取回的混凝土芯样的长度以米为单位计量。

5. 沉桩

(1)钢筋混凝土或预应力混凝土沉桩以实际完成并经监理人验收后的数量，按不同桩径的桩身长度以米为单位计量。桩身长度的计量应自图纸所示或监理人批准的桩尖高程至承台底或盖梁底。未经监理人批准，沉入深度超过图纸规定的桩长部分，将不予计量。

(2)为完成沉桩工程而进行的钢筋混凝土桩浇筑预制、养生、移运、沉入、桩头处理等一切有关作业，均为沉桩工程所包括的工作内容，不另计量。

(3)试桩如系工程用桩，则该试桩按不同桩径分别列入支付子目中的的钢筋混凝土沉桩子目内；如果试桩不作为工程用桩，则应按不同桩径以米为单位计量，列入支付子目中的试桩子目内。

(4)沉桩的无破损检验作为沉桩工程的附属工作，不另行计量。

(5)钢筋混凝土或预应力混凝土沉桩(包括试桩)所用钢筋在钢筋工程内计量，列入403-1子目内，其余钢板及材料加工等均含在钢筋混凝土沉桩工程子目中，不另行计量。

(6)制造预应力混凝土沉桩用预应力钢材在预应力混凝土工程内计量。

制造预应力混凝土沉桩用法兰盘及其他钢材，除按上述规定在钢筋工程、预应力混凝土工程计量外的所有钢材均含入预应力沉桩工程子目中，不另行计量。

(7)试桩的试验机具其提供、运输、安装、拆卸以及试验数据的分析和提供试验报告等，均系该试桩的附属工作，不另行计量。

6. 挖孔灌注桩

(1)挖孔灌注桩以实际完成并经监理人验收后的数量，按不同桩径的桩长以米为单位计量。计量应自图纸所示或监理人批准的从桩底高程至承台底或系梁底；如无承台或系梁时，则从桩底至图纸所示的桩顶；当图纸未示出桩顶位置，或示有桩顶位置但桩位处预先有夯填土时，由监理人根据情况确定。监理人认为由于超挖而深于所需的桩长部分，将不予计量。

(2)设置支撑和护壁、挖孔、清孔、通风、钎探、排水、混凝土、每桩的无破损检验以及其他为完成此项工程的项目，均为挖孔灌注桩的附属工作，不另行计量。

(3)钢筋在钢筋工程内计量，列入403-1子目内。

(4)监理人要求钻取的混凝土芯样检验，经钻取检验后，如混凝土质量合格，钻取的芯样应予计量；否则不予计量。钻取芯样长度按取回的芯样以米为单位计量。

7. 桩的垂直静荷载试验

(1)试桩不论是检验荷载或破坏荷载，均以经监理人验收或认可的单根试桩计量。计量包括压载、沉降观测、卸载、回弹观测、数据分析，以及为完成此项试验的其他工作子目。

(2)检验荷载试验桩如试验后作为工程结构的一部分，其工程量在钻孔灌注桩及挖孔灌注桩有关支付子目内计量。破坏荷载试验用的试桩，将来不作为工程结构的一部分，其工程量在钻孔灌注桩的支付子目405-3 及挖孔灌注桩支付子目407-3 内计量。

8. 沉井

(1)沉井制作完成，符合图纸规定要求，经监理人验收后，混凝土及钢筋按以下规定计量。

①沉井的混凝土，按就位后沉井顶面以下各不同部位(井壁、顶板、封底、填芯)和不同混凝土级别的体积以立方米为单位计量。

②沉井所用钢筋，列入钢筋工程中的基础钢筋支付子目内计量。

(2)沉井制作及下沉奠基，其中包括场地准备，围堰筑岛，模板、支撑的制作安装与拆除，沉井浇筑、接高，沉井下沉，空气幕助沉，井内挖土，基底处理等工作，均应视为完成沉井工程所必需的工作，不另行计量。

(3)沉井刃脚所用钢材，视作沉井的附属工程材料，不另行计量。

9. 结构混凝土工程

(1)以图纸所示或监理人指示为依据，按现场已完工并经验收的混凝土，分别以不同结构类型及混凝土等级，以立方米为单位计量。

(2)直径小于200mm 的管子、钢筋、锚固件、管道、泄水孔或桩所占混凝土体积不予扣除。作为砌体砂浆的小石子混凝土，不另行计量。

(3)桥面铺装混凝土在桥面铺装内计量，结构钢筋在钢筋工程内计量。

(4)为完成结构物所用的施工缝联结钢筋、预制构件的预埋钢板、防护角钢或钢板、脚手架或支架及模板、排水设施、防水处理、基础底碎石垫层、混凝土养生、混凝土表面修整及为完成结构物的其他杂项子目，以及混凝土预制构件的安装架设设备拼装、移运、拆除和为安装所需的临时性或永久性的固定扣件、钢板、焊接、螺栓等，均作为各项相应混凝土工程的附属工作，不另行计量。

10. 预应力混凝土工程

(1)预应力混凝土结构物(包括现浇和预制预应力混凝土)按图纸尺寸或监理人指示为依据，按已完工并经验收合格的结构体积，以立方米为单位计量。计量中包括悬臂浇筑、支架浇筑及预制安装预应力混凝土梁、板的一切作业。

(2)完工并经验收的预应力混凝土结构的预应力钢材，按图纸所示和以下规定相应长度计算，预应力钢材数量以千克(kg)为单位计量。后张法预应力钢材的长度按两端锚具间的理论长度计算；先张法预应力钢材的长度按构件的长度计算。除上述计算长度以外的锚固长度及工作长度的预应力钢材含入相应预应力钢材报价之中，不另行计量。

(3)预应力混凝土结构的非预应力钢筋，在钢筋工程内计量。

(4)预应力钢材的加工、锚具、管道、锚板及联结钢板、焊接、张拉、压浆等，作为预应力钢材的附属工作，不另行计量。预应力锚具包括锚圈、夹片、连接器、螺栓、垫板、喇叭管、螺旋钢筋等整套部件。

(5)后张法预应力混凝土梁封锚及端部加厚混凝土，计入相应梁段混凝土之中，不单独计量。

(6)预制板、梁的整体化现浇混凝土及其钢筋，分别在结构混凝土工程及钢筋工程内计量。

(7)桥面铺装混凝土在桥面铺装内计量。

11. 预制构件的安装

经验收的不同形式预制构件的安装,包括构件安装所需的临时性或永久性的固定扣件、钢板、焊接、螺栓等,其工作量包含在结构混凝土工程及预应力混凝土工程相应预制混凝土构件或预应力混凝土构件的工程子目中,不另行计量。

12. 砌石工程

(1)以图纸所示或监理人指示为依据,按工地完成的并经验收的各种石砌体或预制混凝土块砌体,以立方米为单位计量。

(2)计算体积时,所用尺寸应由图纸所标明或监理人书面规定的计价线或计价体积定之。相邻不同石砌体计量中,应各包括不同石砌体间灰缝体积的一半。镶面石突出部分超过外廓线者不予计量。泄水孔、排水管或其他面积小于 $0.02m^2$ 的孔眼不予扣除。削角或其他装饰的切削,其数量为所用石料5%或少于5%者,不予扣除。

(3)砂浆或作为砂浆的小石子混凝土,作为砌体工程的附属工作,不另计量。

(4)砌体垫铺材料的提供和设置,拱架、支架及砌体的勾缝,作为砌体工程的附属工作,不另计量。

13. 小型钢构件

桥梁及其他公路构造物的钢构件,作为有关子目内的附属工作,不另计量。

14. 桥面铺装

(1)桥面铺装应按图纸所示的尺寸,或按实际完成并经监理人验收的数量,分别按不同材料、级别、厚度,以平方米为单位计量。由于施工原因而超铺的桥面铺装,不予计量。

(2)桥面防水层按图纸要求施工,并经监理人验收的实际数量,以平方米为单位计量。

(3)桥面泄水管及混凝土桥面铺装接缝等作为桥面铺的附属工作,不另行计量。

(4)桥面铺装钢筋在钢筋工程有关工程子目中计量,本节不另行计量。

15. 桥梁支座

支座按图纸所示不同的类型,包括支座的提供和安装,以个计量。支座的质量检查、清洗、运输、起吊及安装支座所需的扣件、钢板、焊接、螺栓、黏结以及质量检测等作为支座安装的附属工作,不另行计量。

16. 桥梁接缝和伸缩装置

桥面伸缩装置按图纸要求安装并经监理人验收的数量,分不同结构形式以米为单位计量。其内容包括伸缩装置的提供和安装等作业。

除伸缩装置外的其他接缝,如橡胶止水片、沥青类等接缝填料,作为有关工程的附属工作,不另行计量。

安装时切割和清除伸缩装置范围内沥青混凝土铺装或安装伸缩装置所需的部分水泥混凝土及临时或永久性的扣件、钢板、钢筋、焊接、螺栓、黏结等,作为伸缩装置安装的附属工作,不另行计量。

17. 防水处理

沥青或油毛毡防水层,作为其他有关子目内的附属工作,不另行计量。

18. 圆管涵及倒虹吸管涵

(1)钢筋混凝土圆管涵或倒虹吸管涵,以图纸规定的洞身长度或监理人同意的现场沿涵洞中心线量测的进出洞口之间的洞身长度,分不同孔径及孔数,经监理人检查验收后以米为单位计量。管节所用钢筋,不另计量。

(2)图纸中标明的基底垫层和基座,圆管的接缝材料、沉降缝的填缝与防水材料等,洞口建筑,包括八字墙、一字墙、帽石、锥坡、铺砌、跌水井以及基础挖方及运输、地基处理与回填等,均作为承包人应做的附属工作,不另计量。

(3)洞口(包括倒虹吸管涵)建筑以外涵洞上下游沟渠的改沟铺砌、加固以及急流槽消力坎的建造等均列入路基坡面排水相应子目内计量。

(4)建在软土、沼泽地区的圆管涵(含倒虹吸管涵),按图纸要求特殊处理的基础工程量(如塑料排水板、袋装砂井、各种桩基、喷粉桩等)在特殊地区路基处理相关子目中计量与支付,本节不另行计量。

19. 盖板涵、箱涵

(1)钢筋混凝土盖板涵(含梯坎涵、通道)、钢筋混凝土箱涵(含通道)应以图纸规定的洞身长度或经监理人同意的现场沿涵洞中心线测量的进出口之间的洞身长度,经验收合格后按不同孔径及孔数以米为单位计量,盖板涵、箱涵所用钢筋不另计量。

(2)所有垫层和基座,沉降缝的填缝与防水材料,洞口建筑,包括八字墙、一字墙、帽石、锥坡(含土方)、跌水井、洞口及洞身铺砌以及基础挖方、地基处理与回填土、沉降缝的填缝与防水材料等作为承包人应做的附属工作,均不单独计量。

(3)洞口建筑以外涵洞上下游沟渠的改沟铺砌、加固以及急流槽等均列入路基坡面排水有关子目计量。

(4)通道涵按下列原则进行计量:

①通道涵洞身及洞口计量应符合上述第(1)款及(2)款的规定。

②通道范围(进出口之间距离)以内的土石方及边沟、排水沟等均含入洞身报价之中不另行计量。

③通道范围以外的改路土石方及边沟、排水沟等在路基工程相关章节中计量与支付。

④通道路面(含通道范围内)分不同结构类型在路面工程相关章节中计量与支付。

(5)建在软土、沼泽地区的盖板涵、箱涵(含通道),按图纸要求特殊处理的基础工程量(如塑料排水板、袋装砂井、各种桩基、喷粉桩等)在特殊地区路基相关子目中计量与支付,涵洞不另行计量。

20. 拱涵

同盖板涵、箱涵的计量。

六、隧道工程

隧道工程(第500章)包括的工程内容主要有:隧道的施工准备、洞口与明洞工程、洞身开挖、洞身衬砌、防水与排水、风水电作业及通风防尘、监控量测、特殊地质地段施工与地质预报等以及其他有关工程的施工作业。

1. 洞口与明洞工程

(1)各项工程,应按图纸所示和监理人指示为依据,按照实际完成并经验收的工程数量,进行计量。

(2)洞口路堑等开挖与明洞洞顶回填的土石方,不分土、石的种类,只区分为土方和石方,以立方米为单位计量。

(3)弃方运距在图纸规定的弃土场内为免费运距,弃土超出规定弃土场的距离时(如图纸规定的弃土场地不足要另外增加弃土场,或经监理人同意变更的弃土场),其超出部分另计超运距运费,按立方米公里为单位计量。若未经监理人同意,承包人自选弃土场时,则弃土运距不论远近,均为免费运距。

(4)隧道洞门的端墙、翼墙、明洞衬砌及遮光栅(板)的混凝土(钢筋混凝土)或石砌圬工,以立方米为单位计量。钢筋以千克(kg)为单位计量。

(5)截水沟(包括洞顶及端墙后截水沟)圬工以立方米为单位计量。

(6)防水材料(无纺布)铺设完毕经验收以平方米为单位计量,与相邻防水材料搭接部分不另计量。

(7)洞口坡面防护工程,按不同圬工类型分别汇总以立方米为单位计量,锚杆及钢筋网分别以千克为单位计量;种植草皮以平方米为单位计量。

(8)截水沟的土方开挖和砂砾垫层、隧道名牌以及模板、支架的制作安装和拆卸等均包括在相应工程中不单独计量。

(9)泄水孔、砂浆勾缝、抹平等的处理,以及图纸示出而支付子目表中未列出的零星工程和材料,均包括在相应工程子目单价内,不另行计量。

2. 洞身开挖

(1)洞内土石方开挖应符合图纸所示(包括紧急停车带、车行横洞、人行横洞以及监控、消防和供配电设施等的洞室)或监理人指示,按隧道内轮廓线加允许超挖值[设计给出的允许超挖值或《公路隧道施工技术规范》(JTG F60—2009)按不同围岩级别给出的允许超挖值]后计算土石方。另外,当采用复合衬砌时,除给出的允许超挖值外,还应考虑加上预留变形量。按上述要求计得的土石方工程量,不分围岩级别,以立方米为单位计量。开挖土石方的弃渣,其弃渣距离在图纸规定的弃渣场内为免费运距;弃渣超出规定弃渣场的距离时(如图纸规定的弃渣场地不足要另外增加弃土场,或经监理人同意变更的弃渣场),其超出部分另计超运距运费,按立方米公里为单位计量。若未经监理人同意,承包人自选弃渣场时,则弃渣运距不论远近,均为免费运距。

(2)不论承包人出于任何原因而造成的超过允许范围的超挖,和由于超挖所引起增加的工程量,均不予计量。

(3)支护的喷射混凝土按验收的受喷面积乘以厚度,以立方米为单位计量,钢筋以千克(kg)为单位计量。喷射混凝土其回弹率、钢纤维以及喷射前基面的清理工作均包含在工程子目单价之内,不另行计量。

(4)洞身超前支护所需的材料,按图纸所示或监理人指示并经验收的各种规格的超前锚杆或小钢管、管棚、注浆小导管、锚杆以米为单位计量;各种型钢以千克(kg)为单位计量;连接钢板、螺栓、螺帽、拉杆、垫圈等作为钢支护的附属构件,不另行计量。木材以立方米为单位计量。

(5)隧道开挖的钻孔爆破、弃渣的装渣作业均为土石方开挖工程的附属工作,不另行计量。

(6)隧道开挖过程,洞内采取的施工防排水措施,其工作量应含在开挖土石方工程的报价之中。

3. 洞身衬砌

(1)洞身衬砌的拱部(含边墙),按实际完成并经验收的工程量,分不同级别水泥混凝土和圬工,以立方米为单位计量。洞内衬砌用钢筋,按图纸所示以千克(kg)为单位计量。

(2)任何情况下,衬砌厚度超出图纸规定轮廓线的部分,均不予计量。

(3)按隧道洞身的规定,允许个别欠挖的侵入衬砌厚度的岩石体积,计算衬砌数量时不予扣除。

(4)仰拱、铺底混凝土,应按图纸施工,以立方米为单位计量。

(5)预制或就地浇筑混凝土边沟及电缆沟,按实际完成并经验收后的工程量,以立方米为单位计量。

(6)洞内混凝土路面工程经验收合格以平方米为单位计量。

(7)各类洞门按图纸要求,经验收合格以个为单位计量。其中材料采备、加工制作、安装等均不另行计量。

(8)施工缝及沉降缝按图纸规定施工,其工作量含在相关工程子目之中,不另行计量。

4. 防水与排水

(1)洞内排水用的排水管按不同类型、规格以米为单位计量。

(2)压浆堵水按所用原材料(如水泥浆液、水泥水玻璃浆液)以吨(t)为单位计量。压浆钻孔以米为单位计。

(3)防水层按所用材料(防水板、无纺布等)以平方米为单位计量,止水带、止水条以米为单位计量。

(4)为完成上述项目工程加工安装所有工料、机具等均不另行计量。

(5)隧道洞身开挖时,洞内外的临时防排水工程应作为洞身开挖的附属工作,不另行支付。为此,洞身开挖支付子目的土方及石方工程报价时,应考虑隧道防水与排水支付子目外的其他施工时采取的防排水措施的工作量。

5. 洞内防火涂料和装饰工程

洞内防火涂料和装饰工程各项工程,应根据图纸要求,按实际完成并经监理人验收的数量,分别按以下的工程子目进行计量。

(1)喷涂防火涂料

喷涂的面积,以平方米为单位计量。其工作内容包括材料的采备、供应、运输,支架、脚手架的制作安装和拆除,基层表面处理,防火涂料喷涂后的养生,施工的照明、通风等一切与此有关的作业。

(2)镶贴瓷砖

镶贴瓷砖的面积,以平方米为单位计量。其工作内容包括材料的采备、供应、运输,混凝土边墙表面的处理,砂浆找平,施工的照明、通风等一切与此有关的作业。找平用的砂浆不另行计量。

(3)喷涂混凝土专用漆

喷涂混凝土专用漆的面积,以平方米为单位计量。其工作内容包括材料的采备、供应、运输,基层处理,施工的照明、通风等一切与此有关的作业。

6. 风水电作业及通风防尘

风水电作业及通风防尘为隧道施工的不可缺少的附属工作，其工作量均含在隧道工程有关支付子目的报价中，不予另行计量。

7. 监控量测

监控量测是隧道安全施工必须采取的措施，监控量测除必测项目外，应根据具体情况确定选测项目，分别以总额报价及支付。

8. 特殊地质地段的施工与地质预报

隧道施工中遇到特殊地质地段时承包人应采取的有关施工措施，不另行计量与支付。地质预报其采用的方法手段应根据具体情况选用，以总额报价及支付。

9. 洞内机电设施预埋件和消防设施

(1)机电设施预埋件按图纸要求施工完毕，经监理人分别按其所属设施验收合格以千克(kg)为单位计量。

(2)供水钢管、铸铁管按图纸要求敷设完毕，经监理人验收合格以米为单位计量。其工作内容包括焊接、法兰连接、防腐处理、开挖(回填)沟槽所需的人工和材料等，不另行计量。

(3)消防洞室防火门制作安装经验收合格以套为单位计量。

(4)集水池、蓄水池、泵房等按图纸要求施工完毕，经监理人验收合格分别以座为单位计量；消防设施的其他混凝土、砖石圬工工程以立方米为单位计量。

(5)消防系统中未列入清单中的附属设施其工作量含在相关子目中，不另计量。

七、安全设施及预埋管线

安全设施及预埋管线(第600章)包括的工程内容主要有：护栏、隔离栅、道路交通标志、道路交通标线、防炫设施、通信管道及电力管道、预埋(预留)基础、收费设施和地下通道等的施工及有关作业。

1. 护栏

(1)设置在中央分隔带的混凝土护栏，应按图纸和监理人指示，经验收后其长度以米为单位计量；混凝土基础以立方米为单位计量。

(2)地基填筑、垫层材料、砌筑砂浆、嵌缝材料以及油漆涂料等均不另行计量。

(3)波形梁钢护栏(含立柱)为安装就位(包括明涵、通道、小桥部分)并经验收合格，其长度沿栏杆面(不包括起终端段)量取，按米为单位计量。钢护栏起、终端头以个为单位计量。

(4)缆索护栏安装就位(包括明涵、通道、小桥、挡墙部分)并经验收合格，其长度按沿栏杆面量取的实际长度，以米为单位计量。

(5)中央分隔带开口处活动式钢护栏应拼装就位准确，经验收合格以个为单位计量。

(6)明涵、通道、小桥、挡墙部分缆索护栏的立柱插座、预埋构件作为上述构造物的附属工作，不另计量。

2. 隔离栅和防落网

(1)隔离栅应安装就位并经验收，分别按铁丝编织网隔离栅、刺铁丝隔离栅、钢板网隔离栅、电焊网隔离栅等，从端柱外侧沿隔离栅中部丈量，以米为单位计量。金属立柱的紧固件等均并入隔离栅计价中，不另行计量。

(2)桥上防护网以米为单位计量，安设网片的支架、预埋件及紧固件等不另行计量。

(3)钢立柱及钢筋混凝土立柱安装就位并经验收以根为单位计量,钢筋及立柱斜撑不另计量。

(4)所需的清场、挖根、土地整平和设置地线等工程均为安装隔离栅的附属工作,不另计量。

3. 道路交通标志

(1)标志应按图纸规定提供、装好、埋设就位和经验收的不同种类、规格分别计量:

①所有各式交通标志(包括立柱、门架)均以个为单位计量。

②所有支承结构、底座、硬件和为完成组装而需要的附件,均附属于各有关标志工程子目内,不另行计量。

(2)里程标和公路界碑等均应按埋设就位和验收的数量以个为单位计量。

4. 道路交通标线

(1)路面标线应按图纸所示,经检查验收后,以热熔型涂料、溶剂常温涂料和溶剂加热涂料的涂敷实际面积,以平方米为单位计量。反光型的路面标线玻璃珠应包含在涂敷面积内,不另计量。

(2)突起路标安装就位经检查验收后以个数为单位计量。

(3)轮廓标安装就位经检查验收后以个为单位计量。

(4)立面标记设置经检查验收后以处为单位计量。

(5)锥形交通路标安装就位经检查验收后以个数为单位计量。

5. 防炫设施

(1)防炫板设置安装完成并经验收后以块为单位计量。

(2)防炫网设置安装完成并经验收后以延米为单位计量。

(3)为安装防炫板、防炫网设置的预埋件,连接件、立柱、基础混凝土以及钢构件的焊接等均作为防炫板、防炫网工程的附属工作,不另行计量。

6. 通信和电力管道与预埋(预留)基础

(1)人(手)孔应根据图纸的形式及不同尺寸按个为单位计量。

(2)紧急电话平台应按底座就位和验收的个数为单位计量。

(3)预埋管道工程应按铺筑就位并验收的以米为单位计量,计量沿着单管和多管结构的管道中线进行。过桥管箱的制作、安装以米为单位计量。所有封缝料和牵引线及拉棒检验等,作为承包人的附属工作,不另行计量。

(4)挖基及回填,压实及接地系统作为相关工程的附属工作,不另计量。

(5)附属于桥梁、通道或跨线桥的预留管道及其他的电信设备应作为这些结构的一部分,在主体工程内计量,在该节不单独计量。

(6)通信管道安装在桥上的托架作为制造、安装过桥管箱的附属工作,不另行计量。

7. 收费设施及地下通道

(1)收费亭按图纸的形式组装或修建,经监理人验收,分别按单人收费亭和双人收费亭以个为单位计量。

(2)收费天棚按图纸组装架设,经监理人验收以平方米为单位计量。

(3)收费岛浇筑按图纸形式及大小经监理人验收,分别按单向收费岛和双向收费岛以个为单位计量。

(4)地下通道按图纸要求经监理人验收,其长度沿通道中心量测洞口间距离,以米为单位计量,计量中包含了装饰贴面工程及防、排水处理等内容。

(5)预埋及架设管线按图纸规定铺设就位经监理人验收以米为单位计量。

(6)收费设施的预埋件为各有关工程子目的附属工作,均不另予计量。

(7)所有挖基、挖槽以及回填、压实等均为各相关工程子目的附属工作,不另予计量。

凡未列入计量子目的零星工程,均含在相关工程子目内,不另予计量。

八、绿化及环境保护设施

绿化及环境保护设施(第700章)包括的工程内容主要有:铺设表土,撒播草种和铺植草皮,种植乔木、灌木和攀缘植物,植物养护和管理,声屏障。

1. 铺设表土

(1)表土铺设应按完成的铺设面积并经验收以立方米为单位计量。

(2)铺设表土的准备工作(包括提供、运输等),为承包人应做的附属工作,不另予计量。

2. 撒播草种和铺植草皮

(1)撒播草种按经监理人验收的成活草种的面积以平方米为单位计量。

(2)草种、水、肥料等,作为承包人撒播草种的附属工作,均不另行计量。

(3)铺草皮按经监理人验收的数量以平方米为单位计量,密铺、间铺按不同支付子目计量。

(4)需要铺设的表土,按表土的来源,在铺设表土相关支付子目内计量。

(5)绿地喷灌设施按图纸所示,敷设的喷灌管道以米为单位计量。喷灌设施的闸阀、水表、洒水栓等均不另行计量。

3. 种植乔木、灌木和攀缘植物

(1)人工种植经监理人按成活数验收,乔木、灌木及人工种植攀援植物均以棵计量。

(2)需要铺设的表土,按表土的来源,在铺设表土相关支付子目内计量。

(3)种植用水,设置水池储水,均作为承包人种植植物的附属工作,不另予计量。

4. 植物养护和管理

种植物的养护及管理是承包人完成绿化工程的附属工作,不另计量与支付。

5. 声屏障

吸、隔声板声屏障应按图纸施工完成经监理人验收的现场量测的长度,以米为单位计量;吸声砖及砖墙声屏障以立方米为单位计量。声屏障的基础开挖、基底夯实、基坑回填、立柱、横板安装等工作为砌筑吸声砖声屏障及砌筑砖墙声屏障所必需的附属工作,均不另行计量。

第四节 支 付

一、支付种类

支付可以分为很多种,不同种类的支付有不同的规定及不同的程序与支付办法。

1. 按时间分类

按时间分类,支付可分为预先支付(即预付)、期中支付和交工结算、最终结算四种。

(1)预付。预付款包括开工预付款和材料预付款,是由业主提供给承包人的无息款项,按一定条件支付并扣回。

(2)期中支付。就是我们所熟悉的进度款,按月支付,即按本月完成的工程价值及其他有关款项进行综合支付,由监理人开出期中支付证书来实施。

(3)交工结算。交工验收、证书签发42d内,监理人签发交工证书后办理的支付工作。

(4)最终结算。即在缺陷责任期终止证书签发后,办理的最后一次支付工作。

2.按支付的内容分类

支付按内容可分为工程量清单内的付款和工程量清单外的付款,即基本支付和附加支付。工程量清单内的支付就是按合同条件和技术规范,监理人通过计量,确认已完工程量,然后按已确认的工程数量与报价单中的单价,估算和支付工程量清单中各项工程费用,简称为清单支付。工程量清单之外的支付就是监理人按合同条件的规定,根据工程实际情况和现场证实资料,确认清单以外的各项工程费用,如索赔费用、工程变更费用、价格调整等,简称附加支付。

清单支付在支付款额中占比重最大,也是主要支付,并且合同中规定比较明确。而附加支付占的比重较小,但却是支付中最难办的事。因为合同中对此没法作出准确估计和详细规定,只是在合同条件中作了原则性规定。它们的发生要取决于各方面的情况:一方面是工程施工过程中本身遇到的客观意外和工程管理中遇到的问题;另一方面则涉及社会因素如法规变更,物价涨落和地方干扰等。因此,附加支付是否合理和准确,取决于监理人对合同条件是否正确理解以及是否及时地掌握了现场实际情况。

3.按工程内容分类

有土方工程、路基工程、路面工程、桥涵工程、隧道工程、安全设施及预埋管线、绿化及环境保护设施等。

4.按合同执行情况分类

根据合同执行是否顺利,监理人要进行正常支付和合同终止的支付两类。正常支付,就是业主与承包人双方共同遵守合同,使合同规定内容顺利完成。合同终止的支付是指合同无法继续执行,可能是承包人违约,受到业主驱逐,还可能是由于特殊风险使合同中止。这几种情况的合同终止均应由监理人进行支付计算。

二、支付的一般规定

1.支付时间

监理人在收到承包人进度付款申请单以及相应的支持性证明文件后的14d内完成核查,提出发包人到期应支付给承包人的金额以及相应的支持性材料,经发包人审查同意后,由监理人向承包人出具经发包人签认的进度付款证书。监理人有权扣发承包人未能按照合同要求履行任何工作或义务的相应金额。发包人应在监理人收到进度付款申请单后的28d内,将进度应付款支付给承包人。发包人不按期支付的,按专用合同条款的约定支付逾期付款违约金。监理人出具进度付款证书,不应视为监理人已同意、批准或接受了承包人完成的该部分工作。进度付款涉及政府投资资金的,按照国库集中支付等国家相关规定和专用合同条款的约定办理。

2.工程进度付款的修正

在对以往历次已签发的进度付款证书进行汇总和复核中发现错、漏或重复的,监理人有权予以修正，承包人也有权提出修正申请。经双方复核同意的修正，应在本次进度付款中支付或扣除。

3. 支付范围

所有到期并符合合同要求的工作内容均应计价支付。

4. 支付方法

根据各种工程费用的特点和支付要求分项、分类计算，汇总后扣减承包人对业主的支付。

清单中的内容，应按各工程细目的支付项目分项计算；各类附加支付则应分类计算，汇总各分项和各类金额。

5. 支付货币

工程费用中人民币与外汇的比例应按"补充资料表一"所定的百分比确定。需要说明的是，补充资料表对工程费用支付有较大的参考价值，它不仅规定了外汇需求量，而且还有支付计划表、价格调整指数表等，这些资料直接关系到费用支付。因此，监理人进行费用支付时，应参照补充资料表中的有关内容。

6. 支付依据

支付依据必须准确可靠。进行工程费用支付时，需要大量的凭证和依据，这些依据直接确定了支付费用的数额。监理人在支付时，必须取得和分析这些数据，并对其可靠性进行评价判断。所支付的工程费用必须能够被这些凭证确切地说明，这些依据或凭证一方面必须在数量上准确，另一方面必须在程序上完备。数量上准确是不言而喻的，计量证书中的工程量必须按计量的要求和程序确认，价格调整采用的价格指数必须准确等。程序上的完备包括监理工作的管理程序和财务制度及合同方面所规定的程序，即通过这些程序确保凭证的合法性。

三、清单中的支付项目

1. 开办项目的支付

开办项目的计量支付规定在技术规范中有明确说明，在办理支付时，应先落实开办项目的完成情况，然后按技术规范中的规定办理支付。

2. 合同永久工程的支付

其工程量应按技术规范中的计量方法进行计量，并有监理人签认的计量证书。其单价按工程量清单中的相应单价来确定支付金额。

四、预付款的支付

1. 预付款

预付款用于承包人为合同工程施工购置材料、工程设备、施工设备、修建临时设施以及组织施工队伍进场等。预付款的额度和预付办法在专用合同条款中约定。预付款必须专用于合同工程。

开工预付款的金额在项目专用条款数据表中约定。在承包人签订了合同协议书并提交了开工预付款保函后，监理人应在当期进度付款证书中向承包人支付开工预付款的70%的价款；在承包人承诺的主要设备进场后，再支付预付款30%。

承包人不得将该预付款用于与本工程无关的支出，监理人有权监督承包人对该项费用的使用，如经查实承包人滥用开工预付款，发包人有权立即通过向银行发出通知收回开工预付款保函的方式，将该款收回。

材料、设备预付款按项目专用合同条款数据表中所列主要材料、设备单据费用（进口的材料、设备为到岸价，国内采购的为出厂价或销售价，地方材料为堆场价）的百分比支付。其预付条件为：(1)材料、设备符合规范要求并经监理人认可；(2)承包人已出具材料、设备费用凭证或支付单据；(3)材料、设备已在现场交货，且存储良好，监理人认为材料、设备的存储方法符合要求。则监理人应将此项金额作为材料、设备预付款计入下一次的进度付款证书中。在预计竣工前3个月，将不再支付材料、设备预付款。

2. 预付款保函

除项目专用合同条款另有约定外，承包人应在收到开工预付款前向发包人提交开工预付款保函，开工预付款保函的担保金额应与开工预付款金额相同。出具保函的银行须与出具履约保函的银行要求相同，所需费用由承包人承担。

承包人应保证其履约担保在发包人颁发工程接收证书前一直有效。发包人应在工程接收证书颁发后28d内把履约担保退还给承包人。

银行保函的正本由发包人保存，该保函在发包人将开工预付款全部扣回之前一直有效，担保金额可根据开工预付款扣回的金额相应递减。

3. 预付款的扣回与还清

开工预付款在进度付款证书的累计金额未达到签约合同价的30%之前不予扣回，在达到签约合同价30%之后，开始按工程进度以固定比例（即每完成签约合同价的1%，扣回开工预付款的2%）分期从各月的进度付款证书中扣回，全部金额在进度付款证书的累计金额达到签约合同价的80%时扣完。

当材料、设备已用于或安装在永久工程之中时，材料、设备预付款应从进度付款证书中扣回，扣回期不超过3个月。已经支付材料、设备预付款的材料、设备的所有权应属于发包人。

五、工程进度付款的支付

1. 付款周期

付款周期同计量周期。

2. 进度付款申请单

承包人应在每个付款周期末，按监理人批准的格式和专用合同条款约定的份数，向监理人提交进度付款申请单，并附相应的支持性证明文件。除专用合同条款另有约定外，进度付款申请单应包括下列内容：

(1)截至本次付款周期末已实施工程的价款；

(2)根据第15条应增加和扣减的变更金额；

(3)根据第23条应增加和扣减的索赔金额；

(4)根据第17.2款约定应支付的预付款和扣减的返还预付款；

(5)根据第17.4.1项约定应扣减的质量保证金；

(6)根据合同应增加和扣减的其他金额。

3. 进度付款证书和支付时间

(1)监理人在收到承包人进度付款申请单以及相应的支持性证明文件后的14d内完成核查，提出发包人到期应支付给承包人的金额以及相应的支持性材料，经发包人审查同意后，由监理人向承包人出具经发包人签认的进度付款证书。监理人有权扣发承包人未能按照合同要求履行任何工作或义务的相应金额。如果该付款周期应结算的价款经扣留和扣回后的款额少于项目专用合同条款数据表中列明的进度付款证书的最低金额，则该付款周期监理人可不核证支付，上述款额将按付款周期结转，直至累计应支付的款额达到项目专用合同条款数据表中列明的进度付款证书的最低金额为止。

(2)发包人应在监理人收到进度付款申请单后的28d内，将进度应付款支付给承包人。

(3)监理人出具进度付款证书，不应视为监理人已同意、批准或接受了承包人完成的该部分工作。

(4)进度付款涉及政府投资资金的，按照国库集中支付等国家相关规定和专用合同条款的约定办理。

4. 工程进度付款的修正

在对以往历次已签发的进度付款证书进行汇总和复核中发现错、漏或重复的，监理人有权予以修正，承包人也有权提出修正申请。经双方复核同意的修正，应在本次进度付款中支付或扣除。

六、质量保证金的支付

监理人应从第一个付款周期开始，在发包人的进度付款中，按项目专用合同条款数据表规定的百分比扣留质量保证金，直至扣留的质量保证金总额达到项目专用合同条款数据表规定的限额为止。质量保证金的计算额度不包括预付款的支付以及扣回的金额。

在专用合同条款约定的缺陷责任期满时，承包人向发包人申请到期应返还承包人剩余的质量保证金金额，发包人应在14d内会同承包人按照合同约定的内容核实承包人是否完成缺陷责任。如无异议，发包人应当在核实后将剩余保证金返还承包人。

在专用合同条款约定的缺陷责任期满时，承包人没有完成缺陷责任的，发包人有权扣留与未履行责任剩余工作所需金额相应的质量保证金余额，并有权根据缺陷责任期延长的约定要求延长缺陷责任期，直至完成剩余工作为止。由于承包人原因造成某项缺陷或损坏使某项工程或工程设备不能按原定目标使用而需要再次检查、检验和修复的，发包人有权要求承包人相应延长缺陷责任期，但缺陷责任期最长不超过2年。

七、交工结算

1. 交工付款申请单

承包人向监理人提交交工付款申请单(包括相关证明材料)的份数在项目专用合同条款数据表中约定。期限为交工验收证书签发后42d内。监理人对交工付款申请单有异议的，有权要求承包人进行修正和提供补充资料。经监理人和承包人协商后，由承包人向监理人提交修正后的交工付款申请单。

2. 交工付款证书及支付时间

监理人在收到承包人提交的交工付款申请单后的14d内完成核查，提出发包人到期应支付给承包人的价款送发包人审核并抄送承包人。发包人应在收到后14d内审核完毕，由监理人向承包人出具经发包人签认的交工付款证书。监理人未在约定时间内核查，又未提出具体意见的，视为承包人提交的交工付款申请单已经监理人核查同意；发包人未在约定时间内审核又未提出具体意见的，监理人提出发包人到期应支付给承包人的价款视为已经发包人同意。

发包人应在监理人出具交工付款证书后的14d内，将应支付款支付给承包人。发包人不按期支付的，将按专用合同条款的约定逾期付款违约金支付给承包人。

承包人对发包人签认的交工付款证书有异议的，发包人可出具交工付款申请单中承包人已同意部分的临时付款证书。存在争议的部分，按照标准施工招标文件通用条款中约定的争议的解决方式办理。

交工付款涉及政府投资资金的，按照国库集中支付等国家相关规定和专用合同条款的约定办理。

八、最终结清

1. 最终结清申请单

承包人向监理人提交最终结清申请单（包括相关证明材料）的份数在项目专用合同条款数据表中约定。期限为缺陷责任期终止证书签发后28d内。最终结清申请单中的总金额应认为是代表了根据合同规定应付给承包人的全部款项的最后结算。

发包人对最终结清申请单内容有异议的，有权要求承包人进行修正和提供补充资料，由承包人向监理人提交修正后的最终结清申请单。

2. 最终结清证书和支付时间

监理人收到承包人提交的最终结清申请单后的14d内，提出发包人应支付给承包人的价款送发包人审核并抄送承包人。发包人应在收到后14d内审核完毕，由监理人向承包人出具经发包人签认的最终结清证书。监理人未在约定时间内核查，又未提出具体意见的，视为承包人提交的最终结清申请已经监理人核查同意；发包人未在约定时间内审核又未提出具体意见的，监理人提出应支付给承包人的价款视为已经发包人同意。

发包人应在监理人出具最终结清证书后的14d内，将应支付款支付给承包人。发包人不按期支付的，按专用合同条款的约定逾期付款违约金支付给承包人。

承包人对发包人签认的最终结清证书有异议的，按照标准施工招标文件通用条款中约定的争议的解决方式办理。

最终结清付款涉及政府投资资金的，按照国库集中支付等国家相关规定和专用合同条款的约定办理。

九、其他支付

1. 索赔费用

其赔偿费用的支付额应按监理人签发的索赔审批书来确认或按监理人暂时确定的赔偿额来支付。

2. 计日工费用

计日工的数量应有监理人的指示及确认，计日工的单价按工程量清单中计日工的单价来办理。

3. 变更工程费用

变更工程应有监理人签发的书面变更令。变更工程的单价按变更工程单价确定原则来处理。完成的变更工程数量应有监理人签认的变更工程计量证书。

4. 价格调整费用

价格调整费用的确定方法除专用合同条款另有约定外，因物价波动引起的价格调整按照《标准施工招标文件》中通用合同条款约定处理。

5. 逾期竣工违约金

由于承包人原因造成工期延误，承包人应支付逾期交工违约金。逾期交工违约金的计算方法在项目专用合同条款数据表中约定，时间自预定的竣工日期起到工程接收证书中写明的实际竣工日期止（扣除已批准的延长工期），按天计算。逾期竣工违约金累计金额最高不超过签约合同价的10%。发包人可以从应付或到期应付给承包人的任何款项中或采用其他方法扣除此违约金。

承包人支付逾期竣工建约金，不免除承包人完成工程及修补缺陷的义务。

如果在合同工作完工之前，已对合同工程内按时完工的单位工程签发了工程接收证书，则合同工程的逾期竣工违约金，应按已签发工程接收证书的单位工程的价值占合同工程价值的比例予以减少，但本规定不应影响逾期竣工违约金的规定限额。

6. 提前竣工奖金

发包人不得随意要求承包人提前交工，承包人也不得随意提出提前交工的建议。如遇特殊情况，确需将工期提前的，发包人和承包人必须采取有效措施，确保工程质量。

如果承包人提前交工，发包人支付奖金的计算方法在项目专用合同条款数据表中约定，时间自交工验收证书中写明的实际交工日期起至预定的交工日期止，按天计算。但奖金最高限额不超过项目专用合同条款数据表中写明的限额。

7. 逾期付款违约金

发包人应在监理人收到进度付款申请单后的28d内，将进度应付款支付给承包人。发包人不按期支付的，按项目专用条款数据表中约定的利率向承包人支付逾期付款违约金。违约金计算基数为发包人的全部未付款额，时间从应付而未付该款额之日算起（不计复利）。

十、合同解除后的估价、付款和结清

合同解除后，监理人按标准施工招标文件通用条款中商定或确定承包人实际完成工作的价值，以及承包人已提供的材料、施工设备、工程设备和临时工程等的价值。合同解除后，发包人应暂停对承包人的一切付款，查清各项付款和已扣款金额，包括承包人应支付的违约金。承包人为该工程施工订购并已付款的材料、工程设备和其他物品的金额，发包人付款后，该材料、工程设备和其他物品归发包人所有。

合同解除后，发包人应按标准施工招标文件通用条款中约定的发包人的索赔条款向承包人索赔由于解除合同给发包人造成的损失。

合同双方确认上述往来款项后，出具最终结清付款证书，结清全部合同款项。发包人和承包人未能就解除合同后的结清达成一致而形成争议的，按标准施工招标文件通用条款中争议的解决约定办理。

第五节 工程计量支付台账的编制

工程计量台账是按合同条款的有关规定，对承包人已完成的质量合格的工程数量进行测

量与统计，对施工图纸载明的设计数量实施准确地统计管理。工程计量台账是投资控制的最基本的数据来源，也是计量支付的根本依据。因此，准确而具体表明工程实体是其最重要的因素，同时为了便于操作和管理，台账结构还应简单合理，便于计算机进行系统管理。

一、工程台账的概述

工程计量支付台账是将施工设计图纸和工程量清单，依据特定的编码规则，将招标项目工程的单位、分部、分项工程进行统一编码，并以能独立计量支付的细目来表现项目构成的数据结构。通俗地说，工程计量支付台账就是参照《公路工程质量检验评定标准》和《国家公路基础数据库》，对单位工程、分部、分项工程拆分为一个个能独立计量支付的最小计量单元，并按照特定的项目编码规则给其一个唯一的识别编码，并将其与工程量清单对应的数据表格（图 9-3、图 9-4）。

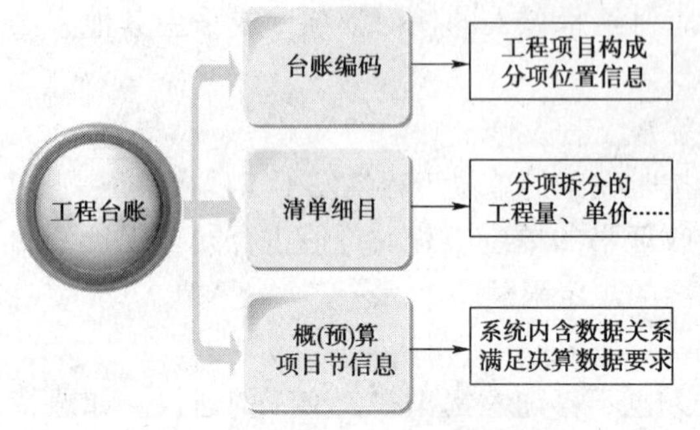

图 9-3　工程台账的内涵

随着高速公路建设的飞速发展，项目管理日益规范化、科学化，为了提高工作效率，加强对工程投资控制的管理，结合计算机信息技术的广泛应用，公路工程台账管理系统针对公路建设办公中存在的信息不畅、效率低下，操作不规范等一系列问题，采用信息化手段，运用新一代造价管理与控制理念，为公路建设项目信息化管理提供了强有力的网络化、电子化支持。

工程台账的引入，编码及其应用，以其直观、形象的业务流程，简单、快捷的操作方法，全面、强大的查询统计，方便、可靠的支付管理，安全、稳定的运行模式，使计量支付工作变得准确、快捷、高效、安全，为工程施工的顺利进行打下了坚实的基础。

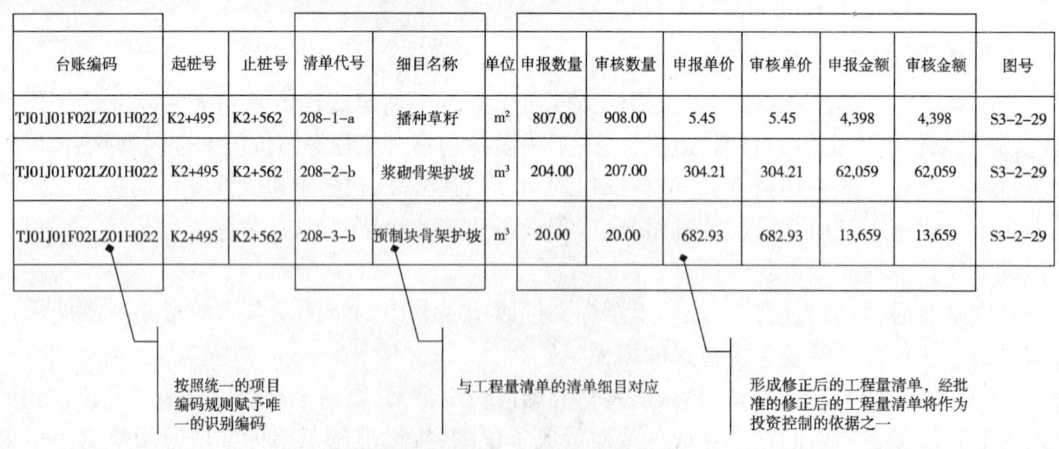

台账编码	起桩号	止桩号	清单代号	细目名称	单位	申报数量	审核数量	申报单价	审核单价	申报金额	审核金额	图号
TJ01J01F02LZ01H022	K2+495	K2+562	208-1-a	播种草籽	m^2	807.00	908.00	5.45	5.45	4,398	4,398	S3-2-29
TJ01J01F02LZ01H022	K2+495	K2+562	208-2-b	浆砌骨架护坡	m^3	204.00	207.00	304.21	304.21	62,059	62,059	S3-2-29
TJ01J01F02LZ01H022	K2+495	K2+562	208-3-b	预制块骨架护坡	m^3	20.00	20.00	682.93	682.93	13,659	13,659	S3-2-29

图 9-4　工程台账与工程量清单的关系

工程计量台账是按合同条款的有关规定，对工程量清单更进一步量化细分，对承包人已完成的质量合格的工程数量进行测量与统计，对施工图纸载明的设计数量实施准确地统计管理。工程计量台账也是投资控制的最基本的数据来源，是计量支付的根本依据。

参照《公路工程质量检验评定标准》的工程划分，将业务控制中的文件与具体工程部位对应，方便与竣工文件资料组织有效对应，减少了文件整理的工作量，通过工程实例分析了工程计量支付台账编码组成和规则，利用编码形成的工程树将系统与管理流程关联，通过协调组织好管理衔接及流程转换，将管理控制过程化。

二、工程计量台账的内涵

在一个公路项目建设过程中，设计变更随时发生，计量支付分期进行，项目管理者如何及时掌握整个项目或某个标段的建安工程费用，已经支付了多少，尚余多少工程，如何知道实际要发生的建安工程费和概算的对比，如何知道某个桥梁、某个隧道、某个互通或其中分部分项工程费是多少，怎样保证在计量过程中不超计漏计……在项目建设过程中，管理者和建设者都需要各种各样的统计报表，实时掌握投资、进度、质量情况，这都可以通过工程计量支付台账来实现。

形象地说，工程项目就是一个集体，最小计量单元就是集体的某一个人，编码就是其身份证，管理过程中可以按照不同的需求，根据身份证中包含的信息分清每个人及其所在单位部门。对工程项目管理而言，可以根据台账编码中的信息，按照质量控制（包含了试验、检验、测量、评定等过程）、费用控制（包括了投资执行情况分析、计量支付、工程决算和养护阶段质量和费用控制等需要）、进度控制和安全管理及其他相关的如征地拆迁管理、材料管理等的要求，通过计算机和软件设定筛选、查询条件，统计汇总各种数据，给管理者提供动态更新的图表数据，并根据设定的管理程序进行信息化、自动化管理，实现项目全周期的费用控制。

三、工程台账的作用

1. 项目信息化管理集大成的核心技术

对公路建设项目进行信息化管理，工程计量支付台账是最基础原始数据，合理科学的编码系统可以把系统中其他子系统有机联结在一起，改变过去各系统单独运行的不兼容性。将所有图纸、资料和数据输入计算机之后，可以将项目数字化，通过计算机系统把数字组合还原项目的基本情况。放到生产线之后，所有流程和项目都可以用电脑集成控制，这样工程就可以做到百分之百地可控。信息化管理能够提高项目管理效率，节省工期，减少工程成本；能够精简管理机构，降低管理成本；能够利用网络技术实现远程控制，有利于管理者及时动态地掌握项目进展情况；能够改变传统管理模式，减少文山会海，实现无纸化办公，实现项目的精细化管理；可以增强行业的资讯交流，为实现横向联合提供了可能。

2. 确定投资控制依据的需要

工程项目在招投标工作完成以后，合同文件工程量清单数量由于以下三个原因可能出现与实际数量不符：

（1）施工图纸在细部数量计算过程和汇总计算过程中出现的错误；

（2）编制工程量清单计算其工程数量时出现的错误；

（3）由于合同文件技术规范对计量支付解释不清或工作范围界定模糊造成的偏差。

工程计量台账在编制过程中，由于要求对施工图纸和工程量清单进行分解，对以上原因导致的数量错误能够进行修正，并进一步完善技术规范，对计量支付解释不清或工作范围界定模糊的条款进行完善，避免重复计量。形成修正后的工程量清单，经批准后将作为投资控制的依据之一。

3. 计量支付管理的需要

计量支付台账经编审后由业主、监理、承包人三方认可，并报请主管部门批准后作为计量支付工程数量的控制上限,只有经审批的变更工程发生才能调整其计量支付数量,其超计量预警功能使项目管理过程中不可能出现早计量、超计量和重复计量。计量支付台账是项目建设过程中计量支付工作的基础,所有建安工程费用的发生都将围绕其进行。由于科学的编码工作,使其成为计算机信息化管理的基础数据库,结合信息化管理系统的计量支付软件和变更管理软件,使项目的计量支付工作始终能严格精确控制、适时动态更新、远程快捷操作、高效率低消耗地运行。

4. 投资(概算)执行情况分析的需要

计量支付台账对单位工程、分部、分项工程和最小计量单元的划分结合了《公路工程基本建设项目概算预算编制办法》项目表中对"项、目、节"的划分,并将其与工程量清单的工程细目进行了对应,解决了传统工程造价管理中概算项目与清单细目无法对应的问题。通过编码中所包含的信息,可以任意组合成分部、分项工程,项目管理过程中能随时按批复概算项目划分方式从台账基础数据库中导出概算模式的实际执行情况,能及时向主管部门报送有关报表,也便于项目管理者对投资(概算)执行情况进行及时掌控。

5. 工程决算和工程竣工文件编制前瞻性需要

由于计量支付台账的编制解决了概算项目与清单细目无法对应的问题,其同时也就解决了工程竣工决算的许多问题,可以不要像传统工作方法那样,工程竣工后又抽出大量的人力、物力从纸堆里对工程建设过程中的计量支付和变更进行逐一整理,一个一个数据地去按概算批复的项目设置方式还原。现在可以从台账数据库中导出数据,完成工程竣工决算的编制工作。由于台账编制编码规则是参照《公路工程质量检验评定标准》对单位工程、分部、分项工程的划分制定的,那么计量支付资料的整理就符合了质量检验评定标准的要求,有机地将计量支付资料的附件和竣工文件资料结合起来,减少了竣工文件整理过程的很大一部分工作量。

6. 工程审计的需要

按审计办法要求,政府投资或者融资为主的基础建设项目和公共设施,主要是使用财政性资金、各项政府专项资金(基金)、政府统一借贷资金及国有独资(控股)公司投入资金等进行的公共工程的项目都要求进行工程竣工审计。目前,高速公路基本建设主要是属此范围,高速公路竣工决算审计发现的问题主要集中在工程数量的认定和对技术规范的理解以及认识的统一。工程计量支付台账的编制很好地解决了合同工程量清单数量的固定问题,同时由于在台账编制审查过程中,承包人、监理、业主合约部技术人员全部参与,对技术规范计量支付办法有了很好的理解,并对其中概念模糊的内容进行了完善,在项目管理过程中避免了很多在审计中发现的问题,能更好地保证国家基本建设资金的合理使用。

7. 是工程决算后形成全寿命周期基础数据库的需要

工程项目计量支付完成后,形成最终的台账,系统利用台账编码,依据"竣工工程汇总表"和"竣工决算文件及基础数据用表"以及计量支付相关附件资料,对项目的数字化信息进行系统管理,是养护运营阶段资料查询和养护工程台账延续的关键纽带。

8. 项目管理过程中其他控制和管理的需要

通过最小计量单元的划分和台账编码,将项目管理过程中的所有控制和管理都与工程计量支付台账关联起来,质量控制、进度控制等都建立在此数据库的基础上,利用最小计量支付单元的唯一编码,各个管理环节的数据就可以实现互通。项目实施过程中的试验、检验、测量、评定和进度图表、安全管理及其他相关的如征地拆迁管理、材料管理都可以通过定制管理流程来设定指令，在这个“沟通无障碍”的交换平台上统一管理。

四、工程计量支付台账编制规则

公路工程计量支付台账可作为全寿命周期基础数据库的一个应用，因此编制台账即是建立一套基础数据库。如果要求广大工程技术人员按数据库的要求按字段节点输入相应数据是非常困难的。我们可以把这套数据库简化成一套树形结构的编码，从而能更直观地编制工程台账。树形结构可参考图 9-5。

第一分类工程	第二分类工程	第三分类工程	第四分类工程	台账编号
Z01总则	L01施工准备及临时费用(K112+023~K221+239)	V01Q	L001临时道路修建、养护与拆除	T03ZZ01L01V01QL001
			Y001临时工程用地	T03ZZ01L01V01QY001
			D001临时供电设施	T03LZ01L01V01QD001
			X001电信设施提供、维修与拆除	T03LZ01L01V01QX001
	Z01其他支付(K112+023~K221+239)	V01Q	Z001承包人驻地建设	T03ZZ01Z01V01QZ001
			Y001建设工程一切险	T03ZZ01Z01V01QY001
			S001第三方责任险	T03ZZ01Z01V01QS001
			L001工程管理软件	T03ZZ01Z01V01QL001
			J001竣工文件	T03ZZ01Z01V01QJ001
			H001施工环保费	T03ZZ01Z01V01QH001
			A001安全生产费	T03ZZ01Z01V01QA001

图 9-5　树形结构图

台账的编码组成和规则（编制办法）应结合分部、分项工程划分的原则，先确定单位工程编码，再确定所包含的分部工程编码，最后确定分项工程编码，形成一个逻辑关系明确的树形编码系统。根据工程实际需要，可能还需要增加子分部、子分项工程，但总的原则是一致的。

编制办法应结合项目实际情况，力求简单、直观、实用，并便于编制，因此台账编码可由英文字母和阿拉伯数字组成，用来表示具体的单位、分部、分项工程。为了便于工程管理及方便数据库的分类汇总，台账编码可由两部分组成，即合同信息编码和分项工程编码。分项工程编码一般按四级分类，如图 9-6 所示。

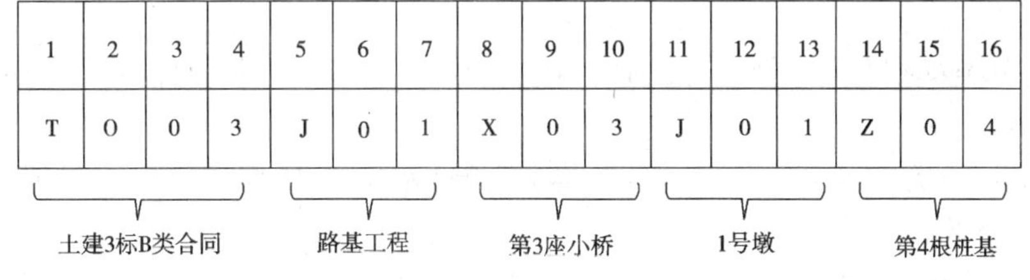

图 9-6　工程计量支付台账编码组成

编码组成确定好后，就要确定编制规则。编制规则是对编码组成的细化说明。为了方便台账编制者查找相应分部、分项工程代码，编制办法还应提供完整的编码一览表及示例。例如，根据某项目工程计量支付台账编制办法，该项目将台账编码长度定为 16 位（表 9-1）。

台账编码编制规则　　表 9-1

组成	合同信息编码				分项工程编码											
意义	合同段性质		合同段序号		第一分类			第二分类			第三分类			第四分类		
序号	1	2	3	4	5	6	7	8	9	10	11	12	13	14	15	16
编码	T	O	0	3	J	0	1	X	0	3	J	0	1	Z	0	4

各位编码信息及取值说明如下。

1. 合同信息编码(第1~4位)

(1)第1位表示工程性质。"T"表示土建工程,"M"表示路面工程,"L"表示环保工程,"J"表示交通安全设施工程,"D"表示通信、监控及收费工程,"F"表示房建工程;

(2)第2位表示合同段性质,以"O"表示;

(3)第3、4位表示合同段序号,取值01、02、03……

2. 分项工程编码(第5~16位)

分项工程编码由四个分类组成,表示3种逻辑关系,分别对应(子)单位、(子)分部、(子)分项工程。逻辑关系如表9-2所示。

分项工程逻辑关系 表9-2

逻辑关系	第一分类	第二分类	第三分类	第四分类	适用范围
1	单位工程	分部工程	分项工程	子分项工程	①路基工程:小桥、人行天桥、渡槽; ②路面工程; ③互通交叉工程; ④环保工程
2	单位工程	分部工程	子分部工程	分项工程	①路基工程:路基土石方工程,排水工程,通道、涵洞,砌筑防护,大型(组合式)挡土墙; ②交通安全设施
3	单位工程	子单位工程	分部工程	分项工程	①桥梁工程; ②隧道工程

(1)第一分类:第5位为第一分类号(英文字母);第6、7位为该分类号下的序号,取值01、02、03……

(2)第二分类:第8位为第二分类号(英文字母);第9、10位为该分类号下的序号,取值01、02、03……

(3)第三分类:第11位为第三分类号(英文字母);第12、13位为该分类号下的序号,取值01、02、03……

(4)第四分类:第14位为第四分类号(英文字母);第15、16位为该分类号下的序号,取值01、02、03……

各分类序号的划分应遵循分部、分项工程划分原则,如桥梁工程可按每座桥划分一个单位工程,基础、下部、上部、桥面系划分为一个或多个分部工程,再依次划分分项工程。

以某高速公路07合同段(TO07)第2座大桥第6孔预制混凝土空心板为例,其工程台账编码如图9-7所示。

以某高速公路1合同段第1座桥梁(中桥,上部结构为空心板)1号墩1号桩基、2号墩1号墩柱、6号台1号盖梁为例,其台账编码如表9-3~表9-5所示。

1号墩左幅1号桩基 表9-3

序号	1	2	3	4	5	6	7	8	9	10	11	12	13	14	15	16
编码	T	O	0	1	Q	0	1	J	0	1	B	0	1	Z	0	1

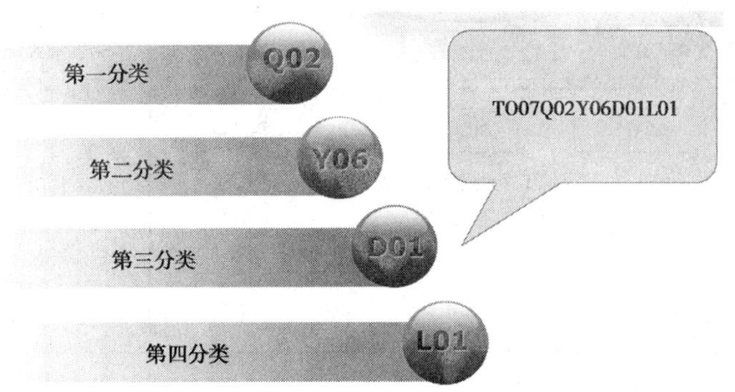

图9-7　大桥第6孔预制混凝土空心板

2号墩右幅1号墩柱　　表9-4

序号	1	2	3	4	5	6	7	8	9	10	11	12	13	14	15	16
编码	T	0	0	1	Q	0	1	X	0	2	B	0	1	D	0	1

2号台左幅1号盖梁　　表9-5

序号	1	2	3	4	5	6	7	8	9	10	11	12	13	14	15	16
编码	T	0	0	1	Q	0	1	X	0	6	B	0	1	M	0	1

五、台账在项目信息化管理中的应用

公路工程建设项目一般以合同段为单位进行管理。一个合同段一般有一个或多个单位工程,一个单位工程有多个分部工程,一个分部工程有多个分项工程。分项工程是工程划分的最小单位,而工程计量支付台账在项目信息化管理应用中应与工程划分的最小单位对应,以实现台账支撑项目管理的各个业务环节。

从项目信息化管理角度来说,公路工程建设指挥部首先需要统一台账编码的规范,于总体开工前对施工单位提交的分项、分部、单位工程的划分予以审核、批准。分项、分部、单位工程的划分是加强工程统一管理的措施,经监理批准的科学、合理、详尽的工程划分能在工程管理过程中显出各分项工程之间的有机关系,为合理组织施工起到了积极地指导作用;同时工程划分也是参建各方在分项、分部工程开工的申请和批准、分项工程的质量控制、验收、评定和中间交工以及分部、单位工程的质量评定和工程的计量支付等施工全过程管理的依据,该数据同时也为营运、养护期的数据查询提供统一规范的数据接口。

项目管理与控制的核心是投资、质量、进度控制。如图9-8所示项目管理控制中数据流转关系示意图。

通过对工程台账和其相关联的业务数据的分析,可以形成项目批复概算、预算、施工合同、工程完成、决算信息的统计和汇总,贯穿公路项目建设管理全寿命、全过程。交通主管部门、项目建设单位可通过数据服务接口掌握项目建设完成造价情况的统计信息,并为养护和运营期提供标准的信息接口,方便交通主管部门和业主对项目进行全过程的监控,实现项目的实时概预算执行情况的对比,各类单位分部分项工程精细化监控。

公路工程全寿命周期信息化管理以工程台账为数据组织的主线,其管理流程示意图如图9-9所示。

利用工程台账,公路工程全寿命周期信息化管理可以实现:

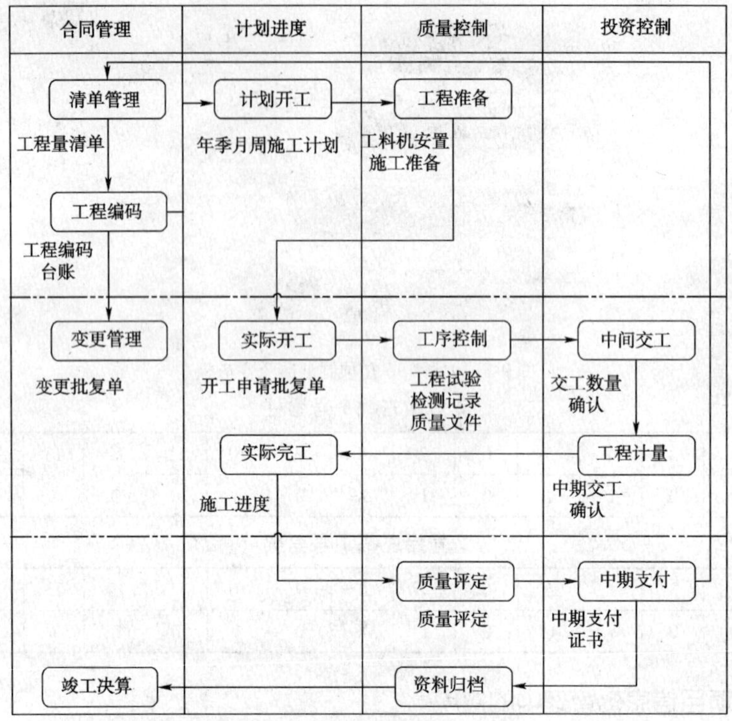

图9-8　项目管理控制中数据流转关系示意图

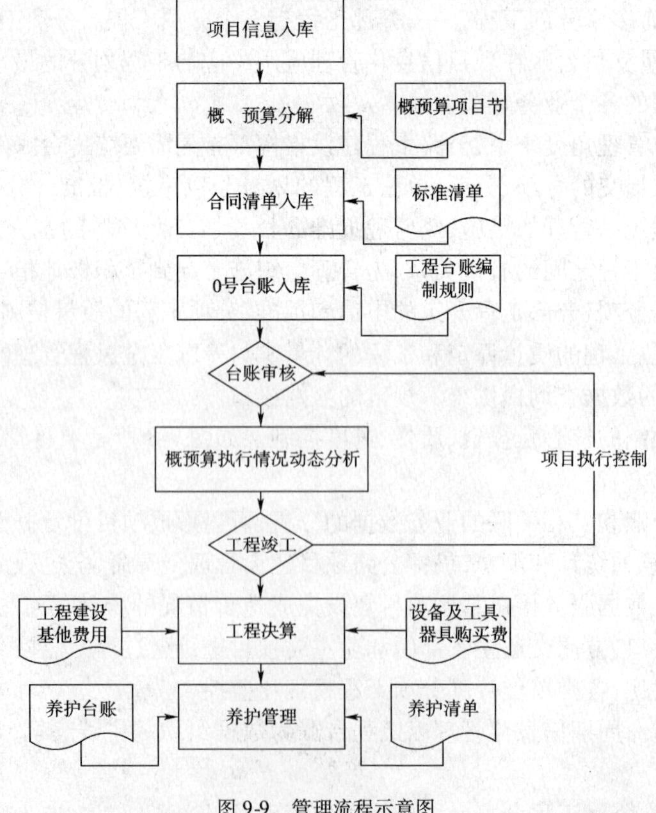

图9-9　管理流程示意图

(1)能按项目或者按单项工程对上对过程中所发生的造价费用进行有效的归纳、分析;

(2)能在项目执行的不同阶段(时间点)对过程中所发生的费用有效的反应项目造价实际情况,供投资人及时决策;

(3)能对不同层面、不同时间点的项目预算执行情况、清单计量情况、工程台账执行情况、工程变更情况进行有效归纳、分析,并反映到台账审核、计量、支付、工程变更、决算等具体的项目管理行为上去,是进行测算各项经济技术指标和分部分项工程成本核算,为定额基础数据分析提供重要依据。

(4)项目最后竣工决算后,经审计认定的最终台账,可形成该项目的基础数据库,便于将来运营养护阶段资料查询,以及养护工程台账的延续,形成全寿命周期基础数据库。

附录　公路工程造价人员资格考试大纲（第三科目）

本考试大纲对公路工程造价相关知识的要求分为了解、熟悉、掌握三个层次，“了解”即考生应知道的公路工程造价相关知识；“熟悉”即要求考生深刻理解的公路工程造价相关知识；“掌握”即考生能运用所要求的公路工程相关知识解决实际工作问题。

公路工程造价人员资格考试分为甲、乙两个等级，考试大纲中凡不加区分的要求是对甲、乙级均适用的要求；凡有所区分的要求，则括号外的是对甲级的要求，括号内的是对乙级的要求，如掌握（熟悉）即要求甲级“掌握”、乙级“熟悉”。

第三科目　公路工程技术与计量

一、公路工程设计、施工基本知识

（一）掌握公路工程设计的阶段划分及具体要求；

（二）掌握公路工程施工的特点、程序；

（三）掌握施工组织设计的基本原理和方法以及不同施工方案对工程造价的影响；

（四）掌握（熟悉）公路工程主要技术经济指标；

（五）熟悉（了解）公路工程技术标准、设计规范、施工技术及验收规范中与工程造价有关的内容。

二、工程材料与工程机械

（一）熟悉公路工程主要材料的分类；

（二）熟悉（了解）公路工程主要材料的特性；

（三）熟悉混凝土强度等级及配合比计算；

（四）熟悉常用施工机械及适用范围；

（五）了解公路工程施工新材料、新技术、新工艺、新设备。

三、临时工程及施工组织

（一）掌握（熟悉）临时工程的内容及依据工程项目特点配置的基本要求；

（二）掌握（熟悉）辅助工程的内容及依据工程项目特点配置的基本要求；

（三）熟悉（了解）施工场地的布置要求；

（四）了解安全生产、文明施工的基本内容及措施要求。

四、路基工程

（一）掌握路基土石方施工作业的基本要求、方法及工艺流程；

(二)掌握公路工程排水设施施工的基本要求、方法及工艺流程;
(三)掌握路基防护工程施工的基本要求、方法及工艺流程;
(四)掌握软弱地基处理施工的基本要求、方法及工艺流程;
(五)掌握路基工程计价工程量的归口计算方法;
(六)熟悉(了解)路基工程设计的基本要求和内容;
(七)了解路基工程施工前的准备工作。

五、路面工程

(一)掌握基层、底基层、垫层施工的基本要求、方法及工艺流程;
(二)掌握沥青路面施工的基本要求、方法及工艺流程;
(三)掌握水泥混凝土路面施工的基本要求、方法及工艺流程;
(四)掌握路面工程量、混合料综合运距的计算方法;
(五)熟悉(了解)路面工程设计的基本要求和内容。

六、隧道工程

(一)掌握公路隧道施工的基本要求、方法及工艺流程;
(二)掌握隧道工程主要结构工程量的计算方法;
(三)熟悉(了解)隧道的分类、组成及其构造;
(四)熟悉(了解)隧道工程设计的基本要求和内容。

七、桥涵工程

(一)掌握涵洞工程施工的基本要求、方法及工艺流程;
(二)掌握一般结构桥梁基础、下部结构、上部结构施工的基本要求、方法及工艺流程,熟悉(了解)特殊结构桥梁基础、下部结构、上部结构施工的基本要求、方法及工艺流程;
(三)掌握桥涵工程主要结构工程量的计算方法;
(四)熟悉(了解)桥涵工程设计的基本要求和内容;
(五)熟悉桥涵工程的组成与分类。

八、交通工程及沿线设施

(一)掌握(熟悉)交通安全设施的基本要求、施工方法及施工工艺流程;
(二)熟悉(了解)收费、监控、通信、供电照明等机电工程、房屋工程、绿化工程、环保工程设计的基本要求。

九、工程计量

(一)掌握公路工程各种工程量的计算方法;
(二)掌握公路工程各种工程量的计量规则;
(三)掌握(熟悉)公路工程计量支付台账的编制;
(四)掌握(熟悉)计量支付工作流程及相关证书签证。

参考文献

[1] 中华人民共和国行业标准. JTG B06—2007 公路工程基本建设项目概算预算编制办法[S]. 北京:人民交通出版社, 2007.

[2] 中华人民共和国行业推荐性标准. JTG/T B06-01—2007 公路工程概算定额[S]. 北京:人民交通出版社, 2007.

[3] 交通部公路工程定额站,湖南省交通厅交通建设造价管理站. 复习题库与案例分析[M]. 北京:人民交通出版社, 2007.

[4] 中华人民共和国交通部. 公路建设项目用地指标[M]. 北京:人民交通出版社, 2001.

[5] 全国造价工程师职业资格考试培训教材编审组. 工程造价案例分析[M]. 北京:中国城市出版社, 2009.

[6] 福建省高速公路建设总指挥部. 福建省高速公路施工标准化管理指南(路基路面)[M]. 北京:人民交通出版社, 2010.

[7] 石勇民. 公路施工项目成本管理手册[M]. 北京:人民交通出版社, 2008.

[8] 邢凤岐,徐连铭. 公路工程定额应用与概、预算编制示例[M]. 北京:人民交通出版社, 2008.

[9] 邬晓光. 公路工程施工招标与投标实用手册[M]. 北京:人民交通出版社, 2010.

[10] 薛随云. 公路施工企业标后预算管理理论与实务[M]. 北京:人民交通出版社, 2005.

[11] 姜早龙,宁艳芳,徐玉堂. 施工企业定额编制与应用指南[M]. 大连:大连理工大学出版社, 2005.